中国共产党连云港市
执政实录
（2016年）

中 共 连 云 港 市 委 宣 传 部
中共连云港市委党史工作办公室 编

方志出版社
Publishing House of Local Records

图书在版编目（CIP）数据

中国共产党连云港市执政实录. 2016年/中共连云港市委宣传部. 中共连云港市委党史工作办公室编. -- 北京：方志出版社，2017.12
ISBN 978-7-5144-2689-2

Ⅰ. ①中… Ⅱ. ①中… ②中 Ⅲ. ①中国共产党－执政－概况－连云港－2016 Ⅳ. ①D25

中国版本图书馆CIP数据核字（2017）第279253号

中国共产党连云港市执政实录（2016年）

编　　者： 中共连云港市委宣传部　中共连云港市委党史工作办公室
责任编辑： 顾　洁

出 版 人： 冀祥德
出 版 者： 方志出版社
地址　北京市朝阳区潘家园东里9号（国家方志馆4层）
邮编　100021
网址　http://www.fzph.org
发　　行： 方志出版社图书经销中心
（010）67110500
经　　销： 各地新华书店
印　　刷： 南京凯德印刷有限公司

开　　本： 889 × 1194　1/16
印　　张： 39.25
字　　数： 1503千字
版　　次： 2017年12月第1版　2017年12月第1次印刷
印　　数： 0001~300册

ISBN 978-7-5144-2689-2　定价：280.00元

编写说明

一、《中国共产党连云港市执政实录》(以下简称《执政实录》)的编写是经市委领导同意,市委宣传部、市委党史工作办公室自2016年开展的一项创新工作。编写《执政实录》目的就是为了贯彻落实中央领导对新时期党史工作“一突出两跟进”的要求,以及落实《中共中央关于加强和改进新形势下党史工作的意见》的具体举措,体现了党史资料征集工作与时俱进、及时跟进的职能和要求。《执政实录》既可以发挥党史工作资政存史功能,同时也为今后党史基本著作的编写工作积累资料。

二、《执政实录》是全面反映党在连云港市执政活动全貌的党史年刊,记录中共连云港市委当年在领导全市经济建设、政治建设、文化建设、社会建设、生态建设和党的建设方面作出的重大决策及取得的突出成就,全面记述市委执政实践。

三、《执政实录(2016年)》是在总结《执政实录(2015年)》经验的基础上,在收录内容、编排顺序等方面作了调整,首次正式出版发行。

四、《执政实录(2016年)》分为省委关注、工作综述、要事特载、市委决策、工作部署、工作报告、工作批示、重大活动、执政论坛、文献选编、大事记、附录等十二个部分。记载时段原则上为2016年1月1日至12月31日,但有少部分篇目为保持内容完整性,时间有上溯或下延。本书所收录文献资料皆为非涉密。

五、本书的编写工作在市委的领导下开展,得到市委多位领导的关心和指导,得到市委办、市人大办、市政府办、市政协办以及市委各部门办公室的大力支持。对此,我们一并表达诚挚的感谢。

目　录

省委关注

工作综述

要事特载

市委决策

工作部署

工作报告

工作批示

重大活动

执政论坛

文件选编

大事记

附　录

省委关注

省委书记李强先后两次在连云港市进行调研并主持召开座谈会

8月4日至5日，省委书记李强在连云港市进行调研。他强调，要积极对接国家“一带一路”战略，高水平推进沿海开发，增强生态环境竞争力，打造沿海地区新一轮发展的强大引擎，努力建设百姓富裕、环境美好、平安和谐的沿海地区。省委常委、秘书长樊金龙，市领导杨省世、项雪龙、杨莉、吴以桥参加调研。

4日下午，李强来到灌云县伊山镇王圩村，实地察看了解新农村建设、产业发展、基层党建、扶贫攻坚等情况。他强调，要继续加大农业龙头产业培育力度，加快实施产业结构调整，大力发展现代农业，做大做强规模农业，带动更多农民共同致富。要充分发挥村党组织的领导核心作用，宣传好党的主张，以实际行动实现好、维护好、发展好人民根本利益。李强指出，苏北农民人均收入偏低，苏北农村要走上富裕路，还是要靠发挥当地人民群众的积极性、创造性，鼓励更多当地青壮年就地创业，吸引在外能人返乡创业，充分激发内生动力把家乡建设得更美好。

5日上午，李强先后考察了连云港港、中哈（连云港）物流合作基地和斯尔邦石化，详细了解连云港积极融入“一带一路”建设、推进港口建设以及临港产业发展情况。他指出，连云港在“一带一路”建设和江苏沿海开发中战略地位重要，未来发展前景广阔。要充分发挥自身区位优势、港口优势、资源优势、劳动力优势，搭建重大载体平台，招引集聚重大项目，积极推进体制机制创新，放大国家战略品牌效应，在扩大开放中拓展发展新空间。沿海开发要坚持高标准高门槛，决不能走先污染后治理的路子，通过引进高端要素、高端项目带动产业迈向高端水平。要节约集约使用资源，对沿海岸线资源要统一规划、统筹管理，保护和治理好生态环境，增强区域发展的吸引力、集聚力、竞争力。

12月19日，省委书记李强在连云港调研时强调，要认真贯彻落实中央经济工作会议精神，围绕省第十三次党代会确立的“两聚一高”目标任务，充分发挥自身优势，细化政策举措，下大力气解决制约发展的突出问题和百姓关注的现实问题，在实现发展突破中切实提高富民惠民水平。省委常委、秘书长樊金龙，副省长陈震宁，市委书记杨省世，市长项雪龙等市领导陪同调研或参加相关活动。

李强先后到蓝湾现代渔业园、赣榆港区、江苏天明特种车辆公司、赣榆区柘汪镇西棘荡村，深入到园区企业、工厂车间和田间地头，与企业家、干部、群众交流交谈，了解企业生产经营状况和群众生活情况。在江苏天明特种车辆有限公司的制造车间，李强希望企业充分利用临港独特优势，深耕高端装备制造行业，把市场规模做得更大，形成产业集群效应。李强到我省最北的西棘荡村，考察村史馆、村便民服务中心，走访农户。看到这个村规划齐整，家家户户住进两层小楼，得知村里靠尼龙颗粒加工、网绳制作等，去年村集体收入200万元，农民人均纯收入1.9万元，李强对村党组织在服务群众、致富村民中所发挥的关键作用给予充分肯定。“农村要富裕，需要有产业支撑，但关键还是要有一个坚强有力的党组织，要有一个带头人。”李强鼓励他们进一步总结经验加大探索，让更多纯粮户村民都富裕起来，成为苏鲁边界的样板村。

调研中，李强听取连云港市工作情况汇报。他指出，连云港山、海、港、城相依相拥，区位优势独特，资源条件良好，多重战略叠加，是全省新一轮发展最具潜力的地区之一。连云港在“一带一路”战略中是新亚欧大陆桥经济走廊重要节点城市、东方起点，对这个内涵要深入挖掘研究，进一步明确连云港的发展定位，更加聚焦、更加鲜明，把开放这篇文章做好，把海滨风光、现代产业体系、城市特色等优势充分彰显出来，站到发展的“风口”上，真正形成自己的竞争力。要推动临港产业发展取得突破，利用港口、土地、空间等方面优势，加大对港口依赖型产业的招商力度。要走好具有自身特色的创新路子，把创新落到具体产业、企业身上，引导和支持企业由低转高走创新发展路子，突出重点推动医药、新材料、旅游等产业向价值链高端攀升。

李强强调，加快富民是连云港面临的重要任务，要千方百计让百姓口袋鼓起来，特别是要充分调动和激发民间活力，使更多的人敢创业、会创业，形成创业致富的浓厚氛围。李强希望新一届市委班子提振精气神、闯出新路子，埋头办实事、坚决守底线，形成求真务实、真抓实干的强大合力。

12月20日，省委书记李强在连云港主持召开座谈会，听取苏北五市和扬州、泰州市党委主要负责同志意见建议，就贯彻中央经济工作会议精神，落实省党代会部署，做好明年各项工作进行调研。他强调，要牢牢把握稳中求进工作总基调，坚持以供给侧结构性改革为主线，围绕落实“两聚一高”拿出具体行动和举措，以过硬发展成果增强人民群众的获得感。

调研座谈中，连云港、扬州、泰州、盐城、淮安、宿迁、徐州七市党委主要负责同志，结合今年以来各地经济社会发展情况，就贯彻落实中央经济工作会议精神和省党代会精神、做好明年重点工作畅所欲言。李强在认真听取大家发言后说，明年是党的十九大召开之年，也是全面落实省党代会部署的开局之年。做好明年工作要把握大局，进一步突出稳中求进工作总基调、突出发展质量和效益中心、突出供给侧结构性改革主线，统筹做好稳增长、促改革、调结构、惠民生、防风险各项工作，在“稳”的基础上要实现“进”，把聚力创新、聚焦富民的各项任务落地落实落细，以优异成绩迎接党的十九大胜利召开。

李强指出，做好明年各项重点工作，苏中苏北要着力深化改革，充分释放市场活力，充分发挥市场在资源配置中的决定性作用和更好地发挥政府作用，结合实际抓好重点突破，牢牢抓住一两个带动力强的改革事项，确保试出经验、试出成效。要提振实体经济、发展特色产业，充分发挥实体经济的良好基础，发挥好空间、生态等方面优势，集聚发展资源，形成新的竞争力。要加快推进新型城市化，让有条件进城的农民能够在城市落户，让愿意留在农村的农民也能够享受到良好的公共服务。要注重环境保护和整治，下大力气重点解决好空气、水、土壤等污染治理问题，以良好的生态增强发展的竞争力。要抓好农业供给侧结构性改革，做好部分低收入农户增收致富工作，在农业特色化、绿色化、品牌化上下更大功夫，打造一批特有的区域性农业品牌。要着力促进社会和谐稳定，推动干部深入基层了解情况，积极排查化解各种社会矛盾隐患，切实加强安全生产工作，加大对化工行业的专项整治力度，加大对非法产能的惩治力度，共同营造良好的社会环境。

李强强调，苏中苏北实现新的发展，决定因素在人，关键靠实干，要大力营造干事创业的良好氛围。要发挥领导干部示范带头作用，充分调动各方面积极性，建立健全容错纠错机制，激励各级干部更好地担当作为，大力弘扬求真务实作风，出实招、下实功、创实绩，努力夯实区域长远发展的基础。

省委常委、秘书长樊金龙参加调研座谈会。

（《连云港日报》2016年8月6日、12月20日、12月21日）

省委副书记、省长石泰峰调研连云港至徐州高铁工程建设情况并慰问建设者

11月5日上午，连云港至徐州高速铁路开工建设，这是江苏“十三五”开工建设的首个重大铁路项目，沿线地区群众的“高铁梦”终于落地。省长石泰峰来到施工现场，了解工程准备与建设情况，亲切慰问奋战在一线的铁路建设者。副省长张敬华，中国铁路总公司副总经理黄民，市领导杨省世、项雪龙、王加培、尹哲强一同调研考察。

在连云港段工程现场，石泰峰详细了解项目进展情况。连徐高铁东起连云港站，经东海站、新沂南站、邳州东站、后马庄站，终至徐州东站，正线全长180公里，项目总投资281.7亿元，建设工期三年半。作为以我省投资为主建设的首条时速350公里高速铁路，建成通车后将有效缩短苏北地区与京沪及周边大中城市之间的时空距离，群众出行的便捷性和舒适性将显著提升。石泰峰说，连徐铁路是国家高速铁路“八纵八横”主通道和我省苏北快速铁路网的重要组成部分，横向沟通亚欧大陆桥通道，纵向连接京沪和沿海通道。加快该铁路建设，对深入实施“一带一路”、沿海开发等国家战略，加快苏北振兴和东陇海经济带建设，促进区域协调发展具有重要意义。

石泰峰与工程设计、建设、监理等人员亲切握手，代表省委、省政府向他们表示诚挚慰问和衷心感谢。他指出，在中铁总公司和上海铁路局的高度重视和大力支持下，在省有关部门和沿线地方党委政府的积极配合下，连徐铁路顺利完成各项前期工作，实现今年开工的预期目标。各建设单位和广大建设者要牢固树立质量第一、安全至上的理念，精心组织、精心施工、精心管理，努力把连徐铁路建成优质工程、精品工程。沿线各级党委政府和省有关部门单位要把支持连徐高铁建设放在突出位置，积极主动地做好协调服务工作，切实帮助解决施工中遇到的困难和矛盾，为工程建设创造良好的环境和条件。希望中铁总公司和上海铁路局一如既往地关心支持江苏铁路建设，推动我省铁路发展不断迈上新台阶。

黄民说，中央启动新一轮铁路建设以来，江苏省委、省政府审时度势、抢抓机遇，做出加快推进苏北铁路建设的战略部署，相继开工并建成一批重点项目。连徐铁路开工建设，进一步拓宽“一带一路”东部交通走廊，实现新亚欧大陆桥东桥头堡连云港及沿线地区与中西部乃至中亚地区的紧密对接，开通运营后苏北五市将形成高效便捷、内连外通的高铁路网。希望中铁总公司各部门和相关建设单位发扬拼搏奉献精神，精心组织、精心设计、精心施工，保质保量完成项目建设任务。

当天，省政府与中铁总公司在连云港进行工作会谈，双方就明年推动江苏铁路发展交换意见，达成共识。省有关部门和连云港、徐州市相关部门负责人参加调研。

省委省政府在连召开加快推进沿海地区发展工作会议

5 月 24 日至 25 日，省委、省政府在连云港市召开加快推进沿海地区发展工作会议，深入贯彻落实习近平总书记系列重要讲话特别是视察江苏重要讲话精神，回顾总结沿海开发国家战略实施情况，分析面临的新形势新要求，部署下一阶段工作，强化以新理念引领新发展再造新优势，推动沿海地区发展再上新台阶，确保实现国家规划确定的目标任务。

省委书记罗志军、省长石泰峰在会上分别讲话。省委、省人大、省政府、省政协有关领导同志，省有关部门和单位主要负责同志出席会议。会上，南通市、盐城市、连云港市和省沿海办负责人作交流发言。市委书记、市人大常委会主任杨省世代表连云港市发言。项雪龙、张同生等连云港市四套班子领导参加会议。

会议认为，沿海开发国家战略实施七年来，全省上下特别是沿海三市紧紧围绕国家规划确定的目标任务，强力推进战略实施，东部地区重要经济增长极和新亚欧大陆桥东方桥头堡的地位初步显现。“十三五”时期，沿海地区要紧密结合“一带一路”、长江经济带国家重大战略实施，把握形势要求，丰富目标内涵，创新思路举措，努力形成科技创新引领、集约集聚发展、海洋经济特色鲜明的现代产业高地，形成现代综合交通运输体系完善、辐射带动能力增强、新亚欧大陆桥东方桥头堡作用充分发挥的重要交通枢纽，形成对“一带一路”和长江经济带建设起示范作用、企业城市人才国际化水平更高、引进来与走出去互动并进的开放合作门户，形成市场机制更加健全、优质要素广泛汇聚、创新创业活力迸发的体制机制优势，形成生态环境优美、海滨风情浓郁、人民生活富足的宜居宜业地区。

会议指出，当前沿海地区进入发展新阶段，要突出问题导向，抓住关键环节，紧扣“五个着力”，充分发挥“一带一路”交汇点的独特区位优势，重点推进连云港港口、机场等重大基础设施建设，大力发展海洋经济和临港大工业，切实强化对新亚欧大陆桥沿线地区的服务和支撑作用，加快形成以区域中心城市为支撑、沿海综合交通通道为纽带、近海临港城镇为支点的新兴城镇化地区，全面增强沿海地区的发展活力、内生动力和整体竞争力。要提升领导发展能力，加大统筹协调力度，狠抓政策落实落地，汇聚沿海发展合力，努力营造有利于沿海发展的浓厚氛围，确保如期实现国家规划的第二步战略目标。

杨省世在发言中说，2009 年以来，连云港市认真贯彻省委、省政府决策部署，积极发挥交汇点优势，着力加快开放步伐，着力构建交通枢纽，着力构筑产业支撑，着力提升城市功能，扎实推进沿海开发，在落实国家战略上取得了阶段性成效。“十三五”时期是实施国家战略的收官阶段。我们将认真贯彻本次会议精神，聚焦工作重点，狠抓推进落实，着力在 30 万吨级航道二期工程通航、高铁通车、新机场建成上实现突破，在石化、冶金、核电等临港大工业项目上实现突破，在中哈物流中转基地、上合组织出海基地等“一带一路”标志性工程建设上实现突破，在对接“一中心一基地”建设、落实供给侧结构性改革任务上实现突破，在生态环境治理、低碳城市建设、化工园区转型上实现突破，确保圆满完成沿海开发各项目标任务。

会议期间，与会同志到南通、盐城、连云港进行了参观考察。24日下午，在连云港市先后考察江苏斯尔邦石化有限公司、中韩陆海联运码头、康缘药业股份有限公司。

省委省政府召开沿东陇海线经济带建设工作座谈会对连云港提出要求

5月25日至26日，省委、省政府召开沿东陇海线经济带建设工作座谈会，研究部署新形势下沿东陇海线经济带建设的重点任务和关键举措。省委书记罗志军在座谈会上强调，推进沿东陇海线经济带建设，要认清时代背景、抢抓历史机遇，聚焦产业发展、突出扩大开放，着力改革创新、发挥政策效应，在融入“一带一路”战略中加快发展进程，为全省大局做出更大贡献。沿东陇海线和沿海在连云港交汇，要加强“两沿”的深度互动，加强陆海统筹，在港口组合发展、功能区联动发展等方面加大力度，让沿海和沿东陇海线协力拉动江苏腹地发展。省委副书记、省长石泰峰主持会议。省委、省政府有关领导同志，省沿东陇海线经济带发展工作领导小组成员单位主要负责同志出席会议。会上，省发改委、徐州市、连云港市负责同志作交流发言。连云港市委书记、市人大常委会主任杨省世代表我市发言。市长项雪龙参加会议。

罗志军在充分肯定10年来沿东陇海线经济带建设取得的成绩后说，省委、省政府对沿东陇海线经济带建设始终高度重视、寄予厚望。国家“一带一路”战略的实施，为沿东陇海线经济带建设带来重大的历史机遇。在新一轮发展中，沿东陇海线地区要把握趋势性方向，积极顺应大势，创新和确立发展策略、思路、路径、重点，跟上步伐、力求超越；要把握规律性变化，把着力点放到创新型提升、外向型拓展上，寻找新的动力和空间；要把握阶段性要求，合理确定“十三五”时期的发展目标，力争人均地区生产总值2020年达到东部沿海省份平均水平。

罗志军指出，推进沿东陇海线经济带建设，要坚定不移走开放发展的路子，把开放发展作为践行新发展理念的牵引性工程，作为推动新一轮发展的龙头带动，大力弘扬开放精神、强化开放意识，创新开放的思路举措，通过扩大开放最大限度地集聚资源、壮大产业，在开放中求发展、增优势。要加快“短线”接入“长线”，加快基础设施、载体平台、营商环境对接，全面融入国家战略。要强化“向东”和“向西”双向开放，向东重在招引，向西重在合作，扩大对内开放，充分释放叠加效应。要坚持“产业带”支撑“经济带”，着力做大优质增量、做强特色优势、做新产业形态，辐射带动区域发展。

罗志军指出，建设沿东陇海线经济带的重要目的，是通过“带”的加快崛起，带动整个苏北“块”的加快发展，这就需要在融合发展上下更大功夫。一方面要加快“带”内的融合发展，做强两头、带动中间、一体化发展。以中心城市为龙头，在全域范围内加强规划引导和政策协调，推动港口共用、政策共享、园区共建、产业共兴，最大限度地释放各种发展要素的活力。另一方面要加快与苏北、沿海地区的融合发展，辐射腹地、有效传导、整体发展。要自觉融入苏北振兴的大局，加强沿海和沿东陇海线这“两沿”的深度互动，在港口组合发展、功能区联动发展等方面加大力度，协力拉动江苏腹地发展。

罗志军强调，推进沿东陇海线经济带建设，要着力改革创新、发挥政策效应，在真抓实干中奋发作为。要充分运用“一市一策”搭建的改革创新平台，着力夯实长远发展的支撑，着力抓好既定目标任务的落实，着力激发内生动力，切实强化主体意识、紧迫意识、争先意识，推动沿东陇海线经济带建设取得更大突破，在全省发展大局中、在“一带一路”国家战略中发挥更大作用、做出更大贡献。

石泰峰强调，各有关地区和部门要进一步深化思想认识，以高度的责任感和使命感，抓住用好国家重大战略机遇，深度参与、更好融入“一带一路”建设，主动呼应和参与新亚欧大陆桥经济走廊建设，努力放大向东开放优势、做好向西开放文章，在服务国家对外工作大局中拓展江苏发展新空间。要突出重点任务，狠抓关键环节，特别是要突出通道建设、突出转型升级、突出载体支撑、突出改革重点，为沿东陇海线经济带建设不断注入新动力。要加强工作统筹，形成推进合力，以开展“两学一做”学习教育为动力，以“滚石上山、爬坡过坎”的韧劲和勇气，全力以赴推进各项重点工作落实，合力推动沿东陇海线地区发展不断取得新成效，为“迈上新台阶、建设新江苏”做出更大贡献。

杨省世在发言中说，近年来，连云港市深入贯彻落实省委、省政府加快苏北振兴和沿东陇海线经济带建设的决策部署，积极发挥比较优势，扎实推进通道建设，加快培育特色产业，着力优化城镇布局，积极构建生态走廊，促进区域共同发展。随着国家“一带一路”战略深入实施，沿东陇海线经济带在全省区域发展格局中的作用更加突出。连云港市将认真贯彻落实此次会议精神，立足自身基础条件，以陆桥为依托强化互联互通，以协同为关键促进联动共建，以小康为目标增进民生幸福，扎实推动经济带建设取得更大成效。

会议期间，与会代表在连云港市、徐州市进行参观考察。

省政府办公厅出台《关于支持上合组织（连云港）国际物流园和中哈物流合作基地建设发展的意见》

为深入落实国家"一带一路"战略，加强与沿线国家和地区的产业与物流合作，加快推进上合组织（连云港）国际物流园和中哈物流合作基地建设，打造国际经贸物流合作示范平台，省政府办公厅出台《关于支持上合组织（连云港）国际物流园和中哈物流合作基地建设发展的意见》。

《意见》明确了上合组织（连云港）国际物流园建设成为中亚—环太平洋的商贸物流集散中心、服务上合组织成员国的国际物流合作基地、现代物流业创新发展的试验示范园区的发展定位，并给予具体的支持政策。

一是科学规划园区发展，将园区作为沿海开发开放合作载体和改革试点平台列入国家、省相关规划。支持我市申报国家物流业创新发展示范城市，支持园区优先申报省级生产性服务业集聚示范区、国家级示范物流园区。

二是完善园区物流服务体系，增强园区服务功能，支持园区国际大宗商品交易中心和资源配置平台建设，支持园区申报大宗商品交易所。加快海河联运业务发展，支持在连云港率先试点应用公路新型运输工具，对通往连云港港的集装箱运输免收高速公路通行费和内河集装箱船舶过闸费。

三是推进园区创新发展，打造面向"一带一路"的物流大数据中心，支持南京海关、江苏检验检疫等口岸数据在连云港电子口岸平台上实现联通共享。支持在连云港设立跨境电子商务综合试验区和上合组织电子商务联盟总部，支持园区开展"直购进口""零售出口"试点，争取"网购保税试点"。支持园区建立物流技术装备创新研发中心和科技公共服务平台，推广物流先进技术。

四是拓展对外合作空间，吸引"一带一路"沿线国家和地区的城市和企业，合作共建上合组织国际物流园，引导省内企业赴哈萨克斯坦"霍尔果斯—东门"经济特区开展投资合作。支持在园区复制推行自贸区试点政策。

五是加大政策支持力度，省财政在安排地方政府债券转贷额度时给予园区倾斜，农用地转为建设用地缴纳有偿使用费全额返还地方政府。支持扩大连云港国际出口班列规模，争取国家铁路部门对连云港国际班列给予运费运价下浮政策。支持园区符合条件的企业通过债务融资工具和对接保险资金等多种方式融资。设立上合组织（连云港）国际物流发展基金，省"一带一路"基金和沿海开发系列基金向园区倾斜支持。从全省铁路基金中安排3亿元以省级主体名义专项用于园区铁路线的资本金投资。

工作综述

中国共产党连云港市执政实录（2016年）

2016年是“十三五”规划和全面建成小康社会决胜阶段的开局之年，也是推进结构性改革的攻坚之年。市委带领全市人民，在省委、省政府的坚强领导下，深入学习贯彻习近平总书记系列重要讲话特别是视察江苏重要讲话精神，坚持稳中求进工作总基调，积极践行新发展理念，以供给侧结构性改革为主线，统筹抓好稳增长、调结构、促改革、惠民生、防风险等各项工作，经济社会保持良好发展态势，实现了“十三五”良好开局。

一、深入学习贯彻习近平总书记系列重要讲话精神，抓好中央、省委重要会议精神贯彻落实

市委坚持把习近平总书记系列重要讲话特别是视察江苏重要讲话作为党委（党组）中心组学习、学习型党组织建设的核心内容，作为党员干部教育培训、新闻宣传的重要任务，做到干部培训、主题宣讲、社会宣传全覆盖。市委召开常委扩大会议，专题学习了习近平总书记“七一”重要讲话精神。市委把学习贯彻党的十八届六中全会和省第十三次党代会精神，作为一项重要的政治任务。市委常委带头到所联系的县区、功能板块和分管领域开展宣讲，组织市宣讲团深入基层进行宣讲，推动省党代会精神进机关、进农村、进社区、进学校，在全市上下持续兴起学习贯彻热潮。在传达学习的过程中，市委注重在结合上做文章，在付诸实践上下功夫。围绕聚力创新，着力推动全市上下牢固树立创新发展理念，深入谋划聚力创新举措。围绕聚焦富民，加快产业强市步伐，大力推动创业就业，重点解决一批群众急需急盼的实际问题，不断提升群众的获得感。围绕高水平全面建成小康社会，突出问题导向、效果导向，针对交通设施、县域经济、扶贫开发等薄弱环节，对标找差，奋力攻坚。围绕全面从严治党，找准管党治党与激励作为的结合点，坚持多措并举、聚焦发力，努力把党的建设推向纵深。

二、保持经济运行平稳增长

2016年，市委认真落实宏观调控政策，主动适应经济发展新常态，编制实施新一轮产业发展规划，定期分析经济形势，加大统筹调度和难题会办力度，经济运行总体平稳、稳中有进、稳中向好，经济总量不断扩大。2016年，全年实现GDP 2376.48亿元，增长7.8%。其中人均GDP首次突破5万元，达到52986元。围绕工业立市、产业强市发展思路，深入开展“企业服务年”活动。出台去产能、降成本等政策意见，加强生产要素有效供给，工业投资保持20%左右的高速增长，增速持续居全省首位。实施企业培强培优、上市企业培育、科技型中小企业培育三大行动计划，推动工业稳步增长。临港产业实现恢复性增长，新医药、新能源、装备制造等产业产值保持两位数以上增速。规模以上工业增加值增长9.3%，工业对于经济的支撑作用进一步增强。大力推进农村一、二、三产融合发展，促进传统农业向现代农业转变，现代农业发展加快。粮食生产保持丰收，外向型农业全省领先，农产品出口额继续位居全省前列，全省开放型农业现场会在我市召开。农业国际合作示范区全面推进，成功承办第十八届（2016）江苏农业国际合作洽谈会和全国食用菌大会，启用省内首个市级农产品品牌“连天下”。积极培育农业龙头企业，全市新增市级龙头企业70家，省级以上农业龙头企业实现销售收入约250亿元，规模以上农产品加工企业产值达1150亿元。积极稳妥推进农村土地承包经营权流转，发展农业适度规模经营，加快培育家庭农场、农民专业合作社等新型经营主体。把发展现代服务业作为全市产业结构优化升级的战略重点，

加强政策引导，推进集聚集群，重点建设一批现代服务业集聚区，促进服务业规模化、品牌化发展，服务业成为全市经济发展重要增长点。2016 年，实现社会消费品零售总额 933.31 亿元，增长 12.4%。新型业态加快发展，连云港被认定为省跨境电子商务试点城市，东海县被评为省级电商示范县，全年电子商务网络零售额突破 100 亿元，增长 25%。市场消费繁荣活跃，万达广场建成投用。旅游业蓬勃发展，制订《连云港市国家级旅游业改革创新先行区实施方案》，花果山景区创成国家 AAAAA 级景区，全市全年实现旅游总收入 395.40 亿元，增长 15.5%。

三、落实对外开放和“一带一路”交汇点建设重点工作

深入落实“一带一路”战略，沿海开发和沿东陇海线建设深入推进。东西双向开放不断深入。向东开放优势不断扩大，进一步加强与日韩、东南亚港航贸易合作。加快做好向西开放文章，强化与上合组织、欧洲等陆桥运输合作，不断深化与哈国铁、欧亚资源、立陶宛克莱佩达港、格鲁吉亚波季港等港航企业合作关系。全年实际到账注册外资 5.50 亿美元，进出口总额 70.40 亿美元，其中出口总额 36.84 亿美元。两基地建设加快推进。中哈物流基地一期实现稳定运营，连云港口岸哈国过境小麦方案通过国家质检总局评审，中哈物流基地粮食仓库硬件设施建设基本完成。累计进出货物突破 300 万吨，集装箱完成 14 万标准箱，二期散粮筒仓、铁路场站等合作项目顺利推进。与哈萨克斯坦东门特区、新疆霍尔果斯合作共建物流场站，“一园三区”链式物流格局初步形成。上合组织国际物流园基础设施建设加快推进，建成货物堆场 146 万平方米，形成 450 万吨堆存能力，园区物流服务能力显著提高。两条国际班列运行良好，“连新亚”实现每天一列稳定运营，运量占全国市场 40%，运行效率和效益在国内同类班列中保持领先。“连新欧”成为国家重点支持发展的国际班列。建成进口商品保税交易中心。全省第一家进口商品保税交易中心建成，跨境电子商务发展迅速，获批开展除网购保税进口模式以外的一般进口、一般出口、保税出口等各类跨境贸易电子商务试点。成功举办第三届连博会，连博会品牌影响力逐步提升。与“一带一路”沿线国家地区的人文交流和经贸往来得到加强。

四、加快重大项目建设

投资总量不断扩大。全年完成固定资产投资 2385.16 亿元，增长 14.8%。重大项目增多。全年亿元以上在建重大项目 644 个，比上年增加 115 个，完成投资 1502.8 亿元，占全部投资额的 63.0%。在全市上下共同努力下，集中精力解决一批制约发展的大事要事。连徐高铁正式开工，连盐、连淮扬镇、连青铁路建设全面推进，铁路综合客运枢纽开工建设。30 万吨级航道二期工程获国家发改委批复，徐圩港区 30 万吨级原油码头环评审批继续推进，赣榆、灌河、徐圩两翼港区开港运营，综合通过能力达到了 1.6 亿吨，组合大港基本形成。新机场建设通过民航行业审查，军地协议已正式签订，项目立项取得了突破性进展。全市现代化对外快速交通网络全面拉开。田湾跨海大桥、徐新公路、云宿路等重点道路建成通车，主城区路网结构不断完善，组团间的联通更加顺畅。国家级石化产业基地通过环保部批复，总投资 750 亿元的盛虹集团 1600 万吨炼化一体化项目前期工作进展顺利。省原创化学药创新中心获批全省三大创新平台之一，碳纤维复合材料试验公共服务平台项目列入国家工业强基工程，发展大型临港产业、战略性新兴产业的基础更加坚实。

五、深化重点领域改革

坚持把改革作为新常态下经济发展的最大动力，全力攻坚重点领域，统筹协调推进各项改革。扎实推进供给侧结构性改革，制定出台“三去一降一补”实施意见。坚定不移去产能，坚决淘汰小钢铁、小化工等落后产能，“地条钢”整治到位，关停小化工企业35家。对产能长期闲置企业，实施“一企一策”关闭淘汰、重组盘活。坚持因地制宜、分类施策去库存。房地产市场管理得到加强，货币化安置力度加大，促进房地产市场健康平稳发展，全市商品房、商品住房去化周期比上年底分别减少8.3个月和7个月。工业企业产成品库存同比下降2.2%。积极稳妥去杠杆，非金融企业直接融资占社会融资规模比重提高到39.8%，不良贷款余额、不良贷款率实现双降。认真落实涉企减税降费政策，降低企业融资成本3个百分点左右，国有平台融资成本明显降低。多措并举降成本，深入落实营改增改革，阶段性降低“五险一金”缴费比例，企业和居民负担显著减轻。全力以赴补短板，加大对脱贫攻坚、农业、民生等领域的投入，民生领域公共支出增长22%，占新增财力的80%以上，扶贫开发完成年度预期目标。不断推进行政审批制度改革，“多证合一、一照一码”登记制度改革在我市正式启动。我市企业设立登记业务3天内办结率为100%，位于全省前列。探索开展“容缺预审”工作，出台《关于对重大项目实行容缺预审的意见（试行）》。国企改革扎实推进、不断深化。国有企业的经济效益、服务和保障民生水平、抗风险能力明显增强，国资监管体系进一步完善。着力抓好承担的国家、省级改革试点任务，东海县农村产权交易市场、承包土地准入监管等经验在全国推广。创新能力不断提升，2016年我市成功获批为国家知识产权质押融资试点城市，市科技创业服务中心众创空间通过国家级众创空间备案认定，引进中关村软通动力领创空间项目已建成运营，全市共获国家科技进步奖3项。

六、加强思想舆论和文化强市工作

落实党委意识形态工作责任制，做大做强主流舆论。把笔头、镜头全方位聚焦发展大局，围绕“两聚一高”“一带一路”、产业强市、卫生城市创建等事关全市发展大局的重大主题，浓墨重彩地推出“十三五精彩开局”“两聚一高在港城”“创卫美我家”“产业强市企业行”等一批有震撼力的大型新闻行动，创办“交汇点”等专题专版专栏40余个，实现宣传战役与中心工作无缝对接、同步跟进。在打造外界感知连云港的形象品牌上持续发力，全年在中央、省主流媒体发稿1000余条，其中《人民日报》59篇，央视《新闻联播》8条，新华社及“一带一路”沿线城市媒体多次走进我市开展联合新闻行动，哈萨克斯坦国家电视台来连云港拍摄“一带一路”专题片。注重运用网络语言讲好港城故事，开设“击鼓传声”正能量传递、“网络文明耀港城”等专题，被推送的原创网评数量居全省前列。筹建市委网信办，牵头网络安全联动管理和培训，依法处置违法违规网站，积极稳妥应对涉连舆情和突发事件，切实维护来之不易的发展大局。群众性精神文明创建富有成效。持续擦亮“美·德照亮港城”品牌，成立“道德风尚建设基金”，举办“美·德照亮港城”颁奖典礼，常设“文明有约”“温暖港城 好人好报”等专题专栏，编辑出版“万名小记者寻找身边的美”系列丛书，精心打造步行街“核心价值观示范路”、革命纪念馆“美·德照亮港城”展示区、BRT沿线站台“好人相伴、一路同行”展示栏，让市民沐浴在“爱敬诚善”的氛围中，得到更多的感悟体验和精神提升。我市家风建设得到中宣部和全国妇联肯定，在全国“最美家庭讲好家训”巡讲工作会上作交流发言，谢芳丽家庭被评为首届全国文明家庭。葛军入选第二批全国岗位学雷锋标兵，市供电公司“连心电”志愿服务队被评为全国最佳志愿服务组织，8 个志愿服务项目在省首届志交会上获奖。5 人被选树为省级先进典型，32 人荣登中国和江苏好人榜，数量在江苏各市中领先。中央文明办简报 3 次刊发我市未成年人思想道德建设工作经验。文化建设滋润人心。突出“一带一路”主题和港城韵味，在日本推出《徐福外传》连环画，出版发行《当代中日韩徐福文化交流图志》，举办徐福文化与“一带一路”城市文化产业国际论坛，倾力打造的广播连续剧《逐梦东方大港》在央广播出，本土纪录片《花果山传奇》《沂沭安澜》在央视展播，现代淮海戏《辣妈犟爸》获省第三届文化艺术节优秀剧目奖。面向全球举办“花果山杯”画说美猴王工艺美术作品创意设计大赛，得到近 190 家国外媒体关注，共征集各类参赛作品 4200 多件，并荣获全省宣传思想文化工作创新奖。积极释放文化发展活力，培育一批优质文化产业园区和重点项目，建立提升文化创意和设计服务发展水平联席会议制度，设立公共文化发展联络协调机制，优化国有文化企业管理考核机制。市图书馆公共服务标准化入选国家第三批试点项目，全市 325 个基层综合文化服务中心初步建成，市、县（区）级文化馆全部建成国家一级馆，樊氏图书馆获评全国“书香之家”。

七、推进生态文明建设

市委、市政府召开生态文明建设大会，落实 188 项生态文明建设工程，稳步推进生态文明建设。在全国地级市中率先完成战略环评试点，东海县、赣榆区通过国家级生态区验收，海州区、连云区通过省级生态区技术评估，市开发区获批国家级生态工业示范区。国家级和省级生态乡镇覆盖率分别达 25%、75%，建成国家级生态村 7 个、省级 75 个。深入推进生态文明改革，编制完成全市生态文明建设环境保护重点任务行动两年方案和生态红线区域保护实施方案，持续推进治水、治气、治土三大战役。明确 408 个大气污染防治工程项目和 84 个重点大气污染物减排项目。部署推进“控煤、降尘、治车、禁烧”等年度重点任务，巩固秸秆禁烧和综合利用常态化管理机制，保持秸秆综合利用率 95% 以上，四项主要污染物均顺利完成“十二五”期间的削减任务，通过“十二五”总量减排终期考核。2016 年，市区空气质量优良率为 76.5%，全市 PM2.5 浓度显著下降，全省排名第 2 位。加大对水环境整治工作的督查推进力度，12 个工业聚集区建设污水集中处理设施、6 个工业聚集区污水接入城市污水集中处理厂集中处理，安装在线监控装置，实现工业园区污水处理设施全覆盖，河流断面水质明显改善。开展“清水进城”工程，启动实施烧香河、妇联河、驳盐河、开泰河等河道清淤，不间断实施生态调水，市区骨干河道水环境面貌显著提升。深入落实“河长制”、河道保洁制、重点河段环境卫生督查制，实现市区水环境长效常态管理。全市完成造林 9.52 万亩，市区新增绿地 300 公顷，成功创建全国绿化模范城市。完成 43 个省级村庄绿化示范村建设，全市新建湿地保护小区 5 个，湿地保护率达到 46.1%。认真落实中央环保督察整改要求，整改落实督察组交办的 31 批共 168 件事项。强势推进“两减六治三提升”专项行动，集中惩治一批情节恶劣、损害环境的典型案例，化工园区、农村畜禽养殖整治等重点工作取得初步成效。开展“蓝色海湾整治”行动，落实海洋生态补偿资金，海洋生态环境修复取得积极成效。落实耕地和基本农田保护责任，开展闲置土地清理及低效产业用地再开发工作，今年来全市共盘活存量土地 8875 亩。严厉打击私采滥挖行为，加强废弃宕口整治复绿。

八、切实保障改善民生

坚持民生优先，大力实施就业创业促进、居住条件改善、交通出行便利、社会公共安全、教育强基、医疗卫生提升、文化惠民、全民健身、生态环境保护、社会保障十大民生工程，民生社会事业稳步提升。千方百计促进群众增收，全市新增城镇就业6万人，社保覆盖面和保障水平持续提升，新增转移农村劳动力2.65万人，城镇登记失业率1.98%，完成年度就业目标和脱贫任务，8万人实现脱贫。大力推进“干净、方便、顺畅”连云港建设，海滨大道全线通车，完成华联广场交通改造，打通10条城市“断头支路”。积极推进公交优先战略落实，新辟及优化调整公交线路22条，新购纯电动公交车辆256辆。新开通运营6个乡镇镇村公交，镇村公交开通率达到50%以上。改造23个片区400条52公里背街小巷和老旧小区，整治生活污水排口105个。国家卫生城市创建取得阶段性成果，群众获得了更多的实惠。推动公共服务项目均衡布局，改造中小学校舍31.4万平方米，海州高级中学新校区、苍梧小学西校区等一批新学校建成投用，进城务工人员子女入学政策得到全面落实。医疗卫生体制改革稳步推进，市县乡村医疗资源纵向整合成效显著，加快构建分级诊疗制度，开展基层首诊试点，基层医疗机构首诊量达到60%。提高新农合保障水平，全市新农合参合率达99.71%。第一人民医院新海院区项目竣工，公共卫生服务能力进一步提升。新开工保障性安居工程8602套，基本建成8799套，1708户低收入城市居民全部享受到住房补贴。社保体系不断完善。基本完成全民参保登记工作，大力推进扩面征缴，市区职工“五险”社保费总收入47.56亿元，同比增长3.06亿元，增长率6.87%。市民政公共服务中心项目顺利建成，集8个为民服务中心和多个智能化服务平台为一体。建成市级智慧养老服务平台，全市养老床位总数增至30744张。实施国民体质监测、科学健身指导、健身设施惠民、健身活动普及、健身活动保障等全民健身“五大工程”建设，省公共体育服务体系示范区创建取得明显成效。

九、维护社会和谐稳定

加强平安连云港建设，突出抓好社会治安、安全生产、信访维稳、食品药品和农产品质量安全等工作，妥善处置社会突发重大问题，社会大局保持和谐稳定。社会治安坚持打防结合，不断提高群众安全感。坚决维护政治安全，严厉惩治刑事犯罪，有效防范公共安全风险，从严从实从细做好安全稳定工作。加快推进社会治安防控体系建设，“市域、城域、核心区域”三道立体防控圈更为完善。信访工作加强矛盾化解，切实提升社会满意度。坚持和深化矛盾纠纷排查化解、多元融合调处、社会稳定风险评估等行之有效的工作机制，加强形势分析研判，最大程度从源头上预防和减少信访矛盾的发生。畅通信访渠道，着力打造“阳光信访”“责任信访”“法治信访”。深入开展县区党政主要领导接访下访“百县千案”活动，全面启动全市权益保障卡推行工作，绝大多数信访问题被有效化解在当地，全市信访形势持续向好，连续第三年获评全省“信访工作先进市”。安全生产坚持守住底线，全力维护社会大局稳定。扎实推进重大安全隐患整改，开展危化品安全等专项整治活动，常态化推进隐患排查治理工作。强化重点时段、节假日和重大活动期间风险管控，严格落实防范措施。狠抓企业主体责任落实，按照“一年全面启动，二年强化落实，三年巩固提升”的步骤，开展落实企业安全生产主体责任活动，对全市落实企业主体责任专项行动进行全面部署。全市发生各类事故起数和死亡人数均比上年下降，在全省设区市中都处于最低水平。食品药品安全落实监管职责，保障群众切身利益。出台《关于加强食品安全工作的意见》，抓好食品安全城市和农产品质量安全县创建工作，强化“全程追溯”的监管方式，完善食品药品安全全过程、全链条监管。进一步提高食品抽检率，人民群众对食品安全放心满意度有所提高。

十、推进全面从严治党

深入贯彻中央关于全面从严管党治党的新思想、新论断，特别是认真学习十八届六中全会精神，认真落实全面从严治党主体责任。把思想建党作为首要任务，在各级党委（党组）中心组中大力推行“四定学习法”，坚持每月至少学习一次；在党员干部中深入开展理论、理想、理性“三理”专题学习讨论，扎实推进学习型党组织建设。严格执行“四凡四必”等选任机制，选准用好干部。严格组织把关，严肃换届纪律，严抓班子建设，顺利完成市县乡党委集中换届，整个换届风清气正，没有发现一起违规问题。分层分类制定党建责任清单，建立党建工作督导巡查机制，推动党建责任层层压紧压实。狠抓基础规范，用好先进模范，选树典型示范，全面落实基层党建工作 7 项重点任务，西棘荡村党委书记钟佰均因地制宜强村富民做法得到省委书记李强多次高度评价，灌南县驻杭州流动党员党委被评为全国先进基层党组织。强化基层组织和干部队伍建设，举办五大发展理念、十八届六中全会精神等专题轮训班。不断增强“四个意识”，引导党员干部知边界、明底线、守纪律。驰而不息推进作风建设，健全党风廉政建设“两个责任”体系，明确市委领导班子、市委书记、市委常委、市纪委领导班子“四项清单”，廓清责任边界。认真抓好中央、省委巡视反馈意见整改工作，加大约谈函询力度，层层传递压力，压实工作责任，保质保量完成各项整改任务。制定出台监督执纪“四种形态”实施办法、党风廉政建设巡察办法、进一步规范民主生活会，强化党内监督的规定等管党治党制度，保持惩治腐败高压态势，推动全面从严治党走向严实硬。高标准、高质量推进“两学一做”学习教育，认真组织部署，加强督促检查，有力有序推动问题整改。重视抓好民主法治建设和统战群团工作，民主党派顺利完成换届，团结和谐的局面进一步得到巩固。胜利召开市第十二次党代会，为今后五年发展明确了目标、绘就了蓝图。

要 事 特 载

开展“两学一做”学习教育

为深入学习贯彻习近平总书记系列重要讲话精神，推动全面从严治党向基层延伸，巩固拓展党的群众路线教育实践活动和“三严三实”专题教育成果，进一步解决党员队伍在思想、组织、作风、纪律等方面存在的问题，保持发展党的先进性和纯洁性，党中央决定，2016年在全体党员中开展“学党章党规、学系列讲话，做合格党员”学习教育（以下简称“两学一做”学习教育）。中共中央办公厅印发《关于在全体党员中开展“学党章党规、学系列讲话，做合格党员”学习教育方案》，并发出通知，要求各地区各部门认真贯彻执行。

4月19日，市委召开全市“两学一做”学习教育动员部署会，集中收听收看全省“两学一做”学习教育工作座谈会，并对贯彻中央和省委精神、做好全市学习教育工作进行动员部署。市委书记、市人大常委会主任杨省世出席会议并讲话，要求全市各级党组织要坚持以思想自觉引领行动自觉，加强思想建设，深化作风建设，推动事业发展，以严的精神和实的干劲，自觉主动地把“两学一做”学习教育抓好、抓实、抓到位。全体党员要坚持以学做一体推动知行合一，按照市委《“两学一做”学习教育实施方案》（以下简称《实施方案》）的要求，认真落实“四专一争”工作部署，高标准高质量推进学习教育，做到学有所获，主动做好示范，务必改得彻底，确保干出实绩，切实当好创业的模范、发展的先锋。

学习教育开展以来，连云港市委始终把开展学习教育作为落实全面从严治党的重大政治责任，强化思想引领，突出领导带头，坚持学做结合，注重融入日常，以又严又实的工作定位、善作善成的推进措施抓实抓细学习教育各项工作。

在学习教育部署上，市委坚持谋划在先，准备在前，做到思想发动、情况排查和力量保障“三个先行”。3月初，专门成立3个调研组，分赴县区、市直单位、高校、两新组织开展“两学一做”学习教育专题调研，召开不同层次座谈会20余场次，访谈党员代表300余人次，实施“万份问卷大调查”，梳理排查意见建议近千条，做到党员队伍结构分布、党员领导干部思想状况、存在的模糊认识、需要解决的突出问题“四个摸清”。4月初，抽调35名业务熟练、工作认真、经验丰富的精干力量，成立市“两学一做”学习教育办公室，下设综合组、宣传组和4个督导组，做到班子成立、人员抽调、场所落实、经费安排“四个专门”。全市156家参加单位，尤其是6个县区都参照市委做法，在党建工作领导小组下，成立“两学一做”学习教育办公室。4月18日，市委召开常委会会议，传达学习中央和省委“两学一做”学习教育相关会议精神，审议并原则通过我市“两学一做”学习教育《实施方案》，对学习教育指导思想、基本原则、主要任务、方法措施、领导要求等逐一明确。

在学习教育推进中，市委坚持把开展学习教育作为各级一把手的重要任务，通过强化组织领导，坚持分类指导，严格督查指导，确保学习教育取得实实在在的成效。一是突出以上率下。充分发挥“关键少数”的引领作用，市委常委会坚持学在前、做在先，带头加强学习、带头制定计划、带头开展研讨，先后召开市委常委会专题学习会、市委中心组专题学习会，将党章党规、系列讲话、“五大发展理念”“四个全面”战略布局、十八届六中全会、省第十三次党代会精神等学习内容专题化，一次一专题。学习教育期间，市四套班子集中学习19次、集中学习时间40.5学时，深入基层作学习报告46场次，形成以上率下、整体联动的良好氛围。印发《“一把手”职责任务清单》，明确推进学习教育“八项职责”和参加学习教育“八项任务”，推动“一把手”既牵头抓好学习教育，更带头参加学习、接受教育。出台《关于深化联系点工作推动“两学一做”学习教育的通知》，在全市建立分片联系指导制度，各级领导干部、市直部门直接联系乡镇、结对村社，了解村情民意，排解矛盾纠纷，化解发展难题。各级党员干部既注重抓好领导班子的整改，又注重抓好个人、分管领域、联系点的整改，积极牵头协调解决问题。各地各单位党委（党组）也都严格落实领导责任，落实工作方案，明确学习教育时间表和路线图，班子成员以普通党员身份参加支部生活，确保各项部署落到实处。二是突出分类推进。针对参加单位、人员的不同特点，在强化分类指导上下功夫、求实效。以行业条线主管部门为主体，坚持“三个区分”，分行业、分领域制订工作方案11个，确保学习教育任务具体化、举措精准化、落实差异化，有效防止了左右一个样、上下一般粗。结合党员实际，分别编印学习教育参考书、口袋书、简易读本，市级层面共编印发放各类学习书籍、参考资料近10种、30万余册。成立四个常设督导组，分别对应县区、机关、国企高校和“两新”组织，各督导组根据不同督导对象特点，制订有针对性的督导方案和工作计划。印发《开展集中督导的通知》，明确督导对象、督导内容、督导方式，已开展集中督导4次、日常督导610余次。印发《在“两学一做”学习教育中推进“聚焦20号”相关工作的通知》，严格落实每月20日的集中活动日和固定学习日制度，落实考勤记录，在党建云平台开通督查系统，在支部设立视频即时监控和图片上传系统，实现支部学习实时监控。三是突出氛围营造。充分运用报刊、广播、电视、网络等媒介和内部简报，迅速及时地反映各地各单位经验做法。中央方案出台后，第一时间以图解的形式，在连云港党建微信上分上下两期对“两学一做”学习教育进行深入解读，并及时更新中央和习总书记对学习教育的最新指示要求，取得良好社会反响。注重运用各类媒体，通过新闻报道、典型宣传、专题专访、言论评论等形式，大力宣传开展学习教育的重大意义、重要内容、重点举措，在市级报纸、广播、电视、网络主要媒体开设10余个专栏、专题，刊发相关稿件300余篇、图片120余幅，播发新闻、消息600余条。开通学习教育专题网站，刊载稿件1200余篇，点击量达11万余次。

在学习教育的方法上，市委坚持以学做一体推动知行合一，紧密结合连云港实际，创新特色和载体，确保学的质量和做的成效。一是创新“学”的方式。印发《关于讲好“两学一做”学习教育党课的通知》，对书记讲党课提出“四个讲清楚”要求，推动书记带头上党课。分别围绕“新时期共产党员思想行为规范”等四个专题开展研讨学习。市级层面，成立市委和市委党校两个“两学一做”讲师团，组成46人的市级宣讲队伍，深入开展党章党规、习总书记系列讲话等理论巡讲，全市累计开展宣讲3500余场次。以“服务在岗位、满意在港城”“党员争先、岗位建功”“党员责任区”等活动以及纪念建党95周年表彰的先进典型为原型，制作“我身边的共产党员”微电影、反腐倡廉专题片，在先锋频道、远程电教平台和党建云微信上进行展播。举办优秀党员先进事迹图片展、优秀党员典型事迹报告会，引导先进典型走进基层党组织、走到党员群体中间，讲自身经历、讲典型故事、讲学习心得，引领争做合格党员的争先进位氛围，以先进典型的实践做法引领“学做”风尚。二是丰富“做”的载体。在做到规定动作全部到位的基础上，注重创新自选动作，使学习教育既全面落实中央和省委的要求，又贴近基层实际、符合党员需求、体现连云港地方特色。开展以“争群众满意窗口、争优质服务品牌、争优秀服务标兵”为内容的

“三争”活动，创建党员示范岗、党员先锋岗320多个，窗口服务群众满意度达98%；开展“党员争先、岗位建功”活动，通过“党员示范岗”“党员责任区”等有效载体，落实党员亮牌示范，比业绩、比服务、比作风，立足岗位创造业绩，推动在职党员强党性、做贡献、树形象；开展无职党员“设岗强责”活动，为全市近4万名无职党员设置监督岗、公共事务岗、示范岗等3大类13个岗位，引导发挥先锋模范作用；开展“领导干部立家规、共产党员正家风”“一讲二晒三美”活动（百姓讲齐家故事、干部晒家训家规、城乡美家书家事家庭）“我说家风给党听”主题演讲比赛、优秀家规家风故事征集和寻找“最美家庭”活动，以优良家风促政风改作风。三是保证“改”的成效。围绕党员“五查摆五强化”、县处级以上党员领导干部“八查摆八强化”，照镜子、正衣冠，对照查摆自己存在什么问题，列出问题清单，找准抓实自身问题，把解决问题的“靶子”竖起来；对“三严三实”专题教育问题整改情况开展“回头看”，深入推进“8+3”专项整治，持续抓好“不严不实”问题整改，使解决问题前后呼应、连续推进，集中力量打好歼灭战，把解决问题的“准心”立起来；普遍建立党员领导干部“两学一做”联系点，推动领导干部下基层、到一线，广泛开展调研、深入解决问题，真正让党的组织生活、党员教育管理严起来、实起来。扎实推进党员组织关系排查等基层党建7项重点任务落实，基层党组织中一些不严不实问题得到有效解决。同时，将一些整改落实的成功经验总结出来、固化起来，把解决问题的“笼子”扎起来，真正做到边学边改、真抓实改。

连云港市“两学一做”学习教育从2016年4月正式启动，共156家单位（含驻连部属省属单位）、1.2万个基层党组织、27万多名党员参加。通过学习教育的深入开展，基层党组织存在的一些突出问题得到进一步整治，开展党员组织关系集中排查、党代会代表和党员违纪违法未给予相应处理情况排查清理、基层党组织按期换届情况专项检查、党费收缴工作专项检查“四个专项排查”，10305名“失联”党员取得联系，385名违法违纪党代表资格被终止，168个未按期换届党组织全部完成换届，补交党费2500万元。开展“四个集中”行动，全市非公企业党组织覆盖率达97.7%，社会组织党组织覆盖率达67.5%。保障科学发展的体制机制进一步健全，关键领域制度改革创新的力度不断加大。围绕深化作风建设成果、增强党员干部谋事创业激情，出台《连云港市党政机关问责办法（试行）》《连云港市鼓励改革创新激励干事创业容错纠错实施办法》等4个配套落实文件。围绕加强基层基础建设、强化党员党性教育，出台《关于加强经济薄弱村党组织书记队伍建设的意见》《关于做好失联党员处理处置工作的实施意见》《连云港市处理处置失联党员工作细则（试行）》等文件。同时，强化制度执行，加强执纪监督检查，坚决纠正有令不行、有禁不止的各种行为，切实维护制度的严肃性和权威性，不断推动作风建设常态化、长效化。广大党员服务发展的意识进一步增强，凝心聚力干事创业氛围不断巩固，为推动全市改革发展稳定提供坚强保障。

我市“两学一做”学习教育分别在7月、10月、11月顺利通过省协调小组、中组部、南通市的督查、抽查和互查。江苏组工信息、省学习教育通报多次刊载我市学习教育经验做法。《光明日报》也报道了我市“两学一做”学习教育的亮点做法。

中国共产党连云港市第十二次代表大会召开

中国共产党连云港市第十二次代表大会，是在连云港深入贯彻习近平总书记系列重要讲话特别是视察江苏重要讲话精神，统筹推进“五位一体”总体布局、协调推进“四个全面”战略布局，全面开启“十三五”发展新征程、决胜全面小康社会建设的重要历史时刻，召开的一次承前启后、继往开来的重要会议，是全市人民政治生活中的一件大事。

经连云港市委十一届十二次全会决定，并报经省委同意，中共连云港市第十二次代表大会于2016年9月26日至29日在连云港市海州区召开。大会的主要任务是：回顾总结市第十一次党代会以来的工作，研究部署今后五年的奋斗目标和主要任务，选举产生中共连云港市委第十二届委员会和中共连云港市纪律检查委员会，组织动员全市广大党员干部和群众，深入落实“一带一路”战略，加快推进产业强市步伐，奋力夺取全面建成小康社会决战胜利。

市委对开好第十二次党代会高度重视。专门成立以市委主要领导担任组长的市第十二次党代会筹备工作领导小组，负责党代会筹备工作的组织领导。筹备期间，先后多次召开市委常委会议和筹备领导小组会议，研究部署有关事项，营造良好的思想舆论氛围，精益求精起草大会重要文稿，严格依据党章规定进行会议组织准备，并就市第十二次党代会市委工作报告、市纪委工作报告，广泛听取市四套班子离退休老同志，民主党派、工商联、无党派人士、专家学者，各县区和市重点部门负责人意见建议。

本次党代会代表共448名，分73家选举单位，严格按照规定程序，于9月18日前选举产生，代表资格通过审查。当选的代表包括各条战线的党员，具有广泛的代表性。其中，各级领导干部代表275名，占61.3%；经济、科技、文教、卫生等各类专业技术人员代表108名，占24.1%；各条战线先进模范人物代表54名，占12.1%；解放军、武警部队代表11名，占2.5%；妇女代表111名，占24.8%；少数民族代表5名，占1.1%。大专以上学历445名，占99.3%；平均年龄46岁，45岁以下179名，占40%。这次代表大会共编设13个代表团。

25日下午，中国共产党连云港市第十二次代表大会举行预备会议，会议分两个阶段举行。杨省世同志主持会议并讲话。会议通过了大会主席团和秘书长名单；通过了大会代表资格审查委员会主任、副主任、委员名单；通过了大会议程；通过了代表资格审查报告；强调了换届纪律，组织收看了警示教育片；听取并通过了市第十二次党代会代表资格审查报告；宣布了大会主席团第一次会议通过的事项。中国共产党连云港市第十二次代表大会的议程是：1.听取和审查中国共产党连云港市第十一届委员会工作报告；2.听取和审查中国共产党连云港市纪律检查委员会工作报告；3.选举中国共产党连云港市第十二届委员会，选举中国共产党连云港市第十二届纪律检查委员会；4.选举出席中国共产党江苏省第十三次代表大会代表。

9月26日上午9时，中国共产党连云港市第十二次代表大会在市文化艺术中心隆重开幕。市第十二次党代表大会应出席代表448人，当天的会议实到430人，符合规定人数。在主席台前排就座的大会主席团执行主席成员有杨省世、项雪龙、张同生、万闻华、杨莉、关永健、王加培、滕雯、刘海涛、曹卫东、董恕娟。省督导组组长、省国土资源厅副厅长、党组副书记魏红军在主席台前排就座。大会开幕式还邀请了非本次党代会代表的十一届市委委员、候补委员、市纪委委员，市人大、市政府、市政协非中共党员负责人及民主党派、工商联负责人，非本次党代会代表的曾经担任过市四套班子领导成员的部分老同志、市级机关党政主要负责人、市管企事业单位党政主要负责人以及驻连部省属单位党政主要负责人。杨省世代表中共连云港市第十一届委员会向大会作题为《落实“一带一路”战略，加快产业强市步伐，奋力夺取全面建成小康社会决战胜利》的报告。刘海涛代表中国共产党连云港市第十一届纪律检查委员会作题为《以严明的纪律推进全面从严治党 为全面建成小康社会提供坚强政治保证》的工作报告。项雪龙主持当天的会议。

杨省世所做的报告共分四个部分：一是过去五年工作回顾；二是今后五年工作的指导思想和总体要求；三是今后五年经济社会发展的主要任务；四是全面加强党的建设。报告提出今后五年我市工作的指导思想是：高举中国特色社会主义伟大旗帜，全面贯彻党的十八大和十八届三中、四中、五中全会精神，深入贯彻习近平总书记系列重要讲话特别是视察江苏重要讲话精神，统筹推进“五位一体”总体布局，协调推进“四个全面”战略布局，牢固树立并自觉践行创新、协调、绿色、开放、共享的发展理念，认真落实省委决策部署，抓住用好战略机遇，积极推进港产城融合发展，加快产业强市步伐，深化供给侧结构性改革，大力推进全面依法治市，以全面从严治党为根本保证，全面建成小康社会，努力建设经济强、百姓富、环境美、社会文明程度高的连云港，奋力开创国际化海港中心城市建设新局面。根据这一指导思想，未来五年，我市围绕全面建成小康社会的总目标，要确保实现“双增双超三提升”：即地区生产总值、城乡居民收入保持两位数增长，工业总产值超 1 万亿元、人均 GDP 超 1 万美元，群众生活质量、社会文明程度、管党治党水平不断提升。

9 月 29 日上午 8 时 30 分，中国共产党连云港市第十二次代表大会在市文化艺术中心召开闭幕大会。本次会议应到代表 448 人，实到代表 441 人，符合规定人数。大会首先通过《中国共产党连云港市第十二次代表大会选举办法》。会议以无记名投票方式进行了差额选举，50 位同志当选为中国共产党连云港市第十二届委员会委员，9 位同志当选为中国共产党连云港市第十二届委员会候补委员，31 位同志当选为中国共产党连云港市第十二届纪律检查委员会委员，40 位同志当选为出席省第十三次党代会的代表。 随后，大会通过《中国共产党连云港市第十二次代表大会关于中共连云港市第十一届委员会报告的决议》和《中国共产党连云港市第十二次代表大会关于中共连云港市第十一届纪律检查委员会工作报告的决议》。杨省世主持闭幕大会并讲话。杨省世在讲话中要求，全市各级党组织要把学习贯彻党代会精神作为当前重要的政治任务，全面深入领会大会精神，准确把握目标任务，紧密结合本地本部门实际，务实谋划工作举措，把党代会确定的重大决策和战略部署落到实处，为实现党代会确定的宏伟目标而努力奋斗。

中共连云港市第十二次代表大会，在全体代表和同志们的共同努力下，圆满完成各项议程。会议实事求是地总结了市第十一次党代会以来取得的成绩和经验，科学分析了面临的形势和机遇，研究确定今后五年发展的指导思想、奋斗目标和主要任务。大会审议通过了关于十一届市委报告的决议和关于十一届市纪委工作报告的决议；选举产生了中共连云港市第十二届委员会和市第十二届纪律检查委员会，以及我市出席省第十三次党代会的代表，取得了圆满成功。这次大会对“十三五”期间连云港全面建成小康社会，加快建设国际化海港中心城市具有重大而深远的意义。

大会期间，各代表团认真组织学习讨论市委工作报告和市纪委工作报告，全体代表严格按照党章规定，忠实履行代表职责，自觉把思想和行动统一到中央、省委对换届纪律的要求上来，严格执行“九个严禁、九个一律”规定，坚决杜绝各类违纪违规行为，以严明的纪律保证换届风清气正。

在随后召开的中共连云港市第十二届委员会第一次全体会议上，以无记名投票的方式，差额选举产生了10名中国共产党连云港市第十二届委员会常务委员会委员。他们是：杨省世、项雪龙、万闻华、关永健、王加培、滕雯、刘海涛、曹卫东、王东升、王立斌。选举杨省世为中共连云港市委书记，选举项雪龙、万闻华为中共连云港市委副书记。会议通过中共连云港市第十二届纪律检查委员会第一次全体会议选举结果的报告。杨省世受市第十二次党代会主席团的委托，主持这次全体会议。省委督导组组长、省国土厅副厅长、党组副书记魏红军列席会议并现场指导。新当选的50名市委委员和9名候补委员出席会议。市纪委委员列席会议。选举结束后，杨省世代表新选出的市委常委作了讲话。他说：“从现在开始，新一届市委正式接过十一届市委的担子，肩负起带领全市人民落实‘一带一路’战略、加快产业强市步伐、奋力夺取全面建成小康社会决战胜利的历史重任。此时此刻，我们既深切感受到全市干群的信赖和期望，也更清醒地认识到肩上的担子和责任。我们要恪尽职守、竭尽全力、苦干实干，以优异的成绩向省委和全市人民交上一份满意的答卷。”

创建国家卫生城市

国家卫生城市是综合评价和反映一个城市整体文明程度、社会卫生、城市管理和健康水平的荣誉称号。在加快经济社会发展的同时，市委、市政府高度重视国家卫生城市创建工作。我市自 2005 年开展“四城同创”工作，先后荣获“全国绿化模范城市”“国家园林城市”等荣誉称号，2011 年被省爱卫会再次确认为“江苏省卫生城市”。十年奋战，一年攻坚。

5 月 3 日下午，市委、市政府召开全市创建国家卫生城市动员大会，对创建国家卫生城市工作进行动员部署，号召全市上下鼓足干劲、排除万难、勇挑重担，以强烈的历史责任担当，确保实现创卫目标。市委书记、市人大常委会主任杨省世出席并讲话。市长项雪龙作工作部署。

同日，市委市政府下发《连云港市创建国家卫生城市实施方案》，对创建国家卫生城市排出时间表，明确抓好创建国家卫生城市的“十大专项整治达标工程”，提出确保 2017 年全面建成国家卫生城市，建设“最干净的城市”。

在推进创建国家卫生城市工作中，市委市政府始终把强化组织领导作为全面推动创卫工作的保证。一是健全组织体系。设置市、区两级爱卫会办公室，实现所有单位、街道（镇）、社区（村）爱国卫生管理组织和工作人员全覆盖。成立市创卫指挥部，由市委、市政府主要领导担任政委和总指挥，52 个部门单位为成员，并抽调人员集中办公；各区各单位成立党政主要领导亲自挂帅的创卫领导小组，并抽调专人负责。同时，建立创卫工作专业技术队伍，组建 9 个技术评估工作组，明确相关市领导任组长，协调推进各项工作。二是落实创卫责任。按照工作目标化、目标项目化、项目责任化、责任具体化的原则，建立高效、有力的工作机制，有序推进各项创卫工作。出台 36 个系列文件，涉及爱国卫生管理、卫生城市创建、城市长效管理等各个方面。实行市领导包片包线制，建立市领导会办和秘书长坐班制，定期协调解决重难点问题。开展联动共建，安排 161 家单位结对帮扶社区（村），形成创卫整体合力。建立 15 项工作制度，做到有规可据、有章可循。三是加大经费投入。实行“特事特办、减少程序、缩短时间”的办法，为创卫资金拨付开辟绿色通道，确保资金及时拨付到位。全市创卫累计投入资金 20 亿元。其中，投入 2.7 亿元对背街小巷、城乡接合部进行综合改造；投入 1.1 亿元开展河道美化、管理和整治；投入 1000 余万元作为奖补资金，为“六小”行业单位添置消毒柜等设施，制作并免费发放标牌 3 万余个；近三年累计投入资金 9000 多万元，推进疾控机构达标建设；投资 8000 万元的餐厨废弃物收运处理项目即将投入使用。四是严肃督查推进。成立专门机构，加强督查督办，层层传递压力，形成责任倒逼。坚持面上督查与专项督查相结合、定期督查与不定期督查相结合，实行清单销号、日会办周过堂、周排名周通报，做到效能督查全覆盖，强势推进创卫工作。对督查发现的问题下发交办单 86 份，交办事项 310 个；下发督办单 193 份，督办事项 1197 个。开通创卫投诉监督热线 12345，共受理投诉 14.6 万项，群众合理诉求回复率 100%。印发创卫简报 150 期，对存在问题进行集中通报，并及时反映工作动态。梳理重要事项 65 个、创卫问题 12 类 2331 项，指定专人跟踪，督促相关单位限时解决。

在推进创建国家卫生城市工作中，市委市政府始终把提升市民健康素养贯穿于创卫工作全过程。一是营造浓厚创卫氛围。采取多种形式，利用各种载体，开展全方位、立体化的创卫宣传，营造了浓厚的社会氛围。媒体宣传实现全覆盖，电台电视台开设专栏18个，报纸和微信客户端发布信息394期。基层宣传实现全覆盖，各地各单位通过滚动电子屏、悬挂横幅、张贴标语和发放宣传册、倡议书、环保购物袋，以及高速出入口设置大型宣传牌等形式，进行广泛宣传，动员市民参与创卫；流动宣传实现全覆盖，在公路、民航、车站、港口、码头等运输场所，以及公交车、出租车等交通工具上滚动播放宣传标语，让广大市民了解创卫、支持创卫、融入创卫。二是着力提高健康素养。充分利用广播电视、报纸网络、橱窗展板等形式，通过专栏、授课等方式，开展各种健康知识的宣传教育，进一步提升了市民的健康素养。建立健全市、区、街道（镇）、社区（村）四级健康教育网络，实现社区、学校、医院、机关、企事业单位等机构全覆盖。组建市、区两级健康教育讲师团，开设市民健康学校49所，开展健康教育“社区行、企业行、校园行、乡村行、机关行”等巡讲活动203次。开展“小手拉大手”活动，学生健康教育核心知识知晓率达80%以上。开设媒体专版、专栏、专刊10个，定期邀请专家讲解健康知识。经监测评估，2014—2016年我市健康素养水平分别为15.9%、16.3%、18.1%。三是全面推进全民健身。组织和动员广大群众参与全民健身运动，先后被评为全国健美健身城市、全国健身秧歌城市、全国社会（休闲）体育示范市和江苏省体育强市。不断加强基础设施建设，打造“城市十分钟健身圈”，形成市、县（区）、乡镇（街道）、村（社区）四级全民健身设施网络，城乡全民健身设施覆盖率达100%。着力建设健康支持性环境，市本级、各县区全部建成江苏省公共体育服务体系示范区，市区建成各类支持性环境332个。加强全民健身队伍建设，每千人口拥有社会体育指导员3.5名。积极开展全民健身活动，全市经常参加体育锻炼165万人，比率为36.6%。四是严格开展控烟工作。以单位为主体成立控烟工作领导小组，明确专人负责控烟，落实控烟措施。积极开展创建活动，所有市级机关和56%的县区机关建成“无烟机关”，所有中小学、幼儿园挂牌“无烟学校”。认真组织世界无烟日活动和控烟履约工作，广泛开展公共场所禁烟规定、吸烟及二手烟危害等专题知识宣传，引导全民养成文明健康的生活方式。加大公共场所控烟监督执法力度，形成良好的控烟氛围。建成区范围内无任何形式的烟草广告。

在推进创建国家卫生城市工作中，市委市政府始终把市容环境秩序作为重点领域突出改善。一是完善功能不留短板。坚持以治脏为突破口，对建成区范围内积存暴露的生活垃圾和卫生死角进行全面清理，着力打造“干净连云港”。新增、维修、提档升级公厕778座，新建、维修垃圾转运站19座，拆除敞口垃圾池589个，设置垃圾桶5423个，增设果皮箱4052个。加大环卫设施投入力度，新增各类机扫设备27辆，城市道路机械化清扫覆盖率达85%。建成投用市区垃圾焚烧备用及应急填埋场。对沿街商户生活垃圾推行定时定点上门收集，居民小区生活垃圾实行定时定点集中收集，城市生活垃圾无害化处理率100%，粪便无害化处理率98%。据调查统计，群众对城市卫生状况满意率为93.6%。二是整治市容不留空白。深入开展市容市貌专项整治达标活动，全面推行单元管理法和网格化巡查管理机制，集中整治各类违法违章行为。规范渣土运输管理，实行全程智能化监控，淘汰不符合条件车辆122辆。疏导结合规范路面流动摊点，对不符合要求的疏导点进行全面清理整治，清理、疏导、规范各类占道经营、店外经营5230处。对274个废品收购站进行综合治理。加快推进店招店牌提档升级，共提档改造店招店牌2309个。加大违规行为处罚力度，清理整治广告牌419块。落实门前“四包”责任制，沿街商户签约率100%。拆除影响市容市貌、群众反映强烈的违法建设和私搭乱建，拆除违法建筑26万平方米。三是规范交通不留情面。深入开展交通秩序专项整治活动，对城区主次干道、车站、农贸市场等重点区域，按照“一点一策、一路一策”，逐一挂牌整治。通过固定设卡、流动查缉，共查处摩托车违法 3.6 万起、非机动车违法 3.8 万起、行人违法 1.2 万起。组织开展道路交通安全设施排查整改活动，共施划停车泊位 2.1 万个、交通标线 12.2 万平方米，设置交通标志 1204 块。集中清理“僵尸车”641 辆。科学设置交通信号灯配时，对 22 个交通流量大、易拥堵路口实施交通分流优化，提高了道路通行效率。通过各种新闻载体广泛宣传交通法律法规，并曝光违法停车 9800 余辆次。四是升级市场不留盲点。制定菜市场建设管理标准和市区菜市场整治达标考核办法，明确整治达标责任，全面推进市区 32 个菜市场整治达标工作。实行“一场一策”，加强指导培训，促进菜市场全面升级。安排专人进驻市场，每日督查反馈和通报各个菜市场的整改情况。统一为每个菜市场配发市场用品，发放菜筐 2 万余个、柜台盖布 1 万余米、“三白”和围裙等工作服 7000 余套、肉品区案板 560 余块、公示展板 150 余块、活禽区开水器 73 台。翻建 8 个菜市场，27 个菜市场达到商务部规范要求。

在推进创建国家卫生城市工作中，市委市政府始终以综合整治为抓手，不断提高公共卫生水平，切实保障群众健康安全。一是攻坚克难改造老城区。从群众反映最突出的马路市场、占道经营、基础设施更新改造、背街小巷整修等问题入手，通过疏堵结合、建管并举，使老城区旧貌换新颜。共对 201 个城中村进行了综合治理，硬化背街小巷 1195 条。重点培育、打造一批物管示范小区，并以点带面，推动辖区内 246 个物管小区全面开展创卫工作。充分发挥街道、社区主观能动性，对 897 个无物管老旧小区进行集中整治。目前，物管小区共清理垃圾 5200 余吨、“小菜园”3000 余处、“三乱”小广告 3 万余处、乱堆乱放 3.2 万余处。结合老城区改造，全面推行主次干道绿化升级，提升城市品质，建成区绿化覆盖率达 40.2%，人均公园绿地面积达 14.5 平方米。二是狠下决心保护生态环境。坚持多措并举，开展生态环境综合整治，全面完成环境保护创卫目标。积极开展大气污染综合治理，2014 年以来，辖区内没有发生重大环境污染和生态破坏事故；近两年空气污染指数（API）不超过 100 的天数分别为 313 天、322 天；前两年城区区域环境噪声平均值均为 53.0 分贝；秸秆综合利用率 100%。不断优化城区水系调度，努力打造“河畅、水清、岸绿、景美”的良好水环境，集中式饮用水水源地水质达标率和安全保障达标率均为 100%。切实加强对市区河道保洁工作，重点对龙尾河、西盐河、东盐河等主要河道岸坡进行清理整治、美化亮化，建设生态浮岛 77 座。三是持之以恒管好公共卫生。深入开展职业病危害重点行业专项治理，确定重点行业治理对象 387 家，整改问题隐患 3142 个，建立职业健康监护档案 5 万余份。定期开展饮用水卫生监管，每月对 153 家集中式供水单位、57 家二次供水单位水质进行监测通报；每季度对居民小区二次供水水质结果进行公示，并督促企业定期维护供水设施。制订《学校卫生综合评价方案》，每学期对学校进行拉网式检查。切实加强食品安全监管，对餐饮单位进行量化分级管理，其中 A 级 210 户、B 级 1557 户、C 级 2371 户，近三年未发生重大食品安全事故和职业病危害事故。四是全面提升“六小”行业卫生水平。坚持“摸底排查、教育培训、分类整治、挂图作战、销号管理”的方式，稳步推进“六小”行业专项整治工作。针对 3466 个小餐饮店、3947 个小食品店和 3586 个“四小”公共场所，实行挂图作战，网格化推进，确保责任到人、整治到位。按照“规范一批、整治一批、取缔一批”的原则，对符合条件的单位全面规范经营行为；对不符合条件的单位限时整改，督促全面达标；对集中整治仍不达标的单位，坚持疏堵结合，在取缔的同时，引导市民合法经营。加大示范店和示范路打造力度，点面结合，发挥示范引领作用，促进“六小”行业改造升级。

在推进创建国家卫生城市工作中，市委市政府始终以提升能力为基础，规范全市医疗卫生服务。一是加强传染病防控。积极探索实施医防合作、卫教合作项目，全面规范预防接种，强化传染病防控。全市各级各类医疗卫生单位实现法定传染病疫情网络直报全覆盖，连续12年未发生甲、乙类传染病疫情暴发流行。认真落实国家免疫规划，适龄儿童免疫规划疫苗接种率保持在95%以上。积极推进预防接种门诊提档升级，全市建成并投用的数字化预防接种门诊107家，覆盖率92%。规范提供预防接种服务，安全注射率100%。全市二级以上综合医院全部设立感染性疾病科，其他医疗机构设立传染病预检分诊点。二是强化疾病控制。切实加强疾病预防控制能力建设，全市7家疾控机构均达到标准要求，市疾控中心实验室先后取得中国细菌性传染病分子分型网络实验室、国家级流感监测网络实验室、食品安全监测等10余项资质，近三年全市未发生实验室生物安全事故。以“慢性病综合防控示范区”创建为抓手，统筹推进各项慢病防控措施，我市实现省级及以上示范区全覆盖，其中国家级示范区2个。明确各级精神病防治机构，建立完善严重精神障碍管理治疗网络，稳步推进严重精神障碍患者管理，全市严重精神障碍患者报告患病率（患者检出率）为4.0‰，管理率达95%以上。三是优化医疗服务。不断健全和完善基层医疗卫生机构服务网络，加强血液质量控制和医疗废物管理，建成区19个社区卫生服务中心和2个乡镇卫生院均达到基本建设标准，其中全国示范2个、省级示范15个、三星级以上17个。全面推行家庭医生签约服务，建成区签约率43.3%。无偿献血满足临床用血需要，100%来自自愿无偿献血。组织实施母婴安康工程，全市孕产妇死亡率、婴儿死亡率、5岁以下儿童死亡率近三年均在国家控制指标内。对医疗废弃物进行规范处置，医疗废弃物安全处置率100%，医源性污水的处理排放符合国家要求。四是防制病媒生物。坚持“属地管理、条块结合、环境治理、药物灭杀”的综合防制策略，全面开展病媒生物防制工作。大力开展四害滋生地的源头清理活动，集中整治河道涧沟、城郊接合部、公共地段卫生死角，发放灭鼠毒饵和灭杀蚊蝇药品10吨，重点行业和单位防蚊蝇、防鼠设施合格率分别达96%、97%以上。组织专业消杀队伍定期开展病媒生物消杀活动，对建成区的公园、绿地和主次干道绿化带等部位广泛进行蚊蝇消杀。加强蚊蝇蟑密度监测，并认真分析研究，随时掌握密度情况，制定相应措施，病媒生物得到有效控制。

在推进创建国家卫生城市工作中，市委市政府始终以建章立制为保障，保持创建成果的长效性。一是落实长效管理责任。将创卫工作纳入全市“十三五”规划纲要和政府年度绩效考核范畴，明确各级创卫工作权属职责。按照“属地管理、条块联动”的原则，层层签订责任书，构建市、区（部门）、街道、社区四级责任体系。在基层实行网格化管理，定人、定片、定任务，确保事事有人包、处处有人干、人人有任务、个个有责任。二是创新长效管理机制。建立物业服务质量第三方认证评价体系，提升物业服务水平。根据不同类型的小区采取不同的模式，探索无物管小区与单体楼长效管理机制。推行交通“路长制”，加强城市道路长效管理。指导市场主体建立商户经营者信用评价和奖惩机制，形成“守信者得利，失信者受罚”的效益导向。多方拓展资金来源渠道，建立财政资金为引导、市场资金投入为补充的城市卫生长效投入机制。三是强化管理队伍建设。加强基层队伍建设，推动城市管理重心下移，城管、公安、市场监管局下派执法人员到街道，其他部门随时需要、随时抽调，推动执法事项属地化管理。以社区为单元载体，完善网格化管理机制，实行街道统一管理。壮大河道保洁队伍，增购保洁船只，保证河道岸坡整洁美观。充分发挥社区党员、义工、“五老”等队伍作用，组建社区志愿者队伍，实行定人、定点、定片、定时，巡回督查，确保城市管理无缝隙全覆盖。四是强化长效管理考核。出台国家卫生城市长效管理实施意见及其考核办法，落实创卫问责办法，建立 13 个方面的考核体系。坚持创卫督查常态化，对 3 个行政区、2 个功能区和 38 个部门实行双月考核、通报。对创卫资金使用管理情况进行绩效评价，并作为年度资金安排的重要依据。开展“明星单位”“卫生摊点”等评比活动，并通过以奖代补形式，对工作先进单位进行奖励。

到 12 月底，我市已经全部达到国家卫生城市的 11 项必备条件和《国家卫生城市标准》的 40 条要求，并建立了国家卫生城市长效管理机制。

通过开展国家卫生城市创建，不仅给人民群众带来了看得见、摸得着的实惠，还增强了市民的归属感，形成了连云港经济社会发展的凝聚力。不仅有效地改善了城市的硬件条件，优化了人居环境，还更深层次提升了城市管理水平、市民内在素质，极大地改善了城市文明形象。不仅转变机关作风、锻炼干部队伍，还锻造了“同心同德、真抓实干、迎难而上、争创一流”的创卫精神，这是推动连云港事业长远发展的宝贵精神财富。

注：2017 年 7 月 14 日，全国爱卫会下发通知命名 2015 — 2017 周期国家卫生城市（区）名单，我市成功入选该名单。这意味着我市正式获得了国家卫生城市荣誉。

全市村（社区）党组织换届选举

按照省委对村（社区）党组织换届工作的部署要求，8 月 9 日，市委召开全市村（社区）党组织换届选举工作会议，开启换届工作。市委书记杨省世作出专门批示，明确指出这次换届要围绕农村党建“六强六过硬”和社区党建“三有一化”建设，选优配强新一届农村和社区党组织领导班子，着力提升农村和社区党组织推动发展、服务群众、凝聚人心、促进和谐的能力，夯实党在农村和城市基层的执政基础。市委副书记、组织部长万闻华主持会议并就落实换届任务提出具体要求。会议细化工作任务，落实工作职责，明确换届目标。

全市此次村（社区）党组织换届，涉及 1423 个行政村、254 个社区，1677 个基层党组织，13.8 万余名党员，涉及面非常广，全市各级党委在市委的统一领导下，有力有序推进村（社区）党组织换届的各项工作。

加强组织领导。市、县（区）成立主要领导任组长、相关职能部门负责人为成员的换届领导小组，强化了党对换届工作的领导。领导小组下设办公室，成立督导组、宣传组、监督组，负责指导面上工作。各乡镇（街道）党（工）委全部成立组织机构，建立领导班子包片、部门负责人包村（社区）制度。各村（社区）也相应成立换届领导小组，建立市、县区、乡镇（街道）、村（社区）四级领导体系，形成统一领导、上下协调、整体联动的换届选举工作格局。建立换届工作督导机制，成立全市村（社区）党组织换届工作督导组，市委组织部部务会成员担任督导组组长，定人包县区，加强换届工作督查指导。督导组重点了解各地社区党组织换届选举工作进度，及时把握换届过程，掌握舆情动态，对换届工作中的重点环节进行督导，确保换届过程合法合规，结果有据有效。全市共派出换届工作督导指导组 572 个，有效保障了换届工作的顺利开展。

做好选前准备。全市四级联动进行拉网式调研，切实了解掌握全市村（社区）党组织基本情况，做到对村（社区）基本情况和党员群众思想状况、村（社区）“两委“班子现状、后备干部储备情况、参加选举党员人数、信访遗留问题、影响换届的不利因素、组织好换届的对策措施等方面“七个清楚”，为换届工作打好基础。坚持先审计、后换届。针对换届中群众对村务（居务）财务高度关注的问题，由组织部门牵头审计、财政、农工办、农委等部门，指导各乡镇街道采取直接审计、委托机构审计等多种手段，对村党组织班子成员进行任期届满经济责任审计。由县区委组织部指导，乡镇（街道）组织专门的“三资”清理督查组深入各社区，对各社区内部的资金、资源、资产进行全面清查，登记造册，确保换届工作清清白白，不留尾巴。坚持先化解、后换届。为使村（社区）党组织换届选举工作保持和谐稳定，各县区提前派驻工作组开展矛盾纠纷和不稳定因素排查，一村一策、因村施治，及时化解矛盾，解决相关问题。坚持先整顿、后换届。对于组织软弱涣散、不具备换届条件的村和社区，采取选派机关干部、派驻工作组等方式对村（社区）党组织班子进行重点整顿转化，实现换届前班子稳、人心和。

严格操作程序。坚持发扬民主与依法办事相统一，严格依法依规操作，做到履行程序不走样、遵循步骤不减少、执行政策不变通，确保换届平稳有序。一是加强业务培训指导。市委组织部下发《村（社区）换届工作指导手册》1000余册，开展县乡两级换届业务培训，先后培训业务骨干8462人次，重点对换届政策、换届流程及换届纪律进行培训指导，切实做到选举操作人员培训全覆盖，提高选举操作人员的政策理论水平和依规操作能力。二是严格保证程序落实。各县区制定下发《关于做好村党组织换届工作的实施方案》《社区党组织换届选举操作程序》，严格按照换届选举各项原则和要求开展工作，做到规定环节不减少，法定程序不变通，工作标准不降低，保证选举程序的合法性和选举结果的有效性。各县区结合实际，分类梳理出县（区）委组织部、镇（街道）党（工）委、村（社区）党组织的工作重点、目标责任、完成时限，实现换届工作项目化、责任化、有序化。普遍设计了换届选举时间日程表和工作流程图，将工作细化到每一个环节、每一个步骤，具体到天、具体到人，保证了工作开展的严密性。三是严格把好人选条件。严格落实省委提出的“五选七不选”选人条件，既对程序严格规定，也在班子成员数、年龄、学历要求等方面给基层留出空间，进一步拓宽选人用人渠道。发挥乡镇（街道）党（工）委在候选人推荐上的主导作用，做到候选人底数清楚，人选和标准心中有数，坚持好中选优，真正把群众公认和组织认可的人推荐出来。同时，严格执行候选人资格审查制度，对候选人应当具备的政治素质、工作能力、道德品行、廉洁自律等方面情况进行严格审查，特别是对群众有反映、评判有争议的人选从严把关，坚决防止其“带病”参选，确保换届人选过得硬。通过公告、通知、公开信、会议和广播等方式，公布职位、职数、资格条件、选举程序和办法等，引导党员特别是现任优秀村（社区）干部、致富带富能手、复退军人、村教村医、退休回乡干部等“五类来源“以及妇女”大学生村官、机关干部积极报名参选。

严肃换届纪律。市委要求严格执行中央和省关于严肃换届纪律的规定，确保村（社区）党组织换届工作风清气正。一是坚持预防在先。各县区加强对“九个严禁”“三在先四必查”等换届纪律的宣传。向候选人发放换届纪律提醒函，与候选人集体谈心谈话、签订并公示严肃换届纪律承诺书。各级纪检、组织、政法、信访、公安等部门密切配合，拓宽监督渠道，加大监督力度，及时了解和掌握换届选举工作动态，基本做到了在第一时间受理党员群众反映的问题，第一时间采取了应对的措施。二是完善监督方式。市、县区成立严肃换届纪律巡回督查组，采取听取汇报、召开座谈会、个别谈话、查阅资料、受理举报、明察暗访等方式，对执行换届政策、严肃换届纪律情况进行巡回检查，及时指出问题，提出整改建议。县（区）、乡镇（街道）和村（社区）分别成立选举工作监督委员会和监督小组，邀请“两代表一委员”和党员群众代表担任监督员，及时掌握选情动态，切实加强对换届选举全过程的监督。三是畅通监督渠道。市委组织部及时公布24小时热线电话，及时接受来电来访。各县区委组织部都设立换届风气监督工作举报电话、举报信箱，安排专人值守，受理群众举报。按照“四个必查”要求，各县区、乡镇街道安排专人密切监控各大网站，一旦网络舆情出现相关信息，及时组织人员介入调查处理，并做好通报反馈。组织专门力量，认真核实、妥善答复党员群众反映的问题，明确办结时限，确保一查到底，并及时公布查核结果。

截至9月底，通过“两推一选”方式，全市1423个村、254个社区（应换届的社区253个，徐圩新区的张圩社区民政部门刚批复成立，党组织、居委会均未成立）党组织全部完成换届选举工作。总体上，全市村党组织集中换届工作圆满平稳完成，实现了选优配强班子、激活组织活力、推进发展稳定的换届目标。

通过此次村（社区）党组织换届选举，一是选优配强了全市村（社区）“带头人”队伍。选举产生的 1423 名村党组织书记中，其中新当选的 335 名，占总数的 23.5%；女性书记 63 名，占 4.4%；从来源上看，致富带富能手 564 名，占 39.6%；大学生村官 75 人，占 5.2%。从年龄情况看，平均年龄 46.1 岁，比上一届增加 0.6 岁。从学历层次看，本科及以上学历 176 人，初中及以下 257 人。选举产生的 253 名社区党组织书记中，平均年龄 44.1 岁，比上届上升 0.4 岁；35 岁以下的 36 人，占总数的 14.2%，比上届高 6.1%；女性 142 人，占 56.1%，比上届高 1.8%；大专及以上学历的 192 人，占 75.9%，比上届高 9.5%；连任的 218 名，占总数的 86.2%；有 3 年以上任职经历的 173 人，占总数的 68.4%；有 6 年以上任职经历的 107 人，占总数的 42.3%；新当选的 35 名社区党组织书记，平均年龄 40 岁，女性 17 人，占 48.6%，大专及以上学历的 24 人，占 68.6%。二是优化调整了全市村（社区）党组织班子结构。换届产生村党组织领导班子成员 6259 名，在性别上，女性委员 769 名，超过一半以上的村拥有女性委员。在学历上，本科及以上学历委员 724 名，初中及以下文化委员 1937 名。换届产生的社区党组织领导班子成员 1210 名，平均年龄 43.4 岁，比上届降低 0.1 岁；35 岁以下的 345 人，占总数的 28.5%，比上届高 5.6%；大专及以上学历的 693 人，占 57.3%，比上届高 4.1%；女性 633 人，占 52.3%，比上届高 2.7%；连任的 745 名，占总数的 61.6%。

全市村（社区）党组织换届选举工作结束后，市委继续抓好换届后续工作，随即开展对全市村（社区）党组织队伍的教育培训，着力提升党组织队伍能力素质，增强服务为民意识。进一步完善管理机制，明确村（社区）党组织任期内的工作职责和工作目标，增强村（社区）党组织书记与班子成员的压力和动力。同时加大落实激励机制，改善保障条件，充分调动村（社区）干部工作积极性，使党在农村和城市基层的执政基础得到了巩固和加强，为全市“十三五”规划的顺利实施和全面建成小康社会目标的实现奠定了坚实基础。

市委决策

中国共产党连云港市执政实录（2016年）

市委常委会2016年工作要点（摘要）

2016年是“十三五”规划和全面建成小康社会决胜阶段的开局之年，也是推进结构性改革的攻坚之年。做好今年工作的总体要求是：全面贯彻党的十八大和十八届三中、四中、五中全会精神，按照习近平总书记对江苏工作的最新要求，认真落实省委十二届十一次全会部署，积极适应经济发展新常态，坚持稳中求进工作总基调，扎实推进“一带一路”交汇点核心区先导区建设，以加快产业发展为主题，全面深化改革，扩大对外开放，推进依法治市，从严管党治党，统筹做好稳增长、调结构、抓创新、重生态、惠民生、防风险各项工作，为“十三五”时期实现“全面达小康、迈上新台阶”的总目标开好局、起好步。

为了深入贯彻落实市委十一届十一次全会精神，指导全市上下紧扣市委中心工作，推动各项决策部署落到实处，现将市委常委会2016年工作要点责任分解如下：

一、深入学习贯彻习近平总书记系列重要讲话精神

1. 坚持把习近平总书记系列重要讲话特别是视察江苏重要讲话作为党委（党组）中心组学习、学习型党组织建设的核心内容，作为党员干部教育培训、新闻宣传的重要任务，做到干部培训、主题宣讲、社会宣传全覆盖，切实增强学习的系统性、深入性、持续性，使讲话精神更好地成为全市上下全面建成小康社会、建设国际化海港中心城市的思想引领和行动指南。

二、抓好党的十八届五中全会、省委十二届十一次全会和市委十一届十一次全会精神贯彻落实

2. 把学习贯彻五中全会、省委全会和市委全会精神，作为当前和今后一个时期重要的政治任务，全面兴起学习宣传贯彻的热潮，深入把握核心要义，认真领会内涵实质，更好地指导地方发展和工作实践。

3. 认真组织编制全市“十三五”规划《纲要》及各项专项规划，全面落实《中共连云港市委关于制定连云港市国民经济和社会发展第十三个五年规划的建议》确定的主要目标、发展战略和任务举措。

三、做好全年经济工作

4. 地区生产总值增长10%以上。

5. 规模以上工业增加值增长11%以上。

6. 规模以上固定资产投资增长20%以上。

7. 城乡居民收入增长与经济增长同步，市场价格保持平稳运行。

8. 借力“一带一路”战略，立足国际深水大港建设，加快培育航运物流、金融商贸、交易结算、展览展示、技术服务等现代服务业，打造区域性港航产业高地。

9. 全力保障中哈物流合作基地在建项目进度，稳定提升物流仓储能力和过境运输效率。

10. 同步推进上合组织国际物流园的功能建设和招商引资，确保开工二期工程，统筹推进三期工程，确保每月都有新变化、每季都有新进展。

11. 围绕中哈物流合作基地和上合组织国际物流园，不断完善商务、贸易、金融、保税等服务配套，搭建跨境贸易服务平台和专业化商贸物流平台，力争早出形象、早见效益。

12. 着力在自由贸易港区建设上实现突破。

13. 以哈国为重点、物流合作为基础，充分发挥多式联运优势，做好连新亚、连新欧班列的货源组织和服务优化，吸引更多货源从连云港过境中转。

14. 全方位扩大与俄罗斯、中亚、欧洲等沿线国家和地区的交流合作，推动向西开放持续升温。

15. 按照“重点突破日本、夯实做大韩国、巩固深化港澳台和东南亚”的基本思路，依托“一带一路”建设和中韩陆海联运甩挂运输政策，加密航线航班，扩大与日韩、东南亚的经贸交流和人员往来。

16. 认真对接沿线能源装备等领域的合作需求，大力支持一批优势企业参与“霍尔果斯—东门”经济特区建设，赴“一带一路”沿线地区开拓市场、投资项目、扩大产能。

17. 围绕突破关键、补齐短板、挖掘潜力，加大在批在报重大基础设施项目的对接争取力度，同时研究谋划新一批能源、交通、水利重大工程，形成梯次推进格局。

18. 推进石化产业基地规划尽快获得国家发改委批复，力争盛虹炼化一体化项目通过核准并具备开工建设条件。

19. 大力推动与中核、中船重工、中建材、宝钢等大型央企的合作，在重大项目上务求突破。

20. 着力在石化、钢铁、冶金等重大临港产业项目建设上实现突破。

21. 开工建设30万吨级航道二期工程，建成徐圩港区东防波堤。

22. 开工建设徐连高铁。

23. 优化机场航线网络，推进新机场建设前期工作。

24. 跨海大桥、云宿路等一批节点性工程建成使用。

25. 通过推行PPP模式等多种途径，吸引更多金融资本和社会资金参与，挖掘市场投资潜力。

26. 以规模化、成套化和智能化为导向，加快实施中国制造2025连云港行动纲要，着力强化重大关键技术攻关、重大技术产业化应用、重点骨干企业培育，努力打造江苏沿海重要的先进制造业基地。

27. 聚焦生物医药、新材料、新能源、新信息技术等领域，集聚一批创新要素资源，突破一批关键核心技术，加快把新兴产业培育成主导产业。

28. 大力推进国家级高新区建设，着力汇聚人才、信息、知识、资本等创新要素，把国家级高新区打造成全市高新技术产业的集聚区、创新创业的策源地。

29. 各个县区板块要按照产业园区的功能定位，围绕重点龙头项目的引进，加快延伸上下游产业链，加速构建一批具有全国影响力的产业集群。

30. 加大技改投入力度，加快企业制造装备升级步伐，加强品牌和质量建设，提高企业综合竞争力。

31. 运用市场机制、经济手段、法治办法化解过剩产能。

32. 积极引导钢铁产业整合升级。

33. 加强城区重污染企业整治，确保碱厂、德邦化工等重点企业搬迁取得实质性进展。

34. 继续强化园区环保专项整治。

35. 研究制定实施方案，开展“僵尸企业”排查，抓好兼并重组或依法破产，盘活土地、资金、装备等存量资产。

36. 全面落实藏粮于地、藏粮于技战略，把资金和政策重点用在增强农业综合生产能力、提高农产品质量效益上。加强高标准农田建设，推动农业科技创新，强化农机农艺结合，推动粮食生产由注重产量向更加注重保护和提高粮食产能转变。

37. 把产业链、价值链等现代产业发展理念和组织方式引入农业，大力推进“一镇一业”、“一村一品”，促进农业产业化龙头企业扩量提质，全面提高农产品竞争力和农业附加值。

38. 积极推动各类农业园区提档升级，着力打造一批一二三产业融合发展的示范基地。积极争创国家级（农业）经济技术开发区。

39. 深入实施“互联网＋现代农业”行动，加快发展电子商务、订单直销、连锁配送等现代流通方式。

40. 坚持以家庭农场为重点，积极发展多种形式的适度规模经营。

41. 优先增加财政农业支出，通过统筹整合涉农资金、加大农业补贴力度、深化农村金融改革创新等手段，全面提高政策效能。

42. 创新经营管理机制，整治优化旅游市场环境。加快建设连云新城海洋极地馆等旅游设施，积极培育乡村旅游、工业旅游、生态旅游的新业态，促进旅游业做大做强。

43. 顺应民生需求的新变化，积极改造提升商贸、餐饮等传统服务业，大力发展信息消费、文化休闲、健康养老、家政社区等新兴服务业。

44. 探索重启中日生态科技产业园合作，力争形成新的亮点。

45. 充分发挥县区的主力军作用、园区的主阵地作用，大力创新体制机制，激发招商引资的活力和动力。在大中小项目齐抓、一二三产业并举的同时，更加突出大项目招商，更加突出产业链招商，更加注重专业化招商，更加注重引技引智，切实提升开放型经济的能级和水平。

四、深化重点领域改革

46. 深化国企改革，充分发挥新组建的国企集团作用，新上一批重大项目，努力增强投资内生动力。

47. 着力在行政管理体制、对外开放体制、国有企业和农村综合改革等方面形成突破、创出品牌。

48. 加速以人为核心的新型城镇化，深化户籍、土地、财政、投融资等方面改革，有序推进农民工市民化。

49. 加快推行联合审图、多评合一等措施，实现“园区事园区结”，减少对企业生产经营和投资活动的干预，使办企业更快捷、办项目更简捷、办证件更便捷。

50. 清理规范行政审批中介服务，严控服务收费，通过强化行业监督、搭建投诉平台、构建信用考评体系等措施，最大限度为企业减负。

51. 深化商事制度改革，针对众创空间等新型孵化机构集中办公等特点，简化住所登记手续，采取一站式窗口、网上申报、多证联办等措施为企业提供便利。

52. 努力降低实体经济的运营成本，提前研究，主动行动，把中央和省里要求该减的、该降的、该办的，全部做到位。

53. 深化财税金融改革，做大做强产业发展基金、融资担保基金，着力引导和鼓励各类金融机构加大对中小企业的金融服务力度，进一步缓解融资难融资贵问题。

五、加强思想舆论和文化强市工作

54. 严格落实党委（党组）意识形态工作责任制，加强各级各类意识形态阵地管理，建立意识形态领域情况分析研判联席会议制度。

55. 创新正面宣传，集中各类新闻媒体优势，精心策划一批有深度、有影响力、有震撼力的重大主题宣传。

56. 实施地方智库提升计划和社科“双百工程”，打造新型智库集群。

57. 完善规划引导和扶持激励机制，实施文艺精品创作工程，推出《东方大港梦》、《徐福东渡》等一批具有鲜明港城烙印的精品力作。

58. 突出“文化惠民”、“板块联动”，广泛开展西游记文化节、连云港之夏、“文化艺术展示季”、“经典·悦读”等品牌文化活动。

59. 实施“文化+”行动计划，加快推进新世界文化城、东海水晶融合发展试验区等重点文化项目建设，提升文化产业竞争力。深入挖掘西游记文化、山海文化、徐福文化、水晶文化等历史文化资源，举办“画”说美猴王创意设计大赛，加强对外文化交流与合作。

60. 推进文化体制机制创新，健全新型国有文化资产管理体制、国有文化企业“两个效益”相统一的评价考核机制，深化公益性文化事业单位改革，推动建立法人治理结构和理事会制度。

六、推进生态文明建设

61. 加快智慧城市、海绵城市、生态城市建设，大力推进新一代信息基础设施、地下综合管廊、防洪排涝、生态保护和环境治理等建设。

62. 严格落实好主体功能区规划，以能源、水资源和建设用地为重点，实施总量和强度双控行动。

63. 积极发展低碳经济、环保产业，大力推进园区生态化循环化改造，促进资源节约集约利用。

64. 深入推进生态文明建设“七大行动”，健全制度机制，正确处理保护与发展的关系。

65. 大力开展绿化植树造林。

66. 持续开展水、大气、土壤污染治理“三大战役”。

67. 强化秸秆禁烧和综合利用，巩固常态化管理机制。

68. 扎实做好城乡环境综合整治。

69. 对山体破损、村庄环境脏乱差、河道黑臭等突出问题治理实施项目化推进，确保年内取得明显成效。

70. 对排查出的26个宕口制订年度计划，分批抓好整治恢复。

七、切实保障改善民生

71. 着力在教育、医疗、住房、养老等方面突破一批重点难点问题，确保城乡群众生活年年有改善。

72. 全面贯彻中央和全省扶贫开发工作会议精神，以更高标准、更实举措、更大力度扎实工作，确保完成年度脱贫目标任务。

73. 继续聚焦石梁河库区和沂河淌片区，制定完善专项规划，以基础设施建设为突破口，加大对集中连片贫困地区的帮扶力度。

74. 确保引淮入石泵站等一批关键工程建成投用。

75. 推动行业扶贫，组织动员各行业部门发挥优势，精心抓好产业扶贫、教育扶贫、健康扶贫、保障扶贫、生态扶贫，开辟多渠道、多元化的扶贫新路径。

76. 认真落实中央城市工作会议精神，按照“填格子、提功能”的思路，完善市政基础设施建设，强化公共服务配套，优化生产生活环境，尽快把城市重点片区板块做优做强。

77. 深入调研、做好规划，用好上级支持，加快改变棚户区环境面貌。

78. 积极探索保障性住房以购代建模式，鼓励发展住房租赁市场，积极稳妥化解房地产库存。

79. 提升就业、社保、教育、医疗、文化等公共服务均等化水平，推动优质资源共建共享。

80. 积极应对人口老龄化和全面二孩放开政策带来的影响，完善妇幼保健、学前教育的规划布局，健全多层次养老服务体系。

81. 降低创新创业门槛，大力推动大众创业、万众创新，为经济发展注入持久动力。

八、维护社会和谐稳定

82. 扎实推进重大安全隐患整改，确保实现安全生产事故起数和死亡人数“双下降”。

83. 加强食品药品市场监管，食品抽检率达到 3 批次 / 千人，药品和医疗器械不良反应监测报告达到 600 篇 / 百万人。

84. 深化平安港城建设，加强现代信息科技运用，强化基层基础建设，创新完善立体化社会治安防控体系。

85. 深入推进依法行政，强化对行政执法的司法监督，加快“两法衔接”平台建设步伐，推进政府治理体系和治理能力现代化。

86. 深入推进法治创建，坚持公正执法、公正司法、全民守法，维护良好的法治秩序，努力创造安定、安全、安宁的环境。

87. 开工建设大陆桥国际执法安全合作培训研究中心和“连云港论坛”永久会址。

88. 畅通信访渠道，加强信访矛盾源头防范，实现信访总量下降 5% 以上，信访事项办理群众满意率 80% 以上。

89. 在全市推广“党组织领导、议事会协商、村（居）委会实施、监事会监督”的“一委三会”基层治理模式，实现从传统村（居）管理向现代社区治理转变。

九、推进全面从严治党

90. 巩固拓展“三严三实”专题教育成果，按照中央和省委统一部署，在全市各级党组织和党员中组织开展“学系列讲话、学党章党规，做合格党员”学习教育，强化党员日常教育管理，严格落实中央关于加强和改进党内政治生活的规范性文件，抓好《中国共产党廉洁自律准则》、《中国共产党纪律处分条例》和《中国共产党巡视工作条例》的学习贯彻执行。

91. 认真做好县乡党委换届工作，围绕发展调优配强县乡领导班子。

92. 健全完善干部培养管理和选拔任用机制，落实 20 字好干部标准和“三严三实”要求，拓展干部挂职锻炼、教育培训渠道，健全干部选拔程序机制，完善实名制推荐干部的做法，改进民主推荐、考察工作，提高选人用人的科学性。

93. 进一步落实从严管理干部“五个要”要求，加强干部日常考核，完善干部综合考核评价机制，加强干部交流工作，推进干部能上能下。

94. 利用“互联网 +”思维创新机关、农村、社区党建工作，深化村级“四有一责”、社区“六联十化”建设，加强高校和“两新”组织党的建设，加强国有企业党的建设工作，探索新兴领域党建工作。

95. 选树和表彰一批全市先进基层党组织、优秀共产党员、优秀党务工作者。

96. 扎实推进惩治和预防腐败体系建设，认真落实党风廉政建设责任制，强化“一岗双责”，坚决纠正“四风”。

97. 继续保持严惩腐败的高压态势，加大案件查办和执纪问责力度，解决好权力寻租、小官巨贪等问题，加快形成不敢腐、不能腐、不想腐的体制机制。

98. 继续开展党风廉政建设巡察工作，持续推进和完善市直纪检监察机关“点派驻＋片管理”模式，认真抓好《县区纪委书记、副书记提名考察办法（试行）》等4个提名考察办法和《关于进一步加强全市农村基层纪律检查组织建设的意见》贯彻落实。

99. 加强基层党风廉政建设，坚决惩治和查处侵害群众利益的不正之风和腐败问题，着力解决不作为的问题。

十、筹备和开好市第十二次党代会

100. 提前谋划、精心筹备，组织和开好市第十二次党代会，确保市委换届工作圆满完成。

市委全会

中共连云港市委十一届十二次全会

6月19日，中国共产党连云港市第十一届委员会第十二次全体会议在海州举行。全会专题研究市委换届工作，审议通过《中国共产党连云港市第十一届委员会第十二次全体会议关于召开中国共产党连云港市第十二次代表大会的决议》和《关于中国共产党连云港市第十二届委员会、纪律检查委员会组成原则的建议》，决定中国共产党连云港市第十二次代表大会于2016年9月在海州召开。市委书记、市人大常委会主任杨省世就做好市委换届工作作重要讲话。杨省世、项雪龙、张同生、万闻华、祁彪、杨莉、关永健、王加培、吴以桥、滕雯、刘海涛、韩文祥、曹卫东在主席台就座。市委委员、候补委员出席会议。

杨省世指出，这次市委换届，是在我市开启“十三五”发展新征程、决胜全面建成小康关键时期进行的，是全市人民政治生活中的一件大事，意义特别重大。做好市委换届工作，是提高党的执政能力的重要举措，关系到党的事业发展、党的执政地位巩固和社会大局的和谐稳定。全市各级党员干部要认真贯彻落实习总书记重要指示精神，不断强化政治意识、大局意识、核心意识、看齐意识，不折不扣地把这项“硬任务”落实好、推进好、完成好。

杨省世要求，要突出重点，按照新时期好干部标准做好换届人事安排工作。这次市委换届工作，要着眼事业发展和领导班子长远建设需要，坚持新时期好干部标准，严格落实中央、省委换届政策和要求，严明换届工作纪律，大力选拔自觉践行“三严三实”要求的优秀干部，扎扎实实做好换届人事安排各项工作。一是坚持正确的用人导向。要坚决贯彻落实习近平总书记提出的“20字”好干部标准，严格执行《干部任用条例》，大力选拔政治强、懂专业、善治理、敢担当、作风正的干部。二是努力优化班子成员结构。要围绕完善班子结构、增强班子整体功能采取措施，选好配强领导班子，使市委领导班子分工合理、专业配套、优势互补。围绕加快推进“两个基地”和现代产业高地建设，注意选拔熟悉港口物流、金融资本、海洋产业等方面的干部。三是着力营造风清气正的换届环境。这次换届，是在全面从严治党的新形势下开展的。要不折不扣地落实中央和省委严肃换届纪律工作要求，深刻反思衡阳破坏选举案、南充拉票贿选案“两案”发生的根源，吸取教训，引以为戒。要注意把握换届人事安排和选举工作中苗头性、倾向性问题，制定工作预案，严肃工作纪律，坚决防止选人用人上的不正之风和违纪违法行为。

全会号召，全市各级党组织和全体共产党员紧密团结在以习近平同志为总书记的党中央周围，高举中国特色社会主义伟大旗帜，以邓小平理论、“三个代表”重要思想、科学发展观为指导，深入贯彻习近平总书记系列重要讲话精神，牢牢把握历史机遇，致力改革创新，切实加强党的领导，为加快推进国际化海港中心城市和“一带一路”交汇点核心区建设，全面建成小康社会而努力奋斗，以优异成绩迎接连云港市第十二次党代表大会的胜利召开。

中共连云港市委十一届十四次全会

9月21日，市委书记杨省世主持召开市委十一届十四次全会。出席会议的有市委委员33人。市纪委委员列席会议。

会议讨论通过《关于召开中国共产党连云港市第十二次代表大会的决议》，决定市第十二次党代会于2016年9月26日在海州召开。

会议听取了十一届市委、市纪委工作报告起草情况说明，讨论通过市委工作报告（讨论稿）、市纪委工作报告（讨论稿）。

会议还听取市第十二次党代会代表选举情况和市“两委”委员候选人预备人选产生情况说明。

此前，市委召开通报会，市委副书记、组织部部长万闻华分别向市各民主党派、工商联、无党派代表人士和地市级离退休老干部通报市十二届“两委”委员和出席省十三次党代会代表候选人预备人选酝酿产生情况。

中共连云港市委十二届一次全会

9月28日，中共连云港市第十二届委员会第一次全体会议在海州举行。会议选举本届市委常务委员会委员和书记、副书记。

杨省世同志受市第十二次党代会主席团的委托，主持这次全体会议。省委督导组组长、省国土厅副厅长、党组副书记魏红军列席会议并现场指导。新当选的50名市委委员和9名候补委员出席会议。市纪委委员列席会议。

会议首先通过中共连云港市第十二届委员会第一次全体会议选举办法和监票人名单。接着，以无记名投票的方式，差额选举产生10名中国共产党连云港市第十二届委员会常务委员会委员。他们是：杨省世、项雪龙、万闻华、关永健、王加培、滕雯、刘海涛、曹卫东、王东升、王立斌。

会议选举杨省世同志为中共连云港市委书记，选举项雪龙、万闻华同志为中共连云港市委副书记。

会议通过中共连云港市第十二届纪律检查委员会第一次全体会议选举结果的报告。

选举结束后，杨省世代表新选出的市委常委作讲话。他说，从现在开始，新一届市委正式接过十一届市委的担子，肩负起带领全市人民落实“一带一路”战略、加快产业强市步伐、奋力夺取全面建成小康社会决战胜利的历史重任。此时此刻，我们既深切感受到全市干群的信赖和期望，也更清醒地认识到肩上的担子和责任。我们要恪尽职守、竭尽全力、苦干实干，以优异的成绩向省委和全市人民交上一份满意的答卷。

杨省世指出，要坚守信仰，牢记宗旨。强化党的意识和宗旨观念，牢记第一身份是共产党员、第一职责是服务群众，把坚定理想信念、践行根本宗旨，落实到、体现到学习工作中去。坚持不懈强化理论武装，脚踏实地做好为人民服务，大力发扬艰苦奋斗的优良作风，把全部心思用在干事业上，把全部精力用在抓工作上，甘于吃苦、乐于奉献，真正做到平时工作看得出来、关键时刻站得出来、危急关头豁得出来。

杨省世强调，要担当作为，不辱使命。主动担当、奋发作为，真正做到不负重托、不辱使命。始终保持强烈的事业心和责任感，集中力量攻坚克难，扑下身子真抓实干，带头深化细化工作措施，带头深入到矛盾问题最集中的地方，抓推进、促落实，确保各项决策部署真正落到实处、抓出成效。

杨省世指出，要遵规守矩，永葆本色。更加自重自省、自警自励，清清白白做人、干干净净做事、坦坦荡荡为官，始终做清正廉洁的表率。高度重视党性锻炼，牢固树立正确的权力观、地位观和利益观，严格遵守党章党规党纪，共同营造风清气正的政治生态。杨省世表示：作为班长，在这里我向大家郑重承诺，我将带头遵规守纪，请大家监督。在严格自律的同时，我们还要严格落实党建主体责任和党风廉政建设责任制，从严从实管好干部、带好队伍，为推动全市改革发展提供坚强保证。

杨省世强调，要凝心聚力，团结奋斗。推进连云港“后发先至”，需要最大限度地凝聚全市上上下下的共识和力量。要胸怀大局齐心干事，分工负责守土有责，发扬民主共促和谐，大事讲原则、小事讲风格，在合作共事中增进理解，在相互补台中加深感情，在团结奋斗中促进和谐。

杨省世在讲话结束时说，连云港是一个干事创业的好地方，也是一个能干大事、成大业的好地方。

站在新的历史起点，我们要始终牢记习近平总书记对全党提出的“不忘初心，继续前进”的要求，始终保持奋发有为的精神状态，团结带领广大干部群众，锐意进取，同心同德，埋头苦干，努力实现市第十二次党代会确定的各项目标，奋力开创连云港更加美好的明天！

中共连云港市委十二届二次全会

12月30日，中国共产党连云港市第十二届委员会第二次全体会议在海州举行。会议认真贯彻党的十八届六中全会和中央经济工作会议精神，按照省第十三次党代会、全省经济工作会议和市第十二次党代会部署要求，回顾总结今年工作，深入分析当前形势，研究部署明年任务，组织动员全市上下全面落实“两聚一高”新要求，奋力开拓特色发展新路径，在全面建成小康社会上迈出坚实步伐。

会议由市委常委会主持。市委书记杨省世代表市委常委会作工作报告，市委副书记、市长项雪龙部署明年经济工作。会议审议并通过《中国共产党连云港市第十二届委员会第二次全体会议决议》。市委委员、候补委员出席会议，部分地市级离退休老干部、市纪委委员、有关方面负责同志、部分市党代会代表列席会议。

会议指出，今年以来，在省委、省政府的坚强领导下，全市上下深入学习贯彻习近平总书记系列重要讲话特别是视察江苏重要讲话精神，坚持稳中求进工作总基调，积极践行新发展理念，以供给侧结构性改革为主线，统筹抓好稳增长、调结构、促改革、惠民生、防风险等各项工作，经济运行保持平稳增长，重大项目取得阶段性突破，重点领域改革和对外开放不断深入，生态建设取得扎实成效，民生社会事业稳步提升，全面从严治党持续推进，经济社会保持良好发展态势，实现“十三五”良好开局。

会议指出，明年是党的十九大召开之年，是供给侧结构性改革的深化之年，也是全面落实省、市党代会部署的开局之年。做好明年各项工作，要全面落实党的十八大和十八届三中、四中、五中、六中全会精神，深入贯彻习近平总书记系列重要讲话精神，按照省、市党代会的新部署和省委对连云港发展的新要求，更加主动适应把握引领经济新常态，更加自觉践行新发展理念，坚持稳中求进工作总基调，以提高发展质量和效益为中心，以推进供给侧结构性改革为主线，以全面从严治党为根本保证，聚力创新、聚焦富民，全面做好稳增长、促改革、调结构、惠民生、优生态、防风险各项工作，积极开拓具有连云港特色的发展路径，扎实推进全面小康社会建设，以优异成绩迎接党的十九大胜利召开。要着重把握好四个方面：一是牢牢把握稳中求进工作总基调，二是紧紧围绕省市党代会精神抓落实，三是坚定不移探索特色发展新路，四是着力通过深化改革增活力。

会议强调，做好明年工作，既要明大势、观全局，还找准着力点，把握关键、务求实效。着力抓好五个方面任务：一要全力以赴稳增长，扩大有效投入，推动存量经济扩量提质，做好增量文章，优化对企服务，努力保持经济持续健康发展；二要强化特色促转型，加快产业强市步伐，培育壮大特色产业，重点做大石化产业，做强新医药、新材料产业，突破物流和旅游业，推动一、二、三产业融合发展，打好聚力创新的攻坚战，增强城市的集聚力、吸引力，实现更具质量和效益的发展。三要深化改革扩开放，突出经济体制改革，推动供给侧结构性改革五大任务落实，持续深化“放管服”改革，推进农村综合改革；厚植开放优势，集中精力加快推进“两个基地”等标志性工程建设，做强做优海河联运、海铁联运品牌，构建全方位改革开放格局；四要重抓整治优生态，全面落实省委、省政府“263”专项行动，着力开展化工行业整治，打好治气、治水、治土攻坚战，加强生态环境保护修复，构建生态建设长效机制。五要多措并举抓富民，自觉践行以人民为中心的发展思想，引导支持大众创业，如期高质量完成脱贫任务，大力推动城乡居民增收，促进公共服务均衡化标准化，加强文化建设，不断增强人民群众获得感和幸福感。要全面推进依法治市，加强平安连云港建设，创新社会治理，保护好人民群众生命财产安全，全力维护社会和谐稳定。

会议强调，我市明年经济工作要坚持工业立市、产业强市不动摇，推动一、二、三产融合发展，加快构建具有连云港特色的现代产业体系；要深入实施创新驱动，激发新兴产业创新动力，加快传统产业创新步伐，优化创新要素配置，营造全社会创新的浓厚氛围；要着力抓好招商引资，理清思路、完善平台、突出重点，务实高效开展招商引资工作；要持续扩大对外开放，以落实“一带一路”建设重点工作为主线，扎实推进新时期的对外开放工作；要全面深化各项改革，突出重点领域和关键环节，不断完善适应创新驱动的体制机制，充分调动各类社会主体的积极性、主动性和创造性；要不断完善基础设施，扎实抓好重大基础设施建设，推动项目早开工、早建设、早投用，为经济社会发展提供有效保障；要切实加强生态建设，更加自觉地推动绿色发展、循环发展、低碳发展，着力解决群众身边突出环境问题，力争实现生态环境质量得到根本性好转；要扎实做好民生实事，组织实施新一轮十大民生工程，让群众得到更多实惠与便利，不断增强群众的获得感和幸福感。

会议强调，全市各级党组织要全面贯彻十八届六中全会精神，切实履行好管党治党主体责任。要发挥好党委领导核心作用，自觉增强“四个意识”，强化党委意识形态工作责任制，提高议事决策和抓落实的能力，高质量严标准开展党内政治生活，周密细致做好人大、政府、政协换届工作。要提振干事创业精气神，坚持“好干部”标准，树立崇尚实干导向，健全正向激励机制，增强制度约束刚性，完善容错纠错机制，充分激发和保护干部干事创业的积极性。要锤炼求真务实好作风，坚定发展决心，保持发展韧劲，完善政绩考核评价机制，不断提升发展质量和效益。要强化廉洁从政硬约束，坚持挺纪在前，抓早抓小，持续加大执纪问责力度，为改革发展锻造一支过硬的干部队伍。

会议号召，全市各级党组织和广大党员、干部要紧密团结在以习近平同志为核心的党中央周围，坚决贯彻落实省委决策部署，在市委坚强领导下，牢记使命，务实作为，奋勇担当，致力“两聚一高”，加快特色发展，以优异成绩迎接党的十九大胜利召开。

就贯彻全会精神，杨省世强调，要担当作为，认真抓落实。各级领导干部要用担当鼓士气，凭作为树导向，团结一班人，带领全市人民，汇聚起攻坚克难的强大力量。要落实好正向激励措施和容错纠错机制，在全市上下大力营造想干事、能干事、干成事的积极氛围。要勤思善谋，闯出新路子。各级党员干部要加强学习、深入调研，用心琢磨、大胆创造，努力走出转型发展、创新发展的新路子。要突出问题导向，沉下心来找准抓手，把举措谋深谋实谋细，用一个个创新实践，打开发展的新局面。要求真务实，埋头办实事。对定下来的工作，各级领导班子要拧成一根绳、形成一股气，靠前指挥、紧抓不放、一抓到底，做到件件有安排、事事见成效。各级领导干部要始终做求真务实的倡导者、实践者和推动者，齐心协力把连云港的工作做好。

市委常委会会议

1月11日市委常委会暨全面深化改革领导小组会议

1月11日，市委书记杨省世主持召开市委常委会暨全面深化改革领导小组会议，听取市“十三五”规划纲要和《政府工作报告》起草情况汇报，研究全市安全生产工作，讨论并原则通过《关于调整完善市对区财政管理体制方案》和2016年度财政预算安排情况。市领导项雪龙、仲琨、张同生等参加会议。

就做好市对区财政体制改革工作，杨省世指出，调整完善财政管理体制既是突出问题导向、深化财税体制改革的要求，也是与时俱进、推动经济社会发展的需要。各区、各板块要充分认清改革的必要性和重大现实意义，自觉服从、服务于全市发展大局，积极主动地抓好落实，不折不扣地执行到位。财政部门要准确把握深化财政管理体制改革的主要任务和基本原则，积极顺应新形势、新变化，充分调动各区、各板块的积极性。要加大改革创新力度，积极创新财政资金使用方式，充分释放财政体制的内生动力与发展活力，通过改革进一步理顺市、区两级政府财政分配关系，增强市一级对经济社会发展的调控能力，更好地促进经济全面发展。

就抓好安全生产责任落实，杨省世强调，要切实增强安全生产意识。针对当前特殊形势，各县区、各板块、各部门的认识要再提高，责任要再强化，切实把安全发展摆在更加突出的位置，进一步强化底线思维，努力把安全生产工作落细、落小、落实，坚决遏制较大事故发生，保证人民生命财产安全，为“两会一节”营造良好环境。要认真开展安全隐患排查。进一步增强责任意识，突出重点领域，保持高压态势，紧盯工作短板，以更严的标准、更高的要求、更实的作风，切实抓好隐患排查整治工作，真正做到防患于未然。要严格落实安全生产责任。各级各部门要按照“党政同责、一岗双责、失职追责”的要求，切实履行属地管理责任，认真落实行业监管责任，形成齐抓共管的合力，做到守土有责、守土负责、守土尽责。

就做好市“十三五”规划纲要修改完善，杨省世指出，“十三五”是我市全面建成小康社会的决胜阶段，制定和实施好“十三五”规划，事关全市经济社会持续健康发展。《规划纲要》要充分体现中央精神和省、市委要求，切实做到与国家和省规划有机衔接，与市委规划《建议》相呼应，贯彻市委的主张，注重在细化深化具体化上下功夫，以更好地指导全市的发展。要在认真完善规划纲要的同时，统筹抓好全市“十三五”重点专项规划和其他专项规划的编制，积极做好向上对接争取，争取更多事关我市长远发展的重要事项列进国家和省盘子，使纲要的任务转化为各领域、各方面发展的实际行动。

就做好2016年度财政预算安排，杨省世强调，预算安排是财政工作的核心。在新常态下，我们要积极应对各种困难和挑战，切实创新思路，拿出务实举措，扎实做好新常态下的财政预算工作，提高预算水平，提升财政效能，强化规范管理，努力促进经济健康稳定运行，为全市改革创新、科学发展提供财力保障，更好地服务全市发展大局。

在听取《政府工作报告（讨论稿）》起草情况后，杨省世指出，报告很好地贯彻中央和省、市委决策部署，既实事求是地总结了“十二五”及2015年工作，又对“十三五”及2016年工作作了全面具体的部署，思路清晰，任务明确，重点突出，起草组要按照讨论意见进一步修改完善报告，力求做到全面、准确、精炼、务实。

1月31日市委常委会会议

1月31日，市委书记杨省世主持召开市委常委会议，研究全市扶贫开发工作，审议并原则通过《市属国有企业监事会管理暂行办法》。市领导项雪龙、张同生等参加会议。

就实施好《市属国有企业监事会管理暂行办法》，杨省世指出，监事会制度是现代企业制度的重要环节，不仅是国有资产保值增值的必要条件，也是维护职工权益和社会公共利益的重要依托。我们要进一步认清监事会制度的本质内涵，抓好监事会工作人员的管理和指导，把监事会管理制度落到实处，真正发挥服务企业发展的作用。要加快形成国企管理制度体系，不断完善法人治理结构，推进企业内部用人制度改革，进一步规范企业决策，提高经营效率，增强发展活力。

在研究全市扶贫开发工作时，杨省世指出，“十二五”时期，全市各级各部门上下同心，苦干实干，上一轮脱贫致富奔小康工程圆满收官。“十三五”时期是全面建成小康社会的决胜阶段，扶贫开发面临着新的形势和任务。全市上下要进一步提高思想认识，牢固树立抓扶贫开发就是抓经济发展的理念，将扶贫工作贯穿于经济社会发展全过程，突出重点，补齐短板，以扶贫开发成效衡量发展的质量。要高标准做好扶贫开发规划，做到深入、具体、可行、有效，确保上下一致、有效衔接、统筹推进、落地见效。要坚持精准扶贫要求，摸清底数，明确目标任务、时间节点和责任主体，因地制宜实施帮扶项目，实现精准脱贫。要采取务实管用的政策，坚持业已形成的好做法、好制度、好机制，针对新一轮扶贫开发的目标要求，研究制定一套操作性强、体现连云港特色的政策体系。要切实形成扶贫工作强大合力，统筹抓好人、财、物的调配使用，配强帮扶干部队伍，推动帮扶措施进村入户，有效发挥各类主体作用。要着力强化组织保障，成立扶贫开发领导机构，完善工作推进机制，营造一级抓一级的浓厚氛围，确保打赢“十三五”脱贫攻坚战。

2月4日市委常委会会议

2月4日，市委书记杨省世主持召开市委常委会议，听取2015年度县区及市级机关目标绩效考评有关情况及全市目标绩效管理暨作风建设大会筹备情况汇报，传达中纪委六次全会、省纪委六次全会和全省组织部长会议精神。市领导项雪龙、张同生等参加会议。

就做好目标绩效考评工作，杨省世指出，实行绩效管理，是党中央、国务院和省委、省政府的统一部署要求，对新形势下全面深化改革特别是行政体制改革，加快政府职能转变，加强机关作风建设，具有十分重要的意义。要强化正面激励，把考评结果与县区部门业绩评定、评先评优和党员干部提拔任用、工作调整结合起来，切实发挥好绩效管理的导向、激励和约束作用。要着力改进规则设计，优化操作流程，强化结果运用，更加突出鼓励实干、激励创新的鲜明导向，进一步营造浓厚的干事创业氛围。要精心组织，认真筹备好全市目标绩效管理暨作风建设大会，以过硬作风和良好状态投入新一年的工作。

就贯彻中纪委和省纪委全会精神，杨省世强调，全市各级党组织和广大党员干部要深入学习领会、坚决贯彻落实总书记重要讲话精神，坚决把思想和行动统一到中央的要求上来，深刻领会“两个没有变”，牢固树立“四个足够自信”，坚定不移贯彻全面从严治党要求，切实把党风廉政建设和反腐败斗争引向深入。要切实增强政治意识、大局意识、核心意识、看齐意识，始终在思想上政治上行动上与以习近平同志为总书记的党中央保持高度一致，确保中央和省委政令畅通。市委常委要充分发挥表率作用，带头严格执行《中国共产党廉洁自律准则》、《中国共产党纪律处分条例》，落实党风廉政建设“一岗双责”，树立正确的权力观，巩固和保持来之不易的良好政治生态。要坚持不懈抓好作风建设，严格执行中央八项规定、省委十项规定和市委二十条实施办法，大力弘扬勤俭节约、文明健康的时代新风，推进作风建设常态化、长效化。

就落实全省组织部长会议精神，杨省世强调，做好新一年工作，关键在党。要把“两学一做”学习教育作为今年党建工作的龙头任务，扎实做好全市学习教育的准备和实施。市委常委要身体力行、带头示范、以上率下，切实抓出成效。要以高度的政治责任感抓好党委换届工作，精心组织谋划、恪守公道正派、依法依规实施，确保风清气正，换出质量，换出干劲。市委常委要树立“大抓基层”的导向，抓好农村基层党建工作，深入所联系的县区，指导督促县区党委贯彻落实好中央和省委要求，切实发挥好基层党组织的战斗堡垒作用和广大党员的先锋模范作用。

2月18日市委常委会会议

2月18日，市委书记杨省世主持召开市委常委会议，传达全国、全省宣传部长会议和全省党委（党组）意识形态工作责任制座谈会精神，研究2016年市委重点工作、重要会议和重要文件安排情况，审议并原则通过《关于贯彻落实党委（党组）意识形态工作责任制的若干规定（试行）》和《关于推进社会主义文艺繁荣发展的实施意见》。市领导项雪龙、张同生等参加会议。

就做好意识形态工作，杨省世指出，市委常委会处在全市总揽全局、协调各方的核心地位，必须旗帜鲜明地把意识形态工作牢牢抓在手上，积极承担起政治责任和领导责任。各级各部门要充分认识到意识形态工作的极端重要性，把它作为贯彻落实中央和省委决策部署的应尽之责，坚决守好意识形态这片阵地。要始终坚持统筹推进，把高扬“主义”与解决问题相统一，把意识形态工作与落实中央省委决策部署、坚持五大发展理念结合起来，与协调推进“四个全面”战略布局结合起来，与全面达小康、迈上新台阶各项工作任务结合起来，与更好地履职尽责、推动发展、服务群众结合起来，在加强意识形态工作的过程中强党性、提效能、办实事、暖民心，为“十三五”开好局起好步提供有力的思想舆论支持。要务实创新开展工作，深入研究不同领域、不同时期、不同群体的情况和特点，有针对性、有差异性地谋划推动工作。各级干部、各个部门要增强政治意识、大局意识、核心意识、看齐意识，找准自身定位，围绕中心工作，强化责任担当，真正做到各司其职，通力协作，形成共同抓好意识形态工作的强大合力。

就推进文艺繁荣发展，杨省世强调，要树立正确导向，加强和改进党对文艺工作的领导，注重对文艺人才队伍的引导和培育，推动他们创作更多有筋骨、有道德、有温度的优秀文艺作品来弘扬主旋律、传播正能量。要体现地方特色，根植城市土壤吸收养分，保护传承和弘扬特色文化、传统文化，顺应时代发展与人民期盼，创作打磨更多的精品力作，让文艺繁荣和城市发展交相辉映，相得益彰。要坚持文艺为民，把满足人民群众的精神文化需求作为文艺发展的出发点和落脚点，为人民书写、为人民抒情、为人民抒怀，充分对接人民群众需求，让更多群众享受更高质量、更为便利的精神文化生活。

关于今年市委重点工作，杨省世强调，要把贯彻落实中央和省委决策部署与推动市委重点工作有机结合好，突出时效性和针对性，把连云港的工作放到全省、全国的视野里去审视和考量，在更高层次上推动工作。要把工作的计划性和实效性有机统一好，充分考虑市县区之间的衔接，狠抓政策部署的落地见效。要把专项工作和日常重点工作统筹安排好，合理分配时间精力，提高工作效率，用务实高效的工作来实现两手抓、两不误、两促进。

3月21日市委常委会会议

3月21日，市委书记、市人大常委会主任杨省世主持召开市委常委会议，审议并原则通过《连云港市主体功能区实施规划》和《关于进一步加强全市乡镇领导班子建设的意见》；传达全省市县乡换届工作会议精神并研究我市换届工作；传达全省统战部长会议精神，研究2016年全市统战工作；听取2016年市委市政府督查工作要点和重点督查项目汇报。项雪龙、张同生等市四套班子领导参加会议。

在审议《连云港市主体功能区实施规划》时，杨省世指出，制定并实施主体功能区规划是贯彻落实党的十八届五中全会精神、优化国土空间开发格局的必要手段，对我们深入践行五大发展理念、加快建设国际化海港中心城市具有十分重要的意义。要进一步完善规划，做到实事求是、因地制宜，通过多种手段解读好、宣传好规划，使规划深入人心，有效指导和规范经济社会发展。要做好主体功能区规划与"十三五"规划建议、纲要以及专项规划之间的衔接，扎实推动"多规合一"工作。要处理好发展与保护之间的关系，统筹好限制和禁止开发区域的扶贫攻坚工作，使规划更好地保障经济社会发展。要严格执行规划要求，切实维护好规划的严肃性、权威性和稳定性。

关于做好市县乡领导班子换届工作，杨省世指出，市县乡领导班子换届是一项严肃的政治任务，影响面大，社会关注度高，广大干部寄予厚望。这次换届处在开局"十三五"、决胜全面小康的关键节点上，处在适应和引领经济"新常态"、推动全面从严治党迈上新台阶的大背景下，有很多新特点、新要求，标准高、要求严、责任重大。要深入学习领会习近平总书记系列重要讲话精神，按照省委的部署要求，把换届工作做好、做细、做扎实。要选好干部、配强班子，树立正确用人导向，着力优化班子结构，强化班子整体功能。要做好代表、委员的产生和大会选举工作，合理优化代表、委员结构，周密安排部署，保证选举规范有序进行。要加强协调配合，营造风清气正的换届环境，把正风肃纪抓在手上，把纪律规矩挺在前面，坚决维护换届工作的严肃性。要处理好换届与日常工作的关系，实现换届工作与干事创业两不误、两促进。

在研究全市统战工作时，杨省世强调，要强化党对统战工作的领导，贯彻落实好中央和省委对统战工作的部署要求，为统战工作开展创造良好条件。要进一步找准统战工作服务大局的定位，深化共识教育，完善政党协商制度，聚合各界力量，为全面小康建设加油助力。要着力抓好各项重点工作，推动统战事业不断开创新局面。

在研究2016年督查工作时，杨省世要求，全市督查战线要按照省委书记罗志军对督查工作的指示要求，敢于承担责任，敢于直面问题，把抓落实这个最基本的职能放在最核心的位置上，强化组织推进，强化工作实效，强化结果运用，为推动市委市政府决策部署落地见效提供坚强保障。

会议还研究了其他事项。

4 月 11 日市委常委会会议

4 月 11 日，市委书记杨省世主持召开市委常委会，分析全市一季度经济形势，部署下一个阶段经济工作，研究连云港碱厂划转搬迁有关事宜。项雪龙、张同生等市四套班子领导参加会议。

在听取市发改委和各县区板块工作情况汇报后，杨省世指出，今年以来，全市上下认真贯彻落实中央和省委、市委关于经济工作的决策部署，统筹推进稳增长、调结构、惠民生、防风险等各项工作，全市经济运行开局平稳、稳中向好，主要经济指标基本达到序时，一些指标增幅排在全省前列，同时经济下行压力仍在加大、稳中有忧。

就做好第二季度工作，杨省世强调，要客观辩证分析当前经济形势，既要看自身的纵向也要看全国全省的横向，既要看速度也要看质量效益，既要看即期态势也要看长期趋势，进一步坚定发展信心，保持清醒头脑，更加深入地研究经济发展中的结构性问题、动力的生成问题、走势分化背后的新趋势问题，更好地做多做强积极因素，更有效地应对困难挑战，切实把当前和下一阶段工作抓好抓实、抓出成效，为实现全年目标任务打下良好基础。

杨省世指出，二季度全市经济工作的核心任务是全力以赴稳增长，确保实现“双过半”。要突出问题导向，抓牢关键环节，更有针对性地解决问题、稳定增长。一要全力稳住经济运行，加强经济运行监测调度，协调解决项目建设难题，全力保障企业生产运营，确保经济增长始终在合理区间。二要持续扩大有效投入，千方百计拓宽投资渠道，更加注重优化投资结构，紧抓不放推进项目建设，发挥好投资在稳增长调结构中的关键作用。三要抓住用好“一带一路”战略机遇，集中精力突破外资，千方百计稳住外贸，着力促进外资外贸回升。四要认真落实供给侧结构性改革部署，确保各项改革举措见到实实在在成效。五要统筹抓好民生工作，努力让经济发展成果更多惠及全市人民。六要扎实审慎做好维护安全稳定各项工作，全力确保社会大局和谐稳定。

杨省世强调，做好二季度工作、实现“双过半”目标，需要充分调动各方面的积极性，凝聚起推动发展的强大合力。从市级领导层做起，各级干部要带头冲在前、干在先，用自己的实际行动带动广大企业群众共同奋斗。要进一步强化对干部的正向激励，坚定企业家的发展信心，鼓励各类人才创新创业，切实形成奋发进取抓发展的浓厚氛围。

会议对连云港碱厂划转搬迁工作进行研究。

4 月 18 日市委常委会会议

4 月 18 日，市委书记杨省世主持召开市委常委会议，传达学习中央和省委“两学一做”学习教育相关会议精神，审议并原则通过我市“两学一做”学习教育《实施方案》和《2016 年度县区目标任务绩效考评办法》《2016 年度市级机关绩效考评办法》《2016 年度市属国有企业绩效考评办法》《市级重点产业项目及投资专项考核办法》。市长项雪龙等参加会议。

就做好我市“两学一做”学习教育活动，杨省世指出，开展“两学一做”学习教育是今年党建工作的重中之重，习近平总书记多次作出重要指示，省委也召开常委会进行专题研究。全市各级党组织要切实把思想统一到中央和省委的部署要求上来，深刻认识开展学习教育对全面推进从严治党、保持党的先进性纯洁性的重大深远意义，切实增强做好工作的责任感和使命感。要紧密结合自身实际，做好市委《实施方案》的深化细化，精心组织开展学习教育，确保我市学习教育工作良好开局、取得实效。市委常委会要坚持学在前、做在先，真正为全市各级党组织和党员干部树标杆、作表率。各级领导机关、领导班子、领导干部都要发挥好带头作用，形成上行下效、整体联动的生动局面。要通过各级各类媒体，持续开展专题宣传，在全市上下营造良好氛围。

就做好今年的绩效考核工作，杨省世强调，健全完善的考核评价机制是推动工作的有力杠杆。要把绩效考评作为抓推进落实的关键举措，强化宣传引导，层层压实责任，切实通过考核进一步明确工作的主导方向和着力点，进一步传导压力、激发动力，推动全年各项目标任务圆满完成。要加强组织领导，通过季度通报、半年督查、年终考核等手段，严谨求实做好考评工作，做到遵循标准不走样、严格程序不含糊，确保考评周密实施、公平公正。要把考评结果作为衡量班子整体合力、评价干部政绩的重要依据，与县区部门业绩评定、评先评优和党员干部提拔任用、工作调整结合起来，充分发挥好绩效考评的导向、激励、鞭策作用。

5月6日市委常委会会议

5月6日，市委书记、市人大常委会主任杨省世主持召开市委常委会议，传达贯彻全省加快苏北发展推进全面建成小康社会工作会议精神，研究全市安全生产工作，审议并原则通过《市委常委会“两学一做”学习教育工作方案》《连云港市培强培优企业行动计划（2016—2020年）》《连云港市上市企业培育行动计划（2016—2020年）》《连云港市加快科技型中小企业培育行动计划（2016—2020年）》。市领导项雪龙、张同生等参加会议。

杨省世指出，全省苏北发展工作会议是省委、省政府在“十三五”开局之年，召开的首个区域协调发展专题性会议，充分体现对苏北地区发展的高度重视和推进区域协调发展的坚定决心。全市上下要切实把思想和行动统一到省委、省政府对苏北新一轮发展阶段的科学研判上来。要认真学习领会会议精神，把贯彻会议精神同落实新发展理念、同落实中央和省重大决策部署、同落实“十三五”规划结合起来，为区域统筹发展和全省大局多挑担子、多做贡献。要坚定全面小康的信心决心，始终保持强烈的政治责任感、历史使命感、时代紧迫感，咬住全面小康社会目标不动摇，坚决打赢全面小康攻坚战。要抓好重点举措的推进落实，围绕“强支撑、拓空间、重生态、补短板”的要求，找准发展路径，加强向上争取，凝聚发展合力。要一着不让抓好当前经济工作，加强经济运行调度，加大对外招引力度，强化项目要素保障，确保实现“双过半”。

就抓好三个行动计划的推进落实，杨省世强调，要强化为企服务。把三个行动计划作为“产业强市”的重要抓手，在抓落实上狠下功夫，促进我市企业在规模实力、质量效益、发展活力、创新转型等方面加快发展步伐，为全市经济发展注入活力。要突出责任落实。落实好挂钩联系企业制度，加强对行动计划的督查考核，确保一年一年取得实效。要注重宣传引导。提高企业的知晓度，大力营造政府服务企业、企业带动企业、社会支持企业的良好氛围。

就开展好市委常委会“两学一做”学习教育，杨省世强调，要强化示范引领，充分发挥“关键少数”的引领作用，深学一层、先做一步，树好榜样，立好标杆，形成以上率下、整体联动的良好氛围。要突出真学实做，把握好个人学和集体学、自学和领学的关系，确保按序时完成任务。要坚持问题导向，带着问题学，聚焦问题查，针对问题改，真正让学习教育达到目的、取得实效。要突出统筹兼顾，坚持两手抓、两不误、两促进，以发展的实际成效来检验学习教育成果。

就做好全市安全生产工作，杨省世指出，今年以来，安全生产形势复杂严峻，我们要坚持安全生产与经济工作两手抓，高度重视，务实作为，压实责任，努力把安全生产工作落细、落小、落实，坚决遏制重特大事故发生，切实保障人民生命财产安全。

6 月 2 日市委常委会会议

6 月 2 日，市委书记、市人大常委会主任杨省世主持召开市委常委会议，传达贯彻全国政法队伍建设工作会议精神，审议并原则通过《中共连云港市委常委会议事决策规则（修订稿）》和《连云港市公务员记二等功奖励管理办法》。市领导项雪龙、张同生等参加会议。

就贯彻落实习总书记重要指示精神和全国政法队伍建设工作会议精神，杨省世指出，全市各级各部门特别是政法系统要切实把思想和行动统一到中央部署上来，以法治连云港建设为契机，以深化司法体制改革为动力，以制度建设为保证，进一步提高政法队伍建设水平。要抓好思想政治和能力建设，坚持从严治警，扎实开展“两学一做”学习教育，持续提升政法队伍的能力素质。要切实强化党对政法工作的领导，落实好相关保障政策和制度，不断提高党领导政法工作的能力和水平。

就市委常委会议事决策规则，杨省世强调，要从加强市委常委会自身建设的高度，切实统一思想认识，不断推进制度建设，更好地推动市委工作的开展。要按照“集体领导、民主集中、个别酝酿、会议决定”的议事原则，进一步提升市委常委会决策质量和水平，为市委充分发挥统揽全局、协调各方的领导核心作用提供体制机制保障。要坚持立说立行，严格遵循议事决策原则，严格界定议事决策范围，严格遵守议事决策方法程序，确保制度规范高效到位执行。

就公务员记二等功奖励管理办法，杨省世强调，要科学设置考评标准，强化奖励导向作用，以奖励激发全市公务员干事创业热情，全力推动经济社会快速发展。要突出基层一线，重点要向在艰苦、基层一线和急难险重工作中做出重大贡献的公务员和公务员集体倾斜，真正把关心关爱传达到基层。要坚持依法依规，客观公正、公开透明组织考评，维护公务员奖励的公正性和权威性。要把奖励结果同干部评价、选拔、任用挂钩，推动各级干部想干事、愿干事，使奖励激励的作用充分发挥和显现出来。

会议还研究了其他事项。

6月19日市委常委会暨全面深化改革领导小组会议

6月19日，市委书记杨省世主持召开市委常委会暨全面深化改革领导小组会议，传达省委罗志军书记“两学一做”学习教育专题党课精神，审议并原则通过《连云港市国家级旅游业改革创新先行区工作实施方案》，研究市第十二次党代会有关事项，听取“七一”相关活动情况汇报。市领导项雪龙、张同生、万闻华等参加会议。

就贯彻落实罗书记党课精神、深入推进全市“两学一做”学习教育，杨省世强调，各级各部门要切实把思想行动统一到省委要求上来，学深学透报告精神，突出实效做好宣传，结合实践抓好落实，把“四讲四有”的要求体现到项目建设、招商引资、改革创新、民生事业等重点工作中去，确保如期完成各项任务。要端正学习态度，摒弃应付心理、克服认识偏差、排除畏难情绪，争取更多感悟和收获。要投入更多时间和精力读原著、悟原理，使党章党规和总书记系列讲话的精髓入脑入心，形成强大的思想自觉和规范力量。要力求知行合一，着力解决理想信念和党性党风上的突出问题，着力解决制约发展和民生改善的突出问题，用实实在在的工作成果检验“学”与“做”的成效。

就抓好国家级旅游业改革创新先行区建设，杨省世指出，连云港拥有秀美的山海风光和深厚的历史文化，在海内外享有较高的知名度和美誉度，这是连云港人的骄傲，也是不可多得的发展资源。全市上下要抓住用好获批国家级旅游业改革先行区的宝贵机遇，依托连岛、花果山、东海水晶温泉等优质特色旅游资源，加快AAAAA级景区创建步伐，打造国内一流的旅游目的地和旅游线路。要勇于创新突破，深入研究市场需求，紧盯产业发展前沿动态，完善旅游要素配置方式，加快推进旅游业供给侧改革和旅游管理体制、经营机制创新，增创旅游产业发展新活力。要加大统筹力度，明确责任分工和目标任务，强化重点项目推动，健全公共服务配套和法制保障，高质量完成国家规定的改革“必答题”，出色出彩完成连云港的“自选题”，共同营造有益于旅游业发展的大环境。

就做好市第十二届党代会各项筹备工作，杨省世强调，即将召开的市第十二届党代会，是今年我市政治生活的“重头戏”，将对连云港“十三五”乃至更长时期的发展产生重大而深远的影响，全市各级各部门要从政治、全局和历史的高度，深刻认识开好这次会议的重要意义，做细做实筹备工作，确保会议开出预期成效。要高质量起草好大会报告，准确把握中央省委精神，做好结合文章，深入展开调研，充分吸收各方建议，写出实事求是、凝聚人心、振奋精神、鼓舞士气的好报告。要扎实做好换届人事安排各项工作，严格依照政策要求和程序规范，坚持好干部标准，守好各道关口，严肃换届纪律，为“十三五”发展选优干部配强班子，确保换届过程风清气正、取得圆满成功。

会议还研究了其他事项。

7月11日市委常委会暨全面深化改革领导小组会议

7月11日，市委书记、市人大常委会主任杨省世主持召开市委常委会暨全面深化改革领导小组会议，审议并原则通过综合行政执法体制改革相关方案。市领导项雪龙、万闻华等参加会议。

就推进综合行政执法体制改革，杨省世指出，加快推进综合行政执法是“十三五”期间行政体制改革的重要内容，要结合我市情况，注重实效推进，把省委、省政府的改革要求落实到位。要同步整合职能、流程、工作机制等，使新组建的机构尽快形成战斗力，发挥出最大效能，把该尽的职责履行好，把该管的领域管牢管好。要不折不扣执行机构编制纪律，建立规范机构编制管理的长效机制，确保完成党中央、国务院和省委省政府下达的任务。

会议还研究了其他事项。

8月15日市委常委会会议

8月15日，市委书记杨省世主持召开市委常委会议，传达贯彻省委“两学一做”学习教育工作推进会精神，原则通过我市贯彻落实具体举措和相关安排。市领导项雪龙、万闻华等参加会议。

杨省世说，“两学一做”学习教育开展以来，全市各级党组织按照市委部署，坚持学做结合，注重融入日常，各项工作有力有序推进，取得了阶段性成效。各级各部门要认真学习领会中央和省委的新精神、新要求，不折不扣抓好贯彻落实，确保我市学习教育方向不偏、取得实效。

就贯彻省委会议精神、做好我市学习教育各项工作，杨省世指出，要扎实推进学习教育各项工作，以更加饱满的政治热情和更加务实的工作作风，把后续的学习教育抓得更紧更实。要推动真学实学，组织引导各级党员持续学好党章党规和系列讲话，做到融会贯通、学深学透，特别是要深入学习贯彻总书记七一重要讲话精神，切实把讲话精神转化为提升党性修养和思想境界的强大动力。要落实边学边改，把学习教育查摆的问题与“四风”问题、不严不实问题以及中央、省委巡视反馈意见结合起来，树立问题导向，聚焦薄弱环节，狠抓整改落实。要坚持学做结合，引导各级党员进一步提振干事激情、勇于担当作为，强化群众观念、真情为民服务，真正把“四讲四有”合格党员的先锋形象树起来。要突出自身特色，紧密结合连云港干部队伍和发展实际，多谋划一批具有自身特色的推进载体，努力做出亮点。

杨省世强调，要进一步加强对学习教育的组织领导。各级党组织主要负责同志要把主体责任牢牢扛在肩上，及时协调解决学习教育开展过程中遇到的重点难点问题。要发挥好基层支部的关键作用，因地制宜、精准施策，力戒形式主义。要把行业指导和地方领导统筹起来，加强分类指导。要坚持“两手抓、两促进”，把学习教育与贯彻省委全会、市委经济形势分析会精神结合起来，与推进改革发展稳定各项工作结合起来，以学习教育推动各项工作取得新进展，用扎扎实实的工作成效迎接市第十二次党代会的胜利召开。

8 月 23 日市委常委会会议

8 月 23 日，市委书记杨省世主持召开市委常委会议，听取并研究第十二次党代会市委工作报告起草情况，传达贯彻全省政协工作会议精神，审议并原则通过《连云港市地名管理办法》（以下简称《办法》）。市领导项雪龙、张同生、万闻华等参加会议。

就贯彻落实全省政协工作会议精神，做好新形势下政协工作，杨省世指出，政协不仅履行着政治协商、民主监督、参政议政的重要职能，也是我们广泛凝聚思想政治共识、进一步扩大团结面、巩固联系群众桥梁纽带的重要平台，加强政协工作，对科学民主决策、营造好的发展环境具有非常重要的意义，要高度重视政协工作，切实加强和改善党委对政协工作的领导。要关心支持政协组织履行职能，完善党委政府与政协有效衔接的制度机制，推动政协协商民主制度发挥应有作用。要提前谋划、充分准备，确保政协换届顺利完成。各级政协组织要围绕市委中心创造性开展工作，为市委决策提供重要参考，做共识的凝聚者，发展环境的维护者，推动国际化海港中心城市建设不断取得新进展。

关于地名管理，杨省世强调，地名是城市品质和气质的重要标志，与经济社会发展和人民群众日常生活密切相关，是现代社会公共服务事业不可或缺的组成部分。加强地名管理，关键在于制度规范的落实。要把地名管理作为一个系统工程，依据城市发展总体定位和规划进行顶层设计，超前谋划，动员社会力量参与，更好发挥各类智库作用，充分尊重群众意愿，使地名更好地承载历史文化内涵，彰显城市品位。要同步做好《办法》的宣传解读，强化部门和地区联动，加强制度刚性约束，确保地名管理的政策规范得到有效执行。

会议还研究了其他事项。

8月29日市委常委会会议

8月29日，市委书记杨省世主持召开市委常委会议，传达学习中央推进“一带一路”建设工作座谈会和省委领导干部会议精神，审议并原则通过《关于加快推进沿海发展五大工程的实施意见》《关于进一步加强城市规划建设管理工作的实施意见》。市领导项雪龙、万闻华等参加会议。

就贯彻落实中央、省委会议精神，杨省世指出，要深入贯彻习近平总书记重要讲话精神，按照省委的部署要求，以项目为抓手，整合利用各方面资源，推动形成“一带一路”建设的强大合力。就贯彻《沿海发展五大工程的实施意见》，杨省世强调，要加强宣传解读，聚焦突出问题，强化统筹协调，阶段化推进、责任化落实，确保一批标志性工程取得实质性进展，以点带面推动全市发展迈上新台阶。就加强城市规划建设管理，杨省世强调，城市工作关注度高、涉及面广，中央和省委都高度重视，提出一系列新理念新要求。要进一步增强工作使命感责任感，与时俱进优化城市规划，稳步推进城市开发，着力完善城市功能，切实加强城市治理，真正把城市工作做深做细做实、做到老百姓的心坎上。

9月21日市委常委会会议

9月21日，市委书记杨省世主持召开市委常委会会议。会议审议通过市委拟转发的《市人大常委会党组关于做好全市市县乡三级人民代表大会换届选举工作的意见》，研究确定市第十二次党代会有关事项。项雪龙、张同生、万闻华等市四套班子领导参加会议。

杨省世指出，市县乡三级人大换届涉及面广、要求严格。要认真贯彻执行中央、省委关于换届工作的总体要求和基本原则，切实强化“四个意识”，充分发扬民主，严格依法办事。各级党委要认真履行主体责任，及时研究解决换届选举中的重要问题。各级人大要在同级党委的领导下，依法认真做好组织指导工作。各有关部门单位要各司其职、各负其责、密切协作，共同推动我市市县乡三级人大换届选举顺利开展、圆满成功。要认真总结反思辽宁拉票贿选案、衡阳破坏选举案的深刻教训，严格执行中央“九个严禁”的换届纪律要求，以铁的纪律、铁的手腕和铁的担当确保换届选举风清气正。

在研究通过市第十二次党代会有关事项后，杨省世强调，市第十二次党代会的筹备工作目前已进入最后冲刺阶段，要按照分工、齐心协力，共同把党代会各项筹备工作做好，确保大会顺利召开。在筹备党代会的同时，要统筹兼顾抓好各项工作，切实做到“两不误、两促进”。

10月28日市委常委会会议

10月28日，市委书记杨省世主持召开市委常委会会议。传达学习党的十八届六中全会精神，听取省委巡视组巡视反馈意见整改情况报告和市纪委工作情况汇报，审议并原则通过《鼓励改革创新激励干事创业容错纠错实施办法》等4个规范性文件。市领导项雪龙、万闻华等参加会议。

市委常委会首先集体研读十八届六中全会公报，杨省世强调，学习好、宣传好、贯彻好十八届六中全会精神，是当前和今后一个时期全市的重大政治任务，要按照中央和省委的统一部署，认真抓好各级党组织和广大党员对全会精神的学习，掀起学习宣传贯彻全会精神的热潮。

在听取省委第一巡视组巡视反馈意见整改情况的报告后，杨省世强调，全市各级各部门要切实提高思想认识，积极主动履行整改职责，定期开展整改效果评估，确保如期全面完成各项整改任务。各责任单位要主动对接整改事项，严格把握时间节点，问题不解决绝不撒手，确保每个整改事项都有一个负责任的交代和结果。

在听取市纪委工作情况汇报和贯彻落实十八届六中全会精神工作思路后，杨省世强调，要认真落实党委主体责任和纪委监督责任，推动各责任主体知责、明责、负责。要推动全面从严治党，严明党的纪律、严肃党内生活、严厉惩治腐败、严格管理干部，做到内容无死角、主体全覆盖、劲头不松懈。要强化党内监督，认真学习贯彻新修订的《中国共产党党内监督条例》，进一步加固拒腐防变的堤坝。要深化纪检体制机制改革，稳步推进组织和制度创新，更好承担起党章赋予的职责。

在审议相关规范性文件时，杨省世强调，要坚持制定执行两手抓，按照中央和省委要求，不断完善全面从严治党制度链条，拧紧管党治党责任螺丝，使制度的力量在全面从严治党中充分释放。要坚持问责容错两手抓，既把纪律挺在前面，惩处违纪者、问责不为者，又旗帜鲜明地为担当者担当、为负责者负责、为改革创新者撑腰鼓劲，最大限度调动广大干部积极性、主动性、创造性。要坚持巡察整改两手抓，发挥巡察利剑作用，把握运用监督执纪“四种形态”，使党员干部时时处处感受到纪律的严格约束。

11 月 7 日市委常委会会议

11 月 7 日，市委书记杨省世主持召开市委常委会会议。会议听取全市信访稳定、综治法治工作情况汇报，研究部署全市安全生产工作等事项。市领导项雪龙、张同生、万闻华等参加会议。

会议指出，各级各部门要认真梳理信访案件涉及的核心问题和矛盾，突出问题导向，明确责任领导，制定具体举措，限期化解到位。要建立健全信访责任体系，按照中央、省、市规定，定期开展领导干部接访，形成长效机制，推进信访问题得到有效解决。各级领导干部要大力弘扬真抓实干的工作作风，依法依规处理信访问题，加大问责力度，妥善解决好群众合法合理诉求。

会议强调，要全面梳理全市综治法治中存在的突出矛盾问题，建立重大问题定期通报机制，畅通沟通渠道，消除矛盾风险隐患。要综合运用信息技术、网格化管理等多种手段，补齐短板，创新机制，构建点线面相结合、人防物防技防相结合的综治法治立体防控体系，营造群防群治的良好氛围。

会议指出，各级各部门要坚持做到隐患排查到位，问题整改到位，责任落实到位。对安全生产隐患排查出的具体问题，坚持问题导向，明确责任主体，制定整改时间表，加大整改力度，全力以赴推动安全生产隐患问题解决。会议分析了存在安全生产隐患的重点企业、重点地区，明确了牵头领导、责任分工。会议要求各相关领导、相关部门要下定决心，着力化解安全生产隐患，对存在问题限期整改到位，坚决防止安全生产事故发生。要坚持以点带面，着力抓好化工园区、交通运输、建筑施工、海洋渔业、森林防火等重点领域安全生产工作，加大隐患排查和问题整改力度，制定完善应急预案，落实监管防范措施，为全市改革发展营造和谐稳定环境。

会议审议并原则通过《关于在全市公民中开展法治宣传教育的第七个五年规划（2016 — 2020）》《关于构建和谐劳动关系的实施意见》。

11月23日市委常委会会议

11月23日，市委书记杨省世主持召开市委常委会会议。会议研究我市贯彻落实中央环保督察反馈意见，传达贯彻全省宗教工作会议精神。杨省世强调，各级各部门要认真对照中央环保督察反馈意见清单，拿出壮士断腕的决心，全面彻底整治到位。项雪龙、张同生、万闻华等市四套班子领导参加会议。

就做好中央环保督察反馈意见整改工作，杨省世强调，要深刻认识生态保护的重要性紧迫性，增强整改工作思想自觉，以更大决心、更坚决举措做好环境保护工作。要认真对照问题清单，突出化工园区等重点领域，依法依规，科学施策，加强协调、形成合力，拿出壮士断腕的决心，全面彻底整治到位。要加强组织领导，严格执行环境保护“党政同责、一岗双责”要求，对整改落实不力，未完成整改任务的责任领导和部门，要从严问责、从严惩处。

就贯彻全省宗教工作会议精神，杨省世指出，各级各部门要牢牢把握宗教工作正确方向，积极引导宗教与社会主义社会相适应，努力画出最大的同心圆。要加大对宗教工作支持力度，积极帮助各宗教团体解决实际困难。要切实抓好责任落实，加强干部教育培训，不断提高依法做好宗教工作的能力和水平，共同做好宗教工作。

11月28日市委常委会会议

11月28日，市委书记杨省世主持召开市委常委会会议，听取2017年全市重大项目投资初步计划安排情况和市第十二次党代会目标任务分解工作情况汇报。杨省世强调，要坚持以省党代会新理念新要求为引领，紧密结合连云港实际，聚焦重大项目，狠抓推进落实，一步一个脚印实现好市党代会确定的各项目标任务。项雪龙、张同生等市四套班子领导参加会议。

在听取相关情况汇报后，杨省世指出，市委提早谋划明年的重大项目，就是要找准谋实贯彻省党代会精神的具体抓手。各级各部门要紧紧围绕省党代会提出的“两聚一高”的发展主题，紧紧围绕省委关于“苏北地区要深度挖掘和利用各自资源禀赋，摆脱传统路径依赖，积极探索生态优先、绿色发展的新路子”的明确要求，紧紧围绕产业强市的主攻方向，充分认识大抓项目抓好项目的极端重要性，切实增强使命感责任感，坚持自我加压，谋深谋细明年的重大产业项目。突出创新引领，把创新作为后发地区跨越赶超的唯一路径，以新医药产业为带动，排出更多创新型项目，推动战略性新兴产业做大做强，不断调高调轻调优产业结构。围绕聚焦富民，更加突出办好民生实事和惠民工程，大力发展现代旅游、现代物流、现代农业等综合性带动性强的项目，让群众在产业发展中得到更多实惠。以壮士断腕的决心抓好部分化工园区整治，坚持集聚集约，严格项目准入，引导化工、钢铁等传统产业改造升级，坚决走一条生态优先、绿色发展的新路子，为长远发展和子孙后代留足资源空间。提高产业竞争力、加强创新城市治理、推动城乡居民致富增收，离不开现代信息技术的支撑。要及早谋划实施一批互联网、大数据项目，加快智慧城市建设步伐。要认真学习借鉴浙江舟山等地先进经验，制定出台协调会办、督查通报、考核奖惩、服务保障等项目建设机制，切实传导压力，严格兑现奖惩，确保重大项目按期推进、落地见效。

杨省世强调，市党代会对我市今后五年工作作出系统部署，符合连云港当前和下一阶段发展实际，与省党代会精神和要求是高度一致的，必须融会贯通抓好省党代会精神的贯彻和市党代会目标的实现。要充分体现市党代会目标任务分解方案的严肃性，认真对照实施，严格刚性执行，确保各项工作一步一个脚印落到实处。要把市党代会目标与每一年度的项目结合起来，突出阶段重点，细化推进举措，切实把工作抓实抓牢抓出成效。市委常委会要充分发挥把方向、管大局、作决策、保落实的作用，牵头推进党代会各项目标任务，坚持分工协作，加大工作力度，健全制度机制，严格纪律约束，有效传导压力，推动一级一级严起来、动起来，形成干事创业推动发展的强大合力。

12 月 7 日市委常委会会议

12 月 7 日，市委书记杨省世主持召开市委常委会会议，研究落实中央环保督察反馈意见我市整改措施。杨省世强调，各级领导干部要进一步强化责任担当，拿出有力举措，痛下决心，坚决整改，严格监管，确保环保问题全面彻底整治到位。项雪龙、张同生、万闻华等市四套班子领导参加会议。

在听取关于落实中央环保督察反馈意见我市整改措施情况汇报后，杨省世指出，抓好环保问题整改既是一项重要的政治任务，也是落实省党代会精神，加强生态文明建设的重要举措。各级领导干部要进一步强化责任担当，拿出有力举措，把环保问题彻底解决到位。要突出重点领域，将化工园区整治作为重中之重，着力补齐历史欠账，全力以赴做好整改落实工作。

杨省世指出，各级环保部门要严格监管执法，始终保持高压态势，各级党委、政府要全力支持环保执法工作，绝不允许插手具体环保案件的查处，切实营造从严监管的浓厚氛围。各级环保部门要始终保持惩治环境违法行为的高压态势，深入开展环境保护专项整治行动，严格按照时间节点要求，对违规企业依法关停、关闭，对各类环境违法行为从快从重从严处理。各级政法部门要加强与行政执法的司法联动，对严重违法、屡查屡犯的企业，要坚决查处，涉及犯罪的要依法追究刑事责任。

杨省世强调，各级各部门要进一步明确责任，从严传导压力、从严督察考核、从严监管执法，真正把环保责任清晰明了地落实下去。各县区、板块要全面落实“党政同责，一岗双责”要求，着力健全定期研究、调度、督办的组织推进机制。各级纪检监察部门要严格依照《中国共产党问责条例》等党纪党规，对整改落实不力的领导干部严肃问责。

会议还听取了关于省第十三次党代会精神宣传方案和第三届连博会举办等有关情况的汇报。

12月28日市委常委会会议

12月28日，市委书记杨省世主持召开市委常委会会议，听取市委十二届二次全会筹备情况和意识形态领域情况汇报，传达全省党校工作会议精神并研究我市贯彻落实意见。会议决定，市委十二届二次全会于2016年12月30日在海州召开。市四套班子领导项雪龙、张同生、万闻华等参加会议。

会议指出，即将召开的市委十二届二次全会，是贯彻落实中央、全省经济工作会议、省市党代会，特别是省委李强书记来连云港调研讲话精神的重要会议，对指导连云港今后一个时期发展具有十分重大意义。要围绕贯彻落实全省经济工作会议决策部署和省委李强书记对连云港发展的具体要求，紧密结合我市特色和发展的阶段性特点，谋划好明年的发展思路、目标任务和工作要求，在聚力创新、聚焦富民方面拿出更多务实管用的举措，以党的十八届六中全会精神引领全面从严治党不断走向深入，扎实推进高水平全面建成小康社会进程，用实实在在的发展成绩向省委和全市人民交上满意的答卷。要精益求精做好全会筹备各项工作，确保会议顺利圆满举行。

会议原则同意明年全市经济社会发展主要指标安排建议，强调明年要坚持稳中求进的工作总基调，紧扣高水平全面建成小康社会的总目标，坚持以供给侧结构性改革为主线，开拓奋进、实事求是，更加重视发展的质量效益，坚定不移加快转型升级步伐，以深化改革、扩大开放增动力添活力，推动连云港经济社会实现又好又快发展。

会议还研究了其他事项。

市委常委会（扩大）会议

2月29日市委常委会（扩大）会议

2月29日，市委书记杨省世主持召开市委常委扩大会议，传达贯彻习近平总书记在新闻舆论工作座谈会上重要讲话和全省生态文明建设大会精神，并就抓好当前工作作出部署。市领导项雪龙、张同生等参加会议。

就深入学习贯彻落实总书记在党的新闻舆论工作座谈会上讲话精神，杨省世强调，总书记的讲话论述深刻、内涵丰富，是宣传思想工作的又一篇纲领性文件，为做好新形势下党的新闻舆论工作、宣传文化工作、意识形态工作坚定主心骨，提供根本遵循，全市上下特别是宣传战线要学深学透、准确把握，切实把思想认识统一到讲话精神上来。要始终牢记总书记对新时期新闻舆论工作的目标定位，掌握好新时期新闻宣传工作的方式方法，围绕市委中心，创新方式方法，不断增强新闻舆论工作的针对性和实效性。各级党委要自觉承担起抓新闻舆论工作的政治责任和领导责任，主动谋划、主动作为，把党性原则体现到新闻舆论工作的方方面面，牢牢掌握新闻舆论的领导权和主导权。宣传思想文化战线要把学习宣传贯彻总书记重要讲话精神作为重要的政治任务，立即行动起来，周密组织安排，精心设计载体，注重学习效果，确保全员覆盖。各级领导干部要增强同媒体打交道的能力，尊重传播规律，善于运用媒体，把好方向、守好阵地、管好队伍，确保意识形态和文化领域安全。

就抓好省生态文明建设会议精神贯彻落实，杨省世指出，要准确把握省委省政府对生态文明建设的最新要求，尽快把会议精神传达到位、落实到位，特别要在明确目标任务、落实重点举措、强化组织领导方面狠下功夫。要紧扣生态文明建设的总任务，统筹好历史性目标和阶段性目标要求，更加有针对性、有计划性地抓好生态文明建设，确保与全省同步完成各项目标任务。要聚焦生态文明建设中各种突出问题在连云港的具体表现，抓好省委省政府各项举措的落地，集中优势资源、逐一攻坚突破，确保在重点领域取得实质性的转变。各级党委政府要自觉担负起生态文明建设牵头抓总的责任，各级“一把手”要树立正确政绩观，坚定不移做到“三个决不”、自觉践行“三个清”要求，当好表率。要结合落实省委省政府重点工作，牢牢锁定连云港在生态文明建设方面的突出问题和关键环节，持续发力、久久为功，扎实推动我们的生态环境一天天美起来。

就抓好当前工作，杨省世强调，一季度只剩下一个月时间，能否实现首季开门红，直接关系“十三五”能否起好步、开好局。要按照市委市政府年初确定的各项工作部署，认认真真抓好落实。要全力以赴抓项目推进。全市上下、各级各部门都要全身心投入到抓项目中去，强化责任落实、做好跟踪服务、及时解决问题，推进项目早日投产达效。要一着不让抓经济运行。密切关注重点行业、重点企业的运行情况，做好分析研判，科学谋划应对，加强为企服务，强化要素保障和运行调度，帮助企业过难关、稳运行。要务求实效抓招商引资。把功夫下在平时，把招商作为常态性工作，做到充分准备、因商施策、精准发力、点穴式推进，用实实在在的招商成效支撑发展。要从严从实抓作风建设。各级干部要振奋精神、坚定信心、咬定目标，从严要求自己、从实抓好工作，重实际、办实事、求实效，把市委、市政府各项部署落到实处，用奋发有为的作风保障全年工作实现良好开局。

3月18日市委常委会（扩大）会议

3月18日，市委书记、市人大常委会主任杨省世主持召开市委常委扩大会议，传达2016年全国“两会”精神，并就抓好贯彻落实提出要求。项雪龙、张同生等市领导及全国人大代表白力群、肖伟、权太琦参加会议。

杨省世传达全国“两会”主要精神，重点传达习近平总书记看望参加全国政协十二届四次会议的民建、工商联界委员时的重要讲话，李克强、张德江、俞正声所作的工作报告，王岐山参加江苏代表团审议时的重要讲话等。他指出，这次“两会”是在全国上下深入贯彻落实党的十八大、十八届三中四中五中全会和习近平总书记系列重要讲话精神，全面开启“十三五”发展新征程的历史节点上，召开的一次重要会议，对于团结和动员全国各地、各族人民深入践行“五大发展理念”，协调推进“四个全面”战略布局，奋力夺取全面建成小康社会决胜阶段新胜利，具有十分重大的意义。

杨省世强调，要统一思想认识，切实增强贯彻落实的政治定力和行动自觉。全市各级各部门要牢固树立政治意识、大局意识、核心意识、看齐意识，把学习好、宣传好、贯彻好会议精神，作为当前和今后一个时期重要的政治任务，抓好学习传达，突出学习重点，做好结合文章，切实把思想和行动统一到党中央和国务院的决策部署上来，真正让中央的决策部署变成具体行动、收到实际效果。

杨省世强调，要紧扣上级精神，努力提升改革发展的科学性和系统性。深入研究“十三五”规划纲要精神，牢固树立并践行五大发展理念，紧扣“全面达小康、迈上新台阶”的奋斗目标，切实抓好我市“十三五”规划纲要和各专项规划的编制。要认真领会政府工作报告的部署要求，更加自觉地用新发展理念引领发展、破解难题，把报告提出的八个方面重点细化落实到我市今年的各项工作中去。要始终把加强党的领导作为改革发展的根本保障，更大力度落实全面从严治党要求，认真组织开展“两学一做”学习教育，推动各级党员干部特别是领导干部勇于担当、奋发作为，创造性地履行好肩负的职责和使命。

杨省世强调，要着眼落地见效，切实增强抓落实的主动性和实效性。按照市委全会、市“两会”、全市经济工作会议的部署要求，集中精力，一着不让抓好各项重点工作，确保首季“开门红”“十三五”起好步。要抓好“一带一路”建设，切实抓牢基地园区等重点项目建设，大力推进港口口岸建设发展，加快扩大对外交流合作，确保取得更多实质性成果。要抓好产业发展，更大力度推进招商引资和项目建设，精心组织调度经济运行，为顺利完成全年目标任务打下良好基础。要统筹抓好改革发展稳定各项工作，把功夫下在平时，把进度赶在前面，确保各项工作按期达效。

5月27日市委常委会（扩大）会议

5月27日，市委书记杨省世主持召开市委常委扩大会议，传达贯彻全省加快推进沿海地区发展工作会议和沿东陇海线经济带建设工作座谈会精神。项雪龙、张同生等市四套班子领导参加会议。

杨省世指出，省委、省政府在“十三五”开局的重要时间节点上召开全省加快推进沿海地区发展工作会议和沿东陇海线经济带建设工作座谈会，既是对过去经验成绩的系统总结，更是对沿海、沿东陇海地区加快发展的再动员、再部署。各级各部门要迅速组织传达学习，牢牢锁定发展目标，深入解读上级政策，切实增强信心动力，切实把思想行动统一到省委、省政府的决策部署上来。

就抓好省里会议精神的贯彻落实，杨省世强调，要紧紧围绕省委、省政府部署，结合连云港实际，找准切入点、突破口，有力有序有效推进落实。要抓好深化细化，抓紧制定我市的贯彻落实工作方案，明确目标要求，排实工程项目，细化推进举措，确保各项工作方向明确、发力精准、务求实效。要抓好沟通对接，加强与省里的沟通协调，深化与沿海沿线兄弟城市的对接合作，力争合力攻坚、共同发展。要抓好组织推进，对重点工程、重大项目、重要事项，明确牵头领导、责任部门和推进序时，一个一个抓、一件一件干，加快突破见效。要抓好督查考核，对推进落实情况定期督促检查，加强跟踪督办，严格考核问责，确保省里、市里的部署落实到位。

杨省世强调，要坚持统筹兼顾，更大力度抓好项目建设、招商引资、改革创新、民生事业等当前各项工作，确保实现“双过半”目标。要按照省委、市委的部署要求，进一步严格换届程序、严肃换届纪律，确保高质量完成换届工作任务。要按照“三个基本”的要求，扎实开展“两学一做”学习教育，推动广大党员干部以昂扬奋进的精气神投入到干事创业中去。要认真落实“党政同责、一岗双责”要求和属地管理责任，严之又严、细之又细做好安全稳定工作，为全市改革发展营造和谐稳定的环境。

在传达贯彻省会议精神后，与会人员集中观看了严肃换届纪律电教片《镜鉴》，领导干部分类签订《严格遵守换届纪律承诺书》。就加强换届风气监督，杨省世强调，全市各级党委要认真贯彻中央和省委的要求，不折不扣落实严肃换届纪律各项承诺，强化组织领导，强化纪律约束，强化思想引导，强化督查督导，确保换届工作风清气正。

7月11日市委常委会（扩大）会议

7月11日，按照中央、省委要求，市委书记、市人大常委会主任杨省世主持召开市委常委扩大会议，专题学习贯彻习近平总书记七一重要讲话精神，以及省委书记李强在我省庆祝中国共产党成立95周年大会上的讲话精神。项雪龙、万闻华等市四套班子领导出席会议。

杨省世说，习近平总书记七一重要讲话高瞻远瞩、总揽全局，思想深刻、内涵丰富，对于我们在新的历史起点上统筹推进“五位一体”总体布局、协调推进“四个全面”战略布局，实现“两个一百年”奋斗目标和中国梦，具有十分重大的指导意义。全市党员干部要准确领会讲话精髓，在坚持马克思主义的指导地位、牢记共产主义理想信念、坚持中国特色社会主义和两个百年奋斗目标、坚持深化改革、坚守人民立场、积极推动和平发展、坚持从严管党治党等方面深刻理解，积极践行，做好改革发展稳定各项工作。

杨省世向与会同志传达了省委书记李强在我省庆祝中国共产党成立95周年大会上的讲话精神。他指出，学习贯彻习近平总书记七一重要讲话精神，是当前和今后一个时期的重大政治任务，全市各级党组织要按照中央部署和省委李强书记批示要求，认真组织好学习贯彻。各级领导干部要以身作则，学深学透、联系自身进行思考，督促带领本单位党员干部把讲话精神学习好、领会好、落实好。各级党组织要把学习贯彻习近平总书记七一重要讲话精神贯穿“两学一做”学习教育全过程，纳入“学”的重要内容，作为“做”的行动指南，切实推动“两学一做”学习教育不断走向深入。各级党校、行政学院以及党的理论部门要把讲话精神融入培训教学的相关内容，围绕讲话提出的一系列新思想新观点新诊断，推出一批有分量、有深度的研究成果。各级党报、党刊、电台、电视台要精心策划，结合党中央治国理政新理念新思想新战略重大主题宣传，帮助干部群众全面准确理解和把握讲话精神。

杨省世强调，学习总书记七一重要讲话精神，不仅要武装头脑、补足精神上的“钙”，而且要用来指导实践、推动工作，推进连云港全面小康建设取得更加过硬的成果。要把落实总书记七一重要讲话精神，体现在理想信念的更加纯粹上，做到动机纯、信念纯、目的纯，进一步坚定理想信念，找回共产党人的初心，守住共产党人的纯粹。要体现在为改革发展的努力担当上，满怀干事激情，坚持人民立场，创造性地开展工作，在推进改革发展进程中冲在前面，体现担当。要体现在党员模范作用的充分发挥上，吃苦在前、享受在后，严于律己、廉洁奉公，保持定力、不懈奋斗，做到“平时能看出来，关键时刻能站出来，生死关头能豁出来”。要体现在对党章党规党纪的严格遵守上，增强党章意识，增强纪律意识，增强自律意识，做到清清白白做人、干干净净做事、坦坦荡荡为官。

7 月 25 日市委常委会（扩大）会议

7 月 25 日，市委书记、市人大常委会主任杨省世主持召开市委常委扩大会，学习传达省委十二届十二次全会精神，对我市贯彻落实提出要求。项雪龙等市四套班子领导参加会议。

杨省世指出，这次省委全会，是在“十三五”开局之年的关键时期，召开的一次重要会议，对做好城市工作、换届工作和下半年经济工作提出了一系列新部署、新要求、新举措。全市各级各部门要迅速组织传达，认真学习领会，深刻理解把握省委李强书记、石泰峰省长讲话中蕴含的理念、方法、路径，切实把思想行动统一到省委各项决策部署上来，用过硬的发展成效向省委交上一份满意答卷。

就贯彻省委全会精神，做好下半年经济工作，杨省世强调，要坚持以项目为抓手，以有效投资为切入点，以服务企业为保障，全力以赴完成全年目标任务。要强化责任，明确重点，准确把握分化趋势，有力有度有效推进供给侧结构性改革。要以中央环保督察为契机，抓紧整改督办问题，着力补齐短板欠账，扎实推进年度任务，进一步提升生态文明建设整体水平。要加大力度保障改善民生，办好民生工程、民生实事，扎实推进脱贫致富奔小康工程，不断深化民生领域改革，让群众更多得益受惠。要坚持守土有责、守土尽责，紧紧抓牢安全稳定工作，做好防汛防洪各项准备，强化安全检查和专项整治，积极化解纠纷矛盾，加强社会治安防控，保持社会大局和谐稳定。

就加强党的建设，杨省世强调，要认真做好党委换届工作，深入落实中央和省委要求，切实加强组织领导，强化党委政治责任，严肃“九严禁”纪律要求，确保换届任务圆满完成。要深入开展“两学一做”学习教育，着力抓好关键环节，让学习教育有成果、见实效。要扎实抓好思想理论武装建设，深入学习习近平总书记“七一”重要讲话精神，用以武装头脑、指导实践。要着力加强基层组织建设，不断增强基层党组织的战斗堡垒作用。要持续强化党风廉政建设和反腐败斗争，认真落实《中国共产党问责条例》，切实营造激情干事干净担当的发展氛围。

杨省世指出，城市是经济、政治、文化、社会等方面活动的中心，是现代文明的标志，是创新要素集聚与发展的关键载体。城市工作涉及面广、事关长远、非常重要。要深入贯彻中央和省里的精神，切实把连云港的城市工作研究部署好。

8月6日市委常委会（扩大）会议

8月6日，市委书记、市人大常委会主任杨省世主持召开市委常委扩大会议，传达省委书记李强来连云港调研讲话精神，并就贯彻落实精神提出要求。项雪龙、张同生、万闻华等市四套班子领导参加会议。

杨省世指出，在省委全会结束不久，连云港发展的关键时刻，李书记专程来连调研，体现了省委对连云港工作的关心，对我们抓好当前发展具有重要意义。全市上下要把学习贯彻李书记调研讲话精神，与落实省委十二届十二次全会、全省科技创新大会等重要会议精神紧密结合起来，更好地指导和推动改革发展稳定各项工作。要自觉践行新发展理念，积极对接国家“一带一路”战略，高水平推进沿海开发，在壮大临港产业、发展县域经济、促进农民增收、缩小城乡差距、增强生态环境竞争力等方面狠下功夫，打造沿海地区新一轮发展的强大引擎，努力建设百姓富裕、环境美好、平安和谐的沿海地区。

杨省世强调，省委对许多事关连云港长远发展的重大问题，给予高度关注和大力支持，有关方面要立即行动，充分准备，密切跟踪推进重大事项，尽快在重点项目、关键环节上取得突破。

杨省世说，省委李书记多次强调，苏北的发展要更多地激发内生动力。全市县乡换届已经结束，新班子要有新面貌、新气象，以新发展理念来提振干事创业精气神，更好地推动发展。广大党员干部要按照“吃苦在前、享乐在后、克己奉公、甘于奉献”的要求，最大限度发挥主观能动性，更大力度推进改革创新，激发内生动力，以饱满的热情扎实推动一方发展。

9月13日市委常委会（扩大）会议暨全面深化改革领导小组会议

9月13日，市委书记杨省世主持召开市委常委会（扩大）会议暨全面深化改革领导小组会议，会议审议通过《关于深化供销合作社综合改革的实施意见》和《关于推进价格机制改革的实施意见》，传达省委李强书记在省委常委会专题学习贯彻《中共中央关于辽宁拉票贿选案查处情况及其教训警示的通报》的讲话精神。项雪龙、万闻华等市领导参加会议。

在听取关于供销社改革及价格机制改革相关汇报并审议通过相关实施意见后，杨省世指出，要准确把握中央改革部署的路径和重点，学会领会省委改革新精神、新要求，把全面深化改革作为硬指标、硬任务，不折不扣把各项改革任务落实到位。要突出重点，坚持把供给侧结构性改革放在重中之重的位置，聚焦制约经济转型升级的深层次矛盾，努力在政府职能转变、科技体制改革、开发区创新发展等方面积极攻坚克难，使改革创新真正成为破难题、除障碍的重要方法。要关注热点，关注群众反映强烈的医药卫生、教育等热点难点问题，使改革精准对接发展所需、基层所盼、民心所向。要抓好试点，扎实推进国家、省、市改革试点任务，鼓励先行先试，发挥试点对全局的示范、突破带动作用。

杨省世表示，下半年，各专项改革小组、牵头部门要认真对照施工图和时间表，统筹安排好四季度改革任务推进落实工作。市委改革办要在加强全面督察的基础上，突出抓好重点改革任务推进工作，及时总结推广优秀案例和成功经验，对发现的问题要列出清单、明确责任、限定时间、挂账整改。

在传达贯彻省委专题学习讲话精神后，杨省世强调，要严肃换届纪律，全市各级领导干部一定要从政治和全局高度，充分认识换届工作的重要性，坚持把纪律和规矩挺在前面，以“零容忍”的态度，及时严肃查处违反换届纪律的人和事，确保圆满完成换届任务。要坚决落实全面从严治党的主体责任，各级党委（党组）书记要切实履行好第一责任人的职责，坚持对党和人民负责，对本地区本单位的政治生态负责，对干部健康成长负责，把责任传导给所有班子成员和下一级书记，确保主体责任层层落实。要牢固树立正确选人用人导向，坚持党管干部原则，认真贯彻落实中央“20”字好干部标准，严格执行《党政领导干部选拔任用工作条例》，真正选出一批忠诚、干净、担当的好干部。

9月17日市委常委会（扩大）会议

9月17日，市委书记杨省世主持召开市委常委会（扩大）会议。会议研究省委巡视组巡视“回头看”反馈意见整改工作方案，听取贯彻落实全省市县乡三级人大换届选举工作精神情况汇报。市领导项雪龙、张同生、万闻华等出席会议。

听取省委巡视组巡视“回头看”反馈意见整改工作方案后，杨省世指出，抓好巡视整改工作，既是认真落实中央、省委全面从严治党的重要任务，也是加强党的领导、推动经济社会发展的重要契机，要切实增强抓好整改落实的政治自觉性，以敢负责、敢较真的鲜明态度和坚决举措，主动作为，真抓实改。各级党委主要负责同志要牢固树立第一责任人意识，坚持党要管党、从严治党，全力推动各项整改措施落到实处。要努力形成狠抓整改落实的工作合力，把整改工作与推动各项工作相结合，全面加强制度建设，切实增强解决问题的自觉性和主动性。

在听取贯彻落实全省市县乡三级人大换届选举工作精神情况汇报后，杨省世强调，这次市县乡三级人大换届选举工作，是在我市全面建成小康社会决胜阶段进行的，也是全市人民政治生活中的一件大事。全市各级党委和人大要认真按照文件要求，加强县乡人大换届选举的组织领导，严格遵守换届选举各项规定，严肃换届选举的纪律要求，确保换届选举纪律严明，各项任务圆满完成。

会议还研究了其他事项。

10 月 25 日市委常委会（扩大）会议

10 月 25 日，市委书记、市人大常委会主任杨省世主持召开市委常委会（扩大）会议，分析当前经济形势，研究下一步经济工作。会议还听取连博会筹备工作、海洋牧场管理条例起草等有关情况。市领导项雪龙、张同生、万闻华等市四套班子领导参加会议。

在听取前三季度全市经济运行情况后，杨省世表示，今年以来，面对复杂严峻的宏观经济环境，全市上下在省委、省政府的坚强领导下，坚持稳中求进总基调，认真践行新发展理念，扎实做好稳增长、促转型、惠民生各项工作，坚持投资拉动增长、产业带动发展、稳步推进供给侧改革，经济运行总体保持平稳，为我市完成全年目标任务奠定坚实基础。

杨省世指出，全市上下要始终保持清醒头脑，切实提高工作的针对性，紧紧抓住有利因素，积极应对风险挑战，确保全市经济保持稳中有进、稳中向好的发展态势。要展现出新一届县乡党委新班子的新作为、新气象，坚持信心不松、劲头不松、标准不降，用自己实实在在的努力和付出，夺取经济社会发展的良好成果。

就下一步经济工作，杨省世指出，当前，全年工作进入冲刺阶段，要集中力量补齐指标缺口，市级层面要做好统筹，县区要强化责任担当，对重点指标逐旬逐月过堂，深入挖掘指标增长潜力。要全力以赴推动项目建设，以年初确定的 230 个市级重大项目为抓手，加快推进重点工业项目，突出徐连客专、新机场建设等重点基础设施项目，扎实推进各项重点民生工程。要深入推进供给侧结构性改革，坚决完成去产能、去库存、去杠杆、降成本、补短板五大任务。

杨省世指出，加快推进产业强市步伐，关键是要落到具体项目上，从现在开始抓招商、谋项目、增后劲。要持续加大招商引资力度，树立新的招商理念，精心组织好各类招商活动。要超前做好明年项目的筛选确定、向上申报等工作，及时储备一批重点项目。要抓好产业优化升级，加强技术改造力度，创新商业模式，积极发展现代服务业，千方百计增强发展后劲。要以求真务实作风提供担当保障，大力弘扬真抓实干作风，优化办事服务效率，努力营造干事创业浓厚氛围。

杨省世指出，要统筹安排好四季度各项工作，认真抓好十八届六中全会会议精神的学习贯彻，精心组织好连博会等重大节会活动，有序推进人大、政府、政协换届选举，紧紧抓牢安全稳定工作，为全市经济社会发展营造和谐稳定环境。

在听取连博会筹备工作汇报后，杨省世表示，办好连博会要紧扣现代物流主题，顺应现代物流方向，加强组织领导，严格落实责任，完善应急预案，努力达成一批实实在在的成果。

围绕制定《连云港市海洋牧场管理条例》，杨省世指出，海洋牧场管理条例是我市第一部地方性法规，要充分吸收各方面意见建议，制定一部立足地方实际、体现群众利益、符合上级要求。要认真抓好贯彻执行，充分发挥好条例在海洋开发保护中的关键作用。

会议审议并原则通过《关于命名表彰 2014—2015 年度连云港市文明行业、文明村镇、文明单位（社区、校园）的决定》。

11月11日市委常委会（扩大）会议

11月11日，市委书记杨省世主持召开市委常委会（扩大）会议。会议传达学习省委十二届十三次全会精神，学习省委《关于学习贯彻党的十八届六中全会精神深入推进全面从严治党的决定》（以下简称《决定》）。项雪龙、张同生、万闻华等市四套班子领导参加会议。

会议指出，党的十八届六中全会是在全面深化改革、决胜全面小康的关键时刻，召开的一次十分重要的会议。全会专题研究全面从严治党工作，审议通过《关于新形势下党内政治生活的若干准则》（以下简称《准则》）和修订后的《中国共产党党内监督条例》（以下简称《条例》），标志着“四个全面”战略布局顶层设计和实施方略全面完成，标志着我们党思想建党和制度治党迈上了时代新高度。全会明确习近平总书记的核心地位，正式提出“以习近平同志为核心的党中央”，对于维护党的团结和集中统一领导，凝聚全党全国人民力量，不忘初心、继续前进，具有重大而深远的影响。全会直面当前党内政治生活和党内监督存在的突出问题，制定出台《准则》《条例》，为新形势下加强和规范党内政治生活、加强党内监督提供了根本遵循。

会议强调，学习宣传贯彻十八届六中全会精神，是当前和今后一个时期的重要政治任务。全市上下要按照省委十二届十三次全会的部署要求，精心组织、周密安排，切实把六中全会精神学习宣传工作抓紧抓好。要迅速兴起宣传热潮，通过开设专题专栏、推出解读报道、开展集中宣讲、加强理论研究等方式，全方位、大力度宣传阐释全会精神，营造学习贯彻的浓厚氛围。要突出学习宣传重点，充分宣传好六中全会的重大意义，宣传好习近平总书记的重要讲话精神，宣传好《准则》《条例》的基本要求，引导全市干部群众更加紧密团结在以习近平同志为核心的党中央周围。要推动精神入脑入心，把学习全会精神作为党员干部理论武装的重点任务，列入各级党校干部培训必修课，（下转二版）纳入“两学一做”学习教育的必学内容，推动广大党员干部学深学透、入脑入心。县处级以上领导干部要带头学习、以身作则，为全市各级党员做出示范。要知行合一真学实做，紧密结合个人思想实际和本地本单位工作实际，切实把中央关于全面从严治党的最新要求，深化细化到党的建设各个领域，具体化到改革发展稳定的方方面面，确保取得实实在在的成效。

会议强调，全市各级各部门要深入学习省委十二届十三次全会精神，准确系统把握、不折不扣落实，坚持思路再完善、措施再深化、工作再提升，把全面从严治党持续推向纵深。要抓住严肃党内政治生活这个关键，结合“两学一做”学习教育，扎实开好专题民主生活会、组织生活会，烧旺锤炼党员干部党性的“大熔炉”。要用好加强党内监督这个手段，认真贯彻《条例》要求，坚持把党的领导机关和领导干部特别是主要领导干部作为监督重点，健全党委（党组）全面监督、纪检机关专责监督、党的工作部门职能监督、党的基层组织日常监督、党员民主监督的党内监督体系，推动管党治党从宽松软走向严紧硬。全市各级党组织特别是书记要把管党治党主体责任牢牢扛在肩上，知责尽责负责，层层传导压力，真正做到真管真严、敢管敢严、长管长严。要不折不扣贯彻好省委《决定》，结合我市党建实际，做好深化细化文章，不断开创全面从严治党新局面。

会议要求，要把学习贯彻中央和省委全会精神转化为干好工作的强大动力，扎实做好当前各项工作。

按照市委第四季度经济形势分析会的部署要求，对照全年目标任务，逐项分析进度，找准加力点，奋力推进，确保完成。认真做好困难群众的走访慰问，解决好群众生产生活中的实际困难，不折不扣完成好年初政府工作报告明确的民生实事和向群众承诺的重要事项。统筹抓好年底前的大事要事，细致谋划，突出重点，注重效果，确保各项工作圆满完成。认真抓好安全稳定工作，确保不发生重大安全生产事故，社会大局保持和谐稳定。围绕市党代会确定的目标任务，务实谋划明年工作，明确推进工作的有效载体和管用抓手，把各项工作落实到项目和事项上。

11 月 23 日市委常委会（扩大）会议

11 月 23 日，市委书记杨省世主持召开市委常委会（扩大）会议，传达贯彻省第十三次党代会精神。杨省世强调，全市上下要把学习贯彻省党代会精神作为重要政治任务，迅速行动起来，紧密结合实际，抓好贯彻落实，让省党代会精神在连云港落地生根。项雪龙、张同生、万闻华等市四套班子领导参加会议。

杨省世指出，这次省党代会是在全面建成小康社会决胜阶段召开的一次十分重要会议。大会鲜明提出了“聚力创新、聚焦富民，高水平全面建成小康社会”，对于建成贯彻新发展理念、体现“强富美高”要求、惠及全省人民的高水平全面小康社会，具有极其重要的意义。要在全市迅速掀起学习宣传贯彻省党代会精神的热潮，推动党代会精神家喻户晓、深入人心。各级党组织要迅速行动起来，通过中心组学习、专题培训、交流研讨等形式，逐层逐级抓好传达学习。各级党员干部要先学一步、学深一层，做好带头示范，全面系统研读，掌握精髓要义，联系实际把握，在精神深化、细化、具体化上狠下功夫。要综合运用宣讲团、报告会等形式，通过全媒体、多角度、立体式、全覆盖的宣传报道，营造浓厚的学习氛围，最大限度地凝聚思想共识。

杨省世强调，要立足自身实际，把省党代会精神落实到行动上来，让党代会精神在连云港落地生根。要按照省党代会的新理念新思想新要求，紧密结合连云港实际，广泛开展调查研究，认真开好市委务虚会，深入谋划明年和今后一个时期工作。要切实增强创新的紧迫感，用好高新区、开发区等载体平台，加强体制机制创新，加大人才招引力度，制定出台全面推进科技创新的实施意见，精心开好全市科技创新大会。要千方百计加快富民步伐，从群众利益出发，真心实意为群众办实事、谋福祉，统筹推进教育、医疗、住房、养老等社会事业发展，把提高老百姓的富裕程度和生活质量贯穿于实际工作之中，让群众充分享受到发展成果。要扎实推进新一轮扶贫开发，大力开展精准扶贫、精准脱贫，确保实现脱贫攻坚目标。要加快产业强市步伐，补齐交通设施、公共服务、扶贫开发等短板，认真筹备全市旅游发展大会，研究制定深化旅游业改革发展的实施意见，推动旅游与文化和富民深度融合。要深度挖掘和利用各自资源禀赋，严格项目准入，加快发展新技术新模式新业态，积极倡导绿色生产生活方式，大力整治大气、水、土壤污染等突出问题，走出一条生态优先、绿色发展的新路子。

杨省世强调，要把全面从严治党贯穿于全面小康建设全过程，加强自身建设，健全正向激励和容错纠错机制，推动各级干部敢于担当。要牢记使命、恪尽职守，认真抓好中央大政方针、省委各项决策部署在连云港的贯彻落实。要大力弘扬实干精神，鼓实劲、出实招，办实事、求实效，把各项工作抓细落小，让实干的氛围热起来，把实干形象树起来。要把学习贯彻省党代会精神转化为做好工作的强大动力，全力冲刺全年目标，一着不让抓好安全生产、信访稳定等工作，营造和谐安定发展环境。

12月12日市委常委会（扩大）会议

12月12日，市委书记杨省世主持召开市委常委会（扩大）会议，传达贯彻全省“两减六治三提升”专项行动动员会和省政府常务会议精神。市委书记杨省世主持会议并讲话。杨省世强调，全市上下要把落实好专项行动、解决好环保重点问题和彻底整治“地条钢”作为贯彻中央和省委要求的政治任务，确保取得过硬的成果。市长项雪龙作工作部署。市领导张同生、万闻华等出席。

杨省世在传达省委书记李强同志在动员会上的讲话精神后指出，省委省政府部署实施“两减六治三提升”专项行动，深入推进“地条钢”整治，充分体现了江苏贯彻落实中央决策部署的坚定决心，表明省委省政府铁腕治污、加快推动转型升级的坚决态度。全市各级各部门，要把思想高度统一到中央和省委的决策部署上来，切实把抓环保、抓生态作为严肃的政治任务，用坚决的行动、扎实的成效表明政治态度，体现政治担当。要认识到抓环保、抓生态就是抓民生、抓发展，准确把握省委提出的“急不得”“慢不得”要求，绝不走先污染后治理、边污染边治理的老路，绝不以牺牲环境为代价换取一时一地的发展。全市上下要把抓环保、抓生态作为共同的责任，各地各部门要落实党政同责、一岗双责，分工负责、全力尽责，确保中央和省委的部署要求在连云港落地生根。

杨省世强调，推动“两减六治三提升”专项行动和“地条钢”整治，行动要迅速坚决。在工作组织推进上，要尽早把工作开展起来，尽快把环保和生态问题的底数摸清，把工作举措谋细谋实。在突出问题整治上，要严格按照中央和省里的要求，立行立改，果断行动、趁热打铁、一鼓作气地把重点难点问题解决好。处理方式上，要强化企业的环保主体责任，依法依规履行好政府职能，果断处置违法违规行为。要结合大气、水、土壤污染防治三大战役，统筹好化工园区整治、港口环境整治、宕口整治等重点任务，采取科学得法的措施，解决好群众反映强烈的突出问题，使我们的工作既符合省委省政府要求，又能紧扣连云港发展的特点。要进行系统化设计，在产业规划和布局上做好衔接，在招商选资和项目建设中把好关口，推动经济结构转型升级。把园区作为重点突破方向，在没味道、达标准、大变样的基础上，打造绿色环保低碳循环的示范园区。要实行项目化推进，把专项行动落实到具体项目上，按照时间节点严格进行督查考核，健全完善常态化管理措施，防止环境问题反弹回潮。要采取清单化整改，请环保专家对突出问题、重点企业开展评估，开出整改清单，确保整改举措科学有效到位。

杨省世要求，以充分有力的保障确保专项行动和“地条钢”整治落地见效。要加强组织领导，各级各部门主要领导要切实担负起生态建设和环境保护的第一责任，靠前指挥，沉到一线，把问题解决到位。要切实发挥市场配置资源的基础作用，更好履行政府的产业引导和监管职能，运用经济、法律等手段综合施策，发挥好舆论监督作用，营造重视环境保护、崇尚绿色发展的浓厚氛围，形成共同推动生态建设的强大合力。

在传达省政府常务会议精神后，项雪龙表示，化解钢铁煤炭过剩产能，是党中央、国务院作出的重大决策部署。各县区、各部门必须切实增强“政治意识、大局意识、核心意识、看齐意识”，将整治违规建设项目作为一项严肃的政治任务，充分认识到惩治“地条钢”企业、清理整顿钢铁行业落后产能的重要意义，把思想和行动统一到中央的决策部署上来，不折不扣把中央和省各项政策要求落实到位。要在前期工作的基础上，再进行深入细致地排查，坚决杜绝漏报、瞒报现象。要再检查已确定的“地条钢”企业是不是已经按照“五个彻底”的要求不折不扣整治到位。同时做好善后处置工作，全力维护社会大局和谐稳定。要继续在全市深入开展违法违规项目清理、淘汰落后产能、联合执法等三项行动，建立钢铁生产、销售、使用全程长效监管机制。并以此次整治落后产能为教训，牢牢坚持绿色发展理念，聚力科技创新，加快产业转型升级,在推动项目建设上严把项目准入关,坚决不上不符合国家环保要求、不符合产业技术标准的项目。

12月21日市委常委会（扩大）会议

12月21日，市委书记杨省世主持召开市委常委会扩大会议，传达省委书记李强来连云港调研讲话、苏中苏北片明年工作思路座谈会以及全省领导干部会议精神，并对贯彻落实提出要求。项雪龙、张同生、万闻华等市四套班子领导参加会议。

会议指出，省委书记李强来连云港调研期间对我市工作给予充分肯定，强调连云港是全省新一轮发展最具潜力的地区之一，近年来综合实力不断提升、沿海开发起势良好、创新发展初见成效，经济社会发展取得了新的成绩；同时也深刻指出发展不充分仍然是连云港最主要的矛盾，如何适应把握引领经济新常态、保持经济平稳健康发展，如何推进供给侧结构性改革、提升发展质量效益，如何践行新发展理念、推动“一带一路”交汇点建设和沿海开发实现大的突破，如何在经济发展中提高富民惠民水平，是连云港亟待解决的现实课题。省党代会结束不久，省委书记李强专程到连云港调研，体现省委对我市发展的高度关切和重视，是连云港新一轮发展的重要契机。省委书记李强对连云港今后一个时期的发展方向和路径提出明确要求，具有很强的针对性和指导性，全市上下要深刻认识本次调研的重大意义，认真学习领会调研讲话的精髓与核心，逐层逐级组织各级党组织开展集中学习，将讲话精神传达到全体党员干部。各级班子要先学一步、学深一层，在深化细化具体化上狠下功夫。要深入开展宣传报道，营造浓厚的舆论氛围，让广大干部群众深切感受到省委对连云港发展的重视和期望，进一步凝聚思想共识，增强发展信心，激发拼搏干劲。

会议指出，省委书记李强来连云港调研讲话精神，是我市落实省党代会精神、全面开启新一轮发展征程的指引，也是我们贯彻中央经济工作会议精神、谋划明年和今后工作的遵循。
“四个如何”重大课题，为我们找准定位、发挥优势、探索特色发展新路径指明努力方向。全市上下要深入思考、认真研究，拿出切实可行的“答题”举措，形成系统性、可操作的落实方案。市四套班子领导要结合分管工作，带头开展调研，深入细致谋划，进一步明确发展定位，找准工作抓手。各县区、板块和部门要立足各自实际，制定具体措施，把回答好“四个如何”贯穿到今后一个时期各项工作中去。

会议强调，要围绕贯彻落实省委书记李强来连云港调研和相关会议精神，谋划明年和今后工作；认真开展集中研讨，重点对照壮大临港和新医药产业、打造创新特色、加快富民步伐、抓好领导班子建设等要求，谋实举措、排实项目，推动省委对连云港发展的新要求落到实处。各级领导干部要发挥好示范引领作用，以身作则、靠前指挥，大力弘扬求真务实作风，有效提振干部群众干事创业精气神，以发展的实际成效向省委、向人民群众交上一份合格答卷。

市委常委会议警会议

1月21日下午，市委书记杨省世主持召开市委常委会议警会议，讨论研究市武警支队、消防支队、边防支队、海警三大队和边防检查站等驻连部队建设情况，对今后一个时期党管武装工作进行部署。市领导项雪龙等出席会议。

在听取相关情况汇报后，杨省世指出，近年来，驻连部队紧紧围绕党在新形势下的强军目标，狠抓思想政治建设，强化实战化训练演练，各方面都取得显著成绩；同时积极支援地方发展，在保护群众利益、处置突发事件、维护社会稳定等方面发挥了重要作用，为连云港经济社会发展提供坚强的安全保障。今年是“十三五”开局之年，作为保障连云港经济社会发展的一支重要力量，驻连部队要继续发扬优良传统，牢固树立政治意识、大局意识，认清使命任务，强化职责担当，切实发挥好“压舱石”作用。全市上下要更加关心重视和支持部队建设，深化军民融合发展，为部队忠诚履职积极创造良好的外部环境。

就进一步做好党管武装工作，推动部队全面建设，杨省世强调，要贯彻总书记重要讲话精神，筑牢强军之魂。认真学习领会总书记关于军队建设的新思想新要求，自觉把总书记重要讲话精神贯彻落实到强军实践全过程和部队建设各方面，突出思想政治建设，完善党领导军队的制度建设，着力抓好干部队伍建设，确保枪杆子始终掌握在忠诚可靠的人手中。要紧扣强军目标，坚决贯彻国防和军队改革要求，提升部队全面建设水平。紧紧扭住能打仗、打胜仗这个强军之要，以维护国家安全和社会稳定核心需求为导向，牢固树立战斗力标准，夯实基层基础，深化作风建设，使部队既成为能打胜仗的威武之师，又成为人民群众爱戴的文明之师。要强化双重领导、双重保障优势，推动军民融合发展。各级各部门要站在维护国家安全和社会稳定、推动连云港事业发展的高度，强化支持驻连部队建设的责任落实，坚持依法用兵，切实解决好制约部队建设发展的矛盾和问题，不折不扣落实拥军优属各项政策，让驻连部队同步分享到连云港经济社会发展的成果。

市委常委会议港会议

2月24日下午，市委书记杨省世主持召开市委常委会议港会议，专题听取港口发展工作汇报，研究决策港口重大发展问题，并就具体事项进行研究会办。市领导项雪龙、张同生等参加会议。

在先后听取《关于加快中哈（连云港）物流中转基地和上海合作组织出海基地建设的实施意见》起草情况，以及《2016年港口口岸工作要点》汇报，并就口岸开放、加快口岸重点配套设施建设、上合物流园重点工程项目推进等相关具体事项研究讨论后，杨省世指出，去年以来，在全市港口口岸系统的共同努力和相关部门的大力支持下，港口功能更加完善，通关效率不断提高，港口改革取得实质性突破，港口口岸工作取得显著成绩。

就加快两个基地的建设，杨省世指出，中哈物流基地和上合组织出海基地，是我们推进“一带一路”建设的重要抓手，不仅中央、省委高度重视，中亚五国也都十分关注。各级各部门要充分认识到这两个项目建设的重要性，切实增强政治意识、大局意识、战略意识，把项目抓紧、抓实、抓出成效。港口集团、上合组织物流园管委会要集中人力、财力、物力，全身心投入到项目建设中，进一步明确时间节点和任务分工，以进度倒逼任务，以责任传导压力，确保项目建设如期取得成效。各级各部门要把服务项目建设作为分内之事，主动靠前、主动对接、主动服务，对项目建设涉及的规划、审批、用地、资金等各项手续，给予全力支持。要进一步创新工作机制，加强业务指导，加大向上争取力度，为项目建设营造良好的服务环境。

杨省世强调，要着力强化组织领导。市级层面将组建“两基地”建设领导小组，定期召开会议协调解决各种矛盾和问题，并将“两基地”建设纳入全市综合目标考核体系和重大事项重点工程督查考核内容，加强专项督查和年度考核。港口集团、上合组织物流园管委会要建立完善“一位领导、一套班子、一抓到底”的推进机制，在保证工程质量和安全生产的前提下，抓紧时间，全力加快项目建设。各相关部门也要结合自身业务工作，组建相应的服务协调机制，把各项工作落到实处。

附：市政府常务会议

市十三届政府第39次常务会议

1月6日，代市长项雪龙主持召开市十三届政府第39次常务会议，讨论《政府工作报告(审议稿)》《连云港市国民经济和社会发展第十三个五年规划纲要（草案)》，审议《连云港市市级国有资本经营预算管理暂行办法》等文件。市领导曹永林、吴以桥、董春科、尹哲强、吴海云、王永生、王开宇，市政府秘书长匡中远、市政府党组成员胡文杰出席会议。

会议指出，今年是实施“十三五”规划的开局之年，起草好《政府工作报告》(以下简称《报告》)，对客观总结“十二五”发展的成功经验，科学谋划“十三五”时期发展，安排部署经济社会发展各项工作具有十分重要的意义。要本着对历史和发展负责、对人民群众负责的态度，认真听取意见，集中各方智慧，凝聚广泛共识，切实把《报告》打磨、雕琢好，确保《报告》全、准、实和精，使《报告》成为推进经济社会发展的工作指南。要同步做好今年目标任务分解，明确完成时间，狠抓工作落实，加强督查考核，推动各项工作保质保量完成。要突出就业等十大民生工作，排实排细民生实事，做到目标明确、任务具体、举措扎实，真心实意办实事，让百姓有更多的获得感。要优化完善工作考核办法，提高考核的科学性，更好地激励各责任主体加快发展。

会议指出，“十三五”规划纲要明确“十三五”时期全市发展目标、发展任务、发展重点和政策取向，是今后五年经济社会发展的宏伟蓝图，是全市人民共同奋斗的行动纲领。要加强与国家和省“十三五”规划纲要的衔接，与市委“十三五”规划建议高度统一。要进一步修改完善规划纲要，切实提高规划纲要的指导性和操作性，确保顺应时代发展要求、符合地方发展实际，成为引领连云港加快发展的行动蓝本。

会议强调，出台国有资本经营预算管理办法，对完善国有企业收入分配制度，增强政府宏观调控能力，促进国有企业真正成为适应市场经济的法人实体和竞争主体具有重要意义。要充分认清国资企业组建的目的和任务，切实强化责任担当意识，本着对地方发展和人民群众负责任的态度，积极破解发展难题，实事求是、攻坚克难、勇挑重担，深入推进国有企业改革发展，不断壮大国有经济综合实力，为经济发展和民生改善做出更多贡献。

市十三届政府第40次常务会议

2月3日，市长项雪龙主持召开市十三届政府第40次常务会议，研究讨论并原则通过了2015年度享受市政府特殊津贴人员名单。市领导曹永林、吴以桥、董春科、尹哲强、吴海云、徐家保、王永生、王开宇，市政府秘书长匡中远、党组成员胡文杰出席会议。

我市享受政府特殊津贴人员评选工作自2000年以来，每年开展一次，目前全市已有283名优秀人才享受市政府特殊津贴。会议指出，2015年度享受市政府特殊津贴人员评选，经宣传发动、组织推荐、反复酝酿、层层审核、严格评选、媒体公示等程序，选拔工作公平公正，选拔出来的专家基本涵盖我市经济社会发展的各个行业领域，结构合理，业绩突出，具有较强的代表性。

会议强调，开展政府特殊津贴人员评选，是深入实施人才强市战略、推进高层次人才队伍建设、大力发展创新型经济、加快建设创新型城市的一项重要举措。会议要求，市有关部门要扎实做好后续管理服务工作，进一步放大推荐选拔的激励效应，充分发挥政府特贴人员的示范带动作用。市各新闻媒体要对特贴人员在引领行业技术创新、促进产业转型升级、带动人才梯队建设中做出的成效和贡献，进行广泛的宣传，扩大其社会影响，切实营造“尊重劳动、尊重知识、尊重人才、尊重创造”的良好氛围。

会议还研究了其他事项。

市十三届政府第41次常务会议

2月23日，市长项雪龙主持召开市十三届政府第41次常务会议，审议并原则通过《关于加快“中哈（连云港）物流中转基地”和“上海合作组织出海基地”建设的实施意见》《连云港市主体功能区实施规划》和《连云港市实施〈工伤保险条例〉细则》，研究讨论《春季绿化及云台山景观生态林工程建设方案》。市领导曹永林、吴以桥、董春科、尹哲强、吴海云、徐家保、王永生，市政府秘书长匡中远、党组成员胡文杰出席会议。

会议指出，“中哈（连云港）物流中转基地”和“上海合作组织出海基地”建设，是国家赋予连云港的重要任务和光荣使命。各地各部门要充分认清“两个基地”建设的重要意义，积极抢抓国家战略机遇，顺势而为、主动作为，以高度负责的精神，把“两个基地”建设好、运营好，服务国家战略实施，促进连云港加快发展。要按照新亚欧大陆桥经济走廊首要节点城市的战略定位，发挥好港口口岸等综合优势，创新思路，积极对接，加快推进项目，强化政策支撑，全力以赴抓好各项工作。

会议指出，编制实施主体功能区规划，对加快形成人口、经济、资源环境相协调的空间开发新格局，进一步优化区域间的功能定位，促进科学有序发展具有重要意义。各地各部门要统一思想，凝聚共识，切实增强对规划编制实施重要意义的认识，加快构建布局更科学、分工更合理、发展更集约、效能更提升的良好发展格局。要增强责任意识，更新理念举措，深化主体功能区规划研究，进一步明确各县区、板块、乡镇等分工定位，加强区域间发展引导，有效避免同质化竞争。要按照“多规合一”要求，切实推动主体功能区规划与城市规划、土地利用规划、生态红线规划等多项规划的衔接融合。要充分用好规划成果，认真组织规划实施，更好指引和推动连云港空间有序开发和管制。

会议指出，绿化造林是改善生态的一项长期性、战略性工程。“十二五”期间，我市绿化造林取得明显成效，各地各部门要在看到成绩的同时，清醒地认识到面临的问题，立足当前，立足实际，务实开展绿化造林，发挥好财政资金撬动作用，切实加强绩效评估，确保取得实实在在效果。要统筹做好资金安排等各项工作，迅速掀起春季绿化造林新高潮，确保高标准、高质量完成今春目标任务。要进一步做好森林资源保护，全面深化林业改革，转变林业生产方式，努力实现生态效益和经济效益的双丰收。

会议指出，制定《连云港市实施〈工伤保险条例〉细则》，对进一步完善社会保障体系，更好维护广大工伤职工权益、促进社会和谐稳定具有十分重要的意义。相关部门要各司其职，抓好《细则》贯彻实施，及时完善配套办法，做好新老制度衔接，结合工伤保险费率政策调整，健全费率浮动机制，合理确定缴费比例，保障工伤保险制度持续健康发展。要按照《细则》规定，做到机关事业单位职工应保尽保，保障工伤职工按时足额享受待遇。要针对用人单位和工伤职工关心的热点问题，抓好宣传普及，为《细则》的实施营造良好的舆论氛围。

会议还研究了其他事项。

市十三届政府第 42 次常务会议

3 月 24 日，市长项雪龙主持召开市十三届政府第 42 次常务会议，研究讨论 2016 年度县区、市级机关、市属国企绩效考评办法以及市级重点项目和产业投资专项考核办法，审议《连云港市市场主体住所（经营场所）登记管理办法》。市领导曹永林、吴以桥、吴海云、徐家保、王开宇，市政府秘书长匡中远出席会议。

会议强调，绩效考评是政府加强工作管理的有效手段，也是推动全市加快发展的重要举措。各相关部门要认真总结去年绩效考评工作的经验和不足，进一步深化细化各项考评办法，力争做到公平、公正、科学、合理，切实发挥绩效考评的激励导向作用。各县区、各部门要按照市委、市政府年初确定的工作部署和目标任务，立足各自工作职能，坚持从推动发展、为民办事的角度出发，在圆满完成考核目标任务基础上，扎实做好改革创新、项目建设和民生改善等各项工作，充分发挥重点项目对全市经济社会发展的支撑带动作用，切实树立正确的思想认识和政绩观，以实实在在的工作成效提升群众的满意度。市属国企要牢固树立市场意识，坚持市场导向，清晰界定企业功能定位与发展方向，形成清晰的工作思路、有力的工作举措，以开展绩效考评为抓手，全力提高企业经管质效，全面激发企业发展活力，加快推动企业做大做强。

会议指出，简化市场主体住所和经营场所登记手续，对降低市场主体创业门槛和成本，激发大众创业、万众创新的热情具有十分积极意义。各县区和相关部门要认真贯彻落实上级部署，认真做好组织实施工作，努力让改革的红利惠及广大群众。工商、环保、消防等部门要更新工作理念，调整工作思路，进一步明确具体操作细则，更加注重事中事后监管，不断提升监管标准和水平，坚决维护并营造良好的经济社会秩序。

市十三届政府第43次常务会议

4月5日，市长项雪龙主持召开市十三届政府第43次常务会议，分析研判一季度全市经济运行情况，研究部署二季度经济工作，审议《2016年连云港市生态文明建设目标任务》。市领导曹永林、吴以桥、董春科、尹哲强、吴海云、徐家保、王永生、王开宇，市政府秘书长匡中远、党组成员胡文杰出席会议。

在听取相关部门和各县区情况汇报后，项雪龙指出，今年以来，面对严峻复杂的经济形势，全市上下认真贯彻落实中央、省委省政府和市委的决策部署，健全完善工作推进落实机制，全市经济运行开局平稳，特别是各地、各部门聚焦发展第一要务，抓项目、抓投入和抓服务的氛围日益浓厚，优势产业、企业发展势头良好，重点项目建设等各项工作全面推进，经济发展呈现逐步向好态势，进一步增强了做好经济工作、完成全年任务的决心和信心。但同时也存在着传统产业下行压力加大、投资软环境有待优化等问题。各地、各部门要时刻保持清醒认识，高度重视方方面面的问题，增强责任意识、忧患意识，坚定信心、迎难而上，采取有效应对措施，切实加以解决，全力推动经济社会加快发展。

对下一步各项重点工作，项雪龙指出，各地各部门要以中央经济工作会议精神为指导，深入落实推进供给侧结构性改革的要求，紧紧围绕全年经济社会发展目标任务，突出重点，狠抓关键，确保实现上半年“双过半”。要加强经济运行监测分析调度，切实降低企业运行成本，强化各类生产要素保障，进一步加大为企服务力度，确保经济平稳运行。要全力以赴抓好项目建设，进一步建立健全以项目建设为核心的责任体系，着力推动项目开工建设，全力抓好在建项目服务，真正形成狠抓项目的工作合力。要大力实施企业培育计划，营造亲商、安商浓厚氛围和良好环境，帮助企业解决实际困难，真正引导和促进企业加快发展、健康成长。要集中精力重抓招商引资，保持高昂精神状态，坚定不移加大项目招引力度，全力突出和瞄准战略性新型产业、转型升级项目，大力推进产业链招商，加快对接更多项目落地。要多措并举稳定对外贸易，加大重点外贸企业扶持力度，大力培育新的外贸增长点，努力推动外资外贸等指标较好增长。要统筹兼顾，扎实推进，加快重大交通设施、城市建设以及民生改善类项目建设，确保各项工作实现“双过半”目标任务。

就扎实有效推进各项工作，项雪龙强调，各地各部门要强化组织领导，不断提高抓经济工作的水平，切实增强经济运行组织调度的针对性和时效性。要更加注重调查研究，确保对各自条线、行业领域的情况掌握准确、问题研究深刻、思路理得清晰。要切实增强决策水平，坚持依法决策、民主决策和科学决策，正确处理好当前与长远、局部与全面、需要与可能的关系，努力形成最大共识，把工作做实做好。要讲究工作方法，坚持谋定而后动，善于做人的工作，抓住主要矛盾，注重协调配合，确保每项工作一抓到底。要着力提升领导力、执行力和公信力，做实做细做透自身职能工作，不折不扣执行工作要求，真正取信社会、取信百姓。要善于总结分析，做到举一反三，着力提高做好政府工作的能力与水平。

会议还审议并原则通过《2016年连云港市生态文明建设目标任务》。会议强调，各县区、各部门要严格对照目标任务内容，积极作为、狠抓落实，确保各项目标任务按时完成。市相关部门要加强日常督查考核，推动各项任务和措施落地见效。

市十三届政府第 44 次常务会议

4 月 18 日，市长项雪龙主持召开市十三届政府第 44 次常务会议，审议我市培强培优企业、上市企业培育、科技型中小企业培育行动计划，部署创建国家卫生城市工作，研究加快推进供给侧结构性改革以及教育现代化建设等事项。市领导曹永林、吴以桥、董春科、吴海云、徐家保、王永生，市政府秘书长匡中远出席会议。

会议指出，培育壮大现有企业，是推进产业经济发展的有效途径，也是做好招商引资工作的重要抓手，对促进连云港加快发展至关重要。各县区、各部门要进一步明确目标，树立标杆，全力培强培大骨干企业，着力推进优质企业上市，大力扶持具有广阔前景的科技型、活力型中小企业，强力推进招商引资工作，推动连云港产业在“十三五”时期末实现新突破。要进一步强化服务意识，明确工作方向，强化责任落实，创造更好、更快、更优服务环境，真正促进企业快速健康发展。要进一步深化工作举措，主动深入企业一线，扎实开展领导挂钩帮扶等活动，认真听取企业意见，及时掌握企业诉求，引导企业加快转型升级，破解企业发展实际困难，努力在全社会营造良好发展氛围。

会议指出，创建国家卫生城市，既是省委省政府工作部署，更是广大群众的热切期盼，有利于完善城市综合服务功能、改善城市人居环境、带动全市加快发展。各地各部门要统一思想，下定决心，集中力量，扎实有效开展各项创卫达标工作，为全市人民打造一个干净、整洁、有序、宜居的城市。要进一步明确工作任务，清晰部门职责，强化通力协作，迅速行动起来，把创卫作为当前及今后一段时间重点工作，科学妥善处理工作中遇到的矛盾问题，确保各项工作顺利开展，真正让广大群众在创卫工作中得到更多实惠。要突出问题导向，以创卫为契机，建立健全长效建管机制体制，全面提升城市基础设施配套能力、城市管理水平和城市文明形象。

会议强调，推进供给侧结构性改革是党中央适应、把握和引领经济发展新常态作出的重大战略部署，对扎实解决当前发展中的结构性体制性矛盾，提高经济发展质效，推动经济持续健康发展意义重大。要切实按照中央和省里决策部署，注重结合连云港发展实际，进一步明确部门职责，狠抓任务落实，以市场化手段、法治化力量，推动各项改革取得实实在在的成效。要以创新发展、转型发展、绿色发展、跨越发展为导向，突出以安全和环保为重点，有序推进整治工作，不断提高准入门槛，切实提升全市产业经济可持续发展能力水平。要尽快研究制定“去产能、去库存、去杠杆、降成本、补短板”五大任务具体实施意见，确保政策真正落地。

会议指出，加快推进教育现代化，办好人民满意的教育，是全社会的期盼，关系到群众生活幸福、社会和谐稳定，对支撑和带动经济社会发展具有十分重要意义。各级各部门要按照上级要求和部署，切实把推进教育现代化作为民生工作重中之重，加强领导，落实责任，形成合力，共同推进。要以实事求是的态度，深化教育领域改革创新，补齐教育发展各类短板，高标准、高质量、高水平办好基础教育、职业教育和高等教育等，更好地为地方经济社会发展提供强有力的智力支持和人才保障。

会议还审议并通过《市政府关于给陈斌同志记个人二等功、武警连云港支队直属大队一中队特勤排记集体二等功的决定》。

市十三届政府第 45 次常务会议

6 月 3 日，市长项雪龙主持召开市十三届政府第 45 次常务会议，专题听取全市旅游体制改革工作情况汇报，审议并原则通过《连云港市国家级旅游业改革创新先行区工作实施方案》。市领导祁彪、吴以桥、董春科、尹哲强、王永生、王开宇，市政府秘书长匡中远出席会议。

近年来，市委、市政府高度重视旅游发展，全市旅游重抓项目建设、品牌培育、市场拓展、服务规范，旅游业呈现较快发展势头。去年年底，连云港被确定为首批国家级旅游业改革创新先行区。会议指出，旅游业是现代服务业的重要组成部分，加快旅游业改革发展，是适应人民群众消费升级和产业结构调整的必然要求，对于扩大就业、增加收入，推动和促进经济加快发展和生态环境改善，意义重大。会议强调，连云港山海相拥，风光秀美，旅游资源十分丰富，要深入贯彻落实国家加快旅游业改革发展的各项决策部署，积极顺应旅游消费升级、需求多元化发展趋势，立足连云港的实际特点和现实需要，切实做好连云港旅游这篇大文章。要深入思考研究，扎实谋划安排，围绕连云港的山、海、泉、水晶、徐福文化等独特资源，在充分挖掘保护的基础上，进一步规划好、建设好，推动连云港旅游产业提质升级，持续放大连云港旅游潜力，擦亮连云港旅游名片。要积极创新旅游机制体制，研究完善旅游行政管理、投融资、品牌培育、市场秩序、人才培养等方面工作，为旅游业加快发展壮大提供有力支撑、创造良好条件。

市十三届政府第 46 次常务会议

6 月 12 日，市长项雪龙主持召开市十三届政府第 46 次常务会议，分析研判 1 — 5 月份全市经济运行情况，部署推进“双过半”工作。市领导祁彪、董春科、尹哲强、吴海云、徐家保、王永生，市政府秘书长匡中远出席会议。

在听取市相关部门、各县区工作情况汇报后，项雪龙指出，各地各部门对经济运行及项目推进情况清楚、问题明白、思路清晰、措施得当，全市经济运行延续“总体平稳”态势，并呈现出一些积极变化，但完成年度目标任务压力仍然较大。各地各部门要清醒认识和准确把握当前复杂严峻的宏观形势，正视工作中存在的矛盾和不足，凝聚共识，坚定信心，按照既定目标任务和工作思路，切实增强紧迫感和责任感，全力以赴狠抓项目投入，努力培育新的增长极，不断增强发展支撑和后劲，推动全市经济社会持续健康平稳发展。

就进一步抓好各项重点工作，项雪龙指出，各地各部门要围绕年初确定的目标任务，进一步加大经济工作组织力度，特别是要在继续服务好优势企业发展同时，充分运用经济、法律手段，分门别类处置低效用地、低效资产，加快重组整合，盘活存量资源，促进尽早发挥经济效益。要坚持把稳增长放在突出位置，把稳工业、稳企业作为稳增长关键，进一步加大服务企业的力度和深度，持续强化企业生产资源要素保障，务实高效推进企业培育计划，切实降低企业运行成本，全力为企业发展创造宽松环境。要坚定不移、毫不动摇地加大招商引资力度，进一步增强工作信心，强化工作举措，以更高标准、更严要求，全力以赴狠抓项目招引，做到看准项目紧盯不放，敢于攻坚、敢于突破，切实为加快发展提供新的增长点。要按照“四个一批”滚动推进机制，进一步加大项目推进力度，形成成熟项目及早签约开工、开工项目及早建成投产、竣工项目及早投产达效、未开工项目及早调整的良好格局。

项雪龙强调，在做好经济工作的同时，要统筹抓好当前各项工作。各地各部门要深入研究省里支持连云港建设发展的政策措施，积极做好政策向上对接、贯彻落实工作，确保各项政策举措落地生效。要加快重大基础设施建设，超前做好有关项目对接争取工作，加大铁路、机场和水利等一批项目推进力度。要进一步抓好港口建设，扎实推进中哈基地、上合物流园、30 万吨级航道二期工程等项目建设。要抓好“三夏”和秸秆综禁工作，扎实采取有力措施，确保各项工作取得实效。要围绕年初确定的十大重点民生工程，加强督查推进，确保不折不扣完成到位。要切实抓好安全生产工作，有效防范和坚决遏制各类生产安全事故，确保群众生命财产安全和社会和谐稳定。

项雪龙要求，各地各部门要以“两学一做”学习教育为抓手，进一步转变工作作风。要始终保持良好的精神状态，面对严峻复杂的经济形势，要顶住压力、不甘落后、敢于争先，奋力推动连云港加快发展。要大力发扬真抓实干的良好作风，做到思想务实、举措求实、工作落实，以求真务实的态度推动各项任务落到实处。要把化解突出矛盾作为工作的重要任务，进一步加大化解力度，努力避免产生新的矛盾和问题，确保各项工作抓出成效。

市十三届政府第 47 次常务会议

6 月 15 日，市长项雪龙主持召开市十三届政府第 47 次常务会议，审议《关于进一步加强政府法律顾问制度建设的意见》《连云港市人民政府规章制定程序暂行规定》《连云港市海洋牧场管理条例（草案）》，研究降低实体经济企业成本等事项。市领导祁彪、吴以桥、董春科、吴海云、徐家保、王永生、王开宇，市政府秘书长匡中远出席会议。

会议指出，建立健全政府法律顾问制度，规范政府规章制定行为，是加快法治政府建设的重要手段。各级各部门要深刻把握新形势、新常态下法治政府建设的新要求，切实推进法律顾问制度建设，努力打造一支政治素养好、业务能力强、专业水平高，忠于法律、忠于人民的政府法律顾问队伍，同时要加强管理考评，完善配套措施，真正使法律顾问在推动政府依法决策、帮助政府科学立法、监督政府依法行政、加快港城改革发展、促进社会和谐稳定上发挥专业化作用。会议强调，制定政府规章对促进政府工作制度化、规范化、法制化具有重要意义。要从源头上把好立法“入门关”，紧紧围绕市委市政府中心工作，深入调查研究，广泛听取意见，积极回应社会关切问题。要借助政府立法民主协商制度和立法咨询专家库等载体，集中整合立法资源，形成立法合力，提高立法质量，坚持科学民主立法，有效推进法治政府建设。

会议指出，制定海洋牧场管理条例是我市政府立法工作的首次实践，对运用法治化手段推动港口岸线开发保护，促进港产城协调有序发展意义重大。要依法严格加强海洋牧场管理，切实维护法律的严肃性、权威性和约束力。要立足社会发展多元化、利益碎片化的现实情况，广泛征求社会各方意见建议，及时慎重制定相关实施细则，确保符合实际并切实可行。要建立海洋牧场建管良好机制体制，强化可执行性和可操作性，提升港口岸线保护利用水平，助推全市经济社会健康发展。

会议强调，制订出台降低实体经济企业成本有关意见，对更好优化我市企业发展环境，激发企业发展活力，促进经济平稳较快发展具有重要意义。各地各部门要进一步增强为企业服务力度，不折不扣地把各项政策落实到位，真正为企业发展松绑助力。要进一步增强政策敏感度，积极与上级部门沟通对接，争取在政策、资金和项目上得到更大支持，努力营造促进加快发展的良好环境。

会议还研究了其他事项。

市十三届政府第48次常务会议

7月26日，市长项雪龙主持召开市十三届政府第48次常务会议，专题听取全市安全生产工作情况汇报，研究审议重大事项容缺预审、诚信管理、农洽会筹备等工作。市领导祁彪、吴以桥、王永生、王开宇，市政府秘书长匡中远、党组成员胡文杰出席会议。

会议认为，今年以来，全市各级党委政府高度重视安全生产工作，狠抓企业主体责任落实，加大隐患排查治理力度，扎实开展重点行业领域专项治理，深入推进安全生产大检查活动，不断夯实安全生产基层基础，安全生产形势总体平稳，但安全生产形势依然十分严峻。各地各部门要高度重视，认真总结，查摆不足，以实事求是、求真务实的工作作风，切实把安全生产基础夯得更实，水平提得更高。

会议强调，各地各部门要切实按照中央和省、市各项决策部署，牢固树立“安全责任重于泰山”的理念，认认真真履职尽责，狠抓责任落实和措施到位，坚决防止重特大安全生产事故发生，确保全市安全生产形势持续稳定。要切实增强安全意识，时刻绷紧安全生产这根弦，坚守安全生产这条“红线”，始终保持安全生产高压严管态势，绝不能以任何理由放松安全生产。要大力开展安全生产大检查大排查活动，进一步深化隐患排查整治，通过建章立制等措施，提高检查的水平和效果，形成可控可持续的安全生产长效工作机制。要对排查出来的安全隐患列出清单、落实责任、挂牌整改，加大力度、动真碰硬，加快进度、全力推进，确保整改到位。要严格落实安全生产“党政同责，一岗双责”，不断强化综合监管、行业监管和属地监管的责任，严格考核，严肃追责，实现压力传递，促使生产经营单位严格履行安全生产主体责任。

会议要求，当前，夏季和汛期安全生产事故易发多发，各地各部门必须以高度负责的精神和更加严实的作风，不断加大巡查排查力度，认真落实各种安全生产防范措施，突出抓好重点行业、重点领域、重点企业、重点部位和关键环节的安全监管，坚决遏制和有效防范各类事故的发生，确保人民群众生命财产安全。

会议还研究审议《关于对重大项目实行容缺预审的意见（试行）》《连云港市社会法人和自然人失信惩戒办法（试行）》《连云港市严重失信黑名单社会公示实施办法（试行）》《连云港市机动车驾驶人文明交通信用管理办法（试行）》《连云港市地名管理办法》《连云港市城市周边永久基本农田划定方案》《第十八届（2016）江苏农业国际合作洽谈会连云港市工作方案》和《关于机关事业单位工作人员养老保险制度改革的实施办法》。

市十三届政府第 49 次常务会议

8 月 23 日，市长项雪龙主持召开十三届政府第 49 次常务会议，研究讨论《关于进一步加强城市规划建设管理工作的实施意见》《关于加快推进沿海发展五大工程的实施意见（2016—2020 年）》，审议并原则通过《关于促进我市慈善事业健康发展的意见》《关于完善困难残疾人生活补贴和重度残疾人护理补贴制度的实施意见》和《关于在全市公民中开展法治宣传教育的第七个五年规划》等。市领导祁彪、董春科、吴海云、徐家保、王永生、王开宇，市政府秘书长匡中远出席会议。

会议指出，制定出台加强城市规划建设管理、加快推进沿海发展五大工程两个实施意见，绘制连云港未来五年的发展路径和美好蓝图，对提升城市规划建设管理水平、加快沿海开发步伐具有十分重要的意义。各地各部门要进一步统一思想、提高认识，切实增强责任意识，严格按照《意见》确定的目标任务，细化责任分工，明确时间节点，着力破解城市建设和沿海开发工作中遇到的重点、难点问题，认认真真、扎扎实实，确保每一个项目、每一件事情都不折不扣地完成好、落实好。

会议指出，慈善事业是社会保障体系的重要组成部分。各县区、各部门要大力支持慈善事业发展，建立健全工作组织协调机制，切实将各项工作部署落到实处。要着力打造阳光透明慈善，确保慈善捐助来自于民、用之于民，促进慈善事业健康发展。要以政府为主导进行社会兜底，积极推进慈善文化建设，大力弘扬社会正能量。要动员社会各界力量参与慈善事业，形成全社会关注、支持慈善事业的良好氛围。会议强调，实施困难残疾人生活补贴和重度残疾人护理补贴，是保民生、兜底线的重要举措。要切实按照中央和省里要求，确保补贴按时足额发放。要规范操作标准、流程，确保补贴发放公开公平公正，真正把好事办好。要加强宣传引导工作，增强就业创业的动力和能力，实现残疾人家庭脱贫致富。

会议指出，在全市公民中深入开展法治宣传教育活动，对推动法治连云港建设、服务经济社会发展、促进民生保障、维护社会稳定、营造良好法治环境，具有十分重要的意义。各级各部门要认真学习、深刻领会，认真贯彻中央和省里对法治宣传教育提出的新目标、新任务和新要求。要严格按照《关于在全市公民中开展法治宣传教育的第七个五年规划》要求，深化全民法治宣传教育，加大宣传教育力度，增强全民法治观念，做到人人皆知、家喻户晓，使法律成为市民的信仰，营造良好的法治环境和氛围。要明确工作责任措施，进一步加强依法管理，依法依规推进工作，确保依法治市落到实处。要按照五年规划做好任务细化分工，建立完善督导检查机制，确保“七五”普法和依法治市取得实效。

会议还研究了《关于推进价格体制改革的实施意见》《关于深化供销合作社综合改革的实施意见》等有关事项。

市十三届政府第 50 次常务会议

9月8日，市长项雪龙主持召开市十三届政府第50次常务会议，分析研判1至8月全市经济运行情况，研究部署下阶段经济工作。项雪龙强调，各县区各部门要抢抓三季度黄金季节，进一步抓好经济运行调度，切实增强目标、服务、特色、争先、诚信和超前意识，奋力拼搏，狠抓当前，确保圆满完成全年各项目标任务。市领导祁彪、吴以桥、董春科、吴海云、徐家保，市政府秘书长匡中远出席会议。

在听取相关部门和各县区的情况汇报后，项雪龙指出，今年以来，在当前宏观经济下行压力很大的复杂形势下，全市上下顶住压力，辛勤付出，扎实工作，全力推动经济保持平稳运行。主要经济指标逐步回升、稳中向好，投入类指标增长良好，工作性指标态势良好。在看到成绩的同时，更要正视矛盾问题、看到差距不足，尊重经济发展客观规律，本着实事求是的态度，进一步抬高目标追求，以不甘落后、争先赶超的决心和志气，狠抓项目投入不放松，切实把经济工作抓得更紧、更细、更实，确保“十三五”实现良好开局。

就抓好下一阶段工作，项雪龙强调，当前是抓经济建设的黄金季节。各地各部门和各级干部要增强目标意识，围绕年初市人代会确定的任务目标，进一步查找问题和不足，采取务实措施，狠抓推进落实，大干最后四个月，确保不折不扣完成好。要增强服务意识，主动沉到企业一线，解决企业发展实际困难，不断提高为企服务的能力水平，同时积极构建良好的政商关系，进一步保护和激发企业家干事创业热情，在全社会营造关爱企业家、支持企业发展的良好氛围环境。要增强特色意识，强攻龙头企业招引，做深做细产业链招商，加强公共平台建设，在培育产业链上下功夫、做文章，形成区域发展的核心竞争力。要增强争先意识，振奋精气神，拓宽眼界思路，放大优势，坚定信心、拿出志气，与高的攀、强的比、快的赛，相互学习，取长补短，进一步形成比学赶超的氛围，为连云港加快发展、崛起振兴争做贡献。要增强诚信意识，坚持公平公正公开原则，严格规范招投标等操作流程，严查各项违法违规行为，全力打造规范有序、公平竞争的市场环境。要增强超前意识，及早思考，提前谋划好明年项目、指标和工作思路，主动作为、勇于担当，推动全市经济社会快速健康发展。

就当前创卫推进工作，项雪龙强调，目前我市已进入创卫迎检的关键时刻。各地各部门要在前一阶段取得良好成效的基础上，再接再厉，奋力冲刺，强攻难点，消除盲点，提升城市管理水平，加快道路工程扫尾，健全完善长效机制，以崭新的面貌和高质量的工作打赢创卫这场硬仗，为建设强富美高新港城做出更大贡献！

市十三届政府第 51 次常务会议

10 月 31 日，市长项雪龙主持召开市十三届政府第 51 次常务会议，集体学习《江苏省行政许可监督管理办法》，研究讨论全市行业协会商会与行政机关脱钩、建立双随机抽查机制加强事中事后监管、构建和谐劳动关系等事项，审议并原则通过《连云港市全民科学素质行动计划纲要实施方案（2016—2020）》。市领导王加培、董春科、尹哲强、王永生，市政府秘书长匡中远出席会议。

在集体学习《江苏省行政许可监督管理办法》后，会议指出，政府常务会议集体学法，有利于为政府各部门学法用法做表率，增强领导干部的法治思维，牢固树立依法行政的意识和责任，进一步提高依法行政能力和水平。会议强调，行政许可是政府管理经济社会事务的重要手段，关系改革发展全局，关乎群众切身利益。政府部门工作人员，特别是领导干部要认真学法，进一步清理行政许可主体和项目，完善行政许可程序，为公民、法人和其他组织办理行政许可事项提供便利，优化审批环境，加快我市法治政府、服务政府的建设进程。

会议指出，推动行业协会商会与行政机关脱钩，对加快转变政府职能，激发行业协会商会的内在活力和发展动力具有重要意义。各地各部门要充分认识到这项改革工作的重要性、复杂性，进一步完善细化实施方案，稳妥审慎推进，切实把各项工作做深、做实、做细。要做好前期准备，深入开展思想动员，认真把握政策，细致考虑好各个工作环节。要加强跟踪调研，及时掌握工作动态，协调解决改革中遇到的新矛盾、新问题。要积极做好社会风险评估，及时防范和有效化解潜在风险，确保脱钩过程中“思想不乱、队伍不散、工作不断”。

会议强调，建立双随机抽查机制是党中央、国务院做出的一项重大监管制度改革，是加强事中事后监管的重要举措，对进一步推进简政放权、放管结合、优化服务意义重大。各地各有关部门要加强组织领导，建立健全相应工作机制，加大指导督促和统筹协调力度，切实把随机抽查监管落到实处。要加大信息公开力度，及时公布随机抽查事项目录、处理结果，提高行政机关职责履行、权力运行的透明度。要做好随机抽查与社会信用体系相衔接，建立健全市场主体诚信档案、失信联合惩戒制度、黑名单公示制度，并采取严管重罚等有效措施，让失信者一处违规、处处受限。

会议指出，提高公民科学素质，对促进人的全面发展，建设创新型城市，实现经济社会全面协调可持续发展具有重要意义。各县区、各部门要全力抓好“十三五”期间全民科学素质工作，大力推进公民科学素质建设，为深入实施创新驱动发展战略和“强富美高”新港城，构筑更加坚实的公民科学素质基础。

会议强调，构建和谐劳动关系，事关广大职工和企业的切身利益，事关经济发展与社会和谐。各地、各部门要清醒地认识到当前劳动关系矛盾易发、多发的实际情况，切实把构建和谐劳动关系摆在更加突出位置，各司其职、强化配合、形成合力，真正把工作落到实处，抓出实效。要加强宣传引导，营造全社会共同关心、支持和参与构建和谐劳动关系的良好氛围。

会议还研究了其他有关事项，并对今年度目标任务完成和明年工作谋划进行讨论。

市十三届政府第52次常务会议

11月28日，市长项雪龙主持召开市十三届政府第52次常务会议，研究审议加快推进区域性产业科技创新中心和创新型城市建设、加强知识产权保护和专利奖奖励办法，实施重大政策举措第三方评估，全面治理拖欠农民工工资以及划定市区畜禽养殖业禁养区等工作。市委常委、常务副市长王加培，副市长董春科、王永生、王开宇，市政府秘书长匡中远出席会议。

会议指出，出台加快科技创新等政策文件，对大力实施创新驱动和“产业强市”发展战略，提升城市整体竞争实力、加快转型升级具有重要意义。各地各部门要结合工作实际，坚持把创新贯彻经济社会发展全过程，深化思想认识，加强调查研究，切实抓好政策的贯彻落实。要按照“思路目标化、目标项目化、项目责任化、责任考核化”工作要求，拿出务实管用的推进方案，排出重点项目，明确工作时限，切实打好“科技创新”这张牌。要发挥好国家创新型试点城市的作用，加大对上政策资源争取力度，为全市发展增添强劲动力。要加强宣传，营造重视创新、重视知识产权保护的良好氛围。要加强统筹协调，形成工作推进合力，确保专利奖评奖过程“公平、公正、公开”。

会议原则通过《关于开展重大政策举措第三方评估的实施意见》。会议指出，开展重大政策举措第三方评估，对提升政府治理能力，推进政府职能转变，加快建设人民满意的服务型政府具有重要意义。各地各部门要充分把握社会利益诉求多元化、碎片化的新趋势，对重大民生工程、与人民群众利益密切相关的重大政策落实执行情况，引入没有利益冲突的第三方评估，让社会和群众公开评判，并建立良好机制，形成科学规范、运行有效的制度体系。同时要健全评估机构，规范方法流程，提高评估能力，注重成果应用，为政府科学决策提供有效支撑。

会议强调，依法保障农民工的劳动所得，事关群众的切身利益，事关社会公平正义和社会和谐稳定。各级党委政府和相关部门要高度重视，超前谋划，不能有任何的懈怠和侥幸心理。要加强配合，各司其职，明确责任主体，进一步细化和落实工作举措，确保各项任务落实到位。要坚持标本兼治、综合治理，完善长效机制，以建筑市政、交通运输、水利等工程建设领域和餐饮服务等易发生拖欠工资问题的行业为治理重点，形成源头预防、动态监管、失信惩戒相结合的制度保障体系。要依法依规管理，弘扬社会公平正义，坚决处理恶意欠薪的责任单位和个人，推动形成制度完备、责任落实、监管有力的工作格局，使拖欠农民工工资问题得到有效遏制。

会议强调，划定畜禽养殖业禁养区，有利于从源头上控制畜禽养殖的污染，促进畜禽养殖业持续健康发展。各地各相关部门要坚持把群众利益放在首位，加强引导，提高认识，科学划定禁养区域，合理界定禁养时限，妥善处理好环境保护、群众生活生产之间的关系。要大力推进畜禽养殖业生产向技术集约型、资源高效利用型、环境友好型方向转变，实现畜禽养殖业与生态环境保护协调发展。要进一步优化畜禽养殖业布局，提高畜禽养殖业污染防治水平，同时加大对各种畜禽养殖环境污染违法行为查处和打击力度，切实改善农村生态环境质量和群众生产生活条件。

会议还研究了其他有关事项。

市十三届政府第53次常务会议

12月26日，市长项雪龙主持召开市十三届政府第53次常务会议，听取近期全市安全生产检查整改工作、明年全市主要经济指标安排建议和市级财政全口径预算编制工作情况汇报，审议市“十三五”15个专项发展规划。市领导王加培、董春科、尹哲强、吴海云、徐家保、王永生，市政府秘书长匡中远出席会议。

在听取近期全市安全生产检查整改工作情况汇报后，会议指出，目前全市安全生产检查整改工作取得了一定成效，但安全生产形势依然十分严峻。会议强调，安全生产关乎广大人民群众的生命财产安全，始终是经济社会发展的重要保障。各地各部门要切实按照中央和省、市各项决策部署，始终把安全生产摆在更加突出的重要位置，切实做到警钟长鸣、常抓不懈，持续深入开展校车校舍、道路交通、渔业船舶、建筑施工、危旧房等重点领域安全生产大检查，彻底整治各类重大安全隐患，坚决杜绝重特大事故发生。要主动抓，切实增强抓好安全生产工作的自觉性，狠抓两个主体责任落实，建立健全“横向到边、纵向到底”监管体系，形成安全生产工作的强大合力。要长期抓，扎扎实实开展好安全生产基层基础、制度机制建设，加快补齐教育、管理等工作短板，努力打造最安全城市。要认真抓，始终坚持问题导向，以严谨态度、扎实作风，切实担当起监管责任，真正把安全生产工作抓紧抓实抓好。要严肃抓，严格落实“党政同责、一岗双责、齐抓共管、失职追责”和“三个必须”要求，层层细化责任，敢于动真碰硬，真正做到严格要求、严明纪律、严肃问责，全力推动全市安全生产形势持续稳定好转。

在研究明年主要经济指标安排情况时，会议强调，主要经济指标安排要贯彻市十二次党代会精神，准确把握宏观经济形势，立足连云港发展实际，全面评估，科学测算，合理确定明年经济社会发展目标，做到既鼓舞干劲、引导预期，又实事求是、切实可行，真正发挥导向引领作用。

在研究明年市级财政全口径预算编制情况时，会议指出，要全力以赴加快经济发展，夯实财源基础，进一步做大做强财政“蛋糕”，为保运转、促发展打牢基础。要提高认识，统一思想，围绕市委、市政府的决策导向，科学调整项目支出方向，切实提高项目资金使用绩效。要从严从紧管理、公开公平分配资金，厉行节约，杜绝铺张浪费，确保日常运转、民生保障、社会发展等重点支出需求。要严肃对待预算执行，做好预决算公开工作，接受社会各界监督。

会议审议并原则通过市“十三五”15个专项发展规划。会议强调，专项规划是总体规划的筋骨，是总体规划在各个领域的有力支撑。要加快修改完善，确保各个专项规划与全市发展总体规划相一致、与省各专项规划相衔接。要强化规划的刚性约束，增强规划的连续性、严肃性和权威性，确保一张蓝图绘到底。要研究出台实实在在的政策措施，切实抓好规划落实，确保总体规划、专项规划涉及本领域的目标任务高效完成。

工作部署

全市扶贫开发工作会议

2 月 1 日上午，市委市政府召开全市扶贫开发工作会议，认真学习贯彻中央、全省扶贫开发工作会议精神，总结部署全市扶贫开发工作。市委书记杨省世出席会议并讲话，他强调，如期实现脱贫目标，是全市上下的共同期盼，是我们义不容辞的历史使命。要以愚公移山的斗志、决战决胜的勇气、苦干实干的韧劲，扎实推进脱贫致富奔小康工程，齐心协力打赢新一轮扶贫开发攻坚战，确保低收入人口与全市人民一道迈入全面小康社会。市委副书记、市长项雪龙主持会议。

杨省世首先代表市委市政府，向关心支持经济薄弱地区发展、积极促进脱贫增收的单位和个人表示感谢，并回顾总结了“十二五”期间全市扶贫开发工作情况。他指出，2012 年以来，我们坚持党政主导与社会参与相结合，统筹推进与因地制宜相结合，区域发展与扶贫开发相结合，扎实有序实施脱贫奔小康工程，低收入人口整体实现脱贫，经济薄弱村面貌明显改善，重点片区开发取得阶段性成效，实现圆满收官。

就做好“十三五”时期扶贫开发工作，杨省世指出，党的十八大以来，中央把扶贫工作纳入“四个全面”战略布局，作为第一个百年奋斗目标的重点工作，摆在更加突出的位置，充分彰显中央对做好扶贫开发工作的坚定决心。全市上下要深入贯彻习近平总书记扶贫开发系列重要讲话和视察江苏重要讲话精神，认真落实中央和省委关于扶贫工作各项决策部署，围绕“减少相对贫困、缩小收入差距、促进共同富裕”的目标定位，牢固树立“抓扶贫开发就是抓经济发展，抓经济发展就是抓扶贫开发”的大扶贫理念，坚持扶贫开发和经济社会发展相互促进、到户到人精准帮扶和重点片区整体帮扶紧密结合、扶贫开发和社会保障有效衔接，确保脱贫致富奔小康工程取得如期成效，为全面建成小康社会奠定坚实基础。

杨省世强调，扶贫开发工作要取得实实在在的成效，关键是找准路子、构建好的体制机制，抓重点、解难点、把握着力点，让每一个农村低收入家庭都感受到扶持的温暖，不在全面小康的路上掉队。要扎实组织精准扶贫、精准脱贫。建立精确识别机制，解决好“扶持谁”的问题；完善结对帮扶机制，解决好“谁来扶”的问题；建立精确帮扶机制，解决好“怎么扶”的问题。要更大力度推进集中连片开发。把石梁河库区、沂河淌沿线两个片区作为扶贫攻坚的战略重点，做好规划编制工作，强化基础设施建设，加大社会事业支持力度，以扶贫开发带动区域发展，以区域发展促进扶贫开发，确保本轮扶贫开发期内，片区面貌和群众生活发生根本性变化。要加快发展村集体经济。瞄准村级经营性收入低于 18 万元的薄弱村，把促进村集体增收摆在更加突出的位置，发展特色产业，创新发展思路，加大结对帮扶力度。要深入推进社会扶贫、行业扶贫。健全组织动员机制，鼓励民营企业积极承担社会责任，开展好“扶贫日”系列活动，形成政府主导、群众主体、社会参与的大格局。各部门要立足各自职责，继续保持优良作风，将部门承担的扶贫重担挑好。

杨省世指出，打好新一轮扶贫攻坚战，如期实现脱贫致富目标，是对全市各级各部门和广大党员干部的重大考验。各级党委、政府要从政治、全局、战略高度，把脱贫攻坚作为全面建成小康社会的重中之重，作为检验和考核干部政绩的重中之重，严格落实脱贫责任，加大扶贫资金投入力度，创新扶贫开发政策措施，激发扶贫开发内生动力，全力以赴把新一轮扶贫开发的各项部署落到实处。

项雪龙指出，各级、各部门单位要认真组织学习，迅速传达贯彻本次会议精神，真正把思想统一到市委、市政府关于实施脱贫致富奔小康工程的决策部署上来，把扶贫开发工作摆到更加突出的位置，牢牢把握“减少相对贫困、缩小收入差距、促进共同富裕”的目标定位，全面落实“标准再提高、重点再聚焦、内涵再丰富、底线再织牢”的工作要求，扭住关键领域，抓住薄弱环节，聚焦突出问题，带着深厚的群众感情、重大的政治责任、顽强的攻坚精神，坚决打好脱贫攻坚战，努力开创我市扶贫开发工作的新局面。

就贯彻落实好会议精神，项雪龙强调，做好新一轮扶贫开发工作，任务艰巨、责任重大、使命光荣。各地各部门要抓紧制订“十三五”扶贫开发实施方案和农户脱贫计划，研究确定帮扶对象、资金投入、重点项目等重大事项，切实把建档立卡工作做细做实做好，明确“时间表”“路线图”，确保新一轮扶贫开发工作有序推进。要以贯彻落实本次会议精神为契机，统筹做好春节前后各项工作，抓好安全生产、森林防火、在田作物管理与农业结构调整、信访稳定，妥善安排贫困农户生产生活，确保社会大局和谐稳定。

会上，印发《市委市政府关于推进脱贫致富奔小康工程的实施意见（征求意见稿）》，并对“十二五”时期脱贫攻坚先进单位和个人进行了表彰颁奖，相关县（区）委书记递交目标责任状。

全市安全生产工作会议

2月1日下午，我市召开安全生产工作会议，贯彻落实全国、全省安全生产工作会议精神，总结和部署年度工作，努力为全市夺取“十三五”开门红提供强有力的安全保障。市委书记、市人大常委会主任杨省世作出重要批示。市委副书记、市长项雪龙出席会议并讲话。副市长徐家保出席会议。

杨省世在批示中强调，2015年，在各级党委、政府特别是安监部门的共同努力下，我市安全生产形势总体平稳，实现了事故总量、死亡人数“双下降”，为“十三五”顺利收官提供了有力的保障。2016年是“十三五”开局之年，全市上下要认真按照习近平总书记、李克强总理关于安全生产的一系列重要指示批示精神要求，不折不扣执行省委省政府关于安全生产工作的部署，牢固树立安全发展理念，切实强化红线意识和担当意识，狠抓企业主体责任、部门监管责任、党委和政府领导责任落实，持续推进改革创新、依法治理、基础建设、专项整治等重点工作，坚决防范重特大事故发生，促进全市安全生产形势持续稳定向好，为经济社会发展和人民幸福生活创造更加安全稳定的环境。

项雪龙在讲话中指出，全市上下要充分认识安全生产工作的极端重要性，将其作为重大的政治问题、发展问题和民生问题，进一步增强使命感和责任感，全力以赴抓紧抓实抓好，始终做到警钟长鸣。具体要在领会重要指示中倍加警醒，牢固树立以人为本、人民至上的执政理念和为民情怀，扎实做好新形势下的安全生产工作；要在汲取沉痛教训中拉响警报，结合市情实际深入思考，举一反三、吸取教训，完善措施，确保万无一失；要在把握重要地位中增强警觉，正确处理发展速度、质量和效益的关系，始终把人的生命放在第一位；要在认识突出问题中提高警惕，紧盯安全责任落实、生产环节和运行等问题短板，加强研究、下足功夫，一一加以破解，扎实有效做好安全生产各项工作。

项雪龙强调，要坚决守住“发展决不能以牺牲人的生命为代价”红线，强化红线意识，坚守底线思维，全面彻底地消除隐患风险点，严格把好安全生产准入关、风险监控关和基层基础强化关，大力开展安全生产宣教培训，共同开创安全生产工作新局面。要总结吸取各类事故教训，进一步强化组织领导，深入研究、精心谋划、扎实推进，用科学的制度和机制、过硬的素质和作风、铁的手腕和纪律，确保安全生产政策措施不折不扣落实到位。临近春节，各县区、各部门、各单位要强化应急值守，严防各类事故发生，尤其是要加强春运高峰组织管理，强化烟花爆竹运输等各环节监管，严格群众性活动审批和安保等工作，确保广大人民群众度过一个安全、欢乐、祥和的春节。

会上，各县区政府、市开发区、徐圩新区、高新区、云台山景区管委会以及市经信委等12家单位递交了安全生产目标责任书；连云港碱厂等12家企业递交了安全生产承诺书。会议还通报2015年度全市安全生产工作情况，部署2016年全市安全生产工作重点，并对先进单位和个人进行了表彰。

全市政法工作会议

2 月 3 日下午，全市政法工作会议召开。会议传达了市委书记、市人大常委会主任杨省世就推进全市政法工作所作的重要批示。市领导王加培、王永生出席会议。

杨省世在批示中指出，2015 年，全市政法战线坚决贯彻中央和省、市委决策部署，深入推进平安连云港、法治连云港和过硬队伍建设，忠实履行维护社会大局稳定、促进社会公平正义、保障人民安居乐业的职责使命，各项工作取得了新成效。今年是全面建成小康社会决胜阶段的开局之年，全市各级党委要不断加强和改善对政法工作的领导，支持政法机关依法履行职责，努力为政法工作创造良好条件，切实担负起维护一方稳定的政治责任。各级政法机关要认真贯彻习近平总书记对政法工作的重要指示精神，进一步增强忧患意识、责任意识，深入推进司法体制改革，大力加强队伍建设，全面提高防控风险、维护稳定和服务发展的能力水平，为国际化海港中心城市建设提供良好的法治保障。

会议指出，2016 年是全面建成小康社会决胜阶段的开局之年，做好今年政法工作意义重大。我市将根据中央、全省政法工作会议和市委市政府部署，牢牢把握创新、协调、绿色、开放、共享的发展理念，主动适应形势任务新变化和经济发展新常态，以维护国家安全和社会稳定、创新社会治理、深化司法体制改革、加强思想政治和纪律作风建设为着力点，深入推进平安港城、法治港城和过硬队伍建设，全面提升政法工作能力和水平，为建设国际化海滨城市创造安全稳定的社会环境、公平正义的法治环境、优质高效的服务环境。

市纪委十一届六次全会

2月5日，市纪委十一届六次全会召开，深入学习贯彻习近平总书记系列重要讲话精神，全面落实中央纪委六次全会和省纪委六次全会各项部署要求，研究部署2016年党风廉政建设和反腐败工作任务。市委书记杨省世出席会议并讲话，市委副书记、市长项雪龙主持会议，市政协主席张同生等市领导出席会议。

杨省世指出，习近平总书记在中央纪委六次全会上，立足“十三五”开局之年新起点，从党和国家全局的高度，全面总结党的十八大以来党风廉政建设和反腐败斗争取得的重大成效，明确提出当前和今后一个时期党风廉政建设和反腐败工作的目标任务，为我们深入推进党风廉政建设和反腐败斗争指明方向。我们要把学习贯彻习总书记的重要讲话精神，作为重大政治任务抓紧抓好，并与学习贯彻总书记系列重要讲话，特别是视察江苏重要讲话精神融会贯通起来，与学习贯彻中央和省纪委全会精神融会贯通起来，准确把握总书记“两个依然”“两个没有变”“四个足够自信”的形势判断，准确把握党风廉政建设和反腐败工作的总体要求、全面从严治党的重大任务、强化党内监督的有效途径，真正学深悟透、把握精髓，以坚强的政治定力、足够的信心、有力的举措抓好中央和省委决策部署的贯彻落实，坚决把党风廉政建设和反腐败斗争进行到底。

杨省世说，过去一年，市委全面落实中央和省委各项决策部署，把全面从严治党、推进党风廉政建设和反腐败斗争主体责任牢牢扛在肩上，紧紧围绕“四个全面”战略布局履职尽责，管党治党不放松，正风肃纪不停步，反腐惩恶不手软，推动全市党风廉政建设和反腐败工作取得新的成效。全市各级纪检监察机关坚持把纪律挺在前面，聚焦主责主业，强化监督执纪问责，有力推动党风廉政建设和反腐败工作。在充分肯定成绩的同时，我们也要清醒看到，当前党风廉政建设和反腐败斗争形势依然复杂严峻。全市各级党组织、各级纪检监察机关一定要始终保持战略定力，坚持标准不降、要求不松、力度不减，持之以恒地推进党风廉政建设和反腐败斗争。

杨省世指出，做好今年全市党风廉政建设和反腐败工作，要全面贯彻党的十八大和十八届三中、四中、五中全会精神，深入贯彻习近平总书记系列讲话，特别是视察江苏重要讲话精神，按照中央纪委六次全会和省纪委六次全会部署，协调推进“四个全面”战略布局，坚持全面从严治党、依规治党，以党章为根本遵循，以党纪为基本准绳，全面加强纪律建设，严格落实管党治党责任，聚焦监督执纪问责，深化标本兼治，强化党内监督，持之以恒改进作风，不断取得党风廉政建设和反腐败斗争新成效，为“全面达小康、迈上新台阶”提供坚强政治保证。重点抓好四个方面：一要尊党章、守党纪，把纪律规矩挺在前面；二要经常抓、反复抓，把作风建设引向深入；三要不停步、不松劲，把反腐败斗争进行到底；四要促延伸、压责任，把党风廉政建设落实到基层。

杨省世强调，各级领导干部要进一步增强政治意识、大局意识、核心意识、看齐意识，认真贯彻总书记全面从严治党新要求，既以上率下，又敢于担当，真正把全面从严治党责任落到实处，努力推动全面从严治党迈上新台阶。要强化全面从严治党的政治担当，知责明责，强化问责，规范履责。要坚持高标准与守底线相结合，坚持理想信念高于天，坚持纪律规矩严于铁，拧紧思想“总开关”。要扭住关键少数带动绝大多数，重抓日常，抓“一把手”，突出严管。要构建山清水秀的政治生态，匡正选人用人风气，构建健康的党内关系，立“明规矩”，破“潜规则”。

杨省世指出，加强党内监督，是党的建设重要内容和一贯要求。要创新机制、积极探索强化党内监督的有效途径，把党内监督威力充分发挥出来。要牢牢把握加强党委监督这个重点。各级党委党组要切实强化监督意识，进一步完善贯彻民主集中制的具体制度，推动党内监督各项措施见到实效。要实现巡察监督、派驻监督两个全覆盖。创新巡察机制，突出巡察重点，用好巡视巡察监督成果；派驻机构要强化责任担当，不折不扣落实市委和市纪委部署，聚焦主业主责，真正把“派”的权威、“驻”的优势发挥出来。要切实用好批评和自我批评这个武器。把民主生活会作为领导干部政治体检的有效手段，本着对组织、对同志高度负责的态度，推动党内监督经常化长效化。各级党委要旗帜鲜明支持纪委开展工作，主动接受纪委监督，为纪委开展工作创造有利条件。各级纪委要立足全面从严治党大局找准定位，持续深化转职能、转方式、转作风，自觉做遵守纪律的标杆、忠诚干净担当的示范。

就贯彻落实会议精神，项雪龙指出，各级党组织和纪检监察机关要把深入学习贯彻习近平总书记重要讲话、中纪委六次全会和省纪委六次全会精神作为当前的重要政治任务，保持坚强的政治定力，切实担负起全面从严治党的政治责任，坚持全面从严治党、依规治党，以党章为根本遵循，全面加强纪律建设，持之以恒改进作风，始终保持惩治腐败的高压态势，着力解决群众身边的不正之风和腐败问题，坚定不移把党风廉政建设和反腐败斗争引向深入。各级纪检监察机关和纪检监察干部要进一步聚焦监督执纪问责，全面履行党章赋予的神圣职责，带头尊崇党章，坚决维护党章，牢固树立执纪者必先守纪的意识，强化自我监督，加强党内监督，接受社会监督，切实提升履职能力和水平，推动全市党风廉政建设和反腐败斗争不断取得新进展、新成效，为建设“强富美高”的新港城提供坚强保障。

会议分两个阶段举行，第一阶段采用电视电话会议形式召开，在各县区设分会场。第二阶段，听取了市纪委常委会工作报告。

全市目标绩效管理暨作风建设大会

2月14日上午，市委、市政府召开全市目标绩效管理暨作风建设大会。市委书记杨省世出席会议并讲话，强调要以实施目标绩效管理为抓手，更加鲜明地树立起重实绩、提效能的导向，推动各级各部门奋勇争先、担当作为，把工作抓得更紧、做得更实，全力以赴完成好今年各项目标任务，确保“十三五”发展开好局、起好步。市委副书记、市长项雪龙主持会议。市政协主席张同生等市四套班子领导出席会议。

杨省世指出，过去一年全市经济社会发展取得了不平凡的成绩，最强大的动力来自于自强自信的志气、改革创新的锐气、又严又实的风气、众志成城的志气。开启“十三五”发展新征程，机遇与挑战共存，希望和压力同在。贯彻落实市委、市政府决策部署，把今年的各项工作抓实抓到位，各级干部队伍的作风必须过硬过硬更过硬，各部门各单位的效能必须提升提升再提升。全市上下要以更严更高的要求，着力加强绩效管理，不断深化作风建设，奋力争创更大业绩。

杨省世强调，“十三五”连云港加快发展正当其时，关键事在人为。各级干部要主动担责、积极作为，激发“勇担当、敢作为”的精神状态，提升“善担当、会作为”的能力本领，树立“促担当、想作为”的鲜明导向，在紧抓发展第一要务中比作风、求实绩，推动全市发展取得更大突破。各级各部门要始终牢记宗旨、践行宗旨，把一切工作的出发点和落脚点放在群众身上，密切联系群众，办好民生实事，提升服务实效，在实现民生第一目标中比作风、求实绩，努力使改革发展更有“温度”。

杨省世强调，管党治党的成效直接决定着党员干部的状态和作风，直接决定着各项目标任务能否顺利完成。全市各级各部门要在落实管党第一责任中比作风、求实绩，引导各级党员干部切实增强政治意识、大局意识、核心意识、看齐意识，抓好中央精神、省委部署和市委市政府目标任务的落地落实，形成同心同向、同频共振的浓厚氛围，营造风清气正、有利于干事创业的政治生态，切实为经济社会发展提供强有力的政治保障、组织保障、作风保障。

项雪龙指出，当前是连云港发展最为关键的时期，也是连云港发展最有条件的阶段。新一年的发展，任务重，要求高，一刻不能放松。各县区、各部门党政主要负责人要切实担负起第一责任人的职责，真正把加快发展作为当前压倒一切的头等大事，抓紧抓好、抓出成效，以更加饱满的热情、更加过硬的作风、更加务实的举措，在建设“强富美高”新港城的过程中大展身手，在连云港科学发展、加快发展的进程中写下浓墨重彩的一笔。

会上，表彰了2015年度全市经济建设和社会发展目标绩效考评先进县区和单位，各县区委、功能板块和市有关部门主要负责人递交目标责任状。

全市组织部长会议

2月18日下午，全市组织部长会议召开。会议深入学习党的十八大和十八届三中、四中、五中全会精神，贯彻落实习近平总书记系列重要讲话特别是视察江苏重要讲话精神，按照全省组织部长会议和市委十一届十一次全会部署，总结去年工作，分析当前形势，安排今年任务。市委书记、市人大常委会主任杨省世作出专门批示，市委常委、组织部长祁彪出席会议。

杨省世在批示中指出，过去的一年，全市组织系统坚决贯彻中央和省市委决策部署，扎实开展“三严三实”专题教育，紧紧围绕市委中心大局，大力实施党建“六大行动”，为改革发展选干部配班子、抓基层打基础、建队伍聚人才，全市党的建设和组织工作取得了显著成绩。2016年是全面建成小康社会决胜阶段的开局之年，也是市县乡党委换届之年。希望全市组织系统认真落实中央、省市委关于全面从严治党的要求，扎实开展习近平总书记系列重要讲话精神和五大发展理念的学习培训，切实增强党员干部的政治意识、大局意识、核心意识、看齐意识；把“两学一做”学习教育作为今年党建工作的龙头任务，切实抓紧抓好；以高度的政治责任感精心组织市县乡党委换届工作，为建设国际化海港中心城市选好干部、配强班子；统筹推进基层党建工作，加快人才强市建设步伐，着力践行严实新要求，推动党建迈上新台阶，为全面建成小康社会提供坚强组织保证和智力支撑。各级党委要把组织工作摆上重要位置，认真落实全面从严治党主体责任，切实加强对组织工作领导，为组织部门开展工作创造良好环境。

会议指出，2015年，全市组织系统紧扣全面从严治党主线，围绕党建服务深化年主题，推动组织工作服务改革、服务发展、服务民生、服务群众、服务党员，取得令人难忘的业绩。习近平总书记讲话精神入脑入心，筑牢党员干部理想信念之魂；“三严三实”专题教育有力有序推进，提升干部作风建设之效；“六大行动”取得成效，彰显了党建和组织工作服务之本。

会议强调，组织工作与中心大局紧密相连，必须把握大局大势、找准职责定位、强化责任担当，紧扣五大发展理念最新部署、落实全面从严治党职责要求、服务全面建成小康中心任务、用好“一带一路”交汇点核心区建设重大机遇，努力把党的组织优势转化为经济社会发展胜势。

会议要求，做好今年党的建设和组织工作，要以全面从严治党为主线，以深化党的建设制度改革为动力，持续推进党建工作创新工程，着力践行严实新要求、迈上党建新台阶，为全面建成小康社会提供坚强的组织保障。要把“两学一做”学习教育作为今年党建工作的龙头任务来抓，明确标准、细化要求、抓紧抓实，确保取得实实在在成效。要高度负责做好市县乡领导班子换届工作，注重发挥党委领导和把关作用、优选配强党政一把手、增强领导班子整体功能、加强乡镇领导班子建设、完善改进干部任选方式，确保换届风清气正。要深入开展新常态新理念培训，突出培训重点、抓好任职培训、用好培训资源，着力提升干部队伍整体素质。要进一步从严管理监督干部，强化选任监督、加强日常监督、巩固整治成果，真正管到位、严到份。要切实加强基层党组织建设工作，在抓带头人选育、抓分类指导、抓关键举措、抓党员管理上下功夫，推动基层党建全面进步、全面过硬。要加快推进人才强市建设，不断扩大引才规模、大力推进载体建设、持续优化人才环境、广泛凝聚工作力量，切实为发展提供智力支撑。要与时俱进加强组织部门自身建设，把对党忠诚摆在首位、把服务大局作为使命、把公道正派当作操守、把讲严求实融入血液，着力打造模范部门、锻造过硬队伍。

全市宣传思想文化工作会议

2月22日下午，全市宣传思想文化工作会议召开，学习贯彻习近平总书记系列重要讲话和全国全省宣传部长会议精神，总结去年工作，安排部署今年工作任务。市委书记、市人大常委会主任杨省世出席会议并讲话，强调要坚持以“四个全面”战略布局为指引，开拓创新、奋发有为、扎实工作，切实担负起宣传思想文化工作的职责使命，为决胜全面小康、建设“强富美高”连云港提供坚强的思想保障和动力支持。市委常委、宣传部部长滕雯主持会议并作工作部署。市领导郑平、董春科、曹佳鸣出席会议。

杨省世说，近年来，全市宣传思想文化战线紧紧围绕中心、服务大局，内聚精气神，外增影响力，理论武装工作扎实深入开展，主流舆论阵地得到巩固壮大，价值引领有力地凝聚了人心，网络空间逐步清朗起来，文化发展态势强劲，在一些重点领域实现新突破，打造了新亮点，宣传思想文化工作队伍也展现出良好的精神风貌。

杨省世指出，当前宣传思想文化工作面临一系列新情况新问题、新任务新要求。意识形态工作的极端重要性与复杂严峻性，要求我们必须牢牢掌握主动权；协调推进“四个全面”、落实“五大理念”，要求我们必须坚持思想与舆论先行；新常态下用好战略机遇、坚定不移加快发展，要求我们必须营造良好的舆论环境和社会氛围。要充分认识到宣传思想文化工作的职责使命日益重大，切实增强忧患意识，保持战略定力，强化责任担当，更加扎实有效地做好工作。

杨省世强调，今年是全面建成小康社会决胜阶段的开局之年，宣传思想文化战线要立足全市大局、创新思路方法、强化重点突破、务实开展工作，为全市“十三五”开好局、起好步提供思想保证、精神力量、道德滋养和文化条件。要突出深入学习贯彻习总书记系列重要讲话精神这个重中之重，在学深学透上下功夫，在领导带头上求长效，在学以致用上出成果，强化思想引领和理论武装。要突出团结稳定鼓劲、正面宣传为主这个基本方针，宣传思想文化战线特别是新闻单位，要以习近平总书记在党的新闻舆论工作座谈会上重要讲话精神为引领，牢记48字职责使命，牢牢坚持党性原则，牢牢坚持马克思主义新闻观，牢牢坚持正确舆论导向，牢牢坚持正面宣传为主，在“定向”“聚焦”“提神”上下功夫，做强主流舆论，做优网络空间，做响对外宣传，营造奋发向上的舆论氛围，激发全社会团结奋进的正能量。要突出培育和践行社会主义核心价值观这个主题主线，用核心价值观涵养人，用先进典型引导人，用文明实践熏陶人，构筑全民共享的精神家园。要突出推动文化建设迈上新台阶这个既定目标，着力增强文化产业竞争力、公共文化服务力、文艺作品感召力、地域文化影响力和体制改革推动力，打牢文化强市基础。

杨省世指出，各级党委要增强大局意识，不折不扣落实党委意识形态工作责任制，不断加强和改进党对宣传思想文化工作的组织领导。要加强宣传思想文化战线队伍建设，抓好党的理论和路线方针政策学习，抓好政治纪律和政治规矩的执行，抓好党性原则和品行修养的锤炼，认真落实全面从严治党各项工作任务，培养造就一支政治坚定、业务精湛、作风优良、党和人民放心的新闻舆论工作队伍。要完善工作机制和工作方法，注重把握规律，有针对性、有差异性地做好宣传思想文化工作，用改革和创新思维让宣传思想文化工作更适应时代要求、更接地气。各级领导干部要增强同媒体打交道的能力，善于运用媒体宣讲政策主张、了解社情民意、发现矛盾问题、引导社会情绪、动员人民群众、推动实际工作。各级各部门、全体党员干部要切实承担起政治责任，牢牢守住宣传思想文化阵地，形成齐抓共管的工作合力。

就做好今年宣传思想文化工作，滕雯指出，要坚持以习总书记系列重要讲话精神特别是刚刚召开的“党的新闻舆论工作座谈会”精神为指引，找准服务全市中心工作的方向和坐标，紧紧围绕党委、政府的中心工作，胸怀大局、把握大势、着眼大事，增强主动性、掌握主动权、打好主动仗。要严格落实党委（党组）意识形态工作责任制，强化问题导向和需求导向，打造思想文化建设高地和道德风尚建设高地，注重统筹建设和管理、统筹理论和舆论、统筹内宣和外宣、统筹网上和网下、统筹时、度、效，重抓思想、导向、价值、文化、创新引领，不断推动全市宣传思想文化工作迈上新台阶、实现新发展。

就抓好“五个引领”，滕雯强调，要强化思想引领，抓好学习教育，抓好“关键少数”，抓好新型智库建设，着力深化理论武装。要强化导向引领，牢记工作职责使命，紧紧围绕发展大局，推动传统媒体主讲，引导新兴媒体发声，协调高端媒体联动，着力壮大主流舆论。要强化价值引领，把加强宣传教育作为基本手段，把构建示范群体作为突出任务，把深化文明实践作为主攻方向，着力汇聚精神力量。要强化文化引领，抓好文艺繁荣精品创作，增强公共文化服务效能，加快文化产业发展步伐，创新文化改革体制机制，着力推动改革发展。要强化创新引领，提升创新驱动的意识，提升勤学不辍的意识，提升打牢基础的意识，着力提供有效支撑。

会议分为两个阶段举行，第一阶段对全市首届“助推港城发展十大社科成果”、2015 年度全市宣传思想文化工作创新奖、全市宣传思想工作先进集体和优秀宣传思想工作者及全市新媒体应用十大创新品牌进行颁奖。第二阶段进行交流发言。

全市港口口岸工作会议

2月29日上午，市委市政府召开全市港口口岸工作会议，回顾总结“十二五”工作，展望“十三五”发展，部署落实2016年各项工作任务。市委书记、市人大常委会主任杨省世出席并讲话。杨省世强调，今年是“十三五”开局之年，也是全面推进“一带一路”建设的关键一年。我们要立足新起点，适应新要求，担当使命，奋发有为，深入实施“以港兴市”战略、加快建设国际化海港中心城市，努力谱写港口口岸发展的崭新篇章，为全市“十三五”时期“全面达小康、迈上新台阶”不懈奋斗。市长项雪龙主持会议。市领导杨莉、吴以桥、李国章、鲁林参加会议。

杨省世说，刚刚过去的五年，是全市经济社会发展阔步前进的五年，也是港口口岸工作取得显著成效的五年，这是全市港口口岸广大干部职工辛勤耕耘、拼搏实干的结果，也是各级各部门齐心协力、支持推动的结果。当前，外部环境异常复杂严峻，港口发展也面临着新的使命、新的要求。港口口岸系统广大干部职工要充分认清形势，主动担当作为，加快把连云港建设成为区域性国际枢纽港和现代化产业集聚港，为全市改革发展大局做出新的更大贡献。

就下一步做好港口口岸工作，杨省世指出，开放是港口的最大优势，也是最大的潜力所在。要坚持开放引领，打造“一带一路”新亮点。重中之重抓好中哈物流中转基地和上合组织出海基地建设，使“两基地”成为落实“一带一路”战略的标志性工程、示范性项目。要完善综合集疏运体系，大力拓展向东开放，在更高层次上开拓国际港航业务。要坚持改革创新，打造港口口岸发展新优势。港口改革要按照既定的思路和方向，着重在内部资源整合与体制机制创新上下功夫，不断增强港口企业的发展活力。口岸改革要着眼服务港口、产业、城市发展，进一步增强服务意识、创新服务手段、提升服务效能，切实提高物流贸易便利化水平。在做强主业的基础上，大力延伸产业链条，发展现代航运服务业，推进智慧港口建设。

杨省世强调，要坚持绿色生态，建设和谐平安新港湾。立足前期打下的良好基础，加快生态港区建设，着力打造以“蓝天、绿地、碧水”为支撑的环境友好型港口，实现港口绿色发展。要根据“党政同责、一岗双责、齐抓共管”要求，严格落实安全生产责任，全面维护港区生产经营安全。要坚持协调联动，构筑融合发展新格局。各县区、板块要树立“借港发展”的理念，大力提高项目集聚吸引力，加快培育壮大新型临港产业。要进一步整合资源，彰显海滨特色，加快新型城镇化步伐，着力建设宜居宜业宜游的海港城市，在港产城融合互动中实现更大发展。要坚持互利共享，增强建港兴港新动能。全市上下要把加快港口发展摆在更加突出的位置，进一步形成关心、支持、推动港口事业的浓厚氛围，把“以港兴市、合力建港”落到实处，共同推动港口口岸事业再上台阶。广大港口系统的干部职工要大力发扬港口人的优良传统和过硬作风，以高度的主人翁意识投入到新一轮港口开发建设的热潮中去，攻坚克难，砥砺奋进，为实现港口更大发展勇挑重担。

项雪龙指出，港口是连云港的核心战略资源，大力实施“以港兴市”战略，是全市“十三五”工作的重中之重。全市各级各部门要牢固树立“一盘棋”思想，自觉做到服从大局、发挥优势、各尽所能，积极主动支持港口口岸建设发展，齐心协力把港口建设好、管理好、发展好。港口口岸单位要充分认清当前发展形势，认真贯彻市委、市政府的决策部署，全面聚焦“一带一路”交汇点核心区和先导区建设，提高发展标杆，自我加压奋进，进一步优化港口规划、完善港口功能、夯实基础配套、加强对外合作、规范港口管理、提升服务水平，确保圆满完成港口口岸发展各项年度目标任务，为“十三五”发展提供坚强有力的支撑和保障。

会上，上合物流园管委会、赣榆区、连云港海关、连云港出入境检验检疫局、港口控股集团作交流发言。

全市县乡领导班子换届工作会议

3 月 22 日下午，市委召开全市县乡领导班子换届工作会议，对本次换届作出动员部署，标志着换届工作的全面启动。根据中央和省委部署，我市县乡领导班子，将从本月起在一年时间内自下而上完成换届。市委书记杨省世出席会议并讲话，他强调，换届工作是全市人民政治生活中的一件大事，也是我市今年党建工作和组织工作的重中之重，我们一定要按照中央和省委、市委要求，以高度的政治责任感和强烈的使命感，同心协力、扎实工作，圆满完成换届各项任务，为全市“十三五”发展、全面建成小康社会提供坚强的组织保证。市委常委、组织部部长祁彪主持会议。

杨省世指出，这次换届是在“十三五”开局，决胜全面小康的关键时期进行的，中央和省委对此高度重视。圆满完成换届工作，是必须不折不扣完成好的政治任务，是推动连云港加快发展的现实需要，是持续推进全面从严治党的关键举措，我们要把思想统一到中央、省委的决策部署上来，切实增强做好这项工作的使命感和责任感，不断强化政治意识、大局意识、核心意识、看齐意识，不折不扣地把这项“硬任务”落实好、推进好、完成好，形成干事创业、加快发展的强大合力。

杨省世强调，根据中央和省委部署，做好我市县乡换届工作的总体要求是：高举中国特色社会主义伟大旗帜，以习近平总书记系列重要讲话特别是视察江苏重要讲话精神为根本遵循，深入贯彻党的十八大和十八届三中、四中、五中全会，省委十二届十次、十一次全会以及市委十一届十一次全会精神，坚持党的领导、发扬民主和依法办事有机统一，严格执行《党政领导干部选拔任用工作条例》，全面落实新时期好干部标准，精心绘出思路清、措施实的好蓝图，选出忠诚干净担当的好干部，配出结构优、功能强的好班子，换出心齐气顺劲足的好面貌，为全面贯彻新发展理念，抓住用好“一带一路”战略机遇，顺利完成“十三五”规划，建设国际化海港中心城市提供坚强的思想、政治和组织保证。重点要正确处理好统筹和分步的关系，整体和个体的关系，普遍与重点的关系，继承与创新的关系，换届和做好日常工作的关系，事业需要与个人理想的关系。具体要抓好四方面：坚持正确的用人导向，选优配强党政正职，强化领导班子整体功能，注重领导班子专业化能力建设。

杨省世强调，加强党的领导是确保换届成功的关键。全市各级党委要充分发挥总揽全局、协调各方的领导和把关作用，确保换届工作有序、健康、平稳推动。要始终加强对换届工作的统一领导。县乡党委要切实履行好主体责任，把换届工作摆在突出位置，牢牢把握换届工作方向，及时研究解决换届中的重要问题。要始终把握换届工作主导权。各级党委要对换届全程跟进，把握好重点步骤、关键环节，将工作主导权牢牢抓在手上。要始终抓好思想引导工作。教育引导广大党员干部按照“三严三实”的要求，讲政治、顾大局、守规矩，自觉服从组织安排，正确对待个人进退留转。

就严肃换届纪律，杨省世强调，中央对这次换届风气高度重视，各级党委要从一开始就要把正风肃纪牢牢抓在手上，把工作做在前面，通过多种手段开展换届纪律提醒，做到防患未然，以“零容忍”的态度，坚决查处违反“九严禁”（严禁拉帮结派、严禁拉票贿选、严禁买官卖官、严禁跑官要官、严禁造假骗官、严禁说情打招呼、严禁违规用人、严禁跑风漏气、严禁干扰换届）的行为，切实把纪律规矩挺在前，确保换届工作风清气正。

全市农村工作会议

3月22日下午，市委、市政府召开全市农村工作会议，贯彻落实中央和全省农村工作会议精神，回顾总结“十二五”时期“三农”工作成绩，研究部署今后一段时期“三农”工作任务。市委副书记、市长项雪龙出席会议并作重要讲话。副市长吴海云主持会议并作工作报告。市领导徐大勇、方韬出席会议。

在充分肯定“十二五”时期“三农”工作成绩后，就进一步抓好“三农”工作，项雪龙指出，连云港是一个传统农业大市，也是一个农业人口众多的地区。各级各部门要认真学习领会中央和全省农村工作会议精神，清醒认识做好新时期“三农”工作的重要性和艰巨性。要始终保持清醒头脑，准确把握中央和省里对“三农”工作的战略定位、总体部署和推动工作的关键举措，深刻理解“三农”发展在全市发展中的重要性，切实落实发展的新理念，确保各项政策措施落地生根。要正确认识发展的阶段，正视当前面临着的棘手问题和严峻挑战，牢固树立短板意识，切实增强危机感、紧迫感和责任感，坚持问题导向，加快破解难题，奋力打开“三农”工作新局面。

项雪龙指出，各级各部门要坚持供给侧结构改革新思路，加快推动现代农业发展迈上新台阶。要以规模化为重点，不断提高农业产出效益；以产业化为重点，建设现代农业产业体系；以标准化为重点，提高农业物质装备水平；以职业化为重点，培育新型农业经营主体；以生态化为重点，引领农业农村绿色发展；以规范化为重点，深入推进农村各项改革，推动我市农业从传统农业向现代农业发展，从农业大市向农业强市迈进。要坚持发挥开放合作的竞争优势，充分利用国际国内“两个市场、两种资源”，加快推进“一带一路”农业国际合作示范区建设，努力打造全国一流、全省领先的农业国际合作的示范、样板。

项雪龙强调，要坚持把促进农民增收致富作为中心任务，全力突破镇村经济短板。要解放思想，更新理念，大力发展非农产业转移农民、减少农民，加快推进人的城镇化和城乡一体化，改变农民生产生活方式，真正建设现代农村。要理清思路，强攻突破，全力突破工业经济，做大做强农业龙头企业，特别是各乡镇要深入研究自身优势和禀赋，彰显地域特色，实现错位发展。要研究举措，扎实推进，强化责任担当，以更高标准、更佳精神，推动现有企业做大做强，千方百计招商引资，积极打造投资平台，营造优良投资环境。要科学有序推进小城镇建设，高水平编制小城镇规划，加强基础设施建设，强化公共服务配套，做到小城镇建设与产业经济同步协调发展。各级干部要树立信心，振奋精神，不甘落后、敢于争先，攻坚克难、开拓创新，埋头苦干、乐于奉献，以强烈的责任感和紧迫感，形成比学赶超、竞相发展的浓厚氛围，真正实现镇村经济跨越式发展。

项雪龙强调，做好“三农”工作，直接关系农民群众切身利益，直接关系改革发展稳定大局。各地各部门要切实加强组织领导，加大投入力度，巩固基层基础，努力形成推动“三农”工作的强大合力，推动农业农村各项任务取得更好成效，努力让连云港的农业更强、农民更富、农村更美，为全面建成小康社会做出应有贡献，使连云港真正在区域经济中崛起振兴。

会上，市农委、灌云县等有关单位和部门进行交流发言。

连云港警备区党委全体（扩大）会议

3 月 23 日，连云港警备区召开党委九届五次全体（扩大）会议，深入学习贯彻党的十八大、十八届三中四中五中全会和习近平总书记系列重要讲话精神，回顾总结去年工作，研究部署今年任务。市委书记、市人大常委会主任、警备区党委第一书记杨省世出席会议并讲话。市委常委、连云港警备区政委韩文祥主持会议，警备区司令员周瑞峰出席会议。

杨省世首先对连云港警备区过去一年取得的成绩表示肯定，并代表市委、市政府向警备区为全市经济社会发展付出的努力表示感谢。他指出，2016 年是“十三五”开局之年，也是国防和军队改革的关键之年，警备区各级要紧紧围绕实现党在新形势下的强军目标，把政治建军、改革强军、依法治军要求贯彻到思想武装、战备训练、部队管理、后装保障、党的建设各项实践中，努力推动部队和民兵预备役建设再上新台阶。

就推进警备区部队和国防后备力量建设，杨省世强调，要深入推进政治建军，牢牢把握部队建设正确方向。要着力抓好理论武装，把铸牢军魂作为思想政治工作的核心，用习近平总书记系列重要讲话统一思想和行动，切实固强思想之元、补足精神之钙。要牢固树立创新意识，把创新作为第一动力，依靠创新实现军队建设更高质量、更高效益、更可持续的发展。要凝聚拥护改革共识，切实把思想和行动统一到习近平总书记改革强军重要战略决策上来，确保上下步调一致、改革有序推进。要持续推进党的建设，严格落实党要管党、从严治党方针，努力锻造“铁一般的信仰、铁一般的信念、铁一般的纪律、铁一般的担当”的党委机关和干部队伍。

杨省世指出，要着力强化练兵备战，切实提升部队应急应战能力。警备区各级一定要强化底线思维、打仗意识，扎实做好军事斗争国防动员准备，让真打实备的思想立起来，让钻研打仗的氛围浓起来，让应急应战的力量强起来，确保一有情况能够拉得出、上得去、打得赢。要始终坚持依法治军，不断提高部队法治建设水平。警备区各级要把依法治军、从严治军要求全面融入备战、改革、规划各方面，落实到作风、纪律、法治建设全过程，努力培育法治文化，切实加强安全管理，健全完善制度体系，深入推进正风肃纪，确保部队高度集中统一和安全稳定。

杨省世最后强调，要贯彻落实习近平总书记关于军民团结的重要讲话精神，积极支持地方建设，推动军民融合发展，深入开展双拥共建，不断巩固同呼吸、共命运、心连心的新型军政军民关系，奋力开创全市双拥工作新局面。

全市统战部长会议

3 月 24 日上午，全市统战部长会议召开。市委书记、市人大常委会主任杨省世就统战工作作出批示。市领导祁彪、王东升出席会议。

杨省世在批示中指出，2015 年，全市各级统战部门紧扣市委中心工作，充分发挥聚心聚智聚力作用，为连云港经济社会发展做出重要贡献。2016 年，希望全市统一战线认真落实中央和省、市委关于统战工作的决策部署，牢固树立政治意识、大局意识、核心意识、看齐意识，立足自身优势，积极履职尽责，提高多党合作制度效能，有效激发党外知识分子活动，促进非公有制经济人士健康成长，努力构建积极稳定和谐民族关系和宗教环境，围绕开放大局强化港澳台海外统战工作，大力推进党外代表人士队伍建设，为“十三五”开好局起好步，为“全面达小康、迈上新台阶”提供广泛的力量支持。各级党委要认真落实市委《关于加强新形势下统一战线工作的实施办法》，切实强化党对统战工作的领导，加强统战部门领导班子和干部队伍建设，推动全市统一战线事业不断向前发展。

会议指出，今年是实施“十三五”规划的开局之年，也是中央和省、市委关于统一战线一系列重大决策部署的全面落实之年。今年的统战工作，要深入学习贯彻习近平总书记系列重要讲话特别是视察江苏重要讲话精神，紧紧围绕“四个全面”战略布局，树立和贯彻“五大发展理念”，着力落实中央和省、市委关于统战工作的决策部署，服务大局，创新举措，攻坚克难，在新的起点上进一步开创统战工作新局面，为“十三五”规划开好局、起好步，为我市全面建成小康社会、推进国际化海港中心城市建设提供广泛力量支持。

会议要求，要认清形势，准确把握中央和省、市委的新要求，把握统战工作面临的新形势，把握统战工作肩负的新任务，切实增强做好统战工作的责任感。要凝心聚力，主动作为，在服务“十三五”发展和全面建成小康社会上贡献力量，在团结引导新的社会阶层人士上主动作为，在促进非公有制经济“两个健康”上帮助引导，在做好民主党派、工商联换届工作上加强指导，全力开创统战工作新局面。

全市生态文明建设大会

4月12日下午，市委、市政府召开全市生态文明建设大会，贯彻落实中央和省委、省政府新精神新要求，动员全市上下牢固树立、自觉践行新发展理念特别是绿色发展理念，深入实施生态文明建设工程，确保如期实现生态市建设目标，努力建设国家生态文明建设示范区。

市委书记杨省世出席会议并讲话，深刻阐述建设生态文明、推动绿色发展的重要性、紧迫性，对全面推进生态文明建设新实践提出要求。市委副书记、市长项雪龙回顾总结“十二五”全市生态文明建设成绩，就下一步重点工作作部署。市政协主席张同生出席会议。市委常委，市人大、市政府、市政协领导同志，市有关方面负责人以及各县区、板块有关负责同志参加会议。副市长徐家保主持会议。

杨省世指出，推进生态文明建设，既是经济发展方式的转变，更是思想观念的深刻变革。要深入学习领会中央和省委、省政府精神，深刻认识加强生态文明建设是连云港发展的必然要求、现实选择，自觉以新发展理念统一思想、坚定信心，在落实新发展理念上保持定力、持续用劲，推动生态文明、绿色发展成为全市上下的高度共识、坚定抉择和务实行动。

杨省世强调，生态文明建设需要持之以恒、久久为功。按照省委、省政府的部署要求，“十三五”期间，全市生态文明建设总的任务是：深入学习贯彻习近平总书记生态文明建设思想，牢固树立、自觉践行新发展理念特别是绿色发展理念，深入实施生态文明建设工程，展现连云港“自然环境之美、景观风貌之美、文化特色之美、城乡协调之美”交相辉映的“环境美”现实模样，确保如期实现生态市建设目标，努力建设国家生态文明建设示范区。

杨省世强调，要突出问题导向，聚焦关键环节，精准有效发力，推动全市生态环境质量不断好转。一要抓龙头。坚持以规划为先导，完善顶层设计，落实功能分区，强化红线管控，既做好“着墨”，又善于“留白”。二要抓短板。突出重点关键，科学把握时序，注重发挥功能，着力补齐环保基础设施的短板。三要抓重点。聚焦关键环节，严控源头，严管过程，严惩后果，不断积小胜为大胜。四要抓根本。抓好产业转型升级、资源节约利用和污染物减排，在发展的过程中解决好生态环境问题。

杨省世指出，生态文明建设涉及各行各业，全社会人人有责。各级各部门和广大党员干部都要挑起担子，推动生态文明建设工作迈上新台阶。要突出考核导向，强化结果运用，不断增强领导干部推动绿色发展的主动意识。要从严落实党委政府、环保部门及相关部门责任，形成多方联动、密切协作的强大合力。要加大生态投入，强化基层环境保护和生态建设工作力量，以项目建设带动生态文明建设水平的快速提升。要树立全社会生态公心，强化企业生态良心，回应公众生态关心，形成生态文明建设人人参与、生态文明成果人人共享的生动局面。

项雪龙指出，“十三五”时期是连云港实现后发崛起的关键时期。当前和今后一个时期，推进我市生态文明建设，要坚持以邓小平理论、“三个代表”重要思想、科学发展观为指导，全面贯彻党的十八大和十八届三中四中五中全会以及习近平总书记系列重要讲话精神，把生态文明建设放在突出的战略位置，融入经济建设、政治建设、文化建设、社会建设各方面和全过程，协同推进新型工业化、信息化、城镇化、农业现代化和绿色化。树立尊重自然、顺应自然、保护自然的发展理念，强化节约优先、保护优先、自然恢复为主的发展方针，以绿色、循环、低碳发展为途径，以转变发展方式、改善环境质量、创新体制机制为重点，以全民共建共享为基础，大力实施生态文明建设工程，加快建设资源节约型、环境友好型社会，努力实现经济社会发展与生态环境改善同步提升，加快把连云港建设成为国家生态文明城市。

就下一步做好生态文明建设，项雪龙强调，要按照“工作项目化、项目目标化、目标责任化”的要求，突出重点，统筹推进，切实加大生态环境治理与保护工作力度，打好补齐“短板”攻坚战，一步一个脚印推进全市生态文明建设各项工作。要严格红线管控，进一步优化国土空间布局；要突出节约优先，进一步提高资源能源利用效率；要加快转型升级，进一步提升绿色发展水平；要强化污染防治，进一步改善生态环境质量；要加强保护修复，进一步厚植生态资源优势；要坚持城乡统筹，进一步提升人居生活环境；要倡导绿色生活，进一步营造全民参与氛围；要深化改革创新，进一步健全生态制度体系，努力将连云港建设成为青山碧水蓝天、绿色低碳循环、宜居宜游宜业、和谐幸福浪漫的国际化海港中心城市。

会议为获得国家级生态乡镇荣誉称号的单位进行了授牌，对 2015 年度生态文明建设先进集体和先进个人进行了表彰。各县区、板块和市相关部门递交了 2016 年生态文明建设目标责任状。会议还印发《连云港市生态文明建设规划（2015 — 2022）》《2016 年全市生态文明建设目标任务的通知》《2016 年全市生态文明建设考核办法》等文件。

全市“两学一做”学习教育动员部署会

4月19日下午，市委召开全市“两学一做”学习教育动员部署会，集中收听收看全省“两学一做”学习教育工作座谈会，并对贯彻中央和省委精神、做好全市学习教育工作进行动员部署。市委书记、市人大常委会主任杨省世出席会议并讲话，他强调，“两学一做”学习教育是一项打基础、利长远、系根本的重要工作。我们要以高度的政治责任感、饱满的精神状态和良好的工作作风，认认真真组织，扎扎实实开展，真正做到思想有提升、问题得解决、作风真改善，为推动全市改革发展稳定提供坚强保障。市委副书记、市长项雪龙主持会议。市四套班子党员负责人，市委党建工作领导小组成员，各县区、板块及市各有关方面党组（党委）主要负责人和分管负责人参加会议。

杨省世指出，在全体党员中组织开展“两学一做”学习教育，是党中央为深化党内教育作出的又一重要部署。习近平总书记多次作出重要指示，从党和国家全局的战略高度，深刻阐明开展学习教育的重大意义，精辟阐述学习教育的总体目标、基本要求和主要任务，是我们开展学习教育的行动指南和根本遵循。省委罗志军书记在省委座谈会的讲话中，论述学习教育的重要意义，明确主要内容和方式方法，对加强领导、务求实效提出了具体要求。我们要认真学习领会，把握精神实质，把学习教育作为一项重大政治任务抓紧抓好、抓出成效，推动中央和省委决策部署在连云港落地落实，确保实现“全面达小康、迈上新台阶”的奋斗目标。

就抓好全市“两学一做”学习教育，杨省世强调，“两学一做”学习教育对于保持发展党的先进性、纯洁性，确保党在思想上政治上行动上团结统一，凝心聚力推进“十三五”良好开局具有重大意义。全市各级党组织要坚持以思想自觉引领行动自觉，加强思想建设，深化作风建设，推动事业发展，以严的精神和实的干劲，自觉主动地把“两学一做”学习教育抓好、抓实、抓到位。全体党员要坚持以学做一体推动知行合一，按照市委《“两学一做”学习教育实施方案》的要求，认真落实“四专一争”工作部署，高标准高质量推进学习教育，做到学有所获，主动做好示范，务必改得彻底，确保干出实绩，切实当好创业的模范、发展的先锋。各级党组织要严格按照中央和省委、市委的部署要求，坚持以有力有序促进常态长效，压实责任，精准发力，强化督导，加强宣传，确保学习教育取得党和人民群众满意的成效。

项雪龙要求，各级各部门要及时传达学习，真正把思想和行动统一到中央和省、市委的部署要求上来，切实增强开展学习教育的思想自觉和行动自觉。要抓紧谋划部署，对本地区、本部门、本单位开展“两学一做”学习教育进行专题研究，提出贯彻落实的具体措施，进一步明确工作重点和努力方向。要强化责任落实，各级党委（党组）要切实负起学习教育的主体责任，成立专门工作班子，安排精干力量，明确专人负责，扎实做好相关工作，务必将学习教育目标任务落实到每一个支部、每一名党员。要以高度的政治责任感和紧迫感，以严而又严、实而又实的优良作风抓好推进落实，确保不走过场、取得实效。坚持两手抓、两不误、两促进，以深化改革、加快发展的实际成效检验学习教育成果。

会上，灌南县委、市级机关工委、市教育工委、市私营个体经济协会党委、海州区新坝镇党委分别作表态发言。会议印发《关于在全市党员中开展“学党章党规、学系列讲话，做合格党员”学习教育的实施方案》。

全市加快推进供给侧结构性改革工作会议

4月19日，市委、市政府以电视电话会议形式召开全市加快推进供给侧结构性改革工作会议，贯彻落实党的十八届五中全会、中央经济工作会议和习近平总书记系列重要讲话精神，按照全省推进供给侧结构性改革工作会议的部署要求，全面部署我市供给侧结构性改革工作，有力有序推进各项改革任务落实，促进全市经济平稳持续健康发展。

市委书记、市人大常委会主任杨省世，市长项雪龙在会上分别讲话。市委常委、常务副市长曹永林主持会议。市委常委，市人大、市政府、市政协有关领导同志；市有关部门负责同志，各县区、各功能板块主要负责人；省级以上开发园区主要负责同志以及部分重点企业主要负责人在主会场参加会议。各县区设分会场。

杨省世指出，推动供给侧结构性改革，是适应和引领经济发展新常态的重大战略部署。习近平总书记深入阐述了供给侧结构性改革的现实依据、深刻内涵、根本目的和工作要求，为我们抓好供给侧结构性改革，提供了科学指导和根本遵循。我们要把总书记关于供给侧结构性改革的思想学深悟透，按照省委、省政府部署要求，紧密结合连云港实际，牢牢把握“提高发展质量效益”这个根本目标，牢牢把握“从供给侧发力”这个主攻方向，牢牢把握“全面深化改革”这个根本方法，进一步深化认识，加深理解，积极探索实践，努力走出一条符合自身实际的供给侧结构性改革之路。

就推进供给侧结构性改革五大任务，杨省世强调，去产能、去库存、去杠杆、降成本、补短板这五项任务，是中央明确的当前供给侧结构性改革的工作重点。要认真按照中央和省委的部署要求，坚持统筹兼顾、综合施策，蹄疾步稳、有力有序有效地推进我市的供给侧结构性改革。去产能要做到汰劣扩优。要立足实际、顺势而为，综合运用市场机制、经济手段和法治办法，通过兼并重组、债务重组、破产清算，实现市场出清，削减落后产能，着力培育发展优质产能。去库存要注重多措并举。要坚持分类指导、因地制宜，拿出有针对性的举措，调控市场供给，完善公共配套，促进人口集聚，加快农民工市民化进程，促进房地产市场健康发展。去杠杆要重抓风险防范。要有保有压用好信贷资源，积极扩大直接融资，管好用好政府资金，切实规范各类融资行为，着力化解潜在区域性金融风险。降成本要坚持综合发力。要加快清理规范中介服务，进一步释放简政放权红利，持续改善投资发展环境，深入推进机关作风建设，竭尽所能帮助企业“松绑”“减负”，让企业轻装上阵。补短板要聚焦突出问题。各县区、各部门要把最突出、最关键的短板梳理清楚，补齐产业、基础设施、扶贫、创新、民生的短板，形成政府投资和社会投资良性互动的局面。全市各级开发园区要认清肩负的历史使命，坚持特色发展、高端发展、绿色发展，加大招商引资、招才引智力度，加快转型升级步伐，着力打造一批具有国际竞争力的产业集群，当好推进供给侧结构性改革的示范区。

杨省世强调，供给侧结构性改革是一项长期的任务，也是一项系统性工程，各县区、各部门要结合自身实际，进一步项目化、措施化、目标化、责任化，把改革任务和实施“十三五”规划衔接起来，同年度工作安排贯通起来，认真抓好贯彻落实。要坚持运用市场机制，正确处理好政府和市场的关系，不断提高运用市场机制、法治方式解决问题的能力和水平，最大限度激发市场活力和社会创造力。各级领导干部要以“三严三实”的作风和“钉钉子”的精神，锐意进取、敢于担当、脚踏实地，认真抓好供给侧结构性改革各项工作的落实，充分调动企业家积极性，帮助企业家解决困难问题，共同把连云港的改革发展推向前进。

项雪龙就做好供给侧结构性改革工作作具体部署，他指出，做好今年供给侧结构性改革工作，要摸清底数、瞄准重点、精准发力，确保供给侧结构性改革有力有序向前推进。要大力发展新兴产业，推动传统产业转型升级，提高产业项目准入门槛，有效盘活闲置资源，坚决淘汰落后产能，加快打造产业新体系。要解决突出问题，加强规范调控，强化房地产市场引导，推进住房制度改革，加快完善住房公共服务配套，促进房地产市场健康发展。要积极化解金融风险，优化金融资源配置，大力拓展融资渠道，规范政府债务管理，大力发展普惠金融，着力优化金融环境，切实提升金融支撑作用。要坚持多措并举，完善长效机制，以全面落实国家和省财税政策为抓手降低企业税负成本，以降本增效为目标降低企业生产要素成本，以推进简政放权为重点降低企业制度性交易成本，切实为企业经营降低成本。要抓住关键补短板，集中力量打基础，在产业发展、创新驱动、基础设施、生态环保、扶贫开发上补短板，切实增强发展的协调性。

项雪龙强调，当前，推进供给侧结构性改革的各项任务已经明确，下一步最关键的是狠抓落实。各地区各部门要坚定信心、坚决行动，抓紧抓细抓好抓实，在摸清底数、找准问题的基础上，进一步深化工作方案，细化配套政策，优化政府服务，强化督促检查，拿出破釜沉舟的勇气，全力推动改革取得实实在在成效，为促进我市经济持续健康发展，实现连云港的后发先至做出新的更大贡献。

全市教育工作会议

4月19日，市委、市政府以电视电话会议形式召开全市教育工作会议，深入贯彻落实全省教育工作会议精神，总结“十二五”时期全市教育工作，对“十三五”时期加快推进教育现代化建设，办好人民满意教育等工作进行全面部署。

市委书记、市人大常委会主任杨省世，市长项雪龙在会上分别讲话。副市长董春科主持会议。市委、市政府全体负责人，市人大、市政协主要负责人、分管负责人，市各部门主要负责人，各县区、板块主要负责人以及全市各大中专院校、市直属学校主要负责人等在主会场参加会议。各县区设分会场。

杨省世指出，党的十八大和十八届三中、四中、五中全会对教育改革发展提出明确要求，国家“十三五”规划《纲要》就推进教育现代化作出具体部署。全省教育工作会议从江苏教育现代化建设大局出发，进一步明确我省“十三五”时期教育工作的基本思路和重点任务，这些为我们做好新时期教育工作指明方向，提供遵循。“十二五”时期我市教育事业取得长足进步，在苏北率先基本建成教育现代化，但要确保2020年如期完成省定主要指标、达到人民满意的标准，还要付出很大努力。全市各级各部门特别是教育系统要以习近平总书记系列重要讲话精神为指引，全面落实中央和省委对教育工作的决策部署，认清形势、强化担当、锁定目标、自加压力，切实增强推动教育现代化建设的紧迫感和责任感，认真总结“十二五”取得的经验，科学谋划“十三五”教育发展蓝图，大力推动教育改革发展各项举措落地，确保如期实现教育现代化各项目标。

杨省世强调，办好教育不是一朝一夕之功，必须牢牢抓住关键环节，下大力气补短培强，扎实推进教育现代化建设。要以提升质量为核心，加快各级各类教育发展。力促基础教育公平均衡，做好职业教育产教融合，提升高等教育规模层次，推动继续教育紧跟社会发展步伐，不断提高各级各类教育发展水平。要以素质教育为抓手，培养“强富美高”连云港的合格建设者。突出立德树人，促进学生全面发展；锤炼师德师风，强化教师队伍建设；促进开放共享，丰富素质教育内涵，持续用力、久久为功推进素质教育。要以有效投入为支撑，严格履行政府投入职责，鼓励支持民办教育发展，积极动员社会力量投入，构筑教育现代化建设的有力保障。

全市创建国家卫生城市动员大会

5 月 3 日下午，市委、市政府召开全市创建国家卫生城市动员大会，对创建国家卫生城市工作进行动员部署，号召全市上下鼓足干劲、排除万难、勇挑重担，以强烈的历史责任担当，确保实现创卫目标。市委书记、市人大常委会主任杨省世出席并讲话。市长项雪龙作工作部署。市政协主席张同生出席会议。市委常委、常务副市长曹永林主持会议。市委常委，市人大、市政府、市政协有关领导同志，市相关部门、各县区、功能板块和街道、社区党政主要负责人参加会议。

杨省世指出，国家卫生城市是综合评价和反映一个城市整体文明程度、社会卫生、城市管理和健康水平的荣誉称号。创卫工作意义重大、统筹性强、涉及面广，要高度统一思想认识，高度统一行动步伐，高度增强整体合力，下定决心、全力以赴，强化责任、狠抓落实，进一步加大创建攻坚力度，把创建工作真正办成一项实事工程、民生工程。

就抓好国家卫生城市创建，杨省世强调，要在优化城乡环境上实现新提升。着重聚焦突出问题和薄弱环节，结合实际、对标找差，集中发力、逐一攻关，全面改善生活环境，着力提升城市品质。要在改善公共服务上实现新提升。结合每年排定的民生工程、惠民实事，全力以赴抓好城乡公共服务设施建管用各个环节，推动市域范围内公共服务均等化，以高效管理、优质服务提高设施的使用效益，确保建成项目充分发挥作用。要在提高市民素质上实现新提升。坚持重心下移，加强宣传教育，提高群众知晓度，推动各级党员干部当好标杆、做好表率，营造人人支持、人人参与、共创共建的浓厚氛围。要在健全长效机制上实现新提升。强化探索实践，加强制度建设，及时总结提炼创建过程中的好经验好做法，上升固化为制度机制，长期坚持、持续用劲，努力使工作标准化、常态化。

项雪龙在部署创建工作时指出，创建全国卫生城市是我们坚定不移、志在必得的奋斗目标，是全市人民的共同追求和热切期盼。各级各部门要明确任务，突出重点，重点围绕“建、清、整、洁、美、养”六个方面，加快基础建设，清理卫生死角，开展专项整治，保持城市洁净，美化城市环境，提升市民素养，扎实推进创建国家卫生城市各项工作，努力做到不留空白、不留死角、不留盲点。要合力攻坚，狠抓落实，迅速掀起创建工作的新高潮，做到宣传发动到位，责任落实到位，联动协作到位，资金保障到位，机制建立到位，聚全民之智，举全市之力，确保创建全国卫生城市工作取得圆满成功，向全市人民交出一份满意的答卷。

会议分为两个阶段举行。第一阶段，与会人员观看我市创建国家卫生城市录像片。第二阶段，相关责任单位递交创建国家卫生城市目标责任书，部分单位作表态发言。

全市农村基层党建工作会议

5月11日上午，市委召开全市农村基层党建工作会议，贯彻落实全国、全省农村基层党建工作座谈会精神，研究部署做好当前和今后一段时期全市农村基层党建工作。市委书记、市人大常委会主任杨省世出席会议并讲话，他强调，要深入贯彻落实中央和省市委关于加强农村基层党建工作部署要求，以高度的政治责任感和使命感，全面提升农村基层党建工作水平，切实推动农村改革发展和民生改善，为实现农业强农村美农民富、夺取全面建成小康社会决胜阶段的新胜利而努力奋斗。市委常委、组织部部长祁彪主持会议。副市长吴海云及市相关部门和单位主要负责人，各县区、各板块主要负责同志，乡镇（街道）党（工）委书记和部分村党组织书记代表参加会议。

杨省世说，党的十八大以来，以习近平同志为总书记的党中央从战略和全局的高度，深刻阐述农村基层党建工作的重大意义，作出一系列决策部署，为我们加强农村基层党组织建设提供了根本遵循。当前和今后一个时期，是连云港的重大机遇期、发展突破期和关键攻坚期，在“全面达小康、迈上新台阶”的历史征程上，农村基层党组织肩负着重大的使命和艰巨的任务。我们要认真贯彻中央和省委的决策部署，切实增强政治自觉和责任意识，以坚定的信念、担当的精神、务实的举措，扎实做好农村基层党建工作。

杨省世指出，按照中央和省委的部署，当前今后一个时期，全市农村基层党建工作要围绕“四个全面”战略布局，认真践行党的群众路线和“三严三实”要求，坚持以党建工作创新工程为统揽，以“六强六过硬”为抓手，以强化基本组织、基本队伍、基本制度、基本活动、基本阵地、基本保障“六个基本”为重点，着力抓基层打基础，不断增强农村基层党组织创造力凝聚力战斗力，进一步巩固党在基层的执政基础，为加快推进“一带一路”交汇点核心区先导区建设，全面建成小康社会提供坚强组织保证。

就推动全市农村基层党建工作全面进步、全面过硬，杨省世要求，一是彰显农村基层党组织政治功能。要突出农村基层党组织的领导核心地位、政治引领功能、教育引导职责，最大限度凝聚改革发展稳定正能量。二是提升农村基层党组织服务能力。要积极推进农村基层党组织全面覆盖和有效覆盖，扎实做好联系服务群众工作，持续整顿软弱后进村党组织，积极推动农村改革发展和民生改善。三是完善农村基层民主政治建设。要规范村级组织运行机制，健全村务监督机制，加强农村党风廉政建设，以党风廉政建设和反腐败斗争的实在成效取信于民。四是加强农村党员干部队伍建设。要加强村党组织带头人和后备人才队伍建设，夯实第一书记队伍建设和农村党员队伍建设基础。五是强化基层基础保障。要加强经费保障，强化基层干部待遇保障，加强基层党建工作力量，拓展村级组织活动场所整体功能，同时解决好村级组织机构牌子多、检查评比多、创建达标多等问题，切实为基层减负松绑。

杨省世指出，加强和改进农村基层党建工作，是重大的政治责任。各级党委要强化责任担当，整合各方力量，把抓好基层党建放在更突出的位置，压紧压实责任，凝聚工作合力，严格考核问责，不断开创农村基层党建工作新局面。

汤省世最后强调，“两学一做”学习教育已经全面启动，全市各级党组织要把学习教育作为落实党建责任、强化党员教育管理、提升基层组织功能的一次重大实践，着力解决党性意识弱化、宗旨观念淡化、组织纪律涣散等问题。各县区要抓好换届后乡镇班子的思想政治建设和履职能力建设，着力增强“四个意识”，强化责任担当，兑现目标承诺，为“十三五”顺利开局勇挑重担。要强化对全市村级党组织换届选举工作的领导，把选优配强村党组织书记作为重中之重，确保圆满完成村级党组织换届工作任务。

会上，灌云县委、赣榆区委、灌南县三口镇党委、海州区浦南镇江浦村党委作交流发言。会议下发《关于全面加强农村基层党建工作的意见》《2016 年度书记抓基层党建工作责任清单》《关于进一步加强乡镇党委组织委员队伍建设的意见（试行）》等文件。

全市深入推进“一带一路”战略暨加快沿海发展工作会议

8月31日，市委市政府召开全市深入推进“一带一路”战略暨加快沿海发展工作会议，进一步贯彻中央、省委最新要求，认真落实省委、省政府关于沿海地区发展、沿东陇海线经济带建设、加快苏北振兴等一系列决策部署，总结回顾前一阶段发展成绩，明确当前和下一阶段思路举措。市委书记、市人大常委会主任杨省世出席会议并讲话，他强调，各级各部门要准确把握新形势和新要求，抓住用好机遇，推进“三大战略”，凝心聚力，攻坚克难，真抓实干，奋力谱写新一轮发展的崭新篇章。市长项雪龙作具体工作部署。市政协主席张同生出席会议。市委副书记、组织部长万闻华主持会议。

杨省世说，2009年以来，以《江苏沿海地区发展规划》上升为国家战略为标志，连云港进入机遇叠加、政策汇聚的快速发展阶段。七年多来，我们紧紧围绕江苏沿海开发、苏北振兴、“一带一路”等重大战略，抓住用好机遇，扎实开展工作，连云港在全国、全省发展大局中的地位不断提升，港产城发展取得了重大突破，全市干部群众焕发出抢抓机遇、奋勇争先的昂扬精气神，凝聚了团结拼搏、干事创业的强大合力。

杨省世指出，在“十三五”开局之年的新起点上，省委、省政府相继召开沿海地区发展、沿东陇海线经济带建设、加快苏北振兴三个会议，对连云港发展作出一系列新部署、新要求，给连云港发展带来新的重大机遇。各级干部一定要有强烈的责任意识、进取精神，把抓住用好机遇作为自己的使命和担当，以全面建成小康社会为总目标，以“一带一路”、沿海发展和苏北振兴三大战略为支撑点，以项目为主抓手，注重统筹、聚焦重点、形成合力，把机遇转化为推动连云港发展的强大动力。

杨省世强调，当前，连云港发展机遇十分难得，省里的支持力度前所未有，各方面也寄予厚望。各级干部要付出超常规的努力，团结带领全市人民苦干实干，把美好蓝图变成现实，让新一轮发展有更多实实在在的“获得感”。要把新一轮发展聚焦到做强产业上，聚焦发展定位壮大产业，依靠创新驱动提升产业，以港产城融合拉动产业，着力打造有地方特色的产业集群。要把新一轮发展落实到项目建设上，牢固树立“项目为王”“项目优先”理念，切实树立大抓项目的导向，明确阶段性目标任务，完善项目推进组织保障机制，确保做一个成一个。要把新一轮发展体现到厚植开放上，加快发展开放型经济，努力建好开放型平台，切实营造开放型环境，继续写好对外开放这篇大文章。要把新一轮发展立足到深化改革上，进一步凝聚改革共识，把握改革脉络，以改革增动能、探路径、提效率，为发展注入源头活水。要在新一轮开发建设中处理好发展和保护的关系，严格执行生态建设的顶层设计，守好项目入口关，切实补齐生态建设欠账，把生态这个最普惠的民生福祉保护好、发展好。

杨省世强调，要使发展的机遇变成现实的优势，让各种政策利好在连云港落地生根，各级领导干部要带头抓好落实，广大企业家要主动融入发展大局，全市上下要营造同心协力干事创业的浓厚氛围，汇聚成推动发展的强大合力。

项雪龙在部署工作时指出，今后五年，是完成《江苏沿海地区发展规划》目标的最后五年，也是推进“一带一路”建设的关键阶段。我们要围绕实现未来五年全市沿海发展的主要目标，重点加快推进港口功能提升、产业转型升级、城市品质改善、双向开放拓展、生态环境保护等沿海发展五大工程，做强沿海发展引擎，增强综合经济实力，提升综合承载能力，激发区域发展活力，走出绿色发展之路。

项雪龙强调，今年是沿海发展新阶段的第一年，也是“十三五”的开局之年，我们要以抓铁有痕的韧劲和实实在在的行动，积极抢抓“一带一路”建设和沿海发展的重大战略机遇，狠抓项目投入，重抓招商引智，强化政策对接，优化发展环境，补齐发展短板，切实担当起时代赋予的责任和使命，一步一个脚印把沿海发展推向前进，确保圆满完成年度目标任务，努力实现“十三五”良好开局，为顺利实施新一轮沿海发展做出更大贡献。

会议就《关于深入贯彻“一带一路”战略 推进沿海发展五大工程的实施意见》作了说明，会上还印发《连云港市“十三五”沿海开发规划（征求意见稿）》以及市委市政府贯彻落实省委省政府相关文件重点任务分解方案。市开发区、市港口管理局、上合物流园管委会、东中西示范区、东海县、赣榆区作交流发言。

会议以电视电话方式召开，各县区设分会场。市委常委，市人大、市政府、市政协领导同志，各县区、各板块党政主要负责同志，市各相关部门主要负责人和部分重点企业代表在主会场参加。

全市城市工作会议

8月31日，市委市政府召开全市城市工作会议，深入贯彻落实中央城市工作会议和省委十二届十二次全会精神，全面部署新时期城市工作。市委书记、市人大常委会主任杨省世强调，当前我市城市工作进入一个新的历史时期，我们要认清形势，抢抓机遇，创新办法，破解难题，不断提高城市规划建设管理水平，以更大的力度，更高的水平，更实的举措，为加快建设国际化海港中心城市做出新的更大贡献。市长项雪龙作工作部署。市政协主席张同生出席会议。市委常委、常务副市长祁彪主持会议。

杨省世在讲话中对城市工作取得的成绩表示充分肯定，他指出，连云港是一座历史文化悠久、自然风光优美、具有开放传统、发展潜力巨大的城市，近年来，市委、市政府高度重视城市工作，大力推动城市开发建设，城市框架全面拉开，城市功能显著提升，城市面貌焕然一新。

杨省世指出，中央城市工作会议和省委十二届十二次全会对新时期城市工作提出新要求，按照中央和省里的部署，结合连云港实际，当前和今后一个时期，我市城市工作将全面贯彻中央城市工作会议、中央新型城镇化工作会议和省委十二届十二次全会精神，按照“五位一体”总体布局和“四个全面”战略布局，牢固树立和贯彻落实创新、协调、绿色、开放、共享的发展理念，认识、尊重、顺应城市发展规律，依法规划、建设和管理城市，加快转变城市发展方式，深入实施“城市东进、拥抱大海”发展战略，加快推进“组团发展、功能互补、提升品质、彰显特色、快速联通”，着力塑造海滨城市特色，不断提升城市发展质量，加快城乡发展一体化步伐，坚持集聚集约、注重质量，坚持规划引领、建管并重，坚持打造特色、提升品质，坚持民生优先、宜居宜业，努力走出一条具有连云港特色的城市发展道路，为全面建成小康社会和江苏“一带一路”交汇点核心区建设提供有力支撑。

杨省世强调，城市工作涉及面广、社会关注度高。在城市工作新的起点上，要进一步突出问题导向，加快转变城市发展方式，着力提升工作水平。规划布局方面，要继续坚持“城市东进、拥抱大海”的发展方向，大力促进城市集聚集约发展，切实加强规划控制，努力推动规划水平更加提升、布局更加优化、指导更加有效。组团发展方面，要把握组团定位的原则要求，强化组团之间沟通连接、保持生态间隔，推动各组团功能互补、错位发展。城镇建设方面，要强化对整个县域的龙头带动和城市服务，切实发挥重点中心镇的集聚辐射作用，以更加务实的态度推进特色小镇规划建设，着力打造产业特色、文化特色、建筑特色和生态特色，不断提升建设发展水平。功能品质方面，要大力增强城市宜居吸引力，大力加强城市基础设施建设，大力推进公共资源配置均等化，不断提高城市发展质量。城市治理方面，要推进城市管理体制改革，夯实城市治理的基础，切实保障城市安全，显著增强城市发展“软实力”。

杨省世强调，城市工作是一个系统工程。做好城市工作，必须切实加强和改善党的领导，要重抓主体责任落实，重抓干部能力建设，重抓工作机制创新，以顺应城市工作新形势、改革发展新要求、人民群众新期待。

就加强城市工作，项雪龙指出，我们要继承和发扬以往的好做法，牢固树立创新、协调、绿色、开放、共享发展的新理念，以城市规划修编为契机，进一步优化中心城市空间格局，促进港产城融合发展，完善新型城镇化体系，加强规划管理，加快推进城市发展方式转变。要大力发扬工匠精神，夯实基础设施建设，健全公共服务体系，建设生态宜居环境，彰显城市特色风貌，提高城市建设品质，精雕细琢、精益求精地打造城市。要以系统思维加强城市治理，推进城市管理人性化、精细化、智慧化、法治化。要正确处理市场与政府的关系，深化城市管理体制、城乡建设用地、投融资体制改革，以改革激发城市发展活力。

会上，就《市委市政府关于进一步加强城市规划建设管理工作的实施意见》作说明，东海县、海州区、市城管局、市城建控股集团、赣榆区海头镇作交流发言。

会议采用电视电话形式召开，各县区设分会场。市委常委，市人大、市政府、市政协领导同志，各县区、各板块党政主要负责同志，市各相关部门主要负责人在主会场参加。

全市旅游发展大会

11月30日，上午，市委市政府召开全市旅游业发展大会，深入学习贯彻省第十三次党代会精神，落实全省旅游业发展大会要求，明确我市旅游业发展主要任务，部署国家级旅游业改革创新先行区相关工作。市委书记杨省世为花果山AAAAA级景区授牌并讲话，市长项雪龙主持会议并作部署，市领导滕雯、徐大勇、董春科、方韬参加会议。

杨省世指出，省党代会明确“两聚一高”的奋斗指向，强调苏北地区要深度挖掘和利用各自资源禀赋，摆脱传统路径依赖，积极探索生态优先、绿色发展的新路子，这是省党代会高瞻远瞩、审时度势作出的重大决策，也是今后连云港发展的重要遵循和主攻方向。旅游业关联度高、产业链长、带动性强，具有“一业兴百业旺”的拉动效应；旅游产业资源消耗少、环境污染小、产出可观，是绿色产业、无烟工业；旅游的富民效应十分突出，靠旅游开发走上致富路的例子比比皆是，因此，大力发展旅游业是我们推进产业强市、实现绿色发展的重要现实抓手。我市拥有丰富的旅游资源，坐拥《西游记》这个炙手可热的“IP”，通过近年努力，旅游业发展有一定基础，已成为全市的支柱产业、优势产业，在推进产业强市的进程中理应发挥重要的作用。连云港人民对家乡山海相拥的自然风光、神奇浪漫的文化气质具有与生俱来的自豪感，全市上下对大力发展旅游的呼声由来已久，推动旅游业发展具有广泛的民意基础。当前，现代旅游业发展正在经历一系列深刻转变，我市旅游业发展迎来重大机遇期，也面临着一系列的挑战，正处在转型升级、做大做强的重要关头。综合来看，推动连云港旅游大发展适当其势、正逢其时，全市必须把发展旅游业作为落实“两聚一高”、推进产业强市的重要任务，作为坚持生态优先、探索发展新路的重要着力点，摆上全局工作的突出位置，持续加大投入力度，完成好各项改革创新任务，推动我市旅游业实现大提升、大发展。

杨省世强调，要集中力量解决好旅游业发展的关键问题，按照市党代会提出的“打造全国知名的滨海休闲旅游目的地”目标，紧扣滨海和休闲两个要素取得突破。要树立大旅游理念，坚持品牌化引领、项目化推进、市场化运作、网络化运营，以游客体验为中心提升旅游业发展水平。具体工作中，要强化规划引导，坚持保护优先、阶段性开发，完善旅游基础设施和功能配套，不断提升旅游业发展基础。要彰显连云港山海相拥、神奇浪漫的特色，做足山的文章，讲好西游故事，让花果山不仅成为西游记的发祥地，更成为西游故事的演绎地、西游文化的传播地；做足海的文章，加快突破海岛旅游，为游客提供丰富多样的高品质海洋旅游体验；做足生态的文章，在保护好自然湿地的前提下，开发好湿地旅游，打造人与自然和谐发展的范例。要大力推动旅游业与农业、文化等产业的深度融合发展，谋划实施一批有分量、有前景、富民效应突出的乡村旅游项目，深入推进西游文化、徐福文化、红色文化等文化与旅游相融合，积极培育旅游新业态，加速资源整合，培育新的增长点，创造更大效益。要以获批国家级旅游业改革创新先行区为契机，高质量完成改革任务，以资源为核心、以资本为纽带，通过市场化的手段创新资源整合模式，加快旅游管理体制创新，扎实推进相关县区创建国家全域旅游示范区工作，用改革创新激发全市旅游发展活力。

杨省世强调，旅游业牵涉面广，发展任务重，全市各级各部门都有责任共同参与、大力支持。要加强组织领导，牢固树立“大旅游”理念，增强“协同战”意识，强化旅游产业合作、抱团发展、形成合力。要完善支撑体系，加强旅游市场主体培育，加强宣传包装，完善金融支持，夯实人才基础，形成旅游业发展的坚强保障。要切实优化旅游市场环境，大力开展旅游市场整顿，优化对旅游业的政务服务，打造无障碍的景区游览环境，做好城市和景区周边美化，展现连云港的良好形象。各地各部门要高度重视旅游业发展，抓紧研究制定相关政策措施，切实把本次会议确定的任务落到实处，为实现全市旅游业大发展做出新贡献。

项雪龙指出，当前和今后一个时期，全市旅游业发展要围绕“建设全国知名的滨海旅游目的地”的目标，以全面推进国家级旅游业改革创新先行区为抓手，以加快转变旅游发展方式为主线，以提升旅游满意度为宗旨，大力推动全域旅游发展，加快旅游产品开发，加强旅游品牌营销，切实提高旅游公共服务水平，把连云港建设成为国内著名的旅游强市、国际著名的旅游目的地。各地、各部门要进一步创新理念、凝聚共识、积极作为、致力突破，努力开创全市旅游业发展的新局面。

会上，东海县、连云区、云台山风景名胜区、市旅游局作交流发言。

全市民族宗教工作会议

11 月 30 日，全市民族宗教工作会议召开。市委书记杨省世出席会议并讲话，强调要深入学习贯彻中央、省委关于民族宗教工作系列会议精神，特别是习近平总书记重要讲话精神，切实做好新形势下全市民族宗教工作，为全面建成小康社会、建设国际化海港中心城市做出新的更大贡献。张同生、万闻华等市领导出席会议。灌南县、海州区、市公安局、淮海工学院作交流发言。

杨省世强调，民族宗教工作事关党和国家事业发展的大局。中央、省委先后召开一系列重要会议，系统提出新时期加强民族团结、做好宗教工作的新思路、新举措。特别是习近平总书记系列重要讲话，开辟党的民族宗教理论政策创新发展新境界，为我们做好民族宗教工作提供根本遵循。

杨省世在充分肯定近年来全市民族宗教工作取得的成绩后指出，做好新形势下的民族宗教工作，事关连云港全面小康建设，事关维护社会和谐稳定。贯彻省党代会精神、落实“两聚一高”工作部署，需要调动少数民族群众、宗教界人士和广大信教群众的积极性，发挥他们的智慧力量。全市各级党委、政府要主动适应形势变化，及时了解掌握民族宗教工作的新情况、新特点，积极开展民族团结进步创建活动，不断巩固党同宗教界的爱国统一战线，切实提高做好民族宗教工作的能力和水平。

杨省世强调，要深刻认识做好新形势下民族工作的重要意义，切实抓好民族团结这一战略性基础性长远性工作，不断促进各民族交往交流交融，引导各族干部群众倍加珍惜团结、自觉维护团结、不断加强团结。要建立相互嵌入式的社会结构和社区环境，促进少数民族流动人口均等享有基本公共服务，努力提升城市民族工作水平。要坚持“适度倾斜、优先发展”的原则，加快民族聚居地方基础设施建设，帮助民族聚居地方发展特色产业，深入推进民族镇村扶贫开发工作，提高少数民族群众生活水平，确保实现全面小康一个都不能少。

杨省世强调，要准确把握中央关于宗教工作的新思想新观点新要求，坚持党的宗教工作基本方针和我国宗教中国化方向，用马克思主义立场、观点、方法认识和对待宗教，遵循宗教和宗教工作规律，依法管理宗教事务，引导宗教界人士和信教群众增强“五个认同”。要构建积极健康的宗教关系，坚持政教分离，坚持各宗教一律平等，坚持信教群众和不信教群众、信仰不同宗教群众平等。要更大力度支持宗教界加强自身建设，特别是抓好宗教团体建设、宗教人才培养和宗教领域安全。要有重点做好各宗教工作，坚决抵御境外利用宗教进行渗透。

杨省世强调，加强和改进党对宗教工作的领导，是做好新形势下宗教工作的根本保证。各级党委、政府和领导干部要牢记民族宗教工作无小事，着力加强基层民族宗教工作，不断提高民族宗教工作法治化水平，进一步增强民族宗教工作合力，推动全市民族宗教工作开创新局面。

全市领导干部警示教育大会

12 月 21 日，市委召开全市领导干部警示教育大会，深入学习贯彻全省领导干部警示教育大会精神，认真落实省第十三次党代会关于全面从严治党的部署要求，深刻剖析反面典型案例，教育引导全市党员干部坚决打赢党风廉政建设和反腐败斗争这场攻坚战、持久战，奋力推动全面从严治党迈上新台阶，不断巩固发展连云港风清气正的政治生态。市委书记杨省世在会上讲话，市委副书记、市长项雪龙主持大会。张同生、万闻华等市四套班子领导出席会议。

在集体阅读了市纪委编撰的《党的十八大以来市纪委查处严重违纪违法部分市管干部忏悔录汇编》后，杨省世指出，这些腐败分子曾经是承载着组织重托、群众期盼、家人希望的领导干部，却一步步地走向堕落、踏入深渊，他们活生生的事例，给我们以深刻警示和震撼。全市广大党员干部特别是领导干部要汲取教训、引以为戒，以案为鉴、警钟长鸣，倍加珍惜组织的培养和信任，倍加珍惜干事创业的大好舞台，倍加珍惜自己的家庭和名节，切实筑牢为政清廉的坚固防线。

杨省世表示，理想信念是共产党人精神上的“钙”。各级领导干部要强化理论武装，切实增强政治意识、大局意识、核心意识、看齐意识，坚定不移地贯彻中央和省委各项决策部署，做到党中央提倡的坚决响应、党中央决定的坚决执行、党中央禁止的坚决不做。要加强党性教育，结合“两学一做”学习教育，大力开展理想信念和党性教育，促进党员干部筑牢信仰之基、补足精神之钙、把稳思想之舵。要砥砺道德品行，把党的优良传统和中华传统美德内化为精神追求、外化为自觉行动，自觉讲官德、守公德、扬美德、严私德。

杨省世指出，“破法”无不是从“破纪”开始。我们各级领导干部一定要强化纪律红线意识，阻断这种由“破纪”到“破法”的演变过程，在“破法”之前设置纪律屏障，推动纪律从“宽松软”走向“严实硬”。要树立尊崇党章意识，自觉尊崇党章、切实维护党章，做党章的坚定执行者和忠实捍卫者；要严肃党内政治生活，落实好党的组织生活各项制度；要充分运用“三会一课”、党性定期分析等制度，让广大党员干部在严格的党内生活中反复锤炼、坚强党性；要严格遵守纪律规范，做到公私分明，先公后私，清白做人，干净做事。要常存敬畏之心，始终执政为民，要敬畏群众，以最广大人民群众的根本利益作为出发点和落脚点；要敬畏权力，清醒地认识到人民才是权力的“所有者”，始终保持尽职尽责为人民服务的那份真诚和热忱；要敬畏组织，摆正个人与组织的关系，把敬畏之心转化为兢兢业业、忠于职守的工作情怀，把敬畏之心当作履行职责、为官从政的基本底线。要恪守责任担当，增强监督意识，逐步养成在被监督的环境下努力工作、严格要求自己的习惯；要带头开展监督，营造一种敢于监督、善于监督、主动监督的良好氛围；要完善监督机制，认真贯彻中央和省委出台的各项制度规范，严格执行市委全面从严治党“四项新规”，进一步规范权力运行。

杨省世强调，近年来，我们在从严正风肃纪、坚决惩治腐败方面做了大量富有成效的工作，但也要清醒看到一些腐败问题依然存在，全面从严治党任务依然艰巨。这就要求各级党委主要负责人要认真履行第一责任人责任、各级纪委要切实履行监督责任，持续推进集中反“四风”改作风转为经常性的作风建设，严厉惩治腐败，切实加强干部的日常监督管理，以更大的力度、更实的措施，不断把党风廉政建设和反腐败工作推向深入。

项雪龙在主持大会时要求，各地各部门要以开展警示教育活动为契机，推动广大党员深入学习党章党规党纪，自觉做到以党章修身、以党章律己，把党和人民的事业放在心中最高位置。各级党员干部要从反面典型中深刻汲取教训、引以为戒，切实增强纪律意识和规矩意识，坚决做到懂规矩、守底线、拒腐蚀、永不沾，始终保持共产党人的高尚情操和浩然正气。全市各级党组织要自觉履行全面从严治党的主体责任，努力营造风清气正的政治生态，为全面建成小康社会，建设国际化海港中心城市提供坚强政治保证。

会后，杨省世、项雪龙、张同生、万闻华等市四套班子领导还集中观看《警钟——辽宁拉票贿选案警示录》。市委书记杨省世强调，当前我市人大、政府、政协换届已进入整体推进的关键阶段，加强换届风气监督的责任更加重大、任务更加艰巨，我们要深刻汲取辽宁拉票贿选案教训，统一思想和行动，严明纪律和规矩，履行好“五类主体责任”，采取有效措施，确保全市人大、政府、政协换届选举工作风清气正、依法有序进行。

工 作 报 告

落实"一带一路"战略 加快产业强市步伐 奋力夺取全面建成小康社会决战胜利

——2016年9月26日在中国共产党连云港市第十二次代表大会上的报告

杨省世

现在，我代表中共连云港市第十一届委员会向大会作报告。

中国共产党连云港市第十二次代表大会，是在连云港发展面临重大机遇、全面建成小康社会进入决胜阶段，召开的一次十分重要的大会。大会的主要任务是：回顾总结市第十一次党代会以来的工作，研究部署今后五年的奋斗目标和主要任务，选举产生中共连云港市第十二届委员会和纪律检查委员会，组织动员全市广大党员和干部群众，深入落实"一带一路"战略，加快推进产业强市步伐，奋力夺取全面建成小康社会决战胜利。

一、过去五年工作回顾

市第十一次党代会以来的五年，是连云港发展史上不平凡的五年。面对错综复杂的宏观环境，在省委的正确领导下，市委团结带领全市人民，统筹推进经济建设、政治建设、文化建设、社会建设、生态文明建设和党的建设，深入实施"八项工程"，较好完成了市第十一次党代会确定的目标任务。

坚定把握政治方向，认真落实中央精神和省委部署。坚持把学习贯彻党的十八大、十八届三中四中五中全会和习近平总书记系列重要讲话精神作为重大政治任务，着力在学深悟透、真学真用上下功夫，切实增强贯彻落实的思想自觉和行动自觉。按照省委"五个迈上新台阶"的工作要求，逐项制订具体措施，切实推动总书记视察江苏重要讲话精神在连云港落地生根。坚决落实中央和省委改革部署，系统谋划改革任务，明确年度工作要点和实施方案，全面深化改革各项举措扎实推进。着力强化规划引领，狠抓落实见效，全面依法治市各项工作纵深推进，尊法学法守法用法氛围日益浓厚。严格落实党建主体责任，深入实施党建工作创新工程，全面从严治党开创了新的局面。及时将五大发展理念贯彻落实到"十三五"规划建议、纲要及各专项规划编制中，科学描绘了未来五年发展蓝图。统筹做好稳增长、调结构、惠民生、保稳定各项工作，省委确定的上一轮脱贫奔小康工程圆满收官，全面建成小康社会稳步推进。

紧抓发展第一要务，综合经济实力显著攀升。认真落实宏观调控政策，采取一系列有力措施，推动经济在转型升级中保持平稳较快增长。全市地区生产总值超过2000亿元，二三产业占比提高2.2个百分点，固定资产投资、一般公共预算收入均实现翻番，规模以上工业增加值是"十一五"末的2.5倍。编制实施新一轮产业发展规划，一批开发园区快速崛起，重大产业布局基本形成，培育出百亿级特色产业12个，装备制造、石化产业产值突破千亿。临港工业加速扩量提质，一批重大项目相继落户，国家级石化产业基地和炼化一体化项目获批开展前期工作并取得重大进展。高新技术产业产值年均增长26%，新医药、新材料、新能源产业持续壮大，一批龙头企业跻身全国前列。服务业发展提速增效，社会消费品零售总额年均增长 14.2%，特色物流加快成长，新引进银行、保险、证券等各类金融机构 27 家，花果山景区创成国家 AAAAA 级旅游景区。高效设施农业面积翻番，粮食生产连年丰收，农产品出口位居全省前列。

积极落实国家战略，开放发展进入新的阶段。紧紧抓住“一带一路”重大战略机遇，充分发挥区位资源优势，务实主动作为。中哈物流合作基地一期建成启用，二期项目加快实施。上合组织国际物流园建设全面展开。连云港被省里确定为“一带一路”交汇点建设的核心区先导区，在全省乃至全国对外开放大局中承担着重要任务。深入推进沿海开发，大力实施“以港兴市”战略，一批重大基础设施建成投用。“一体两翼”组合大港基本形成，港口功能大幅提升。综合集疏运体系不断完善，高铁、新机场等重大项目取得实质性进展，为连云港长远发展奠定了坚实基础。东西双向开放步伐加快，中亚、中欧国际出口班列顺利开通，国际执法合作、文化教育交流等均取得积极进展。开放型经济稳步发展，实际利用外资、外贸进出口总额年均分别增长 16.1% 和 11.2%。

加快新型城镇化进程，城乡面貌发生巨大变化。城乡规划体系全面建立，沿海、沿东陇海线城镇轴布局基本形成，城乡基础设施和公共服务均等化水平不断提升，全市城镇化率提高 6.9 个百分点。顺利完成行政区划调整，中心城区框架全面拉开，组团开发有序推进。交通、能源、水利、市政等设施体系不断完善，海滨大道、快速公交系统等重大项目建成投用，一批城市综合体和大型场馆投入运营，现代城市功能逐步增强。累计完成旧城改造 1700 万平方米，低洼易涝片区和背街小巷整治成效显著，城市面貌焕然一新。积极推动城乡发展一体化，县城综合承载力日益增强，城乡统筹示范镇村建设扎实推进，产业和人口加速向重点中心镇集聚。美丽乡村建设行动深入开展，村庄环境整治任务全面完成，农村生产生活条件明显改善。

大力推进改革创新，发展动力活力进一步增强。坚持把改革作为新常态下经济发展的最大动力，积极承担试点任务，全力攻坚重点领域，统筹协调推进各项改革。供给侧结构性改革有序开展。简政放权力度加大，行政审批制度改革和市场监管体制调整取得阶段性成效。国资国企改革深入推进，组建六大国企集团，产业集聚度和企业竞争力得到增强。口岸“三互”“三个一”试点和农村综合改革成效显著。始终把创新作为活力之源，大力实施科技创新工程，深入推进国家创新型城市试点，科技进步贡献率提高到 52.1%。平台载体建设取得突破，成功创建国家级高新区，企业工程技术研究中心、大学研究院等一批产学研合作机构加快建设，“三百引才”等人才工程成效显著。企业创新能力快速提升，4 家企业跻身全国医药企业创新力 20 强，重大新药创制等一批核心关键技术实现突破。大众创业、万众创新蓬勃兴起，登记注册私营企业和个体工商户分别增长 195% 和 132%。民营经济不断壮大，税收占全市总量的比重达 78.2%。

扎实保障和改善民生，人民生活水平不断提高。深入实施民生幸福工程，城乡居民收入年均增长 10.3% 和 12.7%，公共服务“六大体系”建设取得阶段性成效。就业创业服务不断加强。教育教学质量稳步提升，在苏北率先基本实现教育现代化。医药卫生体制改革扎实推进，市直三级医院实现全覆盖。大力推进棚户区改造，住房保障惠及 3 万多户中低收入家庭。县区公办示范性养老机构实现全覆盖。社会保障水平持续提高。坚持不懈兴办惠民实事，蔷薇湖应急备用水源工程完工，城市饮用水安全保障体系基本建成。国家卫生城市创建纵深推进，干净方便顺畅连云港建设全面展开。文化事业发展步伐加快，率先完成省级公共文化服务标准化试点建设。社会主义核心价值观建设全方位推进，群众性精神文明创建富有成效，雷锋车组、开山岛夫妻哨成为全国重大典型。我市入选央视发布的“全国十大幸福城市”。

加大环境保护力度，生态文明建设成效显著。编制实施生态文明建设规划，大力推进生态文明建设七大行动。严格落实生态环境保护“党政同责”，积极推进区域战略环评试点，主体功能区和生态红线保护规划加快实施。节能减排力度不断加大，单位GDP能耗持续下降，主要污染物减排全面完成省定目标。强化资源节约集约利用，获评国家节水型城市，节地水平和产出效益明显提升。坚决打好大气、水、土壤污染防治三大战役，对秸秆焚烧、城市扬尘、化工园区、港口作业等环境突出问题加强治理，城乡环境质量不断改善。持续开展植树造林和生态修复，海洋牧场面积达150平方公里，荣获国家园林城市、全国绿化模范城市称号。大力开展生态示范创建，国家级和省级生态乡镇覆盖率分别达25%和75%。

切实加强民主法治建设，团结和谐的氛围更加浓厚。支持人大及其常委会依法履职，充分发挥人民政协建言献策、服务大局的作用，爱国统一战线不断发展壮大。民族、宗教、对台、侨务、党史、老干部和关心下一代工作取得新成绩，工会、共青团、妇联等人民团体积极发挥作用。司法体制改革全面启动，法治连云港、平安连云港建设深入开展，社会治安防控体系不断健全。加强和创新社会治理，矛盾纠纷多元融合调处机制逐步建立。安全生产监管、食品药品安全监管和信访工作力度持续加大，社会大局保持稳定。全国双拥模范城实现“七连冠”。

认真落实管党治党责任，党的建设全面加强。分级分类制定落实党建责任清单，建立党建工作督导巡查机制，开展基层党建工作联述联评联考，各级党组织书记主责主业意识不断强化。加强理想信念教育，严明纪律规矩，严肃党内生活，党员干部的党章意识、党性观念不断增强。加大软弱涣散党组织整顿力度，基层党建工作取得新成效。认真落实《党政领导干部选拔任用工作条例》，选优配强各级班子。健全党风廉政建设“两个责任”落实体系，切实抓好中央和省委巡视问题的整改落实，组织开展巡察监督，严肃查处了一批违纪违法案件。高度重视意识形态工作，大力推进传统媒体与新媒体融合发展，切实加强和改进对新媒体的科学管理和有效运用。严格落实中央八项规定精神，认真开展党的群众路线教育实践活动、“三严三实”专题教育和“两学一做”学习教育，干部队伍作风得到改善，党群干群关系进一步密切。

五年来，市委常委会严格遵守党的政治纪律和政治规矩，始终在思想上政治上行动上同以习近平同志为总书记的党中央保持高度一致，坚决贯彻落实中央和省委各项决策部署。充分发挥总揽全局、协调各方的核心作用，不断提高领导经济社会事业发展的能力。带头参加党内专题教育，积极履行“一岗双责”，切实在落实党建责任上当好表率。深入贯彻《中国共产党地方委员会工作条例》，认真执行民主集中制，进一步完善履职的制度机制，市委常委会工作的规范化、制度化水平不断提升。

回首过去五年，全市上下团结一心，砥砺奋进，紧紧抓住了发展机遇，有效应对了各种困难挑战，取得了重大发展成就。成绩来之不易，这是省委坚强领导的结果，是全市各级党组织、广大党员干部群众团结拼搏的结果，是各民主党派、工商联、无党派人士和社会各界共同努力的结果，是驻连部队、武警官兵、驻连各单位和离退休老同志鼎力支持的结果。在此，我代表中共连云港市第十一届委员会，向所有为连云港改革发展做出贡献的同志们、朋友们，表示崇高的敬意和衷心的感谢！

回首过去五年，发展成就鼓舞人心，实践经验弥足珍贵。我们深刻体会到，抓机遇必须务实作为，立足自身特色，找准切入点，真正把战略机遇转化成为发展优势。抓发展必须精准发力，针对产业这一最大短板，集中力量，持续攻坚，务求突破。抓民生必须以人为本，着力解决好人民群众最关心最直接最现实的问题，不断让人民群众得到实实在在的利益。抓统筹必须协调兼顾，妥善处理好经济与环境、城市与农村、发展与稳定、物质文明与精神文明等重大关系。抓党建必须从严从实，坚持不懈抓常抓细抓长，切实强化各级党组织的战斗堡垒和广大党员干部的先锋模范作用。

在肯定成绩的同时，我们也清醒看到，当前连云港发展中还存在一些问题，主要是：产业发展不充分，县域经济较弱；城市功能不完善，城乡发展不平衡；改革创新力度还要进一步加大，发展软环境有待进一步优化，等等。我们要高度重视这些问题，采取有力措施切实加以解决。

二、今后五年工作的指导思想和总体要求

今后五年是全面建成小康社会的决胜阶段，也是连云港国际化海港中心城市建设的关键时期。尽管新常态下宏观经济下行压力仍然较大，但中央和省委因时因势因地采取的政策措施积极有效，经济发展稳中有进、长期向好的基本面没有变，我们仍处在大有可为的重要战略机遇期。就连云港自身来说，随着"一带一路"建设、江苏沿海开发等战略深入实施，中哈物流中转基地、上合组织出海基地等标志性工程加快推进，高铁、航道、新机场等重大基础设施不断完善，连云港在全国全省发展大局中的地位作用显著提升，加快发展的条件更加具备、环境更加有利、前景更加广阔。我们必须以等不起的紧迫感、慢不得的危机感、坐不住的责任感，坚定信心，锐意进取，奋力谱写好连云港改革发展的崭新篇章。

今后五年我市工作的指导思想是：高举中国特色社会主义伟大旗帜，全面贯彻党的十八大和十八届三中、四中、五中全会精神，深入贯彻习近平总书记系列重要讲话特别是视察江苏重要讲话精神，统筹推进"五位一体"总体布局，协调推进"四个全面"战略布局，牢固树立并自觉践行创新、协调、绿色、开放、共享的发展理念，认真落实省委决策部署，抓住用好战略机遇，积极推进港产城融合发展，加快产业强市步伐，深化供给侧结构性改革，大力推进全面依法治市，以全面从严治党为根本保证，全面建成小康社会，努力建设经济强、百姓富、环境美、社会文明程度高的连云港，奋力开创国际化海港中心城市建设新局面。

根据这一指导思想，未来五年，围绕全面建成小康社会的总目标，要确保实现"双增双超三提升"：即地区生产总值、城乡居民收入保持两位数增长，工业总产值超1万亿元、人均GDP超1万美元，群众生活质量、社会文明程度、管党治党水平不断提升。工作中要把握好六项原则：一是坚持把落实"一带一路"战略和推进沿海发展作为主要抓手，深入实施港口功能提升、产业转型升级、城市品质改善、双向开放拓展、生态环境保护五大工程，着力夯实基础支撑、厚植发展优势。二是坚持把产业强市作为主攻方向，重抓招商引资和项目建设，着力在优化存量、突破增量、提升质量上下功夫，加快建设我国沿海新型临港产业基地。三是坚持把深化改革创新作为力量源泉，认真落实全面深化改革各项举措，切实践行创新发展理念，加快推进大众创业、万众创新，向改革要动力、向创新要活力。四是坚持把增强人民群众获得感作为宗旨追求，牢固树立以人民为中心的发展思想，更大力度保障和改善民生，维护公平正义，推动协调发展，使全市人民在共建共享全面小康中有更多获得感。五是坚持把绿色生态作为重要遵循，加快建设资源节约型、环境友好型社会，充分彰显连云港的生态魅力，打造绿色美好家园。六是坚持把全面从严治党作为根本保证，深入推进党的建设新的伟大工程，着力锻造坚强领导核心，团结带领全市人民不断创造新业绩。

三、今后五年经济社会发展的主要任务

（一）着力构建现代产业体系。坚持港产城融合发展，加快形成以临港产业为主导、新兴产业为引领、传统产业为支撑、现代服务业蓬勃发展的产业体系。

做大做强新型工业。着力做大临港工业，立足沿海产业园区，重点布局石化、钢铁产业，加快打造现代化大型临港产业基地。优先发展石化产业，大力推进盛虹炼化一体化项目建设，培育以大炼化为龙头的产业集群，建设世界级石化产业基地。积极推动基础化工产业升级、企业整合、产品配套，实现节能、环保、绿色、安全发展。加快钢铁产业转型升级，主动对接长三角等地区特钢、精品钢搬迁改造，推动现有企业技术升级，提升产品附加值，增强市场竞争力。培育壮大新兴产业，立足国家级开发区、高新区，重点发展新医药、新材料、新能源产业，推动产业高端化规模化集群化。新医药产业要巩固业内创新引领地位，加快建设国家医药创新中心，构筑国家级医药产业集群。新材料产业尽快实现规模化发展，着力突破新技术，打造国内一流的新材料产业基地。新能源产业着力打造具有较强竞争力的研发、制造和应用示范基地。改造提升传统产业，立足城区周边都市型园区，实施装备升级、工艺优化和互联网提升计划，推动“两化”深度融合，努力提高装备制造、食品、纺织等产业精专特新发展水平。加快实施规模企业数量倍增工程，深入开展优强企业、上市企业、科技小巨人企业培育行动，新增一批主业突出、核心竞争力强的百亿企业。

大力发展现代服务业。坚持把发展现代服务业作为产业结构优化升级的战略重点，加强政策引导，推进集聚集群，重点建设一批现代服务业集聚区，促进服务业规模化、品牌化发展。优先发展港航物流，依托港口、机场等重要节点，完善现代物流服务体系，大力培育和引进一批具有国际竞争力的品牌企业，加快建设区域性国际航运中心。深入开展国家级旅游业改革创新先行区建设，探索建立更具活力的管理体制和经营机制，大力推进资源整合、服务提升和产业融合，切实转变旅游发展方式，建成全国知名的滨海休闲旅游目的地。结合省级跨境电子商务试点城市建设，推动商贸流通业提档升级，加快培育软件信息、物联网、大数据、金融、会展等产业，着力打造区域性国际商务中心。鼓励引进新业态新模式新技术，推动生产性服务业向专业化和价值链高端延伸、生活性服务业向精细化和高品质转变。

全力推进招商引资。坚持精准招商，切实为产业强市提供有力支撑。依托园区抓招商，强化园区招商引资主阵地作用，进一步明晰产业定位，既抓龙头型项目引进，又抓上下游协作配套，打造特色产业集群。突出专业抓招商，围绕产业链扩大信息链，组建专业化市场化团队，通过设立产业发展基金、以商引商等方式创新合作平台，进一步提高招商针对性和成功率。优化服务抓招商，构建为企业服务的长效机制，紧扣项目建设各个环节，切实提高服务效率和质量，加大考核激励力度，大力改善营商环境，在全市上下形成“围绕企业转、跟着项目跑”的浓厚氛围。

（二）大力推进“一带一路”交汇点核心区先导区建设。落实“一带一路”战略，是连云港加快发展的重大机遇。要充分发挥区位、港口等特色优势，着力抓好标志性工程建设，不断提高服务区域经济和“一带一路”沿线地区发展的能力水平。

加快推进上合组织出海基地建设。加大港口基础设施建设力度。顺应航道深水化、船舶大型化、码头专业化趋势，大力推进30万吨级航道二期、30万吨级原油码头等重点工程建设，到2020年全面实现“一体两翼”港区深水航道通航。坚持建用并重、以用为主，优化港口货种布局，连云港区做强集装箱运输，两翼港区着力提升服务周边区域产业发展能力，加快打造区域性国际枢纽港、集装箱干线港和现代化产业集聚港。完善综合集疏运体系。加快干线铁路网络建设，建成徐连高铁、连淮扬镇、连盐、连青等铁路工程和一批入港入园专用铁路线。畅通海河联运，提高内河航道通航能力，初步形成西连京杭运河、南接长江的“两纵三横”干线航道网络。建成花果山国际机场，完善与“一带一路”沿线国家和地区的航线网络，大力发展航空客货运输。提升出海服务水平。深入实施“互联网+港口”行动，加快建立港口信息化平台，着力推动港口装备智能化、管理现代化、服务专业化。加强与沿海、陆桥沿线口岸的通关协作，全面推进口岸“单一窗口”建设，显著提升通关效率。注重以特色化差别化发展提升港口竞争力，积极对接腹地用港需求，与上海、宁波舟山、青岛等港口深化港际合作，加大航班航线拓展力度。做大做强多式联运品牌，重点发展海铁联运、海河联运，加大与中远海运、哈国铁、中铁等国内外企业的战略合作，把中亚班列打造成国际知名品牌。

高标准建成中哈物流中转基地。按照国际化、现代化、生态化的要求，优化规划设计，科学把控时序，同步推进基础设施建设和对外招商合作，加快把中哈物流中转基地建成中亚—环太平洋商贸物流集散中心、服务上合组织成员国的国际物流合作基地和现代物流业创新发展的试验示范园区。围绕“一园三区”布局，加快完善上合组织国际物流园的交通、物流、环保设施，尽快建成中哈物流合作基地10万吨粮食筒仓，积极推进霍尔果斯物流场站建设和霍尔果斯—东门经济区项目合作。创新运营管理模式，大力发展现代物流业态，不断完善陆桥运输体系，努力构建中亚国家过境粮食集散加工中心、大宗商品交易中心、保税仓储物流中心、智慧物流信息中心等平台载体，显著提升连云港的国际物流中转服务功能。

全面扩大对外开放。稳步推动海关特殊监管区优化升级，积极推进综合保税区获批建设，争取设立自由贸易港区。大力拓展口岸功能，实现机场和两翼港区一类口岸开放，畅通服务周边地区对外开放的便捷通道。加强与日韩、东南亚、澳大利亚、巴西等国家和地区的经贸合作，吸引“一带一路”沿线企业共建共用东中西区域合作服务示范基地、中德产业园、中捷水晶文化产业合作园等园区基地。实施外贸优进优出战略，提高自主品牌和技术产品出口比重，积极培育新增长点。密切对外交流，争取“一带一路”沿线国家在连云新城设立商务代表机构，精心筹办论坛展会，重点打造“连博会”品牌。积极提升“引进来”与“走出去”的质量和效益。鼓励以跨国并购、股权融资等形式，吸引外资重点投向先进制造业、高新技术产业和现代服务业，实现利用外资量质双升。大力支持优势企业到境外建立生产基地、研发展销机构，参与境外经贸合作园和互联互通基础设施建设。

（三）加快建设具有鲜明特色的海滨城市。围绕建设国际化海港中心城市，进一步彰显山海特色风貌，提升承载服务功能，打造宜居宜业环境。

优化城市发展布局。持续推进“战略东进，拥抱大海”，加快形成组团发展、功能互补、提升品质、彰显特色、快速联通的城市发展格局。大力提升规划水平，推动多规合一，促进集聚集约，建设紧凑城市。科学划定开发边界，切实强化规划的刚性约束。严格按照中心城区组团功能定位，促进各组团错位发展。加快建设城市外环快速通道，实现组团间快捷互联互通。依托高铁、空港、海港等交通枢纽建设，统筹推进周边区域综合开发，着力打造特色功能集聚区。推动东海撤县设市、灌云灌南县城建设中等城市，做大做强重点中心镇，建成一批各具特色、富有活力的电商物流、工贸服务、特色农业、休闲旅游、历史文化等特色小镇。到2020年全市城镇化率提高到68%。

强化城市承载功能。健全城市基础设施体系，全面增强城市的现代服务功能。大力推进市域路网建设，实现市到县一级公路全覆盖。优先发展公共交通，进一步完善快速公交系统。强化市政公用设施配套，推进海绵城市和城市地下综合管廊建设，完善防洪排涝、污水垃圾处理等设施体系，提升水电气暖供给保障能力。加快建设智慧城市，完善新一代信息基础设施。实施城市有机更新，开展“三改一拆两清理”行动，全面完成市区老旧小区、棚户区和城中村改造。强化公共服务功能，推动教育、医疗、文化、体育等资源均衡布局，构建10分钟基本公共服务圈。加大城区功能向园区、港区的延伸覆盖力度，推动城市更好地服务产业发展。

塑造城市品质特色。彰显山海风貌之美，以海滨大道为轴线，高水平开发利用海滨、海港，做优做美海州湾黄金海岸风光带，充分展现连云港山海辉映、碧海蓝天的独特魅力。重点加快连云新城建设，打造现代化滨海新城，有序推动连云港区部分地段“退港还城”。彰显自然生态之美，优化城市生态空间，构建蔷薇河—临洪河、云台山—连岛、滨海湿地三大生态廊道，实施清水进城工程，完善水岸公园体系，建设城市森林和郊野公园，到2020年城市绿地率提高到38%以上，加快把连云港建成山清水秀、环境优美的绿色生态之城。彰显地域文化之美，依法保护历史文化遗产，保护性开发古城、古街、古镇，精心打造蕴含文化特色的城市符号，让城市因文化而更加多彩、文化因城市而更具魅力。彰显建筑品位之美，贯彻适用、经济、绿色、美观的建筑方针，对城市轮廓、特色地段、建筑界面、风格色彩加强控制引导，形成独具特色的城市建筑风景线。

提高城市治理水平。组织开展城市规划建设管理地方立法，提高城市治理法治化水平。实施城市管理执法体制改革，推进城市管理领域机构综合设置，实行执法重心下移和属地化管理，提升城市管理精细化水平。实施“互联网＋城市”行动，建设综合性城市管理数据库，推动信息技术广泛应用，不断提升城市管理智能化水平。切实规范和加强物业管理，重点对无物管小区进行专项整治，进一步提升物业管理水平。全面排查消除房屋建筑、市政设施等安全隐患，切实保障城市安全。创成中国人居环境奖城市，让人民群众享受更加美好的城市生活。

（四）加快推进农业现代化和美丽乡村建设。把持续增加农民收入、缩小城乡差距作为农业农村工作的中心任务，深入实施农业现代化工程，加快建设社会主义新农村。

加快转变农业发展方式。大力推进农村一、二、三产融合发展，促进传统农业向现代农业转变。积极稳妥推进农村土地承包经营权流转，发展农业适度规模经营，加快培育家庭农场、农民专业合作社等新型经营主体。以各类农业园区为载体，做大做优做强高效设施农业和现代渔业，壮大优质稻米、设施蔬菜、食用菌、花卉苗木、海淡水产等主导产业。实施龙头企业数量倍增计划，加快提升农业产业化水平。高标准建设“一带一路”连云港农业国际合作示范区，扶持外向型农业企业发展和出口基地建设，保持农产品出口额全省领先。实施农产品品牌发展战略，创建国家农产品质量安全市，提高农产品市场竞争力。加快推进农田水利现代化，深入实施农业综合开发、灌区节水改造、区域河流治理，基本实现主要粮食作物生产全程机械化。稳定农民经营性收入，建好用好乡镇工业集中区，促进农民就地就近就业，努力增加工资性收入。鼓励和引导外出务工能人返乡创业，带动更多农民增收致富。扶持发展农村电子商务、休闲观光农业等农村新产业新业态，到2017年底实现农村电商服务站点行政村全覆盖。深化农村土地、产权等制度改革，建成市县乡村四级农村产权交易体系。推进农村集体资产股份制改革，促进村级资产保值增值。加快农村金融创新，探索承包土地经营权和农民住房财产权抵质押融资，扩大农业保险覆盖面。深化供销社综合改革、农田水利管理机制等涉农改革，切实提高为农服务水平。

确保打赢脱贫攻坚战。深入实施脱贫致富奔小康工程，大力推动精准扶贫、精准脱贫，确保36.1万农村低收入人口、149个经济薄弱村如期脱贫。突出重点片区，以落实石梁河库区和沂河淌片区扶贫开发专项规划为抓手，实施一批重点工程，进一步破解道路交通、农田水利等瓶颈制约。重抓产业扶贫，以一村一品、一镇一业为导向，培育壮大特色富民产业，带动低收入农户增收。因地制宜扶持发展资源开发型、资产经营型、为农服务型等村级集体经济，增强经济薄弱村脱贫后劲。完善公共服务，推动民生实事、惠民工程向集中连片贫困地区倾斜，加大对低收入农户子女上学的资助力度，阻断贫困代际传递。通过人才培养、结对支持等形式，提高贫困镇村医疗卫生服务能力，建立完善低收入人口医疗保险、大病救助制度，切实减少因病因残致贫返贫现象。补齐保障短板，强化政策托底，确保对丧失劳动力贫困人口的帮扶救助及时到位，决不让一个人在小康路上掉队。强化统筹协调，加大财政投入，严格督促考核，充分发挥挂钩单位、帮扶工作队作用，提升"双派"工作和结对帮扶实效。创新社会扶贫机制，扎实开展行业扶贫、专项扶贫，形成扶贫工作的强大合力。更加注重调动贫困地区干部群众的积极性主动性，让他们的心热起来、手动起来，形成外部多元扶贫与内部自我脱贫的互动机制，确保实现脱贫攻坚目标。

加快推进美丽乡村建设。按照"规划布局好、产业特色好、配套服务好、村容环境好、精神生活好"的要求，分类推进整洁村、特色村、示范村建设，着力打造美丽宜居乡村。做好乡村建设规划，优化镇村布局，依托自然条件和资源优势，因地制宜建设一批具有乡土韵味、体现乡愁记忆的特色乡村。坚持以镇带村、镇村联动，加快发展壮大镇村经济，组织开展乡镇经济发展20强、村级集体经济百强竞赛活动，重点打造一批强镇名村。深入推进农村道路提档升级、饮水安全、改厕改圈等工程，加快农村污水管网和小型生态处理设施建设，构筑功能齐备的农村基础设施体系。改善农村办学条件，加强农村医疗卫生机构、文化体育设施建设，提升农村公共服务保障水平。组织实施村庄环境整治提升计划，加大村庄绿化和河塘清淤清洁力度，统筹城乡生活垃圾收运体系，塑造水清树绿、整洁有序的村容村貌。加强农村精神文明建设，传承优秀民俗，倡导文明新风，培育邻里和睦、友爱互助的和谐乡村。

（五）坚定不移深化改革创新。改革创新是构筑经济发展新优势的主动力，要坚持问题导向，突出重点关键，不断取得新进展新突破，努力让制度更加定型、发展更具活力。

扎实推进重点领域改革。认真完成中央和省委部署的各项改革任务，扎实推进重点领域和关键环节改革落地见效。把供给侧结构性改革放在重中之重的位置，切实做好"三去一降一补"工作，努力提高经济发展质量和效益。在坚决完成去产能任务、有效防范区域性金融风险的同时，着力在去库存上下功夫。合理确定房地产开发用地供应量和供应时序，加大闲置土地清理回收和棚改安置力度，促进房地产市场健康发展。着力在降成本上做文章，用足用好财税优惠政策，降低实体经济税费成本。发挥国有企业集团作用，通过组建风投创投、引进天使投资，降低企业融资成本。实施企业稳岗补贴政策，规范经营服务性收费，降低企业用工用能用地和物流等成本。持续推进简政放权、放管结合、优化服务，加快推进"互联网＋政务服务"，进一步提高政府效能，降低制度性交易成本。放宽放活社会投资，大力发展民营经济，学习借鉴自由贸易试验区经验，切实提高投资贸易便利化水平。着力在补短板上见成效，聚焦基础设施、民生保障、脱贫攻坚、现代农业等重点领域，着力增加公共产品和公共服务供给，不断增强发展的协调性。

深入实施创新驱动发展战略。以科技创新为核心、企业创新为主体，大力推动创新发展，创建国家知识产权示范城市，把连云港建设成为"一带一路"重要创新节点和区域性产业科技创新中心。坚持优化布局、分类管理、提升能力，强化平台载体建设。积极推动中科院能动中心争取国家重大科技基础设施项目，大力支持国家级高新区争先进位，努力打造国内一流创新型园区。加强技术公共服务、成果转化、融资服务、社会化人才服务四大平台建设，积极发展众创、众包、众扶、众筹等新模式。继续实施科技企业培育"十百千"工程，加快建设科技领军人才创新驱动中心和产业创新驱动站，不断提升企业研发机构能力，培育有国际竞争力的创新型领军企业。注重发挥高校院所的创新源头作用，加强与中船重工716所的良性互动，支持淮海工学院创建国家大学科技园，健全产业技术创新战略联盟等产学研合作组织，努力引进大院大所等高端创新要素。健全科技创新市场导向机制，强化科技同经济、创新成果同产业、创新项目同现实生产力、研发人员创新劳动同利益收入四个对接，构建有利于创新的体制机制和政策环境。大力推动大众创业、万众创新，广泛吸引科研人员、大学生、境外人才来连创业，充分激发全社会创业创新活力。

（六）切实加强生态文明建设。贯彻绿色发展理念，加强环境保护和生态建设，努力打造美丽港城，让蓝天常在、青山常在、绿水常在。

强化生态保护修复。加大山体保护力度，严禁私搭乱建、滥采乱挖，深入开展破损山体生态修复，加强废弃塘口整治，全面提高森林防火综合防控能力，构建以云台山脉为骨架的山林生态区和景观系统。编制海洋主体功能区规划，科学划定海洋生态红线，强化对港口岸线的科学规划、合理开发和有序管理，大力推进海域、海岛修复整治。实施湿地生态修复保护工程，建成临洪河口湿地公园，加快埒子河口综合整治，有序推进沿海滩涂围垦。深化绿色连云港建设，加快丘陵岗地森林植被恢复，打造绿色生态屏障。争创国家生态文明建设示范区，提升环境保护和生态建设水平。

持续改善环境质量。聚焦突出环境问题，加大综合整治力度，不断提高人民群众对生态环境的满意度。全面落实大气污染防治行动计划，统筹实施控煤、治气、管车、防尘、禁烧工程，加强多领域协同并治，努力改善空气质量。深入推进水污染防治行动计划，加强集中式饮用水源地管理，实施蔷薇河、通榆河清水通道工程，抓好地表水、地下水污染防治，消除城市河道黑臭现象。加快实施土壤污染防治行动计划，切实提升废弃物处置能力，推进污染场地土壤修复试点，确保土壤环境质量总体稳定。统筹推进重点领域污染治理，实施工业污染源稳定达标排放计划，深化化工园区专项整治，完成市碱业公司、德邦化工等企业搬迁改造。全面整治农业面源污染，提升农业绿色化发展水平。持续推进码头堆场防尘治理，大力推广岸电技术，打造绿色低碳港口。

推进生产生活方式绿色化。实施能源和水资源消耗、建设用地等总量和强度双控行动，强化约束性指标管理，加快推动资源利用方式根本转变。坚持环保优先，严格环境准入，引导产业集中布局、集聚集约发展。大力发展循环经济，加快实施钢铁、水泥、建材等重点行业生产循环化改造，更大力度推进绿色清洁生产。完善各类开发园区环境基础设施，争创国家级省级生态工业园区。深化生态文明体制改革，实行自然资源离任审计、生态补偿、价格调节等制度，强化生态环境损害赔偿和责任追究，构建生态文明建设长效机制。大力弘扬生态文化，广泛开展生态文明宣传教育，在全社会倡导绿色消费、绿色出行理念，努力形成节约健康环保的生活方式。

（七）更大力度增进民生幸福。始终坚持民生优先，主动顺应人民群众的所需所盼，努力多办惠民实事，确保人民安居乐业、社会和谐稳定。

强化公共服务体系建设。加快实现劳有宜业，千方百计增加就业，实施全民创业工程，促进创业带动高质量就业，推动居民收入增长与经济增长同步。加快实现学有优教，健全覆盖城乡的学前教育公共服务体系，实施义务教育学校标准化建设，优化中小学布局，重点向东部城区倾斜，推进义务教育优质均衡、普通高中教育优质特色发展。加快建设现代职业教育体系，促进校企联动、产教融合。积极推动高等教育内涵发展，推进淮海工学院建设江苏海洋大学，推动大中专院校提升办学层次，增强科技创新和服务发展能力。鼓励规范民办教育发展，加快社会教育发展。到2020年实现市域教育总体现代化，提供更加丰富的优质教育，形成惠及全民的公平教育。加快实现病有良医，以医药卫生体制改革为重点，深化医疗、医保、医药联动改革，建立分级诊疗制度，加快建设现代医疗卫生服务体系。强化名医、名科、名院培育，完成基层医疗卫生机构标准化建设，着力打造区域性医疗卫生中心。扎实推进健康连云港建设，强化健康教育，优化健康服务，打造健康环境。加快实现住有宜居，着力构建政府提供基本保障、市场满足多层次需求的住房供应体系，积极推进货币化保障和安置，不断完善各类居住小区公共服务配套，确保城镇住房困难家庭应保尽保。加快实现老有颐养，开展应对人口老龄化行动，建设以居家为基础、社区为依托、机构为补充的多层次养老服务体系。探索医养结合等新模式，支持各类市场主体增加养老服务和产品供给，确保实现城乡社区居家养老服务全覆盖。织密织牢民生保障网，落实全民参保计划，形成全覆盖、保基本、多层次、可持续的社会保障体系，加强困难群体兜底救助，支持福利慈善事业发展，让保障和关爱的阳光温暖每个人。

扎实推进精神文明建设。深化全国文明城市创建，铸造新时期连云港精神，充分激发全市人民干事创业的蓬勃热情。以"爱敬诚善"为着力点，创新社会主义核心价值观宣传教育，通过形象化解读、故事化表达，促进核心价值观深入人心。把构建道德示范群体作为突出任务，着力打造"美·德照亮港城"品牌，分层推选道德模范、身边好人、最美港城人等先进典型，推进美德展示区、敬老文明线、时代楷模馆建设。广泛开展诚信主题实践活动，大力弘扬良好的家风村风行风，让新风正气形成制度化常态化的社会基础。加快完善覆盖城乡的公共文化体育服务体系，积极推动公共文体设施开放，大力开展全民健身、全民阅读等群众性活动。实施"文化+"行动计划，促进文化与相关产业融合发展，培育壮大文化产业市场主体，加快建设特色文化园区基地。坚持社会价值优先，努力打造文化品牌，推出一批带有鲜明时代烙印和地方特色的精品力作。

确保社会和谐稳定。把维护公平正义摆上更加重要位置，认真落实依法治市规划，深入推进法治连云港建设，到2020年基本形成尚法守制、公平正义、诚信文明、安定有序的依法治市新格局。加强和改进地方立法工作，深化法治政府建设，稳妥推进司法体制改革。认真做好法律援助和司法救助工作，构建覆盖城乡的公共法律服务体系。扎实开展"七五"普法，增强全民法治意识，形成遇事讲法、办事依法、化解矛盾靠法的浓厚氛围。积极推进社会治理创新，全面推广"党组织领导、议事会议事、村居委会执行、监事会监督"的基层治理模式。建立"三社联动"机制，推动社区多元化参与、网格化管理、集约化服务、互动化共治。着力深化阳光信访、诉访分离等信访工作制度改革，加快推进矛盾纠纷多元融合调处。切实做好社会稳定风险评估，健全群众利益表达等工作机制，从源头上预防和减少社会矛盾。以创建最安全城市为目标，深化平安连云港建设，加快完善社会治安立体化现代化防控体系。牢固树立安全发展观念，严格落实安全生产责任和管理制度，着力加强食品药品安全监管，健全完善防灾减灾和突发事件应急体系，切实增强人民群众安全感。

四、全面加强党的建设

深入落实全面从严治党各项要求，坚持"严字当头、实字为要、廉字打底"，全面加强党的思想、组织、作风、反腐倡廉和制度建设，为改革发展稳定各项事业提供坚强保障。

加强理论武装，筑牢团结奋进的思想基础。坚持把思想建党放在首位，自觉用马克思主义中国化最新成果凝聚思想共识，让真理力量、思想力量和价值力量深刻作用于经济社会发展和群众生产生活。坚定理想信念主心骨，深入开展党中央治国理政新理念新思想新战略重大主题宣传，充分发挥党校党性教育的重要作用，引导党员干部增强政治意识、大局意识、核心意识、看齐意识，坚定道路自信、理论自信、制度自信、文化自信。以完善推广“四定学习法”为抓手，深化学习型党组织和领导班子建设，不断提升党员干部的党性修养、思想境界、道德水平。加强地方新型智库建设，实施社科“双百工程”，形成一批具有决策影响力和社会公信力的智力成果，有力推动发展实践。巩固壮大主流思想舆论，增强宣传思想工作的吸引力感染力。切实把网上舆论作为宣传思想工作的重中之重，加快打造新型主流媒体，提升党员干部网络素养，壮大网络主流舆论场。强化网络空间治理，针对社会热点难点问题和突发事件精准开展舆论引导，以良好的网络舆论生态汇聚向上向善正能量。严格落实党委（党组）意识形态工作责任制，加强意识形态阵地管理和社会舆情汇集梳理，突出重点领域，健全分析研判机制，牢牢把握意识形态工作的领导权话语权。

坚持强基固本，有效增强党组织的凝聚力战斗力。严格落实基层党建工作责任制，强化“六个基本”建设，着力夯实基层堡垒，扩大党组织和党的工作覆盖面。选优配强基层党组织书记，持续开展软弱涣散基层党组织整顿，加大资源整合倾斜力度，增强基层党组织整体服务功能。加强党员教育管理，严格党内组织生活，健全党员党性定期分析、民主评议等制度，推动广大党员切实做到坚定信念靠得住、立足本职干得好、遵纪守法过得硬、关键时刻站得出。坚持好干部标准，大力选用有思路有本事、敢担当善作为的干部，彰显选人用人鲜明导向。完善年轻干部、后备干部的选育管用工作机制，实现干部队伍老中青合理梯次配备。实施领导干部能力素质提升计划，拓宽干部培养锻炼的渠道和方式。健全领导班子和领导干部综合考核评价机制，大力推进干部能上能下，及时调整不适宜不胜任现职干部。建立容错机制，为担当者担当、让干事者无忧。坚持党管人才原则，进一步完善人才优先发展工作格局。逐步打通机关、事业、企业人才流通渠道，提升党政管理人才干事创业能力。深入实施“港城英才计划”等人才项目，大力集聚一批高层次创新创业人才。实施“金蓝领”工匠型人才培育工程，造就一支高技能人才队伍。完善人才评价激励机制和服务保障体系，促进人才合理流动、优化配置，营造人人皆可成才、人人尽展其才的良好环境。

弘扬优良作风，激发干事创业的责任担当。当前连云港发展所处的历史阶段，决定了抓发展、干工作必须戮力同心、踏实苦干，一茬接着一茬干、一以贯之抓落实。各级党员干部要敢于担当、主动作为，增强大局意识、责任意识，切实激发干事创业的朝气、开拓创新的锐气、承责担当的勇气。要自觉摒弃不愿为、不敢为的怠政思想，坚决抵制“庸懒散”，切实消除“中梗阻”，在困难面前不停步、矛盾面前敢负责，争当发展排头兵。要坚持真功实做、狠抓落实，大力发扬“马上就办、真抓实干”的精神，当好连云港发展的“战斗员”“服务员”，不当坐而论道的“观察员”“评论员”。要强化领导挂钩、一线会办和督查推进机制，着力提升执行力，确保各项工作部署一抓到底、见到实效。要以坚韧不拔的精气神，专心谋事、用心干事、一心成事，切实解决虎头蛇尾“不久为”问题，在创新创业中绵绵发力、持续用劲。

狠抓反腐倡廉，切实营造风清气正的政治生态。党风廉政建设事关人心向背，必须以抓铁有痕、踏石留印的劲头，坚决遏制腐败滋生蔓延势头，优化政治生态。压实“两个责任”。认真落实党风廉政建设主体责任和监督责任，推动全面从严治党向基层延伸。加强反腐倡廉教育和廉政文化建设，强化权力运行的监督制约，努力构建不敢腐、不能腐、不想腐的有效机制。大力推进纪律检查体制机制改革，进一步深化纪检机关“三转”，实现监督执纪问责日常化。坚持挺纪在前。各级党组织和广大党员要增强党章意识，把严守政治纪律和政治规矩放在首位，自觉遵守党纪党规。纪检监察机关要以六项纪律为尺子，正确把握监督执纪四种形态，综合运用批评教育、组织处理、纪律处分等方式抓早抓小、长管长严。强化高压惩治。坚持零容忍，严肃查处党员干部违纪违法案件，加大对群众身边“四风”和腐败问题的专项治理，切实做到有案必查、有腐必惩。注重加强反腐败协调，形成信息共享、优势互补、力量一致的整体工作格局，以反腐倡廉实际成效取信于民。

健全制度机制，永葆党的先进性纯洁性。坚持立破并举，积极推动管党治党实践经验制度化常态化，进一步完善党委领导经济社会发展的体制机制，促进科学民主依法决策。健全党内情况通报、情况反映、重大决策征求意见等制度，促进党务公开，发展党内民主。认真贯彻党内监督条例，实现巡察监督、派驻监督全覆盖，把党内监督同国家监察、群众监督结合起来，同法律监督、民主监督、审计监督协调起来，形成科学的监督体系。完善制度实施后评估和督查机制，加强对制度执行的监督检查，坚决纠正有令不行、有禁不止。坚持“一案双查”，严格执行《问责条例》，以问责维护制度刚性、保障制度执行。

实现未来五年的奋斗目标，必须调动一切积极因素，形成强大发展合力。要坚持和完善人民代表大会制度、中国共产党领导的多党合作和政治协商制度，加强人大常委会制度及其组织建设，密切人大代表同人民群众的联系，支持政协围绕团结和民主两大主题履行职能，推进政治协商、民主监督、参政议政。充分发挥民主党派、工商联、无党派人士和民族宗教界人士作用，巩固和发展最广泛的爱国统一战线。坚持党管武装，深化双拥共建，大力推进军民融合发展。加强和改进党的群团工作，进一步发挥工会、共青团、妇联等群团组织的桥梁纽带作用，最大限度凝聚全社会推进改革发展、维护和谐稳定的共识和力量。

全面建成小康社会，是时代赋予我们的光荣使命。让我们紧密团结在以习近平同志为总书记的党中央周围，在省委的坚强领导下，凝心聚力，顽强拼搏，苦干实干，为夺取全面建成小康社会的决战胜利而努力奋斗！

连云港市人民代表大会常务委员会工作报告

——2016年1月18日在连云港市第十三届人民代表大会第五次会议上

董恕娟

各位代表：

现在，我受连云港市第十三届人民代表大会常务委员会和杨省世主任委托，向大会报告工作，请予审议。

过去一年的主要工作

2015年，市人大常委会在市委的正确领导下，深入学习贯彻党的十八大、十八届三中、四中、五中全会和习近平总书记系列重要讲话精神，紧紧围绕全市改革发展稳定大局，认真履行各项法定职责，充分发挥地方国家权力机关作用，较好地完成了市十三届人大四次会议提出的各项任务，各方面工作取得了新进展、新成效。

一、坚持围绕中心，聚焦“一带一路”，在推动经济加快发展上强化监督

常委会坚持服务发展，围绕抓住用好“一带一路”重大机遇，紧扣科学谋划“十三五”规划，强化监督职能，推动中央和省市委重大决策部署落地生效。全年共听取和审议经济工作方面的报告8项。

促进经济持续较快发展。针对宏观环境复杂严峻、经济下行压力加大的形势，常委会通过听取和审议国民经济社会发展计划执行、市级预算执行、决算和审计工作报告，督促有关方面认真落实中央和省市委关于经济工作的决策部署，强化创新驱动，加快经济结构调整，推进工业、金融、港口等经济体制改革，大力发展现代服务业，积极培育新的发展动能，加大财政、金融对实体经济支持力度，确保经济运行持续有力。高度关注“十三五”规划编制，常委会负责同志和各委员会多次开展调查研究，形成调研报告，常委会组成人员深入讨论，并就“十三五”规划前瞻性问题以及重大基础设施、重点项目建设等提出意见建议。持续跟踪监督建筑业发展决议落实情况，强调编制完善建筑业发展中长期规划，抓紧制定扶持政策，规范建筑市场秩序，推动建筑产业不断发展壮大，进一步带动增加农村人口就业规模。听取和审议全市侨资企业发展情况的报告，提出依法维护侨商合法权益，助推侨资企业做大做强。落实“大众创业、万众创新”要求，重点督办畅通小微企业融资渠道、降低融资成本的建议，推动各方为小微企业排忧解难。围绕抢抓国家“一带一路”建设战略机遇，常委会结合督办加快推动中哈物流合作基地项目发展的建议，深入口岸单位调研视察，促进政府及有关方面进一步加大项目推进力度，积极争取国家和省级支持，扩大双方交流合作，推动相关项目上升为两国间政府合作项目。积极争取扬子江国际论坛2015峰会与第二届连博会联袂召开，与会全国人大、省人大相关领导及多国驻华代表、专家学者、商界领袖等270余人，围绕“一带一路”战略及交汇点建设进行深入研讨，为连云港加快发展提出真知灼见，形成良好的外部影响力和新闻聚焦。主动争取省人大常委会将陇海客运专线徐连段、30万吨级航道二期工程建设列入重点督办建议，促进两项工程取得积极进展。

推动重大事项有效落实。讨论决定重大事项是宪法和法律赋予地方人大及其常委会的重要职权，是将党委决策转化为全体人民共同意愿的有效保证。常委会认真学习贯彻中央和省市委的决策决定，作出关于深入推进依法治市工作的决议。决议以中央和省市委精神为指导，从有序推进地方立法、建设法治政府、打造阳光司法、促进全民守法等6个方面提出当前和今后一个时期法治连云港建设的奋斗目标、主要任务和重点举措，动员全市人民和地方国家机关自觉遵法守法用法，积极投身法治连云港建设。编制生态文明建设规划是落实党的十八大“五位一体”总体布局的重要举措，是事关我市未来发展的重大事项，常委会根据市政府提请，依法作出决议，批准此项规划，并要求政府及有关部门加大规划实施力度，增加生态环境公共财政投入，建立污染物排放许可有偿使用和交易制度，完善联动执法机制，组织和动员全社会力量参与生态文明建设，共同建设山青水秀的美好家园。常委会还先后对市级预算调整和市区地方政府债务限额、授予荣誉市民、设立国家级高新区等重大事项作出决议决定，全年共作出决议决定16项。依法行使人事任命权，全年共任免国家机关工作人员112人次。

加强预算决算审查监督。认真贯彻落实新修改的预算法，建立和完善全口径预算决算审查监督体系，设立预算审查工作机构、专家委员会和专业人才库。依据预算执行审计查出问题整改情况监督暂行办法，首次对部分预算单位开展整改效果满意度测评，从机制上解决审计监督后续整改工作刚性约束不足问题。首次将一般公共预算、政府性基金预算、国有资本经营预算和社保基金预算提交人代会审议，实现全口径预算监督全覆盖；首次将徐圩新区、云台山风景区预算作为市级预算的独立单位，使预决算监督更加科学明晰；首次将市本级所有部门预算一并纳入监督总盘子，使人代会审议更加全面细化；首次开展跨代表团审查财政报告，市人大代表面对面向政府及有关部门负责同志询问情况。上述创新举措，标志着全口径预算审查监督工作进入实质性阶段。

二、坚持以民为本，关注民生福祉，在促进小康社会建设上积极作为

常委会坚持把全面建成小康社会作为目标追求，把增进民生福祉作为履职重点，推进社会事业、城乡统筹和生态文明建设，努力实现发展成果更多、更公平惠及全体人民。全年共听取和审议民生和生态方面的工作报告10项。

促进社会事业进步。针对基层群众普遍反映的“看病难”问题，常委会听取和审议基层医疗卫生体系建设情况的报告，强调要严格落实基本药物价格政策，健全医疗网络，加快形成分级诊疗模式，切实提高服务能力。在审议职业教育发展情况的报告时，提出尽快制定相关政策文件，增加财政投入，优化教学结构，加强师资队伍建设，构建现代职业教育管理新机制。市政府认真采纳相关建议，出台加快建设现代职业教育体系的实施意见，支持和推进职业教育可持续发展。建设市区绕城快速通道，对于进一步完善城市路网、减缓主城区交通压力、促进城市集约发展具有十分重要的作用，市人大代表提出了相关议案。常委会高度重视，作出加快建设市区绕城快速通道议案的决定，并听取和审议市政府办理情况的报告。目前，工程建设按序时进度加快推进，确保2017年底之前建成通车。常委会还持续对310国道、徐新公路、市区断头路建设进行重点督办，工程建设进展顺利。

促进城乡统筹发展。实现城乡统筹发展必须切实增加农民收入。为此，常委会深入视察调研，听取和审议农民增收工作情况的报告，并就如何推进城乡一体化发展、促进农业适度规模经营、提高农民的工资性收入等开展专题询问，督促有关方面加快农村综合改革步伐，大力发展现代高效农业，加强劳动技能培训和劳动力转移，继续加大扶贫开发力度，有重点地实施好精准扶贫，确保所有贫困人口更高标准的脱贫，共同迈入全面小康社会。实现区域供水，让农村居民吃上与城市居民同样的放心水，是常委会一直关注的基本民生事项。通过听取和审议专项工作报告，强调加快同水源、同管网、同水质的区域供水工程建设，加强饮用水源地保护和备用水源地建设，努力消除区域供水工程盲区，逐步建立起科学长效的农村饮水安全管理机制。沿海滩涂是我市宝贵的自然资源，为促进合理开发与科学保护相统一，常委会听取和审议沿海滩涂开发利用情况的报告，提出尽快制定滩涂开发保护规划，加大有效投入，创新管理体制，落实科技扶持政策，解决制约发展的体制性障碍，实现沿海滩涂经济的可持续发展。

促进生态文明建设。建设“青山碧海蓝天”的美丽港城，是全市人民的共同期盼。常委会连续两年听取和审议大气污染防治情况的报告，要求进一步采取企业排污整治、集中供暖供热、车辆达标排放、建筑工地防尘等综合防治措施，加大联合执法力度，严厉查处和整治污染源。持续跟踪有效解决露天秸秆焚烧和综合利用问题的议案办理情况，督促政府和有关部门建立健全长效监管机制，使秸秆综禁工作逐步成为人民群众的自觉行动。加强对森林法贯彻实施情况的监督检查，强调要进一步完善林业发展规划，加大政策扶持力度，严厉查处毁林毁绿等违法犯罪行为，不断提高森林覆盖率，为生态文明建设提供强有力的支撑。

三、坚持依法治市，保障法律实施，在加快法治社会进程上力求突破

常委会坚持把推进依法治市、维护宪法和法律权威作为人大工作的重要任务，保障和促进科学立法、严格执法、公正司法、全民守法，全面推进法治连云港建设。全年共听取和审议有关依法行政和公正司法工作的报告 3 项。

扎实推进立法准备工作。落实党的十八届四中全会依法赋予设区的市地方立法权的要求，我们坚持谋划在前、准备在先，积极向省人大常委会做好申报工作，认真组织学习新修订的立法法，加强立法工作学习和调研，按要求设立立法工作机构，选调法律专业人才充实立法队伍，编制年度立法工作计划，初步形成制定地方性法规工作规程和立法专家咨询库。加强与市政府和相关部门的沟通对接，广泛征集地方立法项目建议。本次人代会还将表决通过设立专门立法审议机构，为做好地方立法工作夯实基础。目前，省人大常委会已确定我市开始制定地方性法规时间，今年将正式启动地方立法工作。

全面推进政府依法行政。常委会把执法检查作为推进政府依法行政、保障法律法规有效实施的重要抓手，通过组织开展劳动法执法检查，针对企业职工工资报酬偏低、用工制度执行不到位、劳动关系协调机制不健全等问题，督促有关部门深化宣传教育，强化执法监管，完善协商机制，加强劳动合同备案审查，规范企业用工和工资支付行为。市政府及有关部门认真研究，及时出台企业工资集体协商暂行办法，强化执法监察，切实保障劳动者权益。配合省人大常委会联动开展安全生产法、江苏省保护和促进台湾同胞投资条例执法检查，督促政府及有关部门全面落实法律法规要求，确保法律法规得到有效实施。加强对常委会任命的国家机关工作人员的监督，依据履职评议工作暂行办法，首次对政府组成人员依法行政、履行职责情况开展评议，经信委、人社局、科技局、旅游局等部门主要负责同志向常委会报告依法履职情况，接受评议，并按评议意见认真整改，增强了国家机关工作人员的法律意识、责任意识。加强对抽象行政行为的监督，对市政府报备的规范性文件进行主动审查，促进政府依法行政，维护法制统一。

稳步推进司法公开公正。司法公开是深化司法改革的重要切入点和突破口，是确保审判权依法独立公正行使的关键举措。常委会通过听取和审议司法公开工作情况的报告，支持各级法院加强公开平台建设，健全公开运行机制，扩展公开事项范围，努力提升人民群众对司法公开的满意度。听取和审议惩治预防职务犯罪工作情况的报告，支持各级检察机关依法查办各类职务犯罪行为，加强宣传警示教育，着力完善职务犯罪预防机制，在法治轨道上推进反腐倡廉建设。认真做好人大信访工作，全年共受理代表和群众来信来访135件次，及时转交有关方面办理并督促反馈，在推动化解矛盾、促进社会和谐中发挥了积极作用。

四、坚持依靠代表，优化服务保障，在发挥代表主体作用上创新举措

坚持代表主体地位，加强与代表联系，支持和保障代表依法履职，发挥代表联系人民群众、凝聚民心民力、促进改革发展的作用，不断增强人大工作民意基础和基层创造力。

保障代表依法履职。围绕新修订的代表法、立法法、预算法等专题，加强代表履职培训，提升代表履职意识和能力。继续开展“我与小康社会建设同行”主题实践活动，深入推进常委会同代表联系、代表同人民群众联系，促进联系代表、联系群众工作制度化、常态化。扩大代表对常委会工作的参与，进一步拓宽代表知情建言、反映民意的渠道。建立健全代表履职档案，提高代表履职管理水平。组织15名省人大代表和127名市人大代表分别向原选举单位报告履职情况，并接受评议，促进代表自觉接受人民群众的监督。组织270余名代表开展会前集中视察，为参加本次会议做了积极准备。

认真督办代表建议。市十三届人大四次会议期间，代表提出的179件建议已全部办结，所提问题得到解决或已列入计划正在解决的占总数的94%。常委会从交办环节入手，加强与政府交办部门的衔接沟通，着力提高建议交办的针对性和科学性。创新建议督办方式，组织代表小组参与，进行现场暗访，掌握真实情况。继续对代表重点建议办理情况进行评议，测评结果向社会公布，促进了办理工作质量的提高。常委会还对本届以来政府承诺列入计划逐步解决的建议进行“回头看”，督促各承办单位按期办结，目前，219件此类建议中已有174件办理完结，建议办成率得到较大提升。

指导基层人大工作。近年来，中央和省市委就推动人大工作与时俱进、加强县乡人大工作和建设，连续发文作出部署，推进人大制度与工作创新，着力解决人大工作和建设中的突出问题，充分体现了各级党委对人大工作和建设的高度重视。为保证文件精神落地见效，常委会深入开展调查研究，配合市委召开相关会议、制定加强县乡人大工作和建设的实施意见，使中央、省市委要求贯彻落实到一线。并就市县人大专门审议机构设立、常委会工作机构完善、县乡人大领导配置以及工作规范和制度规范等事项，与相关部门搞好衔接沟通，促进相关问题得到解决。建立县乡人大工作和建设基层联系点制度，加强工作指导和推进力度。

五、坚持从严从实，加强自身建设，在提高依法履职能力上常抓不懈

按照中央和省市委的统一部署，扎实开展“三严三实”专题教育，坚持在学习和整改中加强自身建设，努力提高依法履职能力和水平。加强能力建设。深入学习习近平总书记系列重要讲话精神，学习中央和省市委作出的重大决策部署。建立定期学法制度，围绕常委会审议议题，举办法律专题讲座，提高常委会组成人员和机关工作人员的法律素养。加强作风建设。认真学习贯彻党的廉洁自律准则和纪律处分条例，坚持从严从实标准，坚持问题导向，结合人大工作实际，认真梳理不严不实问题清单，强化落实整改，把“三严三实”要求融入到监督工作、代表工作和自身建设等各个方面。加强制度建设。全面总结以往实践，制定常委会讨论决定重大事项的规定，明确重大事项范围界定、决定程序、监督落实和责任追究，着力增强规定的针对性和可操作性。制定出台履职评议工作暂行办法，从评议对象、评议内容、评议程序和结果运用等方面，进一步规范和加强对常委会任命的“一府两院”工作人员的监督。制定加快推进全市人大机关信息化建设的意见，推动人大系统信息网络平台建设。

各位代表，市人大常委会过去一年取得的成绩，是市委正确领导的结果，是全体代表、常委会组成人员和机关工作人员共同努力的结果。我们的各项工作，得到了“一府两院”及有关部门和各县区的积极配合，得到了全市人民的大力支持。在此，我谨代表市人大常委会表示衷心的感谢！

我们也清醒地看到，常委会工作与新的形势任务相比还有不少差距，立法能力和立法队伍建设仍需进一步加强，综合运用多种方式增强监督实效仍需进一步探索，与代表和人民群众联系的渠道仍需进一步拓宽，议案建议交办的针对性和科学性仍需进一步增强，自身建设和履职能力仍需进一步提高。我们将自觉接受人民监督，虚心听取代表意见，切实改进各项工作，更好地发挥地方国家权力机关的作用。

今年工作的主要任务

2016年，是全面实施“十三五”规划的开局之年，是我市承接地方立法权的起步之年，也是市县乡三级人大换届准备之年。做好今年市人大常委会工作，要全面贯彻党的十八大、十八届三中、四中、五中全会和市委十一届十一次全会精神，深入贯彻习近平总书记系列重要讲话精神，坚持“四个全面”战略布局，树立“五大发展理念”，助推“五大战略”实施，更加注重推动小康社会建设，更加注重推进法治社会建设，更加注重发挥代表作用，更加注重加强常委会和机关自身建设，为连云港“全面达小康、迈上新台阶”做出新的更大的贡献。

一、主动适应经济发展新常态，大力推进小康社会建设

坚持把促进转变经济发展方式，更好地适应、把握和引领经济发展新常态作为常委会依法履职的重要内容，紧紧围绕全面建成小康社会目标，突出产业发展和社会民生等重点领域，强化监督实效。一是加强对经济工作的监督。高度关注经济结构性改革、产业强市和创新驱动战略实施，督促有关方面认真落实“十三五”规划任务，抓紧编制衔接配套的专项规划，并确保各项规划得到有效实施，推动经济结构优化、发展动力转换、发展方式转变。以国有企业改革、财政资金扶持工业发展为重点，加强对产业转型升级的监督，推进供给侧结构性改革，推动产业发展扩量提质。以耕地质量保护、农业技术推广、国有林场改革和农田水利设施管护为重点，加强对三农工作的监督，推动全面落实藏粮于地、藏粮于技战略，加快农业发展方式转变。以壮大旅游产业为重点，组织审议并开展专题询问，促进政府进一步整合旅游资源，完善服务功能，提升旅游品质，保障和促进旅游业发展，着力培育生活性服务新业态。二是加强对预算决算的监督。建立工作委员会预审、专门委员会初审、人代会和常委会审查批准的三审程序，重点抓好预算编制、执行、调整、决算和绩效五个环节，继续加强对土地出让收支预算编制和执行的审查监督，探索开展社保基金预算执行情况监督，强化对专项资金预算的绩效监督。继续开展审计查出问题整改情况评议，推动预决算审查监督工作不断取得新突破。三是加强对民生事项的监督。坚持发展为民理念，持续关注重点片区和特殊贫困人口的脱贫致富，大力推进城乡协调发展战略。牢固树立绿色发展理念，继续推进水污染治理和大气污染防治，深入推进生态文明建设“七大行动”，促进提升人民群众生活质量。以民办教育发展、城市总体规划修编和市区绕城快速通道建设为重点，加强对民生工作的监督，跟踪“十大重点民生工程”实施情况，组织开展食品安全法、江苏省物业管理条例执法检查，积极回应社会关切和民众期盼，促进民生不断改善。

二、准确把握依法治市新形势，扎实推进法治港城建设

全面落实市委关于深入推进依法治市工作的实施意见，积极推进“七五”普法工作，促进科学立法、严格执法、公正司法、全民守法。一是扎实开展地方立法。落实省人大常委会关于确定我市开始制定地方性法规时间的决定要求，建立和完善党委领导、人大主导、政府支撑、社会参与的地方立法工作格局，重点加强制定地方性法规工作规程等立法相关制度建设，组建立法专家咨询库，加强立法队伍培训，落实民主立法基层联系点，围绕“城乡建设与管理、环境保护、历史文化保护等方面的事项”，深入开展立法项目调研。按照“不抵触、有特色、可操作”的地方立法原则，严格按照法定程序，认真做好海洋渔业管理方面的立法相关工作。二是大力推进依法行政。维护宪法权威，落实宪法宣誓制度，组织人大及其常委会选举或任命的国家工作人员、“一府两院”任命的国家工作人员，在正式就职时向宪法宣誓。以营造良好的法治环境为重点，加强对依法行政的监督，组织开展治安管理处罚法执法检查。加强对常委会任命的“一府两院”工作人员的监督，继续开展履职评议工作，评议结果向社会公开。三是积极促进公正司法。继续关注司法体制改革和规范化建设，以行政审判、刑罚执行检察工作为重点，加强对司法行为监督，推动进一步健全阳光司法工作机制，切实保护公民、法人和其他组织的合法权益，努力让人民群众在每一个司法案件中感受到公平正义。积极做好人大信访工作，认真处理群众来信来访，引导支持群众理性表达合理诉求，依法维护自身合法权益。

三、努力拓宽联系指导新途径，不断激发人大工作活力

严肃认真地选好各级人大代表，加强与代表和群众联系，指导推进县乡人大工作和建设，不断激发代表和各级人大工作活力。一是密切联系代表群众。坚持和完善常委会联系代表、代表联系群众的“双联”工作机制，加强代表履职培训，建设代表履职服务平台，增加代表列席常委会、参加视察调研活动的人数和次数。加强对代表小组活动的指导，搞好代表小组活动与常委会审议议题的衔接，继续开展“我与小康社会建设同行”主题实践活动，扩大代表小组活动成果的有效运用。组织代表向原选举单位报告履职情况，促进代表深入基层，了解和反映群众诉求。规范和保障代表履职活动，激励代表更加认真履行职务。二是强化议案建议作用。加强对代表提出议案建议能力的培训，切实提升议案建议质量，增强议案建议的大局观、针对性和可操作性。积极推进建议科学分类交办机制，努力做到精准交办，提高联办效应和办理质量。继续选择事关经济社会发展大局和人民群众切身利益的建议进行重点督办，完善办理考核机制，加强办理工作的信息化、规范化建设，进一步提高建议办成率和代表满意率。三是加强换届工作指导。按照中央和省市委的部署要求，扎实做好县乡人大换届选举工作，深入调查研究，周密制定方案，精心组织指导，严肃换届纪律。主动协助党委做好代表候选人的提名推荐工作，严格把好代表“入口关”，依法做好选民登记、代表候选人身份认定等各个环节工作，加强对选举全过程的监督，确保选举工作风清气正。四是推进基层人大建设。全面落实中央和省市委关于加强县乡人大工作和建设的最新部署，以换届选举为契机，认真落实“五个坚持”“八个到位”新要求，确保县乡人大工作规范、建设规范，确保县乡人大会议制度、工作程序、机构设置、人员配备等新任务全面实施。加强对县乡人大干部的培训，提升履职能力，尽快推进县乡人大工作和建设实现组织机构规范、制度建设完善、职能作用到位，培育一批县乡人大工作和建设的新典型、新示范。

四、全面落实与时俱进新要求，切实提高自身建设水平

党的十八大以来，以习近平同志为总书记的党中央着眼推进“四个全面”战略布局，对坚持和完善人民代表大会制度、发展社会主义民主政治作出了一系列新的战略部署。把握新形势，落实新任务，明确新要求，必须切实加强常委会及机关自身建设。一是加强理论学习。深入学习贯彻党的十八大、十八届三中、四中、五中全会精神，学习贯彻习近平总书记关于人大工作的一系列重要指示，落实中央、省市委关于人大制度和工作创新、加强县乡人大建设的各项要求，进一步增强政治意识、大局意识和责任意识。坚持和完善常委会及机关学法制度，加强以新修订的选举法、地方组织法、代表法为重点的全员培训，加强各级新任职人大干部的履职培训，加强换届选举工作业务培训，切实提高常委会组成人员和机关工作人员的履职能力。二是加强工作创新。适当增加执法检查涉及面，适当增加市县人大常委会联动开展监督活动的频次，适当增加视察调研常委会委员和代表参与面，推进专题询问、重大事项决定、履职评议常态化、规范化。创新人大工作机制，完善监督方法，提高监督的针对性和实效性。三是加强作风建设。巩固党的群众路线教育实践活动、“三严三实”专题教育成果，严格遵守党的廉洁自律准则和纪律处分条例，落实各项整改措施，建立和完善长效机制，增强制度的执行力，坚持依法履职、依法办事，加强调查研究，加强同人民群众的密切联系，真实反映群众心声，切实维护群众利益，不负人民的期望与重托。

各位代表，党的十八届五中全会开启了“十三五”发展的新征程，市委十一届十一次全会对全面建成小康社会作出了战略部署，时代赋予人大的工作繁重而艰巨，承担的使命重大而光荣。让我们在市委的正确领导下，凝心聚力，奋发有为，务实创新，为加快建设国际化海港中心城市而努力奋斗！

政府工作报告

——2016年1月20日在连云港市第十三届人民代表大会第五次会议上审议通过

项雪龙

各位代表：

现在，我代表市人民政府向大会作工作报告，请予审议，并请各位政协委员提出意见。

“十二五”时期工作回顾

五年来，全市人民在省委、省政府和市委的正确领导下，凝心聚力，攻坚克难，开拓进取，推动经济社会发展取得长足进步。全市战略地位不断提升，综合实力日益增强，产业发展、城乡面貌、港口建设、人民生活发生了显著变化。

五年来，我们坚持狠抓第一要务，加快推动产业发展，经济建设迈上新台阶

综合经济实力明显提升。全市 GDP 突破 2100 亿元，预计年均增长 11.6%；固定资产投资突破 2000 亿元，年均增长 20.8%；一般公共预算收入达到 291.8 亿元，年均增长 16.4%；社会消费品零售总额达到 830.7 亿元；城乡居民收入年均分别增长 10.3%、12.8%。

三次产业持续快速发展。现代农业发展成效明显，粮食生产实现“十二连丰”，高效设施农业面积翻番，形成食用菌、泥鳅等十大特色主导产业，创成花果山农业出口示范区、赣榆现代农业示范区等国家级农业园区 4 家，省级以上龙头企业达到 50 家，获批国家地理标志保护产品 9 个，数量位居全省前列。工业经济扩量提质，规模以上工业增加值达到 1157 亿元，是“十一五”末的 2.5 倍。新医药、新材料、新能源产业产值达到 1500 亿元，装备制造、石化产业产值突破千亿规模。现代服务业快速发展，物流产业产值年均增长 26.1%，文化产业增加值年均增幅超过 30%，房地产市场平稳发展。新增国家 4A 级景区 7 家，花果山景区获批全国旅游标准化示范单位，温泉度假区创成省级旅游度假区。商贸服务业提档升级，大润发、苏宁广场等一批大型商业设施建成投用。

重大产业项目取得突破。净增规模以上工业企业 470 家。虹港石化、亚新钢铁等项目建成投产并跻身全市工业产值前 20 强。产值超百亿元企业达 7 家，总数处于苏北前列，其中新海石化、镔鑫特钢产值突破 200 亿元。石化产业基地和炼化一体化项目获得国家批准开展前期工作。田湾核电站 3、4 号机组进入设备安装阶段，5 号机组开工建设。

五年来，我们深入推进沿海开发，积极融入“一带一路”建设，战略地位不断提升

重大基础设施得到完善。组合大港基本形成，建成 30 万吨级深水航道一期工程，赣榆、灌河、徐圩两翼港区开港运营，综合通过能力达到 1.6 亿吨，为“十一五”末的 1.5 倍。新改建国省干线公路近

500公里，总里程实现翻番，连盐、连淮扬镇、连青铁路开工建设，徐连高铁列入中铁总公司年度开工计划，疏港航道、盐河航道建成通航，实现千吨级船舶直通京杭大运河。新机场建设取得重要进展。电网建设完成固定资产投资93亿元，较“十一五”增长72.2%。这些为港城发展提供了有力保障。

综合口岸功能得到提升。中韩陆海联运列为全国试点。赣榆、徐圩港区实现临时开放，白塔埠机场获批一类开放口岸。与新加坡国际港务、巴西淡水河谷开展全面战略合作，新开通加密38条近远洋航线。海铁联运开通至霍尔果斯、西宁等国内班列，连新亚、连新欧班列开通运营。在淮安、洛阳等地设立“无水港”9个。港口吞吐量、集装箱运量分别达2.1亿吨、501万标箱，承担了全国50%、中亚国家60%以上的大陆桥过境运输业务，海铁联运成为连云港的重要国际品牌。

开放载体建设取得突破。抢抓机遇、主动对接，被国家确定为新亚欧大陆桥经济走廊首要节点城市、中哈物流合作基地和上合组织出海基地。在两国元首共同见证下，中哈物流合作基地项目一期建成启用。上合组织国际物流园建设全面推进。国家级、省级开发园区转型发展成效明显，成为全市经济发展的主阵地。国家东中西区域合作示范区获批，先导区建设全面拉开，一批开放合作平台载体建成投用。成功举办两届连博会。

开放型经济水平不断提升。累计利用外资40亿美元，年均增长近17%。外贸进出口377亿美元，较“十一五”实现翻番。高新技术产品出口以年均15%速度递增，农产品出口跃居全省首位。新批境外投资项目71个，协议对外投资额达12.6亿美元，企业“走出去”步伐明显加快。

五年来，我们着力深化重点领域改革，大力实施创新驱动战略，内生发展动力不断增强

重点改革纵深推进。推进政府机构改革，组建卫计委、外侨办，完成工商、质监、食品药品管理体制调整。深化行政审批制度改革，行政许可项目削减至97项，行政审批项目集中办理率达100%。启动“三证合一”登记制度。全面推进政务公开，行政审批事项目录清单、政府行政权力清单等“五张清单”上网公布。加快国有企业改革，整合组建“六大集团”。启动“三互”“三个一”口岸大通关体制改革，实现船舶进出港数据“一单五报”。深化农村改革，东海农村产权交易平台、县乡村三级土地流转服务网络、农村信用体系建设等多项改革经验全国推广。深化财税、价格改革，初步建立政府全口径预算制度，政府性债务管理进一步规范，市场决定价格机制进一步健全。深化金融改革试点，5家地方法人金融机构完成商业银行改制，新增上市公司3家，新引进银行业金融机构8家，4家企业获得外汇资金池和跨境人民币资金池集中运营资格。深化医药卫生体制改革，公立医院全部实施药品零差率销售，国家基本药物制度全面实施。

创新驱动战略深入实施。先后被确定为国家创新型试点城市、国家知识产权试点城市，连续获评全国科技进步先进市。全社会研发投入占GDP比重由1.17%提高到1.65%，科技进步贡献率由41%提高到53%，高新技术产业产值年均增长26%。创新能力显著增强，重大新药创制、高强高模碳纤维、IGCC等一批关键核心技术实现突破，荣获国家科技进步一等奖1项、二等奖6项、中国专利金奖3项。恒瑞医药成功向美国市场转让创新药品，康缘药业智能制造经验全国推广，正大天晴、豪森药业等4家企业跻身全国医药企业创新力20强。创新载体建设成效明显，连云港高新区升格为国家级高新区，获批建设硅材料等4个国家级特色产业基地，建成国家级企业研发机构4家、质检中心1个。新增国家级博士后科研工作站5家，引进省双创团队4个、双创人才51人。

五年来，我们不断优化城市功能布局，全面推进城乡一体化建设，海港城市特色日益彰显

城市布局日趋优化。明确港产城融合发展思路，科学界定各城区、各功能组团定位。顺利完成新浦、海州两区合并，赣榆撤县建区。连云区与连云新城、徐圩新区与板桥工业园实现一体化发展。120公里的海滨大道全线贯通，形成串联沿海的快速连接线，山海相拥、港岛辉映的海滨特色得到彰显。建成全长34公里的城市快速公交1号线，有效拉近了东西城区的时空距离。建设环云台山大道42公里，开启了“揽山入城”新篇章。徐新公路全线贯通，310国道市区段建成通车，204国道绕城段路基全面建成，市域道路网络日趋完善，交通出行更加便捷。市区建成区面积扩大到204平方公里。

城市建设成效显著。建成市体育中心、科创城一期、工业展览中心等重大服务设施，完成民主路、盐河巷、连云港老街等特色街区改造。完善市政公用配套设施，新建和改造供水、污水、燃气管网300公里。实施城区道路提标改造工程，新建改建主次干道51条，打通城市“断头路”15条。新增市区公交线路30条，公交出行分担率提高到23%。投资27亿元实施城市饮用水“双源双线双湖”工程，沭新渠送清水工程建成投用，蔷薇湖应急备用水源主体工程建成。完成棚户区改造380万平方米，改造老旧小区135个。启动实施城市防洪排涝提升工程，整治低洼易涝片区28个、背街小巷1800条、170公里，较好地解决了汛期积水问题。新建月牙岛、星海湖等公园12座，中心城区绿地总量增加到6292公顷，比“十一五”末增长60%。刘湾垃圾填埋场一期工程建成使用，新建改建公厕150座。建筑工地及道路扬尘管控经验全省推广。

新型城镇化加快推进。全市城镇化率达61%，较“十一五”末提高14个百分点。各县城区规模、功能、形象显著提升，综合承载力日益增强，人口均突破20万。重点中心镇产业和人口加速集聚，13个城镇列入省级以上培育计划。开展美丽乡村建设行动，创成三星级康居乡村66个，建成美丽乡村试点38个。推进城乡基础设施和公共服务一体化，开展通榆河、新沭河等流域性河道整治，实施新一轮海堤达标工程，完成在册大中小型水库和市区病险塘坝除险加固，疏浚县乡河道424条。行政村客运班车通达实现全覆盖，镇村公交开通率达48%。新建城镇污水处理厂36座、垃圾转运站88座。

生态建设持续加强。完成国家淮河流域水污染防治规划项目20个，实施城市河道环境综合整治8条，城乡水环境质量明显改善。完成省定黄标车和老旧机动车、燃煤锅炉、挥发性有机物整治任务，实施秸秆禁烧网格化管控，空气质量优良率全省领先。开展沿海化工园区环保专项整治，关闭、停产、限期治理一批化工企业。秦山岛、连岛整治修复取得成效，海州湾获批国家级海洋公园。实施“绿化港城”行动，新造林106万亩，林木覆盖率提高4.5个百分点，获评国家园林城市。在全国地级市率先开展战略环评试点，东海县通过国家级生态县考核验收，赣榆区通过国家级生态区技术评估。花果山景区获批省级生态旅游示范区。

五年来，我们坚持推进民生改善，加强社会管理创新，人民生活水平不断提升

人民生活持续改善。健全完善就业创业政策体系，新增城镇就业人员41.3万人，农村劳动力转移就业20万人，高校毕业生就业率稳定在90%以上，城镇零就业、农村零转移家庭保持动态为零，期末城镇登记失业率为2.1%。扶贫攻坚成效明显，重点推进石梁河库区、新沂河两岸片区扶贫开发，实施帮扶项目526个，总投资达34亿元。46.1万农村低收入人口、254个经济薄弱村整体实现脱贫，本轮脱贫奔小康工程圆满收官。城镇居民人均可支配收入达到25800元，农民人均收入达到12900元。

社会保障得到加强。城镇职工“五险”参保人数较“十一五”末增长35.9%，城镇医疗保险、新型农村合作医疗实现应保尽保，城乡低保标准分别提高81%、130%。全面落实困难群体救助扶助政策，累计发放各类资金 38.4 亿元。住房保障体系逐步完善，开工建设各类保障性住房 4.18 万套，发放廉租房补贴 8219 户，惠及 5 万多户中低收入家庭。累计发放住房公积金贷款 122 亿元。公办示范性养老机构实现全覆盖，每千名老人拥有床位数达 32 张，赣榆农村社区集中养老模式全国推广。

社会事业协调发展。累计投入资金 100 多亿元，建成连云港实验学校、公共卫生服务中心、民政公共服务中心等一批重点基础设施。全部建成义务教育发展基本均衡县（区），在苏北率先基本实现教育现代化。成功引进康达学院，财经学校实现升格，连云港师专开展本科联合办学。市直三级医院实现全覆盖，社区卫生机构实现以街道为单位全覆盖，新增二级专科医院 13 家。县级人民医院、中医院实现二级甲等全覆盖，85% 乡镇卫生院达到省级标准。建成城市十分钟健身圈，人均拥有公共体育场地面积从 1.87 平方米增加到 2.75 平方米。率先完成省级公共文化服务标准化试点地区创建，科技馆实现县区全覆盖，万人拥有公共文化设施面积从“十一五”末的 660 平方米增加到 1200 平方米。组织文体惠民活动 3 万余场，举办西游记文化节、第八届中国曲艺节、徐圩国际马拉松等大型活动 40 余项。

社会治理扎实推进。大力弘扬社会主义核心价值观，涌现出“雷锋车”组、“开山岛夫妻哨”、“最美基层干部”姜霜菊等一批全国先进典型。坚持依法行政，政府效率效能得到提升。加强基层基础建设，“政社互动”覆盖 75% 的乡镇，“一委三会”社会治理模式在全省推广。实施“六五”普法规划，建成省级以上民主法治示范村（社区）543 个。建立健全社会治安防控体系，严厉打击刑事犯罪，群众安全感持续增强。创新矛盾纠纷多元融合调处机制，推进信访工作制度化、规范化、法制化建设，有力促进了社会稳定。质量强市全面推进，食品药品安全稳中向好，安全生产形势总体平稳。推进军民融合发展，实现全国双拥模范城“七连冠”。政府服务热线受理处置各类问题 100 余万件，群众满意度达 90% 以上。民族宗教、档案史志、妇女儿童、残疾人、红十字、关心下一代、老龄事业等取得新进步。

刚刚过去的 2015 年，面对经济下行压力不断加大的严峻形势，我们主动适应经济发展新常态，扎实做好稳增长、调结构、促改革、惠民生各项工作，全市经济社会发展取得了新的成绩。预计 2015 年全市地区生产总值增长 10.8%，其中规模以上工业增加值增长 12.9%，服务业增加值增长 11.5%。固定资产投资增长 21%，其中工业投资增长 21.7%。一般公共预算收入增长 11.5%，社会消费品零售总额增长 12.4%。城乡居民收入分别增长 9.5%、10%。民生百件实事顺利实施。总体看，基本完成了市十三届人大四次会议确定的各项目标任务，主要指标好于去年同期、高于周边城市，规模以上工业增加值、外向型经济、城乡居民收入等指标虽低于预期，但增速居全省或苏北前列。在统筹做好改革发展稳定各项工作的同时，我们突出抓好以下几个方面：一是切实加强经济运行调度。定期召开经济形势分析会，主动出击加大招商力度，积极搭建招商综合服务平台，促进经济平稳健康发展，主要经济指标保持在合理区间。二是切实加大项目推进力度。开展“企业服务年”活动，建立完善领导挂钩、市县联动、分级负责的项目推进机制。组织重点项目集中开工活动，扎实推进 500 个重点项目，128 个新开工重点工业项目完成投资 128.6 亿元，安排专项资金 2862 万元支持技术改造项目建设。三是切实扩大对外开放交流。全面启动上合组织物流园建设，推动省政府与哈国铁签署战略合作框架协议。“一带一路”国际农业合作示范区建设全面推进。新亚欧大陆桥安全走廊国际执法合作论坛永久会址和“一带一路”国际执法安全培训研究中心落户连云港。首批中亚留学生来连入学。四是切实强化政府自身建设。机关公车改革和办公用房清理整顿基本完成。深入开展“三严三实”专题教育，机关作风进一步转变。自觉接受人大的工作监督、法律监督和政协的民主监督，办理人大代表建议 172 件、政协委员提案 346 件，按期办复率

100%、满意率达99%。

回顾“十二五”的丰富实践，工作扎实有力，成就令人振奋，积累的经验更是弥足珍贵。一是必须着眼全局谋划长远发展，找准发展定位，拓展发展空间。二是必须围绕中心狠抓经济工作，坚定不移推进“产业强市、工业立市”战略，不断增强综合实力。三是必须扩大开放构筑竞争优势，加快汇聚优质要素，擦亮首批沿海开放城市金字招牌。四是必须突出问题导向狠抓改革创新，着力破解制约瓶颈，激发内生发展动力。五是必须坚持共享发展改善民生，把事关广大群众切身利益的各项实事落实好，努力让改革发展成果更多、更公平、更实在地惠及广大群众。

各位代表，过去五年，我们共同生活的这座城市发生了深刻变化，焕发出新的生机与活力。这些成绩凝聚着全市人民的辛勤汗水，饱含着社会各界的贡献付出。在此，我代表市人民政府，向全市人民，向人大代表、政协委员，向各民主党派、工商联、人民团体和社会各界人士，向驻连部队、武警官兵、公安干警，向为连云港改革发展稳定做出贡献的驻连部省属单位，向所有关心支持连云港发展的海内外朋友，表示衷心的感谢和崇高的敬意！

在肯定成绩的同时，我们也清醒地看到，全市经济社会发展还存在薄弱环节。如，经济总量不大，县域经济薄弱，综合竞争力不强，全面小康建设区域不平衡；工业经济发展不快、项目支撑不足，重大临港产业尚未取得明显突破，现代服务业发展滞后，人才、研发、金融等创新要素比较缺乏；集装箱干线港地位尚未确立，港口带动力不强；城市功能不够完善，建设集聚度不高，海滨特色不够鲜明；社会事业布局不够均衡，发展不够充分；政府职能转变还不到位，投资发展软环境有待进一步优化。对此，我们将进一步增强忧患意识和责任意识，在以后工作中采取更加有力措施，切实加以解决。

“十三五”时期目标任务

“十三五”是我市深入对接“一带一路”战略、全面落实江苏沿海地区发展规划的关键时期，是深化改革、推动发展方式转变的战略机遇期，也是全面建成小康社会的决胜阶段。根据市委十一届十一次全会部署，全市“十三五”发展的指导思想是：高举中国特色社会主义伟大旗帜，全面贯彻党的十八大和十八届三中、四中、五中全会，以及习近平总书记系列重要讲话特别是视察江苏重要讲话精神，深入贯彻省市委决策部署，坚持“四个全面”战略布局，贯彻五大发展理念，主动适应、把握和引领“新常态”，抓住用好“一带一路”等多重叠加机遇，大力实施以港兴市、产业强市、城乡协调发展、创新驱动发展、绿色发展五大战略，加快港产城融合发展，冲刺全面小康社会建设，奋力开创国际化海港中心城市建设新局面。

今后五年，全市经济社会发展总的目标是全面建成小康社会，让人民群众过上更加美好的生活。具体目标要求是：

综合实力显著增强。地区生产总值、公共财政预算收入保持两位数增长，固定资产投资和工业总产值实现翻番。临港工业、重大项目实现大突破，现代农业、现代服务业发展步伐全面加快。徐圩基本建成石化产业基地、精品钢基地，市开发区建成新型科技园区，高新区建设取得阶段性成果，规划建设高铁、空港和海港商圈。中心城市辐射带动能力大幅提升，县域经济跨上新台阶，镇级经济实力明显增强，全市城镇化率达到68%。创新型城市建设全面推进，科技进步贡献率超过60%。

"一带一路"建设取得新进展。基本建成中哈物流合作基地，形成上合组织出海基地体系布局。港口30万吨级航道全面完成，成为集装箱干线港、枢纽港和"一带一路"重要出海口。铁路网基本建成，全面进入"高铁时代"。连云港成为区域性重要交通枢纽和物流中心，全方位开放格局更加完善，东陇海经济带的支撑作用进一步提升，"一带一路"交汇点核心区、先导区的作用得到有力发挥。

人民生活水平普遍提高。社会就业更加充分，创业致富蔚然成风，城乡居民收入保持两位数增长。多层次社会保障体系更趋完善，社会保障制度更加公平更可持续。教育质量明显提升，教育资源更加均衡。居民健康主要指标达省定标准。建成全覆盖的养老服务体系。人居环境得到提升。公共安全水平提高，人民群众的安全感持续增强。

生态环境明显改善。生产生活方式绿色低碳水平明显提升，单位地区生产总值资源消耗下降、环境质量改善均达到国家控制要求。生态文明建设推进机制和制度体系健全。山体景观特色得到彰显，滨水生态廊道形成，连云港的天更蓝、山更绿、水更清。

社会文明程度大幅提升。社会主义核心价值观得到自觉践行，精神文化生活更加丰富，爱敬诚善的社会风尚更加浓厚，全社会凝聚起强大正能量。人民群众思想道德、科学文化素质明显提高，全社会法治意识增强。文化事业和文化产业繁荣发展，公共文化服务体系更加完善，对外文化交流不断扩大。

全面深化改革持续推进。扎实推进行政体制改革，切实转变政府职能。市场化改革取得显著成效，市场体系更加完善，政府作用得到更好发挥。治理体系和治理能力现代化实现重大进展，形成系统完备、科学规范、运行高效的体制机制。法治连云港建设稳步推进，法治政府基本建成。人权得到切实保障，产权得到有效保护。

实现"十三五"目标，我们将采取以下主要举措：

一是坚持产业强市、工业立市，着力增强综合经济实力。以供给侧改革为方向，以扩量提质为目标，深入实施转型升级工程、农业现代化工程，贯彻"中国制造2025"和"互联网+"行动计划，促进集中集聚集约发展，加快推进农业现代化，建设沿海新型制造业基地，促进服务业提档升级。

二是坚持新型城镇化、城乡一体化发展，着力展现国际海滨城市新风貌。坚持以人的城镇化为核心，尊重城市发展规律，按照五大统筹要求，加快优化城市空间布局，大力提升城市功能、品质，构建现代城镇体系，全面推进港产城融合发展，打造宜居宜业的海滨城市。

三是坚持融入"一带一路"、推进海陆双向开放，着力提升国际化水平。打造区域性国际航运中心、面向"一带一路"的国际物流中心和上合组织出海基地，搭建各类开放合作平台，广泛汇聚优质发展要素，深入开展对外交流合作，开放型经济发展取得新成效。

四是坚持深化改革、创新驱动，着力激发内生发展动力。把深化改革贯穿于经济社会发展各个环节，不断突破制约生产力发展的体制性障碍，最大化释放改革红利。把创新作为引领发展的第一动力，把人才作为引领发展的第一资源，深入实施科技创新工程，全面激发经济社会发展活力。

五是坚持绿色发展、低碳发展，着力推进生态文明建设。优化国土空间开发格局，加大环境污染治理力度，着力改善绿色生态环境，大力发展循环经济，完善生态环境保护制度体系，实施蓝天、清水、绿地工程和美好城乡建设工程，建设美丽港城。

六是坚持以人为本、共享发展，着力改善民生和加强社会建设。把新增财力主要用于民生事业，协调推进劳动就业、社会保障、文化教育等各项民生社会事业，不断推进公共服务均等化，深入实施社会治理创新工程和文化建设工程，努力提高人民群众的获得感和幸福感，大力促进社会文明进步。

2016 年主要目标和重点工作

2016 年是实施“十三五”规划的开局之年，做好全年工作意义重大。今年工作总的要求是：全面贯彻中央、省委的决策部署，落实市委十一届十一次全会和全市经济工作会议精神，适应经济发展新常态，坚持稳中求进总基调，统筹抓好稳增长、调结构、惠民生、防风险各项工作，在保持经济运行在合理区间的同时，着力加强结构性改革，加快培育新的发展动能，增强持续增长动力，扎实推进“一带一路”交汇点核心区先导区建设，为“十三五”时期实现“全面达小康、迈上新台阶”的总目标开好局、起好步。

今年主要预期目标是：全市地区生产总值增长 10% 以上，一般公共预算收入增长 10% 左右，规模以上工业增加值增长 11% 以上，规模以上固定资产投资增长 20% 以上，社会消费品零售总额增长 11% 左右，外贸进出口总额保持正增长，实际利用外资 9 亿美元，港口吞吐量、集装箱运量分别增长 5%，城乡居民收入与地区生产总值保持同步增长，研发投入占 GDP 比重达 1.7%，居民消费价格指数不高于省控线，节能减排完成省定任务。

围绕实现上述目标要求，着重做好以下八个方面工作：

一、坚持产业强市战略，推动经济持续健康快速发展

按照供给侧改革新思路，实施转型升级工程，对接国家、省制造业发展新战略，推动产业向中高端水平迈进、集中集聚集约发展，不断增强综合经济实力。

加快突破工业经济。继续深化“企业服务年”活动，降低实体经济运营成本，加大指导帮扶力度，推动企业加快发展，全市净增规模以上企业 100 家。做大做强优势产业。引导新医药、新材料、新能源和先进装备制造业龙头企业提升核心竞争力，带动上下游产业、关联产业发展，着力形成配套完善的产业链条。借助大型药企研发优势，加快打造新医药公共服务平台，积极发展生物医药、天然医药、创新中药、先进医疗器械等产业。发展国内领先的高性能纤维、碳纤维复合材料产业，提升硅材料、新型电子材料产业水平。加快突破核电装备、海洋工程装备、IGCC 装备制造、智能制造等先进装备制造产业。改造提升传统产业。以优化布局、结构调整、技术改造和产业链延伸为重点，推动化工、金属冶炼等传统产业转型升级。确保石化产业基地规划尽快获得国家发改委批复，力争盛虹炼化一体化项目通过核准并开工建设。积极承接钢铁产业转移，加快推进钢铁基地建设。加快实施益海精细化工脂肪胺、连云港碱厂技改搬迁等技改项目，完成规模以上技改投资 900 亿元。积极推进两化融合，全年新增省级两化融合示范试点企业 5 家。开展质量提升行动，加强质量、标准和品牌建设。淘汰置换落后产能。强化环保、能耗、技术、安全等标准，持续推进小化工、污染企业整治，加快淘汰落后产能，消化一批存量，严控新上增量。妥善清理“僵尸企业”。开展“僵尸企业”排查，积极稳妥抓好兼并重组或依法破产，盘活土地、资金、设备等存量资产，释放生产潜力。同时，推动建筑企业提档升级，着力做大做强建筑产业，建筑业总产值达到 780 亿元。

加快发展现代服务业。以生产性服务业为重点，着力打造服务业集聚区，加快实施服务业重点项目。大力发展物流产业，建成用好港口物流园区、雅仕保鲜冷链物流基地、天马云仓物流配送中心等物流平台建设，加快提升现代物流发展水平。加快发展现代金融业，全年社会融资规模达到 530 亿元，新引进

3家以上金融机构，推动10家以上企业在“新三板”及区域性股权交易中心挂牌，推动互联网金融健康发展。着力壮大旅游产业，完善旅游公共服务体系，优化旅游市场环境，积极培育旅游新业态，开发智慧旅游系统，启动花果山南侧大型综合游客服务区建设，创成花果山国家AAAAA级景区，推进海洋极地馆、秦山岛等重大旅游项目开发建设。积极发展文化创意产业，加快推进星海湖文化创意产业园、连云港众创谷、西游记影视动漫城等文化园区建设。提升商贸服务业，推进传统商圈改造，推动商贸服务业转型升级。培育新兴服务业态，积极发展服务外包、研发设计、检验检测、电子商务、健康服务等现代服务业。稳定发展房地产业，加快商品房库存消化，满足群众刚性和改善性住房需求。

全面提升项目承载能力。市开发区建成金融大厦、连城新能源创新中小企业园等配套工程，着力打造产业高端化、功能现代化、环境生态化新型科技园区。国家高新区着眼于服务全市创新发展，加快建设具有区域影响力的大数据中心、公共检测中心、创新创业服务中心等载体平台。徐圩新区完善石化、精品钢“两大基地”及节能环保科技园基础设施，着力完善配套服务，加快建设一体化、大型化、清洁化产业园区。加快推动海洋经济创新示范园区建设，吸引优质要素向园区加速集聚。各县区开发园区加快完善供水、供热、污水处理等基础设施，为产业项目落户创造良好条件，为做强县域经济夯实基础。高度重视镇级经济发展，本着宜农则农、宜工则工、宜商则商的原则，进一步拓宽思路，倾斜扶持乡镇产业园区建设，为推进城镇化奠定扎实的产业基础。深入开展低效闲置土地清理，盘活存量土地13800亩，其中市区8300亩，为项目落户提供土地保障。加强国家电网和输变电重点工程建设，为经济社会发展提供电力支撑。

二、融入“一带一路”建设，增创开放发展新优势

牢固树立开放发展理念，坚持扩大开放与做优平台互动并进，深入推进“一带一路”交汇点核心区先导区建设，着力打造海陆东西双向开放门户。

推进综合交通枢纽建设。加快港口建设，优化提升主体港区功能，开工建设30万吨级航道二期工程、30万吨级原油码头，建成旗台作业区2个液体散货泊位。建成徐圩港区东防波堤、赣榆港区防波堤二期工程。完善集疏运体系，推进连盐铁路上合组织物流园、徐圩港区、赣榆港区支线建设。加快实施灌河航道整治工程，开通至淮安、扬州以及长江沿线主要港口的内河航线。稳定并扩大“连新亚”“连新欧”运营规模，开行重庆等城市经连云港至日韩多式联运班列。加快连盐、连淮扬镇、连青铁路建设，开工建设徐连高铁。推进市域公路网建设，204国道市区至灌南段路基贯通，加快推进345、235省道建设。优化机场航线网络，推进新机场建设前期工作。

强化开放载体平台建设。加快国际商务中心建设，着力构筑对外开放公共服务体系。推进中哈物流合作基地二期工程、上合组织国际物流园和大宗商品交易中心、东中西区域合作示范区资源集中采购中心建设，打造重点面向中亚、日韩以及中西部地区的大宗货物集散交易基地。综合保税区获批，赣榆、徐圩港区正式开放，灌河港区实现临时开放。举办第三届连博会。开工建设新亚欧大陆桥安全走廊国际执法合作论坛永久会址和“一带一路”国际执法安全培训研究中心。积极打造人文交流平台，扩大与“一带一路”沿线国家、地区的经贸合作。

提升开放型经济水平。积极复制自贸试验区经验，推广投资、贸易、金融和综合监管制度四项改革。完善扩大出口综合政策，拓展转口贸易、离岸贸易、租赁贸易等业务，努力培育出口竞争新优势。推动连云港保税展示交易中心、大陆桥跨境电商产业园、东海水晶城大力发展跨境电子商务。加快企业“走出去”步伐，培育一批具有国际竞争力的本土跨国企业。完善开发园区考核机制，促进开发园区集中集聚集约发展。扎实做好招商引资工作，坚持一、二、三产并举、大中小项目齐上、国资外资民资项目同抓、市县区镇联动，创新招商引资方式，加强产业链招商、专题招商和以商招商，确保招商引资取得重大突破。

三、加快海滨城市建设，提升城市综合承载力

贯彻新型城镇化和城乡发展一体化战略，完善现代城镇体系。坚持以人为本，完善功能、提升品质、精细管理，建设宜业宜居家园。

强化基础设施配套。完善城市路网体系，新建云宿路、文苑路等30条城市道路，改造秦东门大街西段、中华路等20条老城区道路，打通西盐河河滨路、凤鸣路等10条断头路，提升城区道路通达能力。更新新能源公交车辆400台，新辟优化调整公交线路15条。完善市政公用设施，加快东港污水处理厂建设，提标改造大浦、墟沟污水处理厂，完成海州水厂深度处理主体工程和蔷薇湖输水泵站工程，建成市餐厨废弃物处理厂，改造维修老旧管网20公里，新建各类管网60公里。实施蔷薇河治理、东门五图河整治、猴嘴闸迁建等工程，完成石化产业基地除涝一期工程建设以及绿园路等城区雨水管网整治，启动实施地下综合管廊10公里先导工程。完善农村生活垃圾收运处置体系，所有镇区垃圾无害化处理率达100%、农村达80%。

加快完善城市功能。深化城市功能分区，实施十大类684项建设项目，年内完成投资502亿元。提升综合服务功能，实施教育、医疗、商务、办公等公共服务项目97项，确保海州高级中学、苍梧小学西校区、科技创业城、万达广场建成投用。提升景观环境，启动西凤凰山、凤凰湖公园建设，完成月牙岛、孔望山和桃花涧等景区改扩建，改造后云台山景观，推进以玉带河为重点的河滨绿化、道路提升工程，启动15平方公里海绵城市示范区建设，新增绿地面积300公顷。提升老城区形象，实施白虎山批发市场、人民西路、德邦化工周边及开发区猴嘴等片区旧城改造，完成房屋征收200万平方米，改造70个老旧小区，实施老城区300条、50公里背街小巷整治工程。

健全长效管理机制。强化规划引领，树立系统思维，科学谋划城市“成长坐标”，推进“多规合一”。完成城市总规修编报审，编制城市地下管线、综合管廊、海绵城市示范区等专项规划，修编户外广告设置规划。提高城市管理智慧化水平，建立地下管网信息系统、市区污水管网泵站联网监控管理系统、建筑工地实时监控系统等智慧信息平台。开展城市环境综合整治行动，探索建立禁违控违长效管理机制。深化市容环境秩序扁平化、网格化管理。巩固建筑工地及道路扬尘专项整治行动成果，建立健全道路积尘防治机制，开征城市施工工地扬尘排污费。推进城市供水、供热运营机制改革，探索环卫作业市场化，增强公共产品和公共服务保障能力。落实职能部门和属地管理责任，提升物业管理综合服务水平。

四、深入推进改革创新，激发整体发展活力

加大改革攻坚力度，大力实施科技创新工程，积极推进大众创业、万众创新，加快形成引领经济发展新常态的体制机制。

加快突破重点领域改革。进一步转变政府职能，继续推进行政审批制度改革，探索“容缺预审”“限时补报”项目审批制度，实施“联合审图”“多评合一”等便企措施，推进“户籍服务改革”“公积金流程优化”等便民举措。深化财税体制改革，健全政府全口径预算管理体系。理顺市、区财力分配关系，实施新一轮市区财政管理体制改革。推动金融改革先行先试，争取跨境人民币创新试点政策获批实施。深化国资国企改革，优化调整国有资本布局，深化薪酬制度改革，健全运营监督机制和风险管控体系，完善法人治理结构和现代企业制度。推进农村综合改革，完成农村承包土地和小型水利工程确权登记颁证工作，启动第二批经济强镇行政管理体制改革试点。加快文化体制改革，完善国有文化企业的治理结构和运营机制。推进旅游改革创新先行区建设，完善管理经营体制机制，大力整合旅游资源，组建旅游发展控股集团。继续推进城市公立医院改革，加快分级诊疗制度建设。实施机关事业单位养老保险制度改革。推进环保监测监察执法垂直管理。开展海洋与渔业综合执法体制改革试点。

深入推进科技创新。强化企业创新主体作用，实施科技企业培育“十百千”工程，推广科技金融服务产品，加快培育一批创新型领军企业和科技型中小企业，高新技术企业总数突破200家，新增省级以上企业研发机构20个。加快创新载体平台建设，建设共性技术研发及公共服务平台10个，推动科研基础设施和大型科研仪器开放。加速科技成果转化，组织实施重大科技创新与成果转化项目50项，开发高新技术产品200项，着力打造具有地方特色的产学研合作品牌。切实加大对国家级高新区支持力度，鼓励高新区整合用好现有资源，大力引进外部创新资源，加快建设全市创新发展高地。实施更加积极的创新人才政策，引进各类高端人才500名以上。推进知识产权试点城市建设，加强专利创造运用，培育知识产权优势企业10家，全市授权专利4000件以上。

鼓励支持大众创业。加快构建众创空间，推广创客空间、创新工场等新型孵化模式，发挥行业领军企业、创业投资机构、社会组织等社会力量的主力军作用，发展众创空间5个以上，新增市级创业示范基地10个、省级创业示范基地1个。加快营造有利于创业的制度环境，深化“三证合一、一照一码”商事制度改革，支持创业投资发展，引导社会资金和金融资本支持创业。大力培育企业家精神和创客文化，支持社会力量举办各类创业培训活动，形成支持创新、投身创业的生动局面。

五、扎实做好“三农”工作，推进农业农村现代化

以保障农产品有效供给和促进农民增收为核心，深入实施农业现代化工程，加快农业转方式、调结构、强基础。

大力发展现代农业。开展永久基本农田划定，全面推进粮食高产增效创建，建设万亩示范片90个。深入推进农业结构调整，发展适度规模经营，加快打造现代农业示范带，新增土地流转10万亩、设施农（渔）业7万亩，生猪规模养殖比重达65%。壮大新型农业经营主体，提高家庭农场发展质量，强化农民合作社规范管理，扶持龙头企业做大做强，新增销售超亿元龙头企业5个。加快提升园区主导产业和综合配套，建成全产业链现代农业园区5个。全面落实支农政策，建立农业融资担保体系，健全政银农合作长效机制，涉农贷款增长10%。加快建设连云港国家农业科技园区，完善农业人才、科技支撑体系，加强与江苏农职院等高校科研院所合作，新培育职业农民3万人、科技示范户1万户。

促进农村一、二、三产业融合发展。加强“一带一路”农业国际合作示范区建设，加快推进东海中澳肉牛、灌云丹育种猪等50个重点项目，建成市级农业信息大数据中心，农产品出口额继续保持全省前列。扎实开展“电子商务进农村”，建设电商示范村50个，农业电商交易额达20亿元。开展农业休闲观光旅游示范村创建，建成市级乡村旅游示范点20个，乡村旅游收入达30亿元。强化特色品牌培育，启动创建国家农产品质量安全市，争创国家地理标志保护产品，新增无公害、绿色、有机农产品100个。

提高农业物质装备水平。推进高标准农田建设，实施新一轮农田水利建设年，新增旱涝保收田15.5万亩、高标准农田7.5万亩，疏浚整治县乡河道88条、村庄河塘1592个。提升禽畜、水产养殖标准化水平，新改建标准化示范场20个，完成标准化池塘改造2万亩，建成农业物联网应用示范点10个。推动远洋渔业发展，建成高公岛渔港，新增远洋渔船10艘。提升农机化服务水平，秸秆机械化还田率保持50%以上，水稻机械化种植水平达到80%，新增适度规模经营农机合作社20家，新建储粮仓容8万吨。

提升农村公共服务水平。完善城乡发展一体化规划体制，修订镇村布局规划，切实加强小城镇建设。有序推进农业转移人口市民化，构建落户成本科学分担机制，维护进城农民的土地承包权、宅基地使用权和集体收益分配权。深化美丽乡村建设，全面推广“六位一体”农村环境长效管护机制，建成示范片区6个，新改建农村卫生户厕3.6万户。新改建农村公路300公里，改造桥梁30座，镇村公交开通率达50%。全面解决剩余24万农村人口饮水问题。

六、加强生态文明建设，打造山青水美好家园

落实绿色发展理念，深入实施生态文明建设工程，加强污染防治和生态保护，把生态环境打造成区域竞争优势。

推动绿色低碳循环发展。完成战略环评报告，着力构建科学合理的产业、生活、生态空间格局。积极开展低碳城市试点，推广应用清洁生产先进适用工艺技术，实施万吨企业低碳行动。建立能效在线监测平台，完善一企一档环境管理制度，积极引导企业发展循环经济项目，实现节能减排。全市完成重点节能改造项目30个，力争节约15万吨标煤，污染排放强度和总量双下降，完成省下达任务。

加强大气和水环境治理。深入开展扬尘污染控制，加强工地监管、道路保洁和渣土车辆管理，实施企业脱硫脱硝和除尘设施提标改造，加快推进城区重污染企业搬迁。开展废气排放企业专项整治，严格查处环境违法行为。强化秸秆禁烧和综合利用，巩固常态化管理机制。开展蔷薇河上游污染综合整治行动，实施大浦河、排淡河等河道清淤疏浚，着力消除城市河道黑臭水体。全面实施水环境区域补偿工作，确保水质断面考核良好。深入推进化工园区专项整治。

加强生态环境建设。实施生态文明建设“七大行动”，市开发区建成国家生态工业示范园区，海州、连云建成国家级生态区，灌云、灌南建成省级生态县。严厉打击非法开山采石，强化废弃塘口整治复绿。严格落实耕地保护和生态红线制度，开展最严格水资源管理考核。加强临洪河口湿地等生态保护，启动花果山国家森林公园创建，推进国家级海洋牧场示范区和海洋生态文明示范区建设，加快构建核心生态网络体系。新增造林8万亩，林木覆盖率达到29.4%，创成全国绿化模范城市。完成秦山岛生态整治修复示范项目，建设海洋环境在线监测系统，构建海洋生态安全保障体系。

七、持续推动民生改善，提高人民群众幸福感

深入实施民生幸福工程，以十项重点民生工程48件实事为抓手，加大民生投入力度，增加公共服务供给，让老百姓的幸福更有质感。

拓宽居民收入渠道。把解决百姓就业作为民生改善的首要任务，作为脱贫致富、居民增收的重要举措。实施更加积极的就业创业扶持政策，鼓励支持返乡创业带动就业，新培育私营企业1万户、个体工商户2万户，新增城镇就业5万人、转移农村劳动力2.5万人。实施大学生就业促进计划，引领大学生创业1000人。加大对劳动密集型企业、中小微企业扶持力度，创造更多就业岗位。推进企业建立和完善工资集体协商制度，稳步提高城镇职工工资性收入。探索建立村级经济增收长效机制，拓宽农民持续增收渠道。启动实施新一轮脱贫致富奔小康工程，以基础设施建设为突破口，加大集中连片贫困地区帮扶力度，实现40个经济薄弱村、12万低收入人口更高标准脱贫。

提高社会保障水平。实施全民参保计划，城镇职工“五险”平均新增参保人员1.2万人以上，城乡居民参保率进一步提高，新增被征地农民100%刚性进保。完善城乡医疗保险政策，稳定住院费用报销比例。完善养老服务体系，推进医养融合，养老床位总数达到每千名老人35张。推进保障性安居工程建设，建成公租房1400套。统筹城乡低保、医疗救助、应急救助、慈善救助等政策，形成政策衔接、制度整合、机制完善的救助体系，保障困难群众基本生活。加强城市流浪乞讨人员救助管理，实施农村留守儿童关爱工程。

加快发展社会事业。以办人民满意教育为目标，推进学前教育优质普惠发展、义务教育资源均衡化发展、高中教育特色多样发展。改造中小学校舍30万平方米，新建幼儿园18所，海州主城区新改扩建中小学校5所。改善提升县、乡镇办学条件，农村学校国家信息化达标率提高到80%。强化教师队伍尤其是农村教师队伍建设，培育农村骨干教师550名。完善现代职业教育体系，推动职业教育特色发展、打造品牌。推进现代医疗卫生体系建设，提升县、乡、村三级医疗卫生机构建设水平，新增省级示范卫生院（中心）6个、卫生室（站）14个，赣榆区人民医院加快创成三级乙等医院。建成市一院新海新区医院、市妇幼保健院新院区门诊楼，开工建设市康复医院新院区。依法实施全面两孩政策。着力打造健康连云港，加大健康教育宣传力度，提升健康医疗水平，积极发展健康产业，推进健身设施建设，着力培育健康活动社会性组织，推动群众广泛开展文体活动，为增进全市人民身心健康创造条件。深入实施文化建设工程，大力推进文艺精品创作，加强公共文化服务标准化建设，文化艺术城基本建成，档案馆新馆投用。推进省公共体育服务体系示范区创建，加快全民健身中心建设，提升体育设施运营管理水平。加强全媒体城市综合信息平台建设，完善APP社会服务功能，满足市民多样化的信息需求。

实施社会治理创新工程。深化群众性精神文明创建。推广全民阅读活动，实施全民科学素质提升行动。推进多层次多领域依法治理，拓展和规范法律服务，启动“七五”普法，提高社会依法自治水平。深入推进“三社联动”，乡镇（街道）“政社互动”运行机制覆盖率达90%，县区、乡镇（街道）社会组织孵化基地建设率分别达100%、20%。加强宏观质量管理和食品药品市场监管，进一步强化安全生产工作，优化应急联动和防灾减灾救灾机制。健全完善价格调控体系，保持市场价格平稳运行。深化平安港城建设，加强现代信息科技运用，强化基层基础建设，创新完善立体化社会治安防控体系。畅通信访渠道，加强信访矛盾源头防范，推动信访形势进一步好转。提升政府热线服务水平，及时回应群众诉求。加强国防动员、双拥共建和民兵预备役工作，推动民族宗教、气象、地震、地方志、红十字、见义勇为和关心下一代等事业再上新台阶。

八、加强政府自身建设，不断提升政府履职能力

形势的发展、事业的开拓、人民的期待，要求我们加快建设服务型、效率型、务实型、法治型、廉洁型政府，增强政府执行力和公信力，促进治理体系和治理能力现代化。

建设服务型政府。服务人民、服务发展是人民政府的根本宗旨。坚持把为民造福作为第一准则，推动更多公共资源向民生倾斜，建立更加完善的公共服务体系，努力满足人民群众对美好生活的向往。坚持把尊重民意作为第一导向，深入基层、企业、群众，准确把握基层的呼声、企业的需求、群众的期盼，切实做到问政于民、问需于民、问计于民。坚持把群众满意作为第一标准，畅通政府与公众互动渠道，让政府工作更多地由群众来评判。

建设效率型政府。提升效率是加快发展的内在要求。坚持简政放权、放管结合、优化服务，深入推进行政审批制度改革和政府职能转变，该放的权放到位，该管的事务管住管好，不断释放市场活力和社会创造力。坚持管理创新和制度创新，着力发挥市、区（县）两级积极性，加快形成权责一致、分工合理、决策科学、执行顺畅、监督有力的行政管理体制。坚持“立说立行、马上就办”的工作作风，着力提高各级政府部门办事效率，切实解决群众、企业反映的突出问题，为大众创业、万众创新提供良好环境。

建设务实型政府。求真务实是事业兴旺的关键所在。牢固树立“思想务实，举措求实，工作落实”的理念，竭力抓发展，全力惠民生，量力搞建设。思想务实就是坚持实事求是，既高举加快发展大旗，自我加压提升标杆，又坚决不搞形式主义，不做表面文章，不搞虚假增长，不搞劳民伤财的形象工程。举措求实就是保持战略定力，狠抓项目建设，扩大有效投入，坚定不移推进产业立市战略，着力解决难事，大力兴办实事，全力以赴推进民生改善。工作落实就是要埋头苦干、真抓实干、敢抓敢干、多谋善干，把确定的各项目标任务不折不扣落到实处。

建设法治型政府。建设法治政府是依法治市的核心内容。坚持依宪施政，依法行政，把政府工作全面纳入法治轨道。积极做好政府立法工作，依法履行职责，努力做到所有行政行为都于法有据，任何政府部门都不得法外设权。坚持依法科学民主决策，完善政府法律顾问制度，开展重大决策举措第三方评估。严格规范公正文明执法，加快推进综合执法，全面落实行政执法责任制。推进政务公开，加快政府诚信建设，定下的民生实事说到做到，对企业的承诺严格兑现，切实做到言必行、行必果，取信于民，取信于企业，取信于社会，以政府诚信施政引领全社会诚信建设。强化法治教育，弘扬法治精神，让公平、正义的法治价值观成为全社会的共同信仰。自觉接受人大及其常委会工作监督、法律监督和人民政协民主监督，高度重视社会和舆论监督。

建设廉洁型政府。廉洁是政府公信力的基石。自觉践行“三严三实”，扎实推进惩治和预防腐败体系建设，严格政治纪律和政治规矩，坚持不懈纠正“四风”，认真落实党风廉政建设责任制，强化“一岗双责”，切实遵守中央八项规定精神和国务院“约法三章”，严格规范“三公”经费等一般性支出。加强政府内部权力制约，坚持用制度管权、管事、管人，深入开展审计监督、行政监察，从体制机制上铲除滋生腐败的土壤。深入推进反腐败斗争，严肃查处各类违法违纪案件，着力解决损害群众利益的突出问题。切实加强党风廉政教育，把廉洁自律准则的各项要求刻印在各级干部心头上、落实到行动中，努力实现干部清正、政府清廉、政治清明。

各位代表！面对全市人民的新期待，我们深感责任重大；站在历史发展的新起点，我们豪情满怀。让我们在市委的正确领导下，倍加珍惜不可多得的历史机遇，倍加珍惜来之不易的发展势头，围绕全年任务以及“十三五”确定的各项目标，万众一心，奋力拼搏，为建设经济强、百姓富、环境美、社会文明程度高的新港城而努力奋斗！

政协连云港市第十二届委员会常务委员会工作报告（摘要）

——2016年1月16日在政协连云港市第十二届委员会第五次会议上

仲　琨

各位委员：

我代表政协连云港市第十二届委员会常务委员会，向大会作工作报告，请予审议。

2015 年工作回顾

2015 年是我市抢抓“一带一路”重大战略机遇，全面深化改革，经济社会发展取得显著成效的一年。一年来，在中共连云港市委的领导下，市政协深入学习贯彻中共十八大、十八届三中、四中、五中全会和习近平总书记系列重要讲话特别是视察江苏重要讲话精神，紧紧围绕全市发展大局，牢牢把握正确履职方向，团结带领政协各参加单位、广大政协委员，认真履行政治协商、民主监督、参政议政职能，为推动全市改革发展做出了积极贡献。

一、加强学习，提高认识，广泛凝聚思想政治共识

坚持把学习作为认真履职的源泉动力、协商议政的成事之基，不断增进思想政治共识，准确把握政协工作方向，自觉把中央和省市委的决策部署贯彻到政协工作中去，坚定不移走中国特色社会主义政治发展道路。

深入学习贯彻习近平总书记系列重要讲话特别是视察江苏重要讲话精神。制定专门学习计划，分专题定期组织学习，深刻领会“四个全面”战略布局的重大意义和丰富内涵，努力把握“五个迈上新台阶”的工作要求，认真贯彻落实市委全会精神，确保中央和省市委的决策部署在政协履职实践中全面落实和体现，引导广大政协委员和社会各界人士自觉做中国特色社会主义共同理想的执着追求者、中国梦连云港篇章的带头实践者。组织委员围绕推进“一带一路”交汇点建设开展专题研讨，提出加快推动西向开放道路联通、健全口岸大通关体系、打造产业合作示范基地等意见和建议，得到了市委书记杨省世同志的高度重视并作了重要批示。

深入学习贯彻中共十八届五中全会精神。把学习贯彻五中全会精神作为首要政治任务，在全市各级政协组织、政协各参加单位、广大政协委员中迅速掀起学习贯彻热潮，并及时向社会各界群众宣传五中全会重大意义和科学内涵，广泛凝聚共识。以科学编制“十三五”规划为主题，召开提案办理专题协商会，组织政协委员和专家学者重点就“十三五”时期的目标任务、发展战略、城市定位等重大问题积极建言献策，提出提升规划编制科学化水平、加强交汇点建设制度设计、打造立体交通走廊等对策建议。市委书记杨省世同志予以充分肯定，批示相关部门逐项研究，并纳入市“十三五”规划建议中。

深入学习贯彻习近平总书记在庆祝人民政协成立 65 周年大会上的重要讲话精神。通过常委会议、主席会议、界别讨论、举办专题讲座、编印《学习资料》等多种形式，组织和引导委员深入学习习总书记重要讲话精神，深化对习近平总书记关于人民政协工作的新思想、新观点、新论断、新要求的理解，深刻认识社会主义协商民主建设的理论内涵和重大意义，准确把握推进协商民主广泛多层制度化发展的渠道和方式。邀请中央社会主义学院教授就解读总书记重要讲话精神、推进协商民主建设作专题讲座，提升广大政协委员识大局、议大事，参与协商民主实践的能力和水平。

二、围绕中心，服务大局，努力为全市改革发展献计出力

紧紧围绕市委、市政府重要决策部署，主动呼应，认真谋划，务实作为，以“汇聚力量、推进改革、服务发展”和“为‘一带一路’建设献计出力”主题活动为抓手，充分发挥人民政协独特优势，积极整合各方资源，为推动全市改革发展贡献智慧和力量。

为助推“一带一路”交汇点建设建诤言。“一带一路”战略是连云港的重大发展机遇。围绕抓住用好这一机遇，深入开展协商议政，通过重点调研、专题协商等多种履职方式，形成了一批具有前瞻性、科学性和可操作性的调研报告。《江苏融入“一带一路”要重点做好新亚欧大陆桥文章》在专供省四套班子领导参阅的《决策咨询专报》上刊登，《关于深入推进连云港“一带一路”交汇点建设的调研报告》、《关于泉州“海上丝绸之路”先行区建设的调研报告》等十余篇调研成果得到市委、市政府主要领导批示，并批转有关部门认真研究落实，许多意见、建议被市委、市政府重要文件吸收采纳。在省政协全会上作关于推进“一带一路”交汇点建设的发言，提出加大力度推进连云港申报设立自由贸易港区、陇海客运专线徐连段建设等建议，在省级层面为连云港发展争取更多关注和支持，得到省委、省政府主要领导的肯定和重视。

为实施产业强市战略出实招。市委、市政府高度重视产业发展，明确提出要高举产业强市大旗，把产业发展作为经济工作的重中之重。市政协主席会议围绕推进产业强市的路径和突破口进行专题调研，就高新区建设、商会企业发展开展专题协商；常委会议视察上合组织国际物流园、田湾核电站、赣榆港区等重大项目建设，并就加快产业发展进行重点协商；相关专委会围绕招商引资、优化投资环境、港口物流、跨境电子商务、创新驱动等重大课题，组织委员深入调查研究，形成了《关于加强我市招商引资工作的调研报告》《关于借鉴兰洽会经验推动连博会转型升级的建议》《关于搭建电商换市平台的调研报告》等一批调研成果，得到市委、市政府的高度重视和有关部门的积极采纳。扎实开展“企业服务年”活动，从主席会议成员到各委室都建立了联系重点企业和委员企业制度。市政协班子成员联系挂钩 24 个重点项目和企业，各委室联系服务 21 家委员企业，确定 12 项专题调研，先后组织开展了为侨台资企业送规划、银行与委员企业现场对接等活动，协调解决制约企业发展的困难和问题。

为深化重点领域改革添助力。2015 年是我市全面深化改革的关键之年。围绕全市年度十大重点改革任务，市政协主席会议开展专题协商，听取有关部门情况通报，组织委员和专家学者重点就完善工业、城建、港口等企业集团改革重组方案认真研讨论证，提出明确企业集团主业定位、完善相关政策配套措施、强化重点领域和关键环节监管、做好风险评估和应急预案等对策建议，形成书面材料上报市委、市政府，许多意见、建议在相关改革方案中得到体现。广大政协委员、政协各参加单位还就政府机构改革、行政审批制度改革、公立医院改革、旅游管理体制改革等进行调研，积极为全市改革发展建言献策。

三、以人为本，关注民生，努力为构建和谐社会贡献力量

坚持把实现好、维护好、发展好最广大人民的根本利益作为政协履职的出发点和落脚点，协助党委政府做好协调关系、理顺情绪、凝聚人心、增强合力的工作，共促和谐社会建设。

注重开展民生视察活动。市政协常委会议重点对市委、市政府确定的十大民生工程、百件惠民实事进行视察，积极推进相关工作落实。主席会议专题调研视察城市河道整治、临洪河口湿地生态保护、蔷薇湖备用水源地建设情况，推动城市水环境改善，保障居民饮用水安全。主席会议、常委会议还高度关注连云港综合客运枢纽建设，开展专题协商，提出的意见和建议得到相关部门的重视和采纳。积极开展民生事业专题视察，选择生态建设、社区管理、居家养老、食品监管、校园安全等群众关注的焦点，组织委员开展10余次专项视察活动，并以多种形式将委员们所提意见建议，及时反馈相关部门。

加大民生提案办理力度。市政协十二届四次全会以来共收到提案408件，其中立案384件，有关民生问题提案200多件。市政协高度重视提案工作，着力抓好提案交办、追踪反馈、督促检查、舆论推动等关键环节，探索创新办理机制，不断提高办理实效。坚持和完善市政府领导领办、市政协领导督办重点提案制度，推动与群众生产生活密切相关的民生事项得到有效解决。召开养老体系建设专题提案办理协商会，提办双方现场互动协商，年末又采取主席会议视察和座谈的方式进行跟踪督办。市民政、财政、规划、建设等承办单位积极采纳委员意见和建议，研究出台推进养老事业发展的政策措施，加大养老机构建设力度，一座设施一流的现代化社会福利中心建成并投入运行，为港城百姓尤其是残疾儿童和孤寡老人带来了福音，增进了幸福。

积极反映社情民意。通过完善机制、拓展渠道、强化服务等措施，积极反映社情民意，协调解决问题，提升民生福祉。全年共编报《社情民意》信息63期。关于加大城市污水处理厂管网互通应急系统建设、及早开工建设南岛线、解决海州赣榆两区间公交出行、开通公交实时查询系统等一批民生热点问题，得到市委、市政府高度重视，市相关部门积极采取措施，及时办理落实，取得良好成效。

扎实开展扶贫帮困。发挥委员专长和优势，组织开展“百名委员结对帮扶乡村行”、“金融扶贫乡村行”等活动，送科技、送法律、送文化、送医疗、送资金下乡，帮助困难群众和弱势群体发展经济、自主创业、脱贫解困。广大政协委员积极履行社会责任，主动投身光彩事业，真诚关爱弱势群体。认真开展东海县李埝乡对口扶贫工作，广泛联络各方力量，实施精准化扶贫措施，指导申报扶贫开发项目、争取配套资金，促进农民增收致富。

四、增进团结，发扬民主，努力汇聚改革发展正能量

充分发挥人民政协作为统一战线的组织优势，突出团结和民主两大主题，加强大团结，促进大联合，推动形成充满活力的政党关系、民族关系、宗教关系、阶层关系、海内外同胞关系，为连云港经济社会发展汇聚强大合力。

注重合作共事。各党派、各团体是人民政协的重要组成部分，发挥民主党派、工商联、无党派人士的作用，大力支持他们开展履职活动，使其成为政协经常性工作的重要组织者和参与者，为我市改革发展凝聚共识和力量。重视发挥工青妇等各界别、各团体的作用，通过大会发言、调研视察、座谈协商等，使其充分发表意见，有序参政议政。一年来，市各民主党派、工商联、无党派人士、人民团体围绕经济转型升级、港产城融合发展、现代农业、物流业、装备制造业、高等教育国际化、精准化扶贫、高层次人才建设等课题深入调研，向市委、市政府报送调研报告9篇，提交大会发言13篇，社情民意信息38篇，所提的意见和建议得到市委、市政府的重视和采纳。

注重团结联谊。认真做好对社会各个阶层包括新的社会阶层的团结工作，密切联系，增进友谊，凝聚人心，促进发展。加强与港澳台侨界委员的联系，主动走访台资和侨资企业，帮助解决生产经营中的问题。开展对台交流，为连云港农业国际合作示范区建设、促进现代农业交流合作牵线搭桥。加强与民族宗教界联系，全面贯彻党的民族宗教政策，大力促进民族团结、宗教和睦、社会和谐。成立市政协书画院，举办“五彩丝路——连云港兰州两地市政协书画名家精品联展”，加强与“一带一路”沿线城市的文化交流，扩大了连云港的影响。

注重联系协作。密切与上级政协、兄弟省市政协的联系，为他们来连调研视察、来访交流认真安排，搞好服务。协助做好省政协来连开展医药产业发展、沿海化工园区治理、推进基层社区管理和服务平台建设等调研视察工作，获得良好赞誉。加强市县区政协工作联动，有效提升了政协工作的整体合力。发起成立十一市州城市政协“丝绸之路经济带”建设协商促进会以来，开展了相互间的经贸文化交流活动，密切了联系，加强了互动，产生了广泛而积极的影响，许多城市主动提出加盟的迫切愿望。在中共连云港市委的重视和支持下，去年9月，二十三城市政协“一带一路”建设协商合作联盟在连云港正式成立，天津、西安、呼和浩特、兰州、银川、西宁、伊犁、开封、唐山、舟山、潮州、徐州、防城港等沿线城市加盟为成员。来自各地的市政协领导同志，参加了第二届连博会开幕式，考察我市经济社会发展情况，对连云港积极抢抓机遇，大力推进港口、产业、城市融合发展取得的成就和形成的发展氛围，留下了十分深刻的印象，给予了充分肯定和高度评价。“一带一路”建设协商合作联盟的成立，推进了沿线城市的密切往来、优势互补、协作联动，为促进跨地区经贸、人文等领域交流合作搭建了平台、创建了机制，为宣传推介连云港，促进我市“一带一路”交汇点建设发挥了积极作用。

注重文史宣传。发挥文史资料团结育人、存史资政、凝聚人心、服务现实的重要作用，开展我市各民主党派和政治协商发展历程以及新中国成立后史料征集工作。集辑出版《铭记——纪念中国人民抗日战争暨世界反法西斯战争胜利70周年》《考证——连云港市文物古迹实录》。加强政协宣传，编印《连云港政协》6期、《政协信息》16期，连云港政协网站运行良好。

五、务实创新，固本强基，努力提升政协工作科学化水平

以改革思维、创新理念、务实举措大力推进履职能力建设，不断提升政协工作水平和成效。

拓宽履职渠道，创新工作机制。积极探索民主监督新形式，认真组织实施市委转发的《市政协民主评议工作办法》，制定出台《民主评议工作实施方案》，组织委员进行全面深入的调研、视察、座谈、测评，提出具体整改建议，跟踪督查落实，有力地推动了被评议单位工作作风改进和服务效能提升。加强人民政协智库建设，成立由部分政协委员和专家学者组成的市政协咨政服务团，围绕市委、市政府中心工作和全市发展重大课题，开展调研论证、决策咨询、协商议政。重点围绕全市“十三五”发展规划编制、“一带一路”交汇点建设等10项课题，积极汇聚社会各界智慧力量，广泛开展咨政服务，所提建议和意见得到市委、市政府及相关部门的高度重视，显著提升了政协协商议政的水平。

强化委员主体作用，开展界别小组活动。切实加强委员履职管理与服务，进一步强化委员履职意识，不断提升委员履职能力，充分发挥委员在政协履职中的主体作用。成立并发挥好“政协之友联谊会”作用，使之成为联系广大政协委员的重要桥梁，发挥委员作用的有效平台，增进委员友情的美好家园，真正为委员加强联系、相互促进、知情问政、贡献才智提供重要载体和良好条件。重视发挥界别优势，引导各界别小组开展形式多样、富有特色的履职活动，先后围绕中小学教育布局规划、新型城镇化建设、文化产业发展、城市管理综合执法等开展调研视察，各界别小组踊跃协商议政，积极建言献策，许多意见和建议被市委、市政府及有关部门采纳，促使相关问题解决，推动工作顺利进行。

开展“三严三实”专题教育，持续改进工作作风。根据中央、省市委的统一部署和要求，认真组织开展“三严三实”专题教育，不断深化党的群众路线教育实践活动成果。精心制定方案，从严组织实施。党组成员带头讲党课，认真开展学习研讨交流；集体瞻仰周恩来纪念馆、焦裕禄纪念园，对照先辈先进深学细照笃行；党员领导干部带头列出个人“不严不实”问题清单，强化整改落实和立规执纪，推动专题教育务实有效开展。落实全面从严治党要求，深入学习贯彻好《中国共产党廉洁自律准则》和《中国共产党纪律处分条例》，牢固树立党章党规党纪意识，自觉做到内化于心、外化于行，守纪律、讲规矩。

加强“三型”机关建设，提升工作效能和服务水平。深入推进“学习型、活力型、和谐型”机关建设。制定出台《关于加强专委会工作的意见》，对专委会年度工作实施量化考核，强化责任，提升效能。发挥机关党委作用，加强政协机关党的思想建设、组织建设、作风建设，建立机关党员活动室，打造良好的党员教育活动阵地。开展“转作风、强素质、提效能”主题活动，强化学习、敬业、团结、进取四种意识，突出问题导向，改进工作作风，不断提升机关干部综合素养和整体工作效能，进一步增强服务发展、服务群众、服务委员的能力和水平。

各位委员，过去一年市政协工作取得的成绩，是中共连云港市委正确领导，市人大、市政府大力支持的结果，是市政协各参加单位、各专委会和全体政协委员团结奋斗的结果，也是与市各有关部门和单位、各县区和社会各界支持配合以及老同志的关心支持分不开的。在此，我代表市政协常委会表示衷心的感谢！

回顾 2015 年，我们深刻体会到，做好人民政协工作，必须始终坚持和依靠党的领导，这是保持正确的政治方向，有效履行政协职能的根本保证；必须始终坚持团结和民主两大主题，把增进共识作为思想政治建设的基础，深刻认识人民政协是建立在政治共识基础上的政治组织；必须始终坚持把服务大局作为履职尽责的中心，市委、市政府工作推进到哪里，人民政协工作就跟进到哪里；必须始终坚持为民宗旨，深入群众，深入基层，倾听民意，了解情况，把群众关注的民生问题作为履职着力点；必须始终坚持改革创新，主动适应新形势新任务新常态，积极探索新思路新办法新机制，努力开创政协事业的新局面。

我们还深切地感受到，做好人民政协工作，必须十分重视发挥委员的主体作用。市政协 400 多名委员来自全市各行各业，是各界别的优秀代表和精英群体，大家不仅在本职工作上爱岗敬业、积极奉献，而且始终铭记委员职责，肩负历史使命，心怀港城，情系百姓，围绕中心，服务大局，建诤言、献良策，办实事、做好事。政协事业取得的每一项成果、获得的每一点进步，都离不开委员的热情参与，离不开委员的激情投入，离不开委员的真情奉献！实践证明，把委员的积极性充分调动起来，就能够更好地发挥委员在政协履职中的主体作用，更好地体现委员在界别群众中的代表作用，更好地激发委员在本职工作中的带头作用，推动人民政协事业不断创新发展，为港城改革发展大业再作新贡献，再创新辉煌。借此机会，我谨向奋斗在全市各行各业，为推进政协事业发展、服务全市改革发展奉献聪明才智、付出辛勤汗水、做出积极贡献的全市政协委员们表示崇高敬意和衷心感谢！

回顾一年的履职实践，我们也清醒看到，与新形势新任务的要求和人民政协肩负的使命相比，市政协工作还存在一些不足，协商民主广泛多层制度化发展需要深入推进，民主监督工作还较薄弱，协商议政成果落实机制还不够完善，界别优势有待进一步发挥。这些都需要认真研究，努力加以改进。

2016 年工作部署

2016 年是实施“十三五”规划的开局之年，也是全面深化改革的攻坚之年。市政协要全面贯彻落实中共十八届五中全会和习近平总书记系列重要讲话特别是视察江苏重要讲话精神，牢牢把握“四个全面”战略布局，秉承“创新、协调、绿色、开放、共享”五大发展理念，按照市委十一届十一次全会的决策和部署，紧紧围绕“全面达小康，迈上新台阶”这一主线，充分发挥人民政协人才荟萃、智力密集的独特优势，为改革发展谋实招，为民生幸福献良策，为社会和谐建诤言，为推进全市新一轮改革发展贡献智慧和力量。

一、认真学习贯彻中共十八届五中全会和省市委全会精神，牢牢把握正确的履职方向

中共十八届五中全会从战略和全局的高度，描绘了未来五年国家发展的宏伟蓝图。省委十二届十一次全会提出要把全面建成小康社会这个总目标与江苏“两个率先”紧密结合，以“两个率先”的过硬成果为实现“两个一百年”奋斗目标多做贡献。市委十一届十一次全会明确了国际化海港中心城市的定位，开启了连云港加快后发先至、决胜全面建成小康社会的新征程，也为政协“十三五”时期围绕中心、服务大局明确了新任务、提出了新要求。要深入学习贯彻五中全会和省市委全会精神，切实增强全面建成小康社会的信心和动力，进一步明确政协在谋划和推动“十三五”发展中肩负的责任和使命，准确把握政协履职的努力方向和工作重点，真正把思想和行动统一到中央和省市委的重大决策部署上来，最大限度地调动各方面的积极性和主动性，最广泛地凝聚社会各界的共识和力量，共同致力“十三五”发展。重点围绕“十三五”规划的目标任务、年度重点工作，深入开展调研视察，认真组织协商议政，多建睿智之言、多献务实之策、多谋发展之举，积极为促进“十三五”时期经济社会发展献计出力。

二、充分发挥人民政协作为协商民主重要渠道作用，为促进全市改革发展建言献策

认真贯彻落实中央和省市委关于加强社会主义协商民主建设的实施意见，积极开展协商民主，助推经济社会发展。把推动“十三五”规划的顺利实施作为政协履职的重中之重，突出围绕“一带一路”交汇点建设、港产城融合发展、重大基础设施建设、重大临港产业发展、全面深化改革、推进依法治市、城乡统筹等，深入研究，务实建言，为市委、市政府科学民主决策提供参考。充分发挥市政协咨政服务团作用，积极参与重大事务协商，对重要事项、重大工程、重点项目进行民主听政。重点围绕中哈物流基地、上合组织出海基地、自由贸易港区等，组织政协委员和专家学者深入研究，广泛论证，力求提出具有前瞻性、可操作性的意见和建议，为党政决策做好咨询服务。继续开展民主评议工作，推动作风改进、提升工作效能，促进全市发展环境不断优化。切实维护群众利益，努力促进民生改善，重点围绕大众就业创业、教育均衡发展、医药卫生体制改革、养老体系建设、食品安全监管、生态环境保护、大气污染治理、饮用水安全等重大民生问题，通过提案办理、反映社情民意、专题调研、集中视察等多种履职形式，及时为党委、政府科学决策提供参考依据。充分发挥政协优势，把全面建成小康社会，实施精准扶贫和精准脱贫作为政协履职重点，组织广大政协委员积极参与脱贫攻坚，切实帮助困难群众脱贫致富。坚持把协商民主贯穿履行职能全过程，加强与党委、政府工作的有效衔接，搞好专题协商、对口协商、界别协商、提案办理协商，完善协商成果的采纳、落实和反馈机制，不断提高协商成效，切实发挥政协作为协商民主重要渠道和专门协商机构作用。

三、坚持改革创新加强政协履职能力建设，推动政协事业不断向前发展

习近平总书记在庆祝人民政协成立65周年大会上强调，人民政协要推进履职能力建设并提出了明确要求。我们要深刻学习领会习总书记讲话精神，积极适应新形势、新任务，全面加强政协自身建设，努力提高政治把握能力、调查研究能力、联系群众能力、合作共事能力，真正把习近平总书记关于“懂政协、会协商、善议政”的新要求落到实处。加强政协理论研究，发挥市政协理论研究会作用，围绕推进改革发展、协商民主建设及政协工作实际，组织相关专家和理论研究人员深入研讨，形成一批高质量的研究成果。坚持正确舆论导向，做好政协的新闻宣传工作，形成有利于政协事业发展的良好社会氛围。注重发挥专委会基础性作用，进一步加强对县区政协的联系和指导，努力形成全市政协工作上下联动、左右互动、共同推动的局面。注重发挥界别优势，积极开展界别调研视察活动和界别与党政部门之间、界别与界别之间、界别内部的协商活动。鼓励政协委员以界别名义进行大会发言、提出集体提案、反映社情民意。充分发挥二十三城市政协“一带一路”建设协商合作联盟作用，加强与沿线城市的经贸文化交流合作，共促“一带一路”建设。加大委员培训力度，把学习培训作为基础性、经常性工作来抓，不断提高委员参政议政和建言献策的能力。重视政协制度体系建设，努力做到制度更加健全、程序更加明确、活动更加规范，切实把制度优势转化为履职实效。加强政协机关和干部队伍建设，落实全面从严治党要求，巩固党的群众路线教育实践活动成果，认真践行“三严三实”，不断增强政协机关干部队伍的凝聚力和战斗力，有效发挥在政协工作中的服务保障作用。

各位委员、同志们，机遇承载使命，使命召唤行动。“十三五”发展的美好蓝图催人奋进，让我们紧密团结在以习近平同志为总书记的中共中央周围，在中共连云港市委的坚强领导下，团结一心、群策群力、锐意进取、扎实工作，不断开创政协事业新局面，为全面建成小康社会，加快建设国际化海港中心城市而努力奋斗！

中国共产党连云港市纪律检查委员会工作报告（摘要）

——2016年9月26日在中国共产党连云港市第十二次代表大会上

刘海涛

主要成效

强化纪律建设，服务发展大局更加有力。围绕重大项目实施、卫生城市创建等重点工作，出台《领导干部不作为慢作为乱作为问责暂行办法》。在维护稳定、环保问题集中整治、安全生产和食品药品安全等工作中，坚持问题整改与问责追究相结合，先后对152名相关责任人进行问责，其中党政纪处分95人，通过精准执纪保证各项工作的扎实有效开展。

弘扬清风正气，落实八项规定精神不断深化。制定贯彻落实中央八项规定精神20条实施办法、控制公款消费“八个不准”、作风建设“十条禁令”等一系列配套文件。持续开展“清风行动”，共查处违反八项规定精神的问题177个，处理224人，其中党政纪处分118人，点名道姓通报曝光典型问题90起。严肃查处群众身边的不正之风和腐败问题，2015年以来，挂牌督办发生在民生资金、“三资”管理、土地征收等领域违纪案件387件，给予党政纪处分305人。

严厉惩治腐败，执纪审查力度持续加大。全市各级纪律检查机关受理来信、来访、举报电话13168件（次），立案查处各类违纪案件5534件，党政纪处分5064人次，挽回直接经济损失3.34亿元。坚持既严打“老虎”又勤拍“苍蝇”。先后查处县处级领导干部49人，基层站所和村居干部2519人。积极践行监督执纪“四种形态”，先后对218名党员干部采取信访谈话、函询的方式进行教育提醒；对触犯党纪的及时作出处理，给予党纪轻处分417人，重处分209人，移送司法机关11人，党纪轻处分占比达66.7%；通过调查核实，为54人澄清了问题。

深化体制改革，反腐倡廉合力显著增强。制定出台落实“两个责任”实施意见，推动各级党委“既挂帅又出征”。加大问责力度，先后对落实党风廉政建设责任制不力的11个领导班子和84名党员领导干部进行责任追究。深入推进全市纪律检查机关“三转”，聚焦主业主责，市纪委机关履行监督执纪职能的内设机构和编制数分别占总数的69.2%、65.3%，均超过规定比例；清理各类议事协调机构146个，减幅达92%。

推动实践创新，监督执纪水平不断提高。构建县乡村三级党政统筹、纪委推进、部门联动的“三级联建”机制，形成较为完善的农村基层党风廉政建设责任体系。探索实行“一诺两查三审”工作法，提高了农村基层信访处置效果。率先出台《纪检监察干部监督工作意见》，并配套形成“1+6”制度体系，强化了内部监督。

加强自身建设，纪检队伍素质稳步提升。全面加强纪检监察干部队伍建设。重视干部选拔任用工作，通过信访件核查、约谈、函询等方式，对有反映的纪检监察干部进行调查处理，严防“灯下黑”。

工作体会

始终坚持党要管党、全面从严治党，坚定不移推动主体责任落实。必须始终抓住主体责任这个“牛鼻子”，强化各级党组织“党要管党、从严治党”的政治意识；必须健全横向到边纵向到底的责任体系，落实好全面领导责任、主要领导责任和重要领导责任；必须完善工作机制，强化问责追究，推动各级党委（党组）守土有责、守土尽责。

始终坚持抓早抓小、突出挺纪在前，高度聚焦监督执纪问责。必须深化“三转”，找准职责定位，明确主业主责，切实把监督责任担起来；必须坚持挺纪在前，发现苗头就及早提醒、触犯纪律就及时处理；必须正确把握“树木”与“森林”的关系，精准运用监督执纪“四种形态”，抓早抓小、动辄则咎，推动管党治党，从盯少数向管住大多数转变。

始终坚持执纪为民、维护群众利益，着力解决群众反映强烈的“四风”和腐败问题。必须牢固树立宗旨意识，把以人为本、执纪为民理念贯穿于党风廉政建设和反腐败工作全过程；必须顺应群众期待，抓住群众反映强烈的“四风”和腐败问题开展专项治理；必须不断拓宽群众参与反腐倡廉建设的渠道，建立健全知情表达、民主决策、参与监督的机制。

始终坚持改革创新、激发工作活力，积极破解反腐倡廉实践难题。必须不断解放思想，善于用创新的思路和办法解决工作实践中遇到的深层次矛盾和问题；必须不断推进制度创新，切实提高反腐倡廉建设科学化水平；必须尊重基层和群众的首创精神，及时总结推广他们在实践中创造的有益做法和新鲜经验，不断获得改革创新的动力源泉。

始终坚持科学研判、准确把握大势，持续保持惩治腐败的坚强定力。必须坚定立场，保持定力，进一步增强反腐倡廉的紧迫感，切实把责任扛起来、把纪律严起来；必须把握好执纪审查工作力度和节奏，以最坚决的态度减少腐败存量，以最果断的措施遏制腐败增量；必须踩着不变的步伐，以钉钉子精神抓落实，推动全市党风廉政建设和反腐败斗争持续深化。

指导思想

今后五年，是全面建成小康社会的决胜阶段，也是连云港国际化海港中心城市建设的关键时期。市第十二次党代会明确了今后五年全市工作的指导思想、奋斗目标和主要任务，对党风廉政建设和反腐败工作提出了新的更高的要求。全市各级纪检监察机关将把思想和行动统一到中央纪委和省纪委的部署安排上来，统一到市第十二次党代会的决策部署上来，认真履职、积极作为，振奋精神、开拓进取，以党风廉政建设新成效促进经济社会新发展。

当前和今后一个时期，全市党的纪律检查工作要高举中国特色社会主义伟大旗帜，全面贯彻党的十八大和十八届三中、四中、五中全会精神，深入学习贯彻习近平总书记系列重要讲话精神，统筹推进“五位一体”总体布局，协调推进“四个全面”战略布局，保持坚强政治定力，坚持全面从严治党、依规治党，忠诚履行党章赋予的职责，聚焦监督执纪问责，深化标本兼治，创新体制机制，坚定不移惩治腐败，持之以恒落实中央八项规定精神，建设忠诚干净担当的纪检监察队伍，不断取得党风廉政建设和反腐败斗争的新成效，为实现市第十二次党代会确定的各项目标任务提供坚强政治保证。通过5年的努力，把“四种形态”贯穿于监督执纪全过程，使全市党员干部纪律规矩意识进一步强化，惩治和预防腐败体系逐步健全，腐败多发高发势头得到有效遏制，不敢腐、不能腐、不想腐的机制日益完善，干部清正、政府清廉、政治清明的氛围更加浓厚。

工作建议

尊崇党章、严明纪律，着力营造风清气正的政治生态。围绕市委中心工作，强化执行意识，督促各级党组织和党员干部对照全面建成小康社会的目标，认真贯彻落实“十三五”规划，全面贯彻落实市第十二次党代会精神，坚决查处上有政策、下有对策，有令不行、有禁不止行为，保证重大决策部署落实到位。

长抓常管、严防反弹，确保中央八项规定精神落地生根。持之以恒加强对违反中央八项规定精神行为的执纪问责，以永远在路上的恒心和韧劲，做到标准不降、要求不松、措施不减、氛围不淡，对不收手、不知止，规避组织监督，出入私人会所，组织隐秘聚会的一律从严查处。对顶风违纪、隐形变异的“四风”问题，从重处理，越往后执纪越严，坚决防止“四风”问题反弹回潮。

挺纪在前、动辄则咎，始终保持惩治腐败高压态势。用“四种形态”统领监督执纪工作。坚持无禁区、全覆盖、零容忍，严肃查处违反“六项纪律”行为，重点查处十八大后不收敛不收手，问题线索反映集中、群众反映强烈，现在重要岗位且可能还要提拔使用的领导干部，三类情况同时具备的是执纪审查的重中之重。

扭住关键、精准发力，全面深化纪律检查体制机制改革。把问责作为管党治党的利器，对党的领导弱化、党的建设缺失、全面从严治党不力，党的观念淡漠、组织涣散、纪律松弛等突出问题，严肃追究责任，切实做到问责一个、警醒一片。坚持一案双查，综合运用通报、诫勉、组织调整或者组织处理、纪律处分等方式，严肃追究党组织和党员领导干部的主体责任、监督责任和领导责任，让失责必问、问责必严成为常态。

立规立德、标本兼治，加快构建不敢腐不能腐不想腐机制。牢固树立不管党治党就是严重失职的理念，增强监督意识，履行监督职责。要以即将颁布的《中国共产党党内监督条例》的贯彻落实为契机，充分调动上级对下级、同级之间、下级对上级的有效监督。要抓住一把手这个“关键少数”，切实强化上级一把手对下级一把手的监督，上级纪委对下级一把手的重点监督，党组织、党员、群众对一把手的日常监督，着力破解一把手监督难题。

从严管理、强化监督，努力建设忠诚干净担当的纪检监察队伍。持续深化“三转”，全面回归党章“原教旨”，始终高度聚焦监督执纪问责。加强对纪检监察重要岗位和关键环节的监督，对不作为、不善为的，要批评教育、组织调整，对执纪违纪、以案谋私的，发现一起、查处一起，以铁的纪律建设一支忠诚于党、让人民放心的纪检监察队伍。

工作批示

中国共产党连云港市执政实录（2016年）

杨省世同志批示摘录

安全生产工作

2月1日，在全市安全生产工作会议上：2015年，在各级党委、政府特别是安监部门的共同努力下，我市安全生产形势总体平稳，实现了事故总量、死亡人数“双下降”，为“十三五”顺利收官提供了有力的保障。2016年是“十三五”开局之年，全市上下要认真按照习近平总书记、李克强总理关于安全生产的一系列重要指示批示精神要求，不折不扣执行省委省政府关于安全生产工作的部署，牢固树立安全发展理念，切实强化红线意识和担当意识，狠抓企业主体责任、部门监管责任、党委和政府领导责任落实，持续推进改革创新、依法治理、基础建设、专项整治等重点工作，坚决防范重特大事故发生，促进全市安全生产形势持续稳定向好，为经济社会发展和人民幸福生活创造更加安全稳定的环境。

政法工作

2月3日，在全市政法工作会议上：2015年，全市政法战线坚决贯彻中央和省、市委决策部署，深入推进平安连云港、法治连云港和过硬队伍建设，忠实履行维护社会大局稳定、促进社会公平正义、保障人民安居乐业的职责使命，各项工作取得了新成效。今年是全面建成小康社会决胜阶段的开局之年，全市各级党委要不断加强和改善对政法工作的领导，支持政法机关依法履行职责，努力为政法工作创造良好条件，切实担负起维护一方稳定的政治责任。各级政法机关要认真贯彻习近平总书记对政法工作的重要指示精神，进一步增强忧患意识、责任意识，深入推进司法体制改革，大力加强队伍建设，全面提高防控风险、维护稳定和服务发展的能力水平，为国际化海港中心城市建设提供良好的法治保障。

财政工作

2月3日，在全市财政工作会议上：过去的一年，全市财政系统认真贯彻市委、市政府决策部署，努力创新财政管理方式，财政收入量质实现提升，财政管理更加规范，有力保障了各项工作的顺利开展。新的一年，希望全市财政系统紧紧围绕市委“全面达小康、迈上新台阶”的目标定位，主动适应经济发展新常态，牢牢把握服务发展、保障民生、防控风险的工作取向，加快推进财税体制改革，认真做好财政管理，不断提高依法理财、科学理财、精细理财水平，为加快国际化海港中心城市建设提供有力财政保障。

组织工作

2月18日，在全市组织部长会议上：过去的一年，全市组织系统坚决贯彻中央和省市委决策部署，扎实开展“三严三实”专题教育，紧紧围绕市委中心大局，大力实施党建“六大行动”，为改革发展选干部配班子、抓基层打基础、建队伍聚人才，全市党的建设和组织工作取得了显著成绩。2016年是全面建成小康社会决胜阶段的开局之年，也是市县乡党委换届之年。希望全市组织系统认真落实中央、省市委关于全面从严治党的要求，扎实开展习近平总书记系列重要讲话精神和五大发展理念的学习培训，切实增强党员干部的政治意识、大局意识、核心意识、看齐意识；把“两学一做”学习教育作为今年党建工作的龙头任务，切实抓紧抓好；以高度的政治责任感精心组织市县乡党委换届工作，为建设国际化海港中心城市选好干部、配强班子；统筹推进基层党建工作，加快人才强市建设步伐，着力践行严实新要求，推动党建迈上新台阶，为全面建成小康社会提供坚强组织保证和智力支撑。各级党委要把组织工作摆上重要位置，认真落实全面从严治党主体责任，切实加强对组织工作领导，为组织部门开展工作创造良好环境。

绿化造林工作

2月23日，在全市绿化造林工作会议上：林业是重要的生态资源，是不可替代的绿色财富。“十二五”以来，全市林业系统认真贯彻落实市委、市政府决策部署，积极推进林业改革，加快林业发展步伐，工作卓有成效，成绩值得肯定。2016年是实施“十三五”规划的开局之年，站在新的起点，全市林业系统要认真践行创新、协调、绿色、开放、共享发展理念，更大力度地加快林业发展、推进林业体制改革、强化林业资源保护、促进林业富农增收，努力提供更多、更优质的林业产品和生态产品，为实现“全面达小康，迈上新台阶”筑牢绿色屏障。

民政工作

2月24日，在全市民政工作会议上：“十二五”期间，全市民政部门认真践行“以民为本、为民解困、为民服务”宗旨，坚持服务大局，创新工作举措，做了大量兜底线、惠民生、保稳定、促和谐的好事要事，为全市经济社会发展作出了积极贡献。新的一年及今后一段时期，希望全市民政部门牢固树立“法治、创新、融合、共享”发展理念，织牢民生保障底线，加大公共服务供给，深化社会治理创新，落实优抚安置政策，不断提升民政工作法治化、标准化、社会化建设水平，使人民群众在共建共享发展中有更多获得感。

卫生计生工作

2月25日，在全市卫生计生工作会议上：“十二五”以来，全市卫生计生系统认真贯彻市委、市政府决策部署，在医药卫生体制改革、公共卫生保障、计生服务管理、中医药事业发展、医疗质量与安全管理等方面都取得了新进展、新成绩，为保障全市人民健康做出了积极贡献。“十三五”是全面建成小康社会的决胜阶段。没有全民健康，就没有全面小康。新的一年及今后一段时期，希望全市卫生计生系统认真践行五大发展理念，以为人民健康服务为宗旨，以保基本、强基层、建机制为重心，不断深化医药卫生体制改革，加快完善现代医疗卫生体系，积极建设“健康连云港”，为“全面达小康，迈上新台阶”提供更加有力的健康支撑。

教育工作

2 月 26 日，在全市教育工作会议上：“十二五”以来，全市教育系统认真贯彻市委、市政府决策部署，狠抓教育现代化建设，协调推进各类各级教育，为全市经济社会建设和民生改善作出了重要贡献。站在“十三五”开局的新起点，希望各级教育部门和广大教育工作者牢固树立新的发展理念，以实现市域教育总体现代化为中心，进一步深化教育综合改革、促进教育均衡发展、加快教育结构调整、提升教学和研究水平，切实解决群众关心的教育难点热点问题，努力办好人民满意的教育，为“全面达小康，迈上新台阶”发挥好智力支撑作用。

老干部工作

3 月 9 日，在全市老干部工作会议上：过去的一年，全市各级组织部门、老干部工作部门认真贯彻市委、市政府决策部署，积极为老干部办实事、做好事，在离退休干部“两项建设”、解决老干部实际问题、发挥老干部作用等方面取得了明显成效。老干部是党和国家的宝贵财富，是连云港发展的有功之臣，做好老干部工作是我们义不容辞的责任。新的一年，希望全市各级组织部门、老干部工作部门深入落实中办、国办《关于进一步加强和改进离退休干部工作的意见》精神，加强离退休干部思想政治教育和党组织建设，支持老干部继续发挥作用，创新老干部服务管理，为老干部安享幸福晚年创造良好条件。各级党委、政府要把老干部工作摆在重要位置，加强组织领导，完善制度机制，强化工作保障，切实把中央和省委、市委关于老干部工作的各项方针政策落实好。

机关党的工作

3 月 10 日，在全市机关党的工作会议上：过去一年，全市机关党组织深入学习贯彻党的十八大、十八届三中、四中、五中全会和习近平总书记系列重要讲话精神，全面落实市委重大决策部署，在服务中心、建设队伍、转变作风、创新机关党的建设等方面，作了大量富有成效的工作，为全市改革发展发挥了重要作用。今年是“十三五”规划实施的开局之年，也是推动全面从严治党的重要一年。机关党建工作要紧紧围绕“服务中心、建设队伍”核心任务，认真开展“两学一做”专题教育，深入推进机关作风建设，不断提振党员干部干事创业的精气神，在提升机关效能、转变干部作风、优化发展环境上发挥更大作用，为推进改革发展凝聚强大合力。各部门党委（党组）书记要履行好第一责任人职责，把机关党建工作提上重要议事日程，着力解决机关党建中的重点难点问题和薄弱环节，确保把全面从严管党治党各项要求落到实处。

住房保障工作

3 月 16 日，在全市住房保障和房产管理工作会议上：住房问题既是重大民生工程，又是重大发展工程。2015 年，全市住房保障和房产管理系统立足岗位、服务民生、扎实作为，在保障性住房建设、房地产市场发展、物业管理优化、老旧小区改造等方面做了大量工作，取得了显著成绩。新的一年，希望全市各级住房部门围绕落实市委、市政府决策部署，以解决群众居住问题、优化居住环境为导向，科学制定住房保障规划，有序推进安居工程建设，合理引导房地产市场发展，切实加大老旧小区改造力度，着力提升物业管理水平，推动住房保障和房产管理工作再上新台阶。

统战工作

3月24日，在全市统战部长会议上：2015年，全市各级统战部门紧扣市委中心工作，充分发挥聚心聚智聚力作用，为连云港经济社会发展做出了重要贡献。2016年，希望全市统一战线认真落实中央和省、市委关于统战工作的决策部署，牢固树立政治意识、大局意识、核心意识、看齐意识，立足自身优势，积极履职尽责，提高多党合作制度效能，有效激发党外知识分子活动，促进非公有制经济人士健康成长，努力构建积极稳定和谐民族关系和宗教环境，围绕开放大局强化港澳台海外统战工作，大力推进党外代表人士队伍建设，为“十三五”开好局起好步，为“全面达小康、迈上新台阶”提供广泛的力量支持。各级党委要认真落实市委《关于加强新形势下统一战线工作的实施办法》，切实强化党对统战工作的领导，加强统战部门领导班子和干部队伍建设，推动全市统一战线事业不断向前发展。

防汛防旱工作

4月29日，在全市防汛防旱工作会议上：防汛防旱工作是一项极为重要的工作，事关人民群众生命财产安全，事关经济社会发展大局。今年是“十三五”的开局之年，做好防汛防旱工作意义重大。全市上下必须时刻绷紧防汛防旱这根弦，坚决克服麻痹侥幸思想，坚持统一指挥、协调联动、科学防控，进一步强化防汛防旱责任意识，细化工作预案，落实工作举措，扎实做好今年防汛防旱工作，确保安全度汛，为全市经济社会发展提供有力支撑和重要保障。

残联工作

5月15日，全国助残日：近年来，全市各级各部门特别是残联组织紧紧围绕市委、市政府民生工作重点，着力健全残疾人社会保障服务体系，不断改善残疾人生产生活条件，推动我市残疾人事业取得了长足发展。“十三五”是全面建成小康社会的决胜时期，没有残疾人的小康，就不是全面的小康。希望全市上下深入学习贯彻习近平总书记系列重要讲话精神，自觉践行共享发展理念，扎实做好残疾人托底补短工作，加快推进残疾人小康进程，努力开创我市残疾人事业新局面 。

今年“全国助残日”的主题是“关爱孤残儿童，让爱洒满人间”。全市各级残联要精心组织系列主题活动，有针对性地为孤残儿童解难题、办实事，进一步提升他们的生活质量。相关部门要切实履行职责，扎实做好孤残儿童医疗、康复、教育、社保等公共服务，让他们分享更多福祉、健康快乐成长。要加大宣传力度，不断提高全社会对孤残儿童权益保护的认知水平，营造共同关心帮助孤残儿童的良好氛围。

政法综治工作

6月16日，在全市社会治安防控体系建设推进会议上：近年来，全市政法综治战线认真贯彻中央和省委、市委决策部署，不断深化平安港城建设，加强现代信息科技运用，完善立体化社会治安防控体系，有力保障了全市经济社会大局稳定。立足“十三五”发展新阶段，政法综治战线要认真学习贯彻落实习近平总书记就公共安全工作作出的重要指示精神，按照全国社会治安防控体系建设工作会议的要求，进一步增强大局意识、忧患意识、责任意识，突出科技引领、法治保障、基础支撑、社会共治，着力打造立体化现代化社会治安防控体系，努力建设平安港城。全市各级党委和政府要切实承担起促一方发展、保一方平安的政治责任，真正把完善立体化现代化社会治安防控体系、维护公共安全作为重要的“民生工作”“民生工程”抓紧抓实抓好，不断提升维护公共安全能力水平。

10 月 28 日，在全市群众安全感建设百日攻坚行动动员会上：平安是极重要的民生，也是最基本的发展环境。全市政法综治工作要紧扣创建最安全城市目标，一手抓重点领域、突出问题的集中整治，一手抓综合治理长效机制的建立完善，加快推进社会治理体系和治理能力现代化，努力建设更高水平的平安连云港。当前临近岁末，各级党委政府要认真落实社会治安综合治理领导责任制，通过高质量开展群众安全感建设百日攻坚行动，切实解决一批突出问题，有效提高群众安全感和社会治安满意度，为省党代会召开，为冲刺全年目标任务营造和谐稳定的社会环境。

农村基层党风廉政建设工作

7 月 13 日，在全市农村基层党风廉政建设推进会上：加强农村基层党风廉政建设是推动全面从严治党向基层延伸的重要举措，对脱贫攻坚和新农村建设具有重要意义。全市各级党委要担负起统一领导、直接主抓、全面落实的主体责任，切实加强对基层党员干部的监督管理，着力解决群众反映强烈的突出问题，维护农村基层的社会稳定。各级纪委要履行好监督责任，强化监督执纪问责，严肃查处侵害群众利益的不正之风和腐败问题，推动农村基层党风廉政建设取得实实在在的成效，为全市改革发展营造风清气正的社会环境。

村（社区）党组织换届选举工作

8 月 9 日，在全市村（社区）党组织换届选举工作动员会上：农村和社区党组织，是党在农村和城市的基层组织，是党在农村和城市基层的全部工作和战斗力的基础，是农村和城市基层各种组织和各项工作的领导核心。这次农村和社区党组织换届，事关全市农村和城市基层党员群众的切实利益，事关全市农村和城市基层改革、发展和稳定的大局，事关全市“十三五”规划的顺利实施和全面建成小康社会目标的实现，具有重大意义。这次换届工作，要深入学习贯彻习近平总书记系列重要讲话精神，全面落实中央和省、市农村基层党建工作会议要求，结合“两学一做”学习教育，围绕农村党建“六强六过硬”和社区党建“三有一化”目标，选优配强新一届农村和社区党组织领导班子，着力提升农村和社区党组织推动发展、服务群众、凝聚人心、促进和谐的能力，进一步夯实党在农村和城市基层的执政基础。这次换届工作，把坚持党的领导贯穿于换届工作的全过程，加强统筹谋划，在整体推进的基础上，紧抓重点，稳妥操作。要严肃换届纪律，加强宣传引导，营造风清气正的环境，确保换届取得圆满成功。

法院工作

8 月 16 日，在全市法院推进基本解决执行难工作会议上：近年来，全市法院执行工作取得了明显成效，为全市经济社会发展做出了应有贡献。但同时也要看到，“执行难”问题仍然是困扰各级司法机关的“老大难”问题，在一定程度上影响了司法权威和司法公信力。基本解决执行难问题既是司法为民、司法公正的内在要求，也是全面推进依法治国的具体实践和推进法治连云港建设的重大任务。全市两级法院要紧紧围绕上级相关部署要求，大力推进执行体制机制创新，加快推进执行信息化建设，不断提高执行工作水平。市相关部门要密切配合、全力支持，确保我市基本解决执行难工作如期完成，为加快建设国际化海港中心城市做出新的更大的贡献！

军转干部安置工作

10 月 14 日，在全市军转干部安置工作会议上：做好军转安置工作，关系到国防和军队改革的顺利推进，关系到改革、发展、稳定的大局，是一项特殊的政治任务。近年来，我市各级各部门认真贯彻中央和省委部署要求，严格落实安置计划，积极创新安置办法，高标准完成了军转安置工作。面对新的形势和任务，全市各级党委、政府和相关部门要深入学习贯彻习近平总书记关于军转安置工作的重要讲话精神和省委李强书记批示要求，切实加强组织领导，认真落实军转安置政策，完善军转安置方式，严肃安置工作纪律，按时高质量地完成安置各项任务，以实际行动支持国防和军队改革。

项雪龙同志批示摘录

财政工作

2 月 3 日，在全市财政工作会议上：2015 年，全市财政系统坚决落实市委、市政府决策部署，圆满完成了年度各项目标任务，为全市经济平稳健康发展和“十二五”胜利收官做出了重要贡献。2016 年，全市各级财政部门要牢固树立和贯彻落实“五大”发展理念，紧密围绕供给侧改革重点任务，深入推进财税体制改革，推动积极的财政政策加力增效，切实防范财政风险，为确保实现“十三五”发展良好开局、建设“强富美高”新港城做出更大贡献。

绿化造林工作

2 月 23 日，在全市绿化造林工作会议上：过去一年，全市上下特别是林业部门重点围绕全国绿化模范城市创建目标，大力推进绿化植树造林，积极发展林果特色产业，切实加强森林资源保护，各项工作取得显著成绩，为加强全市生态环境建设、促进经济社会又好又快发展做出了积极贡献。新的一年，希望全市各级、各部门尤其是林业系统的工作人员牢固树立“绿色发展”理念，进一步增强大局意识和担当意识，坚持把林业工作融入生态文明建设工程和农业现代化工程，全面深化林业改革，加强生态环境建设，抓好绿化重点工程，转变林业生产方式，努力实现生态效益和经济效益的双丰收，为建设“强富美高”的新港城作出更大贡献。

民政工作

2 月 24 日，在全市民政工作会议上：刚刚过去的 2015 年，全市民政部门紧紧围绕全市发展大局，改革创新、攻坚克难，推动民生保障、社会治理、双拥共建、基层建设等民政事业取得了显著成绩，为全市经济社会发展和民生改善做出了积极贡献。新的一年里，希望民政战线的工作人员再接再厉，以更加务实的工作作风、更加有力的改革举措，进一步增强救助工作实效，提升养老服务水平，创新基层社会治理，促进军民深度融合，推动民政事业科学发展，为建设“经济强、百姓富、环境美、社会文明程度高”的新港城做出更大贡献。

卫生计生工作

2 月 25 日，在全市卫生计生工作会议上：卫生计生工作直接关系人民群众的健康福祉。过去的一年，全市卫生计生系统认真贯彻国家和省、市决策部署，锐意进取，攻坚克难，在医药卫生体制改革、卫生信息化建设、计划生育服务管理等方面取得了新的成绩，为保障全市人民健康、促进经济社会发展发挥了重要作用。2016 年是“十三五”开局之年，希望全市各级卫生计生部门牢固树立和贯彻落实“创新、协调、绿色、开放、共享”理念，进一步加大改革创新力度，全面深化医药卫生体制改革，稳妥实施全面两孩政策，扎实推进健康连云港建设，不断提升医疗服务质量和公共卫生计生服务水平，为确保实现“十三五”发展良好开局、建设“强富美高”新港城做出更大贡献。

7 月 2 日，在全市计划生育工作会议上：“十二五”以来，全市上下认真贯彻中央和省市决策部署，扎实推进人口和计划生育工作，人口发展质量明显提升，计划生育家庭发展能力得到增强，为服务经济社会发展做出了重要贡献。当前和今后一段时期，各地各有关部门要深入贯彻党的十八大、十八届三中四中五中全会和习近平总书记系列重要讲话精神，全面落实党中央、国务院《关于实施全面两孩政策改革完善计划生育服务管理的决定》要求，以增进家庭和谐幸福、促进人口长期均衡发展为主线，坚持计划生育基本国策，不断强化计划生育基层基础和网络队伍建设，稳妥扎实有序实施全面两孩政策，统筹推进生育政策、服务管理制度、家庭发展支持体系和治理机制综合改革，为建设“强富美高”新港城营造良好的人口环境。

教育工作

2 月 26 日，在全市教育工作会议上：教育既是国计，更是民生。“十二五”时期，全市教育系统认真贯彻市委、市政府的决策部署，全面落实中长期教育规划纲要，改革创新，务实奋进，协调推进各级各类教育发展，不断深化教育领域综合改革，全面推进教育现代化建设，为全市经济社会发展提供了重要的人才支撑和智力保障。2016 年是“十三五”开局之年，希望全市教育战线的同志们再接再厉，树立更高发展标杆，加快推进教育现代化建设，不断深化改革创新，持续推进均衡发展，努力促进教育公平，办好公平普惠、优质多样、充满活力、人民满意的一流教育，为全面建成小康社会、加快建设国际化海港中心城市作出新的更大贡献。

住房保障工作

3 月 16 日，在全市住房保障和房产管理工作会议上：住房工作事关群众切身利益，事关经济发展与社会和谐稳定。过去的一年，全市住房系统干部职工认真贯彻落实国家和省、市各项决策部署，埋头苦干、扎实工作，在加强住房保障、物业管理和推动房地产市场健康发展等方面取得了显著成绩，为促进全市经济社会发展发挥了重要作用。在新的一年，希望全市各级住房部门围绕中心、服务大局，抬高标杆、再接再厉，在推动群众住有所居、住有宜居、住有安居上下更多功夫，进一步推动住房各项工作实现新突破，为确保“十三五”良好开局、建设幸福和谐宜居港城做出新的更大贡献。

防汛防旱工作

4 月 29 日，在全市防汛防旱工作会议上：近年来，各地各有关部门按照市委、市政府的部署要求，狠抓防汛防旱各项措施落实，有效地降低了灾害损失，取得了防汛防旱防台工作的重大胜利。今年是“十三五”规划的开局之年，做好防汛防旱工作意义重大。目前，我市现有水利工程的总体抗灾能力还不够高，仍然存在较多的薄弱环节，全市上下必须时刻绷紧防汛抗旱这根弦，坚决克服麻痹侥幸思想，强化责任，细化措施，坚持统一指挥、协调联动、科学防控，扎实做好今年防汛防旱防台工作。

政法工作

6月16日，在全市社会治安防控体系建设推进会议上：近年来，全市政法综治部门认真落实市委、市政府部署要求，扎实推进平安法治港城建设，为保障人民安居乐业、服务经济发展作出了重要贡献，值得肯定。各级各部门要深入学习中央和省市领导的重要批示和讲话精神，主动适应新形势，战胜新挑战，持续推进立体化现代化社会治安防控体系建设，扎扎实实抓好维护稳定各项措施落实，有效防范、化解、管控各类风险，更好地服务全市经济社会快速发展，保障人民群众安居乐业，为打造“最安全城市”再作贡献！

科技工作

12月2日，在全市全民科学素质工作会议上：科学素质作为公民素质的重要组成部分，是实施创新驱动发展战略的基础。开展科学普及，提升全民科学素质是一项经常性、基础型工作，需要持之以恒，久久为功。党中央、国务院对全民科学素质工作高度重视，习近平总书记强调要把科学普及放在与科技创新同等重要的位置。“十二五”以来，我市公民科学素质快速提升，有力推动了科技创新工作和创新型城市建设。在新的发展阶段，各县区、各相关部门要认真落实市委、市政府的决策部署，坚持“政府推动、全民参与、提升素质、促进和谐”的工作方针，推动形成讲科学、爱科学、用科学的良好氛围，为深入实施创新驱动发展战略和建设“强富美高”新港城提供有力支撑。

重大活动

中国共产党连云港市执政实录（2016年）

全市春季集中开工活动

2月26日，全市重点工业项目春季集中开工活动举行。这是连云港市为实施“产业强市、工业立市”发展战略而采取的一项具体行动，充分体现了市委、市政府“重抓项目、强推建设”的坚定决心，标志着全市“十三五”重点工业项目建设大幕全面拉开。市领导杨省世、项雪龙、张同生、曹永林、杨莉、关永健、王加培、吴以桥、董恕娟、李国章、郑平、徐家保、曹佳鸣、方韬参加活动。

此次集中开工活动采取县区“家家到”的形式，市四套班子相关领导分为三组，依次参加各县区重点项目集中开工活动。各县区分别选择在一个投资体量大、科技含量高、符合产业定位的项目现场，设立集中开工活动主会场，其余开工项目设立分会场。全市共有46个重点工业参加项目集中开工，共计划总投资213.8亿元，单体平均规模4.6亿元，2016年计划完成投资88.2亿元。项目单体投资均在1亿元以上，其中计划投资10亿元以上项目7个。本次集中开工，投资体量最大的项目是徐圩新区计划总投资39.6亿元的江苏尼克尔新材料科技有限公司进口资源深加工利用项目。

本次集中开工项目全部落户在全市重点开发园区和列入市重点管理的乡镇工业集中区，其中新建项目34个，技改扩建项目12个。符合我市重点产业布局规划项目38个。石油化工、装备制造、新医药三大优势产业项目12个；新材料、新能源、新信息技术三大新兴产业项目8个；冶金、食品、精细化工三大传统产业改造提升项目18个。

在集中开工中，东海县会场集中开工德邦多菱食品添加剂项目、晶海洋年产1GW多晶硅片项目、中材年产10万只石英陶瓷坩埚项目等重点项目8个，计划总投资16.2亿元，2016年计划投资11.92亿元。灌云县会场集中开工江苏森柏油脂有限公司植物油精加工项目、江苏冠森木业有限公司木材加工项目、江苏缠绕环保科技有限公司无缝缠绕罐体项目等6个重点项目，计划总投资29.9亿元，2016年计划投资9.1亿元。灌南县会场集中开工中裕永泉聚丙烯薄膜项目、恒心乔瑞生物科技农药原药及制剂项目、世杰农化农药及中间体项目6个重点项目，计划总投资14亿元，今年计划投资12亿元。赣榆区会场集中开工蓝湾科技海洋食品精深加工项目、坤铭电子智能家居项目、天眼科技隐形眼镜项目等10个重点项目，计划总投资52.4亿元，2016年计划完成投资19亿元。海州区会场集中开工远洋流体装卸设备有限公司LNG装卸设备项目、宏业生物科技有限公司呼吸医疗器械项目、联瑞新材料股份有限公司球形硅微粉项目3个重点项目，计划总投资3.35亿元，2016年计划投资2.3亿元。连云区会场集中开工三吉利化工邻甲酚项目、华乐合金年产60万吨冷轧项目、泰辉集装箱年产5000标箱集装箱维修项目等4个重点项目，计划总投资26.65亿元，2016年计划投资17.2亿元。开发区会场集中开工恒瑞生物医药产业园项目、远发港口机械加工项目、国翔建材项目等6个重点项目，计划总投资24亿元，2016年计划投资6.8亿元。徐圩新区会场集中开工尼克尔新材料进口资源深加工利用项目、万博丰环保科技对苯二甲酸副产物综合利用项目等3个重点项目，计划总投资47.2亿元，2016年计划投资9.9亿元。

中国食用菌行业大会暨2016（连云港）春季博览会

3 月 18 日上午，中国食用菌行业大会暨 2016（连云港）春季博览会在市国展中心举行。全国人大常委会原副委员长顾秀莲出席活动并宣布大会开幕，全国政协委员、中国食用菌协会会长顾国新，中国工程院院士、中国食用菌协会副会长李玉，省人大常委会原副主任张艳，联合国粮农组织驻中国、朝鲜、蒙古国首席代表伯希・米西卡，厄瓜多尔大使何塞・博尔哈及夫人，中国—东盟中心贸易投资部副主任穆唯赛出席开幕仪式，市委书记、市人大常委会主任杨省世出席活动并致辞，市长项雪龙主持开幕式，市领导董恕娟、吴海云、方韬出席活动。

杨省世代表市委、市政府向远道而来的国内外嘉宾表示欢迎，并对大家长期以来给予连云港发展的关心与支持表示衷心感谢。他指出，连云港是“一带一路”的交汇点，长三角北翼的重要港口城市，也是传统的农业大市，在食用菌生产加工、出口贸易等方面具有独特优势，形成了鲜明特色。此次中国食用菌行业大会暨 2016 春季博览会在连云港举办，不仅将直接促进全市相关产业的发展，也必将对整个食用菌行业的发展和对外合作起到积极的推动作用。下一步，全市将以此次大会为契机，深入贯彻“创新、协调、绿色、开放、共享”五大发展理念，加快食用菌产业化、规模化、外向型发展步伐，为实现脱贫攻坚目标和全面建成小康社会增添新动能。同时，全市将继续依托港口优势、陆桥优势，着力打造农产品物流中心，为“一带一路”沿线地区的食用菌和农产品出口提供更加优质高效的服务。

张艳在致辞中强调，希望连云港进一步加强沟通交流，谋求共同发展，努力为“一带一路”沿线国家、地区和城市提供更便捷、更优质的物流仓储和产业服务，促进“一带一路”沿线区域农业整体向产业化、现代化、国际化迈进，共同谱写“一带一路”建设发展新篇章。

开幕式现场，还举行了中国食用菌协会工厂化生产培训基地揭牌仪式。此次博览会持续至 3 月 20 日，还举行“一带一路”沿线国家食用菌圆桌会议、中国食用菌行业投融资峰会、连云港农业投资发展环境推介会、“互联网 +”与生物制药交流会、工厂化生产技术发展研讨会及“最具投资价值企业及产地品牌”颁奖仪式等多项活动。

中国—东盟青年企业家中国主题日暨“一带一路”交汇点（连云港）经贸考察活动

3月30日上午，由中国青年企业家协会和市政府共同举办的中国—东盟青年企业家中国主题日暨“一带一路”交汇点（连云港）经贸考察活动在海州湾会议中心举行。团中央书记处书记、中国青年企业家协会会长汪鸿雁，团省委书记、省青联主席万闻华出席开幕式。市委书记、市人大常委会主任杨省世出席并致辞。市委常委、组织部部长祁彪主持开幕式。市领导杨莉、滕雯，以及东盟国家代表团，北京、上海、天津、江苏等18个省市青年商会的200多名青年企业家参加活动。

杨省世在致辞中简要介绍了连云港市市情和参与“一带一路”建设的有关情况。他说，改革开放以来，连云港与东盟地区的港口物流贸易不断拓展，东盟已经成为连云港重要的投资贸易伙伴之一。此次中国—东盟青年企业家中国主题日活动在连云港举办，为连云港深化与东盟国家的合作提供了难得机会，必将对中外青年企业家更好把握发展机遇、共同参与“一带一路”建设，产生积极有益的促进作用。我们将以此为契机，继续发挥陆桥、港口优势，为“一带一路”沿线地区企业做大做强，提供更加优质便捷高效的服务。衷心希望与中外广大青年企业家一道，分享机遇、拓展合作，携手开创互利共赢发展的美好明天。

汪鸿雁表示，近年来“一带一路”国家战略的实施，为中国—东盟青年企业家双方共同发展注入新的动力。此次活动在连云港举办，旨在依托国家实施“一带一路”战略的窗口，帮助双方的青年企业家把握机遇，不断开创双方合作新局面。中国和东盟陆海相连、人文相亲，双方资源禀赋各具优势，产业发展各有特点，经济之间存在很强的互补性，拓展双方的交流与合作正逢其时。希望中国—东盟青年企业家能够借助双方合作蓬勃发展的强劲东风，顺势而为，以实际行动积极促进中国—东盟务实合作的跨越式发展。

开幕式前，汪鸿雁、杨省世、万闻华会见与会嘉宾。开幕式后，中国—东盟中心贸易投资部主任李元、商务部亚洲司副司长彭刚、副市长王开宇分别作主旨交流。

下午，在市领导杨省世、祁彪、杨莉、滕雯、鲁林的陪同下，青年企业家们对我市进行经贸考察。

据了解，举办中国—东盟青年企业家论坛并成立中国—东盟青年企业家协会，是我国领导人和东盟10国领导人在2006年10月中国—东盟建立对话关系15周年纪念峰会上的共同倡议。此次活动的举办，也是响应中国—东盟合作机制，继续深化中国—东盟青年企业家交流与合作的重要举措。

庆祝中国共产党成立95周年大会

6月21日，我市召开庆祝中国共产党成立95周年大会，纪念党的生日，表彰学习先进。市委书记、市人大常委会主任杨省世出席会议并讲话，他强调，全市各级党组织和广大党员要紧密团结在以习近平同志为总书记的党中央周围，以铁的肩膀担起历史赋予的重任，用实际行动为谱写好中国梦的连云港篇章贡献力量。市委副书记、市长项雪龙主持会议。市四套班子领导，地市级离退休老干部代表，市各有关方面主要负责同志，各县区、各板块党政主要负责人，全市各乡镇（街道）党（工）委书记，部分党代表和基层群众代表出席会议。

杨省世首先代表市委，向全市各级党组织、广大共产党员和党务工作者致以节日的问候。他指出，我们党走过的95年光辉历程，历史证明中国共产党不愧为领导中国革命、建设、改革事业的核心力量，不愧为民族复兴伟大事业的主心骨和领路人。连云港是一座有着光荣革命传统的城市，在改革发展的伟大征程中，全市各条战线涌现出一批又一批英雄模范。当前，连云港的发展已经站在了新的历史起点上，希望全市广大党员干部认真学习先进典型，大力弘扬优良传统，积极投身到“十三五”改革发展各项事业中去，为开创国际化海港中心城市建设新局面再立新功。

杨省世强调，要进一步坚定理想信念，筑牢从政为官的根本。把思想建党摆在首要位置，紧抓理论学习，把准立场方向，锤炼坚强党性，争做政治合格的共产党员。要进一步强化担当实干，当好推动发展的中坚力量。充分发挥先锋模范作用，盯牢目标任务，突出领导带头，狠抓推进落实，在攻坚克难中奋发有为、在应对考验中提升本领、在推进发展中成就事业。要进一步践行党的宗旨，争做服务群众的表率。牢固树立以人民为中心的发展思想，守好群众路线“传家宝”，深入实施民生幸福工程，扎实推进新一轮扶贫开发，让改革发展成果更多惠及百姓。要进一步增强自律意识，保持清正廉洁的本色。始终绷紧纪律规矩这根弦，追求道德“高线”，恪守组织“准线”，不越用权“边线”，严守党纪“底线”，自觉按原则、按规矩办事，做严守党纪国法的模范。

杨省世指出，党的工作最坚实的力量支撑在基层，最突出的矛盾问题也在基层，必须把抓基层打基础作为长远之计和固本之举。全市各级党组织要严格落实管党治党主体责任，从严从实开展“两学一做”学习教育，有力有序推进党委换届工作，坚定不移抓好党风廉政建设，推动全面从严治党向基层延伸、向实处发力，为实现“全面达小康、迈上新台阶”奋斗目标提供坚强保障。

会上，市委表彰全市100名优秀共产党员、100名优秀党务工作者和100个先进基层党组织。灌南县驻杭州市流动党委书记邵中国，连云港书店有限公司党支部书记、董事长李文伦，市公安局刑警支队技术大队三级警长张双印等先进典型代表作事迹报告。

重点民生项目集中开工活动

9月19日，全市6个重点民生项目集中开工。市长项雪龙出席主会场开工活动，并宣布市重点民生项目暨白虎山市场改造开工。市领导万闻华、李国章、尹哲强、吴海云、方韬等分别出席分会场的开工活动。随后，项雪龙、尹哲强察看了海州区孔巷文化街区项目、瀛洲路农贸市场改造项目的开工建设情况。

2016年以来，城建交通条线紧抓工作目标，深入实施“干净方便顺畅连云港”建设，全面推进创卫工作，1325个城建项目全面开工，年内计划完成投资750亿，城市建设日新月异，城市面貌不断刷新，极大增强了广大市民的归属感和幸福感。根据中央省市城市工作会议精神，市委市政府围绕加快建设国际化海港中心城市目标定位，突出“人民至上、民生优先”的理念，集中人力财力物力，千方百计加大民生投入，着力解决群众最直接、最关心、最紧迫的实际问题，最大限度地让群众共享改革发展成果。此次开工的6个项目，都是政府工作报告和十大民生工程的重要内容，涉及群众生活的诸多方面。

此次全市集中开工的6个重点民生工程，计划总投资63.71亿元。项目分别为：海州区白虎山小商品市场改造工程、连云区中华路西延工程、开发区242省道朝阳互通工程、徐圩新区地下综合管廊工程、连云新城省海滨康复医院工程、农业发展集团瀛洲路农贸市场工程。

白虎山小商品市场改造项目占地153亩，建设总规模约30万平方米。整个项目建设包括小商品市场及专业步行街和商铺、酒店和公寓等配套设施、商品住宅三大部分，总投资约16亿元，共分三期开发。实施白虎山小商品市场改造，对改善西部城区商贸环境，方便市民消费购物，激活城市商气和人气，促进海州传统商贸向现代商贸转型，具有十分重要的意义。中华路是连云墟沟老城区的断头路，是连接连云新城、市开发区和连云老城的关键道路，打通断头路是群众多年期盼，政府高度关注的一项工程。连云区中华路西延工程全长860米，总投资3.1亿元。该项目的建设，对于完善主城区交通路网体系，提升连云区城市形象，加速墟沟主城区与连云新城区互联互通、融合发展具有十分重要的意义。开发区242省道朝阳互通工程全长3.85公里，投资4.11亿元，通过新建6条匝道实现242省道与港城大道交通转换，实现赣榆、海州、开发区、灌云在此交汇互通，2016年完成征地拆迁及桩基工程，2018年建成投入使用。徐圩新区地下综合管廊工程，总长24.9公里，总投资30亿元，分两期建设。一期工程全长为15.3公里，2018年竣工投入使用；二期工程长9.6公里，2020年竣工投入使用。连云新城省海滨康复医院工程位于健康产业园内，总建设面积13万平方米，绿地率大于35%，设计床位规模为住院楼300张床位，健康管理中心500张床位。农业发展集团瀛洲路农贸市场工程位于海州区瀛洲路、海宁路和建设东路交叉口处，在原振兴集团2万平方米浦南批发市场的基础上进行整治改造。新建的市场总占地面积100亩，建筑面积近7万平方米，主要从事肉禽蛋、蔬菜、水果等农副产品批发、零售及冷鲜、冷链物流和净菜加工、配送等业务。设计年交易量可达70万吨，交易额100亿元。项目建成后，将是我市规模最大、品类最全的农副产品批发市场。改造后的瀛洲路农贸市场将提高定位，立足海州、服务全市、面向苏北，打造我市最先进的农产品交易平台和“菜篮子”样板工程。

重点工业项目秋季集中开工活动

9月20日上午，全市举行重点工业项目秋季集中开工活动。全市共有51个重点工业项目集中开工，项目计划总投资191.2亿元。市委书记、市人大常委会主任杨省世，市长项雪龙等市四套班子领导分别参加各县区项目集中开工活动。

此次集中开工的51个重点工业项目均为计划投资1亿元以上的新建项目和计划投资3000万元以上的技改扩建项目。从投资规模看，51个项目计划总投资191.2亿元，单体平均规模3.7亿元，2016年计划完成投资43.5亿元。投资体量最大的项目是徐圩新区计划总投资30.78亿元的江苏德邦兴华化工科技有限公司年产35万吨合成氨系列产品项目。从产业类型看，51个项目中，符合市重点产业布局规划的项目33个，占项目总数的64.7%。其中石油化工、装备制造、新医药三大优势产业项目6个，占项目总数的11.5%；新材料、新能源、新信息技术三大新兴产业项目9个，占项目总数的17.3%；冶金、食品、精细化工三大传统产业改造提升项目18个，占项目总数的33.3%。从建设性质看，51个项目中，新建项目42个，占项目总数的82.4%；技改项目中属于“三大行动计划”企业实施的项目4个。

市领导杨省世、杨莉、董恕娟、徐家保、鲁林出席了徐圩新区和连云区的项目集中开工仪式。徐圩新区此次集中开工项目3个，计划总投资33.8亿元。在主会场开工的项目为江苏德邦兴华化工科技有限公司年产35万吨合成氨系列产品项目。该项目计划总投资30.78亿元。项目全部建成投产后，年可新增销售收入27亿元、利税5亿元。连云区此次集中开工项目2个，计划总投资4.1亿元。在主会场开工的项目为连云港市工投集团利海化工有限公司氯化苄、苯甲醛项目。该项目计划总投资2.5亿元，投产后年可新增销售收入3亿元、利税3500万元。

市领导项雪龙、关永健、李国章、方韬出席了市开发区和赣榆区的项目集中开工仪式。市开发区此次集中开工项目7个，计划总投资16.3亿元。在主会场开工项目为连云港市建工集团建筑产业发展有限公司建筑产业现代化项目。该项目计划总投资7.8亿元，投产后，年可新增销售收入20.3亿元、利税3.3亿元。赣榆区此次集中开工项目10个，计划总投资40.7亿元。在主会场开工项目为江苏海福特海洋科技股份有限公司海洋系列产品项目。该项目计划总投资14.8亿元，项目全部建成投产后，年可新增销售收入100亿元、利税5.5亿元、出口创汇3亿美元，解决就业6000余人。

市领导张同生、王加培、于丽华出席了海州区和东海县的项目集中开工仪式。海州区此次集中开工项目5个，计划总投资8.7亿元。在主会场开工项目为江苏卡威（中道）房车装备有限公司房车改装项目。该项目计划总投资5亿元，项目投产后年可新增销售收入7亿元、利税1.2亿元。东海县此次集中开工项目10个，加护总投资34.5亿元。在主会场开工项目为东海县鑫润华石英制品有限公司高纯电熔石英制品项目。该项目计划总投资5亿元，项目投产后年可新增销售收入7亿元、利税1.5亿元，吸纳就业350余人。

市领导万闻华、刘海涛、徐大勇、王东升出席了灌云县和灌南县的项目集中开工仪式。灌云县此次集中开工项目7个，计划总投资32.7亿元。在主会场开工项目为连云港鑫兆磊实业有限公司高档石材制品项目。该项目计划总投资10亿元，项目投产后年可新增销售收入12亿元、利税1.5亿元。灌南县此次集中开工项目7个，计划总投资20.4亿元。在主会场开工项目为连云港康美化工有限公司农药及中间体项目。该项目计划总投资10亿元，项目投产后年可新增销售收入25亿元、利税3亿元。

第十八届（2016）江苏农业国际合作洽谈会

9月23日至25日，由省政府主办，省农委、省商务厅、省贸促会和连云港市承办的第十八届（2016）江苏农业国际合作洽谈会在连云港市召开。

9月23日上午，开幕式在连云港市国际展览中心举行。省人大常委会副主任赵鹏，来自柬埔寨、越南、俄罗斯、荷兰、以色列等国嘉宾及国家农业部、省相关部门负责人出席开幕式。市委书记、市人大常委会主任杨省世致辞，市领导项雪龙、万闻华、吴海云参加仪式。

杨省世首先代表连云港市委、市政府对出席活动的中外嘉宾表示诚挚的欢迎。他表示，江苏农业国际合作洽谈会是以农业国际投资与贸易合作为主题的大型农业合作展会，此次洽谈会放在连云港举办，充分体现了省委、省政府对连云港的信任和厚爱，对推动和促进我市的外向型农业发展和农业现代化建设有着重要意义。

杨省世指出，一直以来，市委、市政府都高度重视农业发展，坚持把发展现代农业作为抓好现代“三农”工作的关键和全面建成小康社会的基础。经过多年的努力，连云港已经成为我国重要的粮棉油、林果、蔬菜等农副产品生产基地，农产品出口连续多年保持全省前列。连云港市将以“一带一路”连云港农业国际合作示范区为载体，把示范区建设作为加快发展开放型农业，全面提升农业现代化水平的重中之重，努力把示范区打造成为国际农产品、农业生产要素双向流通的枢纽，为“一带一路”沿线国家和地区开展农业国际合作提供重要的交流平台。

开幕式结束后，赵鹏、杨省世、项雪龙等省市领导一同会见了农洽会部分境外嘉宾，对他们的到来表示欢迎，并希望以农洽会为平台，增进相互了解，携手“一带一路”，共谋合作发展大计，取得更多合作成果。

本届农洽会共设立展位760多个，境外展位达169个，是历届境外展位最多的一次，比去年增长16.6%，境内外1000多家企业的2000多种农产品参加展示展销，现场销售总额达1350多万元。在第十八届（2016）江苏农业国际合作洽谈会期间，我市还举办了多场活动。

23日上午，召开融入“一带一路”建设、推进农业国际合作恳谈会。会议旨在进一步贯彻落实“一带一路”战略，加快推进江苏农业“走出去”和“引进来”，促进江苏农业国际投资、贸易与技术合作。省人大常委会副主任赵鹏出席会议并致辞。市领导杨省世、项雪龙以及应邀的海内外嘉宾参加会议。恳谈会期间举行了16个重点农业项目集中签约仪式。

23日上午，连云港市举行现代农业投资说明会。省人大常委会副主任赵鹏，柬埔寨菩萨省省长、议会主席馈速卡，柬埔寨菩萨省副省长黄金亮，市委书记、市人大常委会主任杨省世出席会议，市长项雪龙致辞，市委副书记、组织部长万闻华主持说明会。副市长吴海云推介重点农业合作项目。中国农产品美国展示中心代表张兰作交流发言。来自国内外众多企业和机构代表，以及省有关部门、设区市相关负责人，共200多人参会。会上，连云港市集中签约11个重点项目，总投资达到12.8亿元。连云港市农委与中国农产品美国、加拿大采购中心签署战略合作协议，市各县区签约一批蔬菜深加工、工厂化育苗、生猪养殖、食品加工、现代农场等项目。

23日下午，举行第二届江苏渔业国际合作推介会，宣传推介我省现代渔业发展成果，推进渔业对外合作。省人大常委会副主任赵鹏、市长项雪龙致辞。省海洋与渔业局局长汤建鸣介绍江苏渔业基本情况及投资环境。来自赤道几内亚、坦桑尼亚、俄罗斯等国的驻华使节和嘉宾以及省有关部门负责人出席会议。此次推介会，共签约31个项目，其中，投资合作类项目11个，贸易合作类项目18个，技术合作类项目2个，签约总金额8.08亿美元，约合53.73亿元人民币，签约金额较去年翻了一倍多，涉及12个国家和地区。

23日，“一带一路”农业国际合作产业联盟在连云港市正式成立，同时成立了“一带一路”农业国际合作产业联盟理事会。该联盟在农业部对外经济合作中心指导下，由首批倡议的“一带一路”沿线地区农业部门、农业龙头企业、农业科研机构和相关社会组织共同发起、自愿组成。联盟将完善区域农业国际合作体系，搭建合作平台，加强区域间合作，充分利用好国内国外两种资源、两个市场，共同培育跨区农业国际合作发展项目，组织和推进区域内重点农业国际合作项目的实施，不断开拓合作领域。“一带一路”农业国际合作产业联盟理事会还共同发布了《“一带一路”农业国际合作产业联盟成立宣言》。副市长吴海云出席成立大会。

第二届新亚欧大陆桥安全走廊国际执法合作论坛

9 月 27 日上午，由公安部主办、省公安厅协办、市公安局承办的第二届新亚欧大陆桥安全走廊国际执法合作论坛在海州湾会议中心开幕。论坛围绕“落实五大合作愿景、共同应对执法安全新挑战”这一主题，共商安全合作大计，共谋长治久安良策。开幕式上，国务委员、公安部部长郭声琨发来贺电，公安部副部长孟宏伟，副省长马秋林，市领导杨省世分别致辞，省公安厅副厅长程建东，副市长、市公安局局长王永生等出席论坛。

国务委员、公安部部长郭声琨发来贺电对论坛开幕表示祝贺，希望各国代表充分利用这个平台，畅所欲言、建言献策，推动建立常态化对话、交流与合作机制，协调推进地区安全治理，形成更高层次、更加务实的地区执法安全合作新架构，为开创本地区安全与发展的美好明天贡献智慧和力量。

孟宏伟表示，中方于 2015 年举办了首届新亚欧大陆桥安全走廊国际执法合作论坛，为沿线各国执法部门加强对话交流、深化务实合作提供了重要平台。中方倡导共同、综合、合作、可持续的新安全观，强调尊重和保障每一个国家安全，呼吁加强安全对话，搭建地区安全合作新架构，努力走出一条共建、共享、共赢的新亚欧大陆桥安全之路。

马秋林代表江苏省政府对论坛开幕表示热烈祝贺，他指出，期望各方将伙伴精神融入国际执法合作中，进一步凝聚合作共识、创新合作形式，探索建立以“连云港论坛”为基础的执法安全合作国际组织，加强与江苏执法机构在履行国际义务方面的务实合作，把“连云港论坛”建设成友谊桥梁、合作平台。

杨省世代表市委、市政府向论坛的成功举办表示祝贺。杨省世指出，连云港十分愿意为沿线国家和地区深化合作搭建平台、做好服务、提供保障。我们将加快推进国际执法合作论坛永久会址、国际执法学院连云港基地建设，为把新亚欧大陆桥建成共建、共享、共赢的安全之路、繁荣之路，做出新的更大贡献。

本次论坛为期两天，来自德国、意大利、荷兰等 32 个国家执法安全部门代表和上合组织地区反恐怖机构、国际刑警组织、欧洲警察署官员，以及中国公安部、外交部、国资委相关业务局，部分公安院校，省级、市级公安机关的代表，围绕“共同应对执法安全新挑战”的主题，就“一带一路”沿线安全形势及应对措施、发挥国际组织在打击跨国犯罪的重要作用、加强执法能力、建设国际合作和加强安防产业合作、打造“平安物流”等多个议题，畅所欲言、深入研讨，增进了交流，凝聚了共识，深化了合作，实现了预期目标。

与会代表一致认为，“连云港论坛”已经成为新亚欧大陆桥沿线各国执法安全部门开展执法安全合作的重要平台，在促进区域安全和发展中具有重要作用，建好用好“连云港论坛”，符合地区安全形势和地区执法合作愿景；新亚欧大陆桥正在加速成为国际性、开放型的交通和经济走廊，沿线各国共同发展繁荣展现出前所未有的新前景，与此同时，恐怖主义、贩毒、武器走私、网络犯罪、电信诈骗等安全威胁日益加大，各方要深化务实合作，协调推进地区安全治理，共同维护新亚欧大陆桥的安全畅通；要发扬伙伴精神，依托“连云港论坛”，搭建执法安全合作新架构，走出一条共建、共享、共赢的新亚欧大陆桥安全之路。

与会代表同意将共同致力于推进深化互信交流、完善合作平台、携手提升能力、深化务实合作、推动安防产业发展“五项行动”。在深化互信交流方面，本着“互信、平等、协作”的原则，进一步加强高层交往，密切人员交流，建立完善定期互访机制，凝聚更多合作共识；在完善合作平台方面，加快推动论坛永久会址建设，成立论坛秘书处，作为论坛常设执行机构，协调推进各领域安全合作；在携手提升能力方面，加强执法能力建设合作，支持、配合中方开展“千人”培训计划，共同提高应对安全风险水平；在深化务实合作方面，探索建立地区情报融合中心，协调地区各国开展情报交流合作、联合调研和联合打击行动；在推动安防产业发展方面，发挥市场作用，鼓励、支持各国警用装备研发生产企业开展交流合作，共同研发新型警用装备，更好地发挥科技创新对建设安全走廊的推动作用。

江苏海洋经济发展2016高层论坛

11月5日，江苏海洋经济发展2016高层论坛在连云港举办。市委书记杨省世会见与会领导专家。市领导滕雯、吴海云、舒小平出席论坛活动。

杨省世代表市委市政府向与会领导专家的到来表示欢迎。杨省世说，江苏海洋经济发展2016高层论坛在连云港举行，充分体现了对连云港的高度重视，对我们更新思想理念、开拓发展眼界、完善思路举措是很好的帮助和指导。长期以来，各位领导专家非常关心连云港改革发展，给予了我们很大支持。当前，党中央、国务院高度重视海洋经济发展，提出“建设海洋强国”，海洋经济已经成为“十三五”时期我国的重要发展战略之一。连云港是一座海港城市，也是全省“一带一路”交汇点建设的核心区先导区，发展海洋经济的资源条件得天独厚，有机遇、有基础、有潜力。我们将把海洋经济作为全市未来发展的重要增长点，科学谋划、务实作为，加快推动临港工业、港航物流、海产养殖及加工、海岛旅游等特色海洋经济做大做强。希望各位领导和专家学者向我们全方位解读国家政策、产业动态，指导我们谋深谋细发展思路举措，帮助我们积极争取支持、扩大对外影响，不断提高海洋经济发展质量水平。

中国现代国际关系研究院前院长陆忠伟教授代表参会领导专家，向我市高水平举办本次论坛活动表示感谢。他说，江苏省社科院和连云港市联合举办海洋经济发展高层论坛，与地方的资源条件和发展实际契合度很高，特别是成立江苏海洋发展研究院，体现了国际视野和战略眼光。连云港是发展海洋经济的“朝阳地带”，应当在这方面找准定位、加快发展、形成特色。我们将进一步加大学术研究力度，积极帮助宣传争取，为连云港海洋经济发展贡献智慧和力量。

江苏海洋经济发展2016高层论坛由省社科院、市委宣传部主办，省社科院连云港分院（市社科院）、市海洋渔业局承办，是我省首次举办关于海洋经济发展的专题性论坛活动，旨在为地方发展海洋经济提供理论指导和经验借鉴。国家、省、市海洋经济研究有关专家学者，省社科院领导及专家，沿海相关省市社科院领导及专家，省社科院分院专家学者，市直有关单位负责人参加论坛。各位领导专家借助这一平台，围绕论坛主题，各抒己见、畅所欲言，为连云港乃至江苏海洋经济发展，提出了一系列具有前瞻性、操作性、可行性的意见建议，进一步深化了与会人员对发展海洋经济的认识，为我市深入落实“一带一路”战略、加快特色产业发展提供了有力的智力支持。

论坛期间，还举行了江苏海洋发展研究院揭牌仪式。

第三届中国（连云港）丝绸之路国际物流博览会

11月15日，以“共建共享新亚欧大陆桥国际物流通道，携手打造绿色健康智力和平丝绸之路”为主题的第三届中国（连云港）丝绸之路国际物流博览会在市工业展览中心开幕。

第十届全国政协副主席张怀西，中国贸促会副会长王锦珍，上海合作组织高级顾问、前副秘书长米哈伊尔·科纳罗夫斯基，省政府副秘书长方伟，市委书记杨省世共同启动开幕仪式。江苏省对外友好交流促进会会长、省人大常委会原常务副主任林祥国出席开幕式。市长项雪龙主持开幕式。市四套班子领导，有关国家驻华大使、驻沪总领事以及国家、省相关部门和单位，陆桥沿线及兄弟城市来宾，国内外著名企业客商代表及相关机构代表等700余人参加开幕式。

杨省世代表市委、市政府向各位嘉宾的到来表示热烈的欢迎。他说，为全面落实“一带一路”倡议，推动以新亚欧大陆桥为主轴的国际物流大通道建设，我们先后成功举办了两届中国（连云港）丝绸之路国际物流博览会，受到了沿线国家和地区的积极响应，吸引了国内外众多企业参会参展。连博会正逐渐成为增进交流、共赢发展的重要平台。未来，连云港将继续发挥陆桥、港口优势，加快完善深水航道、干线铁路网络，高水平建设中哈物流中转基地和上合组织出海基地，进一步强化与陆桥沿线口岸的通关协作，推动与沿线国家和地区在铁路运输、物流仓储等方面的共建共用，不断提高服务“一带一路”建设的能力水平。衷心希望与会各界朋友通过连博会，进一步深化过境运输、多式联运、人才交流等全方位的合作，携手打造绿色、健康、智力、和平的丝绸之路。同时热切期待与大家在智慧物流、石化、医药产业等方面加深合作，不断拓展合作领域、提升合作层次，在落实“一带一路”倡议上结出更多硕果。

王锦珍在致辞中说，连博会的召开对加速新亚欧大陆桥经济走廊建设、扩大江苏省对外开放、推动“一带一路”沿线国家不断深化合作都具有十分重要的意义。中国贸促会、中国国际商会将把促进“丝绸之路经济带”建设作为一项重要任务，继续加强与各地方政府和“一带一路”沿线国家工商界的合作，努力为双方企业搭建更多的合作平台。

米哈伊尔·科纳罗夫斯基表示，“一带一路”倡议的深入实施，给沿线国家和地区带来了积极的影响。连云港在推进“一带一路”建设上作出了许多努力，也取得了卓有成效的成绩。希望连云港继续利用好连博会这一优质平台，建设好中哈物流中转基地和上合组织出海基地，推动各方交流合作向更广领域更高水平更深层次发展。

方伟说，连博会在连云港举行，对于发挥连云港在“一带一路”建设中的双向开放门户和陆海交汇枢纽作用，加快推进江苏“一带一路”交汇点建设，推动与“一带一路”沿线国家地区在更高层次、更广领域开展商贸交流合作，都具有十分重要的意义。希望连云港以此为契机，与“一带一路”沿线国家、地区和城市一起，进一步加强沟通交流，深化物流合作，建立健康、持续、和谐、有序的区域物流合作关系，共同谱写“一带一路”建设发展新篇章。

本届连博会由展览展示和专题活动两部分组成，展会展览总面积近2万平方米，室内标摊800余个，其中特装展位近 700 个，室外光地 2450 平方米。共有参展企业 200 余家，来自 20 个国家和地区，体现了博览会在国际上的影响力越来越大。国内 97 家参展商来自 11 个省区市，其中央企、国企占独立参展企业的 1/3。展览展示区域分为国际物流设备与技术展区、服务新亚欧大陆桥经合走廊建设展区、江苏“一带一路”交汇点建设展区等三个展区。其中，国际物流设备与技术展区 (室外)：集中展示最新的装卸机械设备、轨道交通设备、包装设备、称重与测量设备、保管设备、冷藏车、保温车等设备及配件，为物流设备制造商、技术服务商和物流企业搭建交流合作平台。服务新亚欧大陆桥经合走廊建设展区 (1 号馆)：集中展示“一带一路”沿线地区物流园区和物流企业，展示参与新亚欧大陆桥运输物流的外贸代理、报关报检、金融租赁、货运代理、保险与担保、物流媒体、人力资源机构等物流服务企业；展示中哈物流中转基地和上合组织国际物流园服务功能，为相关国家和地区物流服务企业和生产商、贸易商搭建交流合作平台。江苏“一带一路”交汇点建设展区 (2 号馆)：集中宣传连云港多式联运、连新亚、连新欧国际班列等独特优势和优惠政策；展示国家东中西区域合作示范区、连云港高新区和连云港市各县区重点企业；集中展示江苏沿海、沿江地区港口物流、仓运及航运服务，搭建港口航运和储运服务功能的展示交流平台；展示江苏对参与“一带一路”建设有优势的名企或重大合作项目，推动新欧亚大陆桥沿线地区与江苏产业深化合作。专题活动分为五个板块：分别是开幕式暨新亚欧大陆桥经济走廊建设高层论坛、扬子江国际论坛“一带一路”系列峰会、“一带一路”国际产业合作高峰论坛、全国丝路沿线城市学联融入“一带一路”建设圆桌对话会和大连接时代的智慧物流发展高层论坛，其中“一带一路”国际产业合作高峰论坛细化为医药产业、港航与物流产业、石油化工产业三个分论坛。各专题活动邀请国际权威组织、国际国家层面知名学者、智库专家演讲、探讨交流，进一步加强经贸合作，为推动“一带一路”国家和地区港口、物流等建设发展以及深化互利合作等方面出谋划策。

执政论坛

中国共产党连云港市执政实录（2016年）

全市领导干部学习贯彻五大发展理念专题选录

在全市领导干部五大发展理念专题轮训班上的动员讲话

杨省世

（2016年8月4日）

同志们：

为深入学习习近平总书记系列讲话精神和党的十八届五中全会精神，全面贯彻创新、协调、绿色、开放、共享五大发展理念，市委将分两批对全市领导干部集中进行五大发展理念培训，目的是使全市各级领导干部深入学习领会五大发展理念精神，推动我市“十三五”经济社会持续健康发展，确保如期实现全面建成小康目标。下面，就深入学习领会、全面贯彻落实五大发展理念，我讲四点意见。

一、充分认识学习贯彻五大发展理念的重大意义

发展理念管全局、管根本、管方向、管长远，是战略性、纲领性、引领性的东西，直接关乎发展成效乃至事业成败。立足新的阶段，五大发展理念深刻揭示了实现更高质量、更有效率、更加公平、更可持续发展的必由之路，是今后五年乃至更长时期我国的发展思路、发展方向、发展着力点。

首先，五大发展理念顺应了经济社会发展的历史规律。坚持从实际出发，按客观规律办事，一直是我们党的优良传统。改革开放以来，围绕发展党带领人民进行了一系列探索实践。开放之初，经济基础薄弱，物资极度匮乏，百姓温饱不足。小平同志提出“不管黑猫白猫，抓住老鼠就是好猫”，允许通过一切形式发展经济，目的是为了尽快解放生产力、发展生产力，让老百姓迅速富起来。到了九十年代，随着经济规模的不断壮大，中国迫切需要融入经济全球化，我们加入了WTO，积极参与国际分工，依托劳动力等资源优势的外向型经济得到了飞跃发展。进入新世纪，一段时期，高投入、高消耗、高污染的粗放型经济增长方式成为主流，给资源环境带来了较大压力。面对发展中的各种问题，党中央审时度势，提出坚持科学发展、全面协调可持续发展，从快字当头，到好字为先，反映了党对发展规律的思考与把握。党的十八届五中全会上，以习近平同志为总书记的党中央着眼新的发展实践提出了五大发展理念，这是我们党对发展规律的重大认识结晶，体现了尊重规律、按规律办事的实践逻辑，标志着我们党对经济社会发展规律的认识达到了新的高度。

其次，五大发展理念聚焦的是破解当前突出的矛盾问题。改革开放三十多年，我们创造了发展的奇迹，也积累了很多问题。虽然我们的产业发展起来了，但产能过剩、结构偏重、供需不协调等问题也随之而来；虽然经济发展水平上去了，但也付出了资源消耗、环境污染的代价；虽然老百姓的生活改善了，但也出现了城乡发展两极分化、贫富差距加大的趋势。这些问题的存在，既影响发展活力，也影响社会和谐，危害人民群众根本利益。五大发展理念正是针对发展中的突出矛盾和问题提出来的，体现了鲜明的问题导向。创新发展注重解决发展动力问题，协调发展注重解决发展不平衡问题，绿色发展注重解决人与自然和谐问题,开放发展注重解决发展内外联动问题,共享发展注重解决社会公平正义问题。可以说，五大发展理念既抓住了制约发展的症结，又开出了解决问题的良方，具有很强的现实针对性和可操作性。

再次，五大发展理念是实现中国梦的有力支撑。习总书记提出中华民族伟大复兴的中国梦，实现这个伟大梦想,有赖于强大的经济基础。但现实情况是,我们的经济发展“虚胖”、大而不强,有规模无效益，有数量无质量；我们的很多传统产业，都是依靠资源消耗和人口红利发展，利润被别人拿走了，污染却留给了自己，而且处于产业链低端，没有话语权、定价权，处处受制于人。这样的发展路径只能空耗我们的“体力”，继续走下去，走不远，也走不通。要实现“两个一百年”奋斗目标和中华民族伟大复兴的中国梦，就必须摆脱“路径依赖”，推动创新发展。中央提出的五大发展理念，抓住了影响经济发展全局的“牛鼻子”，正是推动我们由“经济大国”走向“经济强国”、实现中国梦的关键所在。

二、深刻把握内涵，有效指导连云港发展实践

五大发展理念是“十三五”发展的灵魂和主线，我们要深刻理解其中的丰富内涵，自觉用好这个指挥棒，更好地指导地方改革发展各项事业。

第一，关于创新发展。什么是创新？创新的本质特征在于革故鼎新，在不同领域有不同表现，求变是核心。在政治上主要是改造旧世界、建设新世界；在经济上主要是提高传统生产要素的效率、创造新的生产要素、形成新的要素组合，为持续发展提供源源不断的内生动力；在思想文化上主要是弘扬传统精华、克服传统弊端，提出新思想、新观念、新学说、新风尚，创立新体系、新学派、新方法、新文风。正是基于创新的这些核心特质，中央把创新列为五大发展理念之首，把创新发展放在国家发展全局的核心位置，将其作为引领发展的第一动力，这是历史的趋势，也是形势的需要。

作为后发地区，连云港要想保持住发展的良好势头，在新一轮竞争中不掉下队来，进而实现后发先至，不创新不行，创新慢了也不行。我们需要的创新，是包括理论创新、制度创新、科技创新、文化创新在内的全面创新，是涉及方方面面的全要素、全系统、全方位变革。各个层面、各个方面都要立足自身、因地制宜抓创新。要大力推进以企业为主体的科技创新。我市虽然在医药创新领域走在全国、全省的前列，但整体的产业创新水平不高。要按照全省科技创新大会的要求，设定有限目标、实现重点突破，坚持有所为有所不为，选择一两个重点领域，加大对企业的引导支持力度，鼓励企业抓创新、搞研发，创造出更多的新技术、新产品，向产业链、价值链的高端攀升，不断提高自身的核心竞争力。要大力推进以政府为主体的制度创新。新常态下，老的办法、旧的思路已经行不通了，政府抓工作的方法必须要有新的转变。不管是市、县、区，还是乡镇街道，各级政府部门都要在创新制度、优化服务、营造环境上狠下功夫，在行政审批、招商引资、社会治理、基层党建等方方面面，勇于突破传统，大胆探索创新，形成更加科学、合理、完善的体制机制，闯出新路子。还要大力推进以社会为主体的万众创新。国家为什么提大众创业万众创新？因为创新不再遥不可及，已经成为全民参与、全民推动的事业，人民群众的创造力拥有无穷的潜力。只要大家心往创新上想、劲往创新上使，奇迹就能创造出来。我们要在全市大力弘扬创新文化，倡导敢为人先、勇于冒尖的创新精神，进一步激活民间智慧，激发群众创新创业活力，最大程度地释放出全社会的创新潜力。

第二，关于协调发展。我们常说，推动经济社会发展就像弹钢琴，妥善处理各方面关系就像指挥乐队，只有协调，才能奏出和谐动听的乐曲。中央提出协调发展的理念，我理解，就是要求我们树立全局观，统筹兼顾、综合平衡，把薄弱区域、薄弱领域、薄弱环节补起来，最终实现全面的发展。比如，我们讲全面建成小康，既要城市繁荣，也不能让农村凋敝，既要物质富足，也要精神丰裕，既要金山银山，也要绿水青山，这里面包含的就是协调发展的理念。

对连云港来说，不平衡、不协调的问题不同程度存在，发展的短板还不少。我们必须把功夫下在补短板、强整体、破制约上，不断增强发展的协调性。有这么三组关系要切实处理把握好：一是港产城融合发展。港口、产业、城市是连云港最基本的发展单元，短了其中任何一个，都实现不了融合。现阶段我们最大的短板在产业，突出表现在产业对港口的支撑不足，对城市的带动不强。要补齐这个短板，就必须聚焦重点、精准发力，持续推进产业强市、工业立市，切实做强发展的基础支撑。二是城乡一体化发展。我市县域经济较为薄弱，要通过产业发展的带动、通过公共服务的延伸，促进中小城镇和新农村建设，加快推进城乡要素平等交换、合理配置，不断缩小城乡之间、区域之间差距，实现统筹协调发展。三是物质文明和精神文明协调发展。文化是一座城市的生命和灵魂，是宝贵的精神财富。我们在抓经济发展的同时，不能忽略了城市文化的提升。连云港历史悠久、底蕴深厚，我们要充分挖掘这方面的资源，着力加强文化建设，促进文化事业繁荣发展，推动文化产业发展壮大，不断增强全市上下的文化自信，提振干部群众的精气神，实现“硬实力”“软实力”一起增强。

第三，关于绿色发展。绿色发展，是要解决好人与自然和谐共生的问题。人类的生存发展，必须尊重自然、顺应自然、保护自然，否则就会遭到大自然的惩罚和报复，这个规律谁也无法抗拒。这些年，我们的经济发展取得了历史性成就，城乡面貌也发生了天翻地覆的变化，但是在发展的过程中，对生态环境也造成了不同程度的破坏，积累了大量问题，像大气污染、水污染、土壤污染，都已经成为群众反映强烈的突出问题。这样的状况不扭转，就是对历史、对人民、对子孙后代的不负责任，我们的发展也将难以为继。

连云港有山有海，有平原有丘陵，气候适宜，物产丰富，生态本底非常好，为子孙后代保护好这些好山好水，是我们这一代人的历史责任。要坚持在保护中发展，在发展中保护，处理好保护与发展的关系，坚定不移走绿色发展道路。一方面，要加大保护的力度。我们各级干部都要牢记“绿水青山就是金山银山”，强化源头把控。不管是抓项目还是搞建设，破坏生态环境的事情坚决不做，高污染、高排放、高能耗的项目坚决不要，决不以牺牲生态环境为代价换取一时一地的经济增长。还要下大力气治理。对污染环境、破坏生态的行为，保持“零容忍”的态度，铁腕执法、铁面问责。对已经遭到破坏的山体，要抓紧修复和植被复绿；对大气、水、土壤污染，交通拥堵、餐饮油烟等“城市病”，以及农村生活污水、垃圾处理、畜禽养殖污染等问题，要一件一件抓、一个一个解决，真正让老百姓呼吸上新鲜的空气、喝上干净的水、吃上放心的食物、生活在宜居的环境里。

第四，关于开放发展。习近平总书记指出，各国经济，相通则共进，相闭则各退。一语道破了世界经济发展的客观规律。开放带来进步、封闭导致落后，这已为古今中外的发展实践所证明。世界银行2008年发布的一份报告显示，全球有13个经济体实现了持续25年以上的高速增长，它们的共同特征就是实行对外开放。中国也正是因为改革开放，才从贫穷落后大国一跃成为世界第二大经济体、第一大货物贸易国。开放之所以有如此巨大的威力，因为它符合以扩大市场、深化分工、发挥优势推动经济发展的规律。特别是在经济全球化深入发展、各国经济加速融合的当今时代，只有打开国门搞建设，把一国发展置于广阔的国际空间来谋划，才能充分发挥比较优势，创造更多社会财富。

连云港是全国首批沿海开放城市，但是客观讲，上一轮开放机遇我们并没有很好的抓住，这里面有方方面面的原因，其中很重要的一点，我想还是思维理念没有转变，眼界视野不够宽阔。现在，随着“一带一路”战略的推进实施，国家新一轮的对外开放布局已经全面展开。在这一轮的开放战略中，连云港见事早、行动快，几年下来做了不少事情，取得了丰硕成果，已经成为“一带一路”中一个很有代表性和影响力的节点城市。推进开放是为了更好促进发展，面向“十三五”，我们必须在前期打下的基础上，坚定不移地走好开放发展之路。一方面，要更大力度“引进来”，充分发挥港口、陆桥等开放平台优势，努力打造国际化的营商环境，吸引更多的人才、资金、技术等先进生产要素为我所用，不断提升产业的综合竞争力和城市的国际化水平。另一方面，还要更大步伐“走出去”，鼓励和支持更多的优势企业，努力开拓国际市场、参与国际竞争，同时多领域、全方位扩大对外交流交往，学习外面的先进理念、先进经验，用新思路、新方法指导实践、推动工作。

第五，关于共享发展。共享发展，实质就是坚持以人民为中心的发展思想，体现了我们党全心全意为人民服务的根本宗旨。总书记讲不忘初心、继续前进，人民对美好生活的向往，就是我们的奋斗目标，就是我们共产党人的初心。经济社会越是发展，我们越是不能忘记，发展是为了人民、发展要依靠人民，发展的成果必须由人民共享。只有顺应人民群众的期盼，充分调动人民群众推动发展的积极性、主动性、创造性，保障人人享有发展机遇、人人享受发展成果，维护社会公平正义，全面小康才能真正造福于全体人民。

这些年连云港的民生社会事业取得的进步有目共睹，群众的生活得到了显著改善，但大家不能忘记，还有 40 多万老百姓生活在相对贫困线以下，公共服务配置不均衡仍然是很多市民反映的焦点，距离全面小康标准，我们在很多方面还有相当差距。今后的发展，必须更加突出人民主体地位，全力以赴落实民生实事、建好民生工程，努力把民生“蛋糕”做得更大，分得更匀。要扎实推进扶贫开发。促进公共资源、优质要素向贫困地区倾斜，在基础设施、基本公共服务方面，尽快缩小贫困地区与平均水平的差距，夯实贫困地区发展基础。特别是做好教育扶贫，使贫困地区的孩子享有平等的发展机会，有效拔除穷根，阻断贫困代际传递。要大力推动公共服务均等化。从维护社会公平正义的角度出发，更多倾听群众意见，确保程序公正、公开透明，采取更有效的办法把“蛋糕”分均匀。要瞄准民生“痛点”，更大力度推动医疗、教育、养老等热点领域改革，使优质资源真正下沉到基层一线，服务更多群众。要牢牢守住民生底线。坚持量力而行、尽力而为，加强对特定人群、特殊困难的帮扶，让困难群众享有与经济发展水平相适应的基本生活保障。千方百计扩大就业，鼓励支持创业，落实援企稳岗政策，巩固民生之本。要一丝不苟地抓好公共安全、棚户区改造、防灾减灾等重点工作，确保人民群众生命财产安全，维护社会大局的和谐稳定。

三、以实际行动确保轮训取得实效

习近平总书记强调，党员干部特别是领导干部要提高贯彻五大发展理念的能力和水平，成为领导经济社会发展的行家里手。去年底以来，中组部和省委组织部先后下发通知，要求各级党委切实抓好十八届五中全会的教育培训，把五大发展理念作为学习教育的重要内容，认真组织开展集中轮训。全市各级党员干部要认真落实中央和省委要求，把学习贯彻五大发展理念作为一项重要政治任务，紧紧抓住手上、抓出成效，确保方向不跑偏、行动不掉队，不断提高适应把握引领经济发展新常态的能力。

按照中央和省委要求，从今天开始，市委将分2期，对各县区党政主要负责人、市管领导干部、乡镇（街道）党政正职和市级机关、企事业单位中层正职进行集中专题培训。这次培训，主要采取市领导授课的方式，虽然时间不长，但是内容多、信息量大。之前，相关市领导都作了充分准备，组织部门和党校也进行了精心组织，希望大家珍惜这次难得机会，妥善处理工学关系，全身心参与进来，确保培训取得实效。要高度集中精力，摒弃心浮气躁的情绪，既来之则安之，静下心来，认真听、仔细记，最大限度汲取精神营养。要讲究学习方法，用心学、深入想，积极参与交流讨论，确保学有所得、学有所成，更好地指导未来的工作实践。要严格纪律要求，严格遵守作息时间和学习纪律，严格执行作风建设各项规定，共同营造良好的培训氛围。

谢谢大家！

在全市领导干部五大发展理念专题轮训班上的讲课提纲

项雪龙

（2016年8月4日）

根据此次轮训活动安排，围绕推进我市“十三五”经济社会发展，我讲四个方面的内容，与大家作一个交流。

一、认清自身的发展优势

推进一个地区发展，首先要看到自身所具有的竞争优势，找到抓发展的突破点。来连云港后，我一直在思考这个问题，我认为目前连云港发展优势很多，其中最重要的是以下四个方面。

一是港口优势。连云港以港兴市，以港得名。外地人一提起连云港，首先想到的是港口。我们的港口，在全省规模最大、条件最好。作为中西部最便捷的出海口、新亚欧大陆桥东方桥头堡，连云港港的区位条件在全国沿海港口中也是有竞争优势的。我们经常讲，港口是我市的核心战略资源，为什么这样说？可以从两个方面理解，从城市经济学看，一个城市的经济增长，本质上是城市总供给的提高和总需求的扩张。港口城市因为有海陆两个扇面腹地的优势，在物流成本和市场开拓上具有优势，也就是说在扩大供给能力和扩张域外需求上比内陆城市更具有竞争优势。另外一个方面更好理解，就是港口具有商埠功能，在对外经济交流合作上有优势。事实上，改革开放之初连云港被确定为国家首批沿海开放城市，后来又被确定为新亚欧大陆桥东方桥头堡，再到国家批准实施江苏沿海开发战略、国家东中西合作示范区建设，再到现在被确定为“一带一路”重要战略节点城市，都与我们拥有沿海港口有关。但我总体感觉，我们港口的比较优势还没有得到充分发挥，还是停留在货物运输的阶段，还称不上资源配置中心。我们的纯物流占到吞吐量的90%以上，加工贸易、港航服务业等与港口紧密相关的服务业发展还不够。从港口货物结构看，我们本地货源也少，大约只占五分之一左右，说明我们的临港产业发展还不充分，本地产业对港口的支撑还不够，港口对产业发展的拉动作用还没有有效发挥。另外，我还了解到，徐州、淮安等周边地区，新疆等地有些原来从我们港口出去的货源也在流失，这到底是服务问题，还是成本问题，还是综合物流的问题，要进行深入研究并采取有效措施。总体上看，作为港口城市，以港兴市应该是连云港基本的发展战略，但目前我们港口与城市的关联还不够紧密，需要加快推进港产城融合发展。

二是资源优势。土地、能源、自然环境是地方发展重要的基础条件，连云港在这方面的资源禀赋很好。连云港能够用于工业开发的空间巨大，这是少有的发展优势。我们在这里能做事、做大事。连云港现有核电、火电发电容量300多万千瓦，随着核电、火电扩建项目投产，以及风电、太阳能发电项目相继建成，连云港将成为华东地区重要的能源基地，这对连云港将来搞临港大工业，具有得天独厚的优势条件。连云港山海相拥、港岛相抱，具有建设一座富有特色的大城市的良好基础条件。这几年中心城市建设已经全面拉开框架，城市功能与形象得到明显的提升，建成区已经超过200平方公里，几大产业园区的承载能力在逐步增强。我们的旅游，既有自然的山海风光，又有神奇浪漫的西游记文化，是江苏三大旅游资源富集区之一。但我市旅游产业与发展比较好的地区比，还存在一定的差距，旅游业态单一，旅游资源的多样性优势没有发挥出来，需要我们做很好的研究。

三是产业优势。总体上看，连云港产业发展具有一定的基础，特别是新医药、新材料、新能源、装备制造业、石化、钢铁这六大产业已经具备了一定的发展条件，综合经济实力正在不断的迈上新台阶。去年以来市委、市政府提出了“产业强市、工业立市”的战略，把发展工业、推进工业项目建设放在了重中之重的位置，推动了产业经济的加快发展。高新技术产业方面，产值年均增长达到26%。特别是我们新医药产业创新能力很强，恒瑞、康缘、正大天晴、豪森药业等4家企业跻身全国医药研发20强，有的企业甚至今年利税增长达到40%。石化、冶金行业运行稳中有升，培育了一批两百亿级、百亿级大型企业，去年全市百亿以上企业达到7家，数量居苏北前列。

四是后发优势。后发可以成为优势。后发优势主要体现在试错成本和学习成本的节约上。连云港作为后发地区，可以充分吸取借鉴先进地区的经验教训，扬长避短，少走弯路。比如在产业招引上，可以直接吸收最新的科学技术，发展现代高新技术产业。在环境保护上，可以规避重工业化过程中带来的环境污染，坚决不走“先污染后治理”的老路。还比如，在工作方式、工作态度上，向苏南先进地区学习他们树立更高标杆，勇于面对挑战，有旗必扛、有先必争的争先意识。我们一定要坚定信心，走出一条符合连云港特色、“青出于蓝而胜于蓝”的发展道路。

二、认清面临的发展机遇

一个人的成功需要点机遇，一个地区的崛起同样如此。我们要看到，机遇稍纵即逝，强者创造机遇，智者利用机遇，弱者丧失机遇。连云港面临的机遇很多，在加快发展中要把握好机遇，更要创造越来越多的机遇。

一是国家战略叠加的政策机遇。近年来连云港先后迎来了江苏沿海地区开发、国家东中西区域合作示范区建设、长三角区域发展一体化、“一带一路”建设等多重国家战略叠加的发展机遇。前不久，省委、省政府又出台了“一市一策”，支持连云港开展东部沿海新型产业基地建设，深度参与全省沿东陇海线经济带建设，省里还出台了一系列支持我市产业发展的具体政策，以及支持我市率先复制上海自贸区经验的特殊开放政策。这么多国家战略、省级促进区域协调发展的政策落到连云港，作为一个地级市这样的政策机遇是其他城市至少是江苏的其他城市很难具备的。我们只要能把这些战略对接好、利用好，一定会产生很大的政策效应。

二是重大基础设施建设的机遇。近几年，我们利用国家扩大基础设施建设投资的机遇，大力补齐交通短板，综合交通枢纽地位进一步巩固。首先是港口。港口是连云港最核心的资源、最大的禀赋和优势，“十二五”我们建成了30万吨级深水航道一期工程，赣榆、灌河、徐圩港区开港运营，综合通过能力达到1.6亿吨，“一体两翼”组合大港基本形成，这对我们推进临港开发、加快经济发展具有重要意义。其次是综合交通。我们的海陆空河综合交通体系逐步完善，公路已初步形成“五纵五横”的高速公路、国省公路干线。疏港航道、盐河航道建成通航，千吨级船舶可以直通京杭大运河。白塔埠机场旅客年吞吐量也突破70万人次，新机场建设的前期工作也在加紧推进。特别是连盐、连淮扬镇、连青三条铁路已开工建设，徐连客专也将很快开工。我来连云港后，一直在思考研究连云港的特点和情况，研究连云港的发展和现实，也研究分析制约连云港发展的因素，我觉得连云港为什么发展很不容易，起码缺少了两个东西，一是缺腹地的支撑，二是缺交通的贯通。我大体算了一下，我市铁路建设竣工大概的时间节点在 2019 年左右，大项目真正落地需要 4–5 年的周期。也就是说，实现我们的交通条件根本性改善，与我们的产业发展时间节点基本同步。我认为，“十三五”期间综合交通条件的极大改善，为全市加快发展创造了重要条件，只要我们努力把产业基础尽快搞上去，连云港就积累了快速崛起的能量，就具备了腾飞的条件。

三是产业布局优化调整的机遇。由于连云港独特的区位优势和广阔的发展空间，国家已在连云港规划建立世界级石化产业基地，这将是连云港市，甚至江苏省最大的产业发展项目，一旦石化产业基地完全建成，石化及其上下游产业将能形成上万亿元的产业规模，极大拉升连云港经济社会发展。盛虹集团 1600 万吨炼化一体化项目是石化产业基地的首个突破，是我市加快产业发展的一号工程。项目推进获得了突破性进展，已不存在大的障碍，力争年底前开工建设，为建设世界级石化产业基地打下坚实基础。总体而言，连云港加快发展的天时地利人和各类条件都已具备，只要我们在市委的领导下，众志成城、上下一心，最大限度地发挥我们的主观能动性，千方百计调动全市干部群众的积极性，就能把连云港自己的事业一步一步扎扎实实做好。

三、正确认识取得的成绩

要充分肯定取得的成绩。改革开放以来，在历届市委、市政府的领导下，经过长期的艰苦努力，连云港已经积累了较好的发展基础。特别是近年来，在以杨书记为班长的市委坚强领导下，全市上下抓发展的思路更加清晰，抓工作的举措更加扎实，干事创业的氛围更加浓厚，全市综合实力日益增强，港口建设、产业发展、城乡面貌、人民生活都发生了巨大变化。去年连云港 GDP 突破 2000 亿元，一般公共预算收入近 300 亿元。我们一些重大产业项目加快实施并转化为现实的新增长点，全市过百亿企业达到 7 家，石化产业基地建设正在加快推进前期工作。有一种大产业、大气魄、大干快上的概念。实事求是地讲，相对于苏南地区，地处苏北的连云港，原来产业基础比较薄弱，在省内城市中离上海、南京最远，现有交通条件还没有真正改善到位，处在市场经济的末端，能取得这样的成绩，我们连云港的干部群众付出了艰辛努力，我们历届班子的同志为连云港的发展呕心沥血，默默无闻地做了大量工作，为我们今天的工作奠定了良好的基础。

要正视存在的现实差距。客观地讲，目前连云港经济基础还相对薄弱，发展不充分是我市的主要矛盾。经济总量上，去年我市 GDP 为 2160.64 亿元，仅占全省的 3.1%。人均 GDP 为 48416 元，全国是 49351 元，江苏是 87995 元，比全国还低近 935 元，只相当于全省的 56.1%。经济结构上，去年三次产业结构为 13.1:44.4:42.5，一产还占比较大的比重，二、三产比重总体不高。工业中虽然高新技术产业占到了规模工业的 39.1%，但产业集聚度不高，没有形成大的支柱产业，几个产业的体量都不大。全市规模以上企业 1637 家，江阴一个县级市就达到 2 万多家，这个差距显而易见。我们企业结构和产品结构也不够合理，大多数企业和产品处在产业链的低端。产业经济发展的滞后导致吸纳就业能力不足，目前全市在外打工的有 78 万人，占全市适龄劳动人口的 28.1%，近 1/3 的中青年劳动力都在外打工。主要原因是大型企业不多，全市用工规模在 500 人以上的规上企业仅有 500 余家，而且缺少用工密集的大型龙头企业，吸纳劳动力能力较弱。城市化方面，去年全市城市化水平达到 58.7%，低于全省平均水平 7.8 个百分点。中心城市除去赣榆区行政区划调整因素，海州、连云区加起来总人口才 93 万，说明我们中心城市的集聚辐射能力还十分有限。

全面小康需要倍加努力。“十三五”时期，我们的主要任务是全面建成小康社会。按照省有关部门新版全面建成小康社会的指标体系监测，目前连云港市小康进程在有序推进。2014 年，我市全面建成小康社会指标监测综合实现程度为83%，与达标基准（90%）还有7个百分点差距；五大类36个指标中有25个指标已达标，11项指标尚未达标。其中，民主法治类、社会发展类实现程度整体较好。生态环境类、经济发展类实现程度一般，滞后序时进度。人民生活类指标实现程度不够理想，是五大类中实现程度最低的。总体上看，连云港如期实现全面小康的任务十分艰巨，我们不能拖全省的后腿，对此一定要有清醒的认识。

四、“十三五”的战略思考与工作思考

关于全市“十三五”的目标任务、发展战略、思路举措，市委十一届十一次全会都已明确。推进“十三五”经济社会发展，重点是贯彻落实“五大发展”理念，扎实推进好“以港兴市、工业立市、创新驱动、绿色发展、协调共进”等五大核心战略。

（一）深入推进“以港兴市”战略。连云港百年的经济社会实践，都是围绕港口来开展的。港口经济发展往往经历初级商港阶段、港口工业阶段、多元集聚阶段等几个阶段。要整合资源建好、用好港口，推动港口从物流运输港向资源配置中心转变，发挥港口对区域经济的引领和带动作用。

一是大力发展临港工业。临港工业是一种大进大出的产业，只有达到一定规模，港口的大运输、低物流成本以及聚集生产要素的优势才能充分体现。日本的“三湾一海”、新加坡的裕廊工业园，都是世界上临港工业发展的成功典范，其临港工业的规模和层次让人十分震撼。我们的临港工业规模还很小，还有很大的发展空间。要进一步加快炼化一体化、现代化钢铁基地等大项目的建设。同时着力加强对临港工业的深化研究，根据港区功能定位，发挥大型矿石码头、深水航道和土地资源优势，引办大项目，培育大产业，推动临港工业向更高层次加快发展。

二是不断壮大港口经济。初步测算，我市港口经济对城市GDP的贡献大约是12%，港口经济发展还有很大空间。要推动港口运输物流功能与航运、贸易、金融等功能互促并进，加快发展相关现代服务业，这是我们港口经济发展的努力方向。一是大力发展港口物流业。充分发挥以港口为核心的多式联运优势，把海铁联运、海河联运和陆桥运输打造成最具特色的物流品牌。大力培育港口物流龙头企业和一批有特色的第三方物流企业，积极引进国际国内知名物流企业在港口设立总部或分支机构。二是大力发展港口贸易。依托出口加工区、保税物流中心等开放载体，大力发展面向日韩的加工贸易、保税贸易、转口贸易。要借助大宗原材料贸易优势，积极与国内外期货交易所开展合作，重点建设航运交易市场、矿石交易中心和焦炭贸易平台，提高港口贸易的规模和水平。三是大力发展航运服务业。加快航运服务功能集聚区建设，推动航运服务业逐渐向航运金融、航运保险、邮轮经济等高端领域拓展。

三是加快港口与城市互动。港口与城市体现出一种共生共长的关系，港口带动城市相关产业发展、促进就业，反过来城市又为港口发展提供功能支撑，港为城用，城以港兴。一是强化城市功能对港口的支撑。目前，我们的城市功能对港口支撑不足，各种生产性、生活性服务业的发展不充分，临港的商务配套、服务体系和各类要素市场不够发达，无法满足多样性、高端性的港口功能需求。要加快沿海城市功能区的建设，通过城市功能的不断完善，进一步增强城市对港口发展的支撑作用。二是强化港口规划与城市规划的合理衔接。随着两翼港区的不断拓展，要适当调整主港区和两翼港区的生产岸线和货物结构，把岸线规划好、利用好，实现现代化港区和现代化城市的相融发展，充分展示海滨城市的特色。

（二）深入推进“工业立市”战略。工业化是连云港不可逾越的发展阶段。我们要牢固确立“工业立市、产业强市”的鲜明导向，大力实施转型升级工程，推动产业向中高端水平迈进，加快构建现代产业体系。

一是做大做强现有企业。在发展产业的过程中，做大做强现有企业是来得最快、风险最小、成效最明显的途径。要落实好三个企业培育计划，加快形成一批百亿、千亿级别的企业和产业集群。一是服务好优势企业。围绕战略新兴产业、三新一高产业，落实好降成本政策，着力做好相关服务，为企业发展松绑助力，把工业上的亮点进一步变成发展优势。二是服务好有市场的企业。当前经济下行压力较大，一些企业有市场但面临着现实困难，需要政府给予一定的支持，我们要走进这类企业，尤其是要增强金融对实体经济支持力度，加大对实体经济的信贷支持，让这些企业渡过难关，实现良性发展。三是重组激活僵尸企业。对一些重污染、低产出的企业，该关闭的要坚决的关闭，但是对有市场、有前景、发展情况比较好的企业要加大重组力度，激活有效资产，促使其发挥积极作用。

二是坚定不移增加投入。培育新的增长点是经济发展最有效的手段。有竞争力、高质量的投入，决定了一个地方的发展潜力和前途。没有项目支撑，一切经济发展都是空中楼阁。从连云港目前的发展阶段看，投资还是重要的拉动力量。从连云港目前的发展阶段看，投资还是最重要的拉动力量。我们要把发展工业、推进工业项目建设放在重中之重的位置，按照“四个一批”的要求，信息项目抓跟踪，跟踪项目抓洽谈，洽谈项目抓签约，签约项目抓筹备，筹备项目抓开工，开工项目抓服务，建设项目抓竣工，竣工项目抓投产，投产项目抓达效，一环扣一环抓好项目推进，持续扩大有效投入，形成滚动发展机制，连续几年坚持下去，力争“十三五”期间实实在在完成产业项目投入 3500 亿元，这样连云港的发展就有希望了。当前，市里要重点抓好盛虹炼化一体化、益海粮油增资等一批能够有效支撑未来发展的项目。

三是全力以赴招商引资。区域经济工作很复杂,但基本规律很简单,归根到底就是集聚优质发展要素。区域发展竞争的本质，本质上是竞争资金、项目、科技、人才等流动生产要素。一个地区集聚优质发展要素的能力强，一个地区发展就快。落实到我们具体工作，一个就是要加强招商，另一个就是要构筑一流的投资发展环境。要围绕本地产业特点和产业优势，创新招商引资方式，加强产业链招商、专题招商、精准招商和以商招商，力求招商引资工作尽快取得明显突破，在项目投入上有大变化。

（三）深入推进“创新驱动”战略。去年连云港人均 GDP7200 多美元，已经进入创新驱动发展阶段和转型升级的关键阶段。当前和今后一段时期，我们要以创新驱动为工作重点，更大力度抓创新，坚定不移调结构、促转型。

一是突出抓好产业发展创新。创新驱动离不开产业支撑，必须把加快科技创新与促进产业升级紧密结合起来，着力构建以科技创新型产业为主导的工业产业结构，走内涵式增长、集约化发展的新型工业化道路。一是以创新增强战略性新兴产业核心竞争力。紧紧抓住国家实施“中国制造 2025”机遇,瞄准“三新一高”等七大新兴产业，全力在高端环节和核心技术上攻关突破，加快打造一批具有国际竞争力的创新产业集群。二是以创新引领现代服务业加速发展。顺应信息化时代浪潮，把推进信息化作为现代服务业的主线，加快制定“互联网 +”行动计划，将互联网创新成果深度融合于经济社会各个领域，发展壮大新兴业态，打造新的产业增长点。三是以创新推动传统产业转型升级。没有落后的产业，只有落后的技术，传统产业也有广阔的创新空间。运用技术创新成果，进一步提高传统产业工艺技术和装备水平，着力增强企业新产品开发和品牌创建能力。

二是突出抓好创新载体建设。大力加强创新载体建设，重点建好三类载体：一是建好研发机构。大力引导企业设立研发机构，加快推进中科院能源动力研究中心建设，积极争取国家布局建设大科学装置、大科学仪器设备和创新基地，努力进入国家重大科技专项。二是建好公共服务平台。加快技术转移等专业化科技服务平台建设，构建布局合理、功能完备的科技公共服务体系，重点支持建设一批面向中小企业服务的公共技术实验平台。要大力加强面向社会创新的创新服务体系建设，切实抓好外来人才团队和成果转化的创新服务。三是建好产业园区。以创新创业载体建设为突破口，打造更多产业集聚度高的“园中园”和特色产业园。高新区要突出科技创新的功能定位，加快建设集科研、孵化、商务、文教等配套于一体的创新服务区，打造城市创新综合体，力争各项工作尽快取得突破。

三是突出抓好创新人才集聚。创新驱动实质上是人才驱动。要实施更加积极的创新人才政策，有效解决我市人才结构性矛盾突出的问题。一是多措并举引进人才。围绕产业发展需求，积极引进人才，吸引更多的海内外高层次人才来我市对接洽谈，争取更多的复合型领军人才、高端专业人才、高级管理人才和高技能人才落户连云港。二是分门别类培养人才。围绕党政人才、企业经营管理人才、专业技术人才、高技能人才队伍建设，组织开展一系列培训活动。三是优化人才发展环境。组织开展领导联系高层次人才活动，兑现落实好高层次人才安置的各项政策，解决好住房、医疗、配偶就业、子女入学等困难，使各类人才在连云港安心建功立业。

（四）深入推进“绿色发展”战略。一是以长远发展眼光看待生态建设，珍惜连云港的良好生态本底。连云港本来具有良好的生态本底和山海相拥的自然景观，要本着对子孙后代高度负责的态度，努力把生态环境建设成为连云港的核心竞争力。二是解决影响生态环境的突出问题，坚决避免走先污染后治理的老路。这些年加快经济建设过程中，自然生态环境也不同程度遭到破坏，留下了一些深刻的教训。我们决不能以牺牲环境为代价去换取一时的经济增长。要下决心推进现有化工园区的资源整合和化工企业整治，同时要加快建设循环经济园区建设，努力实现园区内生产的污染物低排放甚至零排放。三是加快推进环境综合治理，逐步优化区域生态环境。大气治理方面，落实机动车尾气、燃煤控制、企业监管、扬尘管控措施，特别是要全面推进建筑施工标准化，采取有效措施解决好建筑工地、港口生产方面的扬尘问题。水治理方面，重点实施截污导流、疏浚治理、生态补水等三大类工程，集中整治水质较差的城市内河，基本消除河道黑臭现象。同时，要加快环保基础设施建设，提高固体废弃物综合利用水平，促进再生资源规模化利用、产业化发展。推进区域战略环评，争取一次性、系统性地解决我市经济发展尤其是新上石化、钢铁项目所需要的环保总量指标。加强海洋环境监测能力建设，严控陆源污染入海总量，强化海洋环境治理与生态建设。

（五）深入推进“协调共进”战略。协调是持续健康发展的内在要求。要正确处理发展中的重大关系，处理好城乡协调发展、经济社会协调发展、物质文明与精神文明协调发展关系，推动经济社会全面进步。

一是促进城乡区域协调发展。国内外经验证明，增强城乡发展的整体性、协调性，体现两者差异性和互补性，是一个国家或地区实现经济社会健康发展的关键。要按照城乡发展规划、产业布局、基础设施、公共服务、就业社保、社会管理等“六个一体化”的思路，加快推进城乡经济社会统筹发展。要把精准扶贫精准脱贫作为我市当前和今后一个时期最大的政治任务和民生工程，坚决打好扶贫脱贫攻坚工作，确保按期完成整体脱贫任务。

二是促进经济社会协调发展。经济发展与社会发展必须加以协调，二者不可畸轻畸重。一是抓好社会事业发展。从解决人民群众最关心最直接最现实的利益问题入手，大力推进教育现代化，加快建立现代医疗卫生体系，推动社会事业向更高水平迈进。就业是民生之本，尤其要着力解决好就业创业问题。我们连云港现在还是劳动力人口输出地区，每年还有几十万父老乡亲背井离乡在外打工，导致了很多留守儿童、留守老人。解决好我们老百姓的就业问题，努力让他们能够在家门口找到满意的工作，是我们各级党委政府义不容辞的责任。要通过引办重大项目、发展产业经济增加就业岗位，坚持以创业带就业，鼓励、支持、推动群众自主创业。二是抓好民生实事工程。今年以来，我们相继开展了“健康连云港”“干净、方便、顺畅”连云港、创卫国家卫生城市等工作，都是为了解决好百姓最关心最直接最迫切的现实需要。特别是10个方面48件民生实事，说到必须要做到，千万不要对老百姓放空炮，一定要把今年的民生任务不折不扣的完成好。要围绕保障性住房建设，加快推进群众居住条件改善工程，努力实现百姓“住有所居”的目标。三是打造和谐稳定社会环境。安全是人最基本的需求。“平安是福”这句老话，道出了人们对安全需求的重视。要把平安连云港、法治连云港建设作为保障民生幸福的重要抓手，扎实做好信访稳定、社会治安、安全生产、社会管理工作，不断提高人民群众的安全感，把连云港建设成为最安全的地区。

三是促进物质文明与精神文明协调发展。人的幸福不仅源于物质需求，而且也源于精神需求，随着经济社会向更高水平发展，我们要高度重视群众精神生活需要。同时我们也要看到，一个地区的发展，不仅仅体现在经济建设成果上，很重要的一点还反映在整个社会的文明进步上，这也是一个地区的软实力体现。一是丰富群众文化生活。加快构建公共文化服务体系，不断完善公共文化设施，让人民群众学习有场所、娱乐有阵地、休闲有去处。组织形式多样的群众性文化活动，为人民群众创作更多的喜闻乐见的文艺精品，让人民群众享受到丰富多彩的文化生活。二是加强社会文明建设。一个地区的民风很重要，一个地区最美的风景是人。中国古代的官员管理的事务涉及面很广，包括劝课农桑、兴修水利、兴办义学、赈灾除荒、出俸济民等等，其中还有两个最重要的方面，就是整肃吏治、教化民风，用我们现代的话说，就是改善政风、民风，这都与加强精神文明建设有关。要深入开展理想信念教育，倡导爱国守法和敬业诚信，构建传承中华传统美德、符合社会主义精神文明要求、适应社会主义市场经济原则的道德行为规范，不断提高人民群众的精神素养和文明程度，让每个社会成员都有正确的价值观。三是平衡社会心理情绪。加强人文关怀，注重心理疏导，强化道德规范，引导人民群众善待自己、善待他人、善待社会，保持健康的心态和平衡的心理，善于看到生活越来越好、社会总体公平正义的主流，切实增强通过自己的努力奋斗开创幸福美好生活的信心和自觉性，以平和的心理追求幸福、创造幸福、感受幸福。

“十三五”征程已经开启，能否在复杂严峻的宏观经济形势下取得快速发展，对全市领导干部来说都是一个严峻的考验。但面对连云港的现实，这是一场必须打好的硬仗，全市各级领导干部要加快提升能力素质、锤炼过硬作风。要始终保持昂扬向上的斗志。现在连云港的基础条件很好，但发展任务也十分艰巨。面对激烈的区域竞争，我们要不甘落后，敢于争先，有一种必胜的信念，我们都生活在这个地方、工作在这个地方。这个地方发展得怎么样，关系到我们每个人的尊严和荣誉。尤其是我们的各级领导干部，身上还承担这责任。我们必须保持良好的精神状态，保持昂扬向上的斗志，把连云港的尽快发展搞上去。要始终保持加快发展的决心。“十三五”是我们加快发展的关键阶段，如果能够迅速崛起，将对连云港的长远发展赢得主动，从大的宏观经济形势看，现在情况下一个地区经济增速保持两位数已经很不错了，但对连云港来讲，如果满足于这样的发展，“十三五”下来会被人家甩得更远。我们各级干部要有清醒认识，切实增强加快发展的紧迫感。要始终保持敢于担当的胸怀。现在中央和省里对连云港的发展给予了很高定位，全市广大干群对连云港加快发展也有热切的期盼。我们一定要切实担当起时代赋予的责任和使命，不辜负组织和人民群众的信任。要始终保持真抓实干的作风。经济发展是有规律的，发展是干出来的。完成“十三五”的目标任务，我们思想要务实，举措要求实，工作要落实，绝不能搞形式主义，绝不做表面文章，绝不搞虚假增长，不搞劳民伤财的形象工程，扎扎实实做好打基础利长远的事。

全面推进依法治市　加快建设法治港城

王加培

（2016年8月5日）

同志们：

大家上午好。很高兴，借这个机会和同志们交流一下依法治市工作。

法治是治国理政的基本方式，也是国家治理体系现代化的基本特征。党的十八届四中全会提出了全面推进依法治国的总目标，标志着依法治国按下了“快进键”、进入了“快车道”，对我国社会主义法治建设具有里程碑意义。全面推进依法治国不仅是“四个全面”重大战略的重要组成部分，也是践行“五大发展理念”的重要保障。新时期，我们学习贯彻“五大发展理念”，必须要坚持运用法治思维和法治方式来推动改革发展、维护社会稳定。下面，我结合学习习近平总书记系列重要讲话精神，特别是关于依法治国的重要论述，从推进依法治国的战略意义、需要把握的几个问题以及法治连云港建设的实践与思考等三个方面和大家做个交流。

一、推进依法治国具有十分重要的战略意义

要提高对推进全面依法治国战略实施的自觉性和紧迫性，首先必须弄清其提出的背景及其重大战略意义，我想可以从以下三个方面来理解：

第一，全面推进依法治国，是深刻总结我国社会主义法治建设成功经验和深刻教训做出的重大抉择。

我们党对依法治国问题的认识经历了一个不断深化的过程。新中国成立以后，中国共产党从革命党转变为执政党。对于在这么大的国家执掌政权，应当依靠什么，如何来治国理政，客观地讲，一开始我们并没有找到明确的方向，以至于建国初期，我们一直没有制定宪法。（1949年9月29日，中国人民政治协商会议通过了一部《共同纲领》，《共同纲领》起到了临时宪法的作用。）50年代初，苏共中央包括斯大林向中共中央，向毛主席建议，说你们要抓紧制定自己的宪法，把中国共产党的执政地位在宪法上确认下来，使中国共产党成为宪法认可的合法的执政党，并依据宪法来治国理政，执掌国家政权。经过几年的努力，1954年9月20日，第一届全国人民代表大会第一次会议通过了新中国第一部宪法，确立了中国共产党的执政地位，规定了国家的基本制度、基本路线，并积极运用新民主主义革命时期根据地法制建设的成功经验和社会主义建设初期的实践做法，抓紧建设社会主义法治，颁布了一系列法律法规，初步奠定了社会主义法治的基础。后来由于党在指导思想上产生了“左”的错误，逐渐对民主法制建设不那么重视了，特别是“文化大革命”十年内乱，使法制遭到严重破坏，教训十分惨痛。

党的十一届三中全会以来，我们党把依法治国确定为党领导人民治理国家的基本方略，把依法执政确定为党治国理政的基本方式，始终把法治放在党和国家工作大局中来考虑、来谋划、来推进，依法治国取得了举世瞩目的重大成就。历史是最好的老师，经验和教训使我们党深刻认识到，法治是治国理政不可或缺的重要手段，法治更具根本性、全局性、长期性。法治兴则国家兴，法治衰则国家乱，正所谓“国无常强，无常弱。奉法者强则国强，奉法者弱则国弱”。有一种观点认为，法律是人类最大的发明，别的发明使人类学会了如何驾驭自然，而法律使人类学会了如何驾驭自己，这是有道理的。因此，全面推进依法治国既是历史的选择，也是人民的选择，是合乎潮流的不可逆转的历史趋势。

第二，全面推进依法治国是全面建成小康社会和全面深化改革的重要保障。

当前，全面建成小康社会进入决定性阶段，改革进入攻坚期和深水区，国际形势复杂多变（南海问题，朝鲜半岛问题，韩美萨德导弹问题，欧洲反恐问题，等等）。面对前所未有的改革发展稳定任务，面对前所未有的矛盾风险挑战，人民群众对法治的要求也越来越高，依法治国在党和国家工作全局中的地位作用也越来越大。从经济方面来看，市场经济本质上就是法治经济，解决制约经济可持续发展的种种问题，克服部门保护主义和地方保护主义、维护市场秩序、保护知识产权、化解产能过剩、保护生态环境，等等，都需要密织法律之网、强化法治之力。从深化改革方面来看，经过30多年的改革，好改的基本上都改差不多了，剩下的都是难啃的硬骨头（比如政治体制改革，金融改革，国企改革，等等），要触及最深层次利益关系调整，迫切需要从体制机制上寻找解决问题的办法，而法治恰恰是降低改革成本、凝聚改革共识、推动改革深化的最佳途径。从社会治理方面来看，也存在着一系列难题，如何解决社会公平正义，完善互联网管理，加强安全生产，保障食品药品安全，改革信访工作制度，创新社会治理体制，维护社会和谐稳定等，都需要法律来规范。

因此，必须要把依法治国摆在十分突出的位置，更加注重运用法律的准绳去衡量、规范、引导政治、经济、文化和社会生活，更加注重运用法治的方式统筹社会力量、平衡社会利益、调节社会关系、规范社会行为，确保我国社会在深刻变革中既生机勃勃又井然有序。

第三，全面推进依法治国，是着眼于实现中华民族伟大复兴中国梦，保证党和国家长治久安的长远考虑。

人无远虑，必有近忧。从现在的情况看，只要国际国内不发生大的波折，经过努力，全面建成小康社会目标应该能够如期实现。但是，作为执政党，全面建成小康社会之后的路该怎么走？如何跳出“周期率”长期执政？如何实现党和国家的长治久安？都是不得不考虑的问题。

在世界社会主义发展史上，不少国家没有解决好法治和人治的问题，最终导致政息人亡。前南斯拉夫曾经是社会主义国家中发展得比较好的，但铁托没了，那个制度和国家很快就都没了。东欧剧变、苏联解体，很重要的一个原因也是没有解决好法治和人治的问题。包括我们自身，也没能避免“文化大革命”这样悲剧的发生。有鉴于此，邓小平同志在党的十一届三中全会明确指出，“为了保障人民民主，必须加强法制建设，必须使民主制度化、法律化，使这种制度和法律不因领导人的改变而改变，不因领导人的看法和注意力的改变而改变”。

关于“人治”和“法治”，习近平总书记曾深刻指出：“人治和法治问题是人类政治文明史上的一个基本问题，也是各国在实现现代化过程中必须面对和解决的一个重大问题。综观世界近现代史，凡是顺利实现现代化的国家，没有一个不是较好解决了法治和人治问题的。相反，一些国家虽然也一度实现快速发展，但并没有顺利迈进现代化的门槛，而是陷入这样或那样的‘陷阱’，出现经济社会发展停滞甚至倒退的局面。后一种情况很大程度上与法治不彰有关。”因此，全面推进依法治国，既要立足于当前我国改革发展稳定当中的一些矛盾和问题的现实考量，也要立足于长远的战略谋划，为推进国家治理体系和治理能力现代化提供根本性、全局性、长期性的制度保障。

以上主要是从历史、现实和未来三个维度，阐释依法治国的重要意义，是希望大家能够进一步统一思想认识，切实增强推进依法治国的思想自觉和行动自觉。

二、依法治国工作中需要把握的几个问题

党的十八届四中全会，首次以全会的形式专题研究部署全面推进依法治国，研究通过了《关于全面推进依法治国若干重大问题的决定》，这在中国共产党的执政史上尚属首次，是中国民主法治史上的重要里程碑。四中全会的精神可以用三个关键词来概括，就是：新起点、总目标、总路线。新起点，就是中国的法治建设以四中全会为标志，进入了新的历史阶段，站在了新的历史起点上；总目标，就是确定了两个建设目标，即建设中国特色社会主义法治体系，建设中国特色社会主义法治国家；总路线，就是坚定不移地走中国特色社会主义法治道路（这些都是四中全会公报中概括的提法）。

四中全会召开以来，各个地方、各个条线都进行了广泛的学习宣传，各大媒体网站、专家学者也对会议精神进行了深度解读，相信大家对依法治国的丰富内涵都有了自己的一些理解。下面我着重从大家比较关注的几个方面入手，谈一些个人的看法。

一要始终坚持党的领导不动摇。党和法治的关系是法治建设的核心问题。中国共产党是社会主义各项事业的领导核心，坚持党对依法治国工作的领导，本来不是什么问题，但受一些外部因素影响，党的十八届四中全会之后，有一些人不断发出各种噪音杂音，提出一些似是而非甚至极端错误的观点，借法治之名，挑战我们党的执政地位。说什么“一党执政”的政治体制决定了依法治国只能是口号，党大还是法大是个坎。说我们是借“依法治国”推行专制与专政。还有些人抓住执法司法中存在的一些问题，煽风点火，造谣生事，诋毁党对政法工作的领导，等等。（近期宣判的翟岩民、胡石根等人，和境外反动势力勾结，攻击国家法律制度，被判颠覆国家政权罪）在这个重大政治原则问题上，我们必须明辨是非，旗帜鲜明地表明政治立场和政治态度，坚定不移地坚持党的领导核心作用。

党的领导和依法治国在本质上是一致的，只有坚持党的领导，人民当家作主才能充分实现，国家和社会生活制度化、法治化才能有序推进。党的领导是中国法治的最大特色，也是中国特色法治的优势所在。首先，党的政策是国家法律的先导，是立法的依据和执法司法的重要指导。党的政策成为国家法律后，实施法律就是贯彻党的意志，依法办事就是执行党的政策。党既领导人民制定宪法法律，也领导人民执行宪法法律，党自身也必须在宪法法律范围内活动，做到党领导立法、保证执法、带头守法。其次，保证司法机关依法独立公正行使职权是我们党的明确主张，两者并不矛盾。吸取“文化大革命”的教训，党的十一届三中全会就明确指出“检察机关和司法机关要保持应有的独立性”。我国宪法规定，人民法院、人民检察院依照法律规定独立行使审判权、检察权，不受行政机关、社会团体和个人的干涉。党的领导是管方向、管政策、管原则、管干部，不是包办具体事务，更不是越俎代庖。第三，党的领导必须依靠法治，运用法治思维和法治方式改善和加强党的领导。全面推进依法治国也必然要求执政党科学民主依法执政，依靠宪法确立的政治地位和人民代表大会制度领导国家政权，驾驭国家行政和司法，这是改善和加强党的领导的根本需要。

因此，我们要旗帜鲜明地坚持党的领导，自觉在思想上政治上行动上同党中央保持高度一致，自觉增强看齐意识，任何时候任何情况下都不能有丝毫动摇。不能把党的领导同依法治国对立起来，更不能用依法治国来动摇和否定党的领导，那样做在思想上是错误的，在政治上也是十分危险的。

二要大力推进法治政府建设。我国 80% 的法律、90% 的地方性法规和所有的行政法规都是由政府来执行的，因此，依法行政在依法治国中处于关键和基础地位。政府能不能自觉地依法行政、严格依法办事，直接关系到法律、法规实施的效果，直接影响着法律、法规的尊严和权威。

现代国家行政权力的行使有两个重要特点，一是讲求效率，二是讲求民主。把效率和民主统一起来，成为真正高效、民主政府的最佳途径，就是严格执法，严格依法办事，严格依法行政。当前，推进行政审批制度改革，关键是要推进权力监督、制约和制衡体制机制的有效运行，达到决策民主科学正确、执行严格规范、监督自始至终。要进一步厘清政府与市场的边界，对行政权力明责、问责、免责要落到实处，对无所作为、为所欲为、该为不为导致后果的追究要落到实处。法治政府应当是有限政府、有效政府、诚信政府、责任政府和服务型政府，要改变政府对社会事务大包大揽，权力过分集中的状态，该管的事一定要管好、管到位，该放的权一定要放足、放到位，坚决克服政府职能错位、越位、缺位现象。一要牢固树立“法定职责必须为、法无授权不可为”的理念，推进政府机构、职能、程序、责任法定化；推行政府权力清单制度，坚决消除权力设租寻租空间。二要建立行政机关内部重大决策合法性审查机制，积极推行政府法律顾问制度，保证法律顾问在制定重大行政决策、推进依法行政中发挥积极作用；建立重大决策终身责任追究制度及责任倒查机制。三要推进综合执法，完善执法程序，建立执法全过程记录制度，严格执行重大执法决定法制审核制度，全面落实行政执法责任制。要不断提高依法行政水平，重视行政应诉工作，努力把行政争议化解在基层，化解在初发阶段，化解在行政程序中。四要加强对政府内部权力的制约，对权力集中的部门和岗位实行分事行权、分岗设权、分级授权，定期轮岗，强化内部流程控制，防止权力滥用。五要全面推进政务公开，包括决策公开、执行公开、管理公开、服务公开、结果公开，真正做到公开是常态，不公开是例外。

三要扎实稳步推进司法体制改革。司法体制改革是政治体制改革的重要组成部分，对推进国家治理体系和治理能力现代化具有十分重要的意义。只有深化司法体制改革，确保审判机关、检察机关依法独立公正行使审判权、检察权，才能在全社会建立“有权必有责、用权受监督、违法要追究、侵权须赔偿”的法治秩序，才能切实维护国家法制统一、尊严、权威。

深化司法体制改革，是一场深刻而广泛的革命，改革的力度前所未有，涉及司法责任制落实、司法人员分类管理、司法人员职业保障等方面。由于时间关系，这里我重点就推进以审判为中心的刑事诉讼制度改革谈一些学习体会。

我国刑事诉讼法规定，公检法三机关在刑事诉讼活动中各司其职、互相配合、互相制约，这是符合中国国情、具有中国特色的诉讼制度。但这一原则在实际执行中并不理想，特别是近年来暴露出的因刑讯逼供、非法取证等造成了一系列冤假错案，如内蒙古呼格吉勒图案，浙江张氏叔侄奸杀冤案，等等，造成恶劣的社会影响，究其原因，一定程度上暴露出公检法三机关之间“配合有余、制约不足”的弊端，严重影响了司法的公信力和司法权威。

四中全会提出推进以审判为中心的诉讼制度改革，其目的就是要改变之前以“侦查”为中心的诉讼制度，切实发挥审判程序应有的制约、把关作用，形成一种倒逼机制，促使公检法三机关办案人员树立案件必须经得起法律检验、庭审检验的理念，从源头上防范刑讯逼供和非法取证，确保有罪的人受到应有制裁、无罪的人不受追究，防止冤假错案的产生。

孟建柱同志对为什么要推进以审判为中心的诉讼制度改革，有个很形象的说法：“就是要防止刑事案件的审判开头错、跟着错、一路错、错到底；就是要突出审判程序在刑事诉讼中的中心地位，所有定罪的事实证据都要经过法庭质证，确保侦查、起诉、审判的案件事实证据经得起法律检验。”

在具体实践中，要重点把握以下几个方面：

一要革新刑事司法理念。我们常常说“不冤枉一个好人，也绝不放过一个坏人”。近年来暴露的冤假错案告诫我们，任何形式的疑罪从轻，实质都是疑罪从有、有罪推定，都可能成为冤假错案的“导火索”。因此，必须要强化无罪推定、证据裁判、控辩平等、疑罪从无等现代刑事司法理念，为推进以审判为中心的诉讼制度建设，提供更为坚实的理论基础。

二要严格落实司法责任制。以审判为中心的诉讼制度改革，标志着法官“权力与制约并行，责任与保障并重”新时代的到来，这就要求必须完善人民法院的司法责任，以严格的审判责任制为核心，健全审判权力运行机制，明晰审判组织权限和审判人员的职责，强化审判管理和监督，真正实现“让审理者裁判、由裁判者负责”，确保人民法院依法独立公正行使审判权。

三要推进庭审实质化改革。建立和完善以审判为中心的诉讼制度，必须尊重司法规律，确保庭审在保护诉权、认定证据、查明事实、公正裁判中发挥决定性作用，促使侦查、审查起诉活动始终围绕审判程序进行，切实发挥庭审对侦查、起诉程序的制约和引导，防止事实不清、证据不足的案件进入审判程序。

四要强化证据裁判原则。反思之前发生的冤假错案，很重要的一点就是非法证据在定罪量刑中起了关键作用。只有在审判程序中依法排除非法证据，才能倒逼侦查机关按照审判程序的要求规范取证行为，确保无罪的人不受刑事追究、有罪的人受到公正惩罚，努力实现惩治犯罪和保障人权相统一。

五要强化人权司法保障。本次改革强调要进一步健全当事人、辩护人和其他诉讼参与人的权利保障制度，强化控辩对等的诉讼理念，完善律师执业权利保障机制，从而使法庭成为发现案件疑点、消除争议、查明事实的最佳场合，进一步保障了诉讼双方当事人应有的权利。

从司法实践看，落实好这项改革，还须完善相关配套改革措施，特别是对司法工作人员的能力素质提出了更高的要求，政法各部门必须加强过硬队伍建设，以更好地适应形势任务的要求。同时也要认识到，这项改革不可能一蹴而就，必须在充分考虑现实条件的基础上，积极稳妥有序推进。政法各部门要主动衔接配合，更加慎重的行使刑事司法权力，减少错误发生的概率，顺利推进改革任务落实。

四要牢牢抓住领导干部这个“关键少数”。政治路线确定以后，干部就是决定因素。全面推进依法治国，各级领导干部责任重大，必须抓住领导干部这个“关键少数”。也只有各级领导干部思想认识上去了，自觉为全社会做表率，建设中国特色社会主义法治体系，建设社会主义法治国家的目标才能顺利实现。

习近平总书记曾列举过一些领导干部藐视法律、破坏法治的事例，如有些干部不屑学法，心中无法，认为法律与自己从事的工作关系不大，学不学无所谓。有的抱着法不责众的心里，跟着别人一起违纪违法。如湖南衡阳破坏选举案、四川南充贿选案件中，那么多领导干部、人大代表、党代表一起堂而皇之大肆贿选，宪法法律和党章在他们心里成了一张废纸。有的领导干部以言代法、以权压法，习惯人治，不善法治，重个人权威，轻法治权威，把法律当累赘。一事当前，不是考虑如何依法处理，而是采取“哄、骗、买、堵、压”等手法，信奉“搞定就是稳定，摆平就是水平，无事就是本事，妥协就是和谐”，结果埋下了更深的矛盾和隐患。有的执法不严、粗暴执法，不作为、乱作为，侵犯群众利益，有的执法犯法，寻租牟利。周永康、薄熙来更是典型的案例，薄熙来、王立军在重庆搞所谓“打黑”，成立500个专案组，随意抓人，搞酷刑逼供、违法监听，践踏法治，无法无天，法律在他们那里成了摆设，这样的案例教训太深刻了，必须引起我们的深刻反思。

邓小平同志说过，制度好可以使坏人无法任意横行，制度不好可以使好人无法充分做好事，甚至走向反面。所以，所有领导干部都要警醒起来、行动起来，做尊法、学法、守法、用法的模范。第一，要善于运用法治思维和法治方式想问题、作决策。在全面推进依法治国大背景下干工作、作决策，必然受到严格的法律约束。如果没有法治思维，不养成依法办事的习惯，科学决策、民主决策就无法落实。现在，各方面都在讲新常态，新常态就要有新观念，而新观念的一个重要方面就是树立法治思维。第二，要善于运用法治思维和法治方式深化改革、促进发展。法治是改革的压舱石、发展的助推器，很大程度上决定着改革的命运、发展的成败。要自觉在法治基础上凝聚改革共识，善于用法治方式化解改革风险，使各项改革发展举措做到于法有据。第三，要善于运用法治思维和法治方式化解矛盾、维护稳定。各级领导干部要努力适应治理能力现代化的新要求，进一步强化法治在维护群众权益、调处利益关系中的权威地位，强化法治在化解社会矛盾、维护和谐稳定中的保障作用，积极推进多层次多领域的依法治理，不断提高社会治理的法治化水平。要善于引导群众理性合法地表达利益诉求，始终坚持依法办事，切实解决好“花钱买平安”、息事宁人等问题，解决好信访不信法、信闹不信法、信钱不信法、信权不信法等问题。

在抓住领导干部这个“关键少数”的同时，还要大力推进全民守法，增强全民法治观念，充分调动人民群众投身依法治国实践的积极性和主动性，使全体人民都成为社会主义法治的忠实崇尚者、自觉遵守者、坚定捍卫者，使尊法、信法、守法、用法、护法成为全体人民的共同追求。

三、法治连云港建设的实践与思考

近年来，市委、市政府高度重视法治建设，依法治市和法治连云港建设取得重要进展和显著成效，法治精神更加深入人心，权力运行更加规范协调，社会运转更加井然有序，人民群众法治建设满意度逐年提升，有力保障和促进了全市经济社会发展，走出了一条富有连云港特色的法治建设之路。

一是强化民主决策，依法执政意识不断提高。各级党委充分发挥总揽全局、协调各方的领导核心作用，支持人大机关、行政机关、审判机关、检察机关依照宪法和法律独立负责、协调一致地开展工作。民主决策、党务公开等机制进一步完善，公众参与、专家论证、风险评估、合法性审查、集体讨论决定等决策程序得到有效执行。各级领导干部带头厉行法治，依法执政能力和水平不断提升。去年以市委名义出台《依法治市实施意见》和《五年规划》，法治连云港建设的思路、目标、路径进一步明确。今年年初，我市正式获得地方立法权，目前已经确定了首个正式立法项目（《连云港市海州湾海洋牧场管理条例》），相关工作正在有序推进。今后还将结合我市的实际，进一步加大立法工作力度，为改革发展提供良好的法制保障。

二是强化依法履职，执法规范化建设不断深入。积极推进政府机构、职能、权限、责任法定化，各级政府部门“法定职责必须为、法无授权不可为”的意识明显增强。去年以来，大力推进行政审批制度改革，市级审批项目由原来的 545 项减至 97 项，有行政审批权的主体由 50 家减至 37 家。政务公开和监督问责的力度不断加大，依法行政监督机制进一步完善，行政机关负责人出庭应诉、行政争议化解等重点工作得到较好落实。大力推进司法公开，全面实施立案登记制改革、审判权力运行机制改革，不断健全侦查权、检察权、审判权、执行权相互配合、相互制约的工作机制，司法公信力不断提升。

三是强化基层基础，法治创建工作成效显著。以法治县（区）、乡镇（街道）、村（社区）等系列创建活动为抓手，扎实推进基层法治建设，全社会法治化程度逐步提高。积极探索城乡社区协商民主，有效增强社区服务功能。推广“一委三会”治理模式，推动“政社互动”和社区减负，基层自治活力明显增强。以提升公民法治意识为目标，扎实开展形式多样的普法宣传活动，尊法学法守法用法的社会氛围日益浓厚。大力开展关爱民生阳光法治行和法治惠民“十进万家”活动，三年来，全市共办理法治实事项目 300 多个，人民群众对法治建设的认可度和参与度逐年提升。

四是强化齐抓共管，社会治理的法治化水平明显提升。不断完善社会治安立体化防控机制，明确了当前和“十三五”期间社会治安防控体系建设的思路、目标和重点举措。适时开展各类治安突出问题专项整治，切实增强群众安全感和满意度。健全矛盾纠纷动态排查、分析研判、预防化解等工作机制，开展矛盾纠纷多元融合调处机制建设，矛盾纠纷调处成功率达 99.7%。持续推进社会稳定风险评估工作，完善评估机制，提升评估实效，着力从源头上预防和减少不稳定因素。信访法治化建设步伐不断加快，信访责任进一步落实，群众依法信访、依法维权意识明显增强，信访秩序明显好转。

在肯定成绩的同时，也要清醒地认识到，我市法治建设还面临一些突出矛盾和问题，主要是四个“不完全适应”：部分领导干部运用法治思维和法治方式能力还不强，依法施政水平与依法治国的要求还不完全适应；执法不公、司法不公的现象仍然存在，法律实施与人民群众对公平正义的期盼还不完全适应；尊法守法的行为习惯还没有普遍养成，全社会法治意识与建设法治连云港的要求还不完全适应；齐抓共管的工作推进机制还没有形成，责任落实机制与法治建设的艰巨任务还不完全适应。这些问题都需要在法治连云港建设的实践中，下大力气加以解决。

“十三五”是全面建成小康社会的决胜时期，法治既是全面建成小康社会的重要内容和目标，又是全面建成小康社会的制度动力和根本保障。全市法治建设总体要求是：深入贯彻党的十八届四中、五中全会精神，牢固树立“创新、协调、绿色、开放、共享”的发展理念，坚持依法治市、依法执政、依法行政共同推进，法治港城、法治政府、法治社会一体建设，不断提高经济、政治、文化和社会各个领域的法治化水平，努力使法治成为全市经济社会发展不可或缺的内在品质，让群众在法治中享受公平正义、在平安中享受幸福生活。工作目标是：实现“六个显著提升”，即依法执政水平显著提升、法治政府建设水平显著提升、公正廉洁司法水平显著提升、法治宣传教育水平显著提升、社会治理法治化水平显著提升、法治工作队伍建设水平显著提升。

具体来说，就是力争到 2018 年，迈入全国法治城市创建活动先进行列，县（区）全部进入省级创建工作先进行列，一半以上的县（区）达到省级示范标准，人民群众对法治建设的满意率、公众安全感达 93% 以上。到 2020 年，基本形成尚法守制、公平正义、诚信文明、安定有序的依法治市新格局、新常态。

一要突出法治保障，全力服务经济社会发展。厉行法治是发展社会主义市场经济的内在要求。要按照市委《依法治市工作重要举措实施规划（2015—2020 年）》的要求，始终做到经济建设、法治建设一体推进。要全面实施“三走进三服务”等法治实践活动，加强法律政策宣传，培育法律业务人才，帮助防范法律风险，畅通法治绿色通道。要依法维护稳定，建立健全社会矛盾预警、群众利益表达、困难群体救助、信访矛盾化解等工作机制，形成遇事讲法、办事依法、化解矛盾靠法的浓厚氛围。

二要突出严格执法，加快建设法治政府建设。各级政府部门要坚持“法定职责必须为、法无授权不可为”这个依法行政的根本要求，结合行政审批等改革，积极推进机构、职能、权限、责任法定化。健全行政执法和刑事司法衔接机制，消除“同案不同罚，同事不同办”、“以罚代管”等现象。加强和改进行政应诉工作，严格落实行政机关负责人依法出庭应诉制度，积极履行人民法院生效裁判，认真研究落实人民法院提出的司法建议，有效预防和化解行政争议。

三要突出平安建设，着力打造最安全城市。贯彻总体国家安全观，准确把握社会稳定形势，依法严密防范和严厉打击敌对势力渗透颠覆破坏活动、暴力恐怖活动，维护全市政治、经济、文化、社会、信息安全。结合我市市情实际和发展的阶段性特征，加快建设海陆空相关联、人物事全感知的立体化社会治安防控格局，有效管控新常态下的各类风险隐患，坚决防止小风险演化为大风险、经济风险演化为社会政治风险。坚持问题导向，下大力气解决群众反映强烈的“两抢一盗”、电信诈骗等突出问题，不断提升群众安全感。

四要突出公平正义，全面提升公正司法水平。进一步完善司法管理体制和司法权力运行机制，落实好领导干部干预司法活动、插手具体案件处理的记录、诉讼制度改革，实行办案质量终身负责制和错案责任倒查问责制，确保让审理者裁判、由裁判者负责。进一步完善审判公开、检务公开、警务公开，以及司法听证、新闻发布、当事人权利义务告知、群众旁听庭审等制度，着力提升全市执法司法水平。要加强民生领域法律服务，推动法律援助对象从低保人群向低收入人群延伸。要加强政法系统作风建设，严格政法工作纪律，以零容忍的态度惩治司法领域腐败问题，培养造就一支忠于党、忠于法律、忠于事业的高素质司法队伍。

五要突出全民守法，大力弘扬社会主义法治精神。全民守法是实现公民权利的重要保障。要扎实开展“七五”普法，扎实推进“谁执法谁普法”责任责任制落实，在全社会形成良好法治氛围和法治习惯。要深化诚信连云港建设，大力弘扬社会主义核心价值观，弘扬中华民族传统美德，强化规则意识，倡导契约精神，弘扬公序良俗，培育社会公德、职业道德、家庭美德、个人品德。要深入推进机关、企业、学校、家庭及县、乡、村等基层系列法治创建活动，使法治在城乡发展和社会治理中的重要作用进一步彰显，服务大局、维护稳定的水平进一步提升。

总之，全面推进依法治国是一个系统工程，是国家治理领域一场广泛而深刻的革命，实现建设中国特色社会主义法治国家的目标，需要付出长期艰苦的努力，也需要我们每一个人的参与。我们一定要从自己做起，从身边做起，坚定法律信仰，强化法律思维，带领全市干部群众勇于担当，求真务实，不断开创法治连云港建设新局面，为国际化海港中心城市建设营造良好的法治环境。

以上就是我和大家交流的一些体会，不到之处请批评指正，谢谢大家！

厚植发展新理念　构筑文化建设新优势

滕　雯

（2016年8月5日）

各位领导，同志们：

习近平总书记在庆祝建党95周年大会的重要讲话中，除了“不忘初心”，同样备受瞩目的一个词是：“文化自信”，不仅把文化自信与其他三个自信并驾齐驱，而且定位为更基础、更广泛、更深厚的自信，足见这四个字的分量。所以，这次全市领导干部学习贯彻五大发展理念专题轮训班，安排我就“十三五”文化建设与大家作一个交流，我认为很有意义，也很有必要。（大家可能以为，文化跟我们没多大关系，质疑这堂课的意义。今年6月，由上海广播电视台和上海市卫计委联合策划拍摄的大型医疗纪录片《人间世》目前正在热播，引发广泛关注，这是一起文化融入基层、走进大众、与医疗融合的典型案例，说明文化与我们的工作和生活息息相关，就像空气和水一样无时不有、无处不在，是一种日用而不觉的精神力量）。“精神构筑的是发展高度，文化凝聚的是发展合力”，连云港既有比较优势中，很重要的一点就是思想文化的优势。如果我们把连云港“十三五”的发展比作一列快速行驶的列车，这列列车要“行稳致远”，既需要物质燃料的加油助力，更加需要精神价值的强力驱动，文化建设是成就我们事业的关键，我们理应在“十三五”发展中占据文化建设这个竞争的制高点和时代的风景线。

“十三五”规划提出的“创新、协调、绿色、开放、共享”五大发展理念和习近平总书记系列重要讲话精神，落实到江苏就是推动“五个迈上新台阶”、建设“强富美高”的新江苏。总书记在视察江苏重要讲话中，明确把社会文明程度高作为江苏发展的新目标新定位，把推动文化建设迈上新台阶作为江苏发展五个方面重点任务之一，突出强调“做好各项工作，必须有强大的价值引导力、文化凝聚力、精神推动力的支撑”。去年省委省政府专门召开工作会议对推动文化建设迈上新台阶进行部署，今年江苏政府工作报告中，更是将“社会文明程度高”作为“十三五”的核心追求目标进行了重点阐述。新的时代条件下，我们进行文化建设的条件更好了，要求也更好了；力度更大了，担子也更重了。这就需要着眼“十三五”发展大局、发展进程、发展实践，把文化建设摆上更加突出的位置，对文化建设再认识、再谋划、再出发。今天，我主要围绕“厚植发展新理念、构筑文化建设新优势”这个主题，谈谈自己对文化的认识和思考，重点谈一下文化建设对于我们事业和发展的影响。

一、文明的冲突源自于文化的差异

当今世界，战争和动乱，有国家利益的需要和意识形态上的差异（美国国家安全局前雇员爱德华·斯诺登25日公布了一份2010年的秘密文件，称美国政府批准对外国政党和组织进行黑客攻击），但很大的原因源于文明的冲突，而文明冲突则体现了文化的差异，特别是价值观的不同。近年来，随着物质生活的不断富裕，越来越多的中国人走出国门、走向世界，掀起了疯狂的出境旅游热。商务部的数据显示，

2015 年中国游客在境外消费约 1.5 万亿元，继续保持世界主要旅游消费群体称号，中国游客在海外的形象常被戏称为“金主”，或者“行走的钱包”。中国游客出境踊跃，出手阔绰，理应受到世界各国的热烈欢迎才对，但现实却不是如此，美国市场调研机构曼达拉公司针对 16 个国家的 5600 名受访者进行的一项关于旅游的在线调查显示，中国游客因“不讲卫生、不遵守公共秩序、踩踏黄线、在飞机上争夺行李架空位”等原因名列“最差游客榜”第二名；某旅游网站针对欧洲酒店业人士的调查显示，“中国游客形象列倒数第三”……在颇具实力的消费背后，部分中国游客的行为举止屡受国外媒体的诟病，一组组蹿红网络的照片，不断刺激着国人的“文明耻感”，也为出境旅游中的不文明行为增添了新注脚。

对于提升公民出境旅游文明素质，习近平总书记不仅作过批示，在谈到中国与马尔代夫的旅游合作时还专门指出：“要教育我们的公民到海外旅游讲文明。矿泉水瓶子不要乱扔，不要去破坏人家的珊瑚礁。少吃方便面，多吃当地海鲜。”一边是很大的购物能力，“烧钱”如流水，一边却是贡献了消费却得不到认可和尊重，“差评”如潮水，为什么国人出境游如此不受待见呢？从表面上看，这些不文明行为是个人问题。每个国家的国民都是良莠不齐的，有英雄也有“败类”，有正人君子，也有卑鄙小人。这些文明现象不具有代表性，于整体国民的文明素养没有直接联系。比如，有的人平时习惯就比较差，不注意细节，所以才有了在法国罗浮宫水池上旁若无人、怡然自得泡脚，在文物上涂鸦，在公共场合大声喧哗、随意插队等不文明现象。还有人平时就爱贪小便宜，所以才出现爱拿卫生间里的免费卫生纸、带走用于方便的公共用品等不文明行为。事实上，这既是一种文明的冲突，但更多的源自于文化的差异。文明的冲突不仅仅是宗教教义和东西方文明的冲突，还包括农耕文明和现代文明的冲突。文化的差异体现在我们平时一些习以为常的旧思维与旧习惯，到了外国人眼里就变成不文明的行为，引起他们的反感。（中国大妈在纽约跳秧歌被抓的案例，就充分说明这一点，因为在公共场所制造噪音影响了别人的生活。）由于中外文化差异产生误会的例子很多，有时是因为我们不了解外国的风俗习惯造成的。（我们在国外见到街头艺术表演就随意拍照，因为这是艺术创作和劳动，你拍了他们的照片是要付钱的，但经常有中国游客拍完照片想走人。这虽然只是一件小事，但足以反映一些人出国游玩不仅造成一定的误解，对整个国人的形象也有所伤害。）受传统文化的影响，在中国大多数人脑海里对个人隐私没有边界，在人际交往中经常主动关心参与别人的私事，而西方国家则强调以自我为中心及独立意识，把生活看作自己的隐私，不喜欢被别人刨问。这些问题的核心在于价值观的不同。一个人在旅游中所表现出的文明程度大致与他日常生活中的教养“等量齐观”，而个人的日常教养又与整个社会的文明风气紧密相关，尤其与社会主流的核心价值观密切相关。我们国家一些先富先贵的中国人，存在暴发户的旧思维，个人文明素质的提升并不像腰包鼓得那么快，在旅游中不尊重当地风俗习惯，轻视他人，存在“大爷我花钱想干嘛就干嘛”的思想。这充分说明，生活水平的快速提升和文明教育的滞后，让一部分人的“灵魂总是追不上脚步”，走得太快了，以至于忘记了为什么出发。我们国家现在硬实力很强，GDP 都世界第二了，我们五百强的数据远远甩掉了日本。但是与这个经济相匹配的，公民文明素养、道德水准、价值影响力等文化软实力相对来说还有巨大的落差，没有得到同步提升。所以要突出文化建设的主心骨，大力加强社会主义核心价值观建设。

核心价值观是人们心中的深层信念系统，决定着人们的思想取向和价值选择，也是决定文化建设性质和方向的最深层次要素。（国防大学教授方公彬提出，现在大国博弈已经或正在进入以核心价值观为支点的时代。德国的默克尔、法国的萨科齐打出来的旗号就是价值观外交，美国更是如此，日本也搞出了一个价值观外交委员会，甚至当初台湾马英九刚上台的时候也讲到，“与大陆主要不是主权之争，而是生活方式和价值观的区别”）。中国有句俗语：“种瓜得瓜，种豆得豆”，说的是选择的重要性。小至家庭，大至一座城市，乃至一个国家和民族，不同的选择造就了不同的际遇与结果，促使人们做出不同选择的一个重要方面就是价值观。（人们在比较加纳和韩国60年代的经济数据时，惊讶地发现，当时两国几乎差不多同样落后。但30年后，韩国成长为世界工业强国，国民收入直追发达国家，而加纳仍然贫穷如昔。造成这一悬殊差异的原因固然很多，但人们普遍认为，韩国重视节俭、投资、努力工作、守纪律等价值观是一个重要因素。换句话说，文化的影响很大。再如，华裔在美国是少数族裔，但华人的平均收入、平均学历、平均住房拥有率不但远远高于非洲裔和拉美裔，也高于占美国主导地位的白人的平均水平。许多美国学者都认为，华裔重视教育、重视家庭，吃苦耐劳、勤俭节约的价值观是决定性因素。）可见，文化，特别是其蕴含的核心价值观是影响社会进步的核心因素之一。

二、文化无处不在

一座城市的发展水平，是由经济建设的速度和质量决定的，而一座城市的气质养成，则离不开文化建设的滋养。文化是一种积累，绝非一时的打造所能成就；文化是一种氛围，每个人都是它的构成。去年市委、市政府高规格召开推动文化建设迈上新台阶工作会议，专门出台《实施意见》，全市文化建设展开了新的布局，国务院发展研究中心发布的“全国文化城市百强榜”中，连云港文化发展指数已上升到第31位。文化是一个城市的“精气神”，也是不可替代的软实力，无与伦比的影响力，最能代表一个城市品位和价值的也是城市文化。丘吉尔有句名言：“我宁可失去一个印度，也不愿失去一位莎士比亚。”文化对于一个城市发展的重要影响可以从以下四个维度去理解：

首先，文化是一种城市实力。在城市发展的周期中，城市之间进行着包括经济建设、市政建设、文化建设、生态建设等诸多方面的激烈竞争，一个城市的经济会达到一定的增长极限，但城市的知名度和美誉度会随着文化积淀的加深持续不断提升。城市决策者们普遍认识到，地区与地区的竞争，越来越是更高层面的文化竞争和打拼，未来城市之间的竞争，将在很大程度上以文化论输赢。世界上的城市是千差万别的，根本的差别就在于城市文化的不同。我们外出学习考察、参观旅游，多是奔着它们的不同之处而去，如果这个城市注重人文环境建设，人们言谈举止文明有礼，就会觉得这个地方很有文化，对这个地方交口称赞、津津乐道。现在年轻人择业安家，一个城市文化氛围好不好，也成为一个非常被看重的因素。（世界上著名的都市都有独特的文化做支撑。现在人们一谈到巴黎就想到了流行的时装，一谈到维也纳就想到了大剧院的音乐，一谈到洛杉矶就想到了好莱坞的电影，一谈到开罗就想到金字塔，这就体现了文化的影响力与竞争力。）海内外对连云港这座城市的认知，更多的是海滨城市，是首批沿海开放城市，是新亚欧大陆桥桥头堡，是《西游记》花果山的所在地，说到底是连云港的山海文化、西游文化、陆桥文化等文化构成了城市对外形象。所以，进一步提升连云港的综合实力和影响力，既要增强经济硬实力，更要增强文化软实力。

其次，文化是一种城市品质。当理念成为一种文化，就形成了一种社会风尚。当“诚信”成为一个城市的文化，这个地方必然经济稳定，人与人之间充满信任，对外地客商有很强的吸引力。当“友善”成为一个城市的文化，这个地方必然人与人之间文明友爱，人与人相处过程中充满暖意，人人为我、我为人人。所以，对一个城市来说，文化是深层次根基，是更内在、更持久、更具渗透性的因素。（没有文化内涵的旅游，就没有魅力、缺乏活力；没有文化内涵的产品，就会“空壳化”，成为徒有其表的视觉物；没有文化内涵的企业，就如“无源之水、无根之木”，尽管有的可以红火一时，也不可能成为百年老店。）如果说一个城市是一座大厦，那么经济就是大厦的钢筋水泥，文化就是大厦的内装修；如果把一个城市想象成一个人的话，经济实力是气色，人文环境是气质。一个城市由三种元素组成——城市的物理框架、城市的功能支撑和城市的文化内涵。在城市建设和发展的过程当中，如果思路正确、措施到位、和市场结合得比较好，物理框架的形成和功能支撑的完善可以在短时间实现，但文化内涵的养成有一个春风化雨、精心培育的过程。在这个时候，我们要通过加强文化建设来提升城市的服务功能、塑造开放包容的人文环境、打造特色城市名片，尽快把城市的文脉、文气、文化浓郁地彰显出来，在城市内涵发展上取得突破。这也要求我们各级干部要学会并善于用文化理念谋划工作、指导实践，更多地考虑文化因素，更多地赋予连云港以文化品质。

再次，文化是一种民生需求。古人云，“仓廪实而知礼节，衣食足而知荣辱”。从自然法则分析，人类的需求总体上分为两大类，一类是物质需求，一类是精神需求。不同发展阶段，人们的需求也不尽相同。物质匮乏时期，老百姓还处在温饱线上的时候，吃饱穿暖就会比较满足。随着经济繁荣发展，物质生活的极大丰富和提高，人们越来越追求多样化的文化和精神需求，对心灵愉悦、精神充实的高品位生活充满了向往，希望能够更加方便、更加丰富多彩地读书看报、观影观展、休闲娱乐。无论在城市还是农村，我们都能强烈感受到广大群众对文化生活的渴求。习总书记讲，“人民对美好生活的向往，就是我们的奋斗目标”。只有通过加强文化建设，提供更多更好的文化产品和服务，才能不断满足人民群众的新期待。根据世界以往的经验，当人均地区生产总值达到1000美元时，文化消费会快速启动；超过3000美元时，文化消费会持续增长；接近或超过5000美元时，文化消费会呈现倍增态势。目前，我市人均地区生产总值已经接近8000美元，即将迎来文化消费呈几何变量增长的历史时期，也到了加强文化强市建设的必然阶段。我们要主动顺应群众需求，把文化建设作为一项重要的民生工程、民心工程、民本工程来抓，提供更多的文化设施、更优的文化服务和更好的文化产品，让文化发展的成果普惠于民，不断增强获得感和幸福感。

最后，文化是一种自强自信。纵观人类发展史，文化的繁荣兴起一直是社会文明进步的一条主线和支撑，一个国家、一个地区、一个民族的崛起振兴，往往伴随着文化的崛起振兴。文化作为维系国家、民族的根基和血脉，对内可以增强凝聚力和归属感，使全体人民为了共同的目标、共同的信念、共同的价值观而团结奋斗，对外可以增强感召力、亲和力和辐射力，提高外界的赞同和认可程度。一段时间以来，世界各国包括我们自己的学者都在研究，为什么几千年来我们中华民族能够屹立于世界民族之林？原因就在于我们有着悠久发达的文明和辉煌灿烂的文化。前些年有本书叫《狼图腾》，后来拍成了电影，就很好地诠释了文化力量对民族融合的巨大推动力问题。当前，连云港面临着多重发展机遇，正处于经济社会发展的关键时期，（要实现加快发展的目标，必将会碰到许多困难和问题，矛盾多样、诉求多元），我们需要站在战略的、全局的高度，进一步加深对文化建设重要性和紧迫性的认识，把推动文化建设迈上新台阶摆上突出位置，通过挖掘传承传统文化增强自豪感，发挥先进文化凝聚意志、鼓舞人心的作用，引领干部群众朝着“十三五”新征程阔步迈进。

三、文化建设是社会发展的关键因素

一般意义上讲，文化建设包含几个层次：现代公共文化服务体系建设，包括公共文化设施和群众文化活动等文化民生工作，连云港公共服务标准化试点地区创建已走在了全省的前列；文艺精品创作，连云港市从原来比较靠后，到现在“五个一工程”奖获奖数量和门类创历史新高；因前两项都有专门的部门和单位来抓，我今天重点讲一下城市人文环境的塑造和文化产业的发展。

1. 中华优秀传统文化为世界发展做出了贡献

对于中华优秀传统文化的重要价值，中外许多名人进行过精辟的论述。毛主席等历任党和国家领导人都是博古通今，深谙中国传统文化的精髓，非常重视优秀传统文化的传承和弘扬。习近平总书记对传承和弘扬优秀传统文化具有独特的情怀和认知，他在全国宣传思想工作会议上强调：“中华文化积淀着中华民族最深沉的精神追求，是中华民族生生不息、发展壮大的丰厚滋养；中华优秀传统文化是中华民族的突出优势，是我们最深厚的文化软实力”。在纪念孔子诞辰2565周年国际学术研讨会上强调：“优秀传统文化是一个国家、一个民族传承和发展的根本，如果丢掉了，就割断了精神命脉。无论哪一个国家、哪一个民族，如果不珍惜自己的思想文化，丢掉了思想文化这个灵魂，这个国家、这个民族是立不起来的。本国本民族要珍惜和维护自己的思想文化。”著名学者季羡林认为，中国从本质上说是一个文化大国，最有可能对人类文明做出贡献的是中国文化。印度前总理尼赫鲁对女儿讲，世界上有一个伟大的国家，她的每一个字都是一首优美的诗，一幅美丽的画，你要好好学习，这个国家就是中国。92岁的德国心理治疗大师伯特·海灵格——“家庭系统排列疗法”的创始人，是倡“爱、序位、完整、和平”的一代宗师，已经出版了120多本著作，他最喜欢的一本书就是《道德经》，已经读了100多遍，但仍感觉不能完全理解，认为《道德经》所展示的那个维度的世界，是没有人可以跨越过去的，从某种意义上讲，自己是中国人，自己的灵魂始终跟随着《道德经》。

社会主义核心价值观24个字，是传统文化和社会主义先进文化的结合，分别从国家、社会和公民的角度进行了阐述，我们要从“爱、敬、诚、善”四个字入手来深耕细作：一是大力弘扬“爱”文化，引导人们爱祖国、爱家乡、爱他人、爱自然，让充满爱心成为连云港人的鲜明特质。二是大力弘扬“敬”文化，引导人们敬业、敬法、敬礼、敬老，在内心形成对核心价值、传统美德不可动摇的庄严感，以敬畏之心规范行为。三是大力弘扬“诚”文化，引导人们以诚立言、立行、立业、立身，以政务诚信带动商务诚信、社会诚信、司法公信和网络诚信，使践诺守信在连云港蔚为风尚。四是大力弘扬“善”文化：引导人们崇善、行善、扬善，常发善心，多行公益，在全社会不断放大向善的力量。通过“爱、敬、诚、善”的自觉践行，让我们连云港人更有温度、更有情怀、更有境界，让连云港成为全省乃至全国有较高显示度的人文之城、文明之城。

2. 连云港独特的历史文化是滋养城市发展的深厚土壤

一方水土养一方人，一方文化育一方人。连云港历史悠久、文物遍布、遗存丰厚，是极为珍贵的文化遗产，也是文化传承的重要载体。怎么把传统文化发扬光大，把凝固的历史遗产变成现实的发展资源，这里面大有文章可做，值得我们去深耕细作。在人文历史资源方面，我们这座城市是自古以来就是一个有灵气、有传奇的地方，史前文明、西游神话、山海传奇、风土人情绚丽多彩，绵延深厚的徐福文化、西游记文化、山海文化、淮盐文化、陆桥文化、孝文化在这里交相辉映。我们要深度挖掘对连云港发展有深远影响的文化的内涵，提升影响力，把西游记、徐福作为提升连云港地域文化标识度进行提炼打造，把彦涵艺术思想和精神作为当代艺术家的杰出代表大力弘扬，把“汉字英雄”作为当代传承优秀传统文化的典型进行推广。在文化遗产资源方面，除了市县博物馆丰富的馆藏，我们还有以孔望山摩崖造像、将军崖岩画、藤花落、李汝珍纪念馆、沈云沛历史遗存等为代表的物质文化遗产和以海州五大宫调、淮海戏、东海孝妇祠、汪恕有滴醋制作技艺等为代表的非物质文化遗产，但不少历史文化资源还处于“沉睡”之中，要拓展文化资源保护利用渠道，为传统文化植入现代元素，使古代文化与现代文明交相辉映，让宝贵资源既得到有效保护，又培育成文化产品和旅游热点，转化为活的资本，实现最大的增值。在红色文化资源方面，连云港是革命老区，抗日山、市革命纪念馆、安峰山烈士陵园这些基地都是宝贵的爱国主义教育资源，要把这些红色基因注入我们下一代的文化血脉，讲好连云港的红色故事。香港和台湾的问题出在哪里？出在年轻人对国家不了解，没有归属感，所以我们一定要做好爱国主义传承工作。

3. 媒体是传承文化、表达思想的利器

最近一段时间，我国特别推出南海主权宣示短片，在美国时代广场这个世界的“十字路口”的“中国屏”，以每日120次频率密集播出，向全球受众介绍中国对南海诸岛合理合法拥有无可争议的主权，澄清了所谓南海仲裁案的闹剧真相，引发各界高度关注。习近平总书记在党的新闻舆论工作座谈会重要讲话中强调，“领导干部要增强同媒体打交道的能力，善于运用媒体宣讲政策主张、了解社情民意、发现矛盾问题、引导社会情绪、动员人民群众、推动实际工作。”做一名领导干部，如果不熟悉媒体运行规则，不注重与媒体沟通与交流，不善于与媒体打好交道，各项工作势必就难以正常开展。

一是善待媒体，正确认识媒体的性质和功能。回顾近年来的重大社会事件，不少是媒体事件、网络事件，从中折射出一些党政干部对媒体地位、功能和作用认识不清，在与媒体打交道方面表现出本领危机和知识恐慌。媒体的宣传引导功能。新闻媒体是党和国家的“喉舌”，也是公众承接主流思想的“营养钵”。党和政府的路线、方针、政策以及政治、经济、文化、社会以及法律法规通过新闻媒体的宣传，能够直接影响百姓对社会的感受度和对党和政府的认可度。面对一些突发事件或自然灾害，党和政府也主要通过新闻媒体向公众即时公布权威信息，有效缓和公众焦虑，疏导公众情绪，实现“止谎止慌”、安定人心。调查显示，现在很多人仍然通过新闻媒体了解党和政府的决定、实施的政策以及法律法规。媒体的沟通协调功能。现代社会是一个复杂的大系统，媒体扮演着各方信息沟通平台的角色。近年来，政府部门通过媒体广泛征求群众意见的事例愈来愈多。比如说，前段时间我市综合客运枢纽规划设计方案就通过各媒体和网站公开征求意见，我们就“十三五”规划在新闻媒体上进行一系列的“权威解读”等等，都是一种很好也很有效的沟通方式。媒体的社会组织功能。新闻媒体不仅是单纯的信息传播者，也是社会活动的参与者、组织者和推动者。人们世界观的形成，有家庭、学校的因素，但是更重要的是媒体对人们生活、学习、思想潜移默化的影响，因为媒体传播信息具有广泛的社会基础，它往往通过真人真事、具体情节和润物无声的方式来阐述事实、表达思想，对舆论进行引导，公众喜闻乐见、易于接受。媒体还通过对新闻信息的选择、解释与评论，并呼吁社会共同关注某一事件或某个问题，从而把人们的注意力集中到某一方面，形成统一的行动。目前正在开展的创卫工作就很好地发挥了媒体的功能，日报社、广电台专门安排记者定期入驻市创卫办，并策划开展了“创卫美我家”全媒体新闻行动，持续推出一系列动态报道、深度报道、典型报道，形成广泛、迅速的创卫号召力和凝聚力，这不是哪一个部门喊喊口号所能做到的（还有一些对人和事的关注）。媒体的舆论监督功能。新闻媒体的舆论监督，既是实现民主监督的重要形式，也是反映百姓诉求的主要渠道之一，还是取信于民的一种方式。

二是善用媒体，发挥聚人心助发展的作用。从历史上看，新闻舆论阵地，我们不去占领，别人就会去占领。（苏东剧变首先发酵的是舆论领域，主要媒体脱离了党的领导，搞所谓“多元化”、“公开化”，负面报道铺天盖地，严重败坏党和政府形象，搞乱了人心。东中欧“颜色革命”，新闻舆论充当了马前卒和吹鼓手的角色，官方媒体严重边缘化，西方媒体、反对派媒体和所谓“独立媒体”唱主角，反政府言论基本不受控制。今年台湾大选国民党惨败，一个很重要的因素就是媒体“绿化”情况严重，导致国民党丧失话语权、持续被动挨骂。某国民党高层曾经感叹全台湾22家新闻媒体平台中只有两家比较亲蓝，痛批国民党最大的错误政策就是让党政军退出媒体。）当前有些领导干部与媒体接触少，缺乏面对媒体的能力和经验，这就需要加强练兵，多走近媒体，在实践中不断丰富与媒体打交道的经验。借媒体之力，做好正面宣传。要善于运用媒体宣传大政方针，把党和政府的主张传播到干部群众中去，让群众看得到、听得懂、信得过。当前，各地各部门基本都开通了政务网站或微博、微信等新媒体平台，要在已经解决了“有没有”的问题基础上，重点发挥好平时“用不用”、用得“好不好”的问题，及时公开政务要闻和动态，保持与公众的沟通与互动。同时，我们也要善于运用传播技巧，优化与媒体沟通的方式，我们的决策部署、工作成效，是开新闻发布会还是媒体见面会接受采访的方式来宣传？我们的重大项目、重点工作，是先说后做，或先做再说，还是要边做边说？等等，都要因时而动、顺势而为。总之，要通过媒体让群众了解政府的主张，认可政府的思路，理解政府的困难，支持政府的举措。开媒体之门，走好群众路线。习近平总书记在网络安全和信息化工作座谈会上指出，“各级党政机关和领导干部要学会通过网络走群众路线，经常上网看看，潜潜水、聊聊天、发发声，了解群众所思所愿，收集好想法好建议，积极回应网民关切、解疑释惑。善于运用网络了解民意、开展工作，是新形势下领导干部做好工作的基本功。各级干部特别是领导干部一定要不断提高这项本领。”当下客观存在着两个舆论场，一个是以党报党刊党台为主体的主流媒体舆论场，一个是以互联网、新兴媒体为基础的民间舆论场。传统媒体所构建的只是一种拟态环境，与之不同的是，网络不仅仅作为一种媒体在反映着社会现实，它自身也成为一种社会形态，成为现实社会的一部分。两个舆论场有隔阂，但“党心与民意”仍是两个舆论场最大的“交集”，党员干部要善于借助媒体特别是新兴媒体，来走好群众路线，打通“两个舆论场”。用媒体之声，树好公众形象。我们有的领导干部“敏于行”却“讷于言”，不善于接受媒体采访、利用媒体发声。有的怕说错话、表错态，存在畏惧情绪和抵触心理，对媒体采访是退避三舍，或敷衍应对。事实上，正如专家所言，开放的政府与封闭的政府最大的区别之一就是政府官员必须直接面对公众。（今年全国两会期间，一些领导干部积极主动应对新闻媒体的态度，成为新闻报道一个亮点。辽宁省委书记李希不等记者提问就主动向媒体谈及省委原书记王珉因贪腐落马的事件，不打官腔，不回避“敏感问题”，把一个可能的舆论风暴化解于无形，赢得了各界一片喝彩。黑龙江省省长陆昊在发言中曾说过“龙煤井下职工不欠薪”，发现错误后立即在第一时间里与媒体沟通，在新闻媒体面前认错纠错，已经泛起波浪的舆论也很快平息。反观浙江义乌市土地“定向转让”事件，不能不说当地领导对待新闻媒体的态度和方法让人感到遗憾。）这些都说明，我们以什么样的态度来应对新闻媒体，效果也必然不同。我们要把媒体作为执政资源，善于面对媒体来讲故事、讲事实、树形象。

三是善处舆情，提升互联网格局下的舆论引导力。互联网的普及，使得社会舆情赖以生存的传播渠道急剧扩张，推动了突发事件的爆发概论和频率；当前微博、微信等自媒体的兴起，使得公众表达自我利益诉求和参与社会管理的热情之高、力度之大前所未有，更让社会舆情达到前所未有的外显程度，舆情不代表全部民意，但能折射社会的声音，处理或应对过程稍有不慎就可能形成舆情热点，甚或引发“舆情危机”。新形势下的舆情应对关乎社会稳定，关于党和政府形象，成为检验领导干部能力的“试金石”。健全监测预防机制是前提。凡事预则立，不预则废。建立突发事件舆情处理预案制度，是“舆情危机”

来临时我们能够妥善处理、有效应对的前提。我们在市级层面已经建立了这个制度，各地各部门也要有“危机”意识，根据自身实际和各自领域特点，建立健全突发事件舆情应对处置预案，做到时常“温习”、熟练掌握。同时，还要重视舆情监测和分析研判，安排有关人员密切监控重要舆情动态，平时注意收集分析，掌握好网络舆情的“晴雨表”。特别是一些涉及群众多、范围广、影响大、关注度高的决策项目、重大活动和改革措施等，在出台或实施前，要围绕其合法性、合理性、可行性、可控性四个要素，做好事前的舆情风险评估工作，并通过公众媒体或网络等一种或多种形式，广泛了解群众的意见建议，分析舆论环境，评估结果要作为我们重大决策能否实施的重要依据。加强网络舆情管控是基础。当前，网络空间已成为当下最大的舆论场，中国80%的危机从网络媒体爆发，100%的危机有网络媒体参与，网络成为意识形态斗争的主战场。总书记曾深刻指出，“有些人企图让互联网成为当代中国最大的变量，有的社会网站和新媒体平台并没有成为我们的舆论阵地，在一定程度上甚至消解着主流舆论和主流价值。”以往我们对网络负面信息的管理，一是屏蔽关键词，二是删帖，三是封号，但发帖者只需要换个“暗语”和“马甲”就可以绕开这些办法。现在，要强化“两个所有”的管理（所有从事新闻信息服务、具有媒体属性和舆论动员功能的传播平台；所有新闻信息服务和相关业务从业人员），对网上敏感有害信息要持续保持高压态势，集中开展专项整治行动，及时清理网上有害信息，特别是做好敏感时间节点的网上舆论引导工作。妥善化解舆情危机是关键。突发事件发生后往往很容易受到媒体聚焦和网民关注，特别是与民众利益相关的重大突发事件，舆论关注度会在短时间内出现暴增，此时政府的一举一动都处在舆论聚光灯下，迅速成为公共热点。此时，如果政府事件处置不当，就会平添质疑，助长谣言，使得舆情再生，推波助澜，让自己陷入舆论漩涡。据说新华社的新闻版权也就只有28秒。在近年来的突发事件中，出现过不少因没有抓住舆论引导先机，导致突发事件舆论导向多元化和事件更加复杂化的现象，使政府公信力下降，给了我们深刻的教训。去年天津港“8·12”事故一声巨响，瞬间集合了人们对当下中国各种问题的猜疑要素。当官方回应尚在各层级中踱步跨栏时，虚假猜测信息已经向公众发动冲锋，而受众先入为主的心理，令当地政府陷入被舆论拖着走的尴尬境地。做好化解舆情危机工作，我们要注重把握好三个方面：一是首发通报、先声夺人。抢占突发事件处置的先机，第一时间回应社会关切，向公众发布时间相关信息，保障公众的知情权，既可以有效缓和公众的焦虑，又可以防止事态进一步扩大。（去年10月，我市出现“连徐客专250／350公里之争”舆情，百度贴吧讨论迅速升温，相关主题帖文发布数量呈增长趋势，本地论坛、QQ群和微信圈开始出现较大范围转载、转发、跟帖、讨论，引起公众广泛质疑和各种猜测。对此，我们立即启动舆情应急一级响应，会同有关部门，统一解读口径，并在连网、连云港传媒网等新闻网站、连云港发布微信、连云港通客户端、港城365微博、在海一方社区等新媒体刊发专稿、视频专访、图文链接，迅速引发今日头条、中国江苏网等媒体的转载，让权威信息抢在网络谣言前面占领了舆论引导制高点，有效主导了连续客专这个舆论的演变进程，较为稳妥地处置了这次舆情事件。）二是借助媒体、主动发声。我们党员干部要重视与媒体的沟通和新闻发布工作，面对媒体千万不能“怕、躲、捂”。许多案例表明，在信息传播渠道越来越丰富、速度越来越快的今天，习惯于逢事“捂盖子”，反倒使谣言有了走在真相前面的机会，也使煽风点火、渲染炒作有了空间。三是注重技巧、把握时度效。把握“时”，解决好“什么时候说”的问题，既要以快制快、占领信息发布的“第一落点”，又要防止快中出错，在事实没有完全呈现的时候不作盲目判断、匆忙下结论。拿捏“度”，解决好“怎么说”的问题，既要开门见山、用简洁明了的语言说明情况，又要掌握好力度和分寸，不能把点上的问题说成面上的问题、个别问题说成整体问题、局部问题说成全局问题。讲求“效”，解决好“说了要管用”的问题，既要传达信息、传递政府积极、严肃、稳妥处置突发事件的态度，又要不断跟进，滚动播报信息，公布进展情况，有效引导舆论发展。

4. 文化产业是经济硬实力和文化软实力的综合体

国际国内发展实践已经证明，当今知识经济时代，文化与经济紧密融合，文化生产力成为社会生产力的活跃因子，文化经济成为重要的经济现象，文化产业成为产业发展的战略支撑和经济转型的推动力量，文化发展水平与经济发展水平大体成正比例关系。美国主导地位不仅表现在经济实力上，更多地还表现在文化影响力上，美国的文化传播很厉害，文化产业规模在全球排名第一，文化产业增加值占到GDP 的 1/4，影视业、出版业、艺术表演和娱乐业等产业都十分发达，文化产品年出口额超过其汽车、航空工业，美国人迪士尼主题公园就是创意 + 文化 + 营销，赚了全世界的钱。日本的文化产业产值已超过汽车工业，韩国的产品大多是通过文艺作品进军海外的。英国艺术产业规模已与其汽车工业不相上下，像德国、法国、包括加拿大这些地方的经济比较发达，文化产业相应也比较发达。而从国内看，2015年我国文化产业发展综合指数前十强的省市分别是上海、北京、江苏、浙江、广东、山东、福建、四川、湖南、河北，与经济发展的梯度水平也都基本一致，但也有例外。（例如，黄梅戏，原来黄梅戏就是湖北和安徽一带的地方小调，没有太大影响，而正是因为有以严凤英为代表的具有卓越才华的艺术家群体，吸收了京剧、越剧、评剧、评弹、民歌等唱腔之长，成功地塑造了七仙女、冯素贞、织女等性格迥异、感人至深的艺术形象，并将《天仙配》《女驸马》《牛郎织女》等动人的故事搬上银幕，使黄梅戏这个鲜为人知的地方小戏名扬全国、饮誉海外，“树上的鸟儿成双对，绿水青山带笑颜”的词句唱遍大江南北。）（再如，西安市副市长段先念，他提出“把文化变成真金白银”，“将历史遗迹保护，转化为造福百姓的文化产业”。西安市的曲江区，历史上作为汉唐时期的皇家园林，有大雁塔、寒窑、秦二世陵等遗址，《全唐诗》500 多名诗人中一半以上吟咏过曲江这个地方。但在 2002 年以前，曲江还是一个偏僻村落，白天有零星游客，夜晚漆黑一片，地价在市区最低。2002 年段先念走马上任西安曲江管委会主任时，跟他的同事讲，西安历史遗存太多，必须学会既小心翼翼地保护古迹，又能将其转换为造福百姓的文化产业，要把故纸堆里无形的，物化成有形的，把消失的找回来，变成可欣赏、可享受、可消费的东西。因此，他们大胆运作资金，建了大雁塔北广场、大唐芙蓉园，然后衍生出 6 个文化场馆、国际化音乐厅和剧院，6 大文化产业集团、90 多家影视公司，使曲江从一个偏僻村落，一跃成为西安地价最高的区域，城市价值因文化而兑现。）再从省内看，苏南、苏中、苏北各市都非常重视文化产业，推进的力度都很大，涌现的亮点都很多，而且很多都正处于高成长的进程中。近年来我市文化产业快速发展，增加值年均增长接近 30%，占经济总量的比重也逐步提高，但总量还较小，我们要积极向省内外先进城市学习。与此同时，文化产业科技含量高、与其他产业关联度高，是绿色产业、朝阳产业，在推动经济发展方式转变、实现产业转型升级上有着非常重要的作用。国内外专家普遍认为，文化产业资源消耗低、环境污染小、附加价值高，是内涵式发展的集中体现，其通过渗透机制、转换机制、提升机制，催生出文化创意业、数字传媒业、网络游戏业等新型业态，只要我们愿意，还完全可以通过加快改造和提升传统服务业和制造业，使得产业结构调整不断呈现出以文化为逻辑的特征。现在提倡大众创业、万众创新，文化经济是智力、创意密集的经济，文化的创新不是文化人才能为，是有想法的都可以做。我们要把文化产业发展作为新常态下培育经济新增长点的重要举措，作为推动经济结构调整、加快转变经济发展方式的有力抓手，乘势而上、顺势而为，为全市加快发展、转型发展增添新的支撑。

同志们，新的开局呼唤新的作为。让我们在市委、市政府的坚强领导下，以五大发展理念为引领，以勇于担当的精神、改革创新的举措、求真务实的作风，加快推动文化建设迈上新台阶，为建设“强富美高”连云港提供更加有力的思想保证、精神力量、道德滋养和文化条件。

最后，祝愿大家通过这次培训，能在学习上有进步、思想上有提高、工作上有促进。谢谢大家！

关于学习贯彻“十三五”规划的几点认识

祁　彪

（2016年8月4日）

“十三五”时期是全面建成小康社会的决胜时期，是实施“一带一路”战略、建设国际化海港中心城市的关键时期，是建设我国沿海新型临港产业基地的重要时期，也是我市深化改革、推动经济社会发展方式转变的战略机遇期。通过学习，有些体会与大家分享交流。今天主要介绍规划总体概述、规划重点和组织实施三方面内容。

一、“十三五”规划总体概述

（一）总体框架

规划纲要主要根据市委建议以及国家和省“十三五”规划编制而成，包含序言和9篇33章内容，共6.9万字；主要包括全面建成小康社会、“一带一路”建设、产业发展、生态文明建设、优化空间格局、民生保障、深化改革等内容。

（二）“十二五”主要成绩回顾

综合实力显著增强。2015年实现地区生产总值2160亿元，五年年均增长11.6%。完成固定资产投资2103亿元，年均增长20.8%。完成一般公共预算收入293亿元，年均增长15.7%；社会消费品零售总额741亿元，年均增长14.8%。一体两翼组合大港格局基本形成，30万吨级航道一期工程建成通航，赣榆港区、徐圩港区开港运营；海滨大道建成通车，连云新城、新海新区成为新的发展载体。

创新驱动取得重大进展。高新技术产业产值突破2000亿元，年均增长26%，获批国家创新型试点城市和国家知识产权试点城市。高新区升格为国家级高新区。医药创新累计承担“新药创制”国家科技重大专项59项。

对外开放和区域合作开创新局面。被国家确定为新亚欧大陆桥经济走廊东方起点、中哈物流中转基地和上合组织出海基地；被江苏省确定为全省“一带一路”建设的核心区和先导区。国家东中西区域合作示范区建设取得显著成效，“一区六园”发展格局基本形成，国家级石化产业基地获批。

人民生活水平不断提高。城镇居民人均可支配收入达25728元，年均增长10.3%；农村居民人均可支配收入达12778元，年均增长12.8%，城乡居民收入差距缩小。

全面深化改革取得新突破。着力突破改革重点领域和关键环节，行政审批制度改革不断深化，市级审批项目减至97项，审批事项集中率100%。国有企业改革重组迈出新步伐。

生态环境持续改善。生态建设力度加大，水污染防治、大气污染治理等生态环境整治成效显著，成功创建国家园林城市、全国绿化模范城市。

（三）规划的指导思想

深入贯彻习近平总书记系列重要讲话特别是视察江苏重要讲话精神，坚持“四个全面”战略布局，贯彻“五大发展理念”，主动适应、把握和引领经济发展新常态，抓住用好“一带一路”等多重叠加机遇，实施“五大战略”，加快港产城融合发展，全面建成小康社会，建设我国沿海新型临港产业基地、“一带一路”重要节点城市，开创国际化海港中心城市发展新局面。

（四）五大发展战略

以港兴市战略、产业强市战略、城乡协调发展战略、创新驱动发展战略、绿色发展战略。

（五）九大发展目标

总体目标是全面建成小康社会，包括九个方面内容。

综合实力迈上新台阶。地区生产总值达到 3500 亿元、年均增长 10% 左右，人均地区生产总值达到 10000 美元。固定资产投资年均增长 20% 左右，一般公共预算收入年均增长 10% 左右。基本建成国家级石化产业基地，全面建成 30 万吨级深水航道，建成陇海客运连徐段、青连、连盐、连淮扬镇高铁，开工建设新机场，对外交通迅速改善，县域经济实力显著增强，海滨城市特色彰显。

现代产业体系初步形成。坚持走新型工业化道路，先进制造业成为主体，高效农业基础厚实，现代服务业成为支撑，二、三产业增加值占地区生产总值比重达到 92%。

自主创新能力有效增强。高新技术产业产值占工业产值比重达到 40%，研发经费支出占地区生产总值比重达到 2.5%，科技进步贡献率达到 60%。

港产城融合发展。港口为龙头、产业为支撑、城市为载体，增强港口竞争力，强化产业对港口、城市发展支撑作用，不断增强中心城区人口、产业集聚功能，形成港产互促、港城联动、产城一体的发展格局。

国际化水平显著提升。在“一带一路”建设中增强城市国际影响力，国家东中西区域合作示范区跨上新台阶。港口吞吐量达到 3 亿吨，集装箱运量达到 600 万标箱，进出口总额 160 亿美元。

群众幸福获得感显著增强。城乡居民收入保持两位数增长，社会就业更加充分，稳步推进基本公共服务均等化，城乡协调发展质量提高。城镇居民人均可支配收入达到 42000 元，农村居民人均可支配收入突破 23000 元。

生态环境质量持续改善。生态文明建设取得重大进展，城乡空间布局形态优化。主体功能区规划深入实施，城镇、农业和生态空间结构更加清晰。

社会文明程度大幅提升。公民思想道德素质、科学文化素质、健康素质明显提高，公共文化服务体系更加完善，文化体制改革取得重要突破，文化事业文化产业繁荣发展。

体制机制更加完善。全面深化改革持续推进，治理体系和治理能力现代化实现重大进展，形成系统完备、科学规范、运行高效的体制机制。

二、“十三五”规划的重点内容

（一）建设联结“一带一路”的综合交通枢纽和区域性国际枢纽港

提升港口通过能力。建成 30 万吨级航道二期工程，实现 30 万吨级航道通达连云、徐圩港区。建成 30 万吨级原油码头。港口更好的服务产业，产业为港口提供支撑，打造产业港。

建设全国重要的综合交通枢纽。加快构建高铁网络，建成青连、连盐、连淮扬镇、陇海客运专线连徐段。建设新机场，开通至中西部重要节点城市的航线，开辟面向“一带一路”沿线国家和地区的国际航线。

建设区域性国际枢纽港。开辟和加密集装箱航线航班，形成以国际近远洋干线和内贸干线为重点、以沿海内支线为补充的航线航班体系，建设我国沿海地区重要的贸易枢纽港。

建设贸易便利化口岸。积极申报综合保税区，推动机场、徐圩港区、赣榆港区、灌河港区一类口岸开放，争取恢复整车进口口岸。畅通上合组织出海通道，将连云港打造成为我国对中亚、欧洲铁路出口的主要集散地和中转口岸。

（二）建设我国沿海新型临港产业基地

建设上合组织物流中转出海基地。加快上合组织物流园建设，深化与上合组织成员国集装箱物流合作，成为上合组织成员国集装箱出海主要港口。加快中哈物流中转基地建设，建成中哈两国经贸物流合作示范平台。

建设区域性产业科技创新基地。推进创新型城市建设，推动改革与创新互促并进，发挥科技创新引领作用，强化企业创新主体地位。整合创新创业资源，强化科技成果转化，推动产业跨界融合与创新发展，推动大众创业、万众创新，建设创新型城市，把我市建成“一带一路”重要创新节点、区域性产业科技创新基地。

建设国家新医药重要产业基地。大力建设国家医药创新中心，积极拓展生物医药等领域，推进新医药产业国际化进程，建设“防、治、养”一体化大健康产业高地。做大做强生物制药、化学创新药、现代中药、先进医疗设备及医用材料产品群，建成产值超 1000 亿元、具有一定影响力的国家级医药产业集群。

建设新材料及资源深加工基地。以新材料国家高技术产业基地、东海硅材料产业基地、国家高性能纤维及复合材料高新技术产业化基地为载体，加快发展前沿新材料。鼓励中西部地区进口资源深加工企业合作建设石油化工、有色金属、精品钢材、粮油食品、木材等加工基地，形成资源性加工产业集聚区，与中西部地区产业形成紧密型产业链。引导钢铁产业来我市转型升级，扶持本土钢铁企业集团化发展，建设大型精品钢基地。

建设世界级石化产业基地。根据国家石化产业规划布局方案，按照“一体化、大型化、园区化、高端化、清洁化”思路，在徐圩新区虹港石化、斯尔邦石化和赣榆区新海石化等基础上逐步建成世界级石化产业基地。推动盛虹炼化项目今年开工，“十三五”期间形成 1600 万吨 / 年炼油、110 万吨 / 年乙烯、280 万吨 / 年芳烃生产能力。大力争取省内石化产业向我市转移，完善石化产业链布局，集群化、差异化发展非燃料型产品炼化产业。紧紧围绕石化产业大力发展上下游配套产业，打造新型石化产业集群。

建设核循环产业基地。推进田湾核电续建工程建设。完善核产业链，争取在连云港实施中法合作核循环项目。培育发展核电装备制造、关键零部件及核电余热利用产业。引导和培育辐照、核医学等带动性强的非动力核技术应用产业。加强核与辐射环境安全监管。

推进六大基地建设，关键在于综合统筹、项目导向，强化项目支撑，努力扩大有效投入，重点推进一批具有全局性、战略性，投资体量大、带动能力强的项目。抓项目要突出“两手抓”：一手抓存量上水平、一手抓增量促转型，两手都要抓，两手都要硬。抓存量主要狠抓有效投入和工业技改，淘汰落后产能，抓好现有产业培育和项目推进。抓增量主要围绕主导产业链开展招商引资，推动企业集群、产业集中、园区集约。

抓存量方面，重点紧抓三大类项目不松手：

一是紧抓 230 个市级重大项目不松手。重点以 30 万吨航道二期工程、斯尔邦精细化工、徐连客专等 230 个市级重大项目开工建设为抓手，严格按照序时推进，务求完成预期目标；全力以赴推进盛虹炼化项目、益海油化基地、中法核循环项目等重大产业项目。

二是紧抓本土产业培育不松手。企业做产品，政府做产业。抓经济的关键在产业，抓产业的关键在企业。推动现有企业做大做强，是我们抓经济工作的首要任务，也是来得最快、风险最小、成效最好的做法。为培大培强培优骨干企业，加快企业上市步伐，发展多层次资本市场，市委市政府今年上半年分别出台了《连云港市培强培优企业行动计划》《连云港市上市企业培育行动计划》《连云港市加快科技型中小企业培育行动计划》，重点针对28家培强培优企业、80家拟上市挂牌企业和90家科技小巨人企业，在政治待遇、政府服务、金融支持、土地保障、政策扶持等方面优先倾斜、强化服务，提振企业家信心、壮实产业根基；经过初步测算，28家培强培优企业"十三五"期间总投入将达2150亿元。另外，全市还同时确定100个县区层面培强培优企业，壮大市级优强企业后续梯队。

为保证培强培优企业、上市企业、科技小巨人企业培育行动计划落到实处，市政府最近又从操作层面进一步细化制定了上述三类企业培育行动计划推进落实方案，着重从政务服务、政策扶持、要素保障等方面作出一系列个性化清单扶持措施，为三类重点培育企业提供贴身帮办和保姆式服务。其中，将对28家培强培优企业分别确定挂钩市领导，请挂钩市领导每月深入企业服务1—2次，牵头协调解决企业发展中遇到的困难和问题；选派一名熟悉经济工作、产业发展政策的副处级干部担任特派员，负责培强培优企业与政府部门的沟通联系，定期向挂钩市领导汇报企业生产经营情况，每周安排不少于半天时间到企业服务，对企业涉及的项目规划、审批、申报等工作实行一站式代办、帮办服务。"十三五"期间，市委市政府将在为企业发展提供实实在在服务方面拿出硬措施、使出真功夫。希望全市各级、各部门紧紧围绕市委市政府中心工作，创造性服务好企业，促进企业健康发展，与市委市政府同频共振、共同发力。

三是紧抓沿海发展项目不松手。为加快建成我国沿海新型临港产业基地、"一带一路"重要节点城市，市委市政府最近正在酝酿出台《关于实施五大工程加快推进沿海发展的意见》，重点实施港口功能提升工程、产业转型升级工程、城市品质改善工程、双向开放拓展工程、生态环境保护工程，推动沿海发展向纵深推进、向更高水平提升；推进一批具有全局性、战略性、投资体量大、带动能力强的项目。初步计划，2016-2018年全市沿海发展重点推进五大工程项目200个，计划总投资4500亿元。

（三）建设国际化海港中心城市

城市基本功能是集聚要素、通达物流、发展产业、传播文化、改善人居，本质上都是为人的生产生活服务。城市建设不仅仅是建设工作，更是一项综合经济发展的载体。以城市经济学角度分析，城市是最复杂的综合经济平台。

全市建成区面积已扩到204平方公里、城区常住人口218万，城镇化率达到61%。按照新的城市规模划分标准，我市跻身大城市行列。按照省委省政府关于优化城市产业结构、优化城市空间布局、优化城市现代功能、优化城市文化特色、优化城市生态环境、优化城市治理服务等"六个优化"要求，转变城市发展方式，塑造城市特色风貌，建设宜居宜业城市。重点在四个方面下功夫。

一是重抓城市空间布局优化。发挥城市规划的战略引领和刚性控制作用。进一步深化规划管理体制改革，积极推进国民经济和社会发展规划、土地利用规划、城乡规划、生态环境保护规划"多规合一"，有效解决规划打架问题。提高城市设计水平，从整体平面和立体空间加强引导和管控，统筹建筑规划布局，细抓城市单体建筑建设，精雕细琢打造精品，把城市设计要求落到控制性详细规划和土地开发条件中，保证规划真正发挥有效引导作用。

二是重抓城市组团发展。推进全市国土空间规划建设一盘棋，以主体功能区规划为基础，统筹各类空间规划，统筹土地、河流、绿地、文化、景区、园区和居住等多种要素功能，保护好生态廊道和生态本底，留下未来发展空间，统筹市区、县城和中心镇的规划建设，因地制宜确定城市发展模式，推进组团有序集聚，由外延扩张向内涵提升转变，建立“中心城市—县城—重点镇——般镇”四级城镇体系，构建“向心聚合、空间集约”城市发展格局。

三是重抓优化城市文化特色。文化是城市之魂，也是城市之根，更是历史根基，锤炼城市内核，造就城市气质，决定城市品位，展示城市魅力，代表城市形象。我们要充分发挥连云港山海风光兼备、历史文化底蕴深厚的优势，把城市规划建设成为生产空间集约高效、生活空间宜居适度、生态空间山清水秀的宜居宜业之地，让居民望得见山、看得见水、找得到历史、看得见文化、记得住乡愁。

四是重抓城市综合治理服务。突出市容管理、交通管理、安全管理等重点方面，创新城市治理方式，提升城市精细化管理水平；强化街道在“两级政府、三级管理”体制中的重要作用，提高社区治理和服务水平，推进城市网格化管理，提高城市管理效率，形成全天候、系统性城市运行安全保障体系。

（四）建设生态文明

小康全面不全面，生态环境是关键。生态文明是综合实力，生态文明是民生福祉，生态文明是品牌形象，更是硬指标、硬约束。党的十八大首次将生态文明建设纳入中国特色社会主义事业总体布局，去年又出台《党政领导干部生态环境损害责任追究办法》，对党政领导干部实行生态环境损害责任终身追究制，规定地方各级党委和政府同时对本地区生态环境和资源保护负总责，主要领导承担主要责任，其他有关领导承担相应责任，把资源消耗、环境保护、生态效益等情况作为对党政领导班子成员进行考核评价的重要内容，并实行生态环境损害责任终身追究制。

总的要求是：继续把生态文明建设放在突出战略位置，实现经济社会发展与生态环境改善同步提升，实现城市空间规模得到有效控制，生产空间、生活空间、生态空间布局明显优化，加快建成国家生态文明城市，将生态环境打造为城市核心竞争力。

重点在六个方面下功夫：一是加大环境污染治理和环境执法力度，深入推进水、大气、土壤污染综合治理。二是严格实行建设项目环境准入制度，发展绿色低碳循环经济。三是完善生态保护制度体系，构建推进生态文明建设长效机制。四是完善资源有偿使用和生态补偿制度，健全生态文明绩效考核和责任追究机制。五是加快生态修复，维护生态系统稳定，确保区域生态安全。六是加强海洋环境保护，严控陆源污染入海总量，强化海洋生态建设。

（五）全面深化改革

深入推进供给侧结构性改革。紧紧围绕“五大任务”，坚定不移去产能，因地施策去库存，稳妥有序去杠杆，千方百计降成本，抓住关键补短板。统筹做好“加减法”落实去产能任务，关停淘汰高污染、低产出、低效益产能，盘活闲置资源，推进新兴产业做大做强，提升产业层次。差别化化解房地产库存，打通供需渠道，促进房地产市场健康发展。将去杠杆与优化金融资源配置、发展直接融资、严格政府债务管理等紧密结合，着力优化融资结构，降低债务成本，增强防范化解风险能力。做好降成本“20条”等新政落实工作，减轻企业负担，激发活力。重抓脱贫致富补短板，发展特色富民产业，精准扶贫、精准脱贫，有效缓解相对贫困。

加快行政审批制度改革。总体要求是减少环节、缩短流程、提高效能、方便企业。巩固提高“放管服”改革成效，加大取消下放审批事项的力度，进一步规范优化审批流程，用行政权力减法换取市场活力加法。稳步推进相对集中行政许可权改革，选择一批经济发达镇开展行政管理体制改革试点，争取赋予试点镇更多县级经济社会管理权限。加强和改进事中事后监管，实现行政管理“以事前审批为主”向“以事中事后监管为主”转变。推动落实企业投资项目并联审批，完善“多图联审”，推进环评、安评、节能评估等中介服务“多评合一”行政审批新模式，探索“容缺预审”，实行营业执照、组织机构代码证、税务登记证、社会保险登记证和统计登记证“五证合一”“先照后证”及个体工商户营业执照、税务登记证“二证合一”等新制度。推进“四张清单一张网”，编制政府行政权力清单、政府责任清单、企业投资负面清单和财政专项资金管理清单，建好政务服务网。

充分激发市场主体活力。深化市场配置要素改革，促进人才、资金、科研成果有序流动。深化国有企业改革，建立适应市场需求的运营机制。以资本为纽带稳步促进混合所有制经济发展。积极推进投融资体制改革，推广政府与社会资本合作（PPP）模式。营造公平市场环境，支持非公有制经济健康发展。

（六）扩大东西双向开放

深化开放合作。加快向西开放步伐，提升向东开放水平，充分发挥新亚欧大陆桥经济走廊东方起点优势，重点扩大与“一带一路”沿线国家和地区的经贸合作。建设上合组织成员国进出口产品加工产业园，打造有色金属制品及机械设备类产品进出口加工贸易平台。吸引日韩、中西亚国家城市和企业共建园区和产业合作基地。推进与长江经济带、苏南现代化示范区建设融通，深化与中西部地区交流合作，加强与陆桥经济走廊其他节点城市协作互动。

加大经贸合作。推进国际产能合作，创造条件参与推进哈萨克斯坦“霍尔果斯—东门”工业园建设。探索开通丝绸之路经济带国际旅游客运专列，扩大我市在上合组织和中西亚国家的影响。精心筹办论坛展会，重点打造“连博会”品牌。推进国际人文交流合作，港口物流带动经贸合作，经贸合作促进港口转型。

三、强化规划组织保障

（一）狠抓落实强化“三个积极”。规划是蓝图、是意志、是目标，是全市人民的行动纲领。蓝图虽美，重在落实。全市上下要充分发挥主观能动性，提高认识，形成共识、狠抓落实，严密考核；思想上同心同德、目标上同心同向、行动上同心同行，积极主动抓好规划的组织实施工作，积极争取省委省政府赋予我市的改革、产业、投资、科技人才、财政、金融等方面支持政策落地、发挥效益，积极化解实施过程中的矛盾和问题，千方百计推动规划落到实处。

（二）统筹推进把握“五大关系”。规划时间跨度五年，涵盖全市经济社会诸多领域，既需要全市上下围绕规划抓好贯彻、明确任务、安排进度、落实责任，又需要妥善处理好盘活存量和扩大增量关系，以增量调结构，抓投入促转型，靠创新提实力；加快发展和科学保护关系，坚持在保护中促进发展，在发展中落实保护；局部发展和全局统筹关系，全市一盘棋、步调一致抓推进；常规推进和创新进取关系，不但要立足规划抓落实，而且要创新实干谋超越；当前落实和长远布局关系，五年抓三年、三年看头年。

（三）组织实施强调“三个突出”。加强规划实施组织领导，建立协同工作机制，重点做到突出监测分析和评价考核，保证规划顺利有序推进；突出宣传发动，完善公众参与和民主监督机制，吸引全市人民关心规划、参与建设、监督实施，形成合力；突出时间节点，规划事项涉及单位要严格按照时间节点抓好推进落实工作，做到序时推进，务求实效，避免规划留在嘴上、挂在墙上、写在纸上，没有落到地上；坚决杜绝上面加压、下面加水。

我就讲到这里，谢谢大家！

践行发展新理念　引领三农新实践

吴海云

（2016年8月）

根据市委专题轮训班统一安排，今天由我来讲“践行发展新理念、引领三农新实践”。通过今天这个三农专题讲座，希望大家能对全市三农工作有新认识、新感悟，进而使大家能够理解三农、支持三农、参与三农，就是我到本次轮训班来的最大收获。

分两个部分来讲：一是全市农业农村发展情况和面临的形势；二是新理念引领，供给侧改革性改革推动，促进现代农业建设迈上新台阶。

全市农业农村发展情况和面临的形势

“十二五”时期是全市农业农村发展又一个黄金期，现代农业和新农村建设均取得了重要进展，农村民生显著改善，出现了许多具有标志性的重要变化。讲两个方面：

一、发展情况（概括起来可以说是综合水平迈上新台阶）

可以从以下八个方面来说明：

（一）粮食生产实现历史性的“十三连丰”。

古人讲，洪范八政，食为政首。出自东汉班固的《汉书·食货志第四》。所谓“《洪范》八政”，据《尚书·洪范》记载，“八政”即：食、货、祀、司空、司徒、司寇、宾、师等，分别是指粮食、布帛与货币、祭祀、工程与土地管理、赋役征敛、刑狱、礼仪、士子教育诸事。这“八政”是中国古代国家施政的八个重要方面，其中农业更是治国安邦的头等大事。

2013年12月23日，习总书记在中央农村工作会议上指出，民以食为天。“洪范八政，食为政首。”我国是个人口众多的大国，解决好吃饭问题始终是治国理政的头等大事。毛泽东同志说：“吃饭是第一件大事。”手中有粮，心中不慌。我国13亿多张嘴要吃饭，不吃饭就不能生存，悠悠万事、吃饭为大。只要粮食不出大问题，中国的事就稳得住。这个道理大家都懂，但在实际工作中特别是在农业形势好的时候，往往容易麻痹松懈。保障国家粮食安全，任何时候这根弦都不能松，中国人的饭碗任何时候都要牢牢端在自己手上，我们的饭碗应该主要装中国粮。

我市粮食生产一直保持稳定向好的态势，粮食总产连续4年超70亿斤。去年粮食播种面积753.9万亩，粮食亩产480公斤，全年粮食总产362万吨。今年夏粮单产全省第一，亩产393.7公斤，较全省平均高59公斤，总产143万吨，灌云县、灌南县单产在全省县级排名中分列一、二位。灌南县展示基地山农20攻关田亩产728公斤，创造了全省新的高产纪录。我们还建立了市级应急成品粮、食用油储备，储备体系更加完善，调控手段更加有力。

（二）农业产业化进程明显加速。

设施农业：总面积达到 110 万亩，占耕地比重 18.7%，面积和占比均居全省第 5，我市成为全国最大的泥鳅养殖出口基地、蝴蝶兰种苗生产基地和省内最大设施渔业基地、鲜切花基地，灌云县、灌南县分别建成全国最大的芦蒿和纯白金针菇生产基地，全市共建成省级园艺作物标准园 47 个。标准化池塘改造面积达 25 万亩，占比超 70%，在海州湾浅海域形成 100 多平方公里的海洋牧场区，放流海珍品苗种超 20 亿单位，渔业资源得到有效恢复。

现代畜牧业：东海、灌云、灌南、赣榆四县区均为生猪生产大县。2015 年底，全市生猪、家禽和牛饲养量分别为 658 万头、7822 万羽、51 万头，万头以上猪场 30 个，大中型生猪规模养殖比重为 68%。累计建成国家级标准化畜禽示范场 7 个，省级生态健康养殖示范场 90 家，市级生态健康养殖示范场 60 家。

农业园区：全市获批国家级现代农业示范区 1 家（赣榆国家现代农业示范区）、国家级农业科技园区 1 家（江苏连云港国家农业科技园区），省级现代农业（渔业）园区 15 家，实现县区全覆盖。

龙头企业：省级以上龙头企业达到 50 家，其中国家级 2 家（榆城集团、利昂集团），省级以上农业龙头企业年实现销售收入 180 亿元。农发集团去年年底完成组建，形成了清晰的产业发展框架。

农产品品牌：无公害、绿色、有机品牌达 1651 个（三品），比 2010 年增加 1143 个，“三品”产量占农产品产量比重近 40%，居全省第四。东海老淮猪肉、灌南金针菇等 10 个产品通过国家地理标志保护认定，数量全省第一。“水中参”泥鳅、“神仙”紫菜、灌云小龙虾、东辛白对虾等品牌产品享誉国内外，连续三年带动水产品年出口创汇突破 1 亿美元。

休闲农业：全市现有各类休闲观光农业经营主体 200 多个，其中全国农业旅游示范点 11 家，国家 A 级农业生态景区 11 个，全国休闲农业与乡村旅游星级示范创建企业 3 家；省级森林公园 1 个，省级湿地公园 3 个，省级最具魄力休闲乡村 6 个，省星级乡村旅游区（点）41 个。

农产品质量安全：全市所有乡镇均建立农产品质量安全监管机构，农产品质量抽检合格率由 2010 年的 95% 提高到当前的 97% 以上，农产品质量安全水平居全省前列，连续五年荣获全省农产品质量安全绩效评价一等奖。农资连锁经营网点 1980 家，“放心农资”诚信经营网络覆盖面大幅提升。全市制定地方农业标准省级 3 项、市级 28 项，市级农业标准化示范场达 46 个。

（三）外向型农业保持全省前列。

体现在三个方面：

出口基地建设居全省前列。全市已建成国家级农产品出口示范区 3 个（连云港花果山出口蔬菜质量安全示范区、赣榆区国家级出口水果质量安全示范区、赣榆区出口泥鳅质量安全示范区），省级示范区 5 个（国家级 3 个示范区和连云港市出口草莓示范区、连云港市出口紫菜示范区）、示范基地 25 个，数量居全省第一。

农产品进出口居全省前列。在外需减弱的不利环境下，2015 年全市农产品进出口总额达 15.55 亿美元，增幅 65.2%，增幅全省第一；其中农产品出口额 5.92 亿美元，位居全省第一；进口额 9.63 亿美元，增幅 115%，增幅全省第一。上半年实现出口 2.26 亿美元，居全省第二位。海淡水产品、调味紫菜、黄桃罐头、速冻蔬菜等一批拳头产品出口量全国领先。

国际合作示范区建设扎实推进。2014 年 4 月 21 日，市政府与农业部国际合作司、省农委签订战略合作协议（牛盾副部长和徐省长见证签约），三方共建“一带一路”连云港农业国际合作示范区，这是全国第一家（目前全国唯一一家）“一带一路”农业国际合作示范区。近年来，中丹农业工作组第2次会议、中韩农业合作委员会第15次会议、商务部和农业部组织的中国与周边国家跨境动物疫病防控培训班等国际性会议相继在我市举行。重点项目建设推进顺利，去年排出的50个重点项目、重点事项全部完成，年度投资达25亿元。今年又排出50个重点项目，整体推进比较理想，上半年完成投资21亿元，东海澳洲进口肉牛屠宰加工、灌云丹育种猪、灌南裕灌食用菌、赣榆沃田蓝莓生产加工等一批重点项目加快建设、初具形象，蔬菜花卉研发中心、农产品跨境电商等一批平台项目投入运行，为外向型农业持续快速发展增添了新动力。

（四）农民收入保持较快增长。

农民增收是三农工作的中心任务。去年底，全市农村居民人均可支配收入达1.28万元，“十二五”期间的年均增速为12.7%。城镇居民和农村居民收入之比由2010年的2.7:1降低到2:1，收入差距不断缩小。在上一轮脱贫奔小康工程中，46.1万农村低收入人口、254个经济薄弱村整体实现脱贫。全市村均经营性收入达58万元，同比增幅13.7%。作为衡量农民生活水平重要指标的恩格尔系数，2009年降到40%以下，去年底降到33%，表明农民生活水平整体上开始走向宽裕，城乡、区域协调发展的格局正在形成。今年上半年，农村居民人均可支配收入达7219元，增幅为9.4%。新一轮脱贫致富奔小康工程全面启动，36万贫困人口、149个经济薄弱村建档立卡全面完成。

（五）水利设施配套不断提升。

饮水安全方面，“十二五”期间，兴建了沭新渠、蔷薇湖、通榆河北延送水、徐圩新区送水等一批饮用水源工程，城市饮水安全保障显著改善。完成了7个集中式饮用水源地达标创建，集中式饮用水源达标创建工作实现县区全覆盖。实施农村饮水安全工程，共计解决211万农村人口饮水安全问题。

重点水利工程方面，“十二五”期间水利建设投入102.9亿元，先后实施了新沭河、新沂河等一批重点河道治理工程，实施了一批海堤达标、大中型泵站更新改造、中小河流治理等工程建设，完成了市区低洼片区整治和城区14座病险塘坝除险加固，防洪安全屏障更加稳固，防汛防旱能力显著提升，近两年的强降雨市区没有出现大范围积水。

农田水利工程方面，通过开展“农田水利设施建设年”，疏浚整治县乡河道424条，新增高标准农田30多万亩，有效灌溉面积由481.57万亩提高至503.1万亩，旱涝保收田由364.84万亩提高至436.8万亩，节水灌溉控制面积由171.39万亩提高至280.6万亩，高标准农田比重超过51%，旱涝保收田比重79%，有效灌溉面积比重达91%。

（六）物质装备和技术水平逐步改善。

农机方面，围绕主要粮食作物生产关键环节，重点突出水稻机插、高效植保、粮食烘干三大短板，精准发力，全面推进。突出购机补贴政策的带动作用，发挥新机具、新技术、新模式等科技创新项目的示范作用，促进产、学、研、推资源整合和农机农艺融合，目前水稻机插水平达到70%，产地烘干水平约20%（为解决粮食道路晾晒、阴雨天气收割问题，我市从前年开始调研推广粮食烘干服务中心建设，截至目前，我们拿出财政资金近300万元，已经建了300多台粮食烘干机，烘干能力约68万吨/年）。以提升农机合作社发展水平和拓宽跨区作业服务范围为抓手，推动农机服务向市场化、社会化迈进，年实现跨区作业收入达7.5亿元。

林业方面，以构建“生态港城、绿色港城”为目标，以培育森林资源为主线，大力实施林业重点工程，“十二五”以来，全市累计完成绿化造林106万亩，林木覆盖率达到27.5%。完成成片造林63.4万亩，沿海防护林26.6万亩，全市169公里沿海基干林带和纵深防护林系统初步建成。美丽乡村建成省级绿化示范村587个，其中生态示范村35个，乡镇建成区绿化覆盖率达31.2%，村庄绿化覆盖率达32.5%。云台山景观生态林建设，市委、市政府先后投入8000万元，实施了四期景观林工程，共完成工程造林、经济林和林相改造2.1万亩，云台山森林覆盖率达到88.2%。丘陵岗地植被恢复工程创建了赣榆石桥黄桃、东海石梁河晚秋黄梨、赣榆厉庄大樱桃以及云台山云雾茶等林产品品牌。在良好的林业发展基础上，我市前年启动国家绿化模范城市创建，于去年8月份顺利通过省绿化委预检，去年11月份通过全国绿化委现场验收，于今年年初被授予“全国绿化模范城市”荣誉称号，可以说是一次验收顺利通过，并得到专家组的高度评价。

农业科技方面，农技服务体系不断健全，科技支撑作用显著增强。“十二五”期间共培育农业科技示范户5.4万户，培育新型职业农民21万人，农业科技进步贡献率超过61%。市农科院研发的连粳6号、7号荣获中华农业科技二等奖。整体推进乡镇农技综合服务中心“五有”建设，全市所有涉农乡镇基本达到“五有”建设标准，农技推广“最后一公里”更通畅。实施农业信息服务全覆盖工程，农业信息化覆盖率达52%，农业信息服务网站创建率达100%，每年依托网络营销农产品10亿元以上。

（七）新农村建设以点带面整体推进。

以统筹城乡试点推动新农村建设向纵深发展，重点推进新镇区、新社区、新农居建设，以整洁村、特色村、示范村“三村”联动创建为基础，建立健全村庄环境“六位一体”长效管护机制，美丽乡村建设取得较好进展。全市六大美丽乡村示范片区，共编制149个重点建设项目，已开工建设113个，其中建成84个，村庄环境长效管护机制基本建立，农村环境面貌有了明显改观。在实施过程中，切实尊重当地条件和农民意愿，对历史文化村、生态优美村，因地制宜，不搞大拆大建，遵循“不拆房、不迁村、保护性恢复和开发”的原则，先后编印了《美丽乡村规划设计方案选编》《全市美丽乡村示范片区规划》、指导意见和实施标准等，科学指导新农村建设。把农村环境整治作为重点问题，探索农村公共服务运行维护新模式，如灌南县农村环境管护“主体市场化、人员职业化、内容标准化、资金集约化、评估多元化”的“五化”做法得到省级充分肯定，在全市进行了推广。目前，三县三区全部建立了生活垃圾收运处理、道路修护、绿化养护、河道管护等“六位一体”村庄环境长效管护机制，列入100个美丽乡村示范创建的村均达到了整洁村标准。

（八）农村综合改革稳步推进。

近年来，按照中央和省级部署要求，积极稳妥推进农村重点领域改革，一些经验做法在全省甚至全国产生良好反响，并进行了推广。

比如农村土地经营制度改革。按照“一年扩大试点、二年基本完成、三年全面扫尾”的总体目标，全市1388个村开展确权登记颁证，占应开展村数的99%，我市的进度和质量在苏中苏北领先。按照落实所有权、稳定承包权、放活经营权“三权分置”要求，全市农村土地流转规模每年在10万亩左右。在土地确权登记颁证的基础上，延伸扩展权益，东海县成为全国农村承包土地经营权抵押贷款试点县，自2014年6月以来，累计发放土地承包经营权抵押贷款365笔、1.11亿元，有效缓解了农村贷款抵押担保难问题。

比如农村产权制度改革。按照“政府搭台、市场运作”的思路，创新农村产权交易体系，2012 年 5 月，东海县率先建立全国第一家县级农村产权交易市场，经验在中农办召开的全国性座谈会上交流，省级现场会在我市召开，全国 200 多个市县前来参观考察。2012 年以来，全市县乡两级农村产权市场交易额累计达 9.3 亿元。

再比如扶贫开发工作。建立了“双派”帮扶工作机制，在全省率先组织 100 名市县机关干部到经济薄弱村担任第一书记，100 名副高职称以上的农业科技专家驻片帮扶，指导农民发展生产。建立了建档立卡特殊困难户直接帮扶机制，按照精准扶贫的要求，市级调整财政奖补资金的支出结构，明确一定比例用于帮扶因病、因残等致贫的特殊困难低收入农户。建立了县区委书记扶贫述职制度，市委从去年在全省率先开展县区委书记扶贫专题述职，各县区也分别组织乡镇党委书记开展专题述职，层层传递压力，形成了上下联动、职责明确的工作推进和落实体系。

二、当前形势（概括起来可以说是机遇和挑战）

根据省统计局等 5 部门发布的农业现代化工程监测报告，我市 2014 年农业现代化工程监测得分为 75.4 分，比 2013 年的 71.2 分增长了 4.2 分，在全省排名第 11 位，增长量位于全省第六。这是我市在 2013 年取得进位的基础上的又一次进位，也是全省唯一实现连续两年进位的地级市。但是，客观分析，我们也看到，全市整体实现值不高，我市综合得分比全省平均水平低 2.7 分。在 6 大类 19 项指标中，有 3 项指标的实现程度在 50% 以下，有 4 项指标实现程度在 50%—70% 之间。三县及赣榆区在全省 67 个县区排名均没有进入第一区间，灌南县、赣榆区位于第二位区间，灌云县、东海位于第三区间。

“十三五”是同步全面建成小康社会的决胜阶段，是坚决打赢脱贫攻坚战的冲刺阶段。必须清醒地看到，在经济发展新常态下，农村工作的外部环境和内在动力正在发生深刻变化，既孕育难得机遇，也面临诸多挑战。

从机遇来看：

新定位凝聚发展共识。党中央、国务院高度重视“三农”工作。党的十八大报告明确指出：“解决好农业农村农民问题是全党工作重中之重”，要“确保到 2020 年实现全面建成小康社会宏伟目标”。2014 年 12 月中旬，习总书记在江苏视察发表的重要讲话指出，没有农业现代化，没有农村繁荣富强，没有农民安居乐业，国家现代化是不完整、不全面、不牢固的。总书记要求发达地区一定要带好头、领好向，把工业化、信息化、城镇化、农业现代化同步发展真正落到实处，并谆谆嘱托江苏“力争在全国率先实现农业现代化”。总书记强调，要按照生产技术先进、经营规模适度、市场竞争力强、生态环境可持续的要求，加快建设现代农业，并要求江苏省加快培育新型农业经营主体，加快构建现代农业产业体系，加快提高农业物质装备和技术水平。今年的省委一号文件提出，推进农业供给侧结构性改革，加快转变农业发展方式，推动新型城镇化和“强富美高”新农村建设双轮驱动、互促共进。今年的市委一号文件指出，要加大政策支持、改革创新和工作推进力度，力争在加快发展现代农业上取得新成就，在促进农民持续增收上取得新突破，在建设社会主义新农村上取得新进展。去年底，杨书记在市农委调研时指出，现在是从事三农工作最好的时期，要把农业做出特色、做出亮点，推动农业大市向农业强市转变。中央、省市的高度重视为做好三农工作提供了有力的政治保证和综合支持。

新机遇拓展发展空间。（1）“一带一路”发展战略开辟广阔领域。依托独特的区位和资源优势，我市成为省“一带一路”交汇点建设的核心区和战略先导区，特别是“一带一路”首个农业国际合作示范区的建设，不仅有利于我们主动参与国家“一带一路”战略，带动和提升区域农业合作水平，也有利于推动我市外向型农业发展，带动现代农业转型升级。（2）“四化同步”提供综合支持。“四化同步”中，农业现代化是基础，新型工业化是龙头，信息化是重要支撑，新型城镇化是主平台．多年来，我们始终坚持以新型工业化的理念和思路推动现代农业转型升级、提质增效，工业对农业现代化的支持作用不断增强。推动农业信息化、智能化在现代农业生产经营广泛应用。发挥城镇化在吸引资金、更新技术装备和提升劳动者素质等方面的积极作用，城镇化格局、农业发展格局和生态文明格局加快构建。（3）消费转型升级助推农业产业升级。随着消费者的钱袋子鼓了，购买力提高了，对农产品的要求也相应提高了，大家不再满足于吃饱，对农产品质量安全、品质、口感等多方面有多样化、个性化的要求，这对农产品生产也提出了更高的要求，发展生态农业、绿色农业和品牌农业的前景会越来越广阔。

新动力增强发展后劲。当前，经济增长的“三驾马车”中，投资增长乏力，短期内消费需求和国际市场需求也难有大的起色。在原有发展动力边际效用递减的情况下，对三农工作来说，中央提出的落实五大发展理念，深化农村综合改革，加快转变农业发展方式，就是加快实现新老动力平稳转换的关键招数，并且已经开始推动三农工作由主要依靠成本要素驱动，转入更多依靠改革创新驱动的轨道上来。改革释放红利的作用正在逐步显现。近年来，我们更加注重运用市场化的办法调动农民和社会各方面的积极性，推动农村土地确权登记颁证和“三权分置”，实施精准扶贫、精准脱贫方略，创新农村金融制度安排，现代农业产业体系、生产体系、经营体系加快构建，农业支持保护制度不断完善，农村改革综合试点试验成果在更大范围推广，为传统农业向现代农业跨越增添了活力。创新引领发展的动力正在加快形成。在加快现代农业发展中，不断强化政策创新、组织创新和科技创新。创新农业补贴政策，整合涉农资金使用，既符合“市场配置资源”的精神，也符合世贸组织的规定，同时还有利于保护土地资源。创新家庭农场、农业企业以及各种合作经营方式，提高生产经营规模和机械化水平，劳动生产率和市场竞争力不断提高。在“双创”和“互联网 +”浪潮推动下，农业“创客”异军突起，电子信息、现代设施和生态、文化、旅游等要素加速融合，“互联网 +”等新技术、新模式、新业态成为现代农业发展的新引擎。

从挑战来看：

上下两板挤压：即农产品成本价格的“地板”不断抬升，农产品价格的“天花板”已被顶破。农产品成本价格不断提高由多种因素影响造成，第一是劳动力的价格不断提高，如水稻插秧的人工成本，每天 200 元的价格也不容易找到人；第二是土地租金不断提高，现在农村土地流转的费用平均约 1000 元，高的甚至达到 1200 元，有些甚至超过土地收益；第三是农药种子化肥价格居高不下；第四是农技服务成本不断提高，以小麦、水稻轮作为例，一年耕种收成本价格每亩约 800 元。这四个方面的因素推动农产品价格越来越高。农产品价格全线飘红，部分农产品已冲开“天花板”，高于国际市场价格，甚至是国外到岸完税价。比如近年来反响比较强烈的粮价问题，我国部分粮食价格高于国际市场价格，这就造成了一方面粮食（含替代品）进口（走私）激增，另一方面是库存积压、农民卖粮难。但粮食安全情况非常特殊，在安全的时候，外化为经济问题、价格问题。但不安全的时候，就立即演变为政治问题、外交问题，甚至军事问题。所以，国家对粮食安全的评估，不是简单的成本、价格的视角，还十分重视衍生的安全意义、政治意义、社会意义。因为失去粮食安全，GDP、城市化、工业化、现代化都是浮云。但是如果国内外农产品价格倒挂状况持续蔓延，这种现象将严重影响农民种粮积极性，冲击我们的农业生产，阻碍农业发展。

黄红双灯限行：即世贸设置的“黄箱政策”已使用差不多了，资源环境的红灯已经亮起来了。世贸设置了黄、绿、蓝三箱政策，“黄箱政策”是指农业补贴进入成本，干扰市场价格，如粮食直补、良种补贴都是“黄箱政策”内容；“绿箱政策”是指补贴不进入成本核算，不干扰市场价格；“蓝箱政策”是休耕补贴政策。入世承诺的黄箱补贴上限不超过农业产值的8.5%，粮食再提高补贴就违反世贸规定，补贴已经没有空间了。资源环境亮起红灯，体现在三个方面：一是耕地质和量上都令人担忧，近年来城镇化、工业化的快速推进，土地资源越来越趋紧，并且土地质量越来越差，耕地缺乏休养生息，土壤有机质含量偏低，农膜、化肥、重金属的影响不可低估，如果再走靠拼资源、拼环境增加供给的老路，将难以为继。二是水资源季节性短缺，我市是水源性、水质型缺水城市，过境客水多、本地水量少，污染水体多、优质水源少，汛期水量多、非汛期水量少，近70%降水集中在5–9月份，每年需要调引10亿立方米江淮水以满足我市的生产生活需要。三是农业劳动力资源紧张，离农现象在全社会蔓延，农村青壮年劳动力流失严重，留守在农村的可称为“386199”部队，大多是妇女、儿童和老人，只能从事简易、轻便的农耕活动。农村青壮年的流失使得现代农业的建设与发展缺乏充足的人力资源，解决“谁来种地”“怎么种地”问题依然突出。

“短腿”“短板”并存：习总书记在中央农村工作会议上指出，小康不小康，关键看老乡，农业还是“四化同步”的短腿，农村还是全面建成小康社会的短板。中国要强，农业必须强；中国要美，农村必须美；中国要富，农民必须富。我们说农业是“四化同步”发展的短腿，改革开放以来，我们的工业化赶上了发达国家200年的工业化发展史，很多产品和技术达到国际水平；城镇化赶上了发达国家200年的历史，不要说北京、上海这样的一线城市，即便是很多二线城市，硬件建设也不输于发达国家；从信息化来讲，特别是非农产业信息化的利用基本上与发达国家同步；但是农业现代化本身的产业特征决定了我们不可以全面拿来，所以我们的农业不仅与美国、加拿大这样的发达国家有较大差距，即便是跟我们的二产、三产相比，差距也是比较大的。我们说农村是全面建成小康社会的“短板”，全面建成小康社会，重点和难点是解决“短板”地区和群体，因为这些“短板”才是检验是不是“全面”的标准，而广大农村特别是经济薄弱村和农村贫困人口，就是突出的“短板”。新一轮脱贫致富奔小康工程涉及36万人、149个经济薄弱村，省里要求到2019年基本完成，时间紧、任务重，并且经过多年的努力，容易脱贫的人口已经基本脱贫，剩下的大多贫困程度较深，自身发展能力较弱，越往后脱贫攻坚难度越大、成本越高。

综合分析来看，三农发展机遇和挑战并存，希望和困难同在，但机遇大于挑战。只要我们适应新形势、把握新机遇、应对新挑战，立足市情、吃透农情、体恤民情，紧盯全面建成小康社会目标，风雨无惧，满怀激情，就一定能够赢得三农工作主动权，推动三农工作不断迈上新台阶。

新理念引领，供给侧改革性改革推动　促进现代农业建设迈上新台阶

十八届五中全会提出，实现“十三五”发展目标，破解发展难题，厚植发展优势，必须牢固树立并切实贯彻创新、协调、绿色、开放、共享的发展理念。这集中反映了党对经济社会发展规律认识的深化，是一次重大的理论创新。对三农工作来说，学习贯彻新理念，就是要以此为引领，切实学深悟透、入脑入心、以知促行，不断增强做好三农工作的信心和决心。

新理念引领，具体来说，就是要坚持以创新发展激发农业农村发展活力，培育更健康、更可持续的

增长动力；要坚持以协调发展补上农业农村发展短板，破解城乡二元结构矛盾，提升农业现代化水平；要坚持以绿色发展引领农业农村发展方向，加快建设资源节约型、环境友好型农业，为生态港城增绿添彩；要坚持以开放发展拓展农业农村发展空间，把来自国际市场的压力转化为农业发展方式转变的动力，不断增强统筹利用国际国内两个市场、两种资源的能力；要坚持以共享发展增进农民福祉，形成合理制度安排、有效共享机制，让农民尤其是贫困农民有更多获得感。

关于现代农业，前面讲到，总书记在江苏调研时强调，要按照生产技术先进、经营规模适度、市场竞争力强、生态环境可持续的要求，加快建设现代农业，并要求江苏省加快培育新型农业经营主体，加快构建现代农业产业体系，加快提高农业物质装备和技术水平。这里的“生产技术先进、经营规模适度、市场竞争力强、生态环境可持续”就是现代农业建设的四个特征；“加快培育新型农业经营主体，加快构建现代农业产业体系，加快提高农业物质装备和技术水平”就是江苏现代农业建设的实现路径。

推进供给侧结构性改革，是中央作出的重大决策，也是今后一个时期农业农村工作的一项重要任务。当前农业中存在的诸多矛盾难题，突出表现在结构方面，主要是在供给侧，表现在两个方面：一是农产品供给没能很好地适应需求变化，导致供求出现结构性失衡，比如消费者对牛奶质量、信誉保障等提出较高要求，但供给还不能很好地适应这些要求。再一个是不合理的供给结构，给资源环境带来较大压力。这些问题，不仅影响当前农业生产和农民增收，也直接影响农业长远可持续发展。因此，中央提出，着力加强农业供给侧结构性改革，就是要推动农业由“生产导向”向“消费导向”转变，增强农产品供给的适应性和灵活性，实现农产品由低水平供需平衡向高水平供需平衡的跃升，这也是今后农业农村工作的一项重要任务。

不论是现代农业建设还是农业供给侧结构性改革，总的目标就是要突出以人的需求为核心进行生产，优化产品结构、生产结构、产业结构和生产力布局，使农产品供给数量更充足、品种和质量更契合消费者需求，真正形成更有效率、更有效益、更可持续的农产品有效供给体系。

两者的区别在于，农业供给侧结构性改革的目标是推动农业转型升级，保障农产品适应消费升级的需要；重点任务是去库存、降成本、补短板。现代农业的要求是生产技术先进、经营规模适度、市场竞争力强、生态环境可持续；重点任务是保供给、促增收、可持续。

按照习总书记“现代农业建设迈上新台阶”的要求，结合供给侧结构性改革，当前我市重点实施“八化”战略：

（一）实施规模化战略，提升农业产出效益。

一是着力优化产业布局。去年，我们编制了“十三五”现代农业规划，提出进一步合理配置空间资源，明确功能定位，确定产业方向，优化产业布局，构筑“三轴、四板块”的产业总体框架。三大农业产业发展轴，即农业生产发展轴，由北向南贯穿连云港市中部，沿宁连高速和沿海高速，重点布局现代农业园区、生态规模养殖基地；服务经济发展轴，由东向西横穿连云港市中部，沿陇海铁路和连徐高速两大交通干线，重点布局农产品加工业、物流业、休闲观光农业；沿海经济发展轴，重点布局农产品出口贸易、仓储、出口加工业为主的农产品加工及物流业。四大农业功能板块，即中部平原农业板块，包括东海县中东部、灌云县中部、灌南县、赣榆区中部，主要发展优质粮油、蔬菜瓜果、畜禽养殖等产业；都市农业板块，包括海州区、连云区、赣榆区南部，主要发展蔬菜园艺、休闲观光农业；西部丘陵山区农业板块，包括东海县中西部、灌云西部和赣榆西部及市区以云台山为主的丘陵地区，重点发展花卉林果茶、畜禽养殖、休闲观光农业等；东部滩涂农业板块，主要发展海、淡水养殖业。

二是推动粮食稳产增效。全面落实藏粮于地、藏粮于技战略，由注重年度产量向更加注重保护和提高粮食产能转变。结合农业综合开发、土地整治、灌区节水改造等项目，开展耕地质量提升行动，加强集成技术推广，全年建设粮食万亩示范片 90 个以上。强化农机农艺融合，完善农机、种子、植保等推广服务统筹工作机制，加强农机社会化服务体系建设，推广农机半托管和全托管生产模式，今年农机规模化作业面积达 40% 以上，加快实现粮食生产全程机械化。

三是推动农业结构调整。围绕农业发展规划和已经形成的特色产业，因地制宜发展优质粮食、蔬菜花卉、规模养殖等特色产业，更大力度推进“一镇一业”和“一村一品”，今年要建成“一村一品”示范点 100 个，新增设施农业 6 万亩、设施渔业 1 万亩。统筹推进蔬菜优势产区和城郊蔬菜基地建设，推动设施蔬菜改造升级，积极发展食用菌、茶叶和特色果品；实施畜禽提质增效行动，发展专业化畜禽养殖和种养结合家庭农场，提升标准化养殖场建设水平；推进池塘标准化改造和渔港升级改造，全市 5000 亩以上渔业园区标准化池塘改造今年全部到位，以此带动渔业产业转型升级。

（二）实施产业化战略，完善农业产业体系。

一是推动园区提档升级。以园区为载体建设三产融合发展典型，重点推进园区完善配套、提升产业、优化配套，聚合资源，打造精品，推动园区特色产业与上下游产业结合，打造一批精品农业园区。以园区为主体大力推进农业招商引资，利用“一带一路”交汇点建设机遇，精心包装推出一批重点项目，加快“走出去”步伐，力争大项目招引上实现突破。

二是扶持新型农业经营主体。既要注重降成本，也要突出规范化建设。启动新型农业经营主体培育示范工程，积极发展家庭农场和专业大户，提升规范农民合作组织，坚持数量增长与质量提升并重，实现土地效益和农民收入“双提高”。认真落实扶持农业龙头企业意见，在信贷、科技、市场等方面加大支持力度，特别是加强金融服务，组建农业担保公司，健全政银企合作长效机制，帮助企业解决融资难题。今年全市要新上农业产业化项目 100 个，龙头企业产值新增 100 亿元。

三是着力打造全产业链。打造农业全产业链，精准衔接从种植到市场流通再到休闲观光旅游的每一个产业链条，既符合结构性改革和农业发展方式转变的要求，也是我市从农业大市向农业强市转变的重要途径。在稳定粮食、生猪、蔬菜等基础产业的同时，着力打造食用菌、水果、海洋养殖、畜禽等特色产业链，重点向产业链、价值链上游拓展，构建粮经饲统筹、种养加一体、农牧渔结合的现代农业产业体系。我们要求各县区围绕区域性特色产业，重点打造 2—3 个全产业链，集中一批项目、整合一批资金、建立一套机制，持之以恒推进落实，加快促进传统供给结构向特色多元供给结构转变。

四是扶持发展乡村旅游。乡村旅游是由种养加销四大环节派生出来的产业，上游四个产业环链及乡村文化遗产、自然风光是载本和依托。因此，乡村旅游开发就要让农民把田地种成景观，让工厂把车间变成景点，让农村把自然风光变成景区。所以，要突出乡村特色民俗文化和特色旅游资源，高标准规划主题鲜明、特色突出的乡村旅游度假基地，赋予更多的传统文化、生态、旅游内涵，增强居民休闲消费舒适度和参与度，让更多的就业机会、产业利润留在农村、留给农民。比如前不久我们现场会看了赣榆班庄的万亩黄桃基地，体量大，场面起伏壮观，具备发展乡村特色旅游的良好条件，既可延长产业链条，也可以提升附加值。今年全市要新建市级乡村旅游示范点 20 个，乡村旅游收入 30 亿元。

（三）实施国际化战略，拓展开放深度广度。

开放型农业是我市现代农业的重要特征，也是传统优势。发展的总体思路就是要在“一带一路”国家战略的引领下，依托“一带一路”连云港农业国际合示范区，坚持走出去和引进来相结合，充分利用好两个市场、两种资源，提升开放型农业发展水平，努力构建“一带一路”农业国际合作的前沿阵地和示范样板。

一是大力推进载体和主体建设。按照《“一带一路”连云港农业国际合示范区规划》，以五大园区、六大基地为重点，着力改善基础设施配套，提升农业科技、市场流通、信息咨询等配套服务，把重点园区、基地建成生产要素集聚、科技水平先进、经济效益和示范带动效应明显的现代农业示范区。特别是加快推进重点项目建设，今年我们又排出了50个重点项目，部分项目列入了全市重大项目，以此作为关键抓手，集中力量加快推进，力争尽快建成一批示范性工程、标志性项目。

二是强化农业科技支撑。农业最终要靠科技解决问题。通过完善农业科技创新激励机制，充分调动高等院校、科研院所、企业等各方面的积极性，加快生物育种、精深加工、冷链物流、智能农业等领域关键技术创新，扎实推进国家级农业科技园区建设，建成市农业科技创新中心，今年农业科技进步贡献率要达到64%。要深化“五有”乡镇农技推广综合服务中心建设，每年要建成一批省级示范中心，全面打通农业科技转化的“最后一公里”。加强农村人才培养，每年培育新型职业农民3万人，乡镇农技人员三年内实现全面培训。每年还要选派100名农业科技专家和农技人员“包村联户”，每年培育农业科技示范户1万户。

三是加快农业走出去步伐。重点突出四个方面：（1）建设沿大陆桥冷链物流通道，重点建设连云港冷链物流中心、连云港物流控股公司霍尔果斯场站，为进出中亚五国冷链和粮油食品物流提供服务。（2）加快推进中哈物流合作基地二期、三期工程，二期工程重点建设粮食泊位和筒仓工程，三期打造集仓储、加工、贸易、中转于一体的中亚五国连云港物流中转分拨基地。（3）鼓励农产品加工出口企业到中西部建立种植基地。重点扶持天乐、爱康等出口企业在新疆发展葡萄基地，扩大汉华公司在河南的食用菌生产基地，建设味之素在甘肃的洋葱生产基地。（4）稳步推进农业特色装备制造“走出去”项目，以连云港国鑫食用菌成套设备有限公司为龙头，开展食用菌成套设备、旋耕机的研发、制造、展览示范、出口，建立工厂化食用菌设备制造基地、旋耕机制造基地、农业特色机械装备技术联合研发中心。

四是高水平办好农洽会。第十八届（2016）江苏农业国际合作洽谈会定于2016年9月23–25日在我市举办。举办农洽会是我市“三农”工作中的一件大事、盛事，是展示形象、扩大开放、招商引资的重要载体。我们将围绕办成一届高水平的展会，突出市场化、国际化、信息化，高水平做好策划，加强会议场馆设施的谋划、布局和建设；高水平招商邀商，创新招商方式，提升招商实效，推动一批项目能够签约落地。

五是确保实现农产品出口稳定增长。刚才说了，今年我市将承办农洽会，在这样特殊的年份，实现农产品出口稳定增长，不仅关系农村工作大局、农民增收致富，也一定程度影响我市永久承办农洽会申报工作。在继续巩固提升我市蔬菜、紫菜、泥鳅等畅销产品在日韩占有率的基础上，注重开发新产品、开拓新市场，特别是利用好农洽会平台，加大市场拓展力度。经我市积极争取，欧美农产品采购团将来连参加农洽会，前期我们做了大量的对接落实工作，优先组织推荐我市特色农产品，力争全市今年农产品出口额超6亿美元，继续保持全省前列。

（四）实施标准化战略，提升质量安全水平。

从过去单纯追求数量增产的温饱型，过渡到满足消费者对品质、安全、健康和生态等要求的小康型，农产品生产不仅需要调整结构、转变生产方式，还需要从源头到流通对整个产业链进行整合和重塑。总体思路是以提高农产品质量安全水平为核心，以创建国家级农产品质量安全市为主抓手，发挥新型农业经营主体的示范带动作用，坚持标准研制和实施并重，加快推进农业生产全程标准化，以最严谨的标准、最严格的监管、最严厉的处罚和最严肃的问责，保障农产品质量安全。

完善农业标准体系。按照有标贯标、无标制标的原则，围绕特色农产品、农业园区和基地，从农业基础设施和农产品的生产、采收、包装、运输、标识等方面，完善地方标准，形成科学、统一、权威的农业标准体系。做好农业标准信息资源的收集、整理、加工和整合，建立完善农业标准信息系统，方便标准信息的查询检索使用。

推广农业基础设施标准化。结合万亩连片高标准农田建设，科学规划布局，建立统筹机制，整合农业、农开、水利等项目，按照“田成方、路相连、渠相通、旱能灌、涝能排、土肥沃”的要求，提升田网、渠网、路网“三网”配套，加快实现粮食生产功能区和设施农业基地的农田旱涝保收、稳产高产，今年要建成高标准农田14.5万亩，比重将超过53%。

推广主要农作物生产标准化。加强种子科研推广，推进主导品种发布工作的制度化、科学化，主要农作物良种覆盖率要稳定在98%以上。推广种植新技术和新模式，抓好轻简化栽培技术应用，开展病虫害综合防治，加快建成一批优质无公害粮食生产基地。今年还将新建粮食烘干机200台，总量达到500多台，烘干能力近70万吨。

推广农业投入品使用标准化。开展化肥农药使用量零增长行动，按照无公害、绿色、有机农产品生产要求，制定肥料、农药等施用规范，指导农民科学施肥用药。严管疫病、环境、投入品污染三个源头，做好动植物疫病防控，全面实施秸秆综合利用、耕地污染和养殖场污染治理。建立农业投入品直供专营体系，不断完善市县镇村四级直供专营网络。

推广生产过程控制标准化。加强生产环境监测和生态环境保护，对受污染严重的耕地、水等，划定农产品生产禁止区域，进行集中修复。建立农产品生产记录档案制度，切实控肥、控药、控添加剂，新型农业经营主体农产品生产与加工建档率要达80%。以龙头企业带动合作社和家庭农场开展智能信息技术应用，扶持特色农产品和农业园区加快建设生产信息监控系统。在这方面，花果山国家级出口蔬菜示范区有很好的示范。

推广农产品流通标准化。落实农产品市场准入制度，完善农产品产地编码规则，形成统一有序的农产品质量安全标识管理体系。落实农产品流通档案管理制度，在农产品运输、存贮及市场销售等各环节建立完备的档案记录制度，逐步实现生产记录可存储、产品流向可追溯、储运信息可查询。对无公害、绿色、有机农产品实行动态管理，定期公布产品信息，接受社会监督。

（五）实施品牌化战略，提升市场知名度竞争力。

品字三个口，意思是口口相传形成的牌子。农业品牌是农产品内在品质特性的外在直观表现，是地区间、企业间农业竞争的制高点。一个好的品牌，就能占领一片市场、带动一个产业、致富一方百姓，如寿光蔬菜、阳澄湖大闸蟹、安溪铁观音、洛川苹果等等，都是成功的典范。全市农业品牌建设工作总体思路是，以提高农产品质量水平和市场竞争力为核心，以培育区域公用品牌和特色知名品牌、整合同类产品品牌、推介保护农业品牌为重点，以构建“企业为主、市场导向、政府推动”的运作机制为保障，产品品牌与区域品牌建设并举，品牌培育与品牌保护并举，以此带动特色产业加快向中高端水平迈进，真正以质量赢市场、以品牌赢市场。

一是以区域公用品牌为突破口。打造农产品区域公用品牌，是我市加强现代农业、实施品牌化战略的一大重点和突破口，目前已取得初步成果，接下来还要择优扶持发展一批领军龙头企业，坚持优中选优、宁缺毋滥、能进能出的理念，把带动能力强、品牌代表性强、社会责任感强、市场美誉度高的优秀龙头企业培养为区域公用品牌。要加强宣传推介，利用好9月份在我市举行的农洽会，举行农产品区域公用品牌推介会，利用电视、报刊、互联网，集中开展宣传，下一步还要考虑到国家、省电视台做广告，多渠道、多角度、全方位营造宣传推介品牌的浓厚氛围。

二是以“三品一标”保障质量关。“三品一标”是农产品质量可靠、安全保障的直观标识，是市场普遍认可的直观概念，也是农业品牌化工作的重要内容。下一步要继续加强产品认证，围绕特色优势产业培育，继续挖掘无公害农产品认证潜力，扩大总量；已认证无公害农产品继续提档升级，争取绿色、有机产品认证，加快做大绿色、有机认证产品集群。要抓好农产品地理标志产品登记保护，打造港城特色农产品名片。开展农产品质量“创牌立信”活动，以新型农业经营主体和“三品一标”获证单位为重点，打造一批“创牌立信”示范单位。

三是以知名品牌提高美誉度。注重品牌的形象打造，依次提升品牌产品的品质、品相和品位，整体提升品牌直观感受和综合形象。要着力整合同类农产品品牌，在今年的茶博会上我们提出，以茶叶品牌整合为突破口，切实解决同类品牌“多、乱、杂、弱、小、散”的问题，后面还要召集协会、龙头企业、合作组织等主体共同研究解决品牌整合问题。要积极开展名牌农产品品牌认定，争取认定一批全国、全省名牌农产品。还要加强农产品商品注册，引导龙头企业、合作社、大户等经营主体增强商标意识，做好农产品商标注册，特别是重视特色农产品的商标注册工作，防止商标的恶意抢注和侵权行为。

（六）实施信息化战略，增强产业发展后劲。

有专家预测，互联网＋农业将成为拉动中国经济再崛起的新动力。我们希望通过推广“互联网＋”的新业态新模式，让农业、农村插上信息化翅膀，推动“互联网＋农业”信息技术在农业领域的创新应用，促进信息化与农业现代化、农民生产生活相互融合。

一是“互联网＋管理”。重点打造市县管理服务平台，加快建设产权交易监管平台，全面建成农业信息大数据中心、农业标准化数据库。加强宣传引导，将其作为发展理念、趋势和技术先导，让各类农业经营主体学习理解“互联网＋农业”的意义和前景，积极参与平台建设，主动应用信息化技术提升综合管理水平。

二是“互联网＋精准生产”。强化智能农业示范应用，在农业园区示范推广物联网整体测控、测土配方施肥、智能化节水等精准生产技术，重点建设农业物联网应用园区（养殖场）100个，今年建成农业物联网应用示范点10个。

三是“互联网＋经营”。围绕培育电商龙头企业、包装一批品牌产品、建设100个电商村目标，制定我市农产品电商发展的意见，培育适合网上营销的特色农产品，抓紧建设市级农产品公用品牌电商，扎实推进“电子商务进农村”，开展农产品电商培训，吸引大型电商企业进入农村市场，支持有条件的新型经营主体推广线上营销和线下体验一体化经营模式。

四是“互联网＋服务”。建立市级农技专家库，完善12316热线平台，加强“两微平台”（微信、微博）和APP等信息化服务载体，构建基于“互联网＋农业”科技成果转化应用新通道，提升农业信息服务便捷化水平。

（七）实施精准化战略，坚决打赢脱贫攻坚战。

前不久，习总书记在宁夏调研期间，召开东西部扶贫协作座谈会并发表重要讲话指出，扶贫开发到了攻克最后堡垒的阶段，所面对的多数是贫中之贫、困中之困，需要以更大的决心、更明确的思路、更精准的举措抓工作。要坚持时间服从质量，科学确定脱贫时间，不搞层层加码。要真扶贫、扶真贫、真脱贫。对于习总书记提出的新要求，需要我们深刻学习领会，认真贯彻落实。从我市来说，新一轮脱贫致富奔小康工程涉及36万人、149个经济薄弱村，并且大多是地区资源有限，产业基础薄弱，农业靠天吃饭，交通、水利、公共服务等设施欠缺。立足我市扶贫开发进入啃硬骨头、打攻坚战的历史阶段，我们把扶贫开发作为全面建成小康社会的重中之重、作为民生工程的重中之重，坚持输血造血结合，开发式扶贫和转移式扶贫并举，更加注重转变经济发展方式，更加注重增强内生动力，更加注重体制机制创新，全力推进贫困地区加快发展。年初，我们制定了扶贫开发规划，排出了一批重点事项、重点工程。当前重点推进这样几项工作：

实施产业扶贫工程。依托贫困地区资源，发展特色优势产业。如市农科院、市农发集团等单位与经济薄弱乡镇合作发展现代种养业，建立农业基地，带动转移就业。我们积极鼓励农户以承包土地经营权入股，组建农民合作经济组织，或参股农业龙头企业，分享产业发展红利。市级正在组织实施“互联网＋扶贫”计划，制定电商扶贫实施意见，通过搭建“互联网＋扶贫”各类载体，整合经济薄弱地区优势产品对接市场，着力提高扶贫开发实效。

实施区域扶贫工程。主要是突出石梁河库区和沂河淌沿线地区，增强连片贫困地区的自我发展能力。编制了石梁河片区和沂河淌沿线新一轮扶贫开发规划，排出了一批重点项目，号召各级安排的实事工程、民生工程更多地向集中连片贫困地区倾斜，持续提升片区基础设施、公共服务、产业发展水平。如省定关键性工程，引淮入石泵站、塔山泵站已建成使用，已启动建设赣榆至东海、东海至灌云灌南的县级公路，目的是把沿线经济薄弱乡镇联结起来，形成互联互通的交通网络。水利部门通过积极向上争取，在岗岭地区推广管道送水、农田滴灌等节水技术，低洼地区建立强排系统，提升抗御自然风险能力。

实施壮村扶贫工程。市级开展村集体经济发展“双百强”竞赛活动，下半年项市长还要召开村级集体经济发展现场会。进一步巩固村级“减负增效”活动成果，切实减轻经济薄弱村负担。制定出台扶持经济薄弱村发展意见，在用地指标、税费减免等方面提供扶持。鼓励村集体因地制宜发展物业经济，制定扶贫资产量化到村试行办法，逐步将各类扶贫资产量化到村、资产受益到户。

实施金融扶贫工程。推动市县财政、后方帮扶单位增加扶贫资金投入，今年市财政安排扶贫专项经费1000万元。加大经济薄弱地区的资金整合，把财政资金、帮扶资金、信贷资金等集中投向经济薄弱地区。加大扶贫小额贷款投放，落实扶贫小额贷款支持政策，今年扶贫小额贷款发放4亿元。

实施民生扶贫工程。采取更直接、更有效的措施，加大因病、因残、因老致贫人口的直接帮扶，对丧失劳动能力的实施兜底性保障，对因病致残特别是重病、大病人口，提供医疗救助保障。推动低保政策和扶贫政策及时有效衔接，做到应保尽保，不断提高低保标准。开展教育培训，帮助贫困家庭孩子完成学业，实施免费职业技能培训，增强贫困农户技能水平，阻断贫困代际传递。还要广泛宣传开展社会帮扶，在全社会营造扶贫济困浓厚氛围。

（八）实施市场化战略，深化改革增强发展活力。

坚持问题导向，突出市场化导向，扎实推进新一轮农村综合改革。(1) 深化农村土地制度改革。下发土地确权登记考核验收标准，今年颁证率要达到 90% 以上，全面完成扫尾工作，打牢农村土地制度改革基础。制定土地流转规范化操作规程，规范土地流转程序，保障农户合法土地权益。(2) 提升产权交易市场运行质态。提升信息化管理平台管理运行水平，县区一级市场实质运行，镇级二级市场普遍建立，发挥市场配置资源的决定性作用，实现农村资源效益最大化，增加集体经济组织和农民财产性收入，全年完成产权交易金融 4 亿元。(3) 推动农村金融制度改革创新。扩大土地承包经营权抵押、担保贷款试点范围，探索农民住房财产权抵、质押、转让的有效途径。探索建立工商资本农地租赁风险保证金制度。开展新型农业金融主体信用评级与授信。稳妥开展农民合作社内部资金互助试点。创新金融服务模式，推动金融部门推出更多的“三农”金融产品，全面提升农村金融服务水平。(4) 推动其他领域改革。实施小型水库工程管理体制改革，明晰工程产权，落实工程管护主体、责任和经费，保障工程长久发挥效益。实施农业水价改革，逐步建立合理反映供水成本、有利于节水的农业水价形成机制。实施国有林场改革，建立有利于保护森林资源、改善生态、增强林业发展活力的国有林场管理机制。深化供销合作社改革，建立适应农业现代化需要的组织体系和服务机制。

实施产业强市战略构建现代工业体系

徐家保

（2016年8月5日）

同志们：

大家上午好！

今天，很荣幸能够在五大发展理念专题轮训班作“实施产业强市战略、构建现代工业体系”主题报告。“产业强市”战略是市委、市政府立足现实、着眼长远，高瞻远瞩提出的全市工业发展的战略部署。我将主要围绕产业强市战略的时代意义、目标思路、产业体系、产业布局、推进措施等五个方面，谈一谈我市工业经济发展的目标思路，和大家议一议我市加快新型工业化进程，构建现代工业体系的推进举措，供大家参考。

一、产业强市战略的时代意义

在经济进入新常态、深化改革进入攻坚的背景下，我市加快新型工业化发展，构建现代工业体系，实现基本建成国际化海港中心城市、全面建成小康社会的战略目标，必须始终不渝的深入实施“产业强市”战略。

（一）当前我市工业发展阶段的分析

2015 年，全市人均地区生产总值 48416 元。根据美国经济学家钱纳里模型测算，苏北五市人均 GDP 折算成 1970 年美元水平约为 1430 美元，我市为 1300 美元，这表明我市处于工业化后期初级阶段。从产业结构来分析，2015 年全市三次产业结构为 13.1 : 44.4 : 42.5，处于工业化进程的第一阶段。根据国家工信部研究建立的指标体系初步测算，我市工业化发展水平综合指数在 0.6—0.7 区间内，处于工业化中级阶段前期。参考上述三类不同的判断体系，针对我市工业发展的现状，特别是存在的产业结构偏重、自主创新能力偏低、劳动密集型产业偏多等“结构性矛盾”问题，综合分析认为，目前我市仍处于工业化进程的中级阶段。

（二）实施产业强市战略的必要性

面对宏观经济形势新变化，我市加快推进新型工业化既面临新机遇，也存在着新挑战，这些都要求我们必须深入实施产业强市战略。

首先，多重发展机遇叠加涌现，是深入实施“工业强市”战略的有利环境。工业经济处于发展战略机遇期，面临着从国家到市的多重机遇。一是新一轮科技革命和产业变革带来重大机遇。随着经济全球化不断向纵深推进，以信息技术和制造技术深度融合为趋势、以数字化网络化智能化制造为标志的新一轮科技革命和产业变革迅速孕育兴起，关键领域技术的持续突破，正引发制造业发展理念、技术体系、制造模式和价值链的重大变革。特别是互联网与传统产业加速融合，工业互联网、互联网金融、电商拓市等新业态、新模式密集涌现，“互联网+”成为产业发展新常态。新产业变革的持续推进将为我市产业转型升级注入新的动力，促使我市突破日益趋紧的要素约束、推动产业发展方式的根本转变，塑造新的竞争优势。二是多项国家及省重大发展战略叠加共振。国家深入推进“一带一路”建设，与“江苏沿海开发”、国家东中西区域合作示范区建设、国家创新型城市试点、长三角一体化和东陇海经济带发展等国家和省发展战略叠加，进一步强化了机遇效应。作为东部重要的深水大港，连云港在“海上丝绸之路”上承担着日韩、东南亚等地货物中转，在“丝绸之路经济带”上是上合组织出海基地，是江苏省“一带一路”交汇点建设的核心区和先导区。当前，我市正在进入新型工业化和新型城镇化的加速推进期，经济规模不断扩大，港口、高铁等基础条件不断完善，也形成了利用机遇快速发展的有力支撑。三是全面深化改革为经济增长提供强劲动力。在经济“新常态下”，中央把简政放权、转变政府职能作为全面深化改革的突破口，从体制机制上给各类市场主体松绑，进一步释放市场活力。2015年底，中央综合研判经济形势和我国新常态特征，决定推进供给侧结构性改革，重大任务是“三去一降一补”（去产能、去库存、去杠杆、降成本、补短板），重点是发挥市场配置资源的决定性作用，目标是提高供给体系的质量和效率，实现经济长期可持续发展。改革的推进将成为我市经济增长动力转换的重要支撑因素，将为经济发展带来更多改革红利。

其次，宏观环境对工业发展提出更高要求，是深入实施“工业强市”战略的迫切需要。一是经济发展的比较优势不断弱化。近年来，发达国家纷纷实施再工业化和制造业回归战略，加大对高端装备、新能源、节能环保、海洋等新兴产业和高端制造业的扶持力度。同时，东南亚非洲凭借较低的劳动力、土地等要素成本，积极承接来自发达国家或地区的产业转移。就国内而言，今年国务院先后印发《关于促进加工贸易创新发展的若干意见》《关于促进外贸回稳向好的若干意见》，把对加工贸易的支持放到了更加突出的位置，强调综合运用财政、土地、金融等政策，支持加工贸易向中西部地区转移。据悉，相关部门正在酝酿中西部承接东部沿海地区产业转移的一揽子鼓励政策。中西部承接产业转移鼓励政策将兼顾产业转出地和转入地两方，从土地、财税、保险、用工等多方面集合发力，引导加工贸易产业从东部沿海地区转向中西部地区。在此背景下，我市一方面要承担因成本优势弱化带来的外资流失压力，另一方面更要积极招优引强，发展壮大新兴产业，进而推动自身的转型升级。二是经济新常态对产业发展提出更高要求。2014年中央经济工作会议首次明确了“经济发展新常态”的九大趋势性变化，提出我国经济正在向形态更高级、分工更复杂、结构更合理的阶段演化，经济发展进入新常态。从增长速度看，经济从高速增长转向中高速增长；从产业结构看，钢铁、有色、建材等行业的产能已经达到历史峰值，市场需求和供给发生重大变化。从发展动力看，经济发展将更多依靠人力资本质量、技术进步、管理创新。从资源环境看，生态环境约束进一步加剧，对加快转变工业发展方式形成了“倒逼机制”。在此背景下，我市必须积极适应新常态、把握新常态、引领新常态，运用创新、协调、绿色、开放、共享五大发展理念，加快推进产业结构调整，重塑产业发展新动力，夯实经济持续健康发展的基础。三是区域竞争压力加大。与周边的日照、盐城、南通等城市相比，我市处在苏北地区北端，鲁东和苏中苏南的经济发展对我市带动作用不明显；我市经济腹地主要是中西部新亚欧大陆桥沿线地区，影响最大的是淮海经济区（淮海经济区占全国9.4%的人口只创造了7.1%的GDP，人均GDP仅相当于全国平均的3/4；长江三角洲核心地区占全国6%的人口创造了16%的GDP，总量是淮海经济区的2.3倍）。这一地区经济发展并不领先，对我市的支持推进力较弱。腹地经济疲软造成我市在区域经济非均衡发展战略中处于竞争劣势。从发展基础来看，2015 年我市地区生产总值为 2160.64 亿元，仅占全省的 3.0%，相当于徐州的 39.6%、盐城的 51.3%、淮安的 80.1%，比宿迁略高但差距在缩小。周边的青岛、日照也充分利用自身的区域优势，加快发展步伐，形成区域经济的重要增长极，从港口、产业等多方面对我市形成较大的竞争压力。

第三，工业经济综合实力不强，是深入实施“工业强市”战略的现实要求。一是工业规模有待扩张。全市工业经济总量仍然偏小，2015 年我市规模以上工业增加值 1130 亿元，占全省比重 3.4%，仅比宿迁的 1020 亿元略高且优势在逐年缩小；缺乏具有带动作用的龙头型、旗舰型骨干企业，超百亿元企业数量仅占全省的 3.9%，规模以上工业企业数占全省比重为 3.4%，比徐州少 1216 家、比盐城少 1349 家、比淮安少 874 家、比宿迁少 837 家。从工业用电量方面举个例子，宝通镍业去年 1 — 7 月平均每月用电 0.88 亿千瓦时，今年这一家企业停产就拉低我市用电量增幅近 10 个百分点。由此可见我市工业规模基数有多小。二是产业层次有待提升。产业结构性矛盾较为突出，重轻工业比达到 7 :3，产业重化程度较高，能源资源消耗较大；新兴产业规模偏小，化工、冶金、食品、建材等传统产业比重接近 60%。作为优势产业，2015 年新医药产业实现产值 500 亿元，只占全市工业产值的 8% 左右。乡镇工业集中区企业层次普遍较低，安全生产和环保管理不规范、不到位。这次中央环保督察期间，已向我市交办 96 个信访问题，其中农村小炼油、小电镀、小冶炼、小塑料、小金属等土小作坊环境问题突出。化工园区部分企业工艺落后、设备陈旧、产业层次低、污染重，更是督察组关注的重点。三是空间布局有待优化。虽然我市区域范围内已形成一定的产业集聚，但整体布局仍较为分散，各县区产业布局存在趋同现象，产业集中集聚集约发展水平较低。例如冶金和金属制品业，在多个开发园区都有分布，现状条件下对不同门类、不同性质工业产业进行再集中的代价高、难度大。四是创新动力有待增强。2015 年全市高新技术企业数量仅占工业企业的 9% 左右，低于全省平均水平 5 个百分点。除新医药、新材料、新能源行业中龙头企业外，大多数企业位于产业价值链、创新链低端环节，产品附加值偏低，如果不统计医药行业，其他高新技术产业产值利税率只有 8% 左右。大专院校、科研院所偏少，科研项目产业化针对性不强，职业教育发展薄弱，科技人才和技术工人匮乏。五是产业关联程度有待强化。部分主导产业，如医药产业，产业链偏短，生产环节只能在原料药和制剂药上打转，很难进一步拉长空间，形成企业强而产业不大的局面。新材料、新能源、冶金、装备制造等产业方面，骨干企业只从事 1 — 2 个产业链环节的生产，缺少有实力打通上下产业链，或者能吸引其他企业协同发展的龙头企业，产业之间链接关系不强，更多的是同类企业的小规模集群。现有的一些大企业往往看不上小企业，扶持本地配套企业发展的意愿不强；小企业攀不上大企业，主动配套、甘打下手的意识不浓，难以形成良好的产业配套环境。

（三）产业强市战略的提出过程

2014 年 12 月 29 日，杨省世书记在市委十一届九次全会上，从产业发展滞后是当前我市面临的最大短板等一些实际情况出发，明确提出了全市要高举产业强市大旗，指明了工业发展方向。

2015 年 2 月 6 日，市委、市政府召开了全市工业发展大会，对工业经济发展作出新一轮战略部署，发出了实施产业强市战略的动员令，出台了《关于加快工业经济发展的意见》《连云港市“2015 企业服务年”实施方案》《2015 年度全市工业发展“十大工程”实施方案》等系列政策文件，进一步明确工业发展的目标思路、主要任务和政策措施，加快推动工业扩量提质。

2015 年上半年，为全面统筹规划全市工业发展布局，明确中长期工业发展方向和重点，市委、市政府发布了《关于实施东部城区港产城融合发展的意见》《连云港市产业发展规划纲要》等指导意见，有力推动了产业强市战略的深入实施。

2016 年上半年，市委、市政府结合供给侧结构性改革的要求，进一步丰富了产业强市战略，出台了《关于加快推进供给侧结构性改革的实施意见》《连云港市培强培优企业行动计划》《连云港市上市企业培育行动计划》《连云港市加快科技型中小企业培育行动计划》等一系列政策文件，更加深入地细化指导全市工业发展。

（四）产业强市战略取得的初步成效

在“产业强市”战略部署指引下，2015 年，我市工业产业转型升级步伐加快，工业总量快速增长，产业结构不断优化，发展后劲稳步提升，经济实力进一步增强。

1. 工业总量快速增长。大力实施“中小企业进规模、规模企业上台阶”培育工程，加快推进企业做大做强、工业实力整体攀升。2015 年，全市规上工业总产值首次突破 5000 亿元、增加值首次突破 1000 亿元大关，是 2010 年的 2.8 倍和 2.6 倍。年销售收入过亿元工业企业 854 家，其中超百亿元企业 7 家。

2. 产业结构逐步优化。各类开发园区建设快速推进，沿海园区临港基础产业发展壮大，东陇海沿线园区高新技术产业提档升级，全市已建成重点开发园区 14 个，其中国家级开发区 2 个，一纵一横产业布局业已形成。新医药、新材料、新能源、装备制造、冶金、石化六大重点产业销售收入占全市工业销售收入比重超过 80%，其中装备制造、石化产业销售收入分别达到 1350 亿和 1100 亿，涌现出一批国内同行业领军企业，恒瑞医药、康缘药业、豪森药业、正大天晴四大药企跻身全国医药研发企业 20 强，日出东方、中复神鹰、中复连众、天明机械、鹰游纺机、太平洋石英等企业多项技术行业领先；研制了高性能碳纤维、大型风机叶片、圆网印花机、交流变频刮板输送机、全液压履带式煤层气钻机等一大批单打冠军产品。

3. 产业创新步伐加快。坚持将创新驱动战略贯穿于工业发展过程中，鼓励企业技术攻坚，实现工业创新实力不断提升。2015 年，全市高新技术产业产值 2181 亿元，增长 19%，总量占全市规模以上工业总产值的 39.1%，对全市工业总产值增长的贡献率达 53.4%。大力推进信息化与工业化深度融合，信息化水平排名苏北第二位。国家级高新区、东海省级高新区获批。目前，全市拥有国家工业产品质量控制和技术评价实验室 1 家，国家级两化融合示范试点企业 2 家、省级两化融合示范试点企业 109 家，建成国家质检中心 1 个、省质检中心 2 个。

4. 发展后劲稳步提升。全市实施建设了一批投资体量大、科技含量高、示范带动作用强的重大项目，工业投资保持高速增长。2015 年，石化产业基地和炼化一体化项目前期工作加快推进，田湾核电扩建工程、壁虎科技等一批重点项目开工建设，斯尔邦石化、中复神鹰高性能碳纤维等重点项目建成投产，规模以上工业投资 1265.6 亿元，增长 21.7%，居全省第三位。

二、产业强市战略的思路及目标

（一）实施产业强市战略，推进新型工业化进程的基本内涵

连云港所要走的新型工业化道路，必须是适应经济发展新阶段的历史条件和目标要求，以自主创新为动力，与信息化、城镇化、农业现代化同步发展，克服传统工业化道路的缺陷和不足，深化供给侧结构性改革，立足内需与扩大开放相结合、市场导向与政府引导相结合、经济发展与生态文明建设相结合的创新型可持续工业化道路。内涵特征应该包括以下七个方面：

1. 科技含量高。创新发展能力强，科技创新体系健全，拥有核心技术和自主知识产权产品。

2. 产业结构优。产业向中高端升级，形成完备的现代产业发展新体系，产品和技术结构、产业组织结构、产业空间布局、产业行业结构得到优化。

3. 两化融合深。工业化促进信息化发展，信息化支撑产业转型升级，智能制造水平达到新的层次。

4. 资源消耗低。能源资源利用效率高，主要工业产品能耗达到国内先进水平。

5. 环境污染少。绿色低碳发展，形成环境友好型、绿色低碳型、本质安全型生态工业体系。

6. 质量效益好。以提高质量和效益为中心，实现规模、速度、结构、质量、效益有机统一。

7. 人民得实惠。人才红利得到充分释放，人力资源得到充分利用，改革发展成果惠及民生。

（二）总体思路

深入贯彻十八届五中全会精神和习近平总书记系列重要讲话特别是视察江苏重要讲话精神，贯彻“创新、协调、绿色、开放、共享”五大发展理念，主动适应、把握和引领“新常态”，抓住用好“一带一路”等多重叠加机遇，以供给侧改革为方向，以扩量提质为目标，深入实施转型升级工程，贯彻“中国制造2025”和“互联网+”行动计划，建设沿海新型制造业基地。重点把握以下四个原则：

1. 扩大总量与提升质量并重。以提高经济发展的质量和效益为中心，推动发展向主要依靠科技进步、劳动者素质提高、管理创新转变，在保持工业经济平稳增长的基础上，实现规模、速度、结构、质量、效益的有机统一。

2. 促进增长与保护生态并重。树立绿色、低碳、环保、安全的发展理念，大力发展循环经济，推动节能减排和节约集约用地，淘汰落后产能，提高资源利用效率，加快构建节约、绿色、低碳、清洁、安全的产业体系。

3. 发展经济与改善民生并重。在保持经济持续健康发展的基础上，更大力度实现充分就业、释放人才红利，解决好人民群众最关心最直接最现实的利益问题。

4. 整体推进与分类指导并重。按照新型工业化的内涵要求，整体推进我市产业加快发展，针对不同地区特点实施分类指导，采取一地一策，鼓励错位竞争、特色发展。

（三）总体目标

“十三五”是我市抢抓国家战略机遇、加快实现后发先至的关键时期，也是实施“产业强市”战略的决胜阶段。“十三五”时期我市工业发展目标是：

——工业总量实现翻番。到2020年，全市实现规模以上工业总产值突破万亿、规模以上工业增加值突破2000亿元，均比2015年翻一番，工业化率达到45%。

——产业结构优化升级。到2020年，石油化工、装备制造、新医药三大优势产业产值突破5000亿元，力争达到5700亿元；新材料、新能源、新一代信息技术三大新兴产业实现产值2300亿元，力争达到2600亿元；冶金、食品、精细化工三大传统产业实现产值3000亿元，产业内部结构趋向合理，集中集聚效应明显，整体竞争力显著提高。

——创新能力显著增强。到2020年，研发经费投入占地区生产总值比重达到2.5%，重点领域和新兴产业关键核心技术取得突破，高新技术产业产值占工业产值比重超过40%。

——骨干企业发展壮大。到2020年，规模以上工业企业翻一番，突破3000家；年销售收入过千亿企业1家，百亿企业20家，50亿元—100亿元企业30家，10亿元—50亿元企业50家。

通过“产业强市”战略的深入实施，将连云港建设成为“一带一路”交汇点的沿海先进制造业基地，努力打造具有国际竞争力的世界级石化产业基地、全球知名的新医药产业基地、全国重要的高端装备制造业基地、国内一流的新材料产业基地。

——具有国际竞争力的世界级石化产业基地。以“大型化、园区化、一体化、循环化、清洁化”为导向，着力推动炼化一体化项目建成投产，优化提升石化产业结构；以炼油、乙烯、芳烃一体化为基础，重点围绕烯烃、芳烃延伸增强石化产业链，拓展精细化工和化工新材料等领域；加快建设新型研发平台，打造石化产业创新中心，努力构建具有国际竞争力的世界级石化产业基地。

——全球知名的新医药产业基地。加快打造具有国内外影响力的新医药产业创新中心，以国家新医药产业基地为载体，做优做强化学原料药与制剂、生物制药、中成药等优势领域；以发展具有自主知识产权的创新药物为重点，积极突破重大关键技术。加快推进新医药产业国际化进程，建设“防—治—养”一体化的大健康产业高地。

——全国重要的高端装备制造业基地。以大型装备制造、精密机械制造为重点，积极应用网络化、数字化制造技术，推进信息技术与制造技术集成，在先进成型、极端制造、数字制造、绿色制造、精密模具等领域，积极培育高端装备制造创新中心，突破一批关键共性技术，提升全市制造业在高端环节方面的创新能力，努力成为全国重要的高端装备制造业基地。

——国内一流的新材料产业基地。以新材料国家高技术产业基地、国家火炬计划东海硅材料产业基地、国家高性能纤维及复合材料高新技术产业化基地为载体，积极培育新材料产业创新中心，推进关键共性技术与核心零部件研发及相关科技成果转化，打造成为国内一流的新材料产业基地。

三、“产业强市”战略的产业体系

按照“做大规模、做强质量、做优品牌”的发展思路，综合考虑国家和省重大战略、连云港工业化发展阶段、产业发展基础及港口优势等因素，选定三大优势产业、三大新兴产业、三大传统产业和三大生产性服务业作为连云港产业发展的重点。

（一）优先发展三大优势产业。促进优势产业向价值链高端延伸，加大科技创新投入和产品研发力度，充分发挥石油化工、装备制造、新医药三大优势产业的经济支柱作用。

——石油化工。全力推进炼化一体化项目，力争在“十三五”形成 5000 万吨 / 年炼油、500 万吨 / 年对二甲苯的生产规模，延伸石化产业链条，发展乙烯、丙烯、联合芳烃等产业，为石化下游产业提供原料。近期主要推动盛虹炼化项目审批工作，力争年底开工建设。同时，围绕炼化项目，集中精力开展下游产业链项目招商。至“十三五”末，石化行业规模以上企业产值力争达到 2000 亿元。重点发展炼化一体化、聚酯、化工新材料、烷烃精深加工等产业，实现生产工艺水平大幅度提高，产品结构不断优化，石化产业链进一步延伸和完善。

——装备制造。加快发展高性能纤维、矿山、风电、光伏等成套装备，培育新能源汽车关键零部件产业，突破 IGCC 装备制造，依托沿海园区培育壮大海洋工程装备产业。依托田湾核电续建工程，建设核电装备产业园，大力引进核电装备和配套设施制造企业。依托 716 所等技术资源，重点发展工业机器人、柔性制造单元、高档数控机床等基础制造装备，以及精密智能仪器仪表、自动化成套生产线等智能化装备。至“十三五”末，装备制造业产值力争突破 2500 亿元，全力打造“国家级重大创新平台 + 省级重大创新平台 + 企业自主创新平台”的创新平台发展体系。争取 1 — 2 家国家级或省级装备制造创新中心落户我市。

——新医药。依托我市四大药企等研发力量和新医药公共服务平台资源，重点发展生物技术药物、化学创新药、中药和天然药物、医疗器械和药品包装、保健养生品等产业，鼓励企业和科研院所利用黄海生物资源发展海洋医药，研发先进医疗设备和高价值医用耗材，拓展智慧健康信息服务产品。至“十三五”末，新医药产业产值力争突破1000亿元。争取1—2家省级或国家级医药创新中心落户我市。推进新医药产业国际化进程，建设“防—治—养”一体化的新医药大健康产业高地。

（二）培育发展三大新兴产业。以重大技术突破和重大发展需求为基础，促进新兴科技与新兴产业深度融合，在做优做强做大高新技术产业的基础上，逐步将新材料、新能源、新信息技术等新兴产业培育发展成为先导性、支柱性产业。

——新材料。发展国内领先、世界先进的碳纤维及功能性先进复合材料，提升功能性硅材料、新型电子材料至国内先进水平，争取在碳纤维、硅材料、超高分子量聚乙烯等方面取得新的突破。至“十三五”末，新材料产业产值力争达到1000亿元，实现规模化和集约化发展，建设具有区域特色、国内一流的新材料产业基地。

——新能源。至“十三五”末，新能源产业产值达到1000亿元，重点发展太阳能光伏、太阳能光热、风电、核电、生物质能源、新能源汽车电池等产业。实现核电装备制造产业、核电运维服务产业与田湾核电站形成良好配套。争取1－2家新能源领域省级重大创新平台落户我市，努力形成新能源产业研发、制造和应用示范基地。

——新信息技术。至“十三五”末，新信息技术产业力争实现产值600亿元，重点引导集成电路封装材料、行业软件和“互联网+”应用等细分领域的发展，打造国内知名集成电路封装材料基地。积极推动云计算领域技术研发及产业化，构建局域传感网络，形成以大数据和信息服务为基础的数字服务体系。

（三）提升发展三大传统产业。运用高新技术和先进适用技术改造提升冶金、食品、精细化工三大传统产业，加快产品升级换代，增强新产品开发和品牌创建能力，提高产业发展竞争力。

——冶金。以优化布局、联合重组、结构调整和产业链延伸为重点，淘汰低端过剩产能，重点发展高档建材钢、特钢、钢制品深加工等高附加值金属制品，推动新型钢铁产品质量、附加值、市场占有率得到进一步稳固和提高，满足我市及周边区域装备制造、建筑、石化等行业需求，力争承接省内钢铁产业转移，建设千万吨级沿海精品钢基地。至“十三五”末，冶金产业实现产值1500亿元。

——食品。积极开发绿色有机食品和地方特色食品，重点发展粮油加工、酿酒制造、肉制品加工、水产品加工、果蔬加工等产业，实现绿色有机化、高附加值和深加工产品的比例逐步提高，深度融入“互联网+”经济，打造有影响力的地方品牌。至“十三五”末，食品产业实现产值800亿元，促进传统食品工艺现代化，“老字号”食品的品牌知名度和市场占有率得到进一步拓展。

——精细化工。加快淘汰两灌地区老旧小化工企业，提高技术装备和生产工艺水平，重点发展高端染料及中间体、高端医药中间体、石化关联产业、海洋化工等产业，研发低碳、环境友好型生产技术，开发一批功能化、高性能化、专用化、高附加值精细化工产品。依托我市盐化产业资源优势，拓展盐化产业链，建设益海盐化产业园、三吉利循环产业园。同时与石化产业相结合，积极发展油脂化工、化工新材料等产业，构建上下游相互衔接、低成本、高效率的循环产业体系。至“十三五”末，精细化工产业实现产值700亿元。

（四）加快发展生产性服务业。统筹推进现代物流、工业设计及电子商务等为代表的生产性服务业创新发展，加快实现制造业与生产性服务业融合互动发展，充分发挥生产性服务业在工业转型升级中的催化和推进作用，为全市经济增长提供有力支撑。

——现代物流。至“十三五”末，物流业增加值突破 400 亿元。重点发展港口物流、保税物流、专业物流、冷链物流、智慧物流等产业，推动港口物流优势得到充分发挥，基本形成物流业与制造业联动发展的现代物流服务体系。

——工业设计。围绕机械装备、水晶产品、电子电器、食品饮料、运动休闲产品、纺织服装等领域，以提高工业产品附加值为目标，以提升终端产品整体功能、结构特性、外观和包装装潢等设计为重点，打造若干个辐射力强、带动效应显著的工业设计示范基地或中心。加大市高新区广告产业园、杰瑞科技创意产业园建设，培育一批具有自主知识产权的知名工业设计品牌，逐步实现工业设计与制造业协同发展。

——电子商务。优化升级现有行业电商和企业电商平台，加快培育一批集报关、退税、国际物流、海外仓储、汇兑服务于一体的跨境电子商务企业，建设一批重点行业领域电子商务平台，培育 2—3 家电子商务产业园，逐步提高电子商务产业辐射力。

四、“产业强市”战略的产业布局

充分发挥区位比较优势，按照“园区功能错位、产业集群发展”的原则，以国家级、省级开发区建设为重点，着力打造沿海产业带、高新技术产业带、都市型产业带三大产业带，努力建设市开发区片区、高新区片区、徐圩板桥片区、灌云灌南片区（包括灌云灌南城区片区、灌云灌南临港片区）、赣榆片区、东陇海线片区等六大产业片区，逐步形成布局科学合理、资源高效利用、产业协调联动、生态环境良好的“三带六片区”发展格局。

（一）沿海产业带。沿海产业带以沿海高速、海滨大道和建设中的沿海铁路为交通主轴，以赣榆区、徐圩新区（板桥园区）、灌云县、灌南县的沿海重点产业园区为发展载体，依托港口、土地、交通等优势资源，重点布局临港基础性工业。

——徐圩板桥片区。徐圩新区（板桥园区）既是国家东中西区域合作示范区的先导区，也是江苏沿海开发和国家“一带一路”发展战略的重要载体，同时也是扩大全市工业总量、港产联动发展的最重要承载区。以临港工业和现代物流为主导功能，建设为先进的国家级石化产业基地、精品钢基地和新型盐化产业基地。

——灌云灌南临港片区。灌云灌南临港产业片区是连云港南翼重要的临港产业新增长极，以精细化工、金属材料及制品、海洋工程装备为主导功能，放大和彰显特色产业，实现快速发展。

——赣榆片区。北翼赣榆片区以服务周边市县区域经济和港产城联动发展为主，柘汪临港产业区（含石桥镇）是连云港北翼的临港产业增长极。加快发展先进制造业，培育发展海洋产业。

（二）高新技术产业带。以市经济开发区、高新区为核心发展载体，依托新医药、高端装备制造、新材料、软件及信息服务等产业发展基础，重点发展战略性新兴产业。

——市开发区片区。市开发区是国家东中西区域合作示范区的合作功能区，也是扩大全市工业总量、提升发展质量的重要承载区，统筹先进制造业与现代服务业融合发展，打造全市新兴高端产业示范区。

——高新区片区。市高新区是全市“创新创业核心区、产业提升引领区、体制机制创新试验区和产城融合示范区”,以“创新驱动”为核心发展战略,在科技创新上起到示范引领和辐射带动作用,突出创新、创业、创富、创优四轮驱动，努力进入国家高新区先进行列。

（三）都市型产业带。以东陇海线片区（主要包括海州片区、东海片区）和灌云灌南城区片区的重点产业园区为建设载体，重点布局新兴产业、先进制造业与现代服务业，因地制宜发展以研究设计、科研开发为主的高技术、高附加值、都市型工业，带动城市人口就业，推进产城融合发展。

——海州片区。海州片区是东陇海线上重要的节点城区，是我市的中心城区。发挥城区和未来高铁沿线优势，加快现有产业优化升级，带动城市人口集聚，推进产城融合发展。把海州开发区打造成以装备制造产业为主导、现代服务业为支撑、高新技术产业为特色的创新发展高地。

——东海片区。东海片区是东陇海线上的重要节点，依托当地硅产业和未来高铁沿线优势，承接国内外先进制造业转移，推动产城融合发展。全力打造东海高新区，建设连云港国家级新材料高技术产业基地，把东海高新区建成全省知名的特色产业园区、科技创新引领区。

——灌云灌南城区片区。灌云、灌南城区片区以服务地方经济发展为主，发挥省级开发区优势，加快现有产业优化升级，带动区域人口集聚，推进产城融合发展。

五、“产业强市”战略的推进措施

深入贯彻落实《中国制造 2025 江苏行动纲要》，以加强供给侧结构性改革、推进结构升级为方向，以扩量提质为目标，以改革创新为动力，强化创新载体建设，优化产业发展环境，着力招引重点项目工程，提升创新能力，推动生产制造由中低端向中高端迈进，努力在新一轮产业发展中抢占先机，赢得主动，再创优势，走出一条质量更高、效益更好、结构更优、优势充分释放的新型工业化发展之路。

（一）实施重大项目建设工程。市委市政府高度重视项目建设推进工作。下个月，市委市政府将举行秋季工业项目集中开工活动，年底将组织“家家到”项目现场观摩。各县区要进一步强化项目支撑意识，以重大战略项目为抓手，扩大有效投入，带动有效产出。

——招引一批重点产业项目。坚持规划先行，合理布局工业发展空间，构建沿海、高新技术、都市型三大产业带和市开发区、高新区、徐圩新区等六大产业片区，为项目招商提供科学指引。统筹新增建设用地指标向制造业倾斜，优先保障重大项目用地。坚持集约发展，力争工业项目投资强度达到 300 万元 / 亩。建立园区间统筹协调和利益平衡机制，对园区合作共建“飞地招商”项目实施税收分成，引导招商项目在市域范围内合理流转。充分利用连博会等系列活动，加强与“一带一路”周边国家和地区联系合作，围绕重点特色产业链，强化对上下游龙头企业的关注及招引力度，引进一批日、韩、中西亚国家以及国内发达地区的企业和项目。充分利用市工业投资集团等国有平台，积极参与全市重大、重点项目投资合作。建立健全重大项目前期统筹工作机制，科学构建重大项目储备库，实行滚动式管理，积极做好相关项目前期工作，促进一批综合效益好、对区域经济带动性强的大型工业项目落地，形成谋划一批、储备一批、建设一批、竣工一批的重大项目全系统管理格局。

——实施一批重点技改项目。深入落实《关于更大力度实施技术改造推进制造业向中高端迈进的意见》，持续推进“千企技改”工程，“十三五”时期完成工业技改项目 2000 个，计划总投资 2000 亿元。围绕开发品种、提升质量、节能降耗、清洁生产、安全生产等方面，着力抓好一批以新技术、新工艺、新装备、新材料推广应用为主要内容的“四新”技改项目，加大技改有效投入，着力推动企业技术改造。鼓励支持重点企业瞄准先进技术加快装备升级改造，推广应用先进制造系统、智能制造设备、大型成套技术装备。重点支持钢铁、建材、石化、轻工、纺织、医药化工等行业提高设计、工艺、装备、能效等水平，有效降低成本，扶持创新型企业和新兴产业成长。每年设立不低于 1 亿元技改专项资金，加大对重点税源企业、科技成长企业的技术改造支持力度。充分发挥市工业投资集团的平台作用，逐步提高市场化运作的投资基金在专项资金中的比重，吸引更多的社会资本支持我市企业技术改造，推进制造业向中高端迈进。

——承接一批产业转移项目。借鉴徐州无锡新沂工业园、宿迁苏州工业园、盐城常州高新区大丰工业园等合作模式，积极探索与上海、苏南、深圳等发达地区共建园区，通过合作兴办园区、企业联合协作，重点承接产业链延伸和配套产业转移，注重有技术、有品牌、有市场的项目落地生根，提升产业竞争力，形成与发达地区优势互补、互动发展的格局。要发挥市场机制在产业转移与合作中的决定性作用，通过市场供求关系、要素配置等优化产业转移项目。例如，依托徐圩新区产业承接与转移基地，积极承接石油化工、精品钢、装备制造等产业转移，促进临港产业做大做强。

（二）实施创新驱动发展工程。坚持“创新”理念不动摇，抓创新就是抓发展，谋创新就是谋未来。

——鼓励创新创业新模式。加强校企合作平台建设，逐步完善以企业为主体、科研机构和高等院校广泛参与、利益共享、风险共担的产学研用协同创新体系。发挥各类开发园区创新主体作用，加强园区创新创业载体建设，发展一批市场化、专业化的新型创业服务机构，加快创建省级以上制造业创新中心，实现省级以上开发园区“众创空间”全覆盖。积极利用“互联网 +”，鼓励发展众创、众包、众扶、众筹等新型孵化模式，在重点产业领域，推动相关企业、高校、科研院所、创客等对接的创新互联网平台建设，逐步实现平台的组织网络化、功能社会化、服务产业化，加快推动大众创业万众创新高地建设。

——攻坚关键核心技术。以《中国制造 2025 江苏行动纲要》《中国制造 2025 连云港行动纲要》为指引，引导企业与科研院所、高等院校联合建立研发机构、产业技术联盟等技术创新组织，联合攻关重点产业链领域的共性技术、高端技术、关键技术、前瞻性技术，加快形成一批拥有自主知识产权的技术和标准，提高“连云港制造”产品附加值。依托 716 研究所，重点研发高端控制系统与自动化装备；依托中国药科大学连云港研究院，重点突破一批新医药关键核心技术和产品；依托南京大学连云港高新技术研究院，加强石化、装备制造、新医药、新材料等领域技术和产品研发。

——加快科技成果转化应用。健全以技术交易市场为核心的技术转移和产业化服务体系，建立完善科技成果信息发布和共享平台。依托中科院国际技术转移中心连云港分中心、东南大学国家技术转移连云港中心等一批校企科技服务平台，加强新医药、新能源、新材料、新信息技术、高端装备等多领域的科技转化服务建设。深入开展地所合作，推进实施先进材料、海洋工程装备等方面军民融合工程，鼓励先进成熟民用技术和产品在国防科技工业领域的应用。完善知识产权管理体系和服务体系，以市开发区国家知识产权试点园区建设为核心，催生发明创造，鼓励技术创新，加速提升知识产权产出，持续激发创新和创业。

（三）实施重点企业培育工程。实施优强企业、上市企业、科技型中小企业培育“三大行动计划”，聚集资源，集中扶持，提高资源配置效率，推进一批成长性好的企业做大做强、扩量提质。

——加快培育优强企业。建立龙头企业发展协调联动机制，强化分级管理、分类指导。市级重点在宏观政策扶持、制度保障、加强考核以及县区难以协调解决的事项方面，提供指导、协调和帮助，各县区重点开展直接具体服务，各司其职、各有侧重，形成良好发展态势。“一企一策”推进，突出企业主体，激发产业内生动力，营造良好环境，通过对存量企业提质挖潜，培育一批主业突出、核心竞争力强的大企业、大集团，充分发挥好优质企业，特别是优质大型企业在产业转型升级、经济社会发展中的引领、示范和带动作用。到2020年，全市打造产值过百亿企业20家。

——加快培育上市企业。坚持“培育一批、股改一批、辅导一批、挂牌一批、上市一批”的思路，对已入选上市后备企业资源库的企业，根据境内外多层次资本市场的不同特点和要求，结合企业自身实际和发展战略需要，定期组织专家服务团队，采取分类指导、个性化培育，推动企业到合适的板块上市，形成合理的企业上市梯队。县区积极协助企业搭建内部上市工作班子，筛选中介机构，制定一揽子方案，列出时间节点，认真组织实施，全力支持企业上市。到2020年，全市上市企业总数达到15家以上，各县区至少新增1家上市企业，实现上市企业县区全覆盖。

——加快培育科技型中小企业。中小科技型企业是连云港经济发展的“潜力股”。实施企业分级培育，市和县区两级都要建立科技型中小企业综合服务平台，帮助企业向上争取政策项目和解决难题，各县区和功能板块负责培育发展科技型中小企业，市各相关职能部门结对帮扶科技小巨人企业，针对培育企业分类施策、差异扶持，联合整合、调动各类优质服务资源向企业汇集，着力培育科技小巨人和有核心竞争力的“单打冠军”“隐形冠军”。到2020年，全市科技型中小企业总数达到1000家以上，200家以上科技型中小企业升级为国家高新技术企业。

围绕已出台的三大培育计划，市里正在制定三大培育计划的推进落实方案，进一步细化年度目标任务和推进措施，明确责任单位，切实将企业培育工作落到实处。各县区、各相关部门要按照市里培育扶持现有企业发展的思路，持续改进服务企业的能力水平，进一步创新服务理念，转变工作作风，切实解决企业发展中的实际困难和问题。充分发挥市中小企业服务中心作用，在创业辅导、融资担保、人才培训、市场开拓、管理咨询、政策法律等方面提供一站式全方位的社会服务。推进社会信用体系建设，应用信用手段加强事中事后监管，引导企业积极履行社会责任，严格规范市场秩序，形成公平有序的竞争环境。优化金融服务环境，鼓励企业利用商标质押、股权质押、众筹等方式拓宽融资渠道，通过中小企业私募债、企业债、中期票据、短期融资券、非公开定向融资工具等方式融资，提高直接融资比例。建立市场与政府扶持相结合的区域金融资源配置体系，为制造业提供“一揽子”金融服务。充分发挥市工投集团、金融控股集团等创业投资类基金作用，针对不同小微企业提供差异化投融资服务。创新金融服务方式，推出个性化金融产品，建立有效贷款需求信息定期沟通制度，满足制造企业多种金融需求。

（四）实施智能制造升级工程。

——推动企业制造装备升级。实行企业制造装备升级计划，围绕现代工业体系建设目标，突出数控装备普及换代、3D打印、工业机器人推广应用、重大装备智能改造、高端装备自主制造、制造模式集成创新，全面提升企业制造装备整体水平，提高企业劳动生产率和综合竞争力。按照智能转型、绿色发展、安全可控的要求，加快制造业数字化、网络化、智能化转型升级，培育和形成经济发展新动力，促进“连云港制造”向“连云港创造”转变。

——推动企业互联网化升级。实施企业互联网化提升计划，推动企业在研发设计、生产制造、经营管理等重点环节加快信息系统集成应用，“十三五”时期打造15个智能示范车间，创建20家信息应用集成创新示范企业，分别建立省级和市级“两化融合”示范点180家、200家，引导广大中小企业通过信息化改造提升企业的综合竞争力。加快市高新区、开发区等园区的软件园、大数据中心建设，打造工业云平台，实施工业云创新服务试点，培育发展一批智能制造系统解决方案提供商，逐步完善智能化改造软件支撑体系。

——推进制造业服务化升级。实施制造业服务化培育计划，支持企业立足品牌和核心技术优势，外包产品加工环节，专注于产品设计、运营维护、零售分销、品牌管理等高附加值业务，基于互联网开展服务业态和商业模式创新，提供线上线下智能化、垂直化服务。鼓励石英制品（器件）、水晶饰品、食品、家居制造、电子、纺织服装等行业骨干企业进行大规模定制化生产，推动企业围绕客户需求开展个性化产品设计、众包设计、众筹设计等网络制造新模式，打响“连云港定制”品牌。

（五）实施供给侧改革工程。

——有效化解过剩产能。按照市政府出台的《关于供给侧结构性改革去产能的实施意见》要求，积极化解一批冶金、船舶、化工等领域的低端过剩产能，妥善处置“僵尸企业”，实现资源优化配置和市场出清。提高节能降耗、生态保护等准入门槛，坚决杜绝新上低端过剩产业项目，从源头上控制无效供给、低端供给。重点着眼于“三新”产业链延伸，装备制造产业结构调整，大力推动石化、冶金行业加强技术改造、转型升级，积极承接能源、石化、机械等行业产能转移，促进大型临港产业集聚集约发展。

——提升企业工业产品质量。推进产品质量标准提升行动计划，加强新技术、新装备、新工艺、新标准的推广应用，充分发挥市场机制作用，围绕消费者多样化需求，推动消费品工业增品种、提品质、创品牌。大力实施品牌战略，引导企业增强以质量和信誉为核心的品牌意识，加大品牌的营销和宣传力度，大力培育国家地理标志、集体商标、原产地注册、证明标志等集体品牌，重点扶持技术含量与附加值高、有市场潜力的名牌产品，全面提升“连云港制造”的知名度和影响力。

——大力发展循环工业经济。高举“绿色发展”理念旗帜，始终将发展绿色循环经济作为加快结构优化、推进资源节约、实现生态文明的战略举措。实施省级以上开发区循环化改造，鼓励发展以“减量化、再利用、资源化”为主要内容的循环经济项目，培育一批绿色示范工厂、绿色示范园区。发展节能环保产业，围绕石化、冶金、硅加工、纺织、建材等高耗能、高排放行业企业，将淘汰落后产能和绿色改造有机结合，加大先进绿色工艺装备和先进工艺流程的应用力度，加快构建绿色制造体系。

（六）实施园区载体提升工程。

对国家级开发园区、省级开发园区、市级开发园区和重点乡镇工业集中区分级分类规划建设，完善功能配套，提升园区形象，全力打造与产业定位相适应的园区载体。

——加快原有布局调整步伐。采取政策鼓励和行政强制相结合的有效措施，实施“僵尸企业”清理和低端落后产能淘汰行动，通过升级改造、梯度转移和强制淘汰等手段，把园区内的污染企业、低端产业转出去，盘活园区存量土地资源，把高新企业、高端产业引进来，提升园区产业层次。

——提升承接项目的能力。集中资源加快完善基础设施，开发园区的污水处理、集中供热、水电气等基础配套，要科学规划、高标准建设，使标的项目在相应的规划区域内落得下、建得快、发展好，形成有利于产业集聚的空间布局。

——增强集聚产业的引力。加快建设为产业配套的生产性服务载体，引进创办一批与产业关联大、促进作用强的研发设计、创业辅导、技术咨询、商务处理、投资融资和节能环保服务等企业，为产业集聚创造良好条件。

——优化留住人才的环境。加快完善开发园区内及周边的各类生活服务配套，规划建设各类人才所需的安置房和人才公寓，加大园区环境突出问题整改力度，积极建设生态工业示范园区，着力提升园区安全监管能力，为留住人才创造安全、方便、温馨的工作生活环境。

“长风破浪会有时，直挂云帆济沧海”，最后，将这句诗与大家共勉。希望大家能够认真贯彻落实市委市政府的战略部署，举全市之力推动落实好产业强市战略。

以上观点如有不当之处，还请批评指正。谢谢大家！

省第十三次党代会精神宣讲专题

在灌云县宣讲省党代会精神的讲话

杨省世

（2016年12月7日）

同志们：

前不久，省第十三次党代会胜利闭幕。现在，全省各地正在根据省委统一部署，积极开展省党代会精神宣讲。省委常委带头，李强书记在省委党校作了首场宣讲，在全省上下引起了强烈反响。前几天，省委宣讲团成员、省民政厅厅长侯学元同志也到我市作了宣讲，大家对省党代会精神的把握又进了一层。今天我到灌云来作宣讲，既是按照省委要求带头作好宣传贯彻，也是结合近期自己的学习思考跟大家作个交流，目的都是为了进一步加深对省党代会精神的理解，更好地指导地方的改革发展。下面，我重点谈六个方面：

一、关于大会的基本情况和重大意义

中国共产党江苏省第十三次代表大会于 11 月 18 日至 22 日在南京隆重召开。来自全省各条战线的 890 名代表参加了大会。这次大会的主要成果可以概括为三个方面：一是对今后五年江苏发展大方向进行了定位；二是对坚定不移推进全面从严治党作出了部署；三是选举产生了新一届省委、省纪委班子。

大会听取并通过了十二届省委报告和省纪委工作报告，选举产生了中共江苏省第十三届委员会和第十三届纪律检查委员会，92 位同志当选为省委委员，17 位同志当选为省委候补委员，55 位同志当选为省纪委委员。省委十三届一次全会，选举产生了新一届省委常委，选举李强同志为中共江苏省委书记，选举石泰峰、吴政隆同志为中共江苏省委副书记。

李强同志代表十二届省委作题为《聚力创新、聚焦富民，高水平全面建成小康社会》的报告。报告紧扣实现第一个百年奋斗目标的历史任务，紧密结合中央精神和江苏实际，对未来五年江苏发展作出战略部署，对坚定不移推进全面从严治党提出明确要求。这个报告是全省上下集体智慧的结晶，是指导今后五年和更长一个时期江苏发展和党的建设的行动纲领，是全省上下朝着高水平全面建成小康社会进军的动员令、宣言书和路线图。

代表们围绕李强书记所作的报告进行了热烈讨论，一致赞同这个报告。大家认为，报告全面回顾了过去五年江苏取得的主要成就，科学概括了在实践中积累的宝贵经验，清醒指出了工作中存在的问题，深刻分析了发展面临的机遇挑战，明确提出了今后一个时期全省工作的总体要求、奋斗目标和主要任务，全局性、政治性、时效性、创新性、指导性都很强，是一个求真务实、开拓创新、凝心聚力的好报告。概括起来，报告有五个显著特点：一是主题鲜明突出、高度聚焦。“两聚一高”旗帜鲜明、纲举目张，抓住了江苏未来发展的关键，突出了新发展理念和以人民为中心的发展思想，体现了鲜明的问题导向，为在新的起点上推动江苏各项事业迈上新台阶指明了努力方向。二是总结客观理性、实事求是。报告总结过去五年成就全面客观、精炼实在、振奋人心，使亲历其中的代表们感同身受。提炼的五条经验，是对十二届省委工作的凝练概括和理性升华，对江苏今后五年乃至更长时期工作具有重要指导意义。三是目标契合实际、催人奋进。报告用“六个更”赋予全面小康建设新的丰富内涵，抓住了江苏发展的痛点和难点，反映了发展起来以后人民群众对美好生活的更高期盼。四是措施抓住要害、创新务实。报告提出的“七个着力”重点任务，涵盖了“五位一体”总体布局各个领域，既有方向引领、任务指向，又有工作路径、务实举措，具有很强的针对性和操作性，为下一步发展勾画了切实可行的任务书和施工图。五是管党突出责任、强调落实。报告从七个方面对全面从严治党作出部署，各项措施讲得很深很透很到位，落实要求提得很严很实很具体，必将有力推动从严管党治党迈上新台阶，为新江苏建设提供坚强保证。

可以说，省第十三次党代会是在我省全面建成小康社会决胜阶段、推进“强富美高”新江苏建设关键时期，召开的一次十分重要的会议。本次大会特别是李强书记所作的报告，在会上会下、场内场外、网上网下、省内省外引起热烈反响，社会各界高度关注、积极评价这次盛会。大家普遍认为，大会从思想上、政治上、组织上，为江苏今后一个时期的发展奠定了坚实基础、提供了坚强保证，是一次承前启后、继往开来的大会，是一次求真务实、开拓创新的大会，是一次民主和谐、团结奋进的大会，对建成体现更高水平、惠及全省人民的小康社会，对推进“强富美高”新江苏建设、开创江苏各项事业发展新局面，必将产生重大而深远的影响，在江苏发展史上具有里程碑意义。

二、关于高水平全面建成小康社会

这次省党代会的主题是“两聚一高”，其中，“高水平全面建成小康社会”是我省未来五年发展的目标定位。国家提“全面建成小康社会”，我们江苏为什么提“高水平全面建成小康社会”？前几天李强书记在省委党校宣讲时，对这个问题作出了深刻阐释。大家知道，全面建成小康社会是我们党提出的第一个百年奋斗目标。从国家层面说，十六大、十七大提出“全面建设小康社会”。到了十八大，明确提出“全面建成小康社会”。这是我们党向人民、向历史作出的庄严承诺。习近平总书记多次强调，2020年要兑现目标，这是政治目标，除非是战争、天灾、内乱，否则不可能不实现全面小康。从江苏来说，我们的总体目标，要和国家大目标保持一致，也是到2020年全面建成小康社会，这是一个基本前提。要不要提基本实现现代化？考虑到和国家目标的一致性，考虑到全省区域发展的不平衡，省委认为现在全面提“现代化”还为时过早。当然，总书记也指出，十个手指不一般齐，不必划线。我们江苏作为东部沿海省份，基础比较好、发展比较快。去年我省经济总量就超过了7万亿元，排在全国第二位，居民人均可支配收入也达到了29539元。今年我省GDP预计可达7.55万亿元，折合1.1万亿美元，意味着进入G20行列，相当于世界国家排名第16、17位水平。在这样的基础条件下，如果我们跟着国家后面，简单地提“全面建成小康社会”，要求就显得低了。因此，省党代会在全面建成小康社会前面加了三个字“高水平”。从反响来看，会议期间，800多位代表对这个目标是高度认同的，大家认为提“高水平”，符合江苏的发展实际，也体现了江苏在全国发展大局中“先行一步”的政治担当。

同时，高水平全面建成小康社会，对江苏还有一层特殊的意义。了解改革开放发展历程的同志知道，

1983年，小平同志到江苏视察，看到苏州的发展变化，非常高兴，后来以苏州为例证提出了建设“小康社会”的目标，并提出“三步走”战略构想（第一步，从1981年到1990年，国民生产总值翻一番，实现温饱；第二步，从1991年到20世纪末，再翻一番，达到小康；第三步，到21世纪中叶，再翻两番，达到中等发达国家水平，人民生活比较富裕，基本实现现代化。2000年，我们已经胜利实现了第一、第二步目标，全国人均GDP达到848美元，总体上实现了从温饱到小康的历史性跨越。现在我们正在朝着全面建成小康社会、基本实现现代化的目标前进）。2003年，全国“两会”期间，江泽民、胡锦涛参加江苏代表团审议，他们都明确提出来，江苏要推进“两个率先”（率先全面建成小康社会、率先基本实现现代化）。2014年12月，习近平总书记视察江苏时，要求我们牢记“两个率先”光荣使命，把主要精力放在全面小康建设上，在推动经济发展、现代农业建设、文化建设、民生建设、全面从严治党等五个方面“迈上新台阶”，努力建设“经济强、百姓富、环境美、社会文明程度高”的新江苏。可以说，高水平全面建成小康社会，这是党中央对江苏一以贯之的明确要求，也是全省上下的共同愿望。未来五年，将是我们为此攻坚的五年、冲刺的五年、决胜的五年。到2020年，如期高水平全面建成小康社会，将为我省今后探索现代化建设打下更为坚实的基础。

国家对“全面建成小康社会”这一奋斗目标，定量指标的要求就是两个，即国内生产总值和城乡居民收入在2010年的基础上翻一番。围绕这一总体要求，全国各地对全面小康的内涵进行了不同角度不同层次的丰富和拓展。从江苏来讲，总书记2014年来我省视察时，提出“迈上新台阶、建设新江苏”的要求，这实质上为江苏全面建成小康社会明确了思路和方向。按照中央精神和总书记要求，结合我省的发展实际，省党代会提出，“不仅要确保如期全面建成，而且要高水平全面建成，建成一个贯彻新发展理念、体现强富美高要求、惠及全省人民的小康社会”。具体的内涵就体现为“六个更”，即经济发展更高质量、人民生活更加幸福、生态环境 更加优美、文化发展更加繁荣、城乡区域更加协调、社会治理更加完善。怎么来理解和把握这一目标内涵？李强书记在宣讲时谈了三个方面的深刻认识，非常具有指导意义。一个是“高”，主要是质量高、标准高。高水平全面建成小康社会，核心要义就是发展水平更高、群众获得感更强。省党代会在GDP、城乡居民收入这两个定量指标的基础上，提出居民收入、企业利润、财政收入“三个口袋”更加充实，并对人民生活、生态环境、文化发展、城乡区域发展、社会治理等方面作了定性描述，强调要更加注重发展的质量和水平，更加注重发展的全面性、协调性和可持续性。另一个是“全”，主要是惠及全省人民。从全省收入分布看，超过60%的人还达不到平均收入水平。从连云港情况来看，去年底我们的城乡居民收入，也在苏北的平均线以下，特别是农民人均收入，仅仅比宿迁多6块钱。“平均数”代表不了“大多数”。苏北地区实现全面小康，任务十分艰巨。我们不能一边宣布实现全面小康，一边还有相当数量的群众低于平均水平，而必须惠及全体群众、关爱所有群体，确保在小康路上一个不少、一户不落。再一个是“新”，主要是主动适应新常态，以新理念引领新发展。进入新常态，经济发展正在发生一系列深刻变化。总书记将这些变化系统归纳为三个方面：速度——从高速增长转为中高速增长，结构——经济结构不断优化升级，动力——从要素、投资驱动转向创新驱动。在这样的背景下，必须自觉践行创新、协调、绿色、开放、共享的发展理念。省党代会提出的“六个更”，是对新常态下我省面临的外部环境、内在条件和阶段性要求的深刻把握，是对全面践行新发展理念所作出的“江苏回答”，必将引领我们破解发展难题，厚植发展优势，开辟江苏发展的新境界。前不久，我们在市第十二次党代会上，也围绕着全面建成小康社会，提出了“双增双超三提升”的奋斗目标，整个来看与省党代会精神是高度一致的。但同时我们要看到，省党代会确立的“两聚一高”主题，站得更高、看得更远、要求更高，特别是“高水平全面建成小康社会”，让我们更加感受到责任和压力。从两个定量指标看，2015年我市的GDP和城乡居民收入增速是10.8%、9.1%，虽然高于全省的8.5%、8.7%，但是未来五年，在错综复杂的宏观环境和不断增多的困难挑战下，要保持两位数增长，难度是非常大的。我专门看了一下灌云县的党代会报告，你们提出来“一个确保、两个两番、六个倍增”，特别是GDP、城乡居民收入成倍增长，确保2019年全面建成小康社会，以灌云的底子和条件，实现这些目标，是要付出百倍于人的艰辛努力才行的。我们必须坚持以“两聚一高”为引领，用苦干实干拼命干的硬作风，确保“双增双超三提升”，确保实现既定的各项目标任务，奋力夺取高水平全面建成小康社会的决战胜利。

如何确保高水平全面建成小康社会？省党代会鲜明提出了“聚力创新、聚焦富民”，一个是提升发展水平的核心战略，一个是实现全面小康的根本要求，分别突出了发展的动力和发展的目的，这是今后五年我省的发展取向、工作导向、奋斗指向，也是我们最应干、能够干、必须干好的事情。李强书记在报告中要求，全省上下要集中力量、集中资源、集中政策，在“两聚”上求大突破、见大成效，打开发展新天地，展示决胜全面小康的过硬成果。关于推进全面小康建设的举措，省党代会从七个方面作了系统部署，即“七个着力”：着力推动经济转型升级、着力提高农业农村发展水平，着力加强社会主义民主法治建设、着力提升文化软实力、着力保障和改善民生、着力推进生态文明建设、着力深化改革扩大开放。每个“着力”，都提出了重点任务、主攻方向和目标要求。下一步，我们要围绕“七个着力”，细化工作举措，有力有序推进，确保各项任务落到实处、见到实效。

三、关于聚力创新

省党代会报告强调，高水平全面建成小康社会，必须把创新作为引领发展的第一动力，摆在发展全局的核心位置。为什么把创新提升到这样的高度？主要有这么三个方面的考虑：首先，创新是破除发展瓶颈制约的迫切需要。从土地开发强度看，我省已接近21%，全省最高的无锡已经超过30%的国际警戒线。对比国外发达国家和地区，日本三大都市圈的开发强度只有15%左右，大巴黎地区和香港都是21%左右。从环境容量看，我省13个市空气质量总体处于全国中等偏后水平。全省水环境总体处于轻度污染，Ⅲ类水占了一半以上，Ⅰ类水实际上已经没有了。全省有化工生产企业4900多家，储存、运输等危化企业近3万家，环境风险和隐患比较大。从产业层次看，我省总体处在产业链、价值链的中低端，工业增加值率只有22.3%，低于全国24.5%的水平，大量的资源消耗没有带来高的回报。其次，江苏拥有厚实的创新“家底”。我省科教资源丰富，高校数和在校大学生人数均居全国第一，在苏两院院士96人，全国江苏籍院士近300人。国家和省级重点实验室97个，科技服务平台290个，工程技术研究中心2989个。我省区域创新能力一直处于全国前列，但是蕴藏的巨大优势尚未充分发挥出来，尚未充分转化为现实生产力。比如，人们一讲到深圳，首先就想到中兴、华为；一讲到杭州，就想到阿里巴巴；而我省还缺少标志性、引领性的科技创新企业，“有高原无高峰”。再次，这是我省发展阶段性特征所决定的。我省的发展转型正处在爬坡过坎的关键时期，正在经受着调整的阵痛。向产业高端跃升，面临发达国家的技术、标准等壁垒；中低端产业发展，又受到低成本国家的激烈竞争，可谓“双重挤压”。未来五年，我们能不能冲出转型的关口、实现发展的凤凰涅槃，能不能在新一轮竞争中占据先机、赢得优势，根本上取决于发展动力转换的速度，取决于创新这个驱动发展的新引擎能不能成为主动力。

如何聚力创新，报告提出总的思路是，坚持有所为、有所不为，聚焦最有条件、最具优势的领域，加快建设“一中心一基地”（具有全球影响力的产业科技创新中心和具有国际竞争力的先进制造业基地）。具体来说，一是要紧紧牵住科技创新这个牛鼻子，加快集聚高端要素、发展高端产业，着力形成以创新为引领的经济体系和发展方式。二是要推动全面创新，着力推进发展理念、体制机制等全方位、多层次、宽领域的大创新，让改革创新贯穿全省一切工作，成为江苏最鲜明的时代特征。三是要营造创新环境，各类企业勇挑创新重担，各方面人才施展创新才能，让创新成为全社会的自觉追求和共同行动，激发出高水平全面建成小康社会的强大动力。

这次省党代会旗帜鲜明的提出“聚力创新”，我认为抓住了新常态下发展转型的核心支点，不仅仅对苏南等发达地区，对我们苏北地区来讲，同样具有十分重要的指导意义。长久以来，很多同志有一种“创新事不关己”的思想误区，认为创新是发达地区的“专利”，我们经济总量小、发展不充分，谈创新还为时过早。这种观念一定要扭转过来。现在，新一轮科技革命正在全球范围内蓬勃兴起，第三次工业革命呼之欲出，世界各主要经济体都把创新作为转型发展的根本出路，像美国的脑科学专项计划、欧盟的地平线2020计划、德国的工业4.0计划等等，都是在前沿技术和战略性新兴产业领域谋篇布局，抢占未来发展制高点。我们国内也是如此，各个省市都把创新摆在发展全局的核心位置，实施创新驱动的力度之大前所未有。可以说，现在创新已经是大势所趋，创新驱动发展的时代已经不可阻挡的到来。换个角度来讲，创新这件事，某种程度上就是从零开始、无中生有，不是非得万事俱备才能动手。像贵阳这样传统意义上的经济“洼地”，就是通过这几年发展大数据产业、信息产业实现了创新崛起，我们周边一些后发地区，也不乏依靠创新异军突起的例子。如果我们在这个问题上，仍然犹豫不决、等待观望，那就只能跟在别人后面，永远慢人一拍。

近年来，我们抓住国家创新型城市试点机遇，探索推行一些创业创新政策举措，全市上下创新的氛围逐渐浓厚起来。我们在局部行业实现了高端突破，新医药等行业创新能力处在全国前列；我们的创新平台载体建设取得了显著成效，全市拥有国家级工程中心2个、省级工程中心14个；我们的很多本土企业依靠创新成长为了业内龙头，像4家药企跻身全国医药企业创新力20强，中复神鹰也在全国率先实现了T800碳纤维工程化。应该说，连云港抓创新是有基础、有条件的，也是大有可为的。当然，我市的高校和科研院所比较少，创新人才十分缺乏，创新型企业也不多，区域整体创新水平不高，抓创新还有很长的路要走。我们必须牢固树立越是经济发展不充分地区越要注重创新的理念，尽快把创新驱动的“短板”补上来，努力走出一条符合连云港实际的创新发展路子。

年前年后，市委、市政府计划召开全市创新发展大会，贯彻省党代会精神，对我市的创新工作进行全面部署。这段时间，我们也在进行深入调研。初步有这么几个大的方向：一是思想观念要解放。在新一轮区域竞争中，创新是主导、是关键，不创新不行，创新慢了也不行。对于后发地区来说，想要与发达地区同台竞技，从“跟跑”变为“并跑”，创新是最现实也是必须走的唯一路径。我们必须把创新摆在发展全局的核心位置，作为引领发展的第一动力，以只争朝夕的紧迫感，快马加鞭，持续推进。二是自家底数要摸清。现在连云港创新的基础怎么样，在全省全国到底处在什么量级，创新对经济发展的支撑作用发挥了多少，制约创新的突出问题有哪些，这些都要摸清、摸准、摸实，做到心中有数，有的放矢地部署下一阶段的工作举措。三是特色优势要放大。坚持有限目标、重点突破，立足新医药、新材料等优势领域，发挥好龙头企业的带动作用，鼓励引导他们加大研发投入、深化协同创新，争取在关键领域、核心技术上实现新的突破，不断巩固在业内的创新领先地位，以点带面来引领各产业各领域创新，从而提升区域整体创新能力。四是资源要素要集聚。把国家级高新区、中科院能动中心、716研究所、淮海工学院等平台载体利用好，围绕产业链部署创新链、围绕创新链完善资金链，大力培养和引进创新人才，切实加强产学研合作和创新成果转化，不断提升创新的浓度。同时，通过深化改革，营造有利于创新的体制机制和政策环境，培厚创新的生态，把各方面创新积极性充分调动起来。

四、关于聚焦富民

省党代会报告指出，高水平全面建成小康社会，最直接、最根本的是提高广大老百姓的富裕程度和生活质量。否则，高水平全面建成小康社会就不可能得到人民群众的认可。刚才谈到，全省有60%以上的居民收入还达不到平均线。这与我省的经济发展水平是不相称的。江苏的经济总量高居全国第二，但是居民收入占GDP的比重低于全国平均水平10.9个百分点，排在北、上、浙、鲁、粤后面。我们的人均GDP比浙江多1万多，人均收入却少了6000。这说明我省居民的口袋还不充实。特别是我们苏北地区，一些地方确实还比较贫穷，这一点，在基层工作的同志应该有最直观的感触。像灌云县，全市有1/4的农村低收入人口在这里，到农村去走一走、看一看，很多老百姓的生活真的非常困难。现实情况决定了，我们必须把老百姓的"口袋"鼓不鼓，作为衡量高水平全面小康最核心、最直观的指标。从群众的视角来看，也是如此。GDP翻了几番，老百姓是不关心这些数字的。一个普通的城市居民，每天关心的是鸡蛋的价格涨没涨，外面的雾霾重不重，上班的路上堵不堵，孩子的学习好不好；一个普通农民，关心的是今年的天气是不是风调雨顺，庄稼的收成怎么样，瓜果蔬菜能不能卖个好价格。这才是老百姓实实在在的获得感。因此说，不管发展到了哪一个阶段，我们都不能忘记，发展为了人民、发展依靠人民、发展成果由人民共享。"聚焦富民"，就是顺应群众期盼，保障人人享有发展机遇、人人享受发展成果，让高水平的全面小康真正造福于全体人民。

关于富民的思路举措，省党代会主要提了三个方面，首要是抓好创业和就业，增加居民收入；其次是解决好老百姓看病、上学、养老、生态"四个焦点问题"；再次是打好脱贫攻坚战。从连云港的自身情况看，我们是一个传统的农业大市，经济发展还不充分，城乡居民收入水平比较低，全市还有36.1万年收入低于6000元的农村人口没有脱贫，占全省的13%，实现"富民"的任务相对来讲更为艰巨。单纯从增加居民收入这一项来讲，我们的城镇登记失业率控制在2.05%，低于全省的3%，高校毕业生就业率稳定在90%以上，总体来看，我们就业的基础还是不错的。特别是农村劳动力转移比重超过70%，全市有86.9万人在外打工，主要集中在苏南、浙江、上海和北京等地，仅灌云县就有27.2万人。另外，全市还有4.4万人在境外务工。这些打工的人分布在各行各业，但也有各自特点，比如赣榆的主要从事建筑、海洋渔业，东海的以水晶上下游产业和出国缝纫工为主，灌南的主要从事电子机械、城市保洁，灌云则集中在电子、家政月嫂等行业。总的看，对我们来说，现在解决本地居民就业已不是大问题，关键是要鼓励支持大众创业。跟苏北的兄弟城市比起来，连云港的创业氛围还不够浓。有两组数字：在全市80多万在外打工人员中，返乡创业的只有3000多人，占比还不到4‰，而且创业成功的更少；2015年，到连云港来就业创业的大学生22916人，在苏北几个市里是最少的。创业氛围不浓，原因有很多，群众创业积极性不高是一方面，政府引导扶持不够也是一方面。我们必须把创业作为个人致富之源，拿出更有效的支持政策，进一步降低创业门槛，优化创业服务，打造创业载体，强化创业培训，培育良性的创业生态，营造浓厚的创业氛围，让更多群众通过创业增收致富。要迅速壮大镇村经济，大力发展特色种养、农产品深加工、农村电商、休闲观光等产业，鼓励大学生村官、农村能人等群体创业，特别是大力吸引在外务工人员返乡创业，以创业来扩大群众就业、带动农民致富。今年 8 月份，省委李强书记到灌云伊山镇调研时，特别强调，苏北农村要走上富裕路，还是要发挥当地群众的积极性创造性，鼓励更多当地青壮年就业创业，吸引在外能人返乡创业。灌云现在 27 多万外出务工人员。希望灌云认真落实李强书记的指示要求，在这方面多动脑筋、多做文章，充分激发群众的内生动力，把家乡建设得更美好。要发挥旅游等富民产业的带动效应，我市有很多有特色的村镇，像灌云的大伊山、伊芦山、沂河淌，虽然经济发展水平不见得非常高，但是都有自己独特的地域风貌、乡土民俗、舌尖美食。要按照全市旅游业发展大会的要求，加快打造一批乡村旅游风情小镇，带动当地的居民增收致富。要打好脱贫攻坚战，认真实施精准扶贫、精准脱贫，下大力气补短板、兜底线，特别要加大产业扶贫的力度，确保农村低收入人口与全市人民一道迈入小康社会。这里我特别讲一点，高水平全面建成小康社会，重点难点在苏北，对连云港来讲，重点难点就在“两灌”地区。为什么这么讲？因为有脱贫攻坚这块硬骨头要啃。像灌云，有沂河淌重点片区，有全市 1/3 以上（50/149）的经济薄弱村，还有 9.7 万低收入人口亟待脱贫，是全市扶贫开发的主战场之一。打不赢扶贫这场攻坚战，我们就没办法实现全面小康。灌云的同志一定要增强责任感和使命感，把扶贫责任切实扛在肩上，把扶贫工作紧紧抓在手上，做到思路实、情况实、措施实、效果实，确保实现脱贫攻坚目标。

五、关于特色发展

省党代会高度重视区域协调发展，对苏南、苏中、苏北的发展分别提出明确要求。报告强调，苏北地区要深度挖掘和利用各自资源禀赋，摆脱传统路径依赖，积极探索生态优先、绿色发展的新路子。这一重要定位，我感到实实在在抓住了苏北发展的关键要领。首先，走绿色生态发展新路是省委对苏北的一贯要求。7 月 25 日至 26 日，李书记到宿迁、徐州调研时强调，要倍加珍惜生态资源，提高产业进入门槛，让生态优势发挥更强竞争力。8 月 4 日至 5 日，在淮安和我市调研时强调，要自觉践行新发展理念，增强生态环境竞争力，努力建设百姓富裕、环境美好、平安和谐的沿海地区。在徐圩新区，李强书记专门强调，沿海开发必须坚持高标准高门槛，决不能走先污染后治理的路子。10 月 10 日至 11 日，在盐城调研时强调，要把保护和优化环境作为重中之重，进一步发挥生态环境竞争力优势，努力走出一条创新发展、特色发展、创业富民的发展新路。可以看到，李强书记到江苏工作以来，对苏北地区坚持绿色生态、探索发展新路的要求，是一以贯之、不断强化的。其次，保护好生态本底是苏北地区的政治责任。苏北是我省面积最大的区域板块，腹地空间广阔，境内有江、淮、沂、沭、泗五大河流，洪泽湖、高邮湖、骆马湖、白马湖等大中型湖泊，京杭大运河、淮沭河、灌河等河道纵横，平原、滩涂、湿地、低山丘陵等形态多样的地貌交错分布，在全省生态环境中具有重要战略地位。把这些生态环境保护好、发展好，是对历史、对自然、对人民、对子孙后代负责，是我们苏北干部必须肩负起的政治责任。再次，发展阶段性特征决定了苏北必须走绿色生态发展路子。当前，苏北正处于工业化、城镇化的高速发展期。2015 年，苏北五市主要经济指标增速全省领先，地区生产总值平均增速达 10.2%，高于全省的 8.5%。但从发展质态来看，苏北主要以板材、纺织、化工、玻璃等污染较大的产业为主。如果不及时调整方向、优化结构，很容易步入“先污染后治理”的传统发展模式。省党代会鲜明提出，苏北地区必须坚持生态优先、绿色发展，李强书记甚至说，宁可不要一两个亿的 GDP，也不能回过头来花十几个亿补生态短板、环保欠账，这非常发人深省、振聋发聩。实践证明，高能耗高排放、先污染后治理，是不可持续的，是完全行不通的。我们必须以自我革新的勇气和壮士断腕的决心，坚决走出一条绿色生态的发展新路子。

有的同志可能会认为，过分强调生态，会束缚自己的手脚，会严重影响发展。这种观点是片面的、不可取的。我们经常说绿水青山、金山银山，围绕这句话，有一个“两山理论”，说的是：之前，我们只有绿水青山，没有金山银山；后来，我们要解决温饱，于是就有了一种只要金山银山，不顾绿水青山的冲动，造成了严重的环境问题；在内外部的共同作用和要求下，我们开始既要绿水青山，又要金山银山；当两者发生矛盾的时候，我们宁要绿水青山，不要金山银山；而当我们的发展和理念到了新的阶段，就会发现，绿水青山其实就是金山银山，两者根本没有矛盾，绿水青山可以转化为金山银山，而且可以为更多的金山银山奠定坚实的环境基础。这个理论里，蕴含的就是一种绿色发展的逻辑观。2005 年，习近平同志在浙江省安吉余村首次提出了“绿水青山就是金山银山”的科学论断。这些年来，安吉县坚定不移地践行“两山理论”，矢志不移地实施“生态立县”战略。“十二五”期间，全县主要河流水质全部达到Ⅲ类，其中 72% 达到Ⅱ类及以上，空气质量优良率达 95.3%，而且 GDP、财政收入也保持 9% 和 18.8% 的年均增长，农民人均纯收入连续 12 年高于浙江平均水平，成为经济建设与环境保护良性互动、共生共赢的典范。安吉县是怎么做到的？经验做法这里我就不具体讲了，媒体上都有报道，我们全市上下都要好好学习借鉴。

连云港地处南北气候过渡带，温度、降雨适中，境内平原、大海、山川齐全，河湖、丘陵、滩涂、湿地、海岛兼备，生态多样性强，是我省三大旅游资源富集区之一。我们的林木覆盖率达到 25.5%，位居全省第四；自然湿地保护率达 43.1%。去年全市空气质量优良率为 71.2%，排名全省第二；PM2.5 浓度为 55 微克每立方米，排名全省第四。今年 1 到 11 月，我市空气优良天数已达 263 天，提前一个月完成年度空气优良率目标；PM2.5 浓度为 44.6 微克每立方米，与 2015 年相比下降 11%（考核目标为下降 3%）。今年 7 月份省委全会上，李强书记在参加我们连云港团讨论时，专门指出来，连云港的地形地貌在整个江苏是最好的，各种地貌都有。这些都是大自然给我们的宝贵财富。但也要清醒看到，近年来，我们围绕产业抓发展，取得了显著成效，同时也积累了一些问题。我们的产业层次偏低、产业结构偏重，重化产业的比重较高，生态环境压力不断加大。像“两灌”的化工园区，前几年被限批，最近中央环保督察组又专门提出整改要求，这都是传统路径模式下交出的昂贵学费。

在新的历史时期，推进生态文明建设，不仅是落实上级要求的重要工作，也是发挥自身优势、实现特色发展的重大战略，更是增强群众获得感的具体体现，群众的获得感从哪里来，其实就是从一口气、一杯水、一碗饭里体现的。我们必须深入贯彻省党代会要求，全力以赴保护好生态本底，用良好生态来提高老百姓的获得感，来集聚人气、营造环境、打造更具竞争力的发展优势。当前和下一阶段，我们要按照省委省政府“263 计划”〔两减六治三提升，即减煤、减化，治太湖、治垃圾、治黑臭、治畜禽、治 VOCs（注：即挥发性有机物，是造成臭氧污染、灰霾的主要原因。今年，我省首次对 VOCs 排放进行总量考核）、治隐患，提升生态保护水平、提升环境经济政策调控水平、提升环境监管执法水平〕的部署要求，结合连云港实际，坚决打好“三大战役”，全面贯彻大气十条、水十条、土十条等环保法规，扎实推进大气、水、土壤污染防治行动计划，多方面齐抓共管，多领域协同并治，着力打好“治气、治水、治土”三大攻坚战，推动环境质量根本性好转。重点实施“五水共治”，坚持阶段化推进，项目化管理，着力打好“治污水、防洪水、排涝水、保供水、抓节水”五个歼灭战，在 2019 年前全部整治到位，让老百姓感受到实实在在的变化。集中解决“两大问题”，一个是对化工园区存在的突出环境问题，以壮士断腕的决心，彻底整治到位。灌云县化工园区的问题有不少，大家压力比较大。这些问题是客观存在的，我们不能回避，但是也不要背上包袱，很多问题是发展过程中长期积累下来的，关键是能不能利用这个机会，把问题彻底解决好。希望灌云县对照市里下发的任务交办单，逐条逐项按期整改到位。另一个是持续加强采石宕口的整治，着力解决好破损山体突出问题。扎实推进“三化引领”，按照彩色化、珍贵化、效益化的原则，加强古树名木资源保护，大力开展植树造林和和丘陵岗地森林植被恢复，加快打造一批绿色生态的景观廊道和样板名片。在做好以上几个方面的基础上，我们还要结合推进供给侧结构性改革，依法依规淘汰落后和过剩产能，以最严格的标准提高项目准入门槛，像“五小行业”等不符合生态要求的项目，一个不留、一个不上，从源头上来控制污染增量，切实保护好连云港的绿水青山，为子孙后代留下更多宝贵的生态财富。

六、关于全面从严治党

省党代会报告指出，我省已进入全面建成小康社会决胜阶段，我们要赢得优势、赢得主动、赢得未来，必须把各级党组织建设得更加坚强有力，使广大党员干部的积极性得到充分发挥。报告从七个方面明确了坚定不移推进全面从严治党的任务要求。一是充分发挥党委总揽全局、协调各方的领导核心作用，有效实施党对各个领域的领导。二是坚持思想建党和制度治党紧密结合，坚定不移维护以习近平同志为核心的党中央权威。三是全面加强和规范党内政治生活，推动党员干部加强党性锻炼、提高党性修养。四是推动作风建设常态长效发展，毫不松懈抓好中央八项规定和省委十项规定精神落实。五是努力建设高素质干部队伍和人才队伍，认真落实“20 字”好干部标准，深入推进人才发展体制机制改革和政策创新。六是建强党在基层的战斗堡垒，推动基层党组织建设全面进步、全面过硬。七是深入推进反腐倡廉建设，严格执行党章党规党纪，严格执行党内监督条例，加强巡视巡察，坚持有腐必反、有贪必肃，加快形成不敢腐、不能腐、不想腐的体制机制。

蓝图已经绘就，部署已经明确，把蓝图变为现实、部署变成行动，关键是求真务实、真抓实干。李强书记在省委十三届一次全会上强调，要始终牢记习近平总书记“不忘初心、继续前进”的谆谆教诲，以强烈的使命感和责任感，以创新实干的实际行动，努力交出让党和人民满意的答卷，交出无愧于时代的合格答卷：首先，我们应当为党的事业做出些什么，这是一份必须用忠诚之心书写的答卷。要切实强化“四个意识”，在思想上政治上行动上始终与以习近平同志为核心的党中央保持高度一致，坚定不移地把中央大政方针贯彻好，把党中央提出的一系列治国理政新理念新思想新战略落实好。要切实扛起全面从严治党的政治责任，坚持不懈地抓班子、带队伍、强基础，把各方面的力量凝聚到党组织的周围，为实现共同的目标而团结奋斗。其次，我们应当给全省广大人民带来些什么，这是一份必须用富民成果交出的答卷。要切实回应好民生关切，真心实意地为老百姓办事，一条一条地去兑现承诺，让老百姓充分感受到江苏发展的温度。省委的领导，重在把方向、管大局、作决策、保落实，不管哪个方面，都要把民生放在优先的地位来考虑，充分体现以人为本、聚焦富民的要求，真正使省委的工作开展更加符合老百姓的意愿。再次，我们应当在江苏的发展史上留下些什么，这是一份必须用创新实践做好的答卷。江苏发展真正实现“转型出关”，包括经济持续发展、百姓生活殷实、生态环境良好、社会和谐稳定等内涵，在这些方面我们正面临着许多新的挑战、新的课题，必须通过思想观念、体制机制、方式方法的全方位创新来实现。要做创新的自觉践行者、创新生态的营造者、创新的坚定支持者，让江苏未来的发展向创新聚力、以创新开路。

省党代会关于全面从严治党的部署要求，深入贯彻了十八届六中全会精神，为我们推进党的建设新的伟大工程，提供了重要遵循。我们要认真落实省党代会的决策部署，切实强化管党治党责任，把全面从严治党要求贯穿于全面小康建设全过程，落实到党的建设各方面，推动各级党组织更好地承担起团结带领全市人民高水平全面建成小康社会的历史重任。一要大力提振干部精气神。我们的发展还在路上，对照“两聚一高”的新要求，各方面工作任务艰巨繁重，尤其需要担当责任，需要提振干部的精气神。前几天，李强书记在省委党校作宣讲时专门指出来，现在随着各方面约束的收紧，一些干部的积极性掉了下来。这种现象在连云港也不同程度存在。某种意义上说，干部精神状态的下行比经济下行更可怕，提振干部精气神比提振经济发展更紧迫。解决这个问题，必须从教育和制度两方面入手。教育上，要引导各级干部清醒看到纪律约束只会越来越紧、没有回头的可能，接受监督和约束只是回归到本来应有的常态。制度上，既要落实好约束性的规定，从严管理干部，又要健全正向激励和容错纠错机制，旗帜鲜明地为敢于担当的干部担当、为敢于负责的干部负责。二要着力弘扬求真务实作风。李强书记反复强调求真务实，这四个字对于连云港实现更好更可持续的发展尤为关键，同时也意味着多个层面的要求：首先是坚决破除等靠要思想，用自己的勤劳之手，用自己的奋发作为，来争取更大的发展成绩。现在有一些干部，不管干什么工作，总想着要政策、争资源、谈条件。如果各方面条件都具备了，换了谁干不成啊。大家工作了这么多年，回头想一想，水到渠成去做某件事情，这种情况是很少的，许多工作都是通过不懈努力干成的。越是条件不具备的，越要靠自己的智慧和汗水，千方百计把事情做成。我们一定要有这种心劲。其次是去“虚火”，坚持一切从实际出发，既不好高骛远，也不妄自菲薄，更不能急功近利，多做打基础利长远的事情，工作一件一件干，项目一个一个抓，一步一个脚印往前走。这些年，我发现干部队伍中一直有种“怪现象”，就是谈到发展中存在哪些短板制约和问题不足，很多人都能说得头头是道，但是一谈到如何解决，往往就没了下文。这其实反映的就是心思浮于表面，就是一种“虚火”。当过领导的人都知道，底下的人跟你汇报工作，如果一二三四都是谈问题，却拿不出解决问题的意见建议，那这项工作肯定是干不好的。坐而论道的“评论员”好当，真抓实干的“战斗员”难做。看到了问题、看准了症结固然重要，更关键的还是得想方设法去解决。还有就是坚持真功实做，抓工作干事业作风必须要实，各级领导干部要冲在前、干在先，以上率下，以身作则，强化一线指挥、一线调度、一线落实，带着大家一块苦一块干。各级各部门要坚持说实话、出实招、办实事、求实效，真正让实干的氛围热起来。比如，我们现在落实省党代会精神，各地各部门在研究谋划的时候，都要坚持项目化、节点化、责任化，每年排出几件事情，不一定求多求全，就是扎扎实实把这几件事干成，确保每一年都有新变化。每个单位每年都能干成几件事情，聚沙成塔，五年下来我们全市的发展肯定能够收到很好的成效。要建立一套强有力的推进、督查、考核、奖惩机制，严格执行、长期坚持，推动省党代会精神在连云港落得更实、贯彻得更到位。三要切实推动全面从严治党向基层延伸。我市有 12000 多个基层党组织、27.6 万名党员。管党治党的一些措施，存在着越往下效力逐级递减，甚至变形走样的问题。比如，现在反映基层党员干部的信访举报仍然较多，如村集体账目不公开、侵占挪用补助金扶贫款、落实惠民政策优亲厚友等等，一些信访举报虽然有夸大之嫌，但也不完全是空穴来风。基层党员干部工作生活在群众身边，一言一行都事关党的形象，必须认真落实反腐败“老虎”“苍蝇”一起打的要求，着力解决好基层的腐败问题。再比如，村党组织书记手里掌握着不少资源，一些村书记作风粗暴、损公肥私，群众怨言不小。抓基层党的建设，也要把村书记作为重点对象，从学习培训、思想引导、纪律约束、干部激励等多方面入手，引导他们当好推动发展的领路人、造福群众的带头人、党的形象的代言人。当然，村书记队伍中存在问题的只是少数，大部分村书记在发展稳定一线摸爬滚打，付出了艰辛努力，要加大正面宣传力度，引导社会各方面关心支持村干部工作，增强广大村书记的荣誉感自豪感，推动他们扎根基层、奉献农村。

同志们，省党代会的主要精神就宣讲到这里。今天借这个机会，和大家交流了一些自己的体会和认识，总的来说，还是希望灌云各级党员干部把思想行动统一到省党代会精神上来，以贯彻落实省党代会精神为引领，发扬团结拼搏、苦干实干的优良作风，扎实做好改革发展稳定各项工作，为全市、全省高水平全面建成小康社会做出自己的贡献。

在灌南县宣讲省党代会精神的提纲

项雪龙

（2016年12月22日）

同志们：

根据市委的统一安排，今天我到灌南来宣讲省党代会精神，既是按照省委的要求带头作好宣传贯彻，也是结合近期自己的学习思考跟大家作个交流，目的都是为了进一步加深对省党代会精神的理解，更好地指导地方的改革发展。主要谈两个方面内容：一是谈一谈对省党代会精神的理解；二是结合连云港的实际谈一谈如何贯彻落实省党代会精神。

第一，谈一谈对省党代会精神的理解

大家从媒体上已经了解到，中国共产党江苏省第十三次代表大会于11月18日至22日在南京隆重召开。来自全省各条战线的890名代表参加了大会。大会听取并通过了十二届省委工作报告和省纪委工作报告，选举产生了中共江苏省第十三届委员会和第十三届纪律检查委员会。省委十三届一次全会，选举产生了新一届省委常委，选举李强同志为中共江苏省委书记，选举石泰峰、吴政隆同志为中共江苏省委副书记。这次大会的主要成果可以概括为三个方面：一是对今后五年江苏发展大方向进行了定位；二是对坚定不移推进全面从严治党作出了部署；三是选举产生了新一届省委、省纪委班子。

（一）关于大会的主题和历史性贡献

李强同志代表十二届省委作题为《聚力创新、聚焦富民，高水平全面建成小康社会》的报告。报告紧扣实现第一个百年奋斗目标的历史任务，紧密结合中央精神和江苏实际，对未来五年江苏发展作出战略部署，对坚定不移推进全面从严治党提出明确要求。这个报告是全省上下集体智慧的结晶，是指导今后五年和更长一个时期江苏发展和党的建设的行动纲领，是全省上下朝着高水平全面建成小康社会进军的动员令、宣言书和路线图。

代表们围绕李强书记所作的报告进行了热烈讨论，一致赞同这个报告。大家认为，报告全面回顾了过去五年江苏取得的主要成就，科学概括了在实践中积累的宝贵经验，清醒指出了工作中存在的问题，深刻分析了发展面临的机遇挑战，明确提出了今后一个时期全省工作的总体要求、奋斗目标和主要任务，全局性、政治性、时效性、创新性、指导性都很强，是一个求真务实、开拓创新、凝心聚力的好报告。概括起来，报告有五个显著特点：一是主题鲜明突出、高度聚焦。“两聚一高”旗帜鲜明、纲举目张，抓住了江苏未来发展的关键，突出了新发展理念和以人民为中心的发展思想，体现了鲜明的问题导向，为在新的起点上推动江苏各项事业迈上新台阶指明了努力方向。二是总结客观理性、实事求是。报告总结过去五年成就全面客观、精炼实在、振奋人心，使亲历其中的代表们感同身受。提炼的五条经验，是对十二届省委工作的凝练概括和理性升华，对江苏今后五年乃至更长时期工作具有重要指导意义。三是目标契合实际、催人奋进。报告用“六个更”赋予全面小康建设新的丰富内涵，抓住了江苏发展的痛点和难点，反映了发展起来以后人民群众对美好生活的更高期盼。四是措施抓住要害、创新务实。报告提出的“七个着力”重点任务，涵盖了“五位一体”总体布局各个领域，既有方向引领、任务指向，又有工作路径、务实举措，具有很强的针对性和操作性，为下一步发展勾画了切实可行的任务书和施工图。五是管党突出责任、强调落实。报告从七个方面对全面从严治党作出部署，各项措施讲得很深很透很到位，落实要求提得很严很实很具体，必将有力推动从严管党治党迈上新台阶，为新江苏建设提供坚强保证。

可以说，省第十三次党代会是在我省全面建成小康社会决胜阶段、推进“强富美高”新江苏建设关键时期，召开的一次十分重要的会议。大家普遍认为，大会从思想上、政治上、组织上，为江苏今后一个时期的发展奠定了坚实基础、提供了坚强保证，是一次承前启后、继往开来的大会，是一次求真务实、开拓创新的大会，是一次民主和谐、团结奋进的大会，对建成体现更高水平、惠及全省人民的小康社会，对推进“强富美高”新江苏建设、开创江苏各项事业发展新局面，必将产生重大而深远的影响，在江苏发展史上具有里程碑意义。

（二）关于高水平全面建成小康社会

这次省党代会的主题是“两聚一高”，其中，“高水平全面建成小康社会”是我省未来五年发展的目标定位。全面建成小康社会是我们党提出的第一个百年奋斗目标，国家提“全面建成小康社会”，我们江苏为什么提“高水平全面建成小康社会”？十八大明确提出“全面建成小康社会”，这是我们党向人民、向历史作出的庄严承诺。习近平总书记多次强调，2020 年要兑现目标。从江苏来说，我们的总体目标，要和国家大目标保持一致，也是到 2020 年全面建成小康社会，这是一个基本前提。当然，总书记也指出，十个手指不一般齐，不必划线。我们江苏作为东部沿海省份，基础比较好、发展比较快，如果我们跟着国家后面，简单地提“全面建成小康社会”，要求就显得低了。因此，结合我省的发展实际，省党代会提出，“不仅要确保如期全面建成，而且要高水平全面建成，建成一个贯彻新发展理念、体现强富美高要求、惠及全省人民的小康社会”。具体的内涵就体现为“六个更”，即经济发展更高质量、人民生活更加幸福、生态环境更加优美、文化发展更加繁荣、城乡区域更加协调、社会治理更加完善。

如何确保高水平全面建成小康社会？省党代会鲜明提出了“聚力创新、聚焦富民”，一个是提升发展水平的核心战略，一个是实现全面小康的根本要求，分别突出了发展的动力和发展的目的，这是今后五年我省的发展取向、工作导向、奋斗指向，也是我们最应干、能够干、必须干好的事情。李强书记在报告中要求，全省上下集中力量、集中资源、集中政策，在“两聚”上求大突破、见大成效，打开发展新天地，展示决胜全面小康的过硬成果。关于推进全面小康建设的举措，省党代会从七个方面作了系统部署，即“七个着力”：着力推动经济转型升级、着力提高农业农村发展水平，着力加强社会主义民主法治建设、着力提升文化软实力、着力保障和改善民生、着力推进生态文明建设、着力深化改革扩大开放。每个“着力”，都提出了重点任务、主攻方向和目标要求。下一步，我们要围绕“七个着力”，细化工作举措，有力有序推进，确保各项任务落到实处、见到实效。

（三）关于聚力创新

省党代会报告强调，高水平全面建成小康社会，必须把创新作为引领发展的第一动力，摆在发展全局的核心位置。如何聚力创新，一是要紧紧牵住科技创新这个牛鼻子，加快集聚高端要素、发展高端产业，着力形成以创新为引领的经济体系和发展方式。二是要推动全面创新，着力推进发展理念、体制机制等全方位、多层次、宽领域的大创新，让改革创新贯穿全省一切工作，成为江苏最鲜明的时代特征。三是要营造创新环境，各类企业要勇挑创新重担，各方面人才要施展创新才能，让创新成为全社会的自觉追求和共同行动，激发出高水平全面建成小康社会的强大动力。

（四）关于聚焦富民

报告指出，高水平全面建成小康社会，最直接、最根本的是提高广大老百姓的富裕程度和生活质量。如何聚焦富民，一是必须更加自觉地践行以人民为中心的发展思想，坚持把人民对美好生活的向往作为我们的工作追求，千方百计加快富民步伐，下大力气解决好事关群众切身利益的问题，切实帮扶困难群众和弱势群体，让百姓得到更多实惠，确保全省人民在小康路上一个不少、一户不落。二是必须顺应民生需求新变化，切实保障人民群众各方面权益，促进人的全面发展，让人民群众有更强获得感和幸福感。三是必须把生态文明建设作为全面小康的重要标杆，作为提升人民生活质量的重要内涵，着力改善生态环境，增加生态产品有效供给，切实增进人民群众的生态福祉。

（五）关于全面从严治党

省党代会报告指出，我省已进入全面建成小康社会决胜阶段，我们要赢得优势、赢得主动、赢得未来，必须把各级党组织建设得更加坚强有力，使广大党员干部的积极性得到充分发挥。报告从七个方面明确了坚定不移推进全面从严治党的任务要求。一是充分发挥党委总揽全局、协调各方的领导核心作用，有效实施党对各个领域的领导。二是坚持思想建党和制度治党紧密结合，坚定不移维护以习近平同志为核心的党中央权威。三是全面加强和规范党内政治生活，推动党员干部加强党性锻炼、提高党性修养。四是推动作风建设常态长效发展，毫不松懈抓好中央八项规定和省委十项规定精神落实。五是努力建设高素质干部队伍和人才队伍，认真落实“20字”好干部标准，深入推进人才发展体制机制改革和政策创新。六是建强党在基层的战斗堡垒，推动基层党组织建设全面进步、全面过硬。七是深入推进反腐倡廉建设，严格执行党章党规党纪，严格执行党内监督条例，加强巡视巡察，坚持有腐必反、有贪必肃，加快形成不敢腐、不能腐、不想腐的体制机制。

以上是我对省党代会精神的一些理解和体会。

下面，我想与大家交流第二个方面的内容，就是结合连云港和灌南的实际，谈一谈如何贯彻落实省党代会精神

“两聚一高”是江苏面向未来五年提出的发展目标，描绘的“六个更”发展图景，其核心要义就是发展水平要更高、群众获得感要更强。我们要紧紧围绕省党代会“两聚一高”的主题，加快改革创新和转型升级步伐，让发展更有质量；加快推动富民进程，努力增加居民收入，筑牢“百姓富”的底线，让发展更有温度。

（一）全力以赴抓投入、促发展。省党代会确立了“十三五”建成高水平小康社会的发展目标，习总书记对连云港更给予了“后发先至”的殷殷嘱托。目前我们和全省平均水平还有很大距离。去年连云港人均 GDP 48416 元，比全省平均低了 39579 元，差距很大，压力很大。发展是基础，不管是创新、富民，还是高水平全面建成小康社会，都离不开发展这个基础。对于连云港这样的苏北城市，狠抓发展，提升实力仍是重中之重的首要工作。当前，我们自身发展的基础越来越好，加快发展的条件越来越成熟。我们的交通基础设施越来越完备，高铁、新机场、港口 30 万吨级航道二期工程都在快速推进。以新医药为代表战略性新兴产业在总体偏紧的宏观形势下，仍保持了较快的发展速度，成为全市产业发展的突

出亮点。我们要用好这些有利条件，坚持“工业立市、产业强市”不动摇，全力抓好项目建设、招商引资、企业服务，壮大镇村经济，做强连云港经济实力，夯实发展基础。一要强化项目建设。一个地方的发展关键是看一年有多少高水平、高质量的有效产业项目投入。没有项目支撑，发展决心再大、开会表态再好也没用。要牢固树立没有投入就没有产出，没有投入就没有希望，今天的投入就是明天的后劲等理念，坚持狠抓项目投入，形成大投入、带来大产出，以此拉动当前发展、支撑长远发展。项目建设周期长，短时间内难以见效，我们要保持定力、心无旁骛，按照既定的路线，坚定不移抓项目、抓投入、抓产出，通过连续几年的艰苦努力，力争在抓项目上取得明显成效。同时，上项目要实实在在，质量要高，不要搞虚假数字，实打实地发展上去。上次市政府开经济专题会的时候，灌南排了个“1318”工程，2017年全县2000万元以上投资项目不少于100个，总投资不少于300亿元，2017年投资不少于180亿元。如果这些项目能实实在在落实到位，灌南的发展一定会上去。二要抓好招商引资。受宏观经济形势限制，目前招商引资确实面临着很大困难，许多企业投资愿望下降。但我们要正确对待这种严峻的形势，越是形势严峻，越是有良好的精神状态，人家用五分劲、八分劲，我们就用十分劲，紧盯目标，强攻突破。不管东南西北风，咬住招商不放松。坚持一、二、三产业并举，大中小项目齐上，国资外资民资协同推进，市县区镇开展联动，形成全方位推进招商引资的合力。同时要尽心尽力做好企业服务。对优势企业，我们要帮助企业提升产能，多生产、多销售、多贡献。对有市场的困难企业，我们要深入调研，分类施策，帮助企业渡过难关，激活企业潜力。对一些重污染、低产出的僵尸企业，我们要通过市场、法律、行政等手段逐步予以重组、淘汰，激活资产实际效用。三要壮大镇村经济。发展镇村经济是富民强基的重要途径，全面建成小康社会必须补齐镇村经济短板。要充分认识发展镇村经济的重要性、紧迫性，牢固树立“强县必先强镇、强镇必定强村”的理念，利用民资、调动民力、集中民智，厚实全县发展的“底盘”，做大全民共享的“蛋糕”，大力发展和繁荣镇村经济。要坚持市场导向、特色发展，立足镇村区位条件、资源禀赋、产业基础，培育壮大镇村经济。坚持项目为王、落地为上，加大招商引资和项目建设力度，力争更多的大项目好项目落户乡镇产业园区。要强化“互联网＋”意识，大力发展农村电商经济。积极发展乡村旅游经济，建设美丽村庄，增加农民收入。

（二）坚定不移抓创新、促转型。省党代会旗帜鲜明的提出“聚力创新”，我认为抓住了新常态下发展转型的核心支点，不仅仅对苏南等发达地区，对我们苏北地区来讲，同样具有十分重要的指导意义。长久以来，很多同志有一种“创新事不关己”的思想误区，认为创新是发达地区的“专利”，我们经济总量小、发展不充分，谈创新还为时过早。这种观念一定要扭转过来。发展不能老想着照抄照搬苏南的老路，苏南对工业的依存度太高，虽然过去取得了很大的成就，但也遇到了很多的问题。我们的发展不能停留在苏南传统路径上，要努力实现发展路径的创新。作为后发地区，想要实现跨越赶超，与发达地区同台竞技，唯有创新。我们要切实增强创新的紧迫感，既不能抱着“创新是发达地区做的事”这种事不关己的态度，也不能掉入跟在别人后面喊口号、炒概念的误区，必须立足自身实际，更加主动自觉地探索创新。一要推动产业转型升级。没有落后的产业，只有落后的技术，传统产业也有广阔的创新空间。要以创新推动传统产业转型升级，坚持把产业结构调整作为创新驱动发展的主攻方向，紧紧依靠科技创新推动产业向中高端水平攀升。前段时间省里开了“两减六治三提升”专项行动动员会，明确提出要大幅压减落后化工产能，并对不符合要求的化工园区，2018年底前取消化工园区定位。对此，我们要有紧迫感。要大力推进化工产业结构调整和转型升级，深入开展化工集中区环境问题整改落实，着力提高化工集中区产业层次，控制化工企业数量和规模，确保园区环境质量全面改善。加强化工园区废气污染治理，对废气污染严重，整改后仍不能达标的企业坚决关停。加大化工园区固废处理、综合管廊、雨水明渠、卫生防护距离内居民拆迁、集中供热等工程建设力度，尽快补齐生态短板。聚焦绿色、循环、创新发展，全面整治、打造化工园区，推动化工园区绿色可持续发展。二要拓展产业发展空间。工业是发展的基础，但是仅靠工业也是不够的，必须实现农业、第三产业同时发展，实现一二三产业并举。按照国际经验，随着经济的发展，第三产业的分量会越来越重。灌南是农业大县，农业发展具有很好的基础。我们要做大做强现代农业，做优现代农业品牌。要以实施农业现代化工程为重要抓手，在稳定粮食生产的基础上，大力培育优质稻米、食用菌、葡萄等主导产业，促进农业增效、农民增收。围绕打造农业全产业链，大力发展农产品加工、储藏、运销、物联网，促进特色农产品就地加工转化增值，力争农业现代化水平进入全省第一方阵。要围绕人的需求和企业的生产经营链，顺应“互联网+”的趋势，大力发展生活性和生产性服务业，丰富产业发展业态。要加快融入全市“大旅游”格局，依托“一湖五河”优势，大力发展乡村旅游经济。三要积极营造创新环境。一个地区的创新，关键要营造良好的创新环境。要突出企业的创新主体地位，培育企业创新梯队。立足优势领域，鼓励企业加大研发投入、攻关核心技术，以点带面、形成示范，引领各领域、各行业创新，提升区域整体创新水平。加大科技型中小企业培育，孵化优秀科技型企业，把这些科技小巨人企业培育成参天大树。要发挥园区创新的主阵地作用，加快建设创新型园区。加大专业园区建设支持力度，按照专业化、集群化发展原则，确定 1 — 2 个具有较强区域带动作用的产业集群，形成产业相对集中、服务能力较强、规模效应明显的科技企业聚集区，提升创新发展水平。要多措并举引进人才。围绕产业发展需求，积极引进人才，吸引更多的海内外高层次人才来我市对接洽谈，争取更多的复合型领军人才、高端专业人才、高级管理人才和高技能人才落户连云港、落户灌南。

（三）全心全意抓富民、促和谐。“聚焦富民”，强调发展成果的最终落脚点是人民群众。我们在审议党代会报告时，大家一个共同的感受是，江苏经济虽然比较发达，但老百姓总体上还不富，特别是我们苏北地区，一些地方确实还比较贫穷。这个现实情况决定了，我们必须把老百姓的“口袋”鼓不鼓，作为衡量高水平全面小康最核心、最直观的指标。从群众的视角来看，也是如此，GDP 翻了几番，老百姓是不关心这些数字的。因此说，不管发展到了哪一个阶段，我们都不能忘记，发展为了人民、发展依靠人民、发展成果由人民共享。这就要求我们必须更加自觉地践行以人民为中心的思想，坚持把人民对美好生活的向往作为工作追求，加快富民步伐，解决好事关群众切身利益的问题，切实帮扶困难群众和弱势群体，保障人民群众各方面权益，确保全市人民在小康路上一个不少、一户不落。一要增加百姓收入。努力扩大就业，支持全民创业创新，推动城乡居民收入较快增长。就业是民生之本，尤其要着力解决好就业创业问题。要千方百计增加就业，持续做好高校毕业生、城镇困难群体、农村转移劳动力、退役军人就业工作。我们连云港现在还是劳动力人口输出地区，每年还有几十万父老乡亲背井离乡在外打工，导致了很多留守儿童、留守老人。解决好我们老百姓的就业问题，努力让他们能够在家门口找到满意的工作，是我们各级党委政府义不容辞的责任。要把激发内生动力作为促进百姓增收的根本性举措，支持全民创业创新活动，促进创业带动高质量就业，推动居民收入增长与经济增长同步。通过引办重大项目、发展产业经济增加就业岗位，坚持以创业带就业，鼓励、支持、推动群众自主创业。重抓产业带动，培育壮大特色富民产业，开展乡镇经济发展 20 强、村级集体经济百强竞赛等活动，营造人心思富、人人争先的氛围。二是兴办民生实事。必须顺应民生需求新变化，切实保障人民群众各方面权益，促进人的全面发展，让人民群众有更强获得感和幸福感。核心是抓好公共服务供给水平的提升。要统筹推进教育、医疗、住房、养老等社会事业发展，围绕群众关心的热点难点，每年兴办一批民生实事，让群众得到更多实惠。每年的民生实事说到必须要做到，千万不要对老百姓放空炮，一定要把民生任务不折不扣的完成好。要坚持问题导向，针对连云港、灌南在民生、社会事业、生态建设等领域存在的短板，靶向发力、精准施策，既要抓紧补，更要补得实、补得好、补到位，不要把主要注意力放在时间提前上，要把注意力放在工作质量上，切实提高人民群众的满意度和获得感。三要打好脱贫攻坚战。李强书记指出，全面建成小康社会的重点难点在农村，确保人均年收入6000元以下的农村低收入人口脱贫，是高水平全面建成小康社会的一场硬仗。要在完成上一轮脱贫攻坚目标任务的基础上，扎实推进新一轮脱贫攻坚任务。要认真实施精准扶贫、精准脱贫，下大力气补短板、兜底线，集中优势力量，整合资金资源，多措并举推动沂河淌等重点片区产业发展、农民增收，特别是加大产业扶贫的力度，确保农村低收入人口与全市人民一道迈入小康社会。

（四）坚持不懈抓党建、转作风。蓝图已经绘就，部署已经明确，把蓝图变为现实、部署变成行动，关键是求真务实、真抓实干。李强书记在省委十三届一次全会上强调，要始终牢记习近平总书记"不忘初心、继续前进"的谆谆教诲，以强烈的使命感和责任感，以创新实干的实际行动，努力交出让党和人民满意的答卷，交出无愧于时代的合格答卷。我们要认真落实省党代会的决策部署，切实强化管党治党责任，把全面从严治党要求贯穿于全面小康建设全过程，落实到党的建设各方面，推动各级党组织更好地承担起团结带领全市人民高水平全面建成小康社会的历史重任。一要着力提振敢于担当的精气神。我们的发展还在路上，对照"两聚一高"的新要求，各方面工作任务艰巨繁重，尤其需要勇于担当，需要提振干部的精气神。前段时间，李强书记在宣讲时专门指出来，现在随着各方面约束的收紧，一些干部的积极性掉了下来。这种现象在连云港也不同程度存在。解决这个问题，必须从教育和制度两方面入手。教育上，要引导各级干部清醒看到纪律约束只会越来越紧、没有回头的可能，接受监督和约束只是回归到本来应有的常态。制度上，既要落实好约束性的规定，从严管理干部，又要健全正向激励和容错纠错机制，旗帜鲜明地为敢于担当的干部担当、为敢于负责的干部负责。二要着力弘扬求真务实的作风。李强书记反复强调求真务实，这四个字对于连云港实现更好更可持续的发展尤为关键。我们各级党组织要始终坚守埋头苦干、真抓实干、敢抓敢干、多谋善干的价值追求和工作作风，党组织负责人要以身作则团结带领全体党员，不搞形式主义，不做表面文章，不搞虚假政绩，不搞劳民伤财的形象工程。要始终突出发展经济、改善民生、建设家园三项重点工作，竭力抓发展，全力惠民生，量力搞建设，坚持以求真务实的作风促进和推动发展，秉持"功成不必在我"的理念，扎实做打基础利长远的工作，确保一张蓝图绘到底，保持工作的连续性和有效性。三要推动全面从严治党向基层延伸。现在反映基层党员干部的信访举报仍然较多，一些信访举报虽然有夸大之嫌，但也不完全是空穴来风。基层党员干部工作生活在群众身边，一言一行都事关党的形象，必须认真落实反腐败"老虎""苍蝇"一起打的要求，着力解决好基层的腐败问题。比如，村党组织书记手里掌握着不少资源，一些村书记作风简单，群众有反映。抓基层党的建设，也要把村书记作为重点对象，引导他们当好推动发展的领路人、造福群众的带头人、党的形象的代言人。

同志们，省党代会的主要精神就宣讲到这里。希望各级党员干部把思想行动统一到省党代会精神上来，以贯彻落实省党代会精神为引领，扎实做好改革发展稳定各项工作，为全市、全县高水平全面建成小康社会做出贡献。

文件选编

中国共产党连云港市执政实录（2016年）

市委文件选编

中共连云港市委　连云港市人民政府
关于落实发展新理念　建设“强富美高”新农村的实施意见

连发〔2016〕1号

（2016年3月18日）

农业农村是全面建成小康社会、实现现代化的重要基础，也是重点、难点所在。当前，经济发展进入新常态，农业农村发展的内外部环境发生深刻变化，一方面，新型城镇化加速推进，城乡居民消费结构加快升级，农村各项改革逐步展开，为“三农”发展提供了新的契机，另一方面，宏观经济增速放缓影响农产品需求增长和农民转移就业，农业资源环境约束趋紧，促进农民持续增收难度加大。我们要按照中央和省里要求，坚持“三农”工作重中之重地位不动摇，乘势而上，攻坚克难，进一步巩固和提升“三农”发展的良好态势。“十三五”时期，全市“三农”工作的总体思路和要求是：牢固树立创新、协调、绿色、开放、共享发展新理念，以推进农业现代化和农村全面小康建设为发展主线，以促进农民增收和增进农民福祉为中心任务，加快建设“强富美高”新农村、构建城乡发展一体化新格局，力争农业现代化进程达省平均水平，农民收入保持两位数增长，农村人居环境明显提升。

2016年是实施“十三五”规划的开局之年，是全面建成小康社会决胜阶段的起步之年。全市各级党委政府要全面贯彻中央、省农村工作会议和市委十一届十一次全会精神，紧密结合当地实际，切实加大政策支持、改革创新和工作推进力度，力争在加快发展现代农业上取得新成就，在促进农民持续增收上取得新突破，在建设社会主义新农村上取得新进展。主要目标是：农业现代化实现程度全省排名继续进位；农业招商引资和农业龙头企业培育取得新突破，规模以上农产品加工产值与农业总产值之比达到1.8:1；农产品出口继续保持全省前列；农民人均可支配收入增长10%；脱贫致富奔小康工程全面实施，12万农村低收入人口实现脱贫，40个村达到新“八有”标准；农村重点领域改革取得新进展；美丽乡村建设取得新成效，林木覆盖率达29.4%。

一、转变农业发展方式，加快建设现代农业强市

1.加强农业基础设施建设。实施藏粮于地、藏粮于技战略，全面划定永久基本农田，组织开展耕地质量提升行动，新增粮食高产增效万亩示范片90个。实施新一轮农田水利建设年，深入推进农业综合开发、灌区节水改造、区域河流治理、土地整治等工程，年底耕地有效灌溉面积达85%以上。全面推开并完成小型农田水利工程管理体制改革。按照“灌排设施配套、土地平整肥沃、田间道路畅通、农田林网健全、生产方式先进、产出效益较高”的总体目标，制定实施高标准农田建设规划，全年新增高标准农田 7.5 万亩，占耕地比重提高到 52%。

2. 引导农业适度规模经营。鼓励农民有序流转承包土地经营权，通过农田托管、联耕联种、代耕代种等多种形式，实现连片耕种，发展合作经营型、统一服务型农业适度规模经营。深入开展示范型家庭农场创建，放大辐射带动效应。以农民合作社规范化建设年为抓手，推动农民合作社强强联合、以强带弱，提升整体发展水平。支持农民以承包土地的经营权、资金、技术等生产要素入股，与农业龙头企业形成风险共担、利益共享的合作关系。实施农业社会化服务支撑工程，积极争取开展政府购买农业公益性服务机制创新试点。新型农业经营主体规模经营比重达 45%。

3. 提高农业物质装备水平。大力推进主要粮食生产全程机械化，加快高效设施农业机械化示范推广，农机化综合水平达 82%。加大粮食烘干中心建设力度，年内新建 30 个农机示范合作社。全面推广土地深松技术，改良土壤结构。启动实施“互联网 +”现代农业计划，加快发展“智慧农业”、“感知农业”。鼓励各县区与省内外涉农科研院校共建研发中心、试验基地，承担科研攻关课题，年底全市农业科技进步贡献率达到 63%。继续推进气象现代化建设，健全气象为农服务体系。积极推进国家级渔港建设。扶持发展远洋渔业，加快建设“海州湾海洋牧场示范区”。

4. 增强农业园区整体实力。以“一带一路”连云港农业国际合作示范区为重要载体，大力发展赣榆、东海、灌云、灌南和市郊现代农场五个合作园区，出口农产品生产、加工、物流、科技合作、种苗繁育及农业装备制造等六大基地，推动开放型农业再上新台阶。支持国家级现代农业示范区、省级现代农业产业园区转型升级，提升园区综合配套功能，增强示范带动能力。坚持全产业链发展理念，鼓励农业园区由种养殖向加工储藏、冷链物流等领域拓展，延长产业链条，提高经济效益。创新园区建设运营机制，加快由政府主导向市场化运作转变。新建全产业链现代农业园区 5 个，省级以上农业园区总产值达 76 亿元。

5. 保障农产品质量安全。严格农业投入品监管，健全从农田到餐桌的农产品质量和食品安全监管体系。加强农业面源污染治理，规范畜禽屠宰行业，推广生物有机肥、低毒低残留农药。建立农业灌溉水源检测制度。推进农业标准化生产，加快建立全程可追溯、互联共享的市级信息平台。支持农业标准化示范区、标准化规模养殖场、水产健康养殖场建设，建成畜禽、水产养殖标准化示范场 20 个。启动创建国家农产品质量安全市，争创国家地理标志保护产品，彰显港城生态农业特色。新增无公害、绿色、有机农产品 100 个，种植业“三品”产量比重达 48% 以上。

二、推动农村产业融合，健全农民增收长效机制

6. 加快发展镇村经济。镇村经济是发展农村经济的重要抓手，是农民增收致富的重要基础和保障。制定完善乡镇产业发展规划，根据发展基础、资源禀赋、交通区位等实际，宜工则工，宜农则农，宜游则游。抓好扩权强镇试点，赋予重点乡镇更多发展空间。组织开展乡镇经济发展二十强竞赛活动，落实奖惩措施，形成比学赶超、竞相发展的浓厚氛围。加强发展镇村经济在用地、用电等方面的政策扶持。用好省财政村级集体经济发展专项奖补资金，加大市县财政支持力度，壮大村级经济实力。深化城乡社区“减负增效”，控减村级负担。继续抓好村级集体经济发展“双百强”竞赛，加强村级工作绩效管理与考核，调动基层积极性。

7. 突出抓好农业龙头企业。坚持项目招引、本地培育双轮驱动，实施农业龙头企业数量倍增工程，力争三年时间市级以上农业龙头企业突破 300 家，今年新增销售超亿元企业 5 家。加大农业结构调整力

度，做大做强优质稻麦、设施蔬菜、畜禽水产、食用菌等产业，推动农产品初加工向精深加工、综合利用加工转变，提高农产品加工转化率和附加值，培育一批农产品深加工特色乡镇。加大产业链招商和现有企业扶持力度，鼓励农业龙头企业到涉农乡镇建基地、联农户，增强对产业发展和农民增收的带动能力。依托各类农业产业园区，做大做强一批农产品加工集中区，促进产业集群集约发展。

8. 加快发展农村电子商务。创新农产品流通方式，构建线上线下融合、农产品进城与农资和消费品下乡双向流通格局。研究制定扶持政策，培育农村电商经营主体和专业人才，推广“一村一品一店”模式，建设农产品电商示范村 50 个。加快构建市级农业信息大数据中心，运用电子商务大数据引导农业生产，促进农业特色产业与电子商务融合发展。积极筹建市级渔业电子商务平台。完善县乡村物流体系，加强商贸流通、供销、邮政等系统物流服务网络和设施的建设与衔接，降低农村物流成本。加快“新网工程”建设，争取年底初步建立具有一定规模的农村电子商务综合服务体系。

9. 大力培育休闲农业和乡村旅游。挖掘农村田园风光、乡土文化等资源，发展休闲度假、旅游观光、养生养老、农耕体验等业态，使之成为繁荣农村、富裕农民的新兴支柱产业。优化休闲农业和乡村旅游空间布局，培育壮大一批乡村旅游集聚区和特色鲜明的名镇名村。全面开展农业休闲观光旅游示范村创建，今年力争创建全国休闲农业与乡村旅游星级企业（园区）2 个、省级农家乐聚集村 1—2 个、市级休闲观光农业示范点 20 个。采取以奖代补、财政贴息等方式，改善乡村旅游重点村进村道路、信息网络、停车场、垃圾污水处理等基础服务设施，刷新对外整体形象。

10. 改善农民就业创业服务。健全城乡一体的职业培训补贴制度和就业援助制度，落实农民工工资支付保障长效机制。实施新生代农民工职业技能提升计划，开展农村贫困家庭子女、未升学初高中毕业生、农民工、退役军人免费接受基本职业技能培训行动，引导农村转移就业劳动者按需培训、适岗提升。研究出台培育新型职业农民的扶持政策，支持农村大中专毕业生、返乡农民工、基层农技推广人员等领办、创办经济实体，发展二、三产业。今年新培育农业科技示范户 1 万户以上，培训新型职业农民 3 万人。完善农民工参保和社保关系转移接续政策，畅通参保人员双向流动通道，依法保障农民工合法权益。

11. 构建扶贫开发长效机制。坚持精准扶贫、精准脱贫，制定新一轮农村扶贫开发规划，全面实施脱贫致富奔小康工程。对年收入 6000 元以下农村低收入人口建档立卡，对省定经济薄弱村挂钩帮扶，因户因村施策，确保年底 12 万人、40 个经济薄弱村脱贫。加大石梁河库区、沂河淌沿线重点片区整体帮扶力度，编制实施一批重点项目，进一步改善当地生产生活条件。选派新一批市委帮扶工作队。健全扶贫资金投入保障机制，吸引金融资源和社会资本支持扶贫开发，用足用好扶贫小额贷款政策。探索对低收入困难家庭和经济薄弱村实行资产收益扶持制度。

三、促进城乡协调发展，提升美丽乡村建设水平

12. 加强农村基础设施建设。完善城乡发展一体化规划体系，优化完成 59 个乡镇、15 个涉农街道、6 个农（林）场镇村布局规划。健全农村道路、供水等基础设施长效投入和管护机制，推动城乡基础设施互联互通、共建共享。加快农村道路提档升级步伐，重点推进农民新社区、农业园区和乡村旅游点道路联网，今年新改建农村道路 300 公里，改造桥梁 30 座，镇村公交开通率达 50%。继续实施农村饮水安全工程，提升农村供水水质检测服务能力，推进城镇供水设施向周边农村延伸，解决剩余 24 万农村人口饮水安全问题。加快农村信息基础设施建设，组织实施农村宽带设施提升计划，基本实现农村地区光纤宽带全覆盖。

13. 提高农村公共服务水平。促进县域义务教育资源均衡配置，推动城乡教师合理流动和对口支援，因地制宜保留并办好村小学和教学点。改善农村学校办学条件，年底国家信息化达标率提高到80%。加强社区卫生服务中心、乡镇卫生院等城乡基层医疗卫生机构建设，有条件的重点镇卫生院达到二级医院标准，新增省级示范卫生院（中心）6个。完善新农合大病保险制度，提高重特大病保障水平，人均筹资标准达到省定标准。推动乡镇敬老院转型为区域性养老服务中心，75%农村社区建有居家养老服务站。开展公共文化服务标准实施工作，推动农村基础文化体育设施提档升级，力争万人拥有公共文化设施1300平方米。

14. 改善提升农村人居环境。实施村庄环境整治提升行动计划，全面推广“六位一体”农村环境长效管护机制，新改建农村卫生户厕3.5万户，整治村庄河塘1592个，疏浚县乡河道88条。加快农村污水管网和小型生态处理设施建设，力争年底污水处理厂实现乡镇全覆盖。完善农村污水处理价格形成机制和财政扶持政策，保证污水处理厂正常运营。统筹城乡生活垃圾收运体系，农村覆盖率达80%。深入开展美丽乡村示范片区创建活动，注重乡土味道，保留乡村风貌，彰显港城特色，加快培育一批美丽宜居村庄。年内，新建成示范片区6个。加大湿地保护、绿化造林力度，创成全国绿化模范城市。提升农村民居设计水平，强化镇村建设规划许可管理，坚决杜绝乱搭乱建现象。

四、深化农村改革创新，增强农村发展内生动力

15. 深化农产品收储等领域改革。推进“放心粮油”工程,实现全市城乡“放心粮油”供应网点全覆盖。加快粮库提档升级和“智慧粮库”建设，完善地方储备粮承储、轮换管理制度，确保储备粮油数量、质量和存储安全。深化国有粮食企业改革，鼓励国有粮食龙头企业积极向生产领域延伸，引导符合条件的市场主体多元参与粮食收购。积极向上争取试点，探索完善种粮补贴政策，按照稳定存量、增加总量的思路，种粮补贴逐步向新型农业经营主体倾斜，重点支持耕地地力保护和粮食品质提升。深化供销合作社综合改革，推动供销合作社由流通服务向全程农业社会化服务延伸、向全方位城乡社区服务拓展，使之成为服务农民生产生活的生力军和综合平台。

16. 推进农村集体产权制度改革。以明晰农村集体产权归属、赋予农民更多财产权利为重点，探索农村集体所有制经济的有效组织形式和经营方式。基本完成农村土地承包经营权确权登记颁证工作。积极推进灌云县农村宅基地、农房统一发证试点，加快建立农村不动产登记体系。对进城落户农民，宅基地在自愿基础上探索实行有偿退出。制定农村产权交易市场规范化建设指导意见，提升县级交易平台运行质态，保障农村产权依法、自愿、公开、公正、有序交易。深化农村社区股份制改革试点，新增20个市级试点村，总结经验，适时推广。健全农村集体“三资”管理监督和收益分配制度。制定全市国有林场改革方案，力争明年上半年完成改革任务。

17. 深化农村金融改革创新。发展农村普惠金融，优化县域金融机构网点布局，构建多层次、广覆盖、可持续的农村金融服务体系。鼓励金融机构与新型农业经营主体建立紧密合作关系，探索产业链金融模式，加大对农村产业融合发展的信贷支持。鼓励发展涉农融资担保和再担保机构，为农业规模经营主体提供担保服务。引导农民资金互助合作社规范发展，推进农民专业合作社内部信用合作试点，健全风险防范机制。抓好东海县农村承包土地经营权抵押贷款试点工作，放大示范效应。丰富政策性农业保险险种，扩大高效设施农业保险覆盖面。支持涉农企业通过资本市场融资发展。

18. 推动乡村治理机制创新。完善村党组织领导的村民自治机制，积极探索民情恳谈会、社区听证等民主协商形式，依法保障居民知情权、参与权、决策权和监督权。深入推进“政社互动”，进一步厘清政府行政事务、部门委托事务与社区自治事务边界，推动政府依法行政和村民依法自治有效衔接，年底“政社互动”乡镇覆盖率达90%以上。全面推行农村社区社会治理网格化，加大新型农村社区建设投入力度，拓展就业社保、医疗卫生、民政事务、综治警务等便民服务项目，基本实现小事不出村。巩固城乡社区减负增效专项治理成果。推进政府购买公共服务，培育、扶持发展农村专业性、公益性和服务性社会组织，引导社会力量参与农村公共事务。

五、夯实重中之重地位，加强“三农”工作组织领导

19. 提高“三农”工作领导水平。各级党委政府要把“三农”工作放到全面建成小康社会大局中定位和谋划，在工作部署、资金投入、干部配备等方面予以倾斜，构建党委统一领导、党政齐抓共管、农村工作综合部门统筹协调、各部门各负其责的工作格局。明确年度重点工作，细化实施方案和责任分解，确保中央和省、市各项决策部署落实到位。尊重基层和群众首创精神，及时总结推广有益经验，更好指导面上工作。加强农村工作智库建设，健全决策咨询机制。各级党员干部要巩固和拓展党的群众路线教育实践活动成果，严格践行“三严三实”要求，重视并及时解决农村群众反映强烈的热点难点问题，不断提高为农服务本领。

20. 建立投入稳定增长机制。把农业农村作为财政支出的优先保障领域，落实各级财政的投入职责，确保力度不减弱、总量有增加。今年，市财政继续安排专项资金，支持“三农”发展。调整优化财政支农资金投向，更多地支持农业基础设施、现代农（渔）业园区、农机具购置、村级集体增收等农民广泛得益受惠的领域。拓宽投融资渠道，改变财政资金对农业生产经营性领域无偿投入的方式，通过贷款贴息、以奖代补、风险补偿等措施，发挥杠杆撬动效应，带动金融和社会资金投向农业农村。积极整合涉农资金，加快项目实施、预算执行和投资监管，提高资金使用效益，坚决杜绝挤占挪用、层层截留、虚报冒领涉农资金现象。

21. 加强农村基层党的建设。以“两学一做”主题教育为抓手，落实省委“六强六过硬”要求，进一步加强农村基层党建工作，发挥农村基层党组织的战斗堡垒作用和党员的先锋模范作用。创新完善农村基层党组织设置和活动方式，扩大组织覆盖和工作覆盖。结合农村党组织换届，加强镇村两级领导班子建设。打破地域、身份、职业界限，选优配强村级带头人。组织实施村级“四有一责”建设提升行动，向软弱涣散村党组织和贫困村党组织选派第一书记。严肃农村基层党内政治生活，加强党员日常教育管理。强化县乡村三级便民服务网络建设，多为群众办实事。建立市县乡党委书记抓农村基层党建责任清单、问题清单和整改清单。

22. 健全督促考核评价体系。建立专项督查、联合督查、定期督查和第三方评估机制，综合运用任务分解、跟踪检查、定期通报、考核奖励等多种办法，推动农村政策落实到位，重点项目顺利有序推进，“三农”发展目标如期实现，让农民群众更多得益受惠。强化绩效管理，加大督查推进力度，把涉及群众切身利益的政策措施落实情况和推进农业供给侧改革的重点工作，作为年度督查工作的重要方向，切实提高工作的针对性和执行力。注重工作创新和经验推广，进一步创新思路、创新政策、创新方法，提高“三农”工作科学化水平。

中共连云港市委关于推进社会主义文艺繁荣发展的实施意见

连发〔2016〕7号
（2016年2月19日）

为深入贯彻落实习近平总书记在文艺工作座谈会上的重要讲话和中央、省委《关于繁荣发展社会主义文艺的意见》精神，结合我市实际，现就加强和改进文艺工作，推进文艺繁荣发展提出如下实施意见。

一、指导思想

全面贯彻落实中央及省委关于繁荣发展社会主义文艺的意见要求，紧紧围绕“四个全面”战略布局在连云港的实践，依靠广大文艺工作者，以创作生产优秀作品为中心环节，深入实践、深入生活、深入群众，努力提升文艺创造力、传播力、影响力，推出更多文艺精品、文艺人才和文艺品牌，不断满足人民精神文化需求，加快建设文化强市，为推动国际化海港中心城市建设提供强大的价值引导力、文化凝聚力和精神推动力。

二、全面实施文艺繁荣发展八大工程

1. 实施文艺精品提升工程。常态化开展“深入生活、扎根人民”主题实践活动，完善扶持政策和长效保障机制，建立多种类型的“采、创、送、种”创作基地和联系点，为文艺工作者蹲点生活、挂职锻炼、采风创作提供必要的工作条件和成果展示便利。精细化组织重大题材重点作品的创作生产，加大对市重点文艺创作专项资金的投入，扩大专项资金扶持的门类范围。制定各艺术门类中长期创作规划，以实施精神文明建设“五个一工程”为龙头，抓好以中国梦、“一带一路”建设、重大先进典型等为主题的现实题材、以红色文化为主题的重大题材、以连云港历史文化、资源禀赋为主题的地域题材和以百姓生活为主题的民生题材作品创作。加强市剧本中心建设，实施剧本孵化计划，加强与国内外知名编导、团队合作，推出一批在全国有影响的影视剧、纪录片精品，加大对文艺作品衍生产品的开发力度。进一步增强文艺评论的导向功能，发挥各文艺评论组织作用，广播、电视、报纸、网络等媒体在办好人文类专题专栏基础上，开好文艺评论板块，褒优贬劣、激浊扬清，引导创作、提升审美。

2. 实施地方戏曲振兴工程。健全戏曲艺术保护传承工作体系，实施抢救性、数字化记录和保存。加强对戏曲创作的组织策划，精心培育戏曲编导人才，夯实剧本基础，扶持大型戏曲剧目的创排与演出。加大各级政府购买力度，建立优秀新创剧目市、县区、乡镇巡演补贴机制。加大对戏曲院团创作及人才培养经费投入力度，探索建立艺术学校教育与戏曲表演团体传习相结合的人才培养体系。持续开展连云港戏剧节、淮海戏周末剧场、五大宫调专场音乐会等活动，推进“互联网 + 戏曲”等新兴文化传播平台建设，培育戏曲演出市场和年轻消费群体。扶持小微型戏曲表演团体发展，鼓励引导社会力量支持戏曲传承发展。

3. 实施传统文化传承工程。加强历史文化遗产传承保护体系建设，组织连云港文脉整理和研究，编纂出版《连云港文化史》《连云港艺文录》。深入挖掘西游记文化精神内涵，持续打造西游记文化品牌，推出西游记主题系列文化产品，组织“画说美猴王”等西游记文化弘扬传播活动，打造港城代表性的地域文化标识。积极扶持优秀传统文化校园传承工作,在中小学广泛开展“童心里的诗篇”“经典·悦读”“诚信·友善”等主题实践活动，用健康向上的优秀少儿作品和活动，弘扬中华美德和中华美学精神，传承中华文化基因。广泛开展“翰墨薪传”书法研习、“中华诗词之市（县）”创建等活动，推进优秀传统文化进机关、进企业、进社区、进村镇、进军营活动，不断提升市民的文明素质和文化修养。

4. 实施群众文艺强基工程。深入实施“送文化”与“种文化”系列惠民活动，用好各类新闻媒体、电子书阅读机等载体，强化博物馆、美术馆、图书馆、市文化艺术中心、新世界文化城、广播影视城等重点场所服务功能，发挥文化馆（站）、群艺馆、妇幼活动中心、青少年宫、文化广场、基层综合性文化服务中心等群众文艺阵地作用，因地制宜举办各种展映展播展演展览和群众性品读鉴赏传唱活动及文艺志愿服务活动。完善繁荣群众文艺工作机制，开展文艺知识普及活动，提高全民文艺鉴赏水平。加强对社会文艺团体、文艺骨干的扶持引导，鼓励群众自发组织文艺社团，鼓励群众文艺与旅游、科技、体育等相关产业相结合。广泛开展群众文艺创作活动，展示群众文艺创作成果，打造群众自我表现、自我教育、自我服务的载体。着力推进群众文艺“十百千”工程，“十三五”期间，培育二十个群众文艺活动特色品牌、百个群众文艺优秀团体和千名群众文艺骨干。按照谁主管谁负责和属地管理原则，加强对各类文艺阵地的管理，做到守土有责、守土负责、守土尽责，绝不给错误文艺思潮和不良文艺作品提供传播渠道。

5. 实施网络文艺繁荣工程。鼓励推出优秀网络原创作品，推进传统文艺和网络文艺创新性融合，引导网络文学、网络音乐、网络戏剧、网络演出、网络动漫和微电影等新的文艺类型繁荣有序发展。对重点网络文艺创作项目纳入市财政扶持引导和市重点文艺奖项评奖激励范畴。市各文艺家协会积极吸纳网络文艺工作者入会，有条件的成立网络文艺家学会，壮大网络文艺创作群体。利用重点网站、微博微信、移动客户端等载体，促进优秀文艺作品多渠道传输、多平台展示、多终端推送。加强内容管理，创新管理方式，规范传播秩序，让正能量引领网络文艺发展。

6. 实施文艺品牌培塑工程。推出一批可传承、可交流、具有连云港特色、在全国全省有一定影响的文艺品牌。进一步做强东海版画、灌南魔术、《连云港文学》等文艺产品品牌，持续培育连云港文化艺术展示季、“云梦印象”摄影展、“师法自然”写生展、“华韵四季”民族音乐会等文艺成果展示品牌，着力做优郭沫若诗歌奖、连云港之夏、西游记文化节、东海水晶节、徐福文化节、连云港沙滩音乐节等文化节庆活动品牌,努力打造江苏女子民族乐团、王咏梅音乐工作室等文艺团队品牌。围绕建党 95 周年、新中国成立 70 周年、改革开放 40 周年等重大历史节点，策划、组织一批重点文艺活动，形成声势、形成影响。

7. 实施文艺人才雁阵工程。制定出台连云港市高层次文化人才队伍建设意见，建设一支门类丰富、结构合理、富有活力的高层次文化人才队伍。继续实施“四个一批”人才工程，落实文艺人才“推”“扶”“育”“引”计划，对德艺双馨的文艺领军人物和高素质文艺人才通过建立工作室、开设媒体专栏专访、项目资助等形式进行“推”；对优秀中青年文艺人才通过师徒传承、高校进修、分期举办专场专展等途径进行“扶”；对基层文艺人才通过实施素质提升计划，分期分批培训进行“育”；对戏剧、影视编导等稀缺文艺人才通过项目合作、下订单签约等柔性方式进行“引”。加强文艺工作者思想道德建设，组织开展“我喜爱的文艺工作者”评选活动，实施重大文化项目首席专家制度，实施青少年艺术修养提升计划，完善文艺人才职称职务评聘措施和办法，鼓励相关院校与文化企事业单位共建培养基地。

8. 实施文艺交流互鉴工程。呼应“一带一路”战略，建立完善文艺走出去、请进来交流机制，重点做好与日本、韩国、哈萨克斯坦等丝绸之路沿线国家的人文交流。组织江苏女子民族乐团等优秀团队到丝绸之路沿线国家及地区巡演巡展，组织作家、艺术家到丝绸之路沿线国家进行交流互鉴，充分利用伍江数码澳洲播放平台，推进连云港文艺走出去，增强连云港文艺的对外影响力。组织国外经典文艺作品在连云港展览展演，形成连云港文艺开放包容的良好局面。

三、加强和改进党对文艺工作的组织领导

1. 加强组织领导。各县区委要切实担负起政治责任和领导责任，把文艺工作纳入重要议事日程，加强宏观指导，把好文艺方向，提高创作生产的组织化程度，防止把文艺创作生产完全交由市场调节的倾向。各县区政府要把文艺事业纳入经济社会发展总体规划，纳入考核评价体系，落实市委市政府支持文艺发展的政策，制定支持文艺发展具体措施，设立文艺创作专项资金，不断加大文艺事业投入力度。各级党委宣传部门要发挥统筹指导作用，充分调动各方面力量做好文艺工作，形成党委统一领导，宣传部门牵头抓总，文化、广电、报业、教育、文联等部门和团体协同推进，社会各方面力量积极参与的文艺工作新格局。

2. 完善机制保障。深入推进文化事业单位改革，深化国有文艺院团改革，积极探索有利于激发活力、壮大队伍、巩固阵地的管理新体制和创作生产新机制。进一步完善市重点文艺创作项目扶持办法，制定市优秀文艺成果奖励办法，围绕扶持戏曲传承发展、影视剧创作、网络文艺发展等制定出台系列政策意见和办法。逐步建立健全文艺创作生产资助体系，加大对市内原创文艺产品的购买力度，鼓励和引导社会力量参与文艺创作生产和公益性文化活动。进一步规范文艺类评奖活动，提高评奖的公信力和影响力。建立健全反映文艺作品质量的综合评价体系，把量化指标与专家评价、群众认可统一起来，推动文艺健康发展。开辟优秀文艺人才引进“绿色通道”，进一步完善优秀文艺人才培育使用机制。

3. 发挥文联等部门作用。各县区委、区政府、市直有关部门要加大对文联的支持保障力度，配强文联领导班子，完善机构编制，加大对文艺家创作、排练、展演展览等场所建设及各文艺家协会活动的扶持，切实支持文联履行团结引导、联络协调、服务管理、自律维权职能，在行业建设中发挥主导作用，扩大工作覆盖面。各县区宣传、文化和文联等部门要在项目申报、展演展示、评比奖励等方面创造条件，在发展会员、职称评定等方面提供便利，更好地团结、服务、引导新的文艺组织和文艺群体。文联要完善工作机制，改进工作作风，更好地团结凝聚广大文艺工作者，充分调动一切积极因素，营造有利于文艺创作的良好氛围，为繁荣发展社会主义文艺，建设文化强市做出新贡献。

中共连云港市委　连云港市人民政府 关于推进脱贫致富奔小康工程的实施意见

连发〔2016〕8号

（2016年2月29日）

“十二五”期间，全市扶贫开发工作取得明显成效，到2015年底，46.1万农村低收入人口整体实现脱贫，254个经济薄弱村基本实现新“八有”和集体经济年经营性收入达15万元增收目标，农村贫困地区基础设施条件明显改善，富民产业逐步形成，社会事业发展明显进步，农村贫困人口生活水平有了较大改善。农村扶贫开发为促进美丽乡村建设、城乡发展一体化、构建和谐港城发挥了重要作用。

当前，我市扶贫开发已从消除绝对贫困进入消除相对贫困的新阶段，扶贫开发任务仍然十分艰巨。农村低收入人口持续稳定发展的能力还不强，有效防止因病、因残、因灾等致贫返贫的长效机制不健全，石梁河库区等经济薄弱地区加快发展的根本性制约因素尚未消除，农村贫困现象成为全面建成小康社会的“短板”。为消除农村相对贫困现象、全面建成小康社会，现就“十三五”时期实施脱贫致富奔小康工程，提出如下意见。

一、进一步明确实施脱贫致富奔小康工程的总体要求

深入贯彻习近平总书记扶贫开发系列重要讲话精神和中央、省决策部署，围绕“减少相对贫困、缩小收入差距、促进共同富裕”的目标定位，牢固树立“抓扶贫开发就是抓经济发展，抓经济发展就是抓扶贫开发”的大扶贫理念，坚持扶贫开发和经济社会发展相互促进、到户到人精准帮扶和重点片区整体帮扶紧密结合、扶贫开发和社会保障有效衔接，切实加大工作力度，创新体制机制，确保脱贫致富奔小康工程取得如期成效，力争在探索脱贫路子、健全脱贫机制、深化精准扶贫、加快脱贫进度、提高脱贫水平方面取得更显著成效，为全面建成小康社会奠定坚实基础。

根据省定任务要求，确保2019年全市40.4万农村低收入人口人均年收入达到6000元，149个经济薄弱村实现新“八有”，村集体经营性年收入达到18万元，2020年作为巩固提高期，以县为单位基本建立缓解相对贫困的长效机制。石梁河库区、沂河淌沿线等重点帮扶片区生产能力明显提升，乡村经济实力明显增强、面貌显著改善，基本公共服务主要指标接近全市平均水平。省级重点帮扶县分批退出。新一轮扶贫开发工作的原则是坚持党委领导、政府主导，坚持精准扶贫、精准脱贫，坚持群众主体、造血为主，坚持标本兼治、创新机制，坚持基础先行、产业化带动。

二、进一步落实推进脱贫致富奔小康工程的重点举措

（一）实施产业扶贫脱贫工程

1.发展特色优势产业。2016年，以县区为单位完成特色产业发展规划，每个镇村都要选定符合当地实际的特色经济项目，不断提高贫困地区土地产出率、资源利用率和劳动生产率。发挥市农发集团等农业投融资平台的引领作用，到经济薄弱地区流转农村土地、发展规模经济。强化相关支持政策，统筹使用涉农资金，培育壮大优质粮油、设施园艺、规模畜禽、特色水产、花卉苗木等富民产业。支持市农科院等科研单位、市县国有平台与经济薄弱乡镇合作，建立农产品生产、加工和流通基地，促进农村一二三产融合发展。大力招引和培育壮大各类农产品加工企业，通过产业化发展，带动农业结构调整、农产品基地建设和农民增收。支持农户以承包土地经营权、资金等入股，与农业龙头企业形成产权合作关系，分享企业发展红利。制定推动电商扶贫的实施意见，培育农村电商等新型流通业态，培育发展“一村一品一物业”，促进农产品产销直接对接，带动低收入农户增收。

2. 大力推进生态扶贫。牢固树立创新、协调、绿色、开放、共享发展理念，积极探索和推进生态扶贫，建立生态环境保护和农民增收双赢的长效机制。启动实施退耕还林（草）试点，降低耕作强度，加强植被保护；合理规划、布设区域生产道路、沟渠系统，改造坡耕地，减少水土流失。市、县两级设立生态补偿基金，通过财政贴息、以奖代补等方式，鼓励农户发展用材林、经济林、水源涵养林等，在保护生态的同时增加农户收入。支持经济薄弱地区依托当地青山绿水等生态资源，发展休闲农业和农家乐等乡村旅游业，增加农民就业，拓展增收渠道。

3. 探索资产收益脱贫。创新财政资金使用管理方式，对财政专项扶贫资金和其他涉农资金投入设施农业、养殖、光伏发电、乡村旅游等项目形成的资产，具备条件的可折股量化给当地经济薄弱村和低收入农户，享受收益权。做好扶贫资产确权工作，对实现脱贫的农户要给予一定巩固期优惠持股，期满后收归村集体经济组织持有管理，促进扶贫资产滚动发展、长期发挥效益。对于利用扶贫资金发展物业的，其收益要划出一定比例用于本地低收入农户分配。支持农民合作社和其他经营主体通过土地托管、吸收农民土地经营权入股等方式，带动低收入农户增收脱贫。每年选择不少于 10 个村开展社区股份制改革。

（二）实施区域扶贫脱贫工程

4. 突出重点片区开发。石梁河库区是省级集中连片扶贫开发地区，沂河淌沿线地区是市级集中连片扶贫开发地区。抓紧完成两大片区扶贫开发总体规划编制工作，以规划引领片区整体开发。两大片区所在县区党委政府要组成工作班子进入乡镇推动规划实施，市、县区各部门要加大对口支援力度。省、市帮扶工作队进驻重点帮扶。充分发挥省“五方挂钩”成员单位和市各后方单位作用，建立片区开发联席会议制度，定期召开帮扶联席会议，推动片区整体帮扶规划实施。全面完成塔山泵站、引淮入石泵站建设，沂河淌沿线地区启动实施一批产业项目。各级实施的实事工程和民生工程优先安排到集中连片贫困地区，加快改善当地群众生产生活条件。

5. 加大基础设施投入。2016 年，实施基础设施项目 103 个，总投资 5 亿元以上。加大农村公路投入，规划建设赣榆至东海、东海至灌云、灌云至灌南的西部以及灌南灌云至大岛山的东部县际公路，打通贫困地区相对封闭的对外道路。岗岭地区推广管道送水、农田滴灌等节水技术，因地制宜建设塘坝、小型水库等水源工程，低洼地区建立强排系统。加快推进农网改造升级，提升农网供电能力和供电质量。加强农村信息网络建设，宽带网络覆盖全部经济薄弱村。

6. 壮大镇村经济实力。按照整合资源、以强带弱的思路，因地制宜发展农副产品深加工、商贸物流等产业，加快打造一批工业强镇、现代农业大镇和乡村旅游名镇，提高脱贫带动能力。制定出台扶持经济薄弱村发展的意见，在用水用电、土地指标等方面予以支持。深化村集体经济发展“双百强”竞赛活动。用好省财政 60 万元 / 村的发展集体经济项目奖补资金，以项目建设带动村级稳定增收。支持村集体领办土地股份合作社，发展现代特色农林业，或创办劳务合作社等服务实体，拓宽村集体经济增收渠道。

鼓励村集体经济组织开发利用存量集体经营性建设用地，盘活闲置资源，因地制宜发展物业经济。引导村集体以集体资产资源参股农民专业合作社和优势企业，发展混合所有制经济项目，探索村集体经济新的实现形式。继续实施经济薄弱村债务化解工作。“十三五”期间，经济薄弱村集体经济收入年均增幅10% 以上。

（三）实施知识扶贫脱贫工程

7. 加强教育支持脱贫。组织实施教育扶贫行动，确保低收入农户子女都能接受学前及义务阶段教育，阻断贫困代际传递。健全经济薄弱地区学前教育资助制度，帮助低收入农户幼儿接受学前教育。合理布局农村中小学校，落实义务教育学校办学标准，改善义务教育薄弱学校基本办学条件。加强乡村教师队伍建设，推动城乡教师合理流动和对口支援。落实建档立卡家庭经济困难学生普通高中免除学杂费政策。大力发展中等职业教育，让低收入家庭子女免费接受职业教育。加大对低收入农户大学生的救助力度，实现家庭经济困难学生资助全覆盖，确保低收入农户适龄子女不因贫困失学。对低收入农户未就业的高校毕业生提供就业支持。组织实施好统战部门“光彩事业”、共青团“圆梦行动”、妇联“春蕾圆梦工程”等计划，有针对性地对贫困学子开展助学活动。

8. 促进转移就业脱贫。以发展经济解决就业为重点，围绕城市经济用工需求和农村产业结构调整，实施低收入农户职业技能培训工程，使适龄农村劳动力至少掌握一门致富技能，对有劳动能力的低收入人口培训实现全覆盖，每年培训转移就业 1 万人。市农业、农经部门要建立网上发布平台，集中宣传农业新科技、富农新知识、涉农新政策，形成线上线下互动交流新机制。因地制宜推进乡镇工业集中区和村级创业点建设，引导低收入农户就地就近转移就业。对低收入农户特殊困难劳动力，实施政府购岗扶持就业。加大对经济薄弱地区农民工创业的政策扶持，鼓励引导有条件的农民自主创业、返乡创业，以创业带动就业。加快培育新型农业经营主体，定期轮训合作组织理事长、家庭农场主等规模农业负责人，提高经营管理水平，增强脱贫致富带动能力。

9. 积极开展科技扶贫。继续组织百名科技专家进驻镇村开展科技帮扶行动。加强农村基层农技推广体系建设，稳定农技人员队伍，推动公益性服务与经营性服务相结合。以“五有”乡镇农技推广综合服务中心创建为抓手，进一步健全完善市县乡村农业技术服务网络，建立农技专家定点帮扶、定期辅导机制。支持农业科技企业领办农村科技服务超市，带动合作社、农户发展乡村特色产业。研究制定促进农业科技成果转移转化的扶持政策，深化与省内外高等院校、科研院所的务实合作，在各产业园区建立科研转化基地，培育壮大优势产业。深入推行科技特派员制度，开展创业式扶贫服务。

（四）实施民生扶贫脱贫工程

10. 开展医疗救助脱贫。落实国家实施健康扶贫工程要求，保障低收入人口享有基本医疗卫生服务，努力防止因病因残致贫返贫。人社、卫计、民政部门要提高城乡居民基本医疗保险和大病保险制度实际筹资水平，门诊统筹全面覆盖所有经济薄弱村。对符合条件的建档立卡低收入人口参加城乡居民基本医疗保险个人缴费部分，由医疗救助基金全额补贴。将符合条件的低收入人口全部纳入重特大疾病救助范围。对城乡居民基本医疗保险、大病保险和医疗救助支付后自负费用仍有困难的，加大慈善救助帮扶力度。对低收入人口大病实行先诊疗后付费的结算机制。加强健康教育，大力提高农村医疗卫生服务水平，严格落实新生儿疾病筛查、妇女“两癌”免费筛查、孕前优生健康免费检查等措施，最大限度降低残疾婴儿出生率。

11．完善社保兜底机制。进一步完善城乡居民基本养老保险制度，引导农村低收入人口积极参保续保，逐步提高保障水平，有效减少因老致贫返贫。健全最低生活保障标准动态管理机制，适时调整保障标准，并按脱贫时限要求，建立农村低保标准与扶贫标准衔接时间表。对无法依靠产业扶持和就业帮助脱贫的低收入农户实行政策性保障兜底，应保尽保。对家庭生活困难、靠家庭供养且无法单独立户的成年无业重度残疾人，经个人申请，可按照单人户纳入最低生活保障范围。加强农村低保和扶贫开发数据的互联互通、资源共享，实现动态监测管理。全面实施临时救助制度，鼓励社会各界开展慈善救助活动，帮助低收入农户解决特殊困难。提高农村特困人员供养水平，改善供养条件。

（五）实施社会扶贫脱贫工程

12. 健全社会力量参与机制。发挥“10·17”全国扶贫日社会动员作用，弘扬中华民族传统美德，鼓励和支持民营企业、社会组织、个人广泛参与扶贫开发。对参与农村扶贫开发的企业、社会组织和个人，依法保障享受相关税收优惠政策。注重发挥各民主党派、无党派人士在智力扶贫上的优势，探索建立挂钩帮扶制度。组织“百名企业挂百村、万名干部帮万户”活动。实施扶贫志愿者行动计划，构建扶贫志愿者服务网络。大力发展慈善事业，鼓励支持各类慈善组织广泛开展扶贫济困。构建社会扶贫信息服务平台，打造扶贫公益品牌，全面及时公开扶贫捐赠信息，提高社会扶贫公信力和美誉度。健全留守儿童、留守妇女、留守老人和残疾人关爱服务体系。

13. 强化金融扶贫支持。完善扶贫小额贷款贴息奖励政策，落实建档立卡低收入农户单笔贷款额度由1万元提高到2万元政策，满足低收入农户发展生产经营需要。抓好东海县土地承包经营权抵押融资试点，探索解决农民抵押贷款难、资产处置难问题。引导商业性、政策性、开发性、合作性等各类金融机构加大对扶贫开发的金融支持。支持在经济薄弱地区设立村镇银行、小额贷款公司等机构，规范发展农民资金互助组织，扩大农民合作社信用合作试点。支持经济薄弱地区设立政府出资的融资担保机构，重点开展扶贫担保业务。扩大农业保险覆盖面，支持经济薄弱地区发展特色农产品保险。

三、进一步强化脱贫致富奔小康工程的组织保障

（一）强化扶贫开发责任。实施脱贫致富奔小康工程，县区党委政府承担主体责任，各县区和有扶贫任务的乡镇党政主要领导是第一责任人。要把扶贫开发摆上各级党委政府重要议事日程，扎实做好项目落地、资金使用、人力调配、推进实施等工作，确保如期实现目标任务。要层层签订责任状，分解落实帮扶责任，各县区每年向市委、市政府报告一次脱贫进展情况。有扶贫开发任务的乡镇，要普遍设立扶贫开发工作站（办），并做到有人员、有场所、有制度、有经费保障。完善扶贫联系点制度，及时会办脱贫难题。制定出台党委政府扶贫开发工作成效考核办法。建立扶贫督察员制度，对工作不力的，启动问责程序。加强对扶贫开发工作绩效的社会监督，开展群众满意度调查，探索建立第三方评估机制。

（二）健全精准帮扶机制。严格落实农户申报、公开评议、复核审查、张榜公布等程序，精准识别帮扶对象，严禁虚报瞒报。逐村逐户分析致贫原因，建立管理台账，务求工作到村、帮扶到户、责任到人。对建档立卡低收入人口定期全面核查，实行有进有出的动态管理；完善低收入人口脱贫认定机制，已实现脱贫的，脱贫致富奔小康工程实施期间，继续享受原相关扶持政策，巩固脱贫成果。健全“1+1”农户帮扶机制，一个低收入农户至少有一名党员干部结对，不脱贫、不解对。建立“1+3”村级帮扶机制，确保一个经济薄弱村有一名市、县区或乡镇领导挂联，有一个后方单位帮扶，有一名帮扶队员派驻。继续选派村“第一书记”和科技专家下乡，帮助经济薄弱村理清发展思路，指导农业结构调整，拓宽农民增收渠道。

（三）加大扶贫资金投入。增加财政扶贫资金投入，逐步与本地经济发展水平和扶贫任务相适应。从2016年起，市级财政和有扶贫任务的县区财政每年要安排不少于1000万元扶贫专项奖补资金用于扶贫开发工作。各类涉农资金要优先支持经济薄弱村。积极推广政府与社会资本合作、政府购买服务等模式，加强扶贫资金使用管理，强化财政监督检查和审计，确保专款专用、发挥效益。对扶贫资金虚报冒领、截留私分、贪污挪用、挥霍浪费等违法违规行为，坚决从严惩处，严肃追究直接责任人和单位主要负责人责任。

（四）夯实农村基层组织建设。把扶贫开发与组织建设结合起来，充分发挥农村基层党组织的战斗堡垒作用。配齐配强基层党建工作力量，加强经济薄弱乡镇领导班子建设，选配政治素质高、工作能力强、熟悉“三农”工作的干部担任乡镇党政主要领导，注重选拔优秀村党组织书记、大学生村官进乡镇班子。结合村“两委”换届，集中整顿经济薄弱村软弱涣散党组织，鼓励引导思想好、作风正、能力强、愿意为群众服务的优秀年轻干部、退伍军人、大学生村官等到经济薄弱村任职，重点培养使用，增强村党组织凝聚力和战斗力。完善村级组织运转经费保障机制，建立村干部薪酬增长激励机制，调动村干部干事创业积极性。市县区联动抓好镇村干部培训，每年对全市所有乡镇、村党组织书记轮训一遍。

（五）强化务实法治氛围。各级党委政府要全面贯彻《江苏省农村扶贫开发条例》，严格落实各项法规规定，在规划编制、项目安排、资金使用、监督管理等方面，不断提高规范化、制度化水平。各级领导干部要自觉践行党的群众路线，深入基层一线走访调研，带着感情、带着责任开展帮扶，把严的要求、实的作风贯穿于扶贫开发工作始终。各部门、各相关单位要发挥职能优势，主动服务经济薄弱地区发展，积极向上争取政策、项目，协调帮扶资金，以实际行动参与扶贫开发工作，力求不断取得更大成效。对扶贫开发做出突出贡献的单位和个人，要加大宣传力度，并根据有关规定予以表彰奖励，发挥社会导向作用。

中共连云港市委　连云港市人民政府
关于加快中哈（连云港）物流中转基地和上海合作组织
出海基地建设的实施意见

连 发〔2016〕9号
（2016年2月29日）

为贯彻落实党中央、国务院关于“一带一路”建设战略规划和江苏省“一带一路”交汇点建设实施意见，充分发挥我市作为新亚欧大陆桥经济走廊重要节点城市优势，现就加快建设中哈（连云港）物流中转基地、上海合作组织出海基地（以下简称“两基地”），制订实施意见如下。

一、重要意义

国家“一带一路”战略规划提出支持连云港建设中哈（连云港）物流中转基地、上海合作组织出海基地，这赋予了连云港在“一带一路”建设中新的战略地位和历史使命。加快“两基地”建设，有利于更好地主动融入国家全方位对外开放战略，打造国际经济合作走廊，畅通新亚欧大陆桥国际通道；有利于更好地深化与中西部地区的互动合作，拓展对内对外开放新空间，在更大范围内集聚要素资源，在更深层次上融入国际经济体系；有利于更好地在新战略背景下统筹东陇海经济带、江苏沿海地区的开发建设，全面增创连云港后发崛起新优势，推进“一带一路”交汇点核心区、先导区建设。

二、总体要求

（一）指导思想

以中国特色社会主义理论体系为指引，深入贯彻习近平总书记系列讲话精神特别是对江苏“一带一路”交汇点建设的新要求，认真落实党的十八大和十八届三中、四中、五中全会精神，充分发挥区位、交通、资源等禀赋，放大向东开放优势，做好向西开放文章，努力畅通新亚欧大陆桥国际通道，建成多式联运的全国性综合交通枢纽，不断提升国际物流综合服务能力，着力实现临港工业突破，建成中哈物流中转基地，基本形成上合组织出海基地的体系布局，“一带一路”交汇点核心区先导区的地位作用更加凸显，新亚欧大陆桥经济走廊重要节点城市竞争力和影响力不断增强。

（二）坚持原则

一是规划引领，科学发展。以“一带一路”战略规划为指引，按照“市场导向、有序开发”的原则，进一步优化“两基地”功能布局，循序渐进拓展发展空间，科学规划物流产业发展体系，全面提升物流及相关产业发展质量和效益。

二是改革驱动，创新发展。吸收借鉴经济新常态下改革创新成功经验，积极探索“两基地”开发建设新模式，创新多国间物流与相关产业的融合联动发展模式，促进投资贸易便利化，优化招商引资硬软环境，加快口岸综合改革，提升通关便利化水平。

三是拓展功能，转型发展。加快以港口为核心的“公铁水空管”立体综合交通体系建设。培育高端物流服务模式，提升物流增值服务水平，加快向集合物流、商贸、金融、信息于一体的供应链综合物流服务体系转变，构建“一带一路”交汇点综合交通枢纽和区域性国际物流中心。

四是开放合作，联动发展。依托新亚欧大陆桥，持续加强与“一带一路”沿线国家和地区合作，促进东西双向投资合作和共建共赢，创新政策机制，优化激励措施，吸引国内外各类生产要素和企业参与“两基地”开发建设，构建新亚欧大陆桥国际物流合作平台。

五是绿色生态，智慧发展。树立绿色物流发展理念，推进物流节能环保新技术应用，推动“两基地”绿色、低碳、可持续发展。坚持以信息化为主要手段，加强先进智能技术和大数据分析的应用与推广，实现“互联网 + 物流”运营模式，提高“两基地”信息化水平。

三、目标定位

（一）功能布局

作为上海合作组织出海基地的先导示范性工程，中哈（连云港）物流中转基地将着力打造成为哈萨克斯坦等“一带一路”沿线国家和地区提供综合物流服务的国际中转基地，并为上合组织其他国家与我市开展物流经贸合作提供可复制的经验和模式。重点建设物流场站、哈国粮食储运中心、铁路装卸场站、大宗商品交易中心、保税仓库、霍尔果斯无水港、“霍尔果斯—东门”经济特区无水港等项目，形成“一园三区”功能布局，即以连云港核心区、新疆霍尔果斯物流场区、哈国东门物流场区构成的中哈国际物流园。

上海合作组织出海基地以全面打造兼具国际物流、贸易和进出口加工等功能的便捷高效出海口为目标，大力推进海陆空多式联运的全国性综合交通枢纽建设，建成服务上合组织国家及“一带一路”绝大多数国家的国际物流综合服务基地、新亚欧大陆桥运输合作政策机制创新示范基地、跨境贸易和国际产业合作发展基地，形成“一体系四功能区”的基地布局，即：以组合大港、铁路枢纽、空港等为重点的综合交通运输体系，以上合物流园、各港区后方物流园为重点的物流仓储服务区，以综保区、保税物流中心、保税仓库、多式联运监管中心为重点的海关特殊监管区，以市开发区、徐圩新区、赣榆柘汪为重点的临港产业区，以区域性国际商务中心为核心的商贸集聚区。

（二）发展目标

中哈物流中转基地——到 2017 年，一期物流场站年均货物转运量突破 25 万标箱，二期哈国粮食储运中心散粮筒仓建成投用，三期上合物流园铁路装卸场站、大宗商品交易中心、保税仓库项目启动建设，四期新疆霍尔果斯物流场站启动建设，哈国“霍尔果斯—东门”经济特区无水港项目实现合作运营，初步形成东西“双引擎”发展格局。到 2020 年，建成连云港和新疆霍尔果斯、哈国东门特区物流设施和业务的链式布局，形成“东西双向、重去重回、高效快捷”的陆桥对流运输体系和具有较强国际竞争力的陆海联运通道及服务品牌，推动基地业务功能从货物装卸、仓储、运输逐步扩展到保税、加工、贸易等多个方面，成为中哈两国经贸物流合作的示范平台，向中亚、西亚、日韩及东南亚等“一带一路”沿线地区的辐射带动作用更加明显。

上合组织出海基地——到 2017 年，连云港港 30 万吨级航道二期工程、30 万吨级原油码头开工建设，港口吞吐能力达到 1.8 亿吨，港口航线总数突破 70 条，其中集装箱航线突破 60 条，海铁联运量保持年均 10% 稳定增幅，“连新亚”、“连新欧”国际班列加密开行。开工建设新机场、陇海铁路客运专线徐连段，推进交通基础设施互联互通。获批连云港综合保税区，在省统一领导下，开展自由贸易港区申建。

临港产业实现突破，开工建设炼化一体化项目、精品钢基地等。上合物流园建设初具规模，建成中外运货物集散中心、保税物流中心二期工程、物流信息中心等项目，开发面积达到 15 平方公里，园区物流量达到 2600 万吨，各类商贸交易额达到 90 亿元。到 2020 年，多国参与基地建设的良好格局基本形成，上合组织国家（成员国、观察员国、对话伙伴国）参与出海基地建设的承担主体不少于 8 家，一批出海基地建设配套政策机制形成。多式联运的综合交通运输体系基本建成，海铁联运突破 30 万标箱，“连新亚”、“连新欧”班列成为国际物流知名品牌，两翼港区后方物流园高效运营。港航功能实现全面提升，建成 30 万吨级航道、30 万吨级原油码头，港口吞吐能力达到 2.1 亿吨，航线总数达到 80 条。临港产业实现重大突破，炼化一体化项目、精品钢基地初见成效，基地对我市“三新一高”产业发展支撑作用明显，本地货源占比港口货物吞吐量超过 20%。大陆桥商贸集聚区吸引力显著增强，区域性国际商务中心、结算中心对大陆桥商贸承载功能增强。海关特殊监管区运营良好，综保区。保税物流中心、保税仓库等功能完善。上合物流园建设取得重大进展，基础设施基本建成，物流商贸产业加快集聚，开发面积达到 27 平方公里，园区物流量规模达到 6500 万吨，各类商贸交易额达到 230 亿元。

四、重点任务

（一）构建综合交通枢纽，提升互联互通能力

一是提升港口通过能力。持续推进组合大港基础设施建设。加快深水航道建设，建成连云港港 30 万吨级航道二期工程，实现 30 万吨级航道直达连云、徐圩港区，15 万吨级航道通达赣榆港区，5 万吨级航道通达灌河港区。推进专业化泊位建设，新建成万吨级以上泊位 20 个，新增综合通过能力 1.2 亿吨，建成使用连云港 30 万吨级原油码头，建成徐圩港区防波堤、赣榆港区防波堤二期工程，建成连云港区旗台液体化工泊位等码头工程。加快现有码头设施智能化、自动化改造。做强上海国际航运中心北翼，进一步加密航线航班，投资新建滚装船、做精做优中韩客货滚装班轮航线，根据上合组织国家物流需求设计新辟航线，“十三五”期间，港口集装箱航线突破 70 条，干线港建设取得突破，港区间的海上联通更加紧密。

二是强化陆上运输能力。铁路方面，加快推进陇海客运专线徐连段、连淮扬镇、连盐、连青等快速铁路建设，加快连盐铁路徐圩港区、赣榆港区进港铁路支线及上合物流园铁路专用线建设，加强港区与外围骨干铁路网衔接。公路方面，建成北疏港高速公路、徐新公路，加快推进 S509 徐圩疏港南通道、S245 赣榆疏港公路等道路建设，实现干线公路直通进港。管道方面，争取中亚油气管道延伸至赣榆港区，建成徐圩港区液体散货公共管廊工程，连云港区至上合物流园的带式输送机系统工程。合理控制连云港区南疏港通道货运流量，逐步引导重点利用东疏港通道及上合物流园集疏港。

三是提升空中运输能力。着力构建区域性国际空港，“十三五”期间建成使用连云港新机场，实现一类口岸开放；建立新机场集疏运体系，优化完善航线网络，开辟日韩航线、巩固深化港澳台和东南亚航线、拓展连云港经乌鲁木齐至哈萨克斯坦及周边国家的国际航线，力争国内国际航线增至 25 条以上，打造联通国内外重要城市的“空中丝绸之路”。

四是完善海河联运网络。完成连申线灌河航道整治工程，推进徐宿连运河前期工作，提升内河航道疏港能力，畅通衔接“一带一路”与长江经济带的内河干线航道，构建“一港四线”海河联运格局。通过烧香河—盐河—京杭大运河联系淮安、扬州、镇江及长江流域地区，通过善后河—古泊河—京杭大运河联系宿迁、徐州等苏北地区，通过灌河—盐河—连申线联系盐城、南通及长江流域地区，通过烧香河—

盐河—苏北灌溉总渠—淮河联系皖北、豫东地区，海河联运量年均突破400万吨。通过发挥连云港独特作用,“十三五”末在江苏境内推动形成“江河湖海联动、铁水空管并进”的综合物流运输格局,助推“一带一路”与长江经济带联融合发展。

（二）提升陆桥运输功能，打造国际联运品牌

一是提升新亚欧大陆桥运能。发挥铁路支线直通四大港区和物流园区的优势，着力提升班列运行规模和质量。争取中哈两国铁路公司提升合作层次，降低陆桥运输成本，扩大班列运输货物品种、来源地和对陆桥沿线地区的覆盖面。力争至“十三五”末，集装箱“五定班列”开行密度加大，“连新亚”、“连新欧”成为新亚欧大陆桥精品班列,大宗资源、能源产品中转过境量增加,海铁联运规模年均达到3000列。

二是优化大陆桥运输组织。优化集装箱“五定班列”运行径路，实现陇海兰新沿线重点城市全覆盖。优化过境货物进出境流程，简化国际中转、集拼和分拨等业务进出境手续，提高运输换装效率，加强新亚欧大陆桥沿线国家东行货源组织，在沿线口岸开办重箱回程业务，逐步形成良性循环运行格局。

三是深化大陆桥运输合作。落实《上海合作组织成员国政府间国际道路运输便利化协定》，积极参与铁路合作组织和国际铁路联盟活动，争取国家层面加快整合并提升新亚欧大陆桥合作协调机制，推动跨境多式联运单证标准化，浮动调整过境和出口货物运价，确保陆桥运输通道畅通高效。加强连云港集装箱铁水联运发展研究，争取省相关部门支持，以铁水联运为重点申报国家级多式联运示范工程。

（三）统筹物流园区开发，构建现代化物流链

一是建立物流产业体系。提升物流园区发展层级，根据省政府即将出台支持上合组织（连云港）国际物流园建设发展的相关政策，推动上合物流园优先申报成为省级和国家级示范物流园区，推动园内多式联运示范工程优先纳入省和国家专项规划。优化基础物流服务功能，充分利用两翼港区后方物流园，加快发展以大宗商品交易、保税物流、加工包装、商贸交易等为主的增值物流服务，积极培育具有技术先进性、信息密集性和附加值高、产业关联度大的供应链金融、跨境电商、大数据平台等高端物流服务，辐射港口、产业、城市联动发展。

二是集聚物流发展业态。依托“连新亚”、“连新欧”国际班列，推进重点贸易、物流企业在上合物流园设立商贸物流、工业物料仓储、城市快递分拨等集聚中心。深化拓展上合组织国家食品、肉类等货源市场,依托大陆桥过境运输,集聚发展冷链物流产业项目。围绕中亚国家资源禀赋,重点发展有色金属、矿石、食品加工等产业。

三是创新物流服务模式。大力推进“区港一体化”，合理消化短倒费用，有效降低物流成本。大力发展以港口为核心的“公铁水空管”多式联运，进一步创新物流监管方式，充分用好海关多式联运监管模式，提高物流运作效率和服务水平。开展“通报通放、快检快放、即查即放”试点，设立第三方检验鉴定机构。积极争取在提高保税物流中心经营能力的基础上叠加综合保税功能。

（四）搭建对外开放平台，做大国际商贸物流

一是着力扩大东西双向开放。按照“以点带面，从线到片，逐步形成区域合作”的思路，全方位促进开放合作。西向以中哈物流基地和上合物流园为载体，以铁路班列和无水港为依托，拓展与哈国铁、欧亚资源等中亚、西亚企业合作，业务范围拓展向加工、配送、保税等增值服务拓展。东向以港口为平台，海运航线为网络，用好中韩、中澳自贸协定以及中国－东盟自贸区等建设机遇，强化与日本、韩国重点港口的战略合作，加密至新加坡、伊朗、巴西等东南亚、中东及南美地区航线。主动复制上海自贸区成

功经验，落实推广投资管理、贸易便利化、金融和政府监管等改革试点经验。

二是积极打造国际商贸载体。加快建设大陆桥国际商务中心，尽快形成并构筑商品贸易承载功能，建立健全境内外、双多边联动招商机制，加强与各经贸代表处的沟通联系。加快建设徐圩新区丝路国家展贸中心、上合组织国家特色产品保税展示交易平台，提升连云区保税商品交易展示中心功能。开展能源产品、工业原料和大宗农产品国际贸易。鼓励发展融资租赁、转口贸易和中转集拼等业务，形成新的货物贸易增长点。积极提升中国（连云港）丝绸之路国际物流博览会举办层次和品牌影响力，打造成为丝路沿线国家物流贸易交易展示新平台。

三是大力发展跨境电子商务。积极参与跨境电子商务综合试验区和上合组织电子商务联盟建设，搭建大宗商品交易中心，申报大宗商品交易所。加快发展面向上合组织国家和日韩的跨境电子商务，搭建大宗商品国际贸易交易平台、支付平台、政务平台、物流平台。加强智能技术和大数据分析的应用与推广，开展“直购进口”、“零售出口”试点，积极推进国际电子商务认证结算业务，为跨境电子商务业务提供良好的支付环境。

四是推动商贸物流集成化运营。以信息化为主要手段，推动构建覆盖“一带一路”沿线国家和地区的商贸物流信息网络，并实现与商贸、口岸等信息平台的互联互通，形成“一带一路”商贸、物流大数据信息中心。加强国际贸易、跨境电商和国际物流的信息共享和业务流程对接，实现国际商贸交易和港口物流及航空物流的衔接和集成化运营。

（五）加大改革创新力度，促进贸易投资便利

一是加快口岸综合改革。全面提升口岸单位对“两基地”综合服务能力，推进赣榆、徐圩港区口岸正式开放和灌河港区临时开放，争取“十三五”末港口对外开放泊位达到60个。加快电子口岸建设，建立部门间共享的口岸信息化平台，实现申报、审批、查验、放行等各通关环节业务电子化。深化“三互”（信息互通、监管互认、执法互助）和“三个一”（一次申报、一次查验、一次放行）口岸改革，全面建成“单一窗口”。加快新国际航运中心规划建设，提升港航物流服务能力。

二是推进跨区跨境通关便利。大力推进区域通关一体化，完善陇海兰新铁路沿线海关协作机制、新亚欧大陆桥检验检疫合作机制和“港地联动合作共赢”检验检疫合作机制，实现跨区域口岸互助共享。加强与上合组织国家及日韩等国口岸部门的联系，深化中韩陆海联运，发展国际甩挂运输，建立过境、进出口货物联合监管机制、过境检验检疫应急处置机制、进出口商品查验信息互通机制，实现过境货物便捷通关，提升协作区域整体通关效能。

三是积极争取自由贸易港区。连云港综合保税区尽快获批并封关运作。争取恢复汽车整车进口口岸资质，用好启运港退税政策。用好海关特殊监管资源，复制推广国内自贸区的投资、贸易、金融和综合监管制度等多项改革举措，构建国际投资服务促进体系，拓展国际中转、国际配送、国际采购和国际转口贸易四大功能。积极开展先行先试，争取在外商投资资本金结汇管理方式改革、外资准入农产品加工及流通服务领域开放政策、航运金融服务业开放政策等领域改革，推动自由贸易港区申建工作。

（六）推动临港产业集聚，促进国际产能合作

一是建立进出口产品加工基地。加快发展临港工业，建设上合组织国家进出口产品加工产业园，打造具有上合组织国家进出口贸易特色的有色金属制品及机械设备类产品进出口加工贸易平台。创新国际临港加工发展模式。积极发展临港加工制造产业，进一步延伸出海口物流增值链，发挥港口物流、商贸

交易对加工制造的带动作用。

二是建立国际产业合作平台。推进“一带一路”连云港农业国际合作示范区建设，打造农业国际合作平台、农产品加工贸易基地、现代农业科技创新载体。争取全省钢铁、石化产业向连云港转移集聚政策，加快推进连云港炼化一体化项目，建设具有国际竞争力的世界级石化产业基地。做大做强航运物流、旅游文化、商贸会展等现代服务业，建设有色金属、木材、农产品等专业化的大宗商品国际交易平台。

三是推动重点行业国际产能合作。加快“走出去”步伐，推动落实省政府与哈国铁战略合作协议，加大哈国“霍尔果斯—东门”经济特区无水港合作经营和工业区投资力度。引导和支持本市医药、化工、机械等骨干企业开拓国际市场，在境外设立资源能源合作开发基地、生产加工基地。积极推动“引进来”，在国际物流、航运服务、海陆联运、海铁联运等专业服务领域，降低投资门槛，扩大对外开放。

（七）健全金融服务体系，提升支撑发展水平

一是提升跨境金融服务能力。争取丝路基金和省“一带一路”投资基金支持。争取国外金融机构在连云港设立网点或分支机构。发展跨境金融中介服务，建立便捷高效的跨境资金结算、票据贴现、信托投资和国际保险等投融资服务体系。实施积极的金融优惠政策，吸引跨国企业总部入驻，建立整合贸易、物流、结算等功能的营运中心。

二是争取跨境人民币业务试点。研究复制深圳前海、新疆霍尔果斯、苏州工业园区、昆山深化两岸产业合作试验区等先行先试地区成功经验，争取跨境人民币创新业务试点，推进开展跨境人民币结算业务。

三是推动金融创新发展。围绕港航、贸易结算，开发港口项目融资、港口资产证券化等业务模式，发展国际港航保险业态，组建专业物流金融公司，建立流动资产评估体系，搭建港航物流企业与银行的交流平台，提高物流金融服务效率。

（八）建立合作协调机制，畅通国际交流渠道

一是推动健全大陆桥国际协调机制。发挥新亚欧大陆桥国际协调机制作用，推动设立陆桥运输准入机制，规范从事大陆桥国际运输企业和多式联运企业的资质、实力以及信誉标准。推动建立陆桥运输行业诚信机制，培育一批具有国际竞争力的陆桥运输龙头企业。

二是推动建立跨国企业间合作平台。发挥货代协会、物流协会等作用，拓展物流业务空间。以业务发展为导向，推动建立江苏沿海港口企业与大陆桥运输企业战略合作联盟，形成务实高效的业务沟通和合作机制，实现上合组织国家相关物流企业、商贸企业、生产企业、信息服务企业等市场主体间的合作共赢。

三是加强与上合组织国家务实交流合作。进一步建立与国际友好组织、政府机构的工作联系，争取上合组织国家在连云港设立办事处和商务机构，并缔结一批新的友好城市。争取上合组织高端会议、培训活动在连召开。推动省市层面与上合组织秘书处的高层会晤，推动建立省政府与哈国铁的定期会晤机制。推进建立新亚欧大陆桥安全走廊国际执法合作机制，建设国际执法安全合作论坛永久会址和“一带一路”国际执法安全培训研究中心。

五、保障措施

（一）强化组织领导。成立由市主要领导任组长的“两基地”建设领导小组，定期召开领导小组会议，协调解决“两基地”建设中的重大事项、重要问题。市各有关单位要明确责任，主动靠前服务，积极与

上级相关部门对接，争取政策、项目建设、资金投入等方面支持，确保各项政策措施落实到位。

（二）强化政策支持。强化规划引领，制订全市物流产业发展规划，争取“两基地”相关建设项目纳入国家、省“十三五”专项规划。加大用地保障，对“两基地”建设重点项目实行“优先供地、快速审批”，在计划指标分配上给予倾斜支持。优化审批流程，将符合条件的土地、环保等行政审批事项纳入市级审批。加大财税支持，加快设立省市共同参与的上合组织（连云港）国际物流园发展基金；市级财政对“两基地”基础设施建设给予专项资金支持，对入驻企业及投资项目给予专项产业引导资金支持，对“两基地”发展出台系列扶持政策。

（三）强化人才支撑。重视顶层设计，加快“两基地”智库建设。制定“两基地”高层次创新人才引进办法，重点在国际范围内引进外向型经济、招商引资、国际物流、资本运作、信息金融、法律服务等高端人才。充分利用驻连高校，开展订单式合作，加强外经、外贸、外语等应用性人才培训培养。

（四）强化督查考核。围绕“两基地”建设重点任务和重大项目，明确节点目标和责任分工，制定推进计划和评估方案，加大工作目标考核和督查力度，并纳入年度目标考核体系，建立健全奖惩制度，严格责任追究，形成真抓实干、多谋善干、层层抓落实的良好局面。

（五）强化宣传引导。创新宣传形式和载体，重视发挥新媒体作用，加强在国内外主流媒体的宣传力度，及时反映“两基地”建设情况。充分利用国际国内相关论坛展会、学术研讨、项目研究等平台，加大推介推广，提升“两基地”的国际影响力。

印发《关于深化市管企业负责人薪酬制度改革实施意见》的通知

连发〔2016〕10号

各县区委、人民政府，市委各部委，市各委办局，市各直属单位，驻连部省属单位：

《关于深化市管企业负责人薪酬制度改革实施意见》已经市委、市政府研究同意，现印发给你们，请结合实际认真贯彻执行。

中共连云港市委

连云港市人民政府

2016年3月18日

关于深化市管企业负责人薪酬制度改革实施意见

为进一步加强市管企业负责人收入分配管理，加快形成合理有序的收入分配格局，促进市管企业持续健康发展，根据省委、省政府《关于深化省管企业负责人薪酬制度改革实施意见》（苏发〔2015〕27号），结合我市实际，现就深化市管企业负责人薪酬制度改革提出如下意见：

一、总体要求

（一）指导思想

认真贯彻落实党的十八届三中全会关于合理确定并严格规范国有企业管理人员薪酬水平精神，适应国有资产管理体制和国有企业改革进程，按照企业负责人分类管理要求，综合考虑企业负责人的经营业绩和承担的政治责任、社会责任，建立符合市管企业负责人特点的薪酬制度，规范企业收入分配秩序，实现薪酬水平适当、结构合理、管理规范、监督有效，促进企业持续健康发展，推动形成合理有序的收入分配格局。

（二）基本原则

——坚持国有企业完善现代企业制度的方向，健全市管企业负责人薪酬分配的激励和约束机制，将物质激励与精神激励相结合，强化市管企业负责人的责任，增强企业发展活力。

——坚持分类分级管理，建立与市属企业负责人选任方式相匹配、与企业功能性质相适应的差异化薪酬分配办法，严格规范市管企业负责人薪酬分配，市属企业市场化选聘的职业经理人实行市场化薪酬分配机制。

——坚持统筹兼顾，形成市管企业负责人与企业职工之间的合理工资收入分配关系，合理调节不同行业企业负责人之间的薪酬差距，促进社会公平正义。

——坚持政府监管与企业自律相结合，完善市属企业薪酬监管体制机制，规范收入分配秩序。

二、适用范围

（三）本意见适用于市属企业中的市管负责人，包括企业的董事长、党委书记、总经理（总裁）、监事长（监事会主席）以及其他副职负责人。

本意见所称市属企业，是指由市政府代表国家履行出资人职责的国有独资或国有控股企业。

三、合理确定薪酬结构和水平

（四）市管企业负责人的薪酬由基本年薪、绩效年薪、任期激励收入三部分构成。

（五）基本年薪是指市管企业负责人的年度基本收入。市管企业主要负责人基本年薪根据上年度市管企业在岗职工平均工资的 2 倍以内确定，原则上每年核定一次；其他副职负责人的基本年薪依据其岗位职责和承担风险等因素，按本企业主要负责人基本年薪的 0.6 至 0.9 倍确定，合理拉开差距，具体倍数由市属企业董事会研究确定，并报薪酬审核部门备案。

（六）绩效年薪是指与市管企业负责人年度考核评价结果相联系的收入，以基本年薪为基数，根据年度考核评价结果并结合绩效年薪调节系数确定。

市管企业负责人年度考核评价系数最高不超过 2。

绩效年薪调节系数主要根据企业功能性质、所在行业以及企业总资产、营业收入、利润总额、从业人员等规模因素确定，最高不超过 1.5。参与市场竞争程度高的企业绩效年薪调节系数应高于参与市场竞争程度低的企业；规模大的企业绩效年薪调节系数应高于规模小的企业。

根据企业功能或行业特点，经批准可适当调整基本年薪和绩效年薪的比例。

市管企业负责人年度综合考核评价为不胜任的，不得领取绩效年薪。当年本企业在岗职工平均工资未增长的，市管企业负责人绩效年薪不得增长。

（七）任期激励收入是指与市管企业负责人任期考核评价结果相联系的收入，根据任期考核评价结果，在不超过企业负责人任期内年薪总水平的 30% 内确定。

市管企业负责人任期综合考核评价为不胜任的，不得领取任期激励收入。因本人原因任期未满的，不得实行任期激励；非本人原因任期未满的，根据任期考核评价结果并结合本人在企业负责人岗位实际任职时间及贡献发放相应任期激励收入。

四、完善综合考核评价办法

（八）建立综合考核评价制度。坚持经济效益和社会效益相统一，对市管企业负责人履职情况进行全面综合考核评价，并加强综合考核评价与经营业绩考核的衔接，在加强经营业绩考核的同时，加强履行政治责任、社会责任等情况的考核评价，体现以德为先、全面担当。

（九）改进经营业绩考核。加强对市管企业负责人年度和任期经营业绩分类考核，根据企业功能性质定位突出不同考核重点，科学设置考核指标，合理确定考核目标，实行定量与定性分析相结合、横向与纵向对比相补充的考核办法，规范考核程序，严格考核管理。

五、规范薪酬支付和管理

（十）市管企业负责人薪酬按照薪酬审核部门核定的薪酬方案支付。基本年薪按月支付。按照先考核后兑现的原则，绩效年薪按考核年度一次性兑现。任期激励收入实行延期支付办法，任期考核完毕后当期支付 50%，次年支付 50%。

对任期内出现重大失误、给企业造成重大损失的，根据市管企业负责人承担的责任，追索扣回部分或全部已发绩效年薪和任期激励收入。追索扣回办法适用于已离职或退休的市管企业负责人。

（十一）市管企业负责人在下属全资、控股、参股企业兼职或在本企业外的其他单位兼职的，不得在兼职企业（单位）领取工资、奖金、津贴等任何形式的报酬。

市管企业负责人不得在国家和省、市规定之外领取由地方政府或有关部门发放的奖金及实物奖励。

（十二）市管企业负责人因岗位变动调离企业的，自任免机关下发职务调整通知文件次月起，除按当年在企业负责人岗位实际工作月数计提的绩效年薪和应发任期激励收入外，不得继续在原企业领取薪酬，工资关系不得保留在原企业。

市管企业负责人因工作变动离开原岗位但工资关系按规定保留在原企业的，自任免机关下发任免通知文件次月起，其工资收入参考本企业同岗位负责人的基本年薪确定，除按当年在企业负责人岗位实际工作月数计提的绩效年薪和应发任期激励收入外，不得继续领取绩效年薪和任期激励收入。

（十三）市管企业负责人达到法定退休年龄退休，按规定领取养老金的，除按当年在企业负责人岗位实际工作月数计提的绩效年薪和应发任期激励收入外，不得继续在原企业领取薪酬。

（十四）市管企业负责人的薪酬在财务统计中单列科目，单独核算并设置明细账目。市管企业负责人薪酬应计入企业工资总额，在企业成本中列支，在工资统计中单列。

市管企业负责人离任后，其薪酬方案和考核兑现个人收入的原始资料至少保存 15 年。

六、统筹规范福利性待遇

（十五）市管企业负责人按照国家、省有关规定参加基本养老保险和基本医疗保险。

市管企业负责人所在企业按国家、省规定建立企业年金的，其缴费比例不得超过国家、省统一规定的标准，企业当期缴费计入企业负责人年金个人账户的最高额不得超过国家、省有关规定。

市管企业负责人所在企业按国家、省规定建立补充医疗保险的，其缴费比例不得超过国家、省统一规定的标准，企业负责人补充医疗保险待遇按规定执行。

（十六）企业为市管企业负责人缴存住房公积金比例最高不得超过 12%，缴存基数最高不得超过市统计局公布的上一年度职工月平均工资的 3 倍。

（十七）市管企业负责人享受的符合国家、省规定的企业年金、补充医疗保险和住房公积金等福利性待遇，应一并纳入薪酬体系统筹管理。应由个人承担的部分，由企业从其基本年薪中代扣代缴；应由企业承担的部分，由企业支付。

市管企业负责人不得在企业领取其他福利性货币收入。

七、健全薪酬监督管理机制

（十八）市人社局会同市委组织部、市发展改革委、市财政局、市政府国资委等部门，负责指导和监督市管企业负责人薪酬分配，拟订薪酬管理政策，审核认定年度市管企业在岗职工平均工资，统筹协调不同行业市管企业负责人绩效年薪调节系数，调节不同行业市管企业负责人薪酬水平。

（十九）市委组织部牵头负责对市管企业负责人的综合考核评价工作。市财政局会同市委宣传部负责市管文化传媒企业负责人的经营业绩考核和薪酬水平审核；市政府国资委负责其监管的市管企业负责人的经营业绩考核和薪酬水平审核。

市管企业负责人薪酬审核结果及福利性待遇等情况由薪酬审核部门报市人社局备案，其他市属企业负责人、市各部门管理企业负责人的薪酬及福利性待遇等情况由有关部门按要求报市人社局备案，由市人社局汇总报告市政府。

（二十）健全企业内部监督制度。将市管企业负责人薪酬制度、薪酬水平、补充保险等纳入厂务（司务）公开范围，接受职工监督。发挥公司制企业股东大会、董事会、监事会等对市管企业负责人薪酬分配的监督作用。

（二十一）建立健全薪酬信息公开制度。上市公司的市管企业负责人薪酬水平、福利性收入等薪酬信息，按照上市公司信息披露管理办法向社会披露；未上市企业的市管企业负责人薪酬信息，参照上市公司信息披露管理办法向社会披露。薪酬审核部门每年将其审核的市管企业负责人薪酬信息通过政府门户网站等渠道向社会公开披露，接受社会公众监督。

（二十二）市人社局、市政府国资委会同市委组织部、市财政局、市审计局、等部门对市管企业负责人薪酬制度实施过程和结果进行监督检查。

市管企业负责人存在违反规定自定薪酬、兼职取酬、享受福利性待遇等行为的，依照有关规定给予纪律处分、组织处理和经济处罚，并追回违规所得收入。市管企业负责人因违纪违规受到处理的，减发或全部扣发绩效年薪和任期激励收入。

（二十三）薪酬审核部门在审核市管企业负责人薪酬时违反相关规定的，依照有关规定给予相关责任人纪律处分和组织处理。

八、加强组织实施

（二十四）市政府成立深化国有企业负责人薪酬制度改革工作领导小组（办公室设在市人社局），负责组织实施市管企业负责人薪酬制度改革，指导和协调全市国有企业负责人薪酬制度改革工作，统筹协调改革中的重点难点问题。

其他市属企业负责人、市各部门所属和县（区）所属国有企业负责人薪酬制度改革，参照本意见精神积极稳妥推进。

市各部门管理和县（区）管理国有企业负责人的薪酬制度改革方案，由市各有关部门和县（区）政府制订，按程序报市深化国有企业负责人薪酬制度改革工作领导小组审核后组织实施。

（二十五）市政府代表国家履行出资人职责的非国有控股企业国有股权代表、董事、监事或省属企业管理的所属独资、控股企业负责人的薪酬分配，由国有股权代表、董事、监事派出机构或省属企业参照本意见精神，加强和改进管理。

（二十六）市属企业负责人中职业经理人的薪酬结构和水平，由董事会按照市场化薪酬分配机制确定，报薪酬审核部门备案。同时，对职业经理人实行契约化管理，加强和完善业绩考核，建立退出机制。

（二十七）深化市属企业内部管理人员能上能下、员工能进能出、收入能增能减的制度改革，健全反映劳动力市场供求关系和企业经济效益的工资决定及正常增长机制，规范企业内部分配行为，合理拉开内部工资分配差距。对部分收入过高的企业，要严格实行工资总额和工资水平双重调控。

（二十八）本意见自印发之日起实施。现行市管企业负责人薪酬管理有关规定，凡与本意见不一致的，按本意见执行。

中共连云港市委　连云港市人民政府
关于加快推进供给侧结构性改革的实施意见

连发〔2016〕20号
（2016年6月20日）

推进供给侧结构性改革，是适应和引领经济发展新常态的重大战略部署，是推动经济发展方式转变和经济结构战略性调整的关键举措。为深入贯彻落实国家和省部署要求，扎实抓好去产能、去库存、去杠杆、降成本、补短板五大重点任务，有效解决当前经济社会发展中的结构性体制性矛盾，推动全市经济持续健康快速发展，现结合实际提出以下实施意见。

一、准确把握供给侧结构性改革的指导思想和原则

（一）指导思想。深入贯彻党的十八大、十八届三中、四中、五中全会精神，深入落实习近平总书记系列重要讲话精神，按照“五位一体”总体布局和“四个全面”战略布局，牢固树立和贯彻落实创新、协调、绿色、开放、共享的发展理念，主动适应和引领经济发展新常态，坚持稳中求进工作总基调，在扩大有效需求同时大力推进供给侧结构性改革，去产能、去库存、去杠杆、降成本、补短板，优化供给结构，扩大有效供给，着力提高供给体系质量和效率、提高全要素生产率、提高投资有效性，积极培育新的发展动能，改造提升传统比较优势，增强持续增长动力，加快推进由低水平供需平衡向高水平供需平衡转变，推动全市社会生产力水平整体提升，为建设“强富美高”新连云港提供有力支撑。

（二）基本原则。供给侧结构性改革的核心是完善制度供给，关键在实施创新驱动，主攻方向要聚焦结构调整。坚持优化存量、引导增量、主动减量相结合，强化总体设计，突出问题导向，做到精准发力，提高政策措施的针对性和有效性。

——坚持供给侧改革和需求侧管理两端发力。把破解供给与需求不匹配、不协调和不平衡问题作为出发点和落脚点，更加注重从供给侧发力，以创新有效供给带动需求扩展，以释放有效需求倒逼供给升级，着力扩大有效和中高端供给，切实减少无效和低端供给，不断增加公共产品和公共服务供给，使供给和需求协同促进经济发展。

——坚持新动能培育和传统动能提升双轮驱动。培育壮大新动能，加快发展新经济，更加注重发挥创新引领发展第一动力的作用，深入开展大众创业、万众创新，以体制机制创新促进经济发展，积极培育新技术、新产品、新业态、新模式，大力发展战略性新兴产业和现代服务业。着力化解过剩低端产能，积极推动产业兼并重组和产能合作，注重运用信息网络等现代技术，推动生产、管理和营销模式变革，重塑产业链、供应链、价值链，改造提升传统动能，打造我市经济发展新的“双引擎”。

——坚持市场主导和政府引导紧密结合。充分发挥市场在资源配置中的决定性作用，加大国企、非公经济、投资、价格、财税、金融等重点领域和关键环节改革攻坚力度，坚持运用市场机制纠正供需结构错配和要素配置扭曲问题，实现优胜劣汰和市场出清，提高资源配置效率和有效性。正确处理政府和市场之间的关系，大力推进简政放权、放管结合、优化服务，更好发挥政府引导作用，进一步激发市场活力和社会创造力。

——坚持立足当前和着眼长远有机统一。尊重经济发展规律，坚持新兴产业培育与传统产业改造相结合，坚持加快发展与转型升级相协调，防止经济发展出现大的波动。把握好工作节奏和力度，妥善处理好推进结构性改革与保持社会稳定的关系，坚决守住社会稳定底线，确保各项工作稳妥有序推进。

二、明确供给侧结构性改革的主要目标

坚持分类指导、分步实施、统筹推进，经过三年努力，供给侧结构性改革取得重要进展，全社会创新能力稳步提高，战略性新兴产业和现代服务业加快发展，新技术、新产业、新业态、新模式不断成长，新的经济增长动能持续壮大；落实“五大任务”工作取得明显成效，过剩产能和房地产库存有效化解，各类市场风险总体可控，企业生产经营成本和盈利能力回归合理水平，公共产品和公共服务供给能力不断增强，与供给侧结构性改革相适应的政策体系进一步健全。到“十三五”末，重点领域和关键环节改革取得实质性进展，供给结构对需求变化的适应性、灵活性显著提高，形成多层次、高质量、高效率的供给体系，推动经济发展由低水平供需平衡向高水平供需平衡跃升。

——去产能。到 2018 年底，淘汰小型冶金企业 10 家，推动重组融合化工企业 50 家，形成以盛虹石化、亚邦集团、闰土集团为龙头的精细化工产业集群，以镔鑫特钢、亚新钢铁、兴鑫钢铁为重点的钢铁产业集群，化解船舶过剩产能 50 万载重吨，实现“僵尸企业”基本出清；其中 2016 年淘汰小型冶金企业 5 家、重组整合化工企业 15 家。到“十三五”末，全面完成“十三五”压减产能目标，产能利用率明显提升。

——去库存。到 2018 年底，全市商品住宅库存去化周期力争控制在 16 个月以内，其中 2016 年全市商品住宅库存去化周期力争控制在 18 个月以内，商品房库存规模明显下降。到 2020 年底，购租并举的住房体系基本建立，市场供求关系基本平衡，商品住宅库存去化周期保持在合理区间。

——去杠杆。到 2018 年底，非金融企业直接融资占社会融资规模的比重提高至 36% 左右，不良贷款率低于全国平均水平，符合置换条件的政府存量债务全部置换为政府债券，其中 2016 年非金融企业直接融资占社会融资规模比重达到 30% 左右，当年政府存量债务置换计划全部按期完成。到“十三五”末，非金融企业直接融资占社会融资规模比重提高到 40% 以上，各类法人金融企业资本状况符合相关监管政策要求，政府债务水平保持在合理范围，金融风险得到严格管控。

——降成本。研究制定《市政府关于降低实体经济企业成本的实施意见》，到 2018 年底，企业税费负担、融资成本和制度性交易成本进一步下降，进一步清理不合法不合理收费，确保所有行业税负只减不增，2016 年为全市实体经济企业直接降低成本约 20 亿元（其中，用电成本 4400 万元、融资成本 5.8 亿元、用工成本 720 万元、财政扶持资金 4.5 亿元、营改增等税收减免 10 亿元）。到“十三五”末，企业生产经营环境明显改善，发展活力和盈利水平进一步提升，与减轻企业成本负担相适应的政策体系及长效机制更加健全。

——补短板。2016 年全面展开“补短板专项工程”并取得初步成效。到 2018 年底，众创空间各县区实现全覆盖，重点科技基础设施和大型科学仪器设备向社会全面开放，打造一批开放实验室。建立全国高性能纤维及复合材料轻量化技术产业链公共服务平台、省制造业创新中心化学合成类创新药中心，培育一批科技型中小企业、科技小巨人企业，高新技术企业总数突破 300 家。铁路运营里程达到 315 公里以上，内河三级干线航道里程达到 150 公里，农村光纤基本实现全覆盖，改造棚户区 68000 套（其中市区 48000 套），高标准农田比重达到 56% 左右，PM2.5 年均浓度比 2015 年下降 12%，建成 30 个左右美丽宜居乡村，20 万以上农村有劳动能力低收入人口人均年收入整体达到 6000 元，到“十三五”末，现代基础设施体系进一步健全，棚户区改造基本完成，现代农业发展基础不断夯实，以县为单位实现最低生活保障标准城乡并轨，民生保障和基本公共服务均等化水平明显提升，与创新发展相适应的人才供给体系更加完善，36 万左右农村低收入人口人均年收入整体达到 6000 元。

三、推进供给侧结构性改革的重点举措

（一）有效化解过剩产能，调整优化产业结构。在化解过剩产能、处置“僵尸企业”、实现资源优化配置和市场出清的同时，培育更多产业新增长点和结构性力量，切实推动产业转型升级，激发产业创新活力，加快我市产业结构优化进程。

1. 提高产业项目准入门槛。严格落实市“十三五”规划纲要、全市产业布局规划，提高节能降耗、生态保护等准入门槛，坚决杜绝新上低端过剩产业项目，从源头上控制无效供给、低端供给。重点着眼于“三新”产业链延伸，装备制造产业结构调整，大力推动石化、冶金行业加强技术改造、转型升级。

2. 推动传统产业转型升级。通过市场倒逼、政府引导，下更大气力推动传统产业转型升级。深入实施中国制造 2025 连云港行动纲要，强化创新载体培育，推动两化深度融合。以“品种、品质、品牌”为核心，加快实施德邦化工、连云港碱厂搬迁项目，加大钢铁、化工等行业技术改造力度，推动传统产业向中高端迈进。同时加强与沿江、内陆城市钢铁企业对接，通过重组、搬迁等方式，积极承接能源、石化、机械等行业产能转移，促进大型临港产业集聚集约发展。化工产业方面，加快建设连云港石化产业基地，积极发展与石化产业基地配套的化工新材料。加快对现有化工园区产业结构调整、优化升级，重点发展国家产业政策鼓励类高端染料及中间体、高效安全农药及中间体。钢铁产业方面，坚持精品化、特种化、新型化发展导向，以优化布局、联合重组、结构调整和产业链延伸为重点，加快发展以冷轧板带、热轧板带、中厚板、复合钢管等高附加值产品，积极突破工业用钢，推动钢铁与装备制造业融合发展。

3. 推进新兴产业做大做强。结合“十三五”规划，全力聚焦新医药、新材料、新能源和新信息技术产业，培育产业增长点和结构性力量。新医药产业方面，强化规划引领，制定医药健康产业“十三五”规划，加大医药健康产业研发投入，推进新医药产业国际化进程，建设“防—治—养”一体化的新医药大健康产业高地。省市联动共同推进连云港市新医药产业创新发展。新材料产业方面，在高性能纤维、硅材料等方面提升自主创新能力，实现规模化和集约化发展。加强军民融合和产学研用紧密结合，提高研发、应用和产业化水平，拓展延伸碳纤维产业链。新能源和节能环保产业，重点发展核电及关联产业、风电产业、太阳能技术利用产业和生物质能产业等，努力形成新能源产业研发、制造和应用示范基地。以节能环保产品和节能环保新技术为重点，积极开展相关技术产品的研发和推广工作，建设节能环保产业园，推动循环经济建设，降低能耗，减少污染，促进全市经济社会可持续发展。新信息技术产业，以电子信息（软件）产业园区为载体，重点发展下一代互联网、物联网和云计算、5C 融合、电子元器件制造和软件产业，积极培育发展安防产业，把新一代信息技术及软件产业打造成为新兴优势产业。对市场空间饱和、产品技术含量不高的行业，探索建立预警机制，并构建差别化的土地、金融等要素价格倒逼机制。

4. 有效盘活闲置资源。认真落实国家和省统一部署，排查摸底“僵尸企业”，按照企业主体、政府推动、市场引导、依法处置的办法积极稳妥处置。制定实施全市低效产业用地专项规划，开展闲置土地、闲置厂房等资源集中清理，依法处置和充分利用闲置土地，着力盘活存量土地，实现粗放型用地方式向集约型用地方式转变，提高土地集约利用水平。充分利用已经建成的中小企业园（工业集中区）标准化厂房开展招商活动，加快项目入驻步伐，提高厂房利用效率。

5. 推进过剩产能有效化解。宣传贯彻国家和省有关淘汰落后和化解过剩产能要求，积极推进淘汰落后和化解低端过剩产能工作。重点优化水泥行业布局，引导企业重组，改造提升生产设施。加快整合提升两灌地区化工企业，以大压小，重点发展具有国际先进水平的石化项目和高端化工产品。坚决贯彻执行《国务院关于化解产能严重过剩矛盾的指导意见》，停止审批新增产能的钢铁、水泥（熟料）、平板玻璃、船舶等项目。

（二）着力化解过剩库存，促进房地产市场平稳健康发展。将农民工市民化、住房制度改革与消化房地产库存结合起来，多措并举，积极扩大有效需求，着力打通供需渠道，引导房地产业健康发展。

1. 加大土地供应源头管控力度。根据市区城市发展规划和土地利用总体规划，合理确定年度房地产开发用地供应量和供应时序，促进房地产用地结构调整。从土地供应源头上根据各区域功能定位、现有商品房库存量、去化周期等指标，合理调配商品房用地出让规模。依法依规清理供而未建的经营性用地特别是居住用地，加大闲置土地清理回收力度，减少土地存量，化解潜在库存。把握和控制好土地供应的总量和节奏，有计划地出让土地。

2. 差别化化解商业性库存。针对已竣工的在售商业地产项目，通过调整房屋结构等方式，将其改造成住宅或其他产业用房；通过调整土地用途、规划条件等，对在建商业地产项目，合理调配商业与住宅的比例；对待建商业地产项目，引导未开发用地转型利用，用于国家支持的养老、文化、科技、体育等新兴产业项目开发建设；对已售土地但开发意愿不强的项目，通过沟通协调回收出让土地，不断提高节约集约用地水平。建立涉房突发事件联动处理机制。继续实行属地政府负责和领导干部包案化解制度，引导规范企业开发行为，做好问题楼盘善后处理工作，维护群众切身利益，促进房地产市场健康发展。

3. 深化住房制度改革。推进共有产权式经济适用住房制度。建立住房租赁信息政府服务平台，培育“租购并举，先租后买”模式规模化运作，大力发展住房租赁市场。调整公积金政策，提高我市公积金在房贷中的比例，继续推进公积金异地个人住房贷款。鼓励县区对库存去化周期过长的商品住宅版块采取购房补贴等政策。健全并不断完善农业转移人口社会保障体系，拓宽农业转移人口住房保障渠道，促进农业转移人口进城落户与城镇居民享有同等权利。研究建立财政转移支付同农业转移人口市民化挂钩机制。

4. 打通保障房和商品房转换通道。改进棚改安置货币化工作。在拆迁安置和棚改安置中，试行“房票”制度，将棚改安置与去库存紧密结合起来，逐步消化库存商品住房。对符合住房保障条件的家庭发放货币补贴，鼓励购买商品住房。把符合条件的外来人口逐步纳入公租房保障范围。从严控制新建安置房，采取提高货币化安置奖励标准、协助群众购买安置住房、调整优化征收拆迁补偿政策等措施，引导棚改居民优先选择货币化安置。市区各功能板块和各片区改造项目原则上应通过向市场团购普通商品房方式解决安置问题，或利用周边区域商品房作为产权调换房源。

5. 推动房地产业转型升级。通过加大对新购地房地产企业门槛的审核力度、加强房地产企业信用考评等措施，产生优胜劣汰，选择信用好、实力强的开发企业提供市场需要的产品，限制问题楼盘开发企业及其主要股东参与新的土地招拍挂。鼓励房地产企业开发建设高品质住房。有针对性完善城区公共服务设施配套，提高交通可达性和生活便利性，尤其是加快完善库存比较集中的东部城区公共交通、教育、医疗、商业等公共服务设施配套，保障公共服务供给到位，提升城市宜居水平，更好满足居民购房需求。

（三）稳妥有序推进去杠杆，增强防范化解风险能力。将去杠杆与优化金融资源配置、发展直接融资、严格政府债务管理等改革举措紧密结合起来，着力优化融资结构，合理控制负债水平，降低债务成本，主动防范化解风险，确保不发生区域性系统性风险。

1. 优化金融资源配置。加大对战略性新兴产业、传统产业技术改造和转型升级的金融支持力度；对产能严重过剩行业未取得合法手续的新增建设项目，一律不予授信；落实差别化金融政策，压缩退出“僵尸企业”相关贷款；对于暂时困难，但未来现金流有合理市场预期的企业，通过债务重组等多种方式降低其债务负担和杠杆率。

2. 大力拓展融资渠道。推动落实《连云港市上市企业培育行动计划（2016—2020 年）》，组建市级拟上市（挂牌）后备企业资源库，梯次推进企业改制上市和场外市场挂牌。鼓励发展私募股权融资，支持企业通过股权融资实现债转股，提高权益资本比重，增强企业资本实力。进一步扩大企业债券、公司债券和银行间市场债务融资工具发行规模，充分利用各类直接债务融资创新产品和工具。支持国有企业开展资产证券化业务。妥善解决企业资产不完整、“两证”不全等历史遗留问题，提高企业资产抵押、质押能力，降低企业的杠杆风险，提高企业资产完整性。

3. 规范政府债务管理。完善政府债务偿债责任机制，严格划清政府与企业债务责任，切实做到谁借谁还、风险自担。强化政府债务限额管理，合理控制政府债务规模，保持与经济发展水平相适应，有效防范区域性金融风险。按时完成政府存量债务置换工作，通过发行长期、低息债券，置换短期、高息融资产品，切实降低国有企业融资成本。将政府债务分门别类纳入全口径预算管理，逐步建立地方政府债务限额及债务收支情况随同预算公开的常态机制。推广使用政府与社会资本合作模式，拓宽政府类项目融资渠道。

4. 大力发展普惠金融。创新小微企业金融服务手段，进一步推广运用“税易贷”“助保贷”“苏科贷”“项目供应链融资”等创新信贷产品，积极发展企业无形资产质押贷款、应收账款融资、小微企业融资担保代偿补偿等新业务，为大众创业、万众创新提供更多的金融产品和服务。扩大县域金融网点布局，做好农业转移人口金融服务。创新农村承包土地经营权抵押贷款，探索推出针对符合国家政策的新型农业经营主体的综合融资解决方案，在贫困地区探索开展小额信贷利率保险等“信贷 + 保险”金融服务，努力发挥金融在农业现代化和精准扶贫中的作用。

5. 推动县区融资平台市场化改革。推动融资平台公司改革转型和市场化运作，逐步剥离融资平台公司政府融资职能，通过注入资本金、并购重组、吸引社会资本投入等方式，鼓励融资平台公司做大做强，提高风险承受力和市场竞争力。按照业务板块及功能相近原则，推动县区融资平台与实体企业嫁接融合，增强融资平台造血功能，提高盈利及偿债能力。对融资平台承担的政府公益性项目，通过所有权及使用权分离、政府购买公共服务、代建回购等方式落实相关政策，既盘活存量资产，又确保项目功能发挥。

（四）切实降低企业成本，增强企业市场竞争力。围绕企业成本链相关环节，以降低企业生产要素成本为重点，提高资源配置效率，增强实体经济竞争力。

1. 全面贯彻落实国家和省降本措施。认真梳理中央和省委出台的一系列降本举措，暂停征收防洪保安资金，取消网络计量检测费等行政事业性收费。全面推开“营改增”试点，试点范围扩大至建筑业、房地产业、金融业、生活服务业。积极落实引进技术设备免征关税、重大技术装备进口关键原材料和零部件免征进口关税和进口环节增值税、企业购置固定资产抵扣增值税、固定资产加速折旧等优惠政策。

做到在职权范围内把该降的全降到位，能降的先降下来，把能用的政策用足用好。

2. 降低企业融资成本。推动金融机构缩短企业融资链条，减少收费环节，严控企业融资非利息成本。启动运行首期规模 2 亿元的市级中小企业应急转贷资金，帮助有市场、有实力但资金周转困难的企业渡过续贷难关。积极设立创业投资基金、股权债权投资基金和 PPP 基金，增强成长型企业和重大项目直接融资能力。支持市工业投资集团、金融控股集团组建市级风投创投基金；支持金融控股集团组建再担保和融资租赁公司。

3. 减轻企业税费负担。清理市级涉企行政事业性收费和政府定价的经营服务性收费，适时取消、降低一批涉企收费项目标准，健全完善涉企收费清单和动态管理制度。加大对垄断性中介服务收费监管力度，适当下调土地出让竞买保证金比例，为实体经济让利。2016—2018 年失业保险费率由 2% 降至 1.5%，工伤保险平均费率降低 0.1 个百分点。对经认定的困难企业允许缓缴除基本医疗保险费之外的社会保险费，缓缴期可达 6 个月。

4. 降低制度性交易成本。依托投资项目在线审批监管平台，推动落实企业投资项目线上并联，实现投资项目审批、核准、备案的“一窗受理、联合办理、依责监管、全程监察”。完善“多图联审”“多评合一”等行政审批新模式，探索“容缺预审”“五证合一”及个体工商户“二证合一”等新制度，建立健全行政审批监管长效机制。全面清理中介服务事项尤其是“红顶中介”收费行为，出台行政审批中介服务收费管理办法。

5. 全面实施企业稳岗补贴政策。2015—2020 年对依法参加失业保险并足额缴纳失业保险费，上年度未裁员或裁员率低于统筹地区城镇登记失业率的所有本市企业，按该企业及其职工上年度实际缴纳失业保险费总额的 50% 给予补贴。稳岗补贴主要用于职工生活补助、缴纳社会保险费、转岗培训、技能提升培训等相关支出。

（五）加快补齐发展短板，积极扩大有效供给。聚焦我市加快发展和转型升级中的发展短板和薄弱环节，持续扩大有效投入，增强地区发展新动能。

1. 在产业发展上补短板。实施“产业强市”战略，加快推进石化产业基地、精品钢基地、核电产业园等建设，做大做强新医药、新能源、新材料、装备制造等特色产业，实施“大企业培育行动计划”。高水平建设中哈物流中转基地和上合组织出海基地，大力发展跨境电子商务等新兴业态，不断壮大商贸物流、文化旅游等现代服务业。全力提升农业产业化水平，扎实推进“一带一路”农业国际合作示范区建设，积极开展农产品品牌化创建，大力发展休闲观光农业，促进农业生产提质增效。加大政府投资力度，推进市级重点项目特别是重大产业项目建设。策划包装城市地下管廊、公共停车场、海绵城市等一批重点项目，努力争取国家专项政策资金支持。推进以补链、强链、延链为重点的产业链招商，补招商引资短板。

2. 在创新驱动上补短板。积极融入全省“一中心”“一基地”建设大局，以医药创新为引领，着力构建“高新区 + 创新型园区 + 特色产业基地”的多元化多层次创新体系，加快连云港国家高新区建设，着力打造全市创新创业核心区。深入实施科技型中小企业培育行动计划、企业知识产权能力提升工程，促进科技型中小企业加快成长，加强高新技术企业培育，壮大创新型企业集群。大力发展产业技术联盟、众创空间等创新创业平台，加快引进和培育高端创新型人才、高层次专业技术人才和高技能人才，加大人才开发投入，发挥大众创业、万众创新和“互联网 +”集众智汇众力的乘数效应，构建大中小企业、高校、科研院所、创客多方协同的新型创新创业机制，充分调动全社会创新创业的积极性。

3. 在基础设施上补短板。加强港口基础设施建设，构建功能齐全、环境优良、服务高效、具有较强航运资源配置能力的区域性国际枢纽港。加快连盐、连淮扬镇、连青铁路建设，建成连徐客专。以内河疏港干线航道建设为重点，畅通水运绿色通道。完善城市路网体系，提高机场基础设施，加快构建现代综合立体式交通运输体系。加强市政公用基础设施建设，提升民生保障基础设施，建好用好教育、医疗、养老、文化、旅游、健身等基础设施，着力增加公共服务供给，满足群众需求。推进信息能源、农田水利等领域基础设施建设，加大流域、区域防洪除涝治理力度，提升区域发展综合承载力。

4. 在生态环保上补短板。以国家级、省级工业园区为载体，加快产业集聚，构建科学优化的生产、生活、生态空间。坚决淘汰“三高一低”产业，强化能源节约利用，注重战略性新兴产业和临港产业的生态化，开展低碳示范区建设。实施区域战略环评，严守生态、耕地、水资源利用红线，持续改善环境质量，提升人居生活环境。

5. 在扶贫开发上补短板。按照“六个精准”要求，全面实施新一轮脱贫致富奔小康工程。做到帮扶对象、帮扶措施和帮扶责任人“三落实”。确认新一批市县经济薄弱村，制定扶持村级集体经济发展的政策措施。加大石梁河库区、沂河淌沿线重点片区整体帮扶力度，完成片区规划编制工作，启动实施一批重点开发项目，进一步改善当地生产生活条件。加大市县财政扶贫资金投入力度，吸引金融资源和社会资本支持扶贫开发，用足用好扶贫小额贷款政策。对低收入特殊困难家庭和经济薄弱村分别实行直接到户帮扶、资产收益扶持等制度。

四、强化供给侧结构性改革的组织保障

推进供给侧结构性改革是“十三五”发展的战略重点，要切实把思想和行动统一到中央、省市党委、政府的决策部署上来，加强统筹协调，健全工作机制，完善政策配套，严格督促检查，努力形成齐抓共管、整体推进的工作格局。

（一）加强组织协调。把推进供给侧结构性改革作为全面深化改革重中之重的任务，市委常委会、市政府常务会要经常性研究结构性改革重大事项，领导同志要亲自协调解决工作中的矛盾和问题，推动各项改革举措落到实处。市发改委、经信委、财政局、住房局、建设局、金融办等单位作为牵头部门，对落实相关实施意见负总责；有关单位要各司其职，主动配合牵头部门，全力落实各项工作任务。要及时研究工作落实中的重点难点问题，加强与国家、省有关部门的沟通，研究制定产业、金融、财税、用地、环保、用电等支持政策的具体实施方案和配套政策，发挥政策的协同效应。

（二）加强督查考核。各牵头部门要逐项制定落实供给侧结构性改革有关文件的督查方案，对工作落实情况实现全过程跟踪督查。市委办公室、市政府办公室要加强统筹协调，采取多种方式推动工作落实。将供给侧结构性改革任务完成情况纳入地方政绩考核和有关部门绩效考核内容，对在工作中取得显著成绩的，按有关规定予以激励；对工作落实不到位的，按有关规定问责问效。

（三）加强舆论引导。坚持正确舆论导向，充分利用报刊、电视、互联网等各类媒体，广泛宣传供给侧结构性改革的重大意义、目标要求和政策措施，做好政策解读工作，总结推广好经验好做法，及时回应社会关切，合理引导社会预期，最大限度凝聚社会共识，调动全社会的积极性、主动性和创造性，为打赢供给侧结构性改革这场硬仗营造良好的舆论氛围。

中共连云港市委　连云港市人民政府
关于加快推进教育现代化建设努力办好人民满意教育的意见

连发〔2016〕22号
（2016年7月1日）

为认真贯彻党的十八大、十八届三中、四中、五中全会精神和习近平总书记系列讲话特别是视察江苏重要讲话精神，全面落实国家和省市中长期教育改革发展规划纲要、《连云港市国民经济和社会发展第十三个五年规划》，立足新起点，适应新常态，加快推进教育现代化建设，努力办好人民满意的教育，现提出如下意见。

一、准确把握加快推进教育现代化建设办好人民满意教育的总体要求

（一）重要意义。教育既是国计，更是民生，对经济发展和社会进步具有重要的推动作用。发展教育事业能为区域发展带来巨大的经济效益与社会效益，是城市经济实力与竞争力的重要组成部分。“十二五”以来，在市委、市政府的正确领导下，全市教育系统秉持“科教兴市、人才强市”发展战略，坚持教育优先发展、科学发展、跨越发展，全市教育发展整体水平、人才培养质量、教育服务能力、人才支持能力、文化引领能力和知识贡献能力显著增强，所有县区通过义务教育发展基本均衡国家级督导认定，在苏北率先基本建成教育现代化。“十三五”时期是我市全面建成小康社会的关键时期，也是率先实现教育现代化的决定性阶段。当前，连云港正处在重大机遇期、发展突破期和关键攻坚期，新形势、新任务对教育改革发展提出了新的要求。各地各部门必须把教育工作摆在更加重要的位置，全力以赴推动教育事业实现更大发展，努力办好人民满意的教育，为建设国际性海港城市提供坚强的人才智力支撑。

（二）指导思想。全面贯彻落实党的十八大和十八届三中、四中、五中全会精神，深入学习贯彻习近平总书记系列重要讲话精神，牢固树立和践行创新、协调、绿色、开放、共享发展理念，全面贯彻党的教育方针，大力实施科教与人才强市战略，以率先实现教育现代化、让城乡教育达到学有优教为目标，坚持改革创新和育人为本的核心要求，坚持以立德树人和全面发展为基本理念，深入推进素质教育，深化教育领域综合改革，加快教育结构调整，推进教育创新，提高教育质量，促进教育公平，为实现连云港后发先至、夺取全面建成小康社会决胜阶段伟大胜利提供智力支持、知识贡献和人才保证。

（三）发展目标。到2020年，全市构建体系完备的终身教育，形成惠及全民的公平教育，提供更加丰富的优质教育，健全充满活力的体制机制，实施富有成效的社会服务，总体实现省定教育现代化指标体系要求，建成教育发展水平领先、人才培养质量一流、知识创新体系健全、开放程度较高的教育强市。

——教育体系更加完备。各级各类教育协调发展，现代教育体系不断完善，终身教育体系基本形成。到2020年，学前三年教育毛入园率达98%以上，义务教育阶段学生入学率、巩固率、升学率均达到100%，高中阶段教育毛入学率达到99%，高等教育毛入学率达到60%，主要劳动年龄人口平均受教育年限达12.2年，新增劳动力人均受教育年限达15年。

——教育水平整体提升。2016 年赣榆区达成教育现代化建设指标要求，2017 年东海县、海州区（云台山景区）、连云区（开发区、徐圩新区）达成教育现代化建设指标要求，2018 年灌云县、灌南县达成教育现代化建设指标要求，全市实现市域教育总体现代化，完成省教育现代化市级示范区建设任务。教育质量和内涵发展水平显著提高，素质教育全面推进，教育行政管理和教师队伍、教育信息化、财政投入等要素水平明显提升。

——教育改革成果显著。教育重点领域和关键环节改革取得实质性突破，教育治理体系和治理能力现代化基本实现，依法治教、依法治校全面推开，现代学校制度普遍建立，管办评分离深入推进。课堂教学改革不断深化，教学理念和方法不断创新，教育国际交流合作广泛开展。

——教育公平切实保障。基本公共教育服务实现均等化，教育资源配置科学合理，义务教育城乡、区域、学校之间的差距不断缩小。落实各项助学政策，扶困助学体系完善，困难群体依法平等接受各级各类教育的权利得到保障，教育发展成果更多更公平惠及民生。

——服务发展更具成效。教育布局结构与人口变化、新型城镇化等相协调，教育的支撑引领作用更加突出，人才培养满足经济社会发展需要。知识服务和科技创新能力显著提高，科学研究、成果转化能力显著增强，有效推动经济发展方式转变和社会文明进步。

二、全面落实立德树人根本任务

（四）全面践行社会主义核心价值观。深入开展中国特色社会主义和中国梦宣传教育，加强理想信念教育、中华优秀传统文化教育、革命传统教育、国防教育、“八礼四仪”养成教育，引导学生树立正确的世界观、人生观和价值观，坚定中国特色社会主义道路自信、理论自信、制度自信。将德育渗透于教育教学各环节，贯穿于学校教育、家庭教育、社会教育各方面，不断提高德育工作的吸引力和感染力。加强和改进未成年人思想道德建设和大学生思想政治教育工作，发挥好党组织、共青团和少先队作用，构建大中小学有效衔接的德育体系。健全德育网络，创新德育形式，丰富德育内容，注重德育实效，积极探索践行社会主义核心价值观的实践路径。加强语言文字工作，建设书香校园。

（五）增强学生的社会责任感、创新精神和实践能力。全面实施素质教育，尊重教育规律和学生身心发展规律，加强学生成长（发展）指导中心建设，努力为每个学生提供适合的教育，切实减轻中小学过重课业负担。深化公民意识教育、法治教育、生态文明教育，培养学生爱国主义情怀、集体主义观念、社会主义信念，深化“三养成”教育活动，增强学生服务国家、服务人民的社会责任感。保护和激发学生的好奇心，培养学生的兴趣爱好，强化科学素养教育，营造独立思考、自由创新的良好环境，增强学生勇于探索的创新精神。推进学生社会实践、实习实训和创新创业教育，利用社会资源开展课外和校外活动，增强学生善于解决问题的实践能力。强化体育课和课外锻炼，深入实施学生体质健康促进工程和体育艺术“2+1”工程，广泛开展校园足球运动和学生喜闻乐见的体育运动项目。改进美育教学，推进高雅艺术进校园、戏曲进教材进课堂，建立学校艺术教育工作测评和学生艺术素质测评制定。强化家庭教育，明确家长的主体作用，办好家长学校，加快形成家庭教育社会支持网络，完善家庭教育工作保障措施，密切学校与家庭的联系合作，增强育人合力。

三、高水平发展基础教育

（六）发展优质普惠的学前教育。坚持政府主导、社会参与、公办民办并举的办园体制，完善县级统筹、县乡共建的学前教育管理体制。实施第二期学前教育五年行动计划，进一步扩大学前教育资源。充分考虑城镇化发展、老城区改造和人口流动等实际，着力解决城镇及城乡接合部学前教育资源总量不足的问题。推进幼儿园标准化建设，改善乡镇以下幼儿园（办园点）条件，新建小区配套幼儿园应按要求与小区同步规划、同步建设、同步交付使用。加强公办幼儿园建设力度，推进普惠性民办园认定工作，探索建立服务区制度。贯彻《3—6 岁儿童学习与发展指南》，开展幼儿园课程游戏化建设，构建科学的幼儿园保教质量评价体系，防止和纠正学前教育“小学化”倾向。到 2020 年，省优质园占比达 90%，其中乡镇以下省优质园占比达 80%。积极发展残疾儿童免费学前教育。开展 0—3 岁婴幼儿早期教养指导服务，全面落实幼儿园法人登记制度，对政府和事业单位举办的幼儿园进行事业单位登记管理。

（七）发展优质均衡的义务教育。按照人口变化和城镇化发展的趋势，合理规划城乡学校布局。开展义务教育学校标准化建设，实施农村小学质量提升工程，全面改善薄弱学校基本办学条件，严格控制学校、班级规模，到 2020 年，所有义务教育学校达到省定办学标准。对生源增加较多、随迁子女较多的地区，在扩展中小学建设用地、调剂教师编制等方面给予特殊政策。完善义务教育免试就近入学办法，实行学区制，试行九年一贯对口直升。严禁义务教育阶段各类学校通过考试方式选拔学生，严禁以各类竞赛证书或考级证明作为招生入学依据，严禁以各种名义非均衡分班。促进县域义务教育教师和校长交流轮岗制度化、常态化、公开化，推广城乡挂钩、集团化办学、举办分校、委托管理、建立学校联盟等扶持薄弱学校的办法。实施基础教育教学改革行动计划，推进小学特色文化建设工程和初中质量提升工程，加强义务教育质量监测。深入实施特殊教育发展工程，完善特殊教育保障体系，努力实现“全覆盖、零拒绝”。坚持以流入地政府负责为主、以公办学校接纳为主，健全外来务工人员随迁子女受教育保障机制。坚持家庭尽责、政府主导、全民关爱、标本兼治的原则，完善农村留守儿童关爱服务体系，改善寄宿制学校办学条件，加强对留守儿童的教育管理服务。

（八）发展优质多样的普通高中。完善市、县（区）统筹规划建设、学校自主发展的高中教育管理体制，进一步优化普通高中布局。坚持适度规模办学，加强优质高中建设，到 2020 年，四星级高中占比达 60% 以上。改革普通高中人才培养模式，建设课程基地，落实国家新课程方案，适应新高考方案，完善选课、走班教学和学分管理办法，建立行政班与教学班并行的管理制度。支持学校发挥传统优势，建设一批课程形式多样、教育方式创新、学科优势明显、文化内涵丰富的优质特色高中。探索建立普通高中与职业院校融通机制，为学生提供多元选择的机会，搭建学生成长“立交桥”。鼓励普通高中与高校协作实施创新人才早期培养试点，改革普通高中评价制度。支持民族教育发展，提升新疆内高班教育教学水平。

四、加快发展现代职业教育

（九）构建现代职业教育体系。大力发展各级各类职业院校（包括技工院校等）教育和职业培训，健全市县为主、政府统筹、行业参与、社会支持的职业教育发展体制，形成服务需求、产教融合、中高职衔接、普职融通的具有连云港区域特色的现代职业教育体系框架和总体布局，增加职业教育吸引力。优化各类职业院校布局结构，科学定位区域内职业教育发展方向，县区重点建设中等职业教育，市区在稳定发展中等职业教育的同时，加快五年制高等职业教育发展，提升办学层次。到 2020 年，连云港中等专业学校力争升格为五年制高职学校，连云港中医药高职校力争升格为职业技术学院、连云港工贸高职校争创省重点技师学院及职业技术学院。拓宽职业教育升学渠道，打通从中职到高职、应用本科、专业硕士的培养通道，到 2020 年，30% 的职业院校学生升入本专科院校就读。推行终身职业技能培训制度，构建劳动者终身职业培训体系。推动发展残疾人职业教育，鼓励和扶持各类特殊教育学校、职业院校、职业培训机构开展残疾人职业技能培训。

（十）加强职业教育基础能力建设。加强职业院校标准化建设，到2020年，所有职业院校、专业、实训基地均达到省职业院校建设标准、专业建设标准、实训基地建设标准，进一步改善职业院校办学条件，不断提升职业院校管理水平。围绕我市七大支柱产业板块发展需要，统筹全市各类中等职业学校特色化建设，到2020年，建成7所省现代化示范性中等职业学校、3所优质特色中等职业学校、15个中职现代化实训基地。推进职业教育集团化办学，建设3个市级示范性职业教育集团，培育省级示范性职业教育集团。

（十一）提高技术技能人才培养质量。按照“突出优势、聚焦特色、创新机制、打造品牌”的思路，贴近产业发展需要，贴近企业人才需求，建立职业教育产教融合发展机制。实施职业教育品牌特色专业建设计划，调整优化专业设置，重点建设一批具有区域或行业优势的品牌特色专业。到2020年，建成15个对接区域主导产业的现代化中高职专业群、品牌专业。加强课程建设，促进课程内容和职业标准相对接，推进中职与高职教育在培养目标、课程内容、教学过程、考核评价等方面相衔接。坚持工学结合、知行合一、推行项目教学、案例教学、仿真教学、工作过程导向教学，推动教学过程与生产过程相对接。推动职业院校专业课程与国际通用职业资格证书要求相衔接。加大实习实训在教学中的比重，实行学历证书和职业资格证书“双证书”制度，在有条件的职业院校设立职业技能鉴定所（站）。

（十二）强化校企合作。制定《连云港市职业教育校企合作促进办法》，出台优惠政策鼓励企业参与职业教育，建设一批校企合作示范组合，强化校企协同育人。推动职业院校与行业企业共建现代化实训基地，打造产教深度融合实训平台，鼓励行业龙头企业将最新技术和设备投到校企共建的实训平台，引导企业在职业院校建立服务学生实训和顶岗实习的“校中厂”或车间，逐步推行企业新型学徒制，开展现代学徒制试点工作，形成校企合作长效机制。到2020年，建成30个校企共建、产教深度融合的实训平台。健全院校、行业企业、研究机构和其他社会组织共同参与的职业教育质量评价机制，建立职业教育质量年度报告制度和毕业生就业质量跟踪调查制度。

五、提升高等教育办学水平

（十三）优化高等教育结构。立足我市“一带一路”交汇点建设，结合我市沿海优势、产业优势、资源优势和人才需求，加速发展高等教育。推进淮海工学院建设江苏海洋大学，推动连云港师范高等专科学校、连云港职业技术学院提升办学层次，加强江苏财会职业学院内涵建设，高水平建设南京医科大学康达学院。引导高校根据经济社会发展需要及时调整专业，大力扶持优势明显、特色鲜明的专业，积极培育急需的新兴专业。采用行业合作、国际合作等方式，重点加强与优势产业、新兴产业紧密相关的学科专业建设。到2020年，争取形成以综合型大学为“龙头”、以海洋特色优势为主、办学层次分明、功能结构优化、满足地方产业需求的江苏沿海高等教育特色发展区。

（十四）创新人才培养机制。建立高校与科研院所、行业企业、高新技术开发区联合培养人才的机制，推进科教协同、医教协同、校企协同育人。推行学分制和弹性学制，推行主辅修制、双专业制、多项技能等级证书制。深化高校区域合作机制，探索资源共享、教师互聘、课程互选、学分互认。加大研究生培养力度，促进研究生培养与科学研究和创新实践的紧密结合。深化创新创业教育改革，通过创业指导课、创业培训、创业讲座、模拟与实地创业训练等途径培养大学生创业观念和创业本领。设立大学生创业实践基地、科研成果孵化基地，提高大学生就业创业素质。到 2020 年，5 — 6 个专业获省高校品牌专业工程立项建设，部分学科进入省内同类学科排名前列。

（十五）增强服务发展能力。支持高校主动融入区域技术创新体系，与地方政府、行业企业共建产学研合作基地。加快高校科研创新基地与创新平台建设，支持企业与高校共建实验室、研发中心，推动大学科技园和高校技术转移中心建设。落实高校对科研成果的使用权、处置权和收益权，鼓励高校教师到企业转化科技成果或开展联合攻关，选聘一批科技企业家担任高校兼职教授，支持高校专业技术人员在职创业、离岗创业、带领学生创新创业。切实增强高校原始创新和集成创新能力，促进科研成果质量提高。至 2020 年，产学研合作基地达到 150 个，助推连云港地区的产业升级，提高地区影响力。

六、加快建设学习型社会

（十六）完善终身教育体系。全面落实省、市《关于加快完善终身教育体系的实施意见》，构建灵活开放的终身教育体系，建立健全继续教育管理体制与工作协调机制，积极推进全民学习、终身学习、灵活学习的学习型社会建设。加强社会教育基础能力建设，推进数字化学习社区建设，继续支持普通高校和职业院校开展继续教育和行业企业实施职工继续教育。建立以连云港开放大学（社区大学）为龙头、以社区学院为纽带、以社区教育中心为骨干、以居民学校为基础的“四级”社区教育网络，多层次、多形式开展农村教育、市民教育以及老年教育等，不断满足各类居民学习提高和修身益智的需求。加快社区教育机构标准化建设，到 2020 年，全市 50% 以上的社区教育机构达到高水平、示范性建设标准，基本建成覆盖城乡、机制完善、功能齐全、优质高效的社区教育办学系统。落实终身教育学分银行和个人终身学习账户建设的制度政策，力争将各类职业培训机构组织实施的继续教育纳入终身教育学分银行范畴，建立公民学分认证、积累和转换制度，推进不同类型学习成果互认衔接。

（十七）加强继续教育。稳步发展学历继续教育，大力发展职业导向的非学历继续教育和社区教育，不断提高继续教育参与率，到 2020 年，全市从业人员继续教育参与率达 60% 以上，城市和农村居民参与社区教育活动的比例分别达 60%、40% 以上。持续组织开展农村劳动力转移培训、农业职业技能培训和农民创业培训，提高农民就业创业能力。积极拓宽老年教育途径，为社区老人提供就近、方便、快捷的社区文化娱乐、学习教育和心理关爱等服务。规范社会培训机构办学，促进社会培训健康发展。建设“连云港终身学习在线”并充分发挥其应有功能，实现市、县区、乡镇（街道）三级数字化学习网络的互联互通，创设“人人皆学、时时能学、处处可学”的优良学习环境。

七、支持和规范民办教育发展

（十八）支持民办教育健康发展。依法设立民办教育发展资金，列入同级政府财政预算。落实民办学校税收优惠政策和用地政策，民办学校出资人将投资用于办学的土地、房屋过户到学校名下按规定减免有关税费。支持社会力量通过多种形式兴办民办学校，引导民办中小学校特色发展。积极引进或举办有特色、高水平、高质量民办高校。完善政府统筹协调和监管机制，培育、规范非学历教育发展环境，建立健全培训服务质量保障体系。

（十九）探索民办学校分类管理机制。研究制定民办学校分类管理办法，促进营利性与非营利性民办学校分类发展，鼓励和引导社会力量举办非营利性民办学校。民办学校教师在资格认定、职称评审、进修培训等方面享有与公办学校教师同等待遇。民办学校应依法为教职工按时足额缴纳养老、医疗、工伤、失业等社会保险和住房公积金，鼓励民办学校为教师办理补充养老保险。民办学校的学生在参加考试、社会活动、升学就业等方面与公办学校的学生享受同等权利。依法加强对民办学校的监督管理，建立民办学校督导制度，健全民办学校质量监控体系，规范民办学校的产权关系，强化资产和财务管理，完善民办学校办学风险防范机制和退出机制。

八、加强师资队伍建设

（二十）建立师德师风建设长效机制。加强教师职业理想、职业道德教育，增强教师责任感、使命感。规范教师职业行为，广泛开展做有理想信念、有道德情操、有扎实知识、有仁爱之心的“四有”好教师主题教育活动，大力宣传优秀教师典型。坚持师德考核与业务考核并重，将师德表现作为教师考核、聘任（聘用）和评价的重要依据，将师德师风建设作为评估学校办学质量的重要指标，严禁公办中小学在职教师从事有偿补课。

（二十一）强化师资培训。加强市级教师发展机构建设，优化整合教师培训资源，各县区均建成教师发展中心并达到省级示范标准。加大教师培训力度，全面实施教师培训网上立项登记制度。构建市、县区、校三级培训体系，市本级培训突出骨干培训和特殊教育等薄弱领域教师培训；县区级培训主体作用充分发挥，形成与市级培训互相衔接、互为补充的培训格局；校本研修深入实施并逐步形成特色。大力实施乡村教师支持计划，到2020年建立覆盖乡村义务教育学校各学段学科的乡村骨干教师培育站78个，为乡村学校培养学科带头人600名。

（二十二）健全教师管理制度。严格执行教师持证上岗和中小学教师资格定期注册制度。积极推进教育人事制度改革，深入落实各级各类学校教师公开招聘制度，扩大学校用人自主权。参照省定各类学校机构编制标准，逐步实行城乡统一的中小学教职工编制标准和公办幼儿园机构编制标准。建立幼儿园教师正常补充机制，不断提高公办幼儿园在编教师比例；对公开招聘的幼儿园非在编教师，可探索通过按岗位购买服务的办法，建立相应的工资保障制度，其工资收入原则上不低于当地在岗职工平均工资水平，并按时足额缴纳各项社会保险费。继续实施区域范围内教师定期交流制度，探索义务教育教师“县管校用”制度，逐步推进教师由“学校人”向“系统人”转变，为区域内教师交流轮岗、均衡配置提供保障。全面实行教职工岗位聘任制，完善教师绩效考评制度，实行分类聘任、管理和考评，建立健全教师转岗和退出机制。

（二十三）加强中小学教师职称评聘制度改革。进一步完善职称评审量化方案，加大基层学校在教师职称评审中的评价权重，充分突出“重教学，重实绩”的政策导向。适应农村中小学教师的实际需求，逐步降低和放宽乡村教师在职称评审中的学历专业、教科研水平等方面的要求、限制，加快建立符合乡村教师特点的职称评聘办法。

九、以教育信息化带动教育现代化

（二十四）完善教育信息化管理体制。把教育信息化作为教育现代化的重要引擎，纳入“十三五”智慧连云港等重点专项规划，健全职能管理部门、业务推进部门和技术支持部门分工协作机制。加快推进农村学校教育信息化建设。建立“政府主导、企业参与”教育信息化建设机制。到2020年，基本建成与教育现代化要求相适应、涵盖各级各类教育、涵盖城乡的教育信息化体系，实现信息技术与教育教学深度融合发展。

（二十五）打造连云港智慧教育。实施教育信息化基础设施提升工程，深入推进“三通两平台”建设，建成智慧连云港教育大数据中心，提升各级各类学校光纤接入带宽。推进“创客空间”与学科教学的融合，开展省级智慧校园创建工作，到 2020 年，100% 的高校、60% 的中小学基本建成智慧校园，建成 8 所省级职业教育“智慧校园”示范校。实施地方优质资源共建共享工程，建成覆盖学校、家庭、社区的“连云港自主学习平台”，健全数字化资源建设质量标准和评价体系。实施教育信息化能力提升工程，强化教育信息化领导能力、应用能力、技术支持和服务保障能力培训。着力构建以学习者为中心的智慧教育模式，到 2020 年，培养一批智慧教育名师、创新团队和名师工作室。实施智慧教育创新工程，开展智能化信息生态环境下的教学模式试点，基于大数据优化教学策略、教学方式、教学过程和教学评价，推动“慕课”“微课”“翻转课堂”等示范应用。

十、着力营造加快推进教育现代化建设办好人民满意教育的良好环境

（二十六）巩固和落实教育优先发展地位。各级党委、政府要把优先发展教育摆上重要议事日程，党政主要负责同志要当好加快推进教育现代化建设的第一责任人，健全和完善加快推进教育现代化建设的领导体制、决策机制、考核机制和问责机制，及时研究解决加快推进教育现代化建设的重大问题，确保经济社会发展规划优先安排教育发展、财政资金优先保障教育投入、公共资源优先满足教育和人力资源开发需求。宣传推广加快教育现代化建设的先进典型和成功经验，动员全社会重视、关心、支持教育现代化建设，弘扬尊师重教的良好风尚。

（二十七）推进依法治教、依法治校、依法办学。各级政府依法履行教育职责，落实教育行政执法责任制，并将教育法律法规列入普法教育范围。推进行政审批制度改革，推进简政放权。坚持依法办学、依法治校，完善符合法律规定、体现自身特色的学校章程和制度，履行教育教学和管理职责。开展普法教育，促进师生员工提高法律素质和公民意识，做遵纪守法的模范。健全教育督导制度，建立各级政府教育督导委员会，建设与履行督导职能相适应的教育督导机构，加强教育督导信息化建设和督导队伍专业化建设，实现智慧督导，形成市级主导、县级主责，上下联动、工作协同、高效运转的教育督导体制。强化督政功效，深化督学责任，健全监督问责机制。深入推进责任督学挂牌督导制度，到 2020 年实现创建国家级中小学校责任督学挂牌督导创新县区的全覆盖。改革教育评估制度和评价方式，发挥教育评价的针对性、导向性、诊断性、鉴别性、激励性功能。

（二十八）完善教育财政投入增长保障机制。落实政府提供公共教育服务职责，把教育作为财政支出的重点领域予以优先保障。适应经济社会和教育现代化建设需要，持续增加财政性教育投入，改进投入方式，优化投入结构，更加突出提高教育质量、加强内涵建设、提升人的发展能力等方面的投入，进一步增强教育投入的精准度和有效性，同时广泛动员社会力量多渠道筹措教育经费。足额征收教育费附加和地方教育附加，按规定从土地出让收益中计提教育资金，专项用于教育事业发展。完善各级各类教育投入保障机制，动态调整各级各类教育生均经费基本标准和生均财政拨款标准。加大学前教育投入力度，按公办园标准安排普惠性民办园生均公用经费财政拨款，逐步建立以公共财政投入为主的农村学前教育成本分担机制，财政性学前教育经费占同级财政性教育经费的比例不得低于 5%，继续落实市级学前教育专项奖补资金，用于扶持薄弱园建设。建立城乡统筹的义务教育经费保障机制，探索生均公用经费基准定额资金随学生流动的可携带性。健全高中阶段教育经费保障机制，积极化解高中阶段学校基本建设债务，严控新增债务，到 2020 年前，存量债务化解完毕，全面推进中等职业教育免除学杂费，中等职业学校兼职教师经费可通过财政预算、专业建设、基地建设、校企合作等渠道统筹安排。继续落实市级职教专项经费，促进职业教育健康发展。加大市属高校投入力度，改善市属高校办学条件，严控高校基本建设规模和新增债务。在市属高等学校试行设立总会计师职务。健全教育经费预算管理制度，提高预算执行效率。加强教育经费管理和使用监督，建立教育投入增长监督制度。各级教育财政预算单列教育信息化经费，义务教育学校从公用经费中提取一定比例专门用于教学资源更新和日常运行维护。严格执行国家财经法律法规制度，严肃财经纪律，健全教育经费审计、监察制度，强化全过程审计监督，切实提高经费使用效益。

（二十九）推进中考改革。完善初中学业水平考试方案和综合素质评价办法，按照有利于素质教育实施的要求，调整优化中考科目和时间安排，探索部分科目考试结果以等级形式呈现。改进高中阶段学校招生方式，逐步建立基于初中学业水平考试成绩、结合综合素质评价的招生机制。将热点高中招生名额合理分配到区域内初中，保证热点高中招生指标分配比例不低于70%。完善外来务工人员随迁子女接受义务教育后在当地参加升学考试的政策。推行中等职业学校自主招生、注册入学。

（三十）深化教育国际交流合作。加快中外合作步伐，推动中外合作办学项目和机构的设立，充分利用我市高等教育资源和海外教育资源培养国际化人才。推进与“一带一路”沿线国家合作，开展校际交流、学生交流、科研合作，继续实施中亚交换生项目，中亚留学生服务中心成立并运行。鼓励中小学教师参加境外培训进修，鼓励有条件的中小学和职业院校探索培养外国学生。规范普通高中引进国际课程，鼓励中小学与境外学校开展校际交流，鼓励幼儿园学习借鉴境外先进教育理念和方法。加强中小学汉语国际推广基地建设。

（三十一）做实做好教育精准扶贫工作。以共享发展理念引领教育公平与教育精准扶贫，让全体社会成员“一个也不能少”地享受优质均衡教育成果，强化各种资助政策执行力度，健全以政府投入为主、社会捐赠为辅的奖、助、补、贷资助体系，实现各学龄段资助全覆盖，保证家庭经济困难学生应补尽补，应贷尽贷。率先从建档立卡的家庭经济困难学生实施普通高中免除学杂费，推进中等职业教育免除学杂费，把职业教育摆在教育扶贫的突出位置，让未能升学的经济困难家庭初高中毕业生都能接受职业教育。加大对外来务工人员随迁子女的支持力度。基本普及残疾儿童少年15年免费教育，支持各级各类学校接受残疾人入学，完善随班就读保障体系。

（三十二）加强教育系统党建工作。认真落实从严治党要求，全面落实党委意识形态工作责任制，科学谋划，创新举措，不断提高全市教育系统党建工作水平。全面加强基层党组织建设，充分发挥基层党组织的领导核心、政治核心和战斗堡垒作用，打造一批服务型、学习型、创新型党组织示范点和党建创新工作品牌。通过系统培训、梯队建设、典型选树，扎实推进党政干部、普通党员、教育人才三支队伍建设，增强队伍活力。做好党建促进群建工作。严格落实教育系统党风廉政建设“两个责任”，建立作风建设长效机制，营造风清气正的发展环境。积极开展平安校园建设，不断提升校园安全工作水平，确保校园安全稳定。

中共连云港市委　连云港市人民政府
关于印发《连云港市国家级旅游业改革创新先行区工作实施方案》的通知

连　发〔2016〕29号

各县区委、人民政府，市委各部委，市各委办局，市各直属单位：

《连云港市国家级旅游业改革创新先行区工作实施方案》已经市委、市政府研究同意，现印发给你们，请结合实际认真组织实施。

中共连云港市委
连云港市人民政府
2016年8月10日

连云港市国家级旅游业改革创新先行区工作实施方案

为深入贯彻落实《国务院关于促进旅游业改革发展的若干意见》（国发〔2014〕31号）精神，加快我市旅游产业发展，充分发挥旅游业在稳增长、调结构、促改革、惠民生等方面的重要作用，根据国家旅游局《旅游业改革创新先行区工作方案》的总体要求和主要任务，结合我市旅游发展现状，制定本方案。

一、指导思想

全面贯彻党的十八大和十八届三中、四中、五中全会精神，以邓小平理论、“三个代表”重要思想、科学发展观为指导，深入贯彻习近平总书记系列重要讲话精神，坚持深化改革、融合发展、以人为本，创新统筹职能、创新政策措施、创新产业引导，加快转变旅游发展方式，探索建立更具活力的旅游管理体制、经营运行机制和转型升级新模式，把旅游业培育成为国民经济战略性支柱产业和人民群众更加满意的现代服务业，加快实现由旅游资源大市向旅游经济强市的跨越。

二、总体目标

努力破除制约旅游业发展的体制机制障碍，构建充满活力、富有效率、更加开放、适应旅游业综合性产业特征的体制机制，大力推进资源整合、城市推广、项目建设、市场营销、服务提升和产业融合，实现旅游业由门票经济向产业经济转变，由以观光旅游为主向观光、休闲、度假并重转变，由数量型增长方式向数量与质量并重型转变，建成旅游促进经济社会全面发展的典范城市和宜居宜游的海滨休闲旅游目的地。

三、基本原则

坚持政府引导与市场推进相结合，更加注重利用市场机制促进旅游发展；坚持规模增长与结构优化相结合，更加注重提升旅游经济质量；坚持主业提升与融合发展相结合，更加注重培育旅游新业态；坚持入境旅游与国内旅游相结合，更加注重旅游拉动消费；坚持产业发展与旅游惠民相结合，更加注重提高旅游综合效益。

四、主要任务

（一）改革旅游管理体制，建立高效运转模式

1. 改革旅游行政管理体制。建立统一高效、权责明确、整体联动的旅游工作领导协调机制，在市旅游局的基础上组建市旅游委员会，作为市政府组成部门，负责全市旅游发展的组织协调和管理。在原市旅游局职责基础上，强化和增加统筹产业发展、整合旅游资源、推进旅游目的地体系和旅游公共服务体系建设、协调旅游消费政策等职责，即明确“战略规划、产业政策、综合协调、市场培育、公共服务、行业监管”六大职能，凸显旅游管理体制由传统的行业指导向产业统筹转变。

加强市政府主要领导牵头的旅游工作领导小组对旅游业发展的组织领导，建立常规的会议、联络机制，研究协调、安排部署旅游发展中的重要问题、重大事项和重点工程，建立“统一领导、各负其责、齐抓共建、高效协调”的旅游工作机制。

2. 改革旅游经营和投融资机制。按照市委、市政府《关于市属国有企业改革重组的意见》（连发〔2015〕29号）要求，组建市级旅游控股集团，整合优质旅游资源进行资本运作，打造专业化、规模化的旅游投资运行载体。旅游控股集团隶属市政府，是由市政府按照《公司法》及有关规定组建，并授权经营国有旅游资产的国有控股公司，是从事旅游项目的投资、建设、运营及管理的国有资产授权投资主体。旅游控股集团主要负责市区范围内旅游资源和产品的开发建设、生产经营和管理服务，保证授权国有资产的正常营运和保值增值；积极开展招商引资，吸纳和引进社会资本实施旅游项目的开发建设，其业务经营范围涵盖食住行游购娱等旅游要素。旅游控股集团按照现代企业制度，以资本为纽带，建立公司法人治理结构。花果山景区、孔望山景区、桃花涧景区、渔湾景区等及所属企事业单位的国有净资产、国有股权（含市直相关单位所属宾馆饭店、旅行社）等国有旅游资产以无偿划转或投资入股等方式注入市旅游控股集团。公司依法自主经营，独立核算，自负盈亏。旅游控股集团董事会、监事会、经理层按《公司法》要求和现行企业干部管理规定产生。公司根据运营需要建立相应的内设机构。

3. 改革旅游发展引导机制。设立市旅游产业发展基金，优先为旅游中小企业开展贷款担保业务提供有效服务。建立和完善融资体系，鼓励和支持旅游企业创造条件上市融资、发行企业债券，或通过资产重组、股权转让、私募基金、风险投资基金、公开募股、旅游产权交易所、经营权抵（质）押等方式进行投融资。

4. 改革旅游公共服务机制。建立以市场和游客为导向，以城市为中心，城市建设和旅游需求相结合的旅游公共设施与服务供给机制。以政府直接补贴、政策倾斜引导等方式，吸引社会力量和民间资本参与以城市游憩设施、旅游公厕和环卫设施等为主要内容的公共旅游产品，以智慧旅游为方向的旅游信息系统和游客咨询中心，以旅游道路、公共交通、车辆租赁、自驾车服务、自行车服务等为核心的旅游交通体系建设，创新旅游公共设施和服务盈利模式，解决好旅游公共服务运营难题。

5. 改革完善旅游综合监管机制。建立健全旅游执法机构，强化旅游质监执法队伍建设，承担全面受

理旅游投诉、开展旅游服务质量现场检查和旅游行政执法工作。加强对全市旅游规划、建设的监督检查。抽调公安、工商、城管、交通、海事、物价、食品卫生、旅游等部门业务骨干，组成旅游联合执法办公室，加强对旅游市场秩序的监管和旅游投诉的查处，严厉打击各种违法违规行为。

6. 改革旅游行业管理体制。加快旅游行业协会改革，强化旅游协会的行业指导、自律、维权等功能。加快旅游行业利益分配机制改革，建立健全旅游企业和从业人员资格准入与淘汰机制、导游薪酬及社保机制和旅游佣金收授机制。实施以景区门票价格为核心的旅游价格体制改革，完善旅游价格形成、运行、管理和监督机制，全面推行电子门票管理系统和景区门票预约制度，对景区实行最大承载量控制。

（二）创新旅游经营机制，强化市场配置功能

1. 加快旅游企业市场化改革。大力推进以旅行社、旅游运输企业和旅游产品企业为重点的旅游企业改革，全面建立现代企业制度。引导行政、事业单位性质的景区向企业化过渡，实行“政企分开、产权清晰、投资多元、自负盈亏”的经营机制，以所有权、管理权和经营权分离为突破口，推进景区企业化经营、市场化运作，打造符合现代企业制度的经营实体和市场主体，鼓励社会资本参与旅游产业发展。积极培育壮大市场主体，鼓励发展专业旅游经营机构，推动优势旅游企业实施跨地区、跨行业、跨所有制兼并重组，打造跨界融合的产业集团和产业联盟。建立促进旅游企业提高竞争力的激励机制，支持旅游企业做大做强。引进和培育一批大型旅游企业集团，打造一批旅游企业品牌。鼓励旅游景区、旅行社、旅游饭店、旅游客运企业、旅游餐馆、旅游索道公司等组建经营联合体，支持跨领域的大型旅游企业加快发展，培育壮大乡村旅游中介服务组织。支持市内旅游企业到重要客源地设立分支机构。

2. 创新旅游宣传营销机制。完善政府主导、企业主体、市场运作的旅游宣传营销机制，突出连云港山海文化、西游文化的特色，塑造连云港旅游形象。探索建立“政企联手、部门联合、区域联盟、上下联动”的旅游推广机制，注重城市旅游形象的整体营销、景区产品的营销和旅行社线路营销的有机结合，探索旅游营销服务外包。深化对日韩、港澳台、欧美等国家和地区的境外旅游推广和营销，加强对陆桥沿线、长三角、珠三角、环渤海等地区城市推广力度，不断扩大我市旅游客源地。积极争取承办国际性、全国性和区域性会议、展览、赛事等大型活动，努力发展会展旅游和体育旅游。推进旅游营销国际化，加强与国际航空公司、客源国旅行社的合作。

3. 促进旅游服务标准化。完善民宿等家庭旅馆管理，统一标准和服务，提升接待水平和规模，增强竞争力。重点推进旅游饭店、旅游景区、旅游交通、旅行社、沙滩浴场、休闲农业以及旅游金融服务、信息咨询服务等相关行业标准和质量管理。通过全面开展标准化和旅游行业服务质量评价工作，推动旅游业向集约型、品牌化、效益型方向发展，提升旅游企业在管理、信誉、品牌、服务、理念等方面的“软实力”，为游客提供优质服务，打造理念先进、设施一流、服务优质的旅游品牌。

（三）坚持旅游带动战略，促进产业融合发展

1. 促进旅游产业集群集聚发展。积极构建“一心”（西游之都旅游中心）、“两轴”（山海连云城市风情轴、沿海休闲度假发展轴）、“五区”（中部风韵海州旅游区、东部海洋生态旅游区、西部晶都汤城旅游区、北部田园风光旅游区、南部山水人文旅游区）的旅游空间发展格局。坚持注重特色、差异发展、强化功能、突出重点的原则，以做大做强旅游产品为目标，推动资源、资金、人才、技术向优势景区、优势地区集中，把旅游资源核心区打造成特色鲜明、功能完善、优势互补的旅游产业集聚区。着力建设花果山、连岛（海上云台山）、东海汤城晶都、海州古城等旅游产业集聚区。

2. 突出旅游提质发展现代服务业。围绕旅游产业转型升级，大力发展现代物流、信息咨询、研发设计、商贸餐饮、金融保险、教育培训、体育会展和连锁、专卖、特许、电子商务等现代服务业。重点发展海洋服务业，加大海洋交通运输、海洋旅游和海洋渔业等主导产业和重点项目的建设力度，探索形成旅游与海洋产业融合发展模式，推进海洋文化创新。探索发展旅游金融业。加强旅游商品研发，推进特色鲜明、具有自主知识产权的民间传统手工艺品、特色食品、中草药保健品、白酒和水晶工艺等旅游商品开发，打造具有连云港特色的旅游商品品牌。实施"十百千"旅游商品开发行动计划，建设10个旅游商品生产基地和产业园区，培育100家旅游商品龙头企业，1000名"连云港名匠"和"连云港名创"。

3. 促进旅游惠农发展现代农业。大力发展休闲农业（渔业），重点打造以现代农业为基础的观光产品，包括灌南现代农业示范园、赣榆海州湾现代渔业园区等；以农业、渔业生产方式为基础的农事体验产品，包括种植、采摘、认养、出海打鱼、渔家生活、海产品加工等；以渔业文化为基础的体验休闲产品，包括渔文化展馆、开渔节等节庆、渔俗主题活动，以及民间曲艺、本地土特产及美食等。加强果蔬、茶叶、水产养殖、食用菌、花卉苗木、中草药种植等特色产业发展，规划建设一批特色旅游小镇、生态休闲农庄、农业观光园和"名特优新"土特产品生产加工基地。加快发展乡村旅游，使农业产业与生态旅游充分融合，探索旅游扶贫新模式，促进旅游富农、旅游助农。

4. 推进旅游与文化融合。坚持以文化元素充实旅游内容，提升旅游特色，以影视、展览等文化项目彰显旅游文化主题，同时通过旅游促进文化的研究、展示和传承，促进动漫、创意、演艺等文化产业发展。深入挖掘景区特色文化内涵，丰富景区文化展现和体验方式。加大对本土历史文化、民俗风情等方面的研究，加强海州五大宫调、淮海戏、苏北大鼓、水晶雕刻等非物质文化遗产的传承与创新，大力发展水晶文化旅游，增强旅游的文化底蕴。强化对外交流与合作，继续办好"连云港之夏"、"西游记文化节"、"东海水晶节"等旅游节庆活动，扩大连云港旅游的知名度和影响力。

（四）转变旅游发展方式，加快旅游转型升级

1. 完善旅游产品体系。加快旅游产品结构调整与转型，努力形成与国际旅游市场相适应的多元产品体系，正确引导和合理布局各类旅游产品开发及旅游项目建设，防止低水平重复开发和同质竞争。构建以观光旅游为基础，休闲度假旅游为主体，新型业态为特色的旅游产品体系，全力打造观光旅游、度假旅游、休闲旅游、文化旅游、红色旅游、体育旅游、工农业旅游、研学旅游等旅游业态。重点培育五大特色文化旅游：一是西游记文化旅游，以《西游记》为蓝本，以花果山、二郎神文化遗迹公园等为依托，打造中国西游记文化旅游体验区。二是祈福文化旅游，充分利用连云港作为佛教海上登陆地的历史渊源和海清寺、海宁禅寺、普照寺、石佛寺、孔望山摩崖石刻、法起寺、龙洞庵等旅游资源，打造"佛从海上来，法在此中生"的中国海天佛城。三是古城老街文化旅游，以海州古城、板浦古镇、连云古镇、民主路老街、海鲜美食街等历史文化资源为主线，打造特色购物和美食访古之旅。四是民俗文化旅游，以乡土文化丰富乡村旅游，积极保护和开发非物质文化遗产，强化地方文化、民俗传统、非物质文化遗产等特色元素在旅游各环节的融入与体现。五是徐福文化旅游，充分利用连云港作为徐福故里的文化资源，打造中日韩文化友好交流之旅。

2. 突出旅游品牌打造。在旅游品牌打造上，突出五个重点。一是加快打造花果山西游文化旅游品牌。花果山景区以创建国家AAAAA级旅游景区、国家森林公园为契机，大力整合渔湾、东磊、孔雀沟、丹霞等景区，实施山南、山北整体开发，完善旅游配套设施，推进西游主题演艺和游乐项目的开发，增强

体验性、互动性产品，完善休闲度假功能，成为国内外著名的旅游胜地和全市旅游业跨越发展的强劲引擎。二是加快打造高端海洋休闲度假品牌。以连云新城为依托，以连岛旅游度假区、海州湾国家海洋公园、山海景观轴等为重点，保护性利用秦山岛、竹岛、开山岛、前三岛，整合陆域和近岸海域、海岛、渔村，打造沿海观光带，加快建设主题度假酒店、游艇俱乐部、海上体育运动中心等海洋旅游项目，培育国际邮轮挂靠港。连岛以创建国际海岛旅游目的地为目标，推进度假设施和功能建设，着力打造国内著名、国际知名的中国东方国际旅游岛，带动全市休闲度假旅游的快速发展。三是注重打造东海养生休闲旅游品牌。整合和完善东海西双湖景区、东海水晶城、水晶文化创意产业园和水晶博物馆的旅游功能，推进AAAAA景区创建，大力发展水晶创意文化产业，形成独具特色的水晶工艺和购物目的地。温泉旅游度假区以创建国家级旅游度假区为目标，提升开发建设层次，完善旅游配套功能，建设独具风情、主题突出、特色鲜明的温泉休闲旅游小镇。同时，辐射带动李埝生态旅游度假区的发展。四是加快打造海上云台山生态旅游品牌。大力推进海上云台山、连云古镇创建国家AAAAA级旅游景区和生态旅游示范区，整合区内宿城船山、保驾山、枫树湾等旅游资源，统筹规划和建设，繁荣古镇市场，完善商业业态，培育生态观光和休闲购物旅游产品，实现连云古镇、港口、海上云台山旅游片区的联动开发与运营，成为全市旅游发展新增长极和区域旅游新亮点。五是加快打造锦屏山文化体验旅游品牌。实施锦屏山片区旅游综合开发，编制锦屏山旅游策划和开发规划，依托孔望山、石棚山、桃花涧、海州古城、板浦古镇、蔷薇湖等，构筑“古城山水”旅游格局，打造文化旅游、休闲旅游品牌。

3. 大力发展旅游新业态。精心打造海滨休闲旅游、海洋生态旅游、邮轮旅游、会展旅游、康体疗养旅游、购物游、房车、露营地旅游和其他特色旅游产品，逐步提高“滨海度假、邮轮游艇、免税购物、温泉疗养”等核心旅游吸引物在游客心目中的认知度。在特殊海洋生态景观、历史文化遗迹、独特地质地貌景观及周边海域建立海洋保护区，依托海州湾国家级海洋公园、海州湾国家级海洋特别保护区、前三岛省级海珍品自然保护区、海州湾国家级海洋牧场等海洋保护区，适度开发潜水、垂钓、海底观光、海上休闲运动等旅游产品。积极引进境外大型邮轮公司在连云港注册设立经营性机构，吸引国内大公司在连云港设立邮轮公司。通过开发入境和出境邮轮旅游产品，推进邮轮挂靠港建设，为邮轮游艇提供更加便利快捷的通关手续；逐步建设完善游艇基础设施，在主要海域预留旅游航运通道和游艇码头发展空间；完善游艇管理办法，适当扩大开放水域，培育发展游艇俱乐部。积极发展与旅游相适应的多层次商业零售业态，建立大型品牌直销购物中心，打造连云港“国际购物中心”品牌。积极设立“免税店”，制定境外旅客购物离境退税管理办法。发挥落地签证政策，大力发展入境旅游。

4. 推动旅游可持续发展。推进旅游发展由资源消耗型向绿色低碳、节能环保的可持续发展方式转变。整合全市旅游资源，加强对旅游资源的保护与开发，保持景区的公共资源属性。改善海洋生态环境和海水质量，近岸海域水质达标率达到70%。建立连云港市生态补偿机制。发展绿色低碳循环经济，鼓励引导星级饭店、A级景区、生态旅游示范区等旅游企业开展绿色经营，推广应用清洁生产、节能减排技术和产品。推进国家级、省级生态旅游示范区创建工作。

（五）完善旅游服务体系，优化旅游发展环境

1. 实施智慧旅游建设工程。积极发展智慧旅游，建设全市旅游大数据和应急指挥中心，建成客流统计分析系统及智能监控系统，实现对游客流量的自动监测和实时数据统计分析，为旅游宣传推广、旺季游客分流和政府决策提供有力支持。搭建旅游资讯公众服务信息化平台和旅游咨询服务平台，整合全市

旅游网站、微博、微信、微视频和客户端 APP 等资源，实现智慧景区、智慧酒店、网络预定、电子导游、客流预警、安全监管等网络化运行，推进涉旅重点区域、重点景区、重点路段旅游咨询服务全覆盖，为游客出行提供便利。加强网络宣传和旅游活动的组织策划，建立涉旅网络舆情监测和引导机制，整合旅游企业在线服务资源，不断强化网络在旅游产业发展中的宣传功能、引导功能和服务功能。

2. 实施公共服务提升工程。注重城市旅游功能的合理配置，推进城市建设与旅游设施建设的一体化发展。加快推进旅游线路、旅游目的地和旅游景区游客服务中心、游客休息站等公共服务设施体系建设。完善旅游道路、旅游交通标识、景区停车场、旅游公厕等基础设施建设。加快区域性国际旅游港建设，努力增开日韩海上旅游航线，增加连云港入境旅游线路。加快旅游咨询服务体系建设，在主城区设咨询总站、各县区设分站、旅游企业设咨询点，统一规划设计，统一服务方式，统一运营模式，形成综合的旅游信息网络，提高公共服务效率，实现对游客的信息化高质量服务。推进旅游集散体系建设，集游客服务中心、票务预订中心、游客客运中心、旅游纪念品展销中心和旅游品牌推广中心等功能于一体。探索通过财政补贴、PPP 模式、特许经营等方式支持并引导社会力量参与旅游公共服务设施的建设、经营和管理。

3. 实施畅游港城便捷工程。构建以高等级公路、铁路、航空为主体的快速通道，加快综合交通枢纽工程建设，围绕旅游完善以公路、铁路、航空和绿道为支撑的交通通达系统，打通断头路，形成旅游环线和多通道，构建"快旅慢游、便捷安全、无缝换乘"的旅游立体交通体系。进一步健全完善全市旅游交通规划，分期分批拓宽出新或新建城区通往市区各主要景区的道路，完善城市道路旅游标识标牌系统。通过港城 BRT、海滨大道、环云台山大道、临海高等级公路等建设，实现景区路网与交通骨干网对接，形成完善的旅游公路网络体系，构建"全域旅游 1 小时通达圈"。加强旅游公交的配置和管理，保持各旅游专线直达公交车的常态运行，根据季节和游客需求建立交通调节机制，旺季增开、淡季减运。加强对重点旅游景区周边和沿途环境卫生的整治以及车辆停放的管理，营造文明、有序、整洁的旅游环境。开通海上交通环线，实现海上观光游览的公交化运营，将连云港海洋旅游由海岸线状分布扩充为近海海域的面状布局。

4. 实施文明旅游联创工程。加强文明旅游舆论宣传，新闻媒体设置专题专栏传播文明旅游理念和知识，曝光不文明旅游行为。推动建立旅游行业文明信用体系，并逐步纳入社会征信系统。在各类媒体媒介、旅游重点场所开展文明旅游公益宣传。组织旅行社领队和导游培训，抓好签约组团、办证通关、交通运输、旅途行程等关键环节的文明旅游引导和宣传。把文明旅游和旅游安全教育纳入中小学地方课程。积极开办市民学校，加强文明礼仪、守法诚信、公共秩序、社会服务、安全逃生等教育培训，不断提高市民文明素质和社会文明程度。深入开展"文明连云港"志愿服务行动等活动。

五、实施步骤

（一）启动实施阶段。2016 年，制定并下发《连云港市国家级旅游业改革创新先行区工作实施方案》，召开全市旅游业改革创新先行区工作动员大会，进行全面部署。开展旅游业改革创新先行区相关课题研究，实施一批旅游综合配套重大项目，在旅游管理体制调整和旅游经营机制改革、旅游联合执法、旅游公交运行、导游薪酬及保障机制等方面率先突破实施。

（二）全面推进阶段。2017 年，围绕改革任务，明确目标，强化措施，落实责任，全面深入推进各项改革工作，初步建立支撑旅游业改革创新先行区工作的政策体系和体制机制框架，基本形成健全的旅游协调发展机制、完善的现代产业体系和跨部门、跨行业、跨区域的“齐抓共建”工作格局，建成一批重大旅游项目，旅游转型升级取得突破性进展，旅游业改革创新明显见效。

（三）巩固提升阶段。2018 年，完成旅游业改革创新先行区的目标任务，建立完善高效的旅游管理体制、市场经营机制、旅游投融资机制、市场监管机制和公共服务体制，基本建成旅游经济强市，形成特色鲜明、示范性强的旅游发展成果和改革经验，为全国旅游业改革与发展提供借鉴和参考。

六、保障措施

（一）加强组织领导。成立市委、市政府主要领导任组长的连云港市国家级旅游业改革创新先行区工作领导小组，指导和协调旅游业改革创新先行区工作，研究解决改革中的重大问题。领导小组下设办公室，具体负责各项工作的组织实施与督查考核。组建专家顾问团队，建立市联席会议制度。各县区和市直有关部门成立相应的领导和工作机构，确保目标任务和各项措施的落实。

（二）严格责任考核。加大对旅游业改革创新先行区工作的督促检查，将旅游业改革创新的主要任务分解到各县区、各部门，对实施方案与目标任务年度执行情况进行综合考核，强化问责问效，及时发现和协调解决改革中存在的突出问题。

（三）完善政策支持。努力争取上级对我市旅游业改革创新先行区的政策支持，重点争取产业发展政策和商品免税、境外游客离境退税等特殊政策，进一步完善有利于旅游业发展的政策环境。积极争取中央和省在旅游项目用地指标、财税减免、生态补偿、旅游新业态、国际口岸开通和航线补助、旅游行政审批权下放等方面的政策支持。制定完善或优先落实支持旅游改革和发展的政策，重点在财政金融、土地利用、税收优惠、环境保护、生态建设和机构人员等方面给予扶持。

（四）强化人才保障。制定旅游人才培养规划，依托并扶持现有高校、各类职业技术学校建立旅游人才培训基地，优化旅游及相关专业设置，推动旅游人才队伍建设。抓好旅游管理人员和从业人员的培训。加强导游队伍建设，推进导游考试、培训、管理体制机制改革，探索导游职称制度、导游职级、服务职能与报酬相匹配的激励机制，健全导游、领队进入和退出机制。建设旅游人才供需平台，举办旅游人才专场招聘会、供需恳谈会，积极引进旅游及相关产业高层次经营管理人才和行业领军人才。建立旅游专家库和旅游研究机构，加强旅游工作理论研究，推进旅游产学研相结合。

中共连云港市委　连云港市人民政府
关于深入贯彻“一带一路”战略推进沿海发展五大工程的实施意见

连发〔2016〕31号

（2016年8月30日）

为深入贯彻省委、省政府《关于加快苏北振兴推进全面建成小康社会的若干政策意见》（苏发〔2016〕20号）《关于将连云港建成我国沿海新型临港产业基地 加快建设“一带一路”重要节点城市的意见》（苏发〔2016〕26号）、《关于新一轮支持沿海发展的若干意见》（苏发〔2016〕28号）文件精神，落实市委、市政府重大部署，加快建成全面小康社会，建设国际化海港中心城市，结合我市实际，制定如下意见。

一、指导思想

全面贯彻党的十八大、十八届三中、四中、五中全会精神，以习近平总书记系列重要讲话特别是视察江苏重要讲话精神为引领，牢固树立“五大发展理念”，适应和把握经济发展新常态，抓住并用好“一带一路”建设、江苏沿海开发等多重战略机遇，加快港产城融合发展，实施港口功能提升、产业转型升级、城市品质改善、双向开放拓展、生态环境保护等沿海发展五大工程，为全面建成小康社会和我国沿海新型临港产业基地提供重要支撑。

二、发展目标

《江苏沿海地区发展规划》上升为国家战略以来，全市上下发挥“一带一路”交汇点核心区和先导区优势，全方位扩大开放，大力度推进项目，落实国家战略取得阶段性成效。“一体两翼”组合大港发展格局全面拉开，综合集疏运体系不断完善。国家级石化产业基地建设获得批准，斯尔邦石化、珠江钢管等投资过百亿的重大项目相继落户。装备制造、石化产业产值突破千亿。国家东中西区域合作示范区、中哈物流中转基地、上合组织出海基地建设取得显著成果。市高新区升格为国家级高新区。30万吨级航道一期工程建成，连盐铁路、青连铁路、连淮扬镇铁路开工建设，有力支撑了全市经济社会发展。

今后五年，全市要深入贯彻“一带一路”战略，以供给侧结构性改革为主线，紧紧围绕沿海发展五大工程，持续推进重大项目、重点工程和重要事项，实现主要指标年均增一成、实际投入超过四千亿、规上企业销售翻一番、三次产业结构更优化、临港产业基地成规模、全面小康社会早建成。

（一）综合实力迈上新台阶。重点抓好经济上质量扩规模、产业结构优化、民生改善、科技创新等。到2020年，全市GDP年均增长10%左右、达到3500亿元，固定资产投资年均增长20%左右，一般公共预算收入同口径年均增长10%左右，二、三产业增加值占GDP比重争取达到92%。科技创新能力显著增强，全社会研发经费支出占GDP比重达到2.5%。城镇居民、农村居民人均可支配收入分别达到42000元、23000元，年均增长10%左右。以县为单位达到省定全面小康社会标准。

（二）港口功能实现新提升。重点抓好组合大港建设、综合交通体系完善、基础设施配套、港口功能优化等。到 2020 年，全市港口基础设施建设累计完成投资 300 亿元，全面实现 30 万吨级深水航道通航，港口航线总数突破 80 条，铁水联运达到 30 万标箱。港口吞吐量达到 3 亿吨，集装箱运量达到 600 万标箱。2016–2018 年，推进港口功能提升重点项目 59 个，计划总投资 1044 亿元。

（三）产业发展取得新突破。重点抓好新型临港工业、现代服务业、现代农业，初步建立现代产业体系。到 2020 年，全市石油化工、装备制造、新医药三大优势产业实现产值 5000 亿元，新材料、新能源、新一代信息技术三大新兴产业实现产值 2000 亿元，冶金、食品、基础化工三大传统产业实现产值 3000 亿元。高新技术产业占规模以上工业总产值比重达到 40%。服务业增加值达到 1500 亿元，占 GDP 比重达到 40% 以上。高效设施农业占耕地面积比重达到 20% 以上。2016 — 2018 年，推进产业转型升级重点项目 103 个，计划总投资 928 亿元。

（四）城市品质体现新水平。重点抓好基础设施配套、城市发展质量提升、新型城镇化和城乡一体化等。到 2020 年，基本建成功能明确、层次分明的城市路网系统，市区人均道路面积达到 21 平方米，城市供水能力达到 50 万吨 / 日，城市污水处理能力达到 43 万吨 / 日，市区、县城污水处理率分别达到 95%、85%。2016 — 2018 年，推进城市品质改善重点项目 20 个，计划总投资 112 亿元。

（五）双向开放拓展新空间。重点抓好“一带一路”交汇点核心区和先导区建设、国家东中西区域合作示范区建设、对内对外开放空间拓展、招商引资、招才引智、境内外经贸合作等。到 2020 年，全市累计实现进出口总额 540 亿美元，对外投资中方协议投资额达到 40 亿美元，实际利用外资达到 65 亿美元。2016 — 2018 年，推进双向开放拓展重点项目 7 个，计划总投资 51 亿元。

（六）生态环保达到新要求。重点抓好环境保护、生态文明建设、沿海滩涂综合开发等。到 2020 年，城市建成区绿地率达到 38%，绿化覆盖率达到 40% 以上。入海河流水质基本消除劣Ⅴ类。全市自然湿地保护率达 50%。海州湾海洋牧场面积增加到 200 平方公里。2016 — 2018 年，推进生态环境保护重点项目 11 个，计划总投资 28 亿元。

“十三五”期间，全市实施沿海发展重点推进港口、产业、城市、开放、生态等五大类项目 200 个，总投资 3721 亿元。其中 2016 年投资 632 亿元，2017–2018 年投资 1530 亿元。

三、关键举措

（一）港口功能提升工程。立足构建我国重要的综合交通枢纽，以建设区域性国际枢纽港为重点，突出综合发展、联动发展，强化分工协作、优势互补，加快完善综合交通运输体系，不断提升岸口服务功能，更好服务于国家战略实施和区域经济社会发展。

1. 推进组合大港建设。强化港区资源整合，根据各港区基础条件，合理布局功能、分配货源，加速形成分工协同、功能互补、抱团发展的组合大港格局。提升港口公共基础设施保障水平，提升码头设施能力和专业化水平，完善港口集疏运体系和支持保障系统，全面提升港口功能。鼓励各类资本参与港口开发建设。实施连云港港扩容工程，加快进港航道、防波堤、锚地等公共基础设施建设，建成 30 万吨级航道二期工程，实现 30 万吨级航道通达连云、徐圩港区，建设赣榆港区 15 万吨级和灌河口 5 万吨级航道。建成徐圩港区防波堤和 30 万吨级原油码头。（责任单位：市港口局、口岸委、30 万吨级航道建设指挥部、港口控股集团）

2. 完善综合交通运输体系。强化港口与周边地区交通基础设施互联互通，大力发展海河联运、铁水联运，打造畅通便捷的港口立体综合集疏运体系。建成连盐、连淮扬镇、徐连客专、青连等铁路项目，以及连云至连云港东增二线，连盐铁路徐圩支线、赣榆支线及港区专用线，连盐铁路至上合组织（连云港）国际物流园（以下简称上合物流园）铁路专用线。完善公路集疏运体系，积极实施连淮高速公路拓宽改造工程。打通省、市际一级公路对外通道网络，提升改善 G204、S242、S236 等国省干线及港区公路集疏运条件。畅通内河航运，加快推进灌河西段航道等干线航道工程以及各港区疏港航道建设，提升内河水运疏港能力和海河联运水平。规划建设宿连航道，为盐河疏港航道实现千吨级通航创造条件，形成西连京杭大运河、南接长江的内河干线航道网。加快建设内河港口、内河集装箱码头。加快建设新机场，开通至中西部重要节点城市的航线，开辟面向“一带一路”沿线国家和地区的国际航线。建设高铁客运站等一体化综合枢纽。（责任单位：市发改委、交通局、港口局、水利局、铁路办、机场办、港口控股集团，各县区）

3. 提升口岸服务功能。促进查验通关便利化，推进新亚欧大陆桥经济走廊沿线城市检验检疫区域一体化。用好启运港退税政策，探索试行陆向启运港退税政策。用好中韩陆海联运试点口岸政策，扩大中韩陆海联运甩挂运输规模。在“三互”“三个一”试点基础上，全面推进“单一窗口”。积极推动综合保税区申建，复制推广上海等自由贸易试验区经验，争取设立自由贸易港区。推动机场、徐圩港区、赣榆港区、灌河港区实现一类口岸开放。争取恢复整车进口口岸。创建国家口岸药品检验所。整合海关特殊监管区功能，完善区域通关一体化和电子口岸建设。推进口岸大通关建设，畅通上合组织出海通道，成为我国对中亚、欧洲铁路运输的重要集散地和中转口岸。推进区域性国际商务中心、中哈物流中转基地、上合物流园、航运“一站式”服务中心建设。建设大宗商品及资源现货期货交易中心，建设服务“一带一路”沿线国家和地区的商贸物流集散中心。（责任单位：市港口局、口岸委、商务局，连云港海关、出入境检验检疫局、海事局、边检站，市港口控股集团，灌云县、赣榆区、徐圩新区、上合物流园）

4. 加强水利能源基础设施建设。加大水利基础设施投入，实施水利重大工程建设。完成灌河、蔷薇河、灌北干渠、东门五图河等入海河流治理工程，争取实施埒子口治理工程。建设徐圩新区应急备用水源、完成大型泵站更新改造及大中型水闸除险加固工程，启动新建小水库工程，加快推进骨干河道治理、城市防洪、水环境综合整治等工程建设。提高新能源接纳能力，加快建设现代配电网络设施与服务体系，推进田湾核电二期、三期工程，争取开工云台山抽水蓄能电站等项目。做好新增量配售电改革试点工作。建设华电赣榆 LNG 接收站项目。建成东海石光、赣榆神舟光伏组件和市通信网络扩容工程等项目。（责任单位：市水利局、发改委，东海县、赣榆区、连云区、徐圩新区、云台山景区，江苏核电公司，市供电公司、电信公司、移动公司、联通公司）

（二）产业转型升级工程。认真落实《中国制造 2025 江苏行动纲要》，坚持“产业强市”不动摇，坚持走新型工业化道路，不断壮大先进制造业规模，加快发展战略性新兴产业，发挥优势发展现代服务业，着力建设现代产业体系。

5. 突破新型临港工业。推动石油化工、装备制造、新医药等优势产业向高端攀升。吸引苏南及沿江地区绿色先进的重化工项目向我市转移升级。完善石化产业链布局，集群化、差异化发展非燃料型产品炼化产业，建成一批以外进甲醇和芳烃为基础原料的多元化原料深加工项目。依托徐圩新区建设世界级石化产业基地，加快建成盛虹炼化一体化项目。建成新海石化连续重整及芳烃联合装置、三吉利化工扩产提质等项目。建成天明特种车辆、凯帝重工压路机、三航润驰机械加工等项目。建设国家新医药重要产业基地、国家医药创新中心，做大做强生物制药、化学创新药、现代中药、先进医疗设备、医用材料等医药、医疗产业。重点实施豪森生物制药、恒瑞医药技改、润众生物制药等项目。到 2020 年，实现医药产业产值超 1000 亿元。

壮大新材料、新能源、新一代信息技术等新兴产业。建设新材料及资源深加工基地，以新材料国家高技术产业基地、国家火炬计划东海硅材料产业基地、国家高性能纤维及复合材料高新技术产业化基地为载体，加快发展高性能碳纤维、聚酰亚胺纤维等新材料产业。培育发展核电装备制造、关键零部件及核电余热利用产业。新能源重点发展太阳能技术利用产业，建设具有较强竞争力的产业研发、制造和应用示范基地。顺应“互联网 +”发展趋势，加快新一代信息技术与制造业深度融合，促进制造业创新发展。建成全市大数据中心和市开发区专业化大数据中心。

提升改造冶金、食品、基础化工等传统产业。促进钢铁产业转型升级，建设大型精品钢基地。重点建设华乐合金 60 万吨冷轧、珠江钢管双金属复合板卷管一体化项目，改造提升镔鑫钢铁、亚新钢铁、兴鑫钢铁工艺和档次。加快建设益海油化盐化产业基地，推动在循环经济等领域培育形成新增长点。不断扩大益海金龙鱼、海福特食品、中澳达博食品、紫燕食品的品牌优势，加快实施德邦化工和市碱业公司搬迁升级改造等项目。（责任单位：市发改委、经信委、科技局、环保局、商务局、海洋渔业局、炼化办，各县区）

6. 打造临海经济产业带。深入落实全省沿海开发“十百千万”工程，推进我市临海经济产业带建设。以海滨大道、临海高等级公路交通干线为主轴，以港口、临海开发园区、临海城镇为节点，重点建设“4 港、6 镇（新城）、9 园区”，即赣榆港区、连云港区、徐圩港区、灌河港区等 4 个港区，柘汪镇、海头镇、连云新城、燕尾港镇、圩丰镇、堆沟港镇等 6 个临海重点城镇，赣榆柘汪临港产业园区、赣榆经济开发区、赣榆海洋经济开发区、市开发区、连云经济开发区、高新区、国家东中西示范区（徐圩新区）、灌云燕尾港临港产业区、市化学工业园区等 9 个临港产业园区，打造全市新的经济增长极。积极推动设立省级赣榆港经济开发区。（责任单位：市沿海办、发改委、经信委、建设局、交通局、环保局、规划局、商务局、海洋渔业局、农委、港口控股集团，相关县区）

7. 构建产业科技创新体系。实施创新驱动发展战略，推进创新型城市建设。强化企业创新主体地位，实现大中型工业企业研发机构全覆盖，大力创建省级、国家级企业创新平台，在高端装备制造、智能制造、绿色制造、精密模具等领域突破一批关键共性技术。推动大众创业、万众创新，实现省级以上园区众创空间全覆盖。推动有条件的县区创建省级高新区。实施“智慧沿海”工程，建成有线无线一体化基础网络，城镇光纤网络覆盖率达到 100%，农村建成高质量宽带网络。提升南京大学连云港高新技术研究院、南京工业大学连云港工业技术研究院、南京理工大学连云港研究院等载体建设层次。推进淮海工学院创建国家大学科技园。加快推进中科院能源动力研究中心“高效低碳燃气轮机试验装置”国家重大科技基础设施项目。依托中船重工 716 研究所等科研单位探索建设产业技术研究院。建成新医药、新材料、装备制造等产业创新驱动站。（责任单位：市科技局、发改委、经信委、人社局，市委组织部，各县区，淮海工学院，连云港师专、职业技术学院，716 研究所，市电信公司、移动公司、联通公司）

8. 加快发展现代服务业。重点发展现代物流、商贸、金融、旅游、会展、文化创意等产业。进一步放开服务业领域市场准入，优化生产性服务业重点领域前置审批和资质认定。省、市级服务业集聚区达到 50 家（其中省级 5 家）。大力发展港口物流，实现铁路货运站与港口码头无缝衔接，物流业增加值达到 350 亿元。建成海州智慧、赣榆临港、灌云港口等一批物流园项目。

加大金融工作力度。鼓励金融机构提高融资便利程度，创新金融服务产品，多渠道为企业提供长期低成本融资。推动豪森药业、新海连控股等企业在境内外上市，鼓励神鹰碳纤维自行车、中复碳芯电缆科技、沃鑫高新材料等企业在“新三板”和江苏股权交易中心挂牌。适度扩大企业债券发行规模，提高股权融资比重，扩大直接融资规模。多措并举化解金融债务风险。规范市港口控股集团财务公司运作。搭建政银企对接平台，引导国内外金融机构加大支持力度。持续优化金融生态环境，有效防范化解金融风险。

推进旅游体制改革。组建市旅游控股集团，促进优势资源整合集成、旅游产业深度融合发展。推动AAAAA景区创建和景区转型升级。实现旅游业由门票经济向产业经济转变，由观光旅游为主向观光、休闲、度假并重转变，由数量增长型向量质并重型转变。实施海州湾国家级海洋公园、连云欢乐海洋城、花果山南部综合服务中心等项目。（责任单位：市发改委、经信委、商务局、国资委、旅游局、沿海办、金融办，人行市中心支行、连云港银监分局、市保险行业协会，各县区，市港口控股集团、金融控股集团，各金融机构）

9. 大力发展现代农业。按照产业化提升农业、合作化致富农民、一体化繁荣农村思路，重点发展高效设施农业、休闲观光农业、外向型农业、农副产品精深加工业，促进农业“接二连三”，构建具有我市特色的现代农业产业体系。推进高标准农田、商品粮基地、特色水产品生产基地、农（渔）产品加工区和出口加工基地建设。全市高标准农田占耕地面积60%以上，农产品进出口总额达到25亿美元。建设农产品加工集中区，培育农业龙头企业，加快发展农村电子商务和生产性服务业等新型业态。推动土地有序流转，推进农业适度规模经营。加快建设“一带一路”农业国际合作示范区、国家农业科技园区，推动东海经济开发区创建国家级农业经济技术开发区。大力发展现代渔业，加快建设国家级海洋牧场示范区和连岛国家级中心渔港。建成省级以上现代农业园区15家。（责任单位：市农委、国土局、科技局、海洋渔业局，市委农工办，各县区）

（三）城市品质改善工程。牢固树立以人为核心的城市发展理念，加快转变城市发展方式，统筹生产、生活、生态空间布局，塑造城市特色风貌，提升城市精细化管理水平，建设宜居宜业海滨城市。

10. 完善城市基础配套设施。加快海州区、连云区、赣榆区错位发展，科学布局居住、都市型工业、大型商业文化等城市基础设施。构建与城市布局形态和功能结构协调的交通体系，完善城市公共配套，建成功能明确、层次分明、快速便捷的城市路网系统。实施公交优先，提高公交服务能力。提高供水和污水处理能力，提升防洪除涝能力。建设完善城市输配气管网，扩大管道天然气覆盖率。推进智慧城市、生态园林城市、海绵城市和地下综合管廊建设。突出便民公共服务设施建设，建成“10分钟市民基本公共服务圈”。（责任单位：市城管局、规划局、建设局、国土局、交通局、环保局、文明办、交通控股集团，各县区）

11. 提升城市发展质量。以“六个优化”为方向打造“干净、方便、顺畅”连云港。加强城市对产业发展的吸引力和承载力，强化港口对产业发展的龙头带动作用。加强城市环境卫生、市容秩序管理，创建国家卫生城市。坚持改造更新与保护修复并重，提升老城区功能和品位。树立“精明增长”、“紧凑城市”理念，走集约型、节约型、环保型发展道路，把我市规划建设成为生产空间集约高效、生活空间宜居适度、生态空间山清水秀的宜居宜业海滨城市。（责任单位：市规划局、建设局、国土局、交通局、文广新局、商务局、旅游局、贸促会、城建控股集团，各区）

12. 推进新型城镇化和城乡一体化发展。完善“中心城市—县城—重点镇—一般镇”四级城镇体系，构建“向心聚合、空间集约”城市发展格局。壮大县域经济，发挥省级开发园区支撑作用，推动县域经济特色化、集约化、规模化，不断提升县域综合实力。加强县城市政基础设施和公共服务设施建设，促进产业结构优化和空间集约利用，建成以城带乡、以工促农、城乡一体化发展的重要载体。争取东海县撤县设市。鼓励有条件的乡镇建设工业集中区，努力形成一批产业基础好、综合实力强、发展优势明显的特色镇。加快国家级新型城镇化试点镇建设，鼓励社会资本通过PPP等方式参与城镇基础设施和公共服务设施建设。推进农村集中居住。推动公共服务向农村延伸，促进公共服务均等化。实施脱贫致富奔小康工程，加大石梁河库区和沂河淌片区整体帮扶力度，增加扶贫开发资金投入，发展壮大经济薄弱村集体经济，实施精准帮扶，确保6000元以下低收入人口全部按期脱贫，贫困县、经济薄弱村全部摘帽。（责任单位：各县区，市委农工办，市发改委、经信委、民政局、财政局、商务局、建设局）

（四）双向开放拓展工程。充分发挥新亚欧大陆桥经济走廊东方起点优势，加快向西开放步伐，提升向东开放水平，重点扩大与“一带一路”沿线国家和地区的经贸合作。

13.建设“一带一路”交汇点核心区和先导区。加快上合物流园、中哈物流合作基地、新疆霍尔果斯物流场站、哈萨克斯坦“霍尔果斯－东门”经济特区无水港等“一园三区”建设。推动上合物流园发展跨境电子商务，推广物流先进技术，形成覆盖“一带一路”沿线国家和地区的物流信息网络。推进与“一带一路”沿线国家和地区的产业合作，建成服务上合组织成员国的国际物流合作基地、现代物流创新发展的试验示范园区。构建互联互通的跨境物流通道，进一步提升上合组织物流中转出海基地的辐射带动作用。加快实施内河港中云台作业区工程、上合物流园货运场站工程、亚欧大陆桥跨境电子商务产业园工程等项目（责任单位：市港口局、口岸委、商务局，连云港海关、出入境检验检疫局、海事局、边检站，连云区、上合物流园，市港口控股集团）

14.推进国家东中西区域合作示范区建设。按照园区功能定位，加快实施石油化工、精品钢、油化盐化、装备制造、节能环保、新能源等一批龙头型、基地型产业项目，充分发挥徐圩港区对产业的支撑作用。吸引日本、韩国以及中西亚地区的城市和企业共建园区及产业合作基地。鼓励中西部地区进口资源深加工企业合作建设石油化工、有色金属、精品钢材、粮油食品、木材等加工基地。鼓励中西部地区外向型企业建设出口产品加工分装、装备制造出口组装等专业化生产加工基地。（责任单位：市发改委、商务局，徐圩新区、市开发区、上合物流园）

15.拓展对内对外开放空间。以省级以上开发园区为载体，强化与长三角、珠三角、京津冀等重点地区、重点企业、重点项目的合作，加快吸纳生产要素，集聚优质发展资源。聚焦“一带一路”沿线国家和地区，发挥新亚欧大陆桥过境运输品牌优势，进一步密切与哈萨克斯坦的项目合作，扩大与中西亚、欧洲等地区的交流合作。依托地缘优势，不断扩大与日本、韩国、香港、台湾等地的经贸往来。建设新亚欧大陆桥“安全走廊”国际执法合作论坛（连云港）永久会址。（责任单位：市商务局、公安局、台办、外侨办，各县区，港口控股集团）

16.推动招商引资、招才引智。用优势资源招商，利用国家级开发区、高新区、东中西示范区和医药企业等优势品牌资源招引战略性新兴产业。用优秀团队招商，培养高素质的招商队伍，提升招商专业化水平，不断满足产业链招商需求。用优惠政策招商，推进土地、物流、电力、金融、产业基金等发展要素向招商项目倾斜，创造宽松的政策环境。用优质服务招商，建立重大招商项目领导挂钩服务机制，营造亲商、安商、富商环境。加大高层次人才引进培养力度，深入实施“港城英才计划”“大学生创业引领计划”等各类人才计划，努力为产业发展提供智力支撑。推进淮海工学院创建江苏海洋大学，推动连云港师专升格为海州师范学院。（责任单位：市商务局，市委组织部，市人社局、教育局，淮海工学院，连云港师专、职业技术学院，各县区）

17. 开展境内外经贸合作。鼓励我市企业走出去拓展市场、投资兴业，重点推进恒瑞医药、康缘药业、豪森药业、正大天晴等医药企业以及国电联合动力、中复连众等重点企业加快国际化进程。推进国际产能合作，创造条件参与哈萨克斯坦“霍尔果斯－东门”工业园建设，加快推进新疆霍尔果斯物流场站项目。争取中西亚国家在我市设立办事处和商务机构。创造条件开通丝绸之路经济带国际旅游客运专列。精心筹办论坛展会，重点打造“中国（连云港）丝绸之路国际物流博览会”品牌。推进国际友城交往和人文交流，不断丰富友城交往经贸内涵。（责任单位：市商务局、食药监局、外侨办、旅游局、贸促会、连博办、港口控股集团）

（五）生态环境保护工程。坚持环保优先、绿色发展，严格落实环保“土十条”“气十条”“水十条”治理措施，加大污染综合治理力度，持续加强生态保护与修复，努力实现天更蓝、山更绿、水更清。

18. 切实加强环境保护。构建绿色低碳循环发展产业体系，降低产业发展对环境的影响。优化产业空间布局，常年主导上风向区域严格限制涉气污染项目。加强入海河流整治，在主要河流入海口及重点排污口建设水质自动监测系统。加强蔷薇河和通榆河清水通道建设，解决城市主水源地面源污染。加大临洪河湿地、武障河湿地保护力度。加强土壤污染治理与修复。以重点污染物削减和煤炭清洁高效利用为重点，提高石化、钢铁等重点行业清洁生产水平。单位地区生产总值二氧化碳排放完成省下达目标。实施徐圩新区固危废处理处置中心、市区污水处理厂提标改造工程、生活垃圾转运及无害化处理工程等项目。（责任单位：市环保局、发改委、经信委、水利局、城管局、农委，各县区）

19. 推进生态文明建设。完善生态空间结构，重点保护云台山体绿化，维护好城市自然山水格局。合理拓展产业园区生态廊道，提升绿地功能，构建城乡一体化的绿地系统。强化生物多样性保护，加快生态修复，维护生态系统稳定，确保区域生态安全。主动抓好区域战略环评项目试点成果转化，积极落实“多规合一”，建设生态环境大数据综合管理平台。提高资源能源利用效率，落实最严格耕地保护制度，促进低效产业用地再开发，提高土地节约集约利用水平。实施化工园区环境整治提升工程，大力发展循环经济，推动省级以上开发区开展循环化改造、建设生态工业园区，实现绿色增长。加强海洋环境监测能力建设，严控陆源污染入海总量，强化海洋环境治理与生态建设。加强基于生态系统的海洋综合管理，建成国家级海洋生态文明示范区。（责任单位：市发改委、环保局、海洋渔业局、经信委、国土局、规划局、建设局、安监局、水利局、林业局，各县区）

20. 加快沿海滩涂综合开发。落实省沿海开发滩涂规划，推动连云新城、徐圩新区创建省级滩涂综合开发试验区。坚持保护与开发并重，统筹经济社会和生态发展用地，连云新城重点打造商务办公、休闲娱乐、滨水居住三大功能板块，徐圩新区围垦区重点加快物流基地和临港产业发展。（责任单位：市沿海办、农开局，赣榆区、连云区、徐圩新区）

四、组织实施

（一）切实加强组织领导。各级党委、政府要有强烈的机遇意识，高度重视“一带一路”交汇点建设和沿海发展工作，切实增强责任感，把“五大工程”摆在重中之重位置，认真抓好分解落实。市各部门、各单位要紧扣目标任务、时间节点，明确责任，细化措施，做到项项有落实、事事有督办、件件有反馈。

（二）建立协同推进机制。市级层面建立统筹协调和会办推进机制，由市委、市政府分管领导牵头，协调解决项目推进中的困难和问题。各级、各部门要强化协同配合，做到全市一盘棋、合力抓推进。各责任单位要扎实做好牵头事项的推进落实工作，各相关单位要主动配合、沟通衔接，认真落实承担事项。宣传部门要加强舆论引导，利用各种媒体媒介报道重大项目进展情况，介绍先进典型和工作经验，营造"人人关心沿海发展、个个参与项目建设"的浓厚氛围。

（三）建立督查考核机制。市委、市政府督查部门每季度要督办推进情况，通报项目进展、实际投入、存在问题、滞后原因。市目标办、绩效办分别将县区板块、市级机关"五大工程"落实情况纳入绩效考核范畴，突出导向，激励先进，推动各县区、各部门聚精会神抓落实。组织部门将考核结果作为评价党政领导和领导班子政绩的重要依据。纪检监察机关对推诿扯皮、工作不作为、消极怠工的，对单位主要负责人严肃问责。

（四）建立动态管理机制。按照重点工作项目化、项目推进机制化、机制落实责任化的要求，重点推进一批具有全局性、战略性，投资体量大、带动能力强的项目，形成年度滚动、动态管理机制。各级、各部门要不断充实和完善项目库，加强组织实施，不断发挥其对全市经济社会发展的支撑作用。

（五）做好落实并争取各类政策。要充分发挥财政性资金引导支持作用，进一步充实苏科贷、苏微贷、小微创业贷资金池，撬动社会资本，支持企业发展。要做大做活市产业发展基金、土地开发基金、城建发展基金、上合物流园发展基金，扩大项目资金投入。要积极争取省沿海发展基金和集合债等各类资本参与沿海发展。要深入研究国家和省支持政策，主动汇报对接，争取国家和省赋予我市的改革、产业、投资、科技、人才、资源、财政、金融等方面支持政策落地。

中共连云港市委　连云港市人民政府
关于推进价格机制改革的实施意见

连发〔2016〕38号
（2016年10月9日）

为全面贯彻落实《中共中央国务院关于推进价格机制改革的若干意见》（中发〔2015〕28号）、《中共江苏省委江苏省人民政府关于全面推进价格机制改革的实施意见》（苏发〔2016〕13号）文件精神，结合我市实际，现提出如下实施意见。

一、准确把握价格机制改革总体要求

（一）指导思想。全面贯彻党的十八大和十八届三中、四中、五中全会精神，紧紧围绕使市场在资源配置中起决定性作用和更好发挥政府作用，牢固树立“五大发展理念”，坚决落实供给侧结构性改革重大战略，健全政府定价制度，深化重点领域价格改革，降低经济运行成本，服务宏观调控，加强市场价格监管和反垄断执法，完善价格公共服务体系，为加快建设国际化海港中心城市营造良好的价格环境。

（二）基本原则。一是坚持市场决定原则。正确处理政府和市场关系，凡是能由市场形成价格的都交给市场，政府不进行不当干预，充分发挥市场决定价格作用。二是坚持放管结合原则。政府定价领域，必须严格规范政府定价行为，坚决管细管好管到位；市场定价领域，主要通过健全规则、加强执法，维护市场秩序，保障和促进公平竞争。三是坚持改革创新原则。兼顾地方实际和群众意愿，推动价格管理向规范价格行为、营造良好价格环境、服务宏观调控转变。四是坚持稳慎推进原则。统筹价格机制改革对不同群体、不同行业利益影响，把握好时机、节奏和力度，防范各类风险，确保平稳有序。

（三）主要目标。到2017年，竞争性领域和环节价格基本放开。政府定价范围主要限定在重要公用事业、公益性服务、网络型自然垄断环节。市场决定价格机制、价格监管和反垄断执法体系、价格调控机制比较完善。到2020年，全面有序放开竞争充分的领域和环节价格，市场决定价格机制更为完善，科学、规范、透明的价格监管制度和反垄断执法体系日趋完备，市场价格行为更加规范。政策完备、手段灵活的价格管理机制日益健全，价格杠杆调节功能更加精准有力。

二、坚持市场决定价格导向，规范政府定价行为

（四）减少政府直接定价项目。逐步放开竞争性领域和环节的价格，将盐产品价格、民爆器材价格、中药饮片价格、医院自制剂价格、具备竞争条件的停车设施服务收费、除政府主办以外的其他社会机构养老服务收费标准等由政府定价或者政府指导价改为实行市场调节价。相关企事业单位、民办非企业、社会团体可根据市场供求和竞争状况自主确定价格或收费标准，充分激发市场活力。

（五）理顺政府价格监管权限。为统筹市区价格政策和价格水平，对属于政府定价或者政府指导价的价格或收费标准，原则上由市统一制定具体价格和收费标准，实现涉及民生的重要公共产品和公共服务“同城同价、同质同价”。加大简政放权力度，合理界定市、县（含赣榆区，下同）两级价格职能，承接好国家和省下放的交通运输价格和公路客运站站级评定、管道天然气配气和销售价格、供热管网输配价格、废弃物处置收费标准、部分垄断性交易市场交易服务收费标准等政府定价项目。

（六）切实规范政府定价行为。根据《江苏省定价目录（2015 年）》，梳理我市定价项目，确保定价目录清单之外无政府定价。对已实行市场调节价或改变价格管理方式的，及时废止、修改相关政策文件；对保留的政府定价项目，按有关定价机制、管理办法制定价格。完善政府定调价制度，鼓励和支持第三方提出定调价方案建议、参与定价听证，消费者参加人的比例提高至听证参加人数的二分之一以上，提升政府定调价决策的科学性、民主性和透明度。

三、深化重点领域价格改革，理顺价格形成机制

（七）推进资源能源价格改革。继续推动天然气价格市场化改革，理顺天然气与可替代能源比价关系。完善居民用水、气阶梯价格制度，2016 年底前，所有县全面实行居民阶梯水价制度，已通气的县全面实行居民阶梯气价制度。逐步健全居民用水、电、气延伸服务价格管理政策。建立电动汽车充电价格政策，促进电动汽车的推广应用。到 2017 年，完善水利工程供水价格体系，启动农业水价综合改革，全面建立差别化水资源费征收体系。到 2020 年，全面实行非居民用水超定额、超计划累进加价收费制度。

（八）健全环境保护价格政策。全面实施城市施工工地扬尘排污收费、环保信用评级企业差别化污水处理费、主要污染物排污权有偿使用和交易等政策。加大差别电价和惩罚性电价实施力度，落实再生能源发电、供热补贴政策，健全发电和供热企业脱硫、脱硝、除尘价格优惠政策，引导企业主动治污减排。完善城镇污水处理收费政策，对污水处理资源化利用实行鼓励性价格政策。到 2017 年，出台《连云港市危险废弃物处置收费管理暂行办法》，修订《连云港市生活垃圾处理费征收管理办法》，完善收费方式，做到应收尽收。健全生态环境损害补偿机制，探索新污染源排污收费制度。

（九）深化医药价格改革。改革医疗服务价格形成机制，政府主要管理基本医疗服务价格，非基本医疗服务和非公立医疗机构医疗服务项目实行市场调节价。建立医疗服务价格动态调整机制，同步强化价格与医保、公立医院运行机制等政策的衔接。分类管理医疗服务项目价格，到 2017 年，基本建立以费用控制为基础，体现公立医院管理水平和技术劳务价值的价格调整联动机制。到 2020 年，基本建立新型医疗服务价格管理体制，基本形成有利于分级诊疗的梯次价格体系，基本理顺医疗服务比价关系。

（十）推进旅游资源价格改革。开展景区资源价格形成机制改革试点，探索景区资源有偿化与股份制，提高景区经营管理行为的市场化程度，逐步消除景区资源整合的体制性障碍。深化景区门票价格改革，努力使门票价格总体水平保持在与景区价值、游客感受相适应的合理区间。强化旅游市场价格监管，到 2017 年，建立更加完善的景区价格监管机制，重点景区及周边餐饮、住宿等涉旅行业全面实现明码标价。构建乡村旅游价格监管服务工作体系，提升旅游价格突发事件的应急处置能力。

（十一）健全交通运输价格机制。推进城市公交票制票价和出租汽车运价定价机制改革，促进常规公交与 BRT、出租车合理分工协作，形成科学的公交、出租车以及不同车型档次比价关系，促进经营者有序竞争和服务水平提升。完善道路客运运价机制和长途客运燃油附加联动机制，强化农村客运价格监管。完善停车服务收费管理机制，2016 年底前，出台《连云港市机动车停放服务收费管理办法》，实行有利于促进停车设施建设、缓解城市交通拥堵、公共交通优先发展的停车收费政策。

（十二）创新公用事业和公益性服务价格管理。深化教育收费改革，全面取消普通高中择校费，对公办幼儿园、高中（含中职）、高等学校学费、住宿费以及小学、初中住宿费实行行政事业性收费管理；

民办教育收费实行分类管理，逐步放开营利性民办义务教育、民办高中收费。到 2017 年，修订《连云港市幼儿园收费管理办法》，完善普通高中收费、中外合作办学分类型差别化收费政策。推进养老服务收费改革，分类制定收费政策，鼓励民营资本兴办养老机构，满足社会多样化需求。完善殡葬服务收费政策，加强殡葬服务收费管理，减轻群众丧葬不合理负担。

四、加强市场价格监督管理，维护市场正常秩序

（十三）健全市场价格行为规则。对市场竞争不充分、交易双方地位不对等、信息不对称领域市场价格行为，尽快制定相应议价规则，引导经营者规范价格行为。逐步制定物业服务、旅游、电信等与群众生活密切相关行业的价格行为规范与指南，到 2020 年，建立起较为完善的相关行业价格行为规则监管体系。重要商品价格显著上涨或者有可能显著上涨、出现社会集中反映强烈价格问题以及重要节假日或者重大活动期间，价格主管部门可以采取函告、约谈、公告等方式，提醒告诫经营者，预警价格违法行为。

（十四）完善市场价格监管体系。落实突发价格事件应急处理、市县两级联动价格执法和双随机抽查机制，建立重大疑难案件专家论证咨询制度，进一步提升监管效能。完善“两法衔接”机制，推动价格执法与刑事司法无缝对接。将价格争议调解纳入社会矛盾多元调解体系，构建市、县、镇、村四级价格矛盾调处工作网络。基本建立机构权威、制度完备、机制完善、执行有力的市场价格监管体系，到 2017 年，实现重要商品和服务价格监管广覆盖；到 2020 年，实现所有商品和服务价格监管广覆盖。

（十五）加大市场价格监管力度。强化基层价格执法的主体作用和属地责任，以县（区）域为基本单位，逐步建立网格化市场价格监管机制。加强对电子商务、“互联网 +”等新领域以及机场、车站、高速公路及其服务区等相对封闭区域的价格监管，加大重要节假日期间市场价格的巡查力度，加强突发事件等敏感时段的市场价格监管。围绕与群众生产生活关系密切的行业领域，开展专项整治，严厉查处价格欺诈等不正当价格行为。探索不同行业明码标价方法，提高商品和服务明码标价实效，2016 年底前，固定经营场所明码标价覆盖率达到 90%。到 2017 年，固定经营场所明码标价覆盖率达到 95% 以上，大型百货商场、连锁经营超市、药品零售企业等经营场所全面实现明码实价。

（十六）建立反价格垄断机制。将反垄断工作摆到更加突出位置，落实垄断案件线索收集和反垄断普法宣传等工作机制，加大反垄断执法力度，维护公平竞争的市场秩序。到 2017 年，建立公平竞争审查制度，清理和废除妨碍统一市场和公平竞争的各种规定和做法，逐步确立竞争政策的基础性地位。

（十七）规范行政审批中介服务收费行为。全面清理行政审批中介服务收费，取消无法定依据行政审批中介服务项目及收费。对极少数垄断性较强的行政审批中介服务收费，依法设立收费项目，合理制定收费标准，从严规范收费行为。2016 年底前，出台《连云港市行政审批中介服务收费管理办法》，适时开展中介服务收费专项检查，严防行政审批中介服务收费代替行政收费。启动行政审批中介服务收费市场化改革，加强对中介服务机构的引导和监管，降低中介服务市场不正当竞争的风险。

（十八）推进价格信用体系建设。建立价格信用信息采集、管理、应用和共享平台，全面推行企业价格信用红黑名单公示制度。深化价格诚信单位和价格诚信区域创建活动，强化价格信用在企业环保信用评级、事业单位信用评级等领域的联动运用，对经常出现价格违法行为或者价格违法情节严重者实施重点监管，倡导诚信理念，惩戒失信行为。到 2017 年，选择部分行业开展价格信用评级与分类监管试点，取得经验后逐步推开。到 2020 年，健全市场主体价格信用信息数据库，实现与公共信用信息系统的互联共享。

五、发挥价格杠杆调节作用，服务经济转型升级

（十九）完善促进经济转型升级的价格政策体系。全力聚焦新医药、新材料、新能源和装备制造等特色、支柱产业，发挥价格政策导向作用，实现资源优化配置，激发产业创新活力，促进相关产业进一步做大做强。完善“三高一低”（高投入、高消耗、高污染、低效益）行业水、电、气（汽）差别化价格政策，发挥其在促进产业转型升级中导向作用，引导钢铁、化工等行业加大技改力度，加快淘汰落后产能，引导培育更多产业新增长点和结构性力量，推动传统产业向中高端迈进，加快产业结构持续优化。

（二十）完善促进重点行业发展的价格政策体系。严格执行商品住房销售“一价清”和明码标价制度，加强保障性住房价格和公共租赁住房租金管理。加强商品住房成本调查、市场监测和信息发布，引导房地产开发企业合理定价，化解房产库存压力，缓解刚性购房需求。建立药品生产企业联系制度，推动特殊药品、创新药品纳入医疗保险基金支付范围，为医药企业发展提供价格政策支持。启动港口收费改革，逐步试点免除查验没有问题外贸企业的吊装移位仓储等费用，争取扶持和促进中哈物流中转基地和上合组织成员国出海口基地的优惠价费政策，切实降低物流成本，提升港口综合竞争力。

（二十一）完善降低实体经济企业成本的价格政策体系。大力开展清费减负行动，落实国家和省各项取消、放开、降低和减免收费政策，取消一批市级立项的收费项目，落实收费目录清单与动态管理制度，加强涉企收费专项检查，降低企业费用负担。分步推行能源大用户与水、电、气（汽）供应企业直接交易制度，降低企业生产成本。严格规范金融收费行为，推动金融机构缩短企业融资链条，减少收费环节，严控企业融资非利息成本。到2017年，完善工业园区价格服务政策体系，建立园区价格争议调处和涉企价费诉求绿色通道，为实体经济发展提供良好的环境。

六、健全价格管理工作制度，提高公共服务水平

（二十二）健全价格调控工作机制。坚持市县两级价格调控目标责任制和市场价格调控联席会议制度，完善价格调节基金管理制度，强化重要商品生产、储备和调运，增强调控整体合力，确保价格总水平稳定在合理区间。构建农副产品平价商店管理长效机制，到2017年，全市所有平价商店达到规范化建设标准。落实社会救助和保障标准与物价上涨挂钩联动机制，保障好困难群众的生活。

（二十三）更加注重成本监审与价格认定。坚持成本监审目录全覆盖政府定价目录，对暂时不具备成本监审条件的可以制定试行价格。探索引入第三方参与成本监审工作，逐步推行成本公开制度，主动接受社会监督。推进价格认定职能转型，进一步规范涉纪、涉案、涉税和涉政府事务价格认定程序，服务全市重大项目和重点工程建设。积极开展成本监审目录以外成本认定和价格水平合理性认定，切实发挥其在市场形成价格中的规范、引导和约束作用。

（二十四）加强市场价格监测预警。密切关注价格管理形式发生变化的重要商品和服务价格动态，做好价格改革前后的市场监测和重大政策价格反应跟踪监测，第一时间预警预报市场波动，服务价格改革平稳推进。到2017年，初步建立市级农产品批发市场价格指数发布体系。到2018年，构建集价格监测工作系统、数据中心、移动应急平台和预警发布于一体的市场价格监测监控预警平台，及时预警价格异动的苗头和倾向。

（二十五）完善价格政策法规制度。认真贯彻落实《江苏省价格条例》，维护好消费者和经营者的合法权益。及时制定、修订市场价格行为监管、服务价格管理、价格争议调解处理等规章制度，清理不符合价格机制改革的规范性文件和业务管理文件，到2020年，构建比较完备的价格法规体系。建立预测评估、执行评估和结果评估相结合的价格政策评估体系，适时开展重大价费政策效应评估，建立自评与他评相结合、事中与事后相结合的评估工作机制，积极引入高等院校、社会团体、中介组织等第三方对政策执行情况进行调查评价，及时完善价格政策。

（二十六）完善价格社会监督体系。坚持综合治理，加快构建价格部门、消费者、经营主体、社会组织、新闻媒体等多元共治的价格社会监督体系。充分发挥12358价格举报信息系统和12345政府服务热线平台作用，进一步优化举报办理流程，及时响应价格诉求。完善价格社会监督网络，鼓励和支持新闻媒体积极参与价格社会监督，完善价格舆论监督与引导机制，到2018年，基本形成市、县（区）两级价格社会监督与舆论引导网络。

七、强化推进价格机制改革的组织保障

（二十七）加强组织落实。各县区、各有关部门要进一步提高认识，加强组织领导，细化工作举措，强化任务落实，确保各项改革措施得到不折不扣落实。市价格主管部门要适时开展跟踪督查与评估分析，及时总结推广好的经验和做法。

（二十八）加强能力建设。各级党委、政府要重视和加强价格机构队伍建设，进一步充实和加强价格执法、成本监审、价格认定、价格监测工作力量，做到职能定位准确、机构健全、队伍稳定。加大价格理论实践问题研究和干部培训工作力度，探索建立与高等院校、科研院所等多种形式的合作模式，为推进价格机制改革提供理论支撑。加强党风廉政建设，严格落实党风廉政建设主体责任和监督责任，确保干部廉洁从政，为推进价格机制改革提供坚强保障。

（二十九）加强舆论引导。加强对推进价格机制改革的宣传报道，加大新闻发布力度，准确阐述价格政策，讲好“价格改革故事”。正确引导社会舆论，主动回应社会关切，传递有利于加快完善主要由市场决定价格机制、推动经济转型升级的好声音和正能量，积极争取社会各方面的理解和支持，广泛凝聚改革共识，营造良好舆论氛围。

中共连云港市委关于认真学习贯彻市第十二次党代会精神的通知

连发〔2016〕41号

各县区委，市委各部委，市各委办局、市各直属单位、驻连部省属单位党组（党委）：

为认真学习贯彻市第十二次党代会精神，把各级党组织和广大党员干部的思想认识统一到市党代会精神上来，把全市人民的智慧和力量凝聚到落实市党代会确定的目标任务上来，现就有关事项通知如下。

一、充分认识学习贯彻市党代会精神的重要意义

市第十二次党代会是在连云港发展面临重大机遇、全面建成小康社会进入决胜阶段，召开的一次十分重要的会议。大会批准了杨省世同志代表十一届市委所作的报告，批准了十一届市纪委的工作报告，选举产生了新一届市委和市纪委，选举产生了我市出席省第十三次党代会代表。这是一次承前启后、继往开来的大会，是一次求真务实、催人奋进的大会，对于动员全市广大党员和干部群众凝心聚力、顽强拼搏、苦干实干，奋力夺取全面建成小康社会的决战胜利，具有十分重要的意义

杨省世同志代表十一届市委所作的报告，客观总结了过去五年的成就和经验，实事求是指出了存在的问题，明确提出了今后五年全市工作的指导思想、奋斗目标、基本原则，全面部署了今后五年经济社会发展的主要任务。报告主题鲜明、内涵丰富、任务明确，充分体现了中央精神和省委要求，符合连云港发展的阶段性特征，符合全市人民的共同愿望，是指导当前和今后一个时期我市改革发展稳定各项事业的纲领性文件。市纪委工作报告，对当前和今后一个时期我市深入推进党风廉政建设和反腐败斗争，具有重要的指导意义。

全市各级党组织要站在全局和战略的高度，充分认识学习好、宣传好、贯彻好市党代会精神的重大意义，迅速掀起学习贯彻的热潮，推动全市形成同心同德、全力以赴抓落实的良好局面。

二、深刻理解和准确把握市党代会的精神实质

市党代会精神集中体现在十一届市委报告中。全面准确领会市党代会精神，要原原本本研读报告，重点把握以下几个方面。

（一）深刻领会大会的主题。落实“一带一路”战略，加快产业强市步伐，奋力夺取全面建成小康社会决战胜利，是市第十二次党代会的主题。这一主题准确把握了未来五年连云港的重大机遇、主攻方向和奋斗目标，既反映了放眼全局谋发展的宽广视野，又体现了正视短板、直面挑战的勇气和魄力，是市委团结带领全市人民在新的历史起点上开创国际化海港中心城市建设新局面的政治宣言和行动纲领。

（二）深刻领会过去五年的发展成就。过去五年，是连云港发展史上不平凡的五年。面对错综复杂的宏观环境，市委团结带领全市人民，认真落实中央精神和省委部署，统筹推进经济建设、政治建设、文化建设、社会建设、生态文明建设和党的建设，深入实施“八项工程”，较好完成了市第十一次党代会确定的目标任务。五年来取得的成就，为连云港今后发展打下了坚实基础；五年来积累的经验，对连云港今后工作具有重要指导意义。

（三）深刻领会今后五年工作的指导思想和奋斗目标。报告明确提出，要高举中国特色社会主义伟大旗帜，全面贯彻党的十八大和十八届三中、四中、五中全会精神，深入贯彻习近平总书记系列重要讲话特别是视察江苏重要讲话精神，统筹推进“五位一体”总体布局，协调推进“四个全面”战略布局，牢固树立并自觉践行创新、协调、绿色、开放、共享的发展理念，认真落实省委决策部署，抓住用好战略机遇，积极推进港产城融合发展，加快产业强市步伐，深化供给侧结构性改革，大力推进全面依法治市，以全面从严治党为根本保证，全面建成小康社会，努力建设经济强、百姓富、环境美、社会文明程度高的连云港，奋力开创国际化海港中心城市建设新局面。围绕全面建成小康社会的总目标，要确保实现“双增双超三提升”：即地区生产总值、城乡居民收入保持两位数增长，工业总产值超1万亿元、人均GDP超1万美元，群众生活质量、社会文明程度、管党治党水平不断提升。这一指导思想和奋斗目标，突出了党中央治国理政的新理念新思想新战略，突出了全面建成小康社会的历史使命，突出了“强富美高”的努力方向，突出了加快产业发展的现实任务，突出了我们党立党为公、执政为民的本质要求。全市上下必须紧紧围绕这一指导思想和奋斗目标，心无旁骛、全力以赴地抓好落实。

（四）深刻领会今后五年经济社会发展的主要任务。一是着力构建现代产业体系。大力培育以大炼化为龙头的石化产业集群，加快推动钢铁产业转型升级，努力建设我国沿海新型临港产业基地。加快发展新医药、新材料、新能源产业，推动装备制造等传统产业精专特新发展。大力发展物流、旅游、商贸等现代服务业，打造区域性国际航运中心、商务中心和全国知名的滨海休闲旅游目的地。二是大力推进“一带一路”交汇点核心区先导区建设。围绕建设上合组织出海基地，加快推进港口、高铁、新机场等重点工程，做大做强出口班列、多式联运等运输品牌，全方位提升出海服务水平。围绕建设中哈物流中转基地，尽快建成10万吨粮食筒仓，积极推进霍尔果斯物流场站建设和霍尔果斯—东门经济区项目合作，加快完善上合组织国际物流园功能设施，显著提升国际物流中转服务能力。三是加快建设具有鲜明特色的海滨城市。强化规划引领，推动城市各组团有序开发、功能互补、快速联通。大力推进道路、管网等市政配套建设，加快完善新一代信息基础设施，不断提升城市承载功能。做大做强县城、重点中心镇，建成一批特色小镇。着力彰显山海风貌、自然生态、地域文化和建筑品位之美，进一步提高城市治理法治化、精细化、信息化水平，创成中国人居环境奖城市。四是加快推进农业现代化和美丽乡村建设。大力推动农村一、二、三产融合发展，扶持发展农村新产业新业态，2017年底实现农村电商服务站点行政村全覆盖。高标准建设“一带一路”连云港农业国际合作示范区，保持农产品出口额全省领先。深入实施脱贫致富奔小康工程，大力开展精准扶贫，确保低收入人口、经济薄弱村如期脱贫。加快推进美丽乡村建设，因地制宜打造一批具有乡土韵味、体现乡愁记忆的特色乡村。五是坚定不移深化改革创新。认真落实中央、省委改革部署，扎实推进供给侧结构性改革，在坚决完成去产能、去杠杆任务的同时，着力在去库存上下功夫、在降成本上做文章、在补短板上见成效。深入实施创新驱动发展战略，推动国家级高新区争先进位，培育一批创新型领军企业，构建有利于创新的体制机制和政策环境，努力打造“一带一路”重要创新节点和区域性产业科技创新中心。六是切实加强生态文明建设。加大山体、海洋、湿地生态保护修复力度，大力开展大气、水、土壤污染防治行动，统筹推进化工园区、码头堆场等重点领域污染治理，加快实施钢铁、水泥等行业生产循环化改造。广泛开展生态文明宣传教育，推进生产生活方式绿色化。深化生态文明体制改革，强化生态环境损害赔偿和责任追究，构建生态文明建设长效机制。七是更大力度增进民生幸福。千方百计增加就业、促进创业，大力推进市域教育总体现代化，持续深化医疗卫生体制改革，着力健全完善住房供应、养老服务和社会保障体系。深入推进法治、平安连云港建设，切实加强和创新社会治理，严格落实安全生产责任和管理制度，健全完善防灾减灾和突发事件应急体系，确保人民安居乐业、社会和谐稳定。

（五）深刻领会全面加强党的建设的新要求。实现今后五年的奋斗目标，关键在党，关键在人。要深入落实全面从严治党各项要求，坚持“严字当头、实字为要、廉字打底”，着力加强党的思想、组织、作风、反腐倡廉和制度建设，为全面建成小康社会提供坚强保障。一是加强理论武装，筑牢团结奋进的思想基础。把思想建党放在首位，深入开展党中央治国理政新理念新思想新战略重大主题宣传，引导党员干部增强“四个意识”、坚定“四个自信”。把网上舆论作为重中之重，牢牢把握意识形态工作的领导权话语权。二是坚持强基固本，有效增强党组织的凝聚力战斗力。严格落实基层党建工作责任制，持续开展软弱涣散基层党组织整顿，着力夯实基层堡垒。树立鲜明用人导向，加强党员教育管理，健全领导班子和领导干部综合考核评价机制、容错机制，大力推进干部能上能下。三是弘扬优良作风，激发干事创业的责任担当。推动各级党员干部敢于担当、主动作为，以坚韧不拔的精气神，一茬接着一茬干、一以贯之抓落实，当好连云港发展的“战斗员”“服务员”。四是狠抓反腐倡廉，切实营造风清气正的政治生态。认真落实党风廉政建设“两个责任”，严抓严管干部队伍，严肃查处各类违纪违法案件，坚决遏制腐败滋生蔓延势头，以反腐倡廉实际成效取信于民。五是健全制度机制，永葆党的先进性纯洁性。积极推动管党治党实践经验制度化常态化，进一步完善党委领导经济社会发展的体制机制，认真贯彻党内监督条例，严格执行问责条例，以问责维护制度刚性、保障制度执行。

三、精心组织市党代会精神的学习宣传贯彻

学习宣传贯彻市党代会精神，是当前和今后一个时期全市上下的重要政治任务。全市各级党组织要切实增强政治意识、大局意识、核心意识、看齐意识，加强组织领导，认真安排、周密部署、扎实推进，不断把学习贯彻市党代会精神引向深入。

各级党委（党组）要抓好传达学习，组织党员以支部为单位原原本本学习文件，着重学习十一届市委报告、市纪委工作报告，及时把市党代会精神传达到全体党员。各级党委（党组）中心组要列出专题、集中学习。各级党员领导干部要先学一步、学深一些，主要领导干部要带头为党员干部群众作好宣讲。要充分发挥市党代会代表在传达学习贯彻中的作用，并为之创造必要条件。各级组织部门及党校要把学习市党代会精神作为干部培训的重要内容，纳入主体班次教学计划，有针对性地开展专题教育培训。工会、共青团、妇联等人民团体要发挥优势，开展丰富多彩、生动活泼的学习教育活动，推动市党代会精神深入人心。

各级宣传部门要高度重视市党代会精神的宣传工作，突出大会主题，精心制订方案，加强组织协调，营造学习贯彻的浓厚氛围。党报党刊、广播电视、重点网站等新闻媒体要立足自身特点，开设专栏专版，全方位、多角度、深层次报道学习贯彻的进展和典型，形成良好舆论导向。要组织理论工作者深入阐释和系统解读，形成一批有深度、有分量的理论成果，更好地帮助干部群众理解市党代会精神。

各级各部门要紧密联系本地本单位实际，切实做好市党代会精神的贯彻落实工作。要对照市党代会提出的目标任务，进一步理清发展思路，研究解决改革发展稳定中的重大问题，研究解决群众生产生活中的紧迫问题，研究解决党的建设中的突出问题，细化目标、创新举措、落实责任，凝心聚力推动市党代会提出的各项目标任务落到实处。要用市党代会精神凝聚力量，激励广大党员干部迎难而上、奋发有为，引导群众锐意进取、创新创业，努力把社会各个方面的工作热情和创造活力汇聚到奋力夺取全面建成小康社会决战胜利的实践中。

四、以市党代会精神为指导，扎实做好当前各项工作

把学习贯彻市党代会精神与做好四季度各项工作紧密结合起来，在立足当前、狠抓落实上下功夫。要精心筹备组织好第三届连博会等经贸活动，进一步扩大对外开放，力争一批新项目好项目签约落户。要按照中央和省委要求，认真做好市县乡三级人大和市县政协换届选举工作，确保顺利完成换届任务。要深入推进“两学一做”学习教育，把解决问题贯穿全过程，务求取得看得见摸得着的成效，向省委和全市人民交上一份满意的答卷。要坚持目标不减、任务不变、标准不降，以230个市级重点项目为抓手，逐一排出计划，挂图作战、全力冲刺，确保完成全年各项目标任务，以优异的成绩迎接省第十三次党代会胜利召开。

各级各部门要及时将学习宣传贯彻市党代会精神情况报告市委。

中共连云港市委

2016年10月9日

中共连云港市委　连云港市人民政府
关于深化供销合作社综合改革的实施意见

连发〔2016〕43号

（2016年10月25日）

供销合作社是为农服务的合作经济组织，是党和政府做好“三农”工作的重要载体和抓手，是密切联系农民群众的桥梁纽带，是推动农村经济社会发展不可或缺的骨干力量。为认真贯彻落实《中共中央、国务院关于深化供销合作社综合改革的决定》（中发〔2015〕11号）和《中共江苏省委、江苏省人民政府关于深化供销合作社综合改革的意见》（苏发〔2015〕31号）精神，现结合我市实际，提出如下实施意见。

一、深化供销合作社综合改革的总体要求

（一）指导思想。深化供销合作社综合改革，必须深入贯彻落实习近平总书记系列重要讲话精神，紧紧围绕全市“三农”工作大局，以密切与农民利益联结为核心，以提升为农服务能力为根本，按照政事分开、社企分开的方向，因地制宜推进体制改革和机制创新，着力推进基层社、联合社、社有企业改革，加快建成适应社会主义市场经济需要、适应城乡发展一体化需要、适应农业现代化需要的组织体系和服务机制，努力把我市供销合作社打造成为农业社会化服务的骨干力量、农村现代流通的中坚力量、农民专业合作的带动力量。

（二）基本原则

——坚持为农服务根本宗旨。始终把服务“三农”作为供销合作社的立身之本、生存之基，把为农服务成效作为衡量工作的首要标准，做到为农、务农、姓农。

——坚持合作经济基本属性。按照合作制要求，切实尊重农民意愿，充分发挥自身优势，推动多种形式的联合与合作，实行民主管理、互助互利。

——坚持社会主义市场经济改革方向。以服务城乡为导向，以转型发展为路径，加快体制机制转换，促进战略调整和经营方式创新。围绕“三农”工作大局和经济社会发展全局，体现党委政府的政策导向，履行好供销社的社会责任。

——坚持因地制宜、分类指导。围绕党委政府发展定位，结合各县（区）供销社实际，允许采取差异性、过渡性的制度和政策安排，因地制宜，不搞“一刀切”，不追求一步到位，确保改革积极稳妥、有序推进。

（三）目标任务。到2020年，把全市供销合作社系统打造成为与农民联结更紧密、为农服务功能更完备、市场化运行更高效的合作经济组织体系。

——健全组织体系。以供销合作社基层社、农民专业合作社、为农综合服务社（中心）、合作经济联合会、各类专业技术协会和庄稼医院为载体，建立健全供销社面向“三农”服务的公益性和经营性相结合的组织体系。到2020年，全市实现供销社基层服务组织覆盖率达100%。

——创新治理机制。明确界定市、县（区）供销合作社、乡镇基层供销社、为农综合服务社（中心）

性质和职能定位，明晰市、县（区）、乡（镇）、村供销合作社组织业务隶属关系，理顺供销社与各类经营实体、专业合作经济组织、行业协会之间的关系，形成管理协调、运转顺畅、权责明晰、服务高效的管理运行体制机制。

——拓展服务功能。推动供销合作社服务领域向全程农业社会化服务延伸，向全方位城乡社区服务拓展，形成上下贯通、综合性、规模化、可持续的为农服务体系，全面提高服务“三农”的能力。在为农综合服务社（中心）实现全市行政村全覆盖的基础上，着力打造出一批功能全、形象好、服务优、环境美的省级为农服务社样板社。

二、建立系统农业社会化服务体系

（四）健全农资经营服务体系。大力发展农资连锁网络，提升农资连锁网络经营服务水平。深入开展“放心农资”诚信经营体系建设，推行农资质量规范化管理，实行可追溯制度。创新农资服务方式，推动农资销售与农技推广服务有机结合。加快农资物联网应用与示范项目建设，试行省内其他地区农药零差率统一采购配供做法，为农民提供质优价平的农资商品和快捷高效的放心服务。到2020年，基本实现“放心农资”连锁网络全市行政村全覆盖。

（五）提高农业规模化服务水平。围绕解决“谁来种地”“地怎么种”等问题，采取托管或半托管方式，实行代耕代种、股份合作、以销定产等多种形式，为农民提供农资供应、配方施肥、农机作业、统防统治、收储加工、产品销售、资金直贷、农业保险、融资担保、融资租赁等系列化、专业化服务。以县（区）级供销合作社为主体，整合基层社、社有企业等资源，加强与各类新型农业经营主体的合作，建设农田托管等新型现代农业服务中心，推广网络菜单式等服务方式，推动农业适度规模经营。实施“新型农民社员素质提升工程”，以培养职业化农民和提高农民生活质量为目标，建设农民职业教育培训基地，突出测土配方施肥、病虫害防治、农业新技术和新产品推广等方面，定期开展基层社负责人、专业合作社法人、农民经纪人、为农服务社（中心）主任等职业技能培训，不断提高其素质、服务技能和服务水平，逐步形成具有供销社特色的农民职业教育培训鉴定服务模式。

（六）稳步开展农村合作金融服务。具备条件的供销合作社，要按照社员制、封闭性原则，在不对外吸储放贷、不支付固定回报的前提下，发展资金互助合作业务。供销合作社可依法设立农村互助合作保险组织，开展互助保险业务。允许符合条件的供销合作社企业依照法定程序开展发起设立中小型银行试点，增强为农服务能力。鼓励有条件的供销合作社设立融资租赁公司、小额贷款公司、融资性担保公司，与地方财政共同出资设立担保公司。供销合作社联合社、金融监管部门和地方政府要按照职责分工，承担起监管职责和风险处置责任，切实防范和化解金融风险。

（七）打造城乡社区综合服务平台。适应新型城镇化和新农村建设要求，实施为农服务社（中心）提升工程，加快建设以农资超市、日用品超市和庄稼医院为重点的“两超一院”，为城乡居民提供电子商务、物流配送、基础金融、日用消费品、代购代销、代收代缴等多样化服务。创新办社模式，拓展服务领域，把为农服务社（中心）打造成农村社区的综合服务载体。发挥供销合作社优势，大力发展生态养生、休闲观光、乡村旅游等新兴服务业。积极参与美丽乡村建设，规范建设再生资源回收网点，促进资源循环和高效利用，改善城乡生态环境。

三、健全农村现代流通服务体系

（八）加快发展农村电子商务。市供销合作社要牵头抓好全市农村电子商务综合服务网络建设，各县区要根据自身特点通过自建、合作等模式加强农村电子商务服务中心、村级电商服务站建设，加大地方名特优农产品网上推介力度，健全完善农村电子商务综合服务体系。积极推进各类基层经营网点信息化改造，发展以“线上交易、线下配送”为重点的新型流通业态，加快形成网上交易、仓储物流和终端配送一体化经营的“网上供销合作社”，推进实体经济与电子商务融合发展，促进农产品进城和工业品下乡双向流通。鼓励社有企业和专业合作社发展涉农电商平台及开展相关配套设施建设。支持供销合作社参与农村电子商务示范县创建和电子商务示范村建设。

（九）强化农产品流通功能。合理规划并推进供销合作社系统农产品市场新建、改造提升建设，在产品基地、集散地建设大型农产品批发市场、现代物流中心、农产品收购市场和仓储设施，在社区建设生鲜超市等零售终端，形成布局合理、联结产地到消费终端的农产品市场网络。积极参与公益性农产品批发市场建设试点。县（区）政府投资并控股的农产品批发市场可交由供销合作社建设、运营、管护。充分发挥供销社县、乡、村三级流通网络作用，积极组建县（区）农产品电子交易中心，推广农产品＋互联网、鲜活农产品直采直销流通方式，抢抓“一带一路”交汇点建设的机遇，积极组织和参与各级各类农产品展销和展示活动，强化“农超、农企、农校”对接，畅通农产品销售渠道。

（十）推进现代流通网络建设。以“新网工程”建设为抓手，健全农资、日用消费品、农副产品、再生资源等网络，优化网络布局，扩大网络覆盖面，加快形成连锁化、规模化、信息化经营服务新格局，为城乡居民提供便利、快捷、优质的服务。依托供销合作社建设一批统一采购、跨区域配送、上下贯通的大型农资、日用工业品、农副产品企业集团，重点加强和完善农资仓储物流基础设施、日用消费品配送中心和农产品冷链物流建设。

四、强化供销合作社基层组织建设

（十一）强化基层社合作经济组织属性。通过劳动合作、资本合作、土地合作等多种途径，广泛吸纳农民和新型农业经营主体入社，实现与农民在组织上和经济上的联结。推动完善基层社治理结构，建立健全社员代表大会、理事会、监事会制度，强化民主管理、民主监督，提高农民社员在经营管理事务中的参与度和话语权。拓宽基层社负责人选任渠道，鼓励村“两委”负责人、农村能人、专业合作社带头人等入社参选。规范基层社和农民社员的利益分配关系，建立健全按交易额返利和按股分红相结合的分配制度，切实做到农民出资、农民参与、农民受益。

（十二）加快推进基层社改造。按照“农民参与、为农服务”的要求，因地、因社制宜推进基层社改造，逐步将基层社办成规范的、以农民社员为主体的合作社，实现农民得实惠、基层社有发展的双赢目标。对经济实力较强的基层社，要加快提档升级，扩大服务领域，积极发展生产合作、供销合作、消费合作、信用合作，努力办成管理科学、规范高效，以农民为主体的综合性合作社。要加快办成一批自主经营实体、农民社员主体、合作经济组织联合体和综合实力强、为农服务能力强的“三体两强”示范基层社。对经济实力较弱的基层社，县（区）经批准可以由乡（镇）主管领导担任基层社名誉职务，县（区）社派员负责实质性操作。在没有基层社的地区要采取政策引导、联合社帮扶、社有企业带动等多种方式，支持其恢复发展经营服务业务，全力打造新型基层供销合作社。对已经承包、租赁以及改变隶属关系的基层社经营网点，要创造条件按照新型合作经济组织要求重新注册登记，将其纳入供销合作社经营服务体系，不断增加服务功能，逐步提高自营比例。

（十三）积极领办创办农民专业合作社。通过共同出资、共创品牌、共享利益等方式，创办一批管理民主、制度健全、产权清晰、带动力强的农民专业合作社。围绕特色产业、优势产业和主导产业引导创建农民专业合作社示范社和合作社联合社。拓展合作领域，积极发展土地流转和托管、秸秆综合利用、消费、农机、劳务、文化、信用合作、土地合作等产业型和服务型专业合作社。打造"一村一品""一社一品"特色农产品。加快农民合作社联合社体系建设步伐，充分发挥供销合作社区域性、综合性服务平台作用，带动农民专业合作社围绕当地优势产业开展系列化服务，引领合作经济发展。探索发展一批以农民为主体的综合性农民合作社，加强基层社与农村集体经济组织、基层农技推广机构、龙头企业等联合和合作，发挥资源集聚规模优势，形成服务农民生产生活的合力。

（十四）加强对基层社发展的扶持。针对我市基层社经营服务能力普遍薄弱的情况，各级党委、政府要高度重视。市、县（区）财政要设立基层社发展专项基金，采取以奖代补的形式用于支持基层社的改造提升，各级联合社资源要更多投向基层社。支持基层社作为相关涉农项目建设的实施主体，承担公益性服务。支持符合条件的基层社作为农民专业合作社进行工商登记注册，允许财政项目资金直接投向注册后的基层社，允许财政补助形成的资产转交注册后的基层社持有和管护。基层社改制后的剩余资产，由县（区）级联合社行使所有权和管理权。

五、创新供销合作社联合社治理机制

（十五）加快创新联合社治理机构。实行理事会、监事会制度，根据供销社综合改革和发展的需求，优化联合社机关内部设置、职能配置，充分体现合作经济组织属性。市、县（区）联合社分别成立本级供销集团公司，以公司化的形式具体负责本级社有资产的运营管理。加强县（区）级联合社建设，健全组织机构，畅通人员流动渠道，加快落实县（区）联合社机关申报参照公务员法管理。选好配强县（区）级联合社领导班子，其主要领导调整配备，需事先征询上级联合社意见。对参照公务员法管理的联合社机关新进的工作人员，按照有关规定，经批准可探索实行聘任制。

（十六）加强联合社层级间的联合合作。市供销合作社联合社主要负责本市区域内供销合作社的行业管理、政策协调、资产监管、教育培训，贯彻落实市委、市政府的决策部署和上级社的要求，承担好政府宏观调控任务。县（区）供销合作社联合社主要负责健全完善基层组织体系，强化市场运营，搞好直接面向农民的生产生活服务网点建设，承担好政府为农服务功能。落实联合社机关对成员社的资产监管职责，促进社有资产的保值增值。加强联合社层级间的联合合作，强化联合社为成员社服务的工作导向，完善联合社机关对下级社的工作考核机制，建立下级社对上级联合社机关的工作评价机制。稳步推进县（区）级联合社实体化合作经济组织改革试点。

（十七）推进社有资产监管体制改革。各级供销合作社理事会是本级社属资产和所属企事业单位资产的所有权代表和管理者，理事会要落实社有资产出资人代表职责，监事会要强化监督职能。按照"社企分开、有效监管"的要求，组建社有企业管理委员会，按照理事会授权，建立资本经营预算制度，加强资产监管，并同时接受同级财政部门和审计机关的监督。探索联合社机关对社有企业的多种管理方式，提高社有资产产出效益，确保社有资产保值增值，保证社有企业始终坚持为农服务方向。下级社涉及重大资产处置，需事先征询上级社意见。在改革过渡期内，联合社机关参照公务员法管理的人员确因工作需要，经市、县（区）组织部门批准可到本级社有企业兼职，但不得在企业领取报酬。

六、加快社有企业结构调整和转型升级

（十八）加快社有企业转型升级。规范社有企业治理结构，增强社有企业发展活力和为农服务实力，加快完善现代企业制度。社有企业改革要公开透明、规范操作，建立“防火墙”“隔离带”，防止社有资产流失。鼓励社有资本与其他各类资本交叉持股、相互融合，发展混合所有制经济，培育壮大龙头骨干企业。以项目带动有效投资，培育发展新兴产业，形成主业突出、有限多元的发展格局。提升企业创新能力，推进经营业态、商业模式创新。围绕当地农业优势主导产业，发展农业产业化龙头企业，打造产加销一体化的产业发展平台。创新社有企业投资和服务方式，引导社有企业与农业经营主体结成紧密的利益关系，积极参与农业产业化、标准化示范、农业综合开发等项目，加快推进农村一、二、三产业融合发展，在发展现代农业综合服务中心、农村电子商务、现代物流业、农村合作金融、城乡公共服务业等领域主动作为，开辟新的天地。

（十九）创新社有企业发展机制。加强各层级社有企业间的产权、资本和业务联结，推进社有企业互相参股，建立共同出资的投资平台，推动跨区域横向联合和跨层级纵向整合，促进资源共享，实现共同发展。鼓励社有企业加强与国有企业进行股权融合、战略合作。鼓励其他资本投资主体通过出资入股、收购股权、认购可转债、股权置换等方式，参与社有企业改制重组和增资扩股。社有企业要积极探索与村集体经济组织合作的路径和方式方法。鼓励符合条件的社有企业参与大宗农产品政策性收储。

七、落实供销合作社综合改革保障措施

（二十）加强组织领导。各级党委、政府要树立重视供销合作社就是重视农业、扶持供销合作社就是扶持农民的理念，切实担负起推进供销合作社综合改革的领导责任，将其纳入全面深化改革大局统筹谋划，确保改革扎实推进、取得实效。市委、市政府成立深化供销合作社综合改革协调小组，负责综合改革的方案制定、统筹协调、组织实施、督促检查等事项。各县（区）要成立相应的协调机构，统筹推进本地区的供销合作社综合改革工作。各县（区）综合改革方案要报市综合改革协调小组批准后实施。县（区）党委政府要把供销社的基层社恢复重建和提档升级、农资直供专营店建设、农田托管服务中心建设、村级电商服务站建设等主要涉农工作列入发展农业现代化总体规划和年度目标考核。重视和加强供销合作社领导班子建设，选拔素质高、能力强的干部充实到各级联合社领导班子，特别要选好配强县级联合社领导班子。探索具有合作经济组织特点的干部人事管理制度。

（二十一）加大政策支持力度。各级党委政府、各有关部门要积极关心、大力支持供销合作社改革发展，按照职能分工，落实好相关配套政策措施，形成推进供销合作社综合改革的合力。市、县（区）政府要加大对供销社改革发展的资金扶持力度，重点用于基层社恢复重建和提档升级、农资直供专营店、农田托管服务中心、村级电商服务站等农业社会化服务平台建设。允许上级社争取的同级财政扶持资金依法以股权形式投入下级社。供销合作社使用的原划拨国有建设用地，经批准可采取出让、租赁等有偿使用方式处置，收益优先用于支付供销合作社破产和改制企业职工安置费用。各县（区）政府要按照有关规定，抓紧落实处理供销合作社财务挂账、金融债务、社有企业职工社会保障等历史遗留问题。

（二十二）依法维护供销合作社合法权益。保持供销合作社组织体系和社有资产完整性，任何部门和单位不得违法违规平调、侵占供销合作社财产，不得将社有资产纳入地方政府融资平台，不得改变供销合作社及其所属企事业单位的隶属关系。切实解决供销合作社历史遗留的土地权属、房产争议，依法确认供销合作社的土地使用权和房产归属权。对供销社资产的处置，要本着尊重历史、符合现实、有利发展的原则，在政策上予以优先扶持。因城市建设等需要征收（拆迁）供销合作社经营服务设施的，应按照国家、省和市有关规定依法进行补偿，有条件的房屋征收（拆迁）地块要拆一建一、原地进行安置。

（二十三）加强供销合作社自身建设。各级供销合作社要切实增强改革自觉性主动性，力求在重点领域和关键环节取得突破。加强人才队伍建设，探索具有合作经济组织特点的干部人事管理制度，造就一支对农民群众有感情、对合作事业有热情、对干事创业有激情的高素质干部职工队伍。充分发挥党组织战斗堡垒作用和党员的先锋模范作用。巩固党的群众路线教育实践活动和“三严三实”专题教育成果，扎实开展“两学一做”学习教育，切实加强和改进作风。大力弘扬“扁担精神”“背篓精神”等优良传统，密切与广大农民群众的联系，推进供销合作社文化建设，汇聚起供销合作事业发展的强大精神力量。

中共连云港市委　连云港市人民政府
关于印发《连云港市党政机关问责办法（试行）》的通知

连发〔2016〕44号

各县区委、人民政府，市委各部委，市各委办局，市各直属单位，驻连部省属单位：

现将《连云港市党政机关问责办法（试行）》印发给你们，请结合实际认真贯彻执行。

中共连云港市委
连云港市人民政府
2016年11月4日

连云港市党政机关问责办法（试行）

第一章　总　则

第一条　为加强对党政机关及其领导干部、工作人员的监督和管理，强化责任担当，提高履职能力，推动全面从严治党、全面依法行政，根据《中国共产党章程》《中国共产党问责条例》《中华人民共和国公务员法》《行政机关公务员处分条例》等有关规定，结合实际，制定本办法。

第二条　本办法所称党政机关，包括党的机关、人大机关、行政机关、政协机关、审判机关、检察机关。各级党政机关派出机构、直属事业单位及工会、共青团、妇联等人民团体适用本办法。市直属企业以及村（社区）参照本办法执行。

第三条　党政机关及其工作部门、领导干部、工作人员不履行或者不正确履行规定职责，导致国家利益、公共利益或公民、法人和其他组织的合法权益受到损害，或者造成其他不良影响的行为，应当予以问责，重点追究主体责任、监督责任、领导责任和直接责任人责任。

第四条　问责工作应当坚持的原则：依纪依法、实事求是，权责一致、惩教结合，失责必问、问责必严，分级负责、层层落实责任。

第二章　问责的情形

第五条　党的建设类问责情形

党组织和党员领导干部违反党章和其他党内法规，不履行或者不正确履行职责，按《中国共产党问责条例》相关规定予以问责。

第六条　决策类问责情形

党政机关和领导干部违法违规决策或者决策失误，有下列情形之一，应当予以问责：

1. 决策内容违反党和国家政策、法律、法规，或者与上级的决定、命令不一致、相抵触的；

2. 超越法定权限或者未按规定程序进行决策的；

3. 应当决策而不作出决策或者不及时决策的；

4. “三重一大”事项未科学论证、征求民意决定的；

5. 发现决策错误、失误，不及时纠正、改正或者调整的；

6. 其他违法违规决策或者决策失误的情形。

第七条　执行类问责情形

党政机关及其领导干部、工作人员执行过程中不作为乱作为慢作为，有下列情形之一，应当予以问责：

（一）不作为的问责情形

1. 不执行或者不正确执行法律法规、规章制度和上级党委政府决策部署和交办事项的；

2. 在涉及两个以上地区或部门协调办理的工作中，相互推诿扯皮，怠误工作的；

3. 对按规定应当受理、办理或反馈的各类请示报告、审批事项、意见建议、提案议案、信访和申诉等，无正当理由，不按要求受理、办理、反馈的；

4. 对群众举报、媒体曝光或履职中发现的违纪违法、重大隐患等问题不制止、不查处，或者隐瞒不报、压案不查、包庇迁就的；

5. 未依法履行职责，或者对执纪执法过程中发现的违纪违法行为、安全隐患等问题未及时查处的；

6. 无正当理由不执行执纪执法机关、监督管理部门依法作出的决定，或者不采纳其提出的正确建议的；

7. 对群体性突发性事件、事故处理未采取预防、风险处置、应急管控等措施，导致事态恶化的；

8. 不履行对社会、公众公开承诺事项的；

9. 其他不作为的情形。

（二）乱作为的问责情形

1. 超越法定权限实施行政行为、违反规定程序实施行政行为或者实施行政行为显失公平的；

2. 急功近利搞“形象工程”、“政绩工程”，经济指标弄虚作假，花钱买外资买税收，招商引资中乱承诺乱许愿，对已承诺的合理事项违约、有诺不践的；

3. 利用职务或者工作上的便利，违反行政审批管理规定、影响投资发展环境，故意刁难企业经营者和办事人员，到企业吃拿卡要、报销费用的；

4. 干扰、阻挠、对抗执纪执法机关、行业监管部门依法履行职责或者干预司法机关案件处理的；

5. 在干部使用中跑风漏气、说情打招呼，拉关系，买官卖官、跑官要官的；

6. 重大问题和重要事项事前不请示、事后不报告，或者个人重大事项不如实报告、欺骗组织的；

7. 在处置突发公共事件、重大灾害、重大事故等过程中，擅离职守，泄露秘密，迟报、谎报、瞒报重要事项的；

8. 对有关机关、部门要求问责的事项，拒不办理、拖延办理，或者为被问责对象请托、说情的；

9. 其他乱作为的情形。

（三）慢作为的问责情形

1. 对上级决策部署传达贯彻不及时、措施不得力、落实不到位，致使政令不畅，造成工作被动的；

2. 对上级确定的目标任务、交办的事项，或者应当履行的职责，无正当理由未在规定时限内完成的；

3. 对群众的合法合理诉求能够解决而不及时解决到位的；

4. 对食品药品安全、生态环境、公共卫生、安全生产等重点领域的隐患未及时采取有效措施的；

5. 对苗头性倾向性的不稳定因素不及时排查调处，以致引发群体性事件或者其他恶性事件的；

6. 党务政务公开工作执行不力，发布信息滞后造成不良影响的；

7. 其他慢作为的情形。

第八条　监督管理类问责情形

党政机关及其领导干部、工作人员在履行监督管理职责过程中，有下列情形之一，应当予以问责：

1. 对本单位本系统执行法律、法规、规章、政策和上级的决定、命令、指示的情况，不按照规定开展监督检查的；

2. 未建立严格的内部管理制度和监督管理流程的；

3. 不履行或者不正确履行监督管理责任，对监督检查中发现的问题放任不管、整改不力的；

4. 对本单位本系统违纪违法线索不按规定处理，对职责范围内发生的违纪违法行为纵容包庇，或者不及时移送有关部门查处的；

5. 其他不履行或者不正确履行监督管理职责的情形。

第九条　作风建设类问责情形

党政机关及其领导干部、工作人员违反作风建设规定，有下列情形之一，应当予以问责：

1. 未经报备开展检查考核、评比达标，违规收费、搭车摊派、滥用处罚裁量权的；

2. 违规收送礼品、礼金、礼券等，接受管理和服务对象宴请，利用婚丧喜庆事宜借机敛财的；

3. 上班时间、办公场所炒股、网购、打牌、玩游戏、开网店、做微商，参加集体组织外的文体娱乐活动的；

4. 党政机关和系统（行业）内机关之间公款消费娱乐、相互宴请，省内公务接待或者工作日午间饮酒的；

5. 出入私人会所（会馆）、接受和持有私人会所（会馆）会员卡的；

6. 滥发钱物、超标准范围发放津贴、补贴、奖金的；

7. 公款违规购买烟花爆竹、烟酒、月饼、贺卡、年历等年货节礼的；

8. 违规使用公车或者公车私用、私驾的；

9. 公款旅游或以开会、招商、考察等名义变相公款旅游的；

10. 为子女、亲属和身边人以及企业或个人，在动迁拆违、政府采购、工程招投标、资源资产交易和执纪执法等方面打招呼、批条子的；

11. 不遵守公共秩序，不履行公民义务、不孝敬父母长辈，生活作风不检点，有违反公序良俗等社会主义核心价值观行为的；

12. 其他违反作风建设规定的情形。

第十条　中央和省市规定的其他需要问责的情形。

第三章　问责的方式与适用

第十一条　问责的方式：

（一）对党组织的问责方式包括：

1. 检查。对履行职责不力、情节较轻的，应当责令其作出书面检查并切实整改。

2. 通报。对履行职责不力、情节较重的，应当责令其整改，并在一定范围内通报。

3. 改组。对失职失责，严重违反党的纪律、本身又不能纠正的，应当予以改组。

（二）对行政机关的问责方式包括：

1. 责令限期整改。对履行职责不力、情节轻微的，应当责令其限期整改。

2. 责令作出书面检查。对履行职责不力、情节较轻的，应当责令其作出书面检查。

3. 通报批评。对履行职责不力、情节较重的，应当责令其整改，并在一定范围内通报。

4. 责令公开道歉。对失职失责、情节严重的，应当责令其向社会公开道歉。

（三）对党政机关领导干部、工作人员的问责方式包括：

1. 通报。对履行职责不力、律己不严的，应当严肃批评，依规整改，并在一定范围内通报。

2. 诫勉。对失职失责、违反党纪政纪情节较轻的，应当以谈话或者书面方式进行诫勉。

3. 组织调整或者组织处理。对失职失责、违反党纪政纪情节较重，不适宜现工作岗位的或不适宜担任现职的，应当根据情况采取停职检查、调离岗位、调整职务、引咎辞职、责令辞职、降职、免职、辞退或者解聘等措施。

4. 党纪政纪处分。对失职失责应当给予纪律处分的，依照《中国共产党纪律处分条例》、《行政机关公务员处分条例》等追究纪律责任。

上述问责方式，可以单独使用，也可以合并使用。

第十二条　实施问责，应当区分主要领导责任、重要领导责任和直接责任：

（一）承办人未经批准实施的擅权越权行为，或者弄虚作假、徇私舞弊致使批准人未能正确履行审批职责，或者不依照审批要求实施的，承办人负直接责任，党政机关主要负责人负主要领导责任、分管负责人负重要领导责任；

（二）经党政机关集体决策实施的决策、决定，由主要负责人承担主要领导责任；参与决策的其他负责人负重要领导责任，提出明确反对意见但未被采纳的不承担领导责任；

（三）报经党政机关负责人或上级机关批准的，由批准负责人承担主要领导责任；承办人提出明确反对意见而未被采纳的不承担责任，但执行明显违反法律规定的决定或命令的，承担相应的直接责任。

第十三条　符合《连云港市鼓励改革创新激励干事创业容错纠错实施办法》的，应当依法依规对其从轻、减轻直至免予责任追究，并督促予以整改和纠错纠偏；

第十四条　应当从重或者加重的问责情形：

（一）被调查对象

1. 同时发生本规定第五条至第十条所列两种以上情形的；

2. 一年内受到两次以上问责的；

3. 干扰、阻碍、拒不配合问责调查的；

4. 弄虚作假、隐瞒事实真相的；

5. 对投诉人、证人刁难、打击、报复、陷害的；

6. 党内法规和国家法律法规规定的其他从重或者加重情节的。

（二）调查人员在执纪问责过程中，滥用职权、徇私舞弊、玩忽职守的。

（三）为被调查对象请托、说情的，一次记录在案，两次以上从重或者加重问责。

第四章　问责的程序与实施

第十五条　问责的信息来源：

（一）有关组织和人员提出的投诉、检举、控告和申诉；

（二）上级机关或者本级党委、政府、纪委等领导的批示、指示；

（三）有关机关和部门提出的意见和建议；

（四）巡视巡察、检查督查、明察暗访发现的；

（五）符合“一案双查”的；

（六）新闻媒体、网络曝光的材料；

（七）其他信息来源。

第十六条　党政机关是问责决定机关，按照干部管理权限，负责组织领导管辖范围内的问责工作，并按照下列步骤实施：

（一）启动

发现有本办法所列应当问责的情形，由有管理权限的党委、政府、纪检监察机关或者组织人事部门启动问责程序。

（二）调查

党委、政府可以根据问题性质或者工作需要，直接进行问责调查，也可以指定纪检监察机关、组织人事部门或者下级党委、政府进行调查。

纪检监察机关或组织人事部门可以根据职责权限进行问责调查，出具调查报告，向问责决定机关提出是否问责和问责方式建议。

（三）决定

问责决定应当由有管理权限的党委、政府作出。其中采取限期整改、书面检查、通报批评、诫勉谈话、责令公开道歉方式问责的，由纪检监察机关或者组织人事部门作出决定，并提出组织调整或组织处理建议；采取纪律处分方式问责的，按照有关法律法规规定的权限和程序执行。

（四）执行

问责决定作出后，应当及时向被问责党政机关或领导干部、工作人员及其所在党组织宣布并督促执行。有关问责情况应当向组织人事部门通报，组织人事部门应当将问责决定材料归入档案，并报上一级组织人事部门备案。涉及组织调整或组织处理的，应当在一个月内办理完毕相应手续。

第十七条　受到问责的领导干部、工作人员应当向问责决定机关写出书面检讨，并在民主生活会或者其他党的会议、行政会议上作出深刻检查。建立健全问责典型问题通报曝光制度，采取组织调整或者组织处理、纪律处分方式问责的，一般应当向社会公开。

第十八条　实行终身问责，对失职失责性质恶劣、后果严重的，不论责任人是否调离转岗、提拔或者退休，都应当严肃问责。

第五章　附　则

第十九条　受到问责的党政机关领导干部、工作人员，其后续管理按照《关于加强和规范组织处理的意见（试行）》（连委组通〔2013〕58 号）具体规定执行。

第二十条　驻连部省属单位、垂直管理部门及其领导干部、工作人员违反本办法规定的，由纪检监察机关或者组织人事部门提出问责建议，按照干部管理权限由任免机关研究决定。

第二十一条　本办法由市委、市政府负责解释，具体解释工作由市委办公室、市政府办公室商市纪委机关、市委组织部、市人社局承担。

第二十二条　本办法自发布之日起施行。《中共连云港市委　连云港市人民政府关于印发〈党政机关工作人员问责暂行办法〉〈领导干部不作为慢作为乱作为问责暂行办法〉的通知》（连发〔2015〕15 号）同时废止。

中共连云港市委　连云港市人民政府
关于印发《连云港市鼓励改革创新激励干事创业容错纠错实施办法》的通知

连发〔2016〕45号

各县区委、人民政府，市委各部委，市各委办局，市各直属单位，驻连部省属单位：

现将《连云港市鼓励改革创新激励干事创业容错纠错实施办法》印发给你们，请结合实际认真贯彻执行。

中共连云港市委
连云港市人民政府
2016年11月4日

连云港市鼓励改革创新激励干事创业容错纠错实施办法

第一条　为充分调动全市党员干部干事创业的积极性，旗帜鲜明地为担当者担当、为负责者负责、为改革创新者撑腰鼓劲，决胜全面小康，加快建设国际化海港中心城市，根据《中国共产党章程》《中国共产党纪律处分条例》《行政机关公务员处分条例》和其他有关法律法规，结合实际，制定本实施办法。

第二条　本办法所称容错纠错，是指对有关单位和个人在履职担当、改革创新过程中出现未能实现预期目标或出现偏差失误，但符合法律法规和政策规定，勤勉尽责、未谋取私利的，不作负面评价，及时纠错改正，免除相关责任或从轻减轻处理。

第三条　容错纠错应当遵循以下原则

（一）坚持挺纪在前，依纪依法，坚守底线；

（二）坚持实事求是，严格甄别，宽严相济；

（三）鼓励改革创新，允许试错，宽容失误；

（四）注重抓早抓小，有错必纠，立行立改；

（五）支持干事创业，勇于担当，激发活力。

第四条　容错纠错应当坚持“三个区分开来”

（一）把干部在推进改革中因缺乏经验、先行先试出现的失误和错误同明知故犯的违纪违法行为区分开来；

（二）把上级尚无明确限制的探索性试验中的失误和错误同上级明令禁止后依然我行我素的违纪违法行为区分开来；

（三）把为推动发展的无意过失同为谋取私利的违纪违法行为区分开来。

第五条　对符合法律法规规定，出于公心、履职尽责、担当作为的党员干部，因工作中出现失误和问题，在社会上未造成重大负面影响或损失，没有为自己、他人谋取不正当利益，且具备以下条件之一的，可予容错：

（一）符合中央大政方针和党委政府决策部署的；

（二）法律法规没有明令禁止，上级政策无明确规定，或因政策界限不明确、政策调整影响的；

（三）在推动改革发展、扩大招商引资、保障重大项目及重点工程建设进度、化解矛盾焦点、解决历史问题中担当奉献、开拓进取，没有失职渎职的；

（四）按相关规定经过调研论证、风险评估和坚持集体领导、民主集中、个别酝酿、会议决定的；

（五）受自然风险等不可抗因素影响的；

（六）党内法规和法律法规已有规定可予免责的。

第六条　容错纠错情形认定应当严格甄别

（一）工作出发点是为了群众利益、整体利益还是个人或小团体利益；

（二）工作方法是按程序集体研究、民主决策，还是利用职权暗箱操作；

（三）工作效果是促进了党委政府决策部署的顺利实施还是阻碍、破坏决策实施；

（四）法规依据是在上级尚未明确规定时积极实施还是明令禁止后有禁不止；

（五）性质后果是轻微负面影响还是造成了严重危害。

第七条　对谋取私利、有禁不止、失职渎职、搞“形象工程”的，不适用容错免责。在同一工作、同一问题上重复出现失误和问题的，只适用一次容错免责。

第八条　容错认定按照下列程序进行

（一）申请。相关单位或个人认为符合容错情形的，应在启动问责程序后 5 个工作日内，按照干部管理权限向党委提出书面申请，经党委研究后交纪检监察机关或组织人事部门受理。

（二）核实。受理机关或部门受理申请后，应当会同有关部门开展调查核实，形成调查报告。对于情况复杂或存有争议的，可以组织有关人员听证论证，必要时向同级党委、政府书面报告调查结果。

（三）认定。核实结束后，受理机关或部门应当依纪依法、实事求是作出容错认定结论。

（四）反馈。在容错认定结论作出后 3 个工作日内反馈给申请单位或本人。属于免责的，应当在一定范围内公开。对于不符合容错情形的，受理机关或部门应当给予书面答复。

（五）报备。受理机关或部门应及时将认定结果报同级党委、政府备案。

第九条　对容错的单位或个人，可在以下方面免责或减责：

（一）单位年度目标责任考核及党风廉政建设责任制考核不受影响；

（二）干部提拔任用、职级职称晋升、个人评先评优不受影响；

（三）党代表、人大代表、政协委员和后备干部资格不受影响；

（四）对确需追责的单位或个人，根据有关规定可以减责，酌情从轻、减轻处分或组织处理。

第十条　健全纠错改正机制。对存在过错或失误的单位和个人，可以采取以下措施：

（一）教育提醒。对工作中出现的苗头性、倾向性问题，早发现、早提醒、早纠正。对普遍存在的共性问题，及时掌握动态，有针对性地教育引导，完善制度机制。

（二）推动整改。采取巡视巡察反馈、纪律检查建议书、提醒约谈、诫勉谈话、责令纠错等方式督促有关单位或个人分析查找原因，制定整改措施，及时纠正偏差和失误，并督查推动问题整改到位。

（三）分类处置。通过咬耳扯袖、红脸出汗，在民主生活会上开展批评和自我批评，帮助有问题的干部及时纠正错误。对认错态度好、主动挽回损失和影响的，应当予以免责，确需追究责任的，从轻减轻处理；对极少数心存侥幸、隐瞒问题、拒不改错、对抗组织的，应当从严查处。

第十一条　完善澄清保护机制。对受理的举报信件，要依法依规、集体研判、严格甄别，分清诬告、错告和正常举报，严禁借机打击报复举报人。对所反映问题失实或受到诬告的单位和个人，可以采取以下措施：

（一）对查无实据或轻微违纪但不够追究纪律责任的信访问题，可以通过谈心、召开会议和通报等适当方式，及时澄清事实，消除负面影响。

（二）对恶意中伤诬陷他人、干扰改革创新或持续无理上访造成恶劣影响的，坚决查处，依纪依法追究责任。

第十二条　加强组织领导，密切协作配合，确保容错纠错工作取得实效。

（一）各级党委、政府和相关工作部门应担负起容错纠错的主体责任，将其作为推动工作的重要举措，一级为一级负责，上级为下级担当，支持干部放手大胆工作。

（二）各级纪检监察机关应当全面履行职责，严格执纪监督，把握政策界限，通过合理容错、及时纠错、澄清保护，消除干部思想顾虑，鼓励干部积极作为。

（三）各级组织人事部门应当加强对干部的教育管理，对符合容错情形的干部要及时容错，客观评价、宽容理解、大胆使用。

（四）各级宣传部门应当统筹运用各类媒体资源，大力宣传支持保护干部干事创业的政策措施，加强正面引导，营造容错纠错的浓厚社会氛围。

第十三条　本办法适用于全市各级党政机关、人大机关、政协机关、审判机关、检察机关、人民团体及其所属机构或受委托行使公共管理和服务职能的单位和组织以及国有企事业单位、农村（社区）及其党员干部（含借用、聘用、挂职人员）。

第十四条　本办法由市委、市政府负责解释，具体解释工作由市委办公室、市政府办公室商市纪委机关、市委组织部承担。

第十五条　本办法自印发之日起施行。

中共连云港市委印发
《关于进一步加强市县（区）党委巡察工作的实施办法》的通知

连发〔2016〕46号

各县区委，市委各部委，市各委办局、市各直属单位、驻连部省属单位党组（党委）：

《关于进一步加强市县（区）党委巡察工作的实施办法》已经市委常委会会议研究同意，现印发给你们，请认真贯彻执行。

中共连云港市委
2016年11月4日

关于进一步加强市县（区）党委巡察工作的实施办法

为强化各级党委管党治党的政治责任，加强党内监督，推动全面从严治党向基层延伸，根据《中共江苏省委关于加强市县党委巡察工作的意见（试行）》，总结市委巡察工作经验，现就开展市、县（区）党委巡察工作制定如下实施办法。

一、总体要求和基本原则

1. 总体要求。巡察工作贯彻落实中央巡视工作方针和省委、市委部署要求，坚持全面从严治党、依规治党，坚定政治方向、坚持问题导向，紧扣党风廉政建设和反腐败斗争，加强基层党组织建设，全市巡察一盘棋，一届任期全覆盖，发现问题，形成震慑，营造风清气正的政治生态。

2. 基本原则。巡察工作坚持统一领导、分级负责，依规依纪、实事求是，聚焦问题、注重实效，发扬民主、依靠群众。

二、机构设置和人员

3. 成立市、县（区）党委巡察工作领导小组（以下简称领导小组），在同级党委领导下，全面领导本地区巡察工作，对同级党委负责并报告工作。领导小组组长由同级党的纪律检查委员会书记担任，副组长一般由同级党委组织部部长担任，纪委机关、组织部各一名分管领导和领导小组办公室主任为成员。撤销市委巡视工作联络组。

4. 领导小组下设办公室（以下简称“巡察办”），为领导小组日常办事机构，设在纪委。市委巡察办配备专职巡察人员8名，办公室主任1名，设专职副主任2名、处长2名，工作人员3名。撤销市委巡视联络办公室，工作职能并入巡察办。县（区）委巡察办配备专职巡察人员 4—5 名，设主任 1 名、专职副主任 1 名，工作人员 2 — 3 名。

巡察办对领导小组负责，主要承担统筹协调、组织指导、督察督办、服务保障、制度建设等工作。

5. 设立市、县（区）党委巡察组，在领导小组的领导下承担巡察任务。市委成立 6 个巡察组，各县（区）委根据实际情况成立 3 — 5 个巡察组，每个巡察组设 1 名专职副组长，配备专职巡察人员不低于 5 人。市、县区党委巡察组设组长、副组长和巡察专员等。巡察组实行组长负责制，组长根据每次巡察任务确定并授权。

6. 组建巡察干部队伍。选配巡察人员应当严格标准条件，采取公开选拔、内部调剂、带编入职、抽调借调等方式，注重从后备干部中选调专兼职巡察干部，充实巡察干部队伍。市、县（区）分别建立副组长库、专业人才库。副组长库由部分市、县（区）管具备纪检监察或组织（人事）工作经验的党员干部组成；专业人才库由财政、审计、国资管理、工程建设、执法监督等部门人员组成。市、县（区）党委巡察机构应当成立党组织，落实党建工作责任制，严格组织生活制度，加强对巡察干部的教育、培训、监督和管理。应当按规定对巡察干部进行轮岗交流，交流渠道可适当放宽。

三、巡察对象、内容和方式

7. 巡察对象。根据党内监督条例和干部管理权限，确定巡察对象。

市委巡察对象范围：市委工作部门领导班子及其成员，政府部门、人民团体党组（党委）领导班子及其成员，市属国有及国有控股企业、事业单位党委（党组）领导班子及其成员；市委需要巡察的其他单位党组织领导班子及其成员。

县（区）党委巡察对象范围：县（区）党委工作部门领导班子及其成员，政府部门、人民团体党组（党委）领导班子及其成员，县（区）属国有及国有控股企业、事业单位党委（党组）领导班子及其成员；乡镇（街道）领导班子及其成员；行政村（社区）党组织、村委会（居委会）主要负责人；县（区）党委需要巡察的其他单位党组织领导班子及其成员。

对各类开发区及园区党工委班子及其成员的巡察，按干部管理权限确定。

8. 巡察内容。巡察组对巡察对象执行《党章》和其他党内法规，遵守党的纪律、落实党风廉政建设主体责任和监督责任等情况进行监督，以“双察双促”为重点任务，察问题，形成震慑；察隐患，堵塞漏洞；促整改，解决问题；促规范，健全制度。结合基层特点，突出问题导向，紧盯党的领导弱化、党的建设缺失、全面从严治党不力等三大问题，着力发现：

（1）落实“两个责任”不力的问题；

（2）违反“六项纪律”等方面的问题和线索；

（3）群众身边的“四风”和腐败问题；

（4）权力运行监督制约制度机制不健全不配套问题；

（5）上级党委巡视巡察机构反馈意见整改和移交问题线索办理中存在的问题；

（6）市、县（区）党委要求了解的其他问题。

9. 巡察方式。采取常规巡察、专项巡察等方式，实现巡察全覆盖，一届任期内对巡察对象至少巡察 1 次。常规巡察时间一般为 30 个工作日，专项巡察根据实际情况灵活掌握。对已巡察单位适时安排巡察回访，监督检查整改，形成再震慑。

四、组织领导

10. 加强领导。市委巡察工作领导小组对全市巡察工作负总责，加强组织领导，创新工作方式，构建全市巡察联动工作格局，有序推进巡察工作，促进基层改革发展稳定。全市各级党组织特别是主要负责同志要把巡察工作作为推进全面从严治党、落实党风廉政建设主体责任的重要组成部分，自觉接受监督，主动抓实整改。广大党员干部要恪守党性，严明党纪，切实增强接受巡察监督的自觉性和主动性。

11. 形成合力。市、县（区）纪委机关、组织人事和编制部门要保障巡察机构、编制、人员、办公场所同步落实；财政部门要把巡察工作经费纳入年度财政预算，提供经费保障。纪检监察、组织人事、法院、检察、信访、公安、审计等有关部门要结合自身职能，向巡察组提供有价值的信息，优先办理巡察移交的问题线索。

12. 落实责任。强化党委抓巡察工作的主体责任和纪委的监督责任，明确领导小组组长是组织实施巡察工作的主要责任人，巡察组长是落实巡察监督任务的第一责任人，被巡察单位党组织主要负责人是落实整改工作的第一责任人。要建立严格的巡察整改和巡察工作督查、考核、责任追究工作体系，精心开展工作，务求巡察实效。

中共连云港市委印发
《关于践行监督执纪“四种形态”的实施意见（试行）》的通知

连发〔2016〕47号

各县区委，市委各部委，市各委办局、市各直属单位、驻连部省属单位党组（党委）：

《关于践行监督执纪“四种形态”的实施意见（试行）》已经市委常委会会议研究同意，现印发给你们，请认真贯彻执行。

中共连云港市委

2016年11月4日

关于践行监督执纪“四种形态”的实施意见（试行）

为认真贯彻落实全面从严治党要求，把握运用监督执纪“四种形态”，进一步强化党委主体责任和纪委监督责任，加强纪律建设和实践创新，切实把纪律和规矩挺在前面，营造良好的政治生态，根据《中国共产党章程》《中国共产党廉洁自律准则》《中国共产党纪律处分条例》《中国共产党问责条例》等党内法规和有关规定，结合实际，提出如下实施意见。

一、指导思想及工作原则

坚持以党的十八大和十八届三中、四中、五中、六中全会精神及习近平总书记系列重要讲话精神为指导，坚持“纪严于法、纪在法前，惩前毖后、治病救人，标本兼治、惩防并举，权责统一、担当有为”的工作原则，准确区分“四种形态”适用范围，综合运用通报、谈话函询、组织调整、纪律处分等多种方式恰当处理，坚持权责统一，落实“两个责任”，着力构建不敢腐、不能腐、不想腐的有效机制，推动全面从严治党迈上新台阶，为建设国际化海港中心城市提供坚强政治保证。

二、“四种形态”的组织实施

本意见中所指“四种形态”为：第一种形态即咬耳朵、扯袖子，红红脸、出出汗成为常态；第二种形态即党纪轻处分、组织调整成为大多数；第三种形态即重处分、重大职务调整的是少数；第四种形态即严重违纪涉嫌违法立案审查的只能是极极少数。

（一）第一种形态

1.适用范围

（1）党组织有下列情形之一的，应当实施第一种形态：① 对党委政府重大决策贯彻落实不力或选择性执行的；b 落实全面从严治党主体责任不到位，党风廉政建设责任制考评结果较差的；c 本地区、本部门“四风”问题突出的；d 巡视巡察反馈问题整改不力的；e 领导班子廉洁从政民主测评满意度较低、群众反映较多的；f 违反议事规则决策“三重一大”等重大事项，尚不足给予责任人党政纪处分的；g 党组织软弱涣散的；h 其他需提醒警示的。

（2）党员有下列情形之一的，应当实施第一种形态：① 不服从、执行党委政府重大决策部署的；② 不正确履行党员义务，不正常参加党内组织生活的；③ 在个人有关事项报告中未如实填报，情节较轻的；④ 工作不积极主动，作风散漫，不在状态的；⑤ 践行群众路线不到位，违反群众纪律情节轻微的；⑥ 违反作风建设规定情节轻微的；⑦ 群众反映、日常发现在思想、工作、作风、纪律等方面存在苗头性倾向性问题的；⑧ 个人行为与党员身份不相符，存在违反公序良俗行为，尚不足给予党政纪处分的；⑨ 履行“一岗双责”不到位，分管领域或单位发生轻微违纪违法行为的；⑩ 在民主评议党员活动中评价和反映较差，在年度考核中确定为基本称职或基本合格等次的；⑪ 家风不正、家教不严，配偶、子女出现违纪行为的；⑫ 有轻微违纪行为，不需要给予纪律处分和组织调整的；⑬ 其他需提醒警示的。

2. 实施方式及流程

（1）谈话。

采用谈话方式的，根据谈话内容由党委（党组）或纪委（纪检组）确定主谈人员。涉及干部日常管理监督或者党内集中教育活动、领导班子换届、年度考核等工作中问题的，一般由组织人事部门负责人作为谈话人，也可以根据谈话对象的具体情况及谈话内容确定谈话人。涉及轻微违纪问题的，一般由所在单位的党委（党组）或者纪委（纪检组）确定谈话人。与地方、单位主要负责人谈话，应当由其上级党委（党组）书记主谈，纪委书记（纪检组长）陪同；或者委托分管领导主谈，纪委副书记陪同。以上谈话过程要有书面记录，及时整理归档备查。

（2）通报。

采用通报方式的，由上级党委（党组）或纪委（纪检组）责令其党组织负责人及相关责任人作出书面检查、公开道歉，并在一定范围内通报。通报应当明确通报范围、通报事项及整改要求。

（3）函询。

采用函询方式的，纪律检查机关或组织人事部门按照有关规定进行。所有回复材料须本人签字背书，由实施机关或部门进行抽查核实。

（4）责令民主生活会对照检查。

采用责令民主生活会对照检查方式的，应由上级党委（党组）集体研究决定并实施，或者上级党委（党组）委托同级纪委（纪检组）实施。在作出民主生活会对照检查决定时，应当研究确定个人需检查的问题、整改要求和期限等事宜。民主生活会要明确会议要求和会议流程，上级党委（党组）、纪委（纪检组）可以视情安排人员参会，保证不走过场。

（5）诫勉。

诫勉分为谈话和书面两种方式。以谈话方式进行诫勉的，谈话人应当向诫勉对象说明诫勉的事由，提出有针对性的要求，明确其提交书面检查的时间，并制作谈话笔录。以书面方式进行诫勉的，纪律检查机关或者组织人事部门应当向诫勉对象送达诫勉书；同时将诫勉事项告知其所在单位党委（党组）。

受到诫勉的，取消年度评先评优资格，六个月内不得提拔或者重用。

党委（党组）、纪委（纪检组）和组织人事部门应加强对整改情况的跟踪，对思想认识到位、整改落实到位的，予以了结；对未整改或者整改不到位的，依规依纪给予相应处理。

（二）第二种形态

1. 适用范围

（1）对待党组织批评教育认识不到位、态度不端正、屡教不改的；

（2）党员领导干部履行“一岗双责”不到位，分管领域或单位发生严重违纪违法行为的；

（3）党员有违纪行为，应当给予党纪轻处分的；

（4）构成严重违纪，具有减轻处分情节可以给予党纪轻处分的；

（5）免予纪律处分，应当予以组织调整的；

（6）受到党纪轻处分，不适宜在现岗位继续工作的；

（7）有证据证明违纪问题明显、但短时期难以完全查清，不适宜在现岗位继续工作的；

（8）其他应当给予党纪轻处分、予以组织调整的情形。

2. 实施方式及流程

（1）党纪轻处分。党纪轻处分一般指党内严重警告及以下的纪律处分形式。纪律检查机关严格按照有关规定对违规违纪党员进行立案审查，并给予相应的党纪处分。

（2）组织调整。组织调整一般指停职检查、调整职务等。严格按照有关规定办理手续。由纪律检查机关提出组织调整建议的，组织人事部门应当将办理结果及时向提出建议的纪律检查机关通报。

（三）第三种形态

1. 适用范围

（1）党组织严重违犯党纪的；

（2）党员有严重违纪行为，应当给予重处分的；

（3）构成违纪，具有加重处分情节应当给予重处分的；

（4）构成违法犯罪，免予追究刑事责任的；

（5）其他应当给予重处分、予以重大职务调整的情形。

2. 实施方式及流程

（1）党纪重处分，一般指给予党组织改组、解散的纪律处理措施，给予党员撤销党内职务及以上的纪律处分形式。纪律检查机关严格按照有关规定对违规违纪党组织和党员进行立案审查，并给予相应的党纪处分。

（2）重大职务调整，一般指与党纪重处分相结合实施的组织处理措施，主要包括引咎辞职、责令辞职、降职、免职等。严格按照有关规定办理手续，并将办理结果及时向提出建议的纪律检查机关通报。

（四）第四种形态

1. 适用范围

党员干部严重违纪涉嫌违法、需移送司法机关依法追究刑事责任的，应当实施第四种形态。

2. 实施方式及流程

（1）采取非“两规”措施。纪律检查机关严格按照《连云港市纪检机关普通谈话管理暂行办法》，对严重违纪的党员立案审查，开展非“两规”措施的普通谈话。

（2）采取“两规”措施。“两规”措施仅适用于查办重要或者复杂、涉嫌严重违纪，纪律检查机关已切实掌握部分严重违纪事实证据的党员。纪律检查机关要严格执行使用“两规”措施报批制度，转变以往将所有问题都查清查尽的方式，以违纪问题为重点，快查快结，提高审查效率。

涉嫌违法的党员，应及时移送司法机关处理，明确专人跟踪联系线索调查、提起诉讼、法院判决等情况，并根据其违纪事实、违纪性质、认错态度、危害程度、社会影响等，给予相应党纪处分。

把握运用“四种形态”,要注重“四种形态”的转化,体现严管厚爱。综合考虑违纪行为的情节、性质、后果、时间节点以及违纪人员的态度、表现等因素，符合相关规定的，其处理方式可以在“四种形态”间转化。凡经查实，给予党纪处分或者免予党纪处分的，处分决定（处理意见）应在一个月内向其所在基层党组织的全体党员宣布，并及时将处分决定（处理意见）抄送组织人事部门，归入本人档案。

三、组织保障

（一）加强组织领导。践行“四种形态”，党委负主体责任，负责本意见的组织实施，党委（党组）主要负责人是第一责任人，领导班子其他成员根据分工承担“一岗双责”。各级党组织要准确把握“四种形态”的科学内涵，勇于担当、善于作为，以问题为导向、严管厚爱，做到真管真严、敢管敢严、长管长严。

（二）完善协作机制。纪律检查机关和组织人事部门要加强协作配合，建立党内监督联席会议制度，定期研究分析践行“四种形态”的工作情况、存在问题和改进措施。加强信息沟通，及时将践行“四种形态”的工作情况互相通报，形成对党员干部监督管理的整体合力。

（三）强化监督指导。把践行“四种形态”列为党风廉政建设责任考核和领导班子述职述廉重要内容，综合运用巡视巡察、检查调研、述职评议、个案回访等方式，开展监督检查。上级党委（党组）、纪委（纪检组）和组织人事部门要加强对下级工作的指导，督促全市各级党组织准确把握、认真落实，推动“四种形态”落地生根。

（四）严格责任追究。各级党委（党组）、纪委（纪检组）和组织人事部门要把责任追究作为践行“四种形态”的重要抓手，坚持失责必问、问责必严，责任追究情况定期向上级报告，典型问题要公开曝光，形成践行“四种形态”，全面从严治党的浓厚氛围。

中共连云港市委　连云港市人民政府
转发《市委宣传部、市司法局关于在全市公民中开展法治宣传教育的第七个五年规划（2016—2020 年）》的通知

连发〔2016〕49号

各县区委、人民政府，市委各部委，市各委办局，市各直属单位，驻连部省属单位：

《市委宣传部、市司法局关于在全市公民中开展法治宣传教育的第七个五年规划（2016—2020 年）》已经市委、市政府研究同意，现转发给你们，请结合实际认真贯彻实施。

中共连云港市委

连云港市人民政府

2016 年 11 月 12 日

市委宣传部、市司法局关于在全市公民中
开展法治宣传教育的第七个五年规划（2016—2020 年）

在市委、市政府的正确领导和市人大的监督指导下，全市第六个五年法制宣传教育规划（2011—2015 年）顺利实施完成。各地、各部门紧紧围绕法治连云港建设的目标任务，健全长效机制，创新特色品牌，提升普法质效，大力打造互动型服务型创新型法治宣传教育新模式，努力实现法治宣传教育全覆盖，推动全民法治素养不断提升，为我市全面深化改革、扩大双向开放、加速崛起跨越提供了有力的法治保障。

党的十八大以来，以习近平同志为核心的党中央对全面依法治国作出了重要部署，对法治宣传教育提出了新的更高要求，明确了法治宣传教育的基本定位、重大任务和重要举措。市委十一届十一次全会，将“七五”普法作为全面推进依法治市的重要内容，纳入《连云港市国民经济和社会发展的第十三个五年规划》，并提出了具体要求。站在新的历史起点上，把法治宣传教育放在更加重要、更加突出的全局性、基础性和战略性地位上来抓，对于落实我市“十三五”时期经济社会发展，加快建设“强富美高”新港城具有重要意义。根据《中共江苏省委、江苏省人民政府转发〈省委宣传部、省司法厅关于在全省公民中开展法治宣传教育的第七个五年规划（2016—2020 年）〉的通知》（苏发〔2016〕32 号）精神和市委关于加强法治连云港建设的决策部署，结合我市实际，制定本规划。

一、指导思想、主要目标和工作原则

（一）指导思想

高举中国特色社会主义伟大旗帜，全面贯彻落实党的十八大和十八届三中、四中、五中、六中全会精神，以马克思列宁主义、毛泽东思想、邓小平理论、“三个代表”重要思想、科学发展观为指导，深入贯彻落实习近平总书记系列重要讲话精神，围绕协调推进“五位一体”总体布局和“四个全面”战略布局，坚持创新、协调、绿色、开放、共享的发展理念，准确把握全面推进依法治市新要求，主动服务经济社会发展新常态，积极顺应现代传媒技术发展新趋势，大力推进法治宣传教育全覆盖，弘扬社会主义法治精神，建设社会主义法治文化，推动基层法治实践，形成尊法学法守法用法的社会风尚，为顺利实施我市国民经济和社会发展“十三五”规划营造良好的法治环境，为建设“强富美高”新港城作出新的贡献。

（二）主要目标

推进法治宣传教育全覆盖提质增效，全社会法治信仰不断提升，努力使法治成为连云港核心竞争力的重要标志。

——市、县（区）法治宣传教育中心建成率达到100%，乡镇（街道）、村（社区）建有法治文化阵地，每个县（区）拥有5个以上法治宣传教育类社会组织，法治宣传教育全覆盖工作体系进一步完善，互动型服务型创新型工作模式有效运行，公民获得法治宣传教育服务的渠道充分、畅通、便捷。

——法律知识广泛传播，公民知晓宪法法律、法治精神和社会主义核心价值观的基本内容，普遍了解法律救济途径和程序，对法治宣传教育知晓率、满意率均达到90%以上。

——厉行法治能力明显提升，各级党政机关善于运用法治思维和法治方式推动工作，全社会自觉做到办事依法、遇事找法、解决问题用法、化解矛盾靠法。

——法治信仰逐步确立，领导干部敬畏法律、尊崇法治、捍卫法治，公民自觉拥护和真诚信仰法律，自觉维护宪法法律权威。

（三）工作原则

——坚持围绕中心，服务大局。坚持党的领导，确保正确政治方向，把法治宣传教育融入经济社会发展各个领域，渗透到法治建设各个环节，推动全社会形成法治思维和法治行为习惯，为推进法治政府、法治市场、法治社会建设服务。

——坚持需求导向，服务群众。围绕人民群众最关心、最直接、最现实的法律问题，收集、分析、研判不同地区、部门、行业、人群及各时期的法治需求，提供更加便捷、适时、适用的法治宣传教育服务，做到群众在哪里、群众关注哪里，法治宣传教育就到哪里。

——坚持融合发展，多元共治。落实“谁执法谁普法、谁主管谁负责”的普法责任制，培育发展法治宣传教育类社会组织，推动法治宣传教育与精神文明创建、国民教育、基层依法治理深度融合，形成政府主导、各方合作、互动共治的大普法工作格局。

——坚持学用结合，普治并举。坚持法治宣传教育与依法治理有机结合，把法治宣传教育融入立法、执法、司法、法律服务和党内法规建设活动中，引导党员群众在法治实践中自觉学习、运用国家法律和党内法规，提升法治素养。

——坚持创新发展，注重实效。把创新作为发展引擎，把实效作为衡量标准，推动工作理念、机制、载体和方式方法创新，推动法治宣传教育从注重普及法律知识向注重培育法治信仰转变，从单向灌输向双向互动转变，不断增强吸引力、感染力、渗透力。

二、对象和要求

法治宣传教育的对象是一切有接受教育能力的公民，重点是领导干部、青少年和企业经营管理人员。广大公民要结合工作、生产和生活实际，自觉学习法律，掌握必备法律知识，培育良好法律素养，养成尊法学法守法用法的思维习惯和行为习惯。

（一）抓住领导干部这个“关键少数”。坚持把领导干部带头学法、模范守法作为培养全社会法治信仰的关键，推动各级领导干部系统学习宪法和中国特色社会主义法律体系，认真学习廉洁自律准则、纪律处分条例等党内法规，熟练掌握领导和管理本职工作相关的法律法规，带头厉行法治、依法办事，增强党章党规党纪意识，在全面推进依法治市中发挥“关键少数”作用。完善党委（党组）中心组学法、政府常务会议学法、重大决策前先行学法、法治报告会（讲座）等学法制度。把法治教育纳入干部教育培训总体规划，把宪法法律列为党校、行政学院、干部学院、社会主义学院必修课，纳入国家工作人员初任培训、任职培训的必训内容。积极落实依法决策、依法履职各项制度，健全完善重大决策合法性审查机制，积极推进政府法律顾问制度，各级党政机关和人民团体普遍设立公职律师，各级政府及各部门普遍聘请法律顾问。完善国家工作人员网络在线学法考试和任职法律考试制度，落实行政执法人员岗位培训、持证上岗和资格管理等制度。把学法用法情况作为公务员能力和业绩考核的重要内容，领导班子和领导干部在年度考核述职中进行述法。探索建立领导干部法治素养和法治能力测评指标体系，将测评结果作为干部考核的重要内容。

（二）抓住青少年这个“关键时期”。贯彻落实教育部颁发的《青少年法治教育大纲》，根据青少年的身心特点和接受能力，分义务教育阶段、高中阶段、高等教育阶段三个层次，循序渐进地完善法治教育课程体系。在义务教育阶段开设《道德与法治》课程，系统地开展法治教育，引导青少年学习掌握法律知识、树立法治意识、养成遵纪守法的行为习惯。将法治教育内容纳入教师培训的重要内容，纳入中小学校长任职资格培训的规定课程。充分利用第二课堂和社会实践活动开展“小手拉大手”、“模拟法庭大赛”等青少年法治教育活动，在入学、入队、成人礼仪式中规范设置专门法治教育环节。各县区全部建立青少年法治教育基地，将学生法治教育纳入教育督导范围，探索建立青少年学生法治教育考核评价体系。大力推进依法治校示范校建设，依托村、社区基层组织，加强对重点青少年群体的法治宣传教育，研究探索家庭教育、蒙童教育与法治教育融合的方法路径，进一步强化学校、家庭和社会教育“三位一体”的青少年法治教育格局。

（三）抓住企业经营管理人员这个“关键环节”。坚持抓好各级各类企业经营管理人员的学法用法工作。发挥企业在法治市场建设中的主体作用，推动企业经营管理人员不断提升诚信守法、防范法律风险的能力和水平。不断健全企业合规运营管理体系，完善以总法律顾问制度为核心的法律风险防范体系，强化依法决策的意识。掌握与企业运行有关的法律知识，熟知与劳动保障、工会及民主管理相关的法律法规，强化依法管理的意识。培育深化企业法治理念，使“依法、合规、公平、诚信”成为企业普遍认同和行动自觉，突出重点领域和关键环节法律风险防控宣传，强化依法经营意识。按照“谁用工谁负责”原则，加强企业用工法律法规的学习宣传，注重法治文化与企业文化有机结合，推动企业法治宣传教育的有效渗透，引导企业职工遵纪守法、依法维权。

各地、各部门、各行业要因地制宜确定本地区、本系统法治宣传教育工作重点对象。要引导妇女、青少年、老年人、残疾人、农民工等主动学习与维护自身合法权益相关的法律法规，提高其依法寻求法律帮助、维护合法权益的能力。要加强监狱服刑人员、社区服刑人员、强制隔离戒毒人员、刑满释放人员等特殊人群的法治宣传和法律服务，促使他们学法守法，更好地回归社会。

三、主要任务

（一）深入学习宣传习近平总书记关于全面依法治国的重要论述。党的十八大以来，习近平总书记对全面依法治国提出了一系列新思想、新观念、新论断、新要求。要深入学习贯彻习近平总书记关于依法治国的重要论述，增强走中国特色社会主义道路的自觉性和坚定性，增强全社会厉行法治的主动性和积极性。深入学习宣传以习近平同志为核心的党中央关于全面推进依法治国的重要部署，宣传科学立法、严格执法、公正司法、全民守法的生动实践，使全社会了解和掌握全面依法治国的重大意义和总体要求，更好地发挥法治的引领和规范作用。

（二）突出宪法学习宣传。在全社会普遍开展宪法教育，深入宣传依宪治国、依宪执政等理念，宣传党的领导是宪法实施的最根本保证，宣传宪法确立的国家根本制度、根本任务和我国的国体、政体，宣传公民的基本权利和义务等宪法基本内容，宣传宪法的实施。落实宪法宣誓制度，提高全体公民特别是各级领导干部和国家工作人员的宪法意识，教育引导一切组织和个人都必须以宪法为根本活动准则，增强宪法观念，维护宪法尊严。将每年 12 月定为“法治宣传月”，广泛组织开展“12·4”国家宪法日及“宪法进万家”系列主题教育活动。

（三）大力宣传中国特色社会主义法律体系。深入宣传中国特色社会主义法律规范体系、法治实施体系、法治监督体系、法治保障体系，推动全社会在党的领导下，贯彻中国特色社会主义法治理论，坚定不移地走中国特色社会主义法治道路。切实加强保障社会主义市场经济秩序、保障社会主义民主政治、保障公民基本权利、保障国家安全、加强社会治理、加强生态环境保护等重点领域的法律法规宣传教育，切实加强教育、医疗、食品安全、金融投资等与群众生产生活密切相关的法律法规宣传教育，切实加强与公民权益保障相关的诉讼与非诉讼程序法等方面法律法规宣传教育。注重宣传法治实践，宣传立法、执法、司法和法律监督、法律服务等工作及成效，教育引导公民在法治实践活动中感知法治精神、提高法治素养。

（四）大力弘扬社会主义法治精神，推进法治教育与道德教育相结合。把弘扬社会主义法治精神和社会主义核心价值观作为深化法治宣传教育的关键。大力宣传宪法法律至上、法律面前人人平等、权由法定、权依法使、尊重和保障人权等基本法治观念，宣传权利义务相统一、程序公正、诚实信用、罪刑法定等基本法律原则，引导全民自觉守法、遇事找法、解决问题靠法，形成全社会厉行法治的氛围。大力弘扬社会主义核心价值观，弘扬中华传统美德，培育社会公德、职业道德、家庭美德、个人品德，提高全民思想道德水平，为推进依法治市创造良好人文环境。将公民遵法守法用法情况作为精神文明创建的重要指标，加大法治宣传教育在精神文明创建测评系统中的权重。发挥法治在解决道德领域突出问题中的作用，健全公民和组织守法信用记录，完善守法诚信褒奖机制和违法失信行为惩戒机制，在全社会树立守法光荣、违法可耻的社会风尚。

（五）深入学习宣传党内法规。适应全面从严治党、依规治党的新形势、新要求，切实加大党内法规宣传力度。突出宣传党章，教育引导广大党员尊崇党章，以党章为根本遵循，坚决维护党章权威。大力宣传《中国共产党廉洁自律准则》《中国共产党纪律处分条例》等各项党内法规，注重党内法规宣传与国家法律宣传的衔接和协调，坚持纪在法前、纪严于法，把纪律和规矩挺在前面，教育引导广大党员做党章党规党纪和国家法律的自觉尊崇者、模范遵守者、坚定捍卫者。

（六）紧密结合建设“强富美高”新港城实际突出相关法律法规的宣传教育。紧扣经济社会发展实际，着眼经济转方式调结构，大力宣传维护市场经济秩序、区域和城乡协调发展、知识产权保护、生态文明建设等方面的法律法规；着眼推动农业现代化，大力宣传农业经营体制、农田水利建设、耕地保护补偿、食品追溯体系、农业科技创新等方面的法律法规；着眼培育和践行社会主义核心价值观，大力宣传文化交流、文化娱乐、文化市场、文化产业等方面的法律法规；着眼保障和改善民生，大力宣传劳动就业、社会保障、收入分配、征地拆迁、安全生产、食品药品安全等方面的法律法规；着眼从严管党治党，大力宣传信息公开、突发事件应急处置及信访、投诉、调解、社会治安综合治理等方面的法律法规。继续深化“增强全民法治观念，服务全面深化改革”主题教育活动。

四、工作措施

（一）严格落实“谁执法谁普法”责任制。各级各部门要结合实际，把法治宣传教育作为推进法治建设的基本环节，纳入本部门本系统本单位法治建设总体布局。建立普法任务清单制度、定期工作报告制度，坚持把法治宣传教育融入管理、服务全过程，强化公众服务窗口单位的法治宣传教育功能。建立法官、检察官、行政执法人员、律师等以案释法制度，在执法司法实践中广泛开展以案释法和警示教育，推动媒体直播庭审、群众旁听庭审、案件宣讲等活动形成长效机制，使案件审判、行政执法、纠纷调解和法律服务的过程成为向群众弘扬法治精神的过程。加强司法执法案例整理编辑、公开发布和宣传解读工作。落实“谁主管谁负责”，推动各地区、各部门、各行业、各单位履行普法属地管理与部门管理责任，深化系统内全员法治教育，组织系统内工作人员法治轮训工作。

（二）拓展“法律六进”活动内涵。紧紧围绕党委政府工作大局，以“法润港城”为引领，以“尊法学法守法用法”为主题，坚持法治文化与优秀传统文化、法治教育与道德教育、法治建设与精神文明创建、法治实践与社会公益服务“四结合”，进一步深化和拓展“法律六进”活动内涵。依托道德法治讲堂等阵地，机关、乡村、社区、学校、企业、单位每季度至少开展一次法治宣讲。结合重大任务、重要节点、热点事件和传统节日、民风民俗活动等，在全市联动组织开展有特色、有影响的活动，推动法治宣传教育向社会面上拓展、向基层延伸。重视对家庭的普法，在开展“法律六进”活动的基础上，积极开展法律进家庭活动。

（三）构筑法治文化建设高地。把法治文化建设纳入现代公共文化服务体系，全面深化组织保障体系完善、建设能力提升、作品创作繁荣、传播体系优化、法治文化惠民等“五大行动”，推动法治文化建设政策、阵地、产品、活动“四落实”。把法治元素纳入城乡建设规划设计，加强基层法治文化公共设施建设，推动法治文化阵地提档升级，增强法治文化阵地的辐射效应和实用功能，实现市、县、乡、村四级全覆盖。实施法治文化精品战略，把法治元素植入各类文化艺术表现形态，组织开展法治文艺巡演会演、法治文化下基层等活动，深化“苍梧法韵”法治文化作品创作活动，打造独具连云港特色的法治文化品牌，完善具有时代特征、连云港特色的知识普及、观念引导、能力培养“三位一体”的社会主义法治文化体系。

（四）落实媒体公益法治宣传制度。公益法治宣传是大众媒体的重要社会责任。党委宣传和新闻出版广电部门要制定政策措施，指导监督各类媒体把法治宣传作为日常形势宣传、成就宣传、主题宣传、典型宣传、热点引导和舆论监督的重要内容，开设专栏专题，提高法治宣传的频率和质量。各类广告发布媒介要加大法治宣传公益广告宣传力度，在重要频道、重要版面、重要时段制作刊播法治宣传公益广告，全年不少于全部公益广告时间（版面）的20%。建立法治宣传公益广告刊播的监测、抽查、公布机制。新闻出版广电部门要把法律素养作为媒体从业人员执业资格考评的重要内容，组织开展法治培训，提高法治舆论引导能力。实施“法治宣传全屏计划”，实现公共场所显示屏、服务窗口触摸屏、公交移动电视屏、移动终端等载体全覆盖。

（五）推进“互联网＋法治宣传教育”行动。强化“互联网＋”思维，以互联网为基础设施和创新要素，推动“互联网＋法治宣传教育”益民服务。加大微信、微博、客户端、动漫、微电影等新媒体建设和应用力度，推动传统媒体与新媒体的互联互融，培育有影响力的法治宣传教育新媒体平台，构建网络化、智能化、协同化的“连云港网络普法联盟”。立足连云港西游文化，推出“猴娃”作为我市“七五”普法形象代言，彰显维护正义、传播法治的内涵，制作“七五”普法系列动漫《“猴娃”说法》，向社会大众宣传“七五”普法的主要内容、创新举措等。建设法治宣传教育云平台，提高法治宣传教育工作信息化管理水平，推动法治宣传教育公共数据资源开发开放、共建共享。

（六）深化多层次多领域依法治理。立足提高社会治理法治化水平，深入推进基层组织和部门、行业依法治理。深入推进法治城市、法治县（区）、法治乡镇（街道）建设。结合不同单位依法治理特点，找准切入点，推进机关、学校、企（事）业单位等依法行政、依法管理、依法办事、依法经营。加强对全国及省级“民主法治示范村（社区）”的规范化、动态化管理，加强基层社会管理和服务体系建设，全面推行“一村（社区）一法律顾问”制度，进一步提高基层民主法治建设质量和整体水平。把法治宣传教育工作与基层党的建设、群团组织建设和社会组织建设有机结合起来，将法治元素直接导入市民公约、乡规民约、行业规章、团体章程等社会规范中，探索建立法治社会建设考核评估体系，不断提升法治社会建设水平。

（七）构建社会化服务体系。积极动员社会力量开展法治宣传教育，加强各级普法讲师团建设，选聘优秀法律和党内法规人才充实普法讲师团队伍，组织开展专题法治宣讲活动。探索政府购买服务的市场化运作方式，共享共用优秀法治资源，培育发展法治宣传教育类社会组织。畅通志愿者服务渠道，健全完善管理制度，鼓励引导司法和行政执法人员、法律服务人员、大专院校法律专业师生加入普法志愿者队伍。加大“学法中心户”“法律明白人”培育力度，明确大学生村官、人民调解员、村（社区）法律顾问法治宣传教育职责。依托基层法庭、调解中心、信访接待、“一委一居一站一办”社区管理服务体系、心理健康辅导站、劳动就业介绍指导站等平台，借助各类司法执法服务窗口等社会资源，利用“12348”等公共服务热线，为各类社会力量参与法治宣传教育提供基本平台。

五、工作步骤和安排

全市法治宣传教育第七个五年规划从2016年开始实施，到2020年结束。分三个阶段。

宣传发动阶段（2016年）。召开全市“六五”普法总结暨“七五”普法启动会议，动员部署，制定下发责任分工方案。各地、各部门根据本规划制定本地区本系统法治宣传教育五年规划和责任分工方案，做好启动工作。各县区“七五”普法规划和责任分工方案报市法治宣传教育工作领导小组办公室备案。

组织实施阶段（2017年至2020年上半年）。各地、各部门分年度落实市“七五”普法规划，年初制定下发年度工作计划和重点任务分解书，年末发布年度工作报告。对规划实施情况进行年度考核、阶段性检查和专项督查，确保市“七五”普法规划全面贯彻落实。2018年开展中期督导检查和通报。

总结验收阶段（2020年下半年）。在市委、市政府统一领导下，对全市“七五”普法规划实施情况进行总结验收，向社会发布报告，按规定对先进集体和先进个人进行通报表扬。

六、组织领导和保障

（一）加强组织领导。进一步发挥党委领导、人大监督、政府实施的领导体制优势，各级党委政府将法治宣传教育工作纳入当地经济社会发展规划，统一部署，统筹推进；各级人大加强对法治宣传教育工作的日常监督和专项检查，推进地方性法规的制定和宣传工作。各级党委政府主要领导要切实履行法治建设第一责任人责任，每年定期听取法治宣传教育工作汇报，及时研究解决重大问题。

（二）明确工作职责。各级司法行政机关要切实履行法治宣传教育工作领导小组办公室职责，健全完善普法协调协作机制，推动“谁执法谁普法，谁主管谁负责”责任落实。组织、宣传、教育、文化等部门要发挥职能作用，工会、共青团、妇联等人民团体和社会组织要发挥积极作用，将法治宣传教育列入工作计划，确定相应的机构和人员负责组织实施。各地各部门要结合实际加强法治宣传教育工作组织机构建设，配齐配强工作人员，加强工作队伍建设，加大指导、协调、督查力度，确保各项工作任务落到实处。

（三）加强工作指导。各级法治宣传教育领导小组每年向党委（党组）汇报法治宣传教育工作，并报上级法治宣传教育领导小组。加强沟通协调，充分调动各部门积极性，发挥各自优势，形成推进法治宣传教育工作的强大合力。结合各地区、各部门工作实际，分析不同地区、不同对象的法律需求，区别对待、分类指导，不断增强法治宣传教育的针对性。坚持问题导向，深入基层、深入群众调查研究，积极解决问题，努力推进工作。认真总结推广各地区、各部门开展法治宣传教育的好经验、好做法，充分发挥先进典型的示范带动作用，推进法治宣传教育不断深入。

（四）强化考核评估。各地要将法治宣传教育纳入党政综合目标考核体系，各部门要将其纳入绩效考核内容。将法治宣传教育纳入精神文明创建、法治建设、平安建设内容，进一步加大权重。健全激励机制，认真开展全市“七五”普法规划中期检查和期末总结验收，对法治宣传教育先进集体、先进个人进行褒扬。建立法治宣传教育绩效管理信息化系统，探索开展社会第三方评估，健全法治宣传教育工作动态评估考核机制，加强评估结果的发布和运用。

（五）加大经费保障。各地要将法治宣传教育经费纳入本级财政预算予以保障，切实保障法治宣传教育发展需要。各部门、各单位要根据年度工作任务，安排相应经费，把法治宣传教育纳入基本公共服务体系，列入政府购买服务指导性目录，积极利用社会资金开展法治宣传教育。

中共连云港市委　连云港市人民政府
关于进一步加强城市规划建设管理工作的实施意见

连发〔2016〕53号

（2016年11月23日）

为扎实做好新形势下城市工作，根据《中共中央国务院关于进一步加强城市规划建设管理工作的若干意见》（中发〔2016〕6号）和《中共江苏省委江苏省人民政府关于进一步加强城市规划建设管理工作的实施意见》（苏发〔2016〕35号），结合连云港实际，现就进一步加强我市城市规划建设管理工作，制定如下实施意见。

一、总体要求

（一）指导思想。全面贯彻中央城市工作会议、中央新型城镇化工作会议和省委十二届十二次全会精神，按照“五位一体”总体布局和“四个全面”战略布局，牢固树立和贯彻落实创新、协调、绿色、开放、共享的发展理念，认识、尊重、顺应城市发展规律，依法规划、建设和管理城市，加快转变城市发展方式，深入实施“城市东进、拥抱大海”发展战略，加快推进“组团发展、功能互补、提升品质、彰显特色、快速联通”，不断提升城市发展水平，加快城乡发展一体化步伐，努力走出一条具有连云港特色的城市发展道路，为全面建成小康社会和江苏“一带一路”交汇点核心区建设提供有力支撑。

（二）总体目标。以全面提高发展质量、创优人居环境、彰显城市特色为要求，以深化港产城融合发展为方向，以打造“干净、方便、顺畅”连云港为抓手，以完善功能、提升品质、精细管理为重点，着力推动城市科学、有序、高效、安全、便利发展，推进现代化港口工业城市、区域性国际物流枢纽城市、山海相拥海滨旅游城市和生态宜居城市建设，加快建成国际化海港中心城市。到2020年，规划建设用地控制性详细规划覆盖率100%，城市空间布局进一步优化，综合承载能力显著增强，生态环境明显提升，基础设施、公共服务与城市发展相匹配，现代城市治理体系初步形成，全市城镇化率达到68%，中心城区人口达到200万人，建设用地规模达到230平方公里，创成国家卫生城市、国家人居环境奖城市。

（三）基本原则。一是坚持规划引领，做到建管并重。强化规划的纲领性、指导性、严肃性，科学制订规划，严格执行规划，坚持“多规合一”，一张蓝图绘到底，在精心建设、精细管理上下功夫，做到精致精品建设、长效常态管理。二是坚持民生至上，增进群众福祉。将“建好港城为人民”作为做好城市工作的根本要求，着力完善城市功能，切实解决好群众的衣食住行、生老病死、安居乐业等问题，让人民群众生活得更方便、更舒心、更美好。三是坚持绿色发展，打造生态之城。树立“精明增长”“紧凑城市”理念，走集约型、节约型、环保型发展道路，深入开展城市绿色、生态、低碳建设，实现城乡发展与人口、资源、环境相协调。四是坚持文化传承，彰显海滨特色。深入挖掘历史文化底蕴，加强山海相拥自然风光保护，强化自然山水、名胜古迹与城市布局的有机融合，实现历史文脉、传统元素与城市文化的有机衔接，塑造海滨城市特质。五是坚持改革创新，注重统筹协调。深化城市规划建设管理改革，加快推进供给侧改革，着力破除体制机制障碍，激发城市发展动力和活力，构建城乡发展新模式。

二、强化城市规划引领

（四）依法制定实施城市规划。加强规划编制和审批管理，严格执行城乡规划法规定的原则和程序，按照“政府组织、专家领衔、部门合作、公众参与、科学决策”的要求，创新规划理念，改进规划方法，把以人为本、尊重自然、传承历史、绿色低碳等理念融入规划全过程。完善城市规划编制体系，科学划定城市开发边界，在城市总体规划指导下组织编制各类专项规划，推行多规合一，建立“规划一张图”信息管理系统，实现各类规划的相互衔接。加强控制性详细规划的公开性和强制性，禁止对未编制控制性详细规划区域进行建设，实现重点片区城市设计全覆盖，彰显“显山、露水、见海、融绿”城市视廊和天际线。增强城市规划的科学性和严肃性，坚持城市规划规委会审议制度，严格执行城市规划、建设、管理导则，规划经批准后须严格执行，修改调整工作须严格按照法律、法规规定程序进行，规划项目要严格按程序和批准内容实施。关于对开发区等各类园区的设立和建设，必须符合城市总体规划和土地利用总体规划。各类园区由规划主管部门统一实施规划管理。建立健全城市规划实施报告制度、规划委员会制度和规划监督员制度。严格实行规划实施责任追究制度，加大对违规干预或擅自修改变更城乡规划等违法违规行为的责任追究和处置力度。

（五）优化中心城市空间布局。围绕国际化海港中心城市定位，完善“一带一路”交汇点综合服务体系，提升功能品质和承载能力，强化与长三角和环渤海经济区的联系，拓展城市发展战略空间。理顺城市功能分区关系，推进城区组团发展、融合发展、紧凑发展，构建“特色鲜明、功能互补、空间集约”城市发展格局。海州城区以行政商务、公共服务、科教文化、旅游休闲、新型居住等功能为重点，着力打造城市行政商务集中区、城区公共服务中心区、科教文化旅游产业示范区、城市新型居住区。连云城区以港航服务、现代物流、健康养老、休闲旅游、高端居住等功能为重点，着力打造服务“一带一路”交汇点建设先导区、港产城融合发展核心区、海滨旅游休闲度假示范区。赣榆城区以海洋经济、科教文化、商贸旅游、滨水居住、生态涵养为重点，加快与连云区、海州区在公交道路、公用设施、公共资源等方面的有效对接和一体化发展，注重西部岗岭、东部湿地等生态涵养保护，着力打造蓝色经济核心区、滨海魅力新城区、人文生态宜居区。高新区重点推进创新平台建设，加强服务高端人才的配套设施建设，加快高新技术产业集聚，打造全市创新创业核心区、产业提升引领区、楼宇经济服务区和产城融合示范区。市开发区重点发展战略性新兴产业，完善产业功能载体建设，加快产业向高端攀升，打造引领区域发展的高端产业集聚区。徐圩新区重点布局临港基础性工业，完善云湖周边产业功能配套区建设，打造东中西区域合作示范区先导区。云台山景区重点提升旅游品质和内涵，严控自然风景与城市景观的空间过渡，适度发展休闲度假、文化创意、生态产业，打造城市绿肺、构筑生态本底。围绕城市功能布局，发挥“三轴、一环、三圈”的功能作用，统筹好城市空间组织和资源要素配置。海滨大道重点打造山海相拥、港产城相融的滨海旅游景观轴，花果山大道重点打造带动产城融合的公共服务发展轴，港城大道重点打造服务港城快速通勤和联系的重要交通轴，促进城市组团快速联通、融合发展。环云台山大道重点打造环山景观路，沿线配套发展环山体验、慢行养生、体育锻炼、山林游赏等健康休闲功能，为中心城市构建大尺度的生态宜居空间。依托高铁、空港、海港三大枢纽，整合城市商业功能布局和配套开发建设，打造三大城市特色商圈。

（六）深化港产城融合发展。坚持以港口为龙头，产业为支撑，城市为依托，融合发展为途径，统筹港口、产业、城市之间的空间布局关系，合理确定开发的时序、重点和强度，深化分工协作、优势互补、共同发展，提升港产城核心竞争力。加强岸线资源的科学规划、合理开发和有序管理，实施港口布局结构调整，明确各港区货种调整时序和计划，加快部分货物向两翼港区转移。依托沿海港口构建区域产业分工体系，推动产业向园区集中、园区向港口靠近，延伸产业链条，加快推进产业优化升级。提高园区投资强度和土地开发利用率。园区建设以产业发展服务保障为重点，做好产业公共服务规划，加快工业邻里中心建设，发展园区生产性服务业。推进产城融合，园区综合服务功能主要依托周边城区共享共用，工业园区不得按城市功能建设。完善城市生产生活服务体系，加强城市对产业发展的吸引力和承载力，优化港口与城市腹地的功能结构，大力发展商贸金融、文化创意、休闲旅游等城市产业，东部城区加快打造区域性国际商务中心、国际休闲中心和国际服务中心，为港口和产业发展提供支撑和服务。

（七）加快新型城镇化和城乡一体化步伐。以人的城镇化为核心，着力完善农业转移人口市民化的推进机制，推进城乡基本公共服务均等化，实现城镇基本公共服务覆盖常住人口。统筹城乡发展，完善新型城镇化发展体系，充分发挥中心城市、县城、城镇不同层次的功能，构建城乡横向错位发展、纵向分工协作的发展格局，促进城乡经济转型升级和社会和谐进步，努力形成以工促农、以城带乡、工农互惠、城乡一体的新型工农城乡关系。优化城乡空间布局形态，强化中心城区在推进新型城镇化进程中的引领和带动作用，注重发挥县城和重点镇吸纳农业转移人口的重要作用，推动中心城区、县城和乡镇协调发展，形成体系更加完善、定位更加明确、分工更加合理的城乡布局形态。提升中心城区辐射带动力，统筹推进区域开发，建设连云港都市区。强化沿海城镇发展带空间集聚作用，形成港产城梯度渐进空间格局，加快沿海地区一体化发展。沿东陇海城镇轴依托连徐客专、东陇海线、连徐高速等交通通道，着力提升沿线城镇的产业人口集聚能力，增强对“一带一路”交汇点的支撑作用。宁连城镇发展轴依托花果山机场、连淮扬镇铁路、宁连高速公路，着力增强灌云、灌南县城对县域人口集聚能力，强化与沿海地区协同发展。提升城乡经济社会发展水平，加强城乡基础设施、公共服务等资源配置，加快建立农村公共产品供给的长效机制，提升农村经济发展活力。坚持城乡发展与人口、资源、环境相协调，走集约化、生态化、低碳型、宜居型的城乡生态文明和可持续发展道路。

（八）因地制宜推动特色小镇建设。坚持分类引导、差别发展、示范带动，实施小城镇特色培育和环境提升行动。建立重点发展镇动态考核遴选机制，推进以产兴镇、以镇促产、产镇互动、产镇融合，引导产业特色化发展，完善城镇服务功能，支持海头、桃林、燕尾港、堆沟港等有条件的重点中心镇建设成为具有较强人口、产业集聚能力的新型小城市。制定实施特色小镇培育计划，重点培育板浦、汤沟、温泉等一批产业基础好、文化底蕴深、发展潜力大的重点发展镇，着力保护文化遗存和历史街巷等传统空间格局，保持城镇的传统风貌和景观特色，强化产业、文化、旅游等功能，彰显人文底蕴、产业特色和生态禀赋，提升城镇空间品质。创新特色小镇发展理念，突出特色资源和特色产业的深度延伸开发，推动建设花果山旅游小镇、宿城风情小镇、东辛农场小镇、小伊空港小镇等特色小镇，促进产业集聚、产业创新和产业升级，构筑融合产业、文化、旅游、社区功能的创新创业发展平台。一般小城镇以改善镇区环境面貌为重点，满足服务“三农”和镇村居民生产生活的基本需求。到2020年，全市建成13个重点中心镇、30个左右特色小镇，一般小城镇全部开展美丽宜居小镇建设。

（九）加快转变城市发展方式。科学调控中心城区开发建设，推动规划重心从增量规划向增量提效和存量挖潜相结合转变，推动城市发展由外延扩张向内涵提升和外延合理拓展并重转变。推进城市有机更新，优化用地结构，重点挖掘建设用地潜力、盘活存量，使低效益用地转换为高效益用地，提升中心城区发展质量。进一步提高复合利用土地的比例，综合考虑周边交通通行条件、市政公用设施承载能力等因素，合理确定旧城改造地块的开发强度。加快城市存量空间再开发，补齐旧城区在停车、绿地、公共服务等设施方面的短板，做好相关用地预控。加强地下空间的引导利用，弥补地面城市功能的不足，重点解决“停车难”以及部分商业空间不足的问题，注重地下空间联通。推进“三改一拆两清理”，用 3 年左右时间，基本完成市区范围内老旧小区、棚户区、城中村改造，全面开展建成区违法建设的清理工作，严格控违拆违工作考核，建立违法建设责任追究和重点案件督办机制，加大违法建筑拆除力度，全面遏制违法建设行为，全面清理违法用地和低效闲置地块。

三、建设海滨宜居城市

（十）完善住房保障体系。深化城镇住房制度改革，建立租购并举的住房制度，推进共有产权机制建设，逐步实现保障方式从集中建设、实物保障为主向分散配建、货币补贴保障为主转变，构建满足多层次需求的住房保障和供应体系。加快住房公积金扩面工作。推进保障房建设与棚户区改造、旧城改造、直管公房改造相结合，建立与经济发展水平相适应的住房保障标准调整机制，优先保障低收入住房困难人群，逐步扩大对新就业及外来务工人员、农业转移人口的覆盖面，实现城镇住房困难家庭应保尽保。完善申请救助家庭经济状况核对机制和保障性住房准入、退出机制，优化分配流程，强化分配监督，提高信息公开、阳光运行水平。到 2020 年，全市住房保障体系健全率达到 95% 以上。

（十一）大力改善居住条件。加大对老旧小区改造的政策支持和财政资金投入，有序推进老旧住宅小区综合整治改造，完善公共服务设施配套，积极推进老旧小区电梯更新、多层住宅加装电梯、无障碍设计和设施改造。大力推进城镇棚户区（危旧房）改造，完善土地、财政、税收、金融支持政策，推动政府购买棚改服务，推广政府与社会资本合作模式，构建多元化棚改实施主体。自 2016 年起，市区和三县货币化安置比例原则上不低于 50%。到 2020 年，全市基本完成现有城镇棚户区、城中村和危房改造任务。改善小区居住条件和居住环境，完善市政、教育、卫生等基础设施配套。推进适宜养老建设试点示范。完善房地产市场监管机制，加快推进房地产业供给侧结构性改革，支持和鼓励群众刚性和改善性住房需求，发展住房租赁市场。推动新建住宅小区成品装修和绿色建造，建立符合连云港实际的住有宜居评价指标体系。着力提升物业管理服务水平，进一步完善物业管理政策法规体系，建立属地管理、综合管理和行业管理相结合的物业管理体制，健全物业管理工作机构，推进物业管理全覆盖和标准化服务。加大物业服务市场监管力度，规范物业服务企业经营行为，培育一批物业标准化服务示范企业。建立老旧小区物业服务费用补贴机制，对建成 10 年以上基础设施薄弱的老旧小区，以及低保、特困家庭和廉租住房承租户，由市、区两级财政按同等比例给予物业服务费用补贴。

（十二）健全公共服务体系。坚持以人为本原则，突出便民公共服务设施建设，着力构建“10 分钟基本公共服务圈”，完善中小学、幼儿园、菜市场、便民超市、社区养老、医疗卫生、文化服务、公共管理、街头绿地、物流配送等设施，形成以社区级设施为基础，市、区级设施衔接配套的公共服务设施网络体系，打造方便快捷生活圈。推动公共图书馆、美术馆、文化馆（站）、博物馆、科技馆免费向全社会开放。推动社区内公共设施向居民开放。合理规划建设广场、公园、步行道等公共活动空间，方便居民文体活动，促进居民交流。旧城改造中 10 亩以下不能与周边整体开发的地块，原则上作为街头绿地、公共服务设施用地。强化绿地服务居民日常活动的功能，让市民在居家附近见到绿地、亲近绿地。提高公共自行车、绿道慢行系统等公共服务设施覆盖率。每年规划新建街头游园10个。到2020年，实现“公园绿地10分钟服务圈”95%以上覆盖，全市城镇建成区绿化覆盖率达38%，灌云、灌南县城创省级园林城市，东海县创国家园林城市。

（十三）提升建筑质量水平。贯彻“适用、经济、绿色、美观”的建筑方针，加强建筑设计管理。突出建筑使用功能以及节约环保要求，组织建筑创意设计竞赛，在绿色建筑、智慧城市、海绵城市、综合管廊等新兴领域培育一批综合实力较强的建筑和设计企业，发展新型建造方式，积极推进以“标准化设计、工厂化生产、装配化施工、成品化装修、信息化管理”为特征的建筑产业现代化，争创建筑强市。到2020年，全市装配式建筑占新建建筑比例、新建成品住房比例均达到30%以上。规范空调、太阳能热水器、洗晒衣物等附属设施建筑设计，增强新建住宅等建筑的美观度。建立全方位的工程质量监管体系，加强建筑工人专业技能培训，大力弘扬“工匠”精神，落实建设、勘察、设计、施工、监理单位质量安全主体责任，严格执行施工许可、施工图审查、质量监督、竣工验收备案制度。完善建设领域招投标办法，提倡综合最优价中标，增加信用评价在工程招标、市场准入中的运用，加强建筑市场诚信体系建设，推动工程领域向专业化、国际化方向发展。

（十四）推动生态城市建设。坚持节约优先、保护优先、自然恢复为主的方针，打造“绿色、循环、低碳”连云港。构建蔷薇河—临洪河、云台山—连岛、滨海湿地等三大生态廊道，彰显山海河自然资源特色。优化生产、生活和生态空间，严守生态、耕地、水资源利用红线，在重点功能区、环境敏感区和脆弱区等区域划定保护红线，确保受保护地区占国土面积比例不低于23%，推进经济绿色转型，开展低碳示范区建设，淘汰“三高一低”产业。构筑城市水系生态循环系统，推进活水入城、河道整治、亮化美化，消除城区黑臭河流，打造靓丽的城市沿河绿色风光带。改善水环境质量，降低水污染物排放，强化水质目标管理，保障水生态环境安全。综合治理大气污染，加快城区重污染企业搬迁，强化机动车尾气达标排放管理，严格控制工地、道路等扬尘污染，加强港口码头等露天堆场防尘治理，禁止露天焚烧秸秆。大力发展绿色交通，提升交通运输装备节能环保水平，深入推进省级绿色交通城市建设。全面开展土壤环境污染状况调查，实施污染场地修复。推进城镇绿化扩面、增量、提质，打造云台山、锦屏山、北固山等城市绿肺。大力推广绿色建筑，扩大可再生能源建筑应用规模，应用地源热泵、水源热泵、太阳能发电等新能源技术，新建民用建筑按照绿色建筑标准设计建造，到2020年，全市50%的城镇新建民用建筑达到二星级以上绿色建筑标准。倡导和谐共生发展理念，弘扬生态文化，完善生态制度，建立大环保工作机制，引导绿色消费和简约生活。

（十五）注重城市文化传承。健全历史文化保护工作机制，加强政策支持，依法保护好历史文化遗产。推进海州古城、南城古街、板浦古镇保护修复工程，提升民主路、连云老街、盐河巷等文化街区功能，规划建设藤花落、曲阳城遗址等历史内涵丰富的遗址公园，促进历史文化遗存与现代生活的融合。加强非物质文化遗产保护传承，在江苏率先建成独具山海特质的省级文化生态保护试验区，修复地域文化空间，延续城市发展文脉。深入挖掘海洋文化、西游文化、陆桥文化、淮盐文化等资源禀赋，提炼城市文化传承基因和文化符号，把地域特色文化贯穿到城市形象塑造和城市建设的全过程。通过政府主导和政策支持，引导旧城区适当发展文化、旅游、商业等服务功能，继承和弘扬历史文化传统，增强旧城区的整体活力，实现旧城区的可持续发展。城市特色区域的规划制定，要采用景观设计的技术手段，注重城市轮廓、重要视线、特色地段、关键节点研究，加强对开发强度、高度体量、建筑界面、风格色彩等方面的控制引导。注重历史文脉的传承发展，强化地域特色元素的实践应用，建设特征鲜明的城市导识系统、城市家具风格，提升城市文化品位，让城市散发文化的温度。

（十六）彰显海滨城市特色。突出山海特色，挖掘、整合、彰显城市各类资源，构建让居民看得见山、望得见海、记得住乡愁的城市特色空间体系，着力打造具有个性魅力的滨海城市、港口城市和旅游城市。以海滨大道为发展轴，突出海滨海港特色，串联海岛、沙滩、湿地、岸线等资源，做优做美黄金海岸风光带，勾勒海州湾印象。进一步丰富海滨城市风貌和旅游内涵，保护性开发临洪河湿地公园，打造海州湾国家级海洋公园和海岛高端休闲度假区，建设极地海洋馆、邮轮码头、园博园等一批重大旅游项目。有效整合海滨疗养中心等优质资源，积极发展健康疗养旅游。开展海上观光巡游、海上体育运动、渔家民俗游、海洋饮食文化游等体验项目。统筹推进城市沿路沿河与沿街立面亮化、美化、绿化，优化行道树树种结构，实施城市道路黑色化、彩色化整体改造。加强富有海洋气息的城市雕塑、城市家具、小品点缀等建设，用铺装、小品、绿化、家具等方面渗透海的形态，彰显海的魅力。

四、提升城市承载能力

（十七）构建公交优先的交通体系。全面实施公交优先战略，制定城市公共交通规划和公交客运服务成本规制方案，强化对公交发展的政策支持，实现大市区公交规划一体化。加强公交场站、首末站、充电站、换乘枢纽、调度中心等公交基础设施建设，完善公交财政补贴机制。优化客货运枢纽布局，完善综合交通枢纽体系，加快铁路综合客运枢纽建设，统筹机场、铁路、港口、公路与公交、出租等场站设施的高效衔接，加强城市交通一体化换乘衔接。以提高公共交通分担率为突破口，健全完善公共交通体系。加快发展公共自行车。实施“互联网 + 便捷交通”行动，提高公交换乘便捷性，推进中心城区“步行 5 分钟到达”全覆盖。积极推进公交专用道建设。到 2020 年，公共交通分担率达到 30% 以上，建成区公交基础设施及配套服务基本完善，推进省级公交优先示范城市建设。加大城市交通治理力度，加强非法营运车辆惩处管治，维护城市良好交通秩序。

（十八）优化完善道路交通设施。改善提升城市对外交通出行条件，全面迈进高铁时代，建成现代化对外快速交通网络，融入上海 2 小时、南京 1.5 小时交通圈，徐州、青岛 1 小时交通圈。以“组团快联、出入快捷、客货分离、疏港有序”为要求，构筑与中心城区空间布局相协调的城市快速路网体系，到 2020 年，实现城市组团之间 30 分钟内快速通达、对外交通 15 分钟可上高速，过境交通、疏港交通与城市交通实现有序分离。加快城市快速通道建设，建成临洪大道，与 204 国道、徐新公路、海滨大道衔接，形成城市外环快速通道。提升港城大道快速通行能力，提升花果山大道主轴作用，实施北延工程，建设汇晶路，推进大港路快速通道建设，促进城区间交通融合。提升、拓宽、打通人民路、海昌路、建设路等城市主次干道，加密城市支路和街巷道路，新建跨龙尾河、西盐河等跨河通道，实施人民路下穿、242 省道朝阳互通等工程，形成级配合理的城市道路网络体系。加强街区的规划和建设，落实“窄马路、密路网”的城市道路布局，推进城市道路立体化改造，打通各类“断头路”，提升城市道路通达性和微循环能力。制定落实重点拥堵节点、瓶颈路段优化改造疏解方案，有效降低高峰时段、拥堵路段的交通压力。加强智能化交通指挥调度管理系统建设，优化道路交通组织方式。加强停车设施规划建设，合理配置停车设施，创新停车管理方式，实现停车空间的高效利用，有效缓解“停车难”问题。

（十九）推进海绵城市建设。深入研究我市水资源、水环境、水安全等方面的突出问题，结合山体、林地、海洋、平原多地貌并存的城市特色，因地制宜推进海绵城市建设，提升水源涵养能力，缓解雨洪内涝压力，促进水资源循环利用。科学建立城市水利工程体系，加强城市排水系统建设，提升防洪排涝能力。发挥海绵城市示范项目的引领带动作用，大幅度减少城市硬质铺装，因地制宜推广透水技术、下凹式绿地、雨水花园、屋顶绿化等雨水滞留设施。新建和改建公园、绿地、道路、广场、建筑、小区按照海绵城市要求系统实施，到 2020 年，市、县建成区 20% 以上的面积达到海绵城市建设要求。

（二十）建设地下综合管廊。市、县新建城区、各类园区、成片开发区域的新建道路同步建设地下综合管廊，老城区结合地下空间开发利用、城市轨道交通、旧城更新、河道治理、棚户区改造等，逐步推进地下综合管廊建设。市区 2018 年全面完成省级试点城市建设任务，形成较为成熟的建设和运营经验。到 2020 年，全市开工建设城市地下综合管廊 25 公里以上，徐圩新区地下综合管廊一期项目投入运营。建立完善的地下管线信息系统，规范地下管线的建设管理，加强供电、通信、路灯等管线单位协调配合，推进线路入地和资源共享，主要街道“蜘蛛网式”架空线逐步消除，管线安全水平和防灾抗灾能力明显提升。制定地下综合管廊有偿使用管理办法，鼓励各类社会资本参与管廊投资建设和运营管理。

（二十一）提高基础设施现代化水平。推进节水型城市建设，健全城市供水安全保障体系，统筹推进水源达标、备用水源建设，自来水深度处理等措施，到 2020 年完成全市县以上城市水厂深度处理改造，实现县以上城市应急备用水源全覆盖，确保在“正常情况下供优质水、应急状态下供合格水”。积极推进燃气老旧管网改造，增强调峰能力、拓展天然气供应范围，提高管道燃气覆盖率。大力推进城市集中供热供暖机制改革。完善城镇污水管网，构建城镇污水处理设施运行信息化监管平台，提升城镇污水处理绩效和再生水利用水平，到 2020 年，建制镇污水处理设施覆盖率、城市建成区污水收集处理率和污泥无害化处理率均达到 100%。加大环卫基础设施投入和运行经费保障，健全市容环境长效管理机制、城乡环卫一体化机制，落实市容环卫责任制和责任区管理制，完善城市垃圾收运体系，提高环卫机械化作业水平，推进公厕提档改造，建成区内生活垃圾日产日清，提高道路环卫作业机械化清扫率，城区垃圾收运覆盖率、无害化处理率达 100%。推进城市电网智能化建设，构建与现代化城市相适应的绿色供电系统。

（二十二）切实保障城市安全。推进“一带一路”执法安全合作基地、合成化国际执法安全合作基地城市建设。围绕平安连云港建设目标，强化城市安全监管，健全城市防洪、排涝、消防、抗震等灾害应对和突发事件应急处置指挥体系，加强人员密集场所、燃油燃气站点、烟花爆竹经营燃放、大型游乐设施及电梯的安全管理，推动公共消防、公共安全设施与城市发展同步建设，形成全天候、系统性、现代化的城市安全保障体系。加强城市防灾避难场所建设，结合绿地系统建成 10 个以上应急避难防灾公园。制定城市既有房屋安全管理规章制度。积极推行市、县（区）、乡镇（街道）、村（社区）四级房屋安全网络属地管理模式，加强危旧房日常动态监测，完善危房治理长效机制，确保房屋安全使用。切实落实建筑施工安全生产主体责任，强化建设施工安全管理。

五、创新城市治理方式

（二十三）深化城市管理体制改革。稳妥有序推进城市管理体制改革，到 2017 年底实现城市管理领域的机构综合设置，明确市、县（区）城市管理部门为政府组成部门。落实地方政府主体责任，成立以市、县政府主要领导为主任的城市管理委员会，加强对城市管理工作的组织协调、监督检查、考核奖惩。建立市、县城市管理工作联席会议制度，及时解决城市管理工作相关问题，实现城市管理和综合执法信息互通、资源共享、协调联动。推动执法重心和执法力量下移、推动执法事项属地化管理，对同一执法事项由市或区一级执法。乡镇、街道设立城市管理综合执法队伍，依法赋予执法主体资格，统筹整合乡镇、街道执法和管理资源。

（二十四）推进城市管理综合执法。科学划分城市管理部门与相关部门的职责边界，框定城市管理职责和城市管理综合执法职能，按照“权随事走、人随事调、费随事转”的原则，推进城市管理、综合执法机构改革和职能调整，成熟一项、调整一项，尽快实现住房城乡建设领域行政处罚权的集中行使。依法建立城市管理和综合执法的权力责任清单，向社会公开职能职责、执法依据、处罚标准、运行流程、监督途径，并实行动态管理和调整。各相关管理部门要加强源头管控、过程监管，积极协助、配合做好违法情形认定等工作。

（二十五）改进和加强执法管理。加强城市管理和执法的地方立法工作，制定与城市管理综合执法工作配套的法规规章，推进城市管理标准化、规范化、法治化。严格实行城市管理执法人员培训考核、持证上岗和资格管理制度，强化素质能力培训，到 2017 年底完成全体执法人员轮训和持证上岗工作。加强执法制度建设，深入推行行政执法责任制，严格行政执法评议考核，严肃追究行政执法责任。加强城市执法人员配备管理，科学合理核定城市管理执法人员编制，在核定的行政编制数额内，将具备条件的纳入行政编制，统筹解决好执法人员身份编制问题，并实行分类管理。建立符合职业特点的职务和职级晋升、交流制度，根据国家和省相关政策规定，完善城市管理执法人员工资政策。规范协管员队伍建设管理。

（二十六）完善城市治理机制。创新城市治理理念，推动多主体参与，构建互联、互补、互动的社会管理网络，实现政府治理和社会调节、居民自治的良性互动。鼓励社会各方面力量参与城市建设管理，实现城市共治共管、共建共享。建立健全以乡镇、街道、社区为主导，各部门联动的巡查处置机制，构建四级网格化管理体系，2017 年底实现城市网格化管理全覆盖。推动志愿服务活动常态长效开展，推进城市阳光治理，开展世界城市日、城管开放日等主题宣传活动，发动社会力量参与城市管理，鼓励和引导商户自我组织、自我管理。加快城市管理诚信体系建设，建立城市管理违法行为信用惩戒机制，构建工商、建设、金融、卫生等行业信用信息管理的互联共享系统。建立行政执法与刑事司法衔接机制，加大城市管理执法决定的强制执行力度。公安机关应当与城市管理部门加强协作配合，有条件的地区城市管理部门与公安部门分管社会治安或交通秩序的领导可兼职。

（二十七）推进智慧城市建设。加快推进城市管理和服务体系智慧化建设，完善公共安全事件应急处置机制，利用云计算、大数据、互联网等技术，整合人口、交通、能源、建设等公共信息资源，拓展数字城建、数字城管平台建设应用，提升城市建设和管理的可视化、精准化、智能化水平。加快市政公用设施智能化改造，推进市政领域水、电、油、气以及通信、广电管网等基础设施智能化升级，创新服务运维模式，实现公共资源的优化配置、高效利用和风险控制，提升公共基础设施智能化水平。推进建筑垃圾运输车辆向新型智能运输车辆更新换代。积极发展城市管理智慧化应用，强化城市宽带信息基础设施建设，加快智慧城建、智慧城管、智慧物业、智慧交通等重点应用工程建设，推动城市管理逐步由数字化向智慧化转变。完善“12345”政府公共服务平台建设，整合城市管理和便民服务相关热线平台，拓展智能视频监控、大屏监督指挥、便民服务数据库等应用，实现城市管理与相关服务热线相衔接。强化城市运行数据管理运用，推进智慧连云港云计算中心和大数据中心建设，强化环境监测、交通运行、供水供气供电、防洪防涝、垃圾处理、生命线保障等城市运行数据采集、整理和分析挖掘，加强网络安全建设，推动城市管理和治理领域智慧化发展。

（二十八）深入推进文明城市建设。深化社会主义核心价值观宣传教育，大力提升市民文明素质和城市文明程度，推进文明单位、文明校园、文明村镇、文明社区、文明家庭建设，夯实文明城市建设基础。高度重视细节文明、基础文明，充分发挥各级党组织、教育部门和工会、共青团、妇联等群团组织的作用，加强社会公德、职业道德、家庭美德教育。积极开展新市民教育培训，让新市民尽快融入城市生活，促进城市和谐稳定。建立完善市民行为规范，培育文明风尚，引导约束市民行为，贵在平时、贵在经常，增强市民法制意识。加强志愿者队伍建设，提高志愿者注册数和志愿服务参与率，推进志愿服务工作制度化、常态化。

六、强化城市发展保障

（二十九）加强组织领导。市委、市政府建立城市工作协调机制，每半年召开一次城市工作专题会议，研究解决城市发展中的重大问题。市有关部门加大对城市规划建设管理工作的指导、协调和支持力度，形成工作合力。加强对城市规划建设管理工作的组织领导，制定具体目标和工作方案，明确实施步骤和保障措施，落实工作责任。制定实施城市规划建设管理工作监督考核制度，确定考核指标体系，定期通报考核结果，并作为党政领导班子和领导干部综合考核评价的重要参考。采取上下交流、横向交流等形式，注重选拔城市规划建设经营管理等专业型干部，充实各级党政领导班子，强化城市工作领导力量。高度重视人大、政协作用的发挥，自觉接受人大法律监督和政协民主监督。

（三十）创新体制机制。统筹推进城市教育、医疗、就业、社会保障、住房保障等领域的配套改革，推进农业转移人口市民化以及基本公共服务常住人口全覆盖。按照事权与财权相匹配的原则，构建政府引导、市场运作的城市建设资金筹措机制，创新融资方式，探索建立多渠道的城市建设投资机制。推广政府和社会资本合作（PPP）模式，鼓励社会资本有序参与基础设施、保障性住房等城市建设经营管理。完善特许经营制度，推进城市供水、供气、供热等体制改革，理顺公用事业投资建设和运营管理机制，建立市属国企主导、社会资本参与的经营发展模式，增强公共产品和公共服务的保障能力。深化“放管服”改革，增强城市发展活力。加强规划建设管理研究智库建设，推动前瞻性的技术导向研究，为政府决策和购买服务提供技术支撑。

（三十一）优化城市经营。加大规划、建设和管理的统筹力度，强化城市经营理念，坚持先规划后开发、先地下后地上、先配套后居住、先生态后业态，整治整合好、集约节约利用好土地资产。建立低效用地再开发、闲置土地处置工作推进机制和激励机制，提高土地级差效益，盘活土地资本市场。统筹城市改造开发的资金平衡，促进新旧城区联动发展，建立项目计划与投资预算协调机制。加大资金扶持力度，切实搭建好、运营好投融资平台，在资金注入、资产投入、项目安排以及债务消化等方面给予支持。实行“建管分离”，制定出台相关文件，明确大型公共建筑、公共基础设施回购运营及运营主体，解决好公益项目建成后的接收运营问题。

（三十二）严格依法行政。适应城市规划建设管理新形势和新要求，对涉及城乡规划建设领域的规范性文件进行全面清理，加快我市城乡规划建设管理方面的地方性法规和规章制定工作。严格执行城市规划建设管理行政决策程序，牢固树立程序法定理念，坚决遏制领导干部随意干预城市规划设计和工程建设的现象。推进行政执法规范化建设，严格落实行政执法责任制和责任追究制。完善城乡规划建设行政执法与刑事司法衔接各项工作制度，建立对城乡规划违法行为投诉举报登记，依法惩处规划建设管理中的各类违法行为，强化法律责任追究，提高违法违规成本。加强城市规划建设管理的社会监督，落实与群众利益密切相关的重大决策事项社会公示和听证制度，开展实施情况后评估。加大城乡规划建设管理法治宣传，营造依法治理的良好社会氛围。

中共连云港市委　连云港市人民政府
关于构建和谐劳动关系的实施意见

连发〔2016〕54 号

（2016 年 11 月 25 日）

为深入贯彻党的十八大和十八届二中、三中、四中、五中、六中全会精神，积极构建和谐劳动关系，根据《中共中央国务院关于构建和谐劳动关系的意见》（中发〔2015〕10 号）、《中共江苏省委江苏省人民政府关于构建和谐劳动关系的实施意见》（苏发〔2016〕8 号），结合我市实际，提出如下实施意见。

一、把握总体要求，加强规划部署

（一）重大意义。构建和谐劳动关系事关广大职工和企业的切身利益，事关经济发展与社会稳定。《中共中央关于制定国民经济和社会发展第十三个五年规划的建议》中明确提出，要建立和谐劳动关系，维护职工和企业的合法权益。习近平总书记视察江苏重要讲话也强调要积极构建和谐劳动关系。市委、市政府坚决贯彻习近平总书记重要讲话精神和中央及省委省政府要求，坚持把构建和谐劳动关系纳入经济社会发展全局统筹推进，加强政策制定和规划部署，明确目标任务，落实工作责任，全市劳动关系呈现总体协调稳定、和谐发展良好态势。但随着经济社会转型步伐加快，劳动关系主体及其利益诉求越来越多元化，劳动关系矛盾进入凸显期和多发期，劳动争议案件居高不下、调处难度加大。全市各级党委、政府和各有关部门要从协调推进“四个全面”战略布局、建设“强富美高”新港城的全局高度，深刻认识构建和谐劳动关系是加强和创新社会治理、保障改善民生的重要内容，是建设社会主义和谐社会的重要基础和经济持续健康发展的重要保证，是增强党执政基础和巩固党执政地位的必然要求，把构建和谐劳动关系作为一项紧迫任务，采取有效措施切实抓紧抓好。

（二）指导思想。全面贯彻党的十八大和十八届二中、三中、四中、五中、六中全会精神，以邓小平理论、“三个代表”重要思想、科学发展观为指导，深入贯彻习近平总书记系列重要讲话精神，围绕协调推进“四个全面”战略布局，坚持促进企业发展和维护职工权益相统一，坚持正确处理改革发展稳定关系，着力健全和创新职工权益保障机制、劳动关系协调机制和劳动关系矛盾调处机制，推动中国特色和谐劳动关系的建设和发展，最大限度增加和谐因素，最大限度减少不和谐因素，全力促进经济持续健康发展和社会和谐稳定，为促进连云港“一带一路”交汇点建设，实现“全面达小康，迈向新台阶”打下坚实基础。

（三）工作原则

——坚持以人为本，把维护和发展职工的根本权益作为构建和谐劳动关系的根本出发点和落脚点，促进职工体面劳动、全面发展。

——坚持依法构建，运用法治思维和法治方式推进构建和谐劳动关系，促进企业依法用工、职工依法维权，加强劳动保障执法监督和劳动纠纷的依法调处，把劳动关系的建立、运行、监督、调处全过程纳入法治化轨道。

——坚持共建共享，统筹处理好促进企业发展与维护职工权益的关系，调动劳动关系主体双方的积极性、主动性，推动企业和职工协商共事、机制共建、效益共创、利益共享。

——坚持改革创新，按照全面深化改革的总体要求，注重源头治理，创新思路举措，完善制度机制，着力解决劳动关系领域的突出问题，推动形成构建和谐劳动关系长效机制。

（四）主要目标。适应经济发展新常态，按照建设“强富美高”新港城的任务要求，健全党委领导、政府负责、社会协同、企业和职工参与、法治保障的工作体制，形成源头治理、动态管理、应急处置相结合的长效工作机制，实现劳动用工更加规范，职工工资合理增长，劳动条件不断改善，职工安全健康有力保障，职工社会保险权益有效落实，企业社会责任切实履行，人文关怀日益加强，劳动关系矛盾得到有效预防和化解，推动建立规范有序、公正合理、互利共赢、和谐稳定的劳动关系。到“十三五”末，全市规模以上企业劳动合同签订率稳定在98%以上，已建工会企业集体合同签订率保持95%以上；劳动人事争议仲裁结案率达94%以上，劳动保障监察举报投诉案件按期结案率100%；符合劳动关系和谐标准企业数占已建工会企业数90%以上；符合劳动关系和谐标准的工业园区（开发区）数占参创园区数80%以上。

二、落实法律法规，保障职工权益

（五）切实保障职工取得劳动报酬的权利。落实企业工资收入分配制度，建立健全工资集体协商共决机制、工资正常调整机制和支付保障机制。努力实现农民工与城镇就业人员同工同酬。落实最低工资制度，在经济发展基础上合理调整最低工资标准。着力解决拖欠职工特别是农民工工资问题，完善治理欠薪问题的预警防范、快查快处、部门联动、支付保障、信用监管等工作机制，健全工资支付监控、工资保证金制度，探索建立欠薪应急周转金和欠薪保障金制度，落实清偿欠薪企业的主体责任、主管部门的职能责任和政府的属地管理责任，加强对欠薪行为的多部门联动惩戒机制建设，推行欠薪信息披露和信用惩戒制度，依法惩处拒不支付劳动报酬等违法犯罪行为。

（六）切实保障职工休息休假的权利。落实国家关于职工工作时间、全国年节及纪念日假期、带薪年休假等规定，企业因生产经营需要安排职工延长工作时间的，应与工会和职工协商，并依法足额支付加班加点工资。规范企业特殊工时制度的审批管理，指导企业通过集体协商制定、调整和实施劳动定额定员标准，依法查处超时加班、违反休息休假规定等违法行为。

（七）切实保障职工获得劳动安全卫生保护的权利。企业要建立健全劳动安全卫生制度，严格执行国家劳动安全卫生保护标准，保障职工劳动安全。加强劳动安全卫生执法监督，督促企业健全并落实劳动安全卫生责任制，加大安全生产投入，强化安全生产和职业卫生教育培训，提供符合国家规定的劳动安全卫生条件和劳动保护用品，对从事有职业危害作业的职工按照国家规定进行上岗前、在岗期间和离岗时的职业健康检查，加强女职工和未成年工特殊劳动保护，努力保障职工生命安全和身体健康，最大限度地减少生产安全事故和职业病危害。

（八）切实保障职工享受社会保险的权利。认真贯彻实施社会保险法律法规，督促各类企业依法参加各项社会保险，落实广大职工特别是农民工和劳务派遣工的社会保险权益，引导职工自觉履行参保法定义务，努力实现社会保险全面覆盖。鼓励有条件的企业为职工建立补充保险。建立健全社会保险征缴部门协作机制，督促企业依法足额缴纳各项社会保险费。做好社会保险关系转移接续工作，保障流动就业人员的社会保障权益。

（九）切实保障职工接受职业培训的权利。加快构建终身职业培训体系，促进职业技能培训与企业岗位需求同步、与产业转型升级同步、与职工自身发展同步。大力实施职工素质建设工程，加强职工职业道德培育，督促企业把建设知识型、技术型、创新型职工队伍纳入企业发展战略和重要管理目标，落实制度规范、物质保障、薪酬激励、人才选拔等措施，组织开展在岗培训、脱产培训、业务研修、技能竞赛等形式多样的培训活动，引导职工立足岗位和企业成才，支持职工参加学历教育和继续教育，不断提高职工思想道德、科学文化、技术技能、民主法治和健康安全等素质。

三、加强协调联动，推动机制创新

（十）全面实行劳动合同制度。深入贯彻落实劳动合同法等法律法规，加强对企业特别是中小微企业实行劳动合同制度的监督、指导和服务，在用工季节性强、职工流动性大的行业推广简易劳动合同示范文本，依法规范劳动合同的订立、履行、变更、解除、终止等行为，不断提高劳动合同签订率和履行质量。依法规范劳务派遣行政许可，加强对劳务派遣的监管，加强劳动用工管理，进一步规范非全日制、劳务承揽、劳务外包用工和企业裁员行为。指导企业建立健全劳动规章制度，提升劳动用工管理水平。深入推进劳动用工信息申报备案制度建设，动态掌握企业劳动用工状况。

（十一）大力实施集体协商和集体合同制度。以非公有制企业为重点对象，以行业集体协商为重点形式，以工作时间、劳动定额、休息休假、保险福利待遇、劳动安全卫生、女职工及未成年工特殊保护等为重点内容，推动集体协商、集体合同扩面建制，提高运行质量和实效。深入实施《连云港市企业工资集体协商暂行办法》，依法推进已建工会企业全面开展工资集体协商。加强集体协商指导员队伍和集体协商代表能力建设，加强对集体协商过程的指导，支持工会开展集体协商要约行动，督促企业和职工认真履行集体合同。推动企业广泛开展协商民主实践，建立与职工的沟通对话和利益协调机制，并通过履行集体协商程序调整和规范劳动关系重要事项。完善工资指导线制度，加快建立统一规范的企业薪酬调查和信息发布制度，促进形成反映人力资源市场供求关系和企业经济效益的工资决定机制、正常增长机制。

（十二）健全协调劳动关系三方机制。建立健全由人力资源社会保障部门会同工会和企业家协会、工商业联合会等企业代表组织组成的协调劳动关系三方委员会，由同级政府领导担任委员会主任。每年不少于一次听取构建和谐劳动关系情况汇报，督促协调劳动关系三方成员单位各自认真履行职责。全面推动三方机制向工业园区、乡镇（街道）和产业系统延伸。建立健全三方机制专业委员会或工作小组，充分发挥政府、工会和企业代表组织研究制定劳动关系重大政策措施、协调处理劳动关系重要事项和重大劳动争议等方面作用。

四、加强制度建设，落实民主权利

（十三）重点加强职代会制度建设。督促企业保障和发展职工民主权利，建立健全以职代会为基本形式，集体协商、厂务公开等为重要形式，民主议事会、劳资对话会等为补充形式的企业民主管理制度体系和联动运行机制，有效落实职工知情权、参与权、表达权和监督权。推动企业普遍建立职工代表大会，针对不同所有制企业，探索符合各自特点的职工代表大会形式、权限和职能。加强职代会制度规范化建设，在中小企业集中的地方，可以建立区域性、行业性职代会，依法落实职权，充分发挥职代会在企业发展重大决策、涉及职工切身利益等重大事项上的重要作用。

（十四）促进厂务公开制度化、规范化。推动企业认真落实厂务公开主体责任，规范公开流程，创新公开形式，全面落实法定公开事项，将关系企业发展的重大决策和职工关注的重要问题动态纳入重点公开内容。推行经理接待日、劳资恳谈会、总经理信箱等多种形式厂务公开。突出加强企业改革改制和调整劳动关系重大措施过程中的厂务公开，坚持以企业健康发展、职工普遍受益和综合满意为主要标准，促进提高厂务公开质量和成效。

（十五）建立健全职工董事、职工监事制度。推动公司制企业和设立职工股的混合所有制企业建立职工董事、职工监事制度，由企业工会提名职工董事、职工监事候选人，经职代会民主选举产生。规范职工董事、职工监事履职规则，董事会、监事会研究决定公司重大问题时，支持职工董事、职工监事依据职代会或工会的意见和建议，充分发表意见，反映职工合理诉求，维护职工和公司合法权益。

五、完善调处机制，维护和谐稳定

（十六）健全劳动保障监察制度。建立健全各级劳动保障监察机构，统一劳动保障监察机构性质和机构名称，实现各级劳动保障监察机构设置规范、执法力量充足、职能配置合理、制度机制完善、执法保障有力，执法能力得到明显提升。健全职工诉求表达机制，打造集信息化处理和预警调度指挥于一体的联动举报投诉平台。健全劳资纠纷风险防范机制，完善多部门综合治理、监察执法与刑事司法联动机制，强化对突出问题专项整治，加大对大案要案的查处力度。支持工会开展企业执行劳动法律法规规章情况监督。健全劳动保障守信激励失信惩戒机制，建立和完善用人单位劳动保障守法诚信档案。健全劳动保障监察网格化、网络化管理工作机制，实现监察执法向主动预防和统筹城乡转变。

（十七）健全劳动争议调解仲裁制度。坚持预防为主、基层为主、调解为主的工作方针，建立党委政府领导、综治协调、人力资源社会保障行政部门主导、多方联动的专业性劳动争议调解机制，进一步完善劳调组织调解、人民调解、行政调解、仲裁调解、司法调解“五位一体”调解机制。加强乡镇（街道）专业性劳动争议调解中心规范化建设，推动各类企业普遍建立内部劳动争议协商调解机制，重点指导规模以上企业建设专业、规范、高效运转的调解委员会。创新调解方式方法，提升劳动人事争议调解服务平台运行效率，使调解平台成为仲裁机构案前调解争议的主渠道。强化以信息化为载体的仲裁办案及质效监管，实施类案要素式庭审，畅通仲裁绿色通道，探索建立重大集体争议的多方联动调解和仲裁快速处理机制，提升仲裁质效。强化裁审衔接，全面实施裁审信息系统对接，发挥巡回法庭、联席会议等载体作用，统一法律适用，促进案件仲裁终结。畅通法律援助渠道，提供救助服务，切实维护当事人合法权益。按照专业化、法制化、信息化的示范仲裁院的建设要求，加强组织机构和仲裁队伍能力建设，合理配置仲裁工作人员，努力提高仲裁员素质，落实仲裁专项经费，切实提高劳动人事争议处理效能。

（十八）完善劳动关系群体性事件预防和应急处置机制。强化劳动关系矛盾的源头治理，建立健全劳动关系群体性事件的监测预警、事前预防及应急处置工作机制。加强劳动关系形势的分析研判，建立全方位的劳动关系动态监测预警制度，充分发挥基层调解组织、工会组织、劳动保障监察网格等作用，开展劳动关系矛盾纠纷的经常性排查，及时发现和积极解决劳动关系领域的苗头性、倾向性问题。完善劳动关系群体性事件应急预案，健全党委领导下的政府负责，有关部门和工会、企业代表组织共同参与的群体性事件应急联动处置机制，形成快速反应和处置工作合力，督促指导企业落实主体责任，及时妥善处置群体性事件。

六、发挥主体作用，营造良好环境

（十九）加强对职工的教育引导和人文关怀。加强对职工经常性的思想政治教育和普法宣传，增强职工对企业的责任感、认同感和归属感，引导职工自觉履行劳动义务，正确对待社会利益关系调整，合理确定提高工资收入等诉求预期，通过合法渠道、规范程序、理性方式表达利益诉求，维护自身权益。引导企业尊重职工主体地位，维护职工人格尊严，关心职工生活疾苦，尤其注重职工精神需求和心理健康，有针对性地做好思想引导和心理疏导工作，建立心理危机干预预警机制。积极组织职工开展喜闻乐见、丰富多彩的文化体育活动，不断丰富职工文化生活和满足职工精神文化需求。

（二十）进一步支持和促进企业发展。加大简政放权力度，落实权力清单和责任清单，减少和规范涉企行政审批事项，优化提升服务效率效能，进一步减轻企业负担。厘清政府与市场的关系，营造统一透明、有序规范的市场环境，支持各种所有制企业公平享受各项政策。加大对中小企业政策扶持力度，抓好促进小微企业发展各项政策措施的落实。引导企业加快转型升级步伐，依靠科技进步、职工素质提升和管理创新，不断提升竞争力。

（二十一）积极推动企业履行社会责任。加强对企业经营者的思想政治教育和普法宣传，尤其是加强对中小企业经营管理人员的劳动保障法律法规教育培训，引导其承担实业报国、服务社会、造福职工的社会责任，提高依法用工意识，切实履行保障职工合法权益的法定义务，建立职工共享企业发展成果的有效机制。建立企业社会责任标准体系和评价体系，鼓励企业发布社会责任报告，营造企业自觉履行社会责任氛围。

七、加强组织领导，注重统筹推进

（二十二）健全组织领导体制。各级党委和政府要建立健全构建和谐劳动关系的领导协调和工作联动机制，形成全社会协同参与的工作合力。各级党委要统揽全局、把握方向，及时研究和解决劳动关系中的重大问题，把党政力量、群团力量、企业力量、社会力量凝聚和统一起来，充分发挥人大监督、政协民主监督作用，共同推进和谐劳动关系建设。各级政府要把构建和谐劳动关系要求纳入本地经济社会发展规划和政府目标考核体系，并在政府重大工程项目实施前引入劳动关系风险评估和研判机制。各级综治组织要将劳动争议调解纳入矛盾纠纷多元化解决机制，加强组织协调。各级人力资源社会保障等部门要充分履行职责，认真做好调查研究、决策咨询、统筹协调、指导服务、检查督促和监察执法等工作。各级工会要切实履行维护职工合法权益的基本职责，积极反映职工呼声，竭诚服务职工，团结职工共建共享和谐劳动关系。各级工商业联合会、企业联合会等企业代表组织要积极反映企业发展实际和利益诉求，依法维护企业权益，引导企业积极发挥构建和谐劳动关系的主体作用。

（二十三）加强劳动关系工作能力建设。各县区要重视加强劳动关系协调、劳动保障监察及劳动人事争议仲裁队伍建设，按照统筹城乡要求，根据辖区内用人单位数量、用工规模、案件办理量和地域范围等指标，配备必要的劳动关系协调、监察执法和仲裁办案工作力量，在基层人力资源社会保障公共服务平台加载劳动关系工作职能，做到乡镇（街道）有专职、村（社区）有兼职从事劳动关系工作的人员，将矛盾尽可能化解在基层。落实劳动关系协调员职业资格制度，全面推动各级人力资源社会保障部门从事劳动关系工作的人员和企业人力资源部门专职人员持证上岗，切实提高依法协调劳动关系工作能力。各级政府要针对劳动关系工作任务繁重、基层基础力量薄弱、监察执法条件保障不足等方面存在的问题，在机构设置、人员配备、经费投入上分别给予专项支持，推动构建和谐劳动关系顺利开展。

（二十四）健全协调劳动关系基层组织。加强企业党建工作，重点在非公有制企业扩大党的组织覆盖和工作覆盖。坚持党建带群团建设，不断增强企业党群组织活力，充分发挥党群组织在推动企业发展、凝聚职工群众、促进和谐稳定中的作用。依法推动各类企业普遍建立工会，加强县区、乡镇（街道）、村（社区）和工业园区工会组织建设。健全产业工会组织体系，在县以下建立区域性或行业性基层工会联合会。完善基层工会主席民主产生机制，探索基层工会干部社会化途径，健全保护基层工会干部合法权益制度。建立健全县级以上政府与同级总工会、政府有关职能部门与相关产业工会、商会（协会）与产业（行业）工会联席会议制度，支持工会源头参与协调劳动关系。进一步加强企业团建工作，重点扩大团建工作对非公有制企业有效覆盖。加强基层企业代表组织建设，支持企业代表组织参与协调劳动关系，充分发挥企业代表组织对企业经营者的团结、服务、引导、教育作用。

（二十五）加强协调劳动关系法治保障。落实劳动保障监察、工资支付等劳动关系领域法律法规，注重运用法治思维和法治方式推动和谐劳动关系建设，提高依法协调、依法规范劳动关系工作的水平。深入开展法律法规规章宣传教育，加强行政执法和法律监督，促进各项劳动保障法律法规规章贯彻实施。

（二十六）推进和谐劳动关系建设。深入实施《劳动关系和谐企业评价规范》，加强规划部署，完善工作机制，明确目标任务，落实工作责任，引导企业丰富和谐劳动关系建设内涵，重视过程建设和持续改进，动态提升建设水平。积极推行将企业劳动关系和谐状况纳入社会信用评价体系。持续扩大各类企业特别是非公有制企业和中小企业参与和谐劳动关系建设的覆盖面，推动活动由工业园区向企业比较集中的乡镇（街道）、村（社区）拓展。每年抽查复核劳动关系和谐企业（工业园区），存在违背要求重大问题的，予以相应处分。

（二十七）加强构建和谐劳动关系的宣传引导。充分运用新闻媒体和网络，创新宣传方式，突出宣传构建和谐劳动关系的重大意义、成效经验和先进典型，形成正确舆论导向和强大舆论声势。把构建和谐劳动关系作为各级领导干部、企业经营者和广大职工教育培训的重要内容，进一步强化党政推动构建和谐劳动关系的责任感，激发企业和职工构建和谐劳动关系的积极性，提高社会各界对构建和谐劳动关系的关切度，努力营造全社会共同关心、支持和参与构建和谐劳动关系的良好氛围。

市政府文件选编

市政府关于印发2016年政府工作报告重点任务分解落实方案的通知

连政发〔2016〕1号

各县、区人民政府，市各委、办、局，市各直属单位：

市十三届人大五次会议审议通过的《政府工作报告》，确定了今年政府工作的总体目标和主要任务。为切实抓好《政府工作报告》目标任务的落实，市政府研究制定了《2016 年〈政府工作报告〉重点任务分解落实方案》，现予以印发。

今年是实施“十三五”规划和全面建成小康社会决胜阶段的开局之年，也是推进结构性改革的攻坚之年，做好全年工作意义重大。面对新的形势任务要求，各县区、各单位要进一步增强大局意识和担当精神，牢固树立思想务实、举措求实、工作落实的理念，紧紧围绕市委、市政府决策部署，对照《2016 年〈政府工作报告〉重点任务分解落实方案》，认真研究细化所承担的任务，切实明确量化目标、序时进度和实施方案。要严格按照服务型、效率型、务实型、法治型、廉洁型政府建设的要求，大力弘扬立说立行、马上就办的工作作风，坚持埋头苦干、真抓实干、敢抓敢干、多谋善干，认真抓好目标任务组织实施。

市政府将定期听取《政府工作报告》重点目标任务完成进展情况汇报，研究部署推进措施。市委市政府督查办公室要加强对工作推进和责任单位履职情况的督促检查和考核评价，切实做到言必行、行必果，确保全面完成市人代会确定的各项目标任务。

连云港市人民政府

2016 年 1 月 20 日

2016年《政府工作报告》重点任务分解落实方案

一、综合指标

1. 地区生产总值增长10%以上。（牵头领导：曹永林。责任单位：市发改委）

2. 一般公共预算收入增长10%左右。（牵头领导：曹永林。牵头单位：市财政局。共同责任单位：市国税局、连云港地税局）

3. 规模以上工业增加值增长11%以上。（牵头领导：徐家保。责任单位：市经信委）

4. 规模以上固定资产投资增长20%以上。（牵头领导：曹永林。责任单位：市发改委）

5. 社会消费品零售总额增长11%左右。（牵头领导：吴以桥。责任单位：市商务局）

6. 外贸进出口总额保持正增长。（牵头领导：吴以桥。牵头单位：市商务局。共同责任单位：市贸促会）

7. 实际利用外资9亿美元。（牵头领导：吴以桥。牵头单位：市商务局。共同责任单位：市台办、市外侨办、各县区）

8. 港口吞吐量、集装箱运量分别增长5%。（牵头领导：吴以桥。责任单位：港口控股集团）

9. 服务业增加值增长10.5%左右。（牵头领导：曹永林。责任单位：市发改委）

10. 城镇居民人均可支配收入增长9.5%。（牵头领导：曹永林。牵头单位：市人社局。共同责任单位：市发改委）

11. 农民人均纯收入增长10%。（牵头领导：吴海云。牵头单位：市委农工办。共同责任单位：市农委、市海洋渔业局、市民政局、市水利局、市林业局、市农开局、市农机局、市粮食局、市供销社）

12. 研发投入占GDP比重达到1.7%。（牵头领导：王开宇。责任单位：市科技局）

13. 居民消费价格指数保持在省控线以下。（牵头领导：曹永林。责任单位：市物价局）

14. 节能指标完成省下达任务。（牵头领导：徐家保。责任单位：市经信委）

15. 减排指标完成省下达任务，污染排放强度和总量实现“双下降”。（牵头领导：徐家保。责任单位：市环保局）

二、重点工作

（一）坚持产业强市战略，推动经济持续健康快速发展

16. 深化“企业服务年”活动，降低实体经济运营成本，加大指导帮扶力度，净增规模以上企业100家。（牵头领导：徐家保。牵头单位：市经信委。共同责任单位：市财政局、市人社局、市物价局、市金融办、市政务办）

17. 完成新医药公共服务平台展示服务区建设，筹建省医药健康产业基金连云港子基金，实施市级以上新医药科技项目5项。（牵头领导：徐家保。牵头单位：市经信委。共同责任单位：市科技局、市金融办、市药监局、市开发区、高新区）

18. 建成投产150万吨聚酰亚胺纤维纸生产线，加快建设干喷湿纺T800级高性能碳纤维千吨级生产

线，筹备组建高性能纤维与复合材料轻量化产业链公共服务平台，实施市级以上新材料科技项目10项。（牵头领导：徐家保。牵头单位：市经信委。共同责任单位：市科技局、市质监局、市开发区、高新区）

19. 加快突破核电装备、IGCC装备制造、智能制造等先进装备制造产业，实施市级以上科技项目10项，实现省首台套及关键零部件认定3个以上，海工装备产值达到140亿元。（牵头领导：徐家保。牵头单位：市经信委。共同责任单位：市发改委、市科技局、市海洋渔业局、各县区）

20. 推进石化产业基地规划尽快获得国家发改委批复，力争盛虹炼化一体化项目通过核准并具备开工建设条件。（牵头领导：曹永林。牵头单位：石化基地建设指挥部。共同责任单位：徐圩新区、市发改委、市环保局）

21. 加快推进钢铁基地建设，争取省级政策支持，积极与重点企业对接，承接钢铁产业转移。（牵头领导：徐家保。牵头单位：市经信委。共同责任单位：市发改委、徐圩新区）

22. 实施益海精细化工脂肪胺等技改项目，完成规模以上技改投资900亿元。（牵头领导：徐家保。牵头单位：市经信委。共同责任单位：市财政局、工业投资集团、各县区）

23. 积极推进两化融合，新增省级两化融合示范试点企业5家以上。（牵头领导：徐家保。责任单位：市经信委）

24. 开展质量提升行动，培育省级名牌产品50个以上，认定省著名商标30件以上，完成2项国家标准制定。（牵头领导：徐家保。牵头单位：市质监局。共同责任单位：市工商局）

25. 推进化工及污染企业整治，5家以上化工企业通过重组实现资源整合优化升级。（牵头领导：徐家保。牵头单位：市经信委。共同责任单位：市环保局、各县区）

26. 研究制定实施方案，开展“僵尸企业”排查，抓好兼并重组或依法破产，盘活土地、资金、装备等存量资产。（牵头领导：徐家保。牵头单位：市经信委。共同责任单位：市发改委、市人社局、市商务局、市国土局、市金融办、各县区）

27. 推动建筑企业提档升级，建筑业总产值达到780亿元。（牵头领导：尹哲强。牵头单位：市建设局。共同责任单位：城建控股集团、各县区）

28. 建成用好雅仕保鲜冷链物流基地、天马云仓物流配送中心等物流平台。（牵头领导：吴以桥。牵头单位：市商务局。共同责任单位：市发改委、海州区、市开发区）

29. 推动10家以上企业在“新三板”及区域性股权交易中心挂牌，实现社会融资规模530亿元。（牵头领导：曹永林。牵头单位：市金融办。共同责任单位：市发改委、人行连云港市中心支行、连云港银监分局、金融控股集团）

30. 新引进3家以上金融机构，推动互联网金融健康发展。（牵头领导：曹永林。牵头单位：市金融办。共同责任单位：人行连云港市中心支行、连云港银监分局）

31. 完善旅游公共服务体系，优化旅游市场环境，开发智慧旅游系统。（牵头领导：董春科。牵头单位：市旅游局。共同责任单位：各县区）

32. 创成花果山国家AAAAA级景区，启动花果山南侧大型综合游客服务区建设。（牵头领导：董春科。牵头单位：云台山景区。共同责任单位：市旅游局）

33. 开工建设海洋极地馆。（牵头领导：董春科。责任单位：连云区）

34. 加快秦山岛旅游项目开发建设。（牵头领导：董春科。牵头单位：赣榆区。共同责任单位：市

海洋渔业局）

35. 积极发展文化创意产业，加快推动星海湖文化创意产业园、连云港众创谷、西游记影视动漫城等文化园区建设。（牵头领导：董春科。牵头单位：市文广新局。共同责任单位：市广电台、报业传媒集团、高新区）

36. 稳定发展房地产业，商品房滚存库存可售面积去库存化周期下降5%，满足群众刚性和改善性住房需求。（牵头领导：尹哲强。牵头单位：市住房局。共同责任单位：市国土局、市物价局、各县区）

37. 市开发区建成金融大厦、连城新能源创新中小企业园等配套工程。（牵头领导：关永健。责任单位：市开发区）

38. 国家高新区加快建设具有区域影响力的公共检测中心、创新创业服务中心等载体平台。（牵头领导：王开宇。牵头单位：高新区。共同责任单位：市科技局、城建控股集团）

39. 加快推进海洋经济创新示范园区建设，争创2家省级园区。（牵头领导：吴以桥。牵头单位：市海洋渔业局。共同责任单位：市发改委、各县区）

40. 开展低效闲置土地清理，盘活存量土地13800亩，其中市区8300亩。（牵头领导：曹永林。牵头单位：市国土局。共同责任单位：各县区）

41. 大力实施国家电网和输变电工程，建设800千伏锡盟至泰州特高压直流工程，建成500千伏南翼输变电、田湾核电二期送出等10个110千伏及以上输变电工程。（牵头领导：徐家保。责任单位：连云港供电公司）

（二）融入“一带一路”建设，增创开放发展新优势

42. 开工建设30万吨级航道二期工程，建成徐圩港区东防波堤。（牵头领导：吴以桥。牵头单位：30万吨级航道建设指挥部。共同责任单位：市港口局、港口控股集团）

43. 开工建设30万吨级原油码头，建成连云港区旗台作业区2个液体散货泊位和赣榆港区防波堤二期工程。（牵头领导：吴以桥。责任单位：港口控股集团）

44. 推进连盐铁路上合组织物流园、徐圩港区、赣榆港区支线建设。（牵头领导：吴以桥。牵头单位：港口控股集团。共同责任单位：上合组织物流园、市铁路办）

45. 灌河航道整治工程基本建成通航，推进开通至淮安、扬州以及长江沿线主要港口的内河航线。（牵头领导：尹哲强。牵头单位：市交通局。共同责任单位：市港口局、灌云县、灌南县）

46. 稳定扩大“连新亚”“连新欧”运营规模，推动开行重庆等城市经连云港至日韩多式联运班列。（牵头领导：吴以桥。责任单位：港口控股集团）

47. 加快连盐、连淮扬镇、连青铁路建设。（牵头领导：尹哲强。牵头单位：市铁路办。共同责任单位：各县区）

48. 开工建设徐连高铁。（牵头领导：尹哲强。牵头单位：市铁路办。共同责任单位：东海县、海州区）

49. 实现204国道市区至灌南段路基贯通，加快推进345、235省道建设。（牵头领导：尹哲强。牵头单位：市交通局。共同责任单位：市国土局、交通控股集团、各县区）

50. 实现云宿路建成通车。（牵头领导：尹哲强。牵头单位：市交通局。共同责任单位：市水利局、交通控股集团、连云区）

51. 优化机场航线网络，推进新机场建设前期工作。（牵头领导：尹哲强。牵头单位：市民航站。共

同责任单位：市机场办、灌云县）

52. 对接融入江苏沿海地区一体化发展，编制实施“十三五”沿海开发规划。（牵头领导：曹永林。责任单位：市沿海办）

53. 持续推进沿海开发，60 个重大项目完成投资 350 亿元。（牵头领导：曹永林。牵头单位：市沿海办。共同责任单位：市发改委、各县区）

54. 建成运营中哈物流合作基地二期工程。（牵头领导：吴以桥。责任单位：港口控股集团）

55. 推进上合组织国际物流园和大宗商品交易中心建设。（牵头领导：吴以桥。牵头单位：上合组织物流园。共同责任单位：港口控股集团）

56. 实现东中西区域合作示范区资源集中采购中心一期投入运营，启动二期工程建设。（牵头领导：曹永林。责任单位：徐圩新区）

57. 确保综合保税区获批。（牵头领导：吴以桥。牵头单位：市口岸委。共同责任单位：连云港海关、市商务局、市开发区、徐圩新区）

58. 实现赣榆、徐圩港区正式开放、灌河港区临时开放。（牵头领导：吴以桥。牵头单位：市口岸委。共同责任单位：港口控股集团）

59. 举办第三届连博会。（牵头领导：吴以桥。牵头单位：连博会秘书处。共同责任单位：市贸促会、市经信委、市财政局、市商务局、市港口局、市外侨办、各县区）

60. 开工建设大陆桥国际执法安全合作培训研究中心和“连云港论坛”永久会址。（牵头领导：王永生。牵头单位：市公安局。共同责任单位：市发改委、市规划局、市国土局、连云区）

61. 复制自贸试验区经验，推广投资、贸易、金融和综合监管制度四项改革。（牵头领导：吴以桥。牵头单位：市商务局。共同责任单位：市发改委、市口岸委、市金融办、人行连云港市中心支行、连云港海关、出入境检验检疫局、边防检查站、港口控股集团）

62. 制定出台政策，支持连云港保税展示交易中心、大陆桥跨境电商产业园、东海水晶城发展跨境电子商务。（牵头领导：吴以桥。牵头单位：市商务局。共同责任单位：连云港海关、出入境检验检疫局、东海县、连云区、市开发区）

63. 完善开发园区考核机制，促进园区集中集聚集约发展。（牵头领导：吴以桥。牵头单位：市商务局。共同责任单位：市经信委、各县区）

64. 市县区镇联动，创新招商引资方式，加强产业链招商、专题招商和以商招商。（牵头领导：吴以桥。牵头单位：市商务局。共同责任单位：各县区）

（三）加快海滨城市建设，提升城市综合承载力

65. 新建文苑路等 30 条城市道路，改造秦东门大街西段、中华路等 20 条老城区道路，打通西盐河河滨路、凤鸣路等 10 条断头路。（牵头领导：尹哲强。牵头单位：市建设局。共同责任单位：市交通局、城建控股集团、交通控股集团、各区）

66. 更新新能源公交车辆 400 台，新辟优化调整公交线路 15 条。（牵头领导：尹哲强。牵头单位：市交通局。共同责任单位：交通控股集团）

67. 加快东港污水处理厂建设，提标改造大浦、墟沟污水处理厂。（牵头领导：尹哲强。牵头单位：市建设局。共同责任单位：连云区、市开发区、徐圩新区）

68. 完成海州水厂深度处理主体工程、蔷薇湖输水泵站工程及水污染防治工程。（牵头领导：尹哲强。牵头单位：市建设局。共同责任单位：市环保局、市水利局、市审计局、城建控股集团、农业发展集团、海州区）

69. 改造维修老旧管网 20 公里，新建各类管网 60 公里，完成绿园路等城区雨水管网整治。（牵头领导：尹哲强。牵头单位：市建设局。共同责任单位：各区）

70. 实施蔷薇河治理、东门五图河整治、猴嘴闸迁建等工程，完成石化产业基地除涝一期工程。（牵头领导：吴海云。牵头单位：市水利局。共同责任单位：东海县、灌云县、徐圩新区）

71. 启动实施地下综合管廊 10 公里先导工程。（牵头领导：尹哲强。牵头单位：市建设局。共同责任单位：市规划局、城建控股集团、各区）

72. 建成市餐厨废弃物处理厂，完善农村生活垃圾收运处置体系，所有镇区垃圾无害化处理率达 100%、农村达 80%。（牵头领导：尹哲强。牵头单位：市城管局。共同责任单位：各县区）

73. 实现科技创业城建成投用。（牵头领导：王开宇。牵头单位：高新区。共同责任单位：城建控股集团）

74. 实现万达广场建成投用。（牵头领导：尹哲强。责任单位：高新区）

75. 新增绿地 300 公顷，启动西凤凰山、凤凰湖公园建设，推进以玉带河为重点的河滨绿化、道路提升工程。（牵头领导：尹哲强。牵头单位：市建设局。共同责任单位：城建控股集团、各区）

76. 完成月牙岛、孔望山和桃花涧等景区改扩建，改造后云台山景观。（牵头领导：尹哲强。牵头单位：市建设局。共同责任单位：市旅游局、海州区、连云区）

77. 启动 15 平方公里海绵城市示范区建设。（牵头领导：尹哲强。牵头单位：市建设局。共同责任单位：市规划局、市住房局、城建控股集团、各区）

78. 实施白虎山批发市场、人民西路、德邦化工周边及猴嘴等片区旧城改造，完成房屋征收 200 万平方米。（牵头领导：尹哲强。牵头单位：市建设局。共同责任单位：市规划局、市国土局、市住房局、各县区）

79. 改造 70 个老旧小区。（牵头领导：尹哲强。牵头单位：市住房局。共同责任单位：各区）

80. 实施老城区 300 条 50 公里背街小巷整治工程。（牵头领导：尹哲强。牵头单位：市建设局。共同责任单位：各区）

81. 推进“多规合一”。（牵头领导：曹永林。牵头单位：市发改委。共同责任单位：市规划局、市建设局、市国土局、市环保局、各县区）

82. 科学谋划城市“成长坐标”，完成城市总规修编报审，编制城市地下管线、综合管廊、海绵城市示范区等专项规划，修编市区户外广告设置规划。（牵头领导：尹哲强。牵头单位：市规划局。共同责任单位：市建设局、市城管局、各区）

83. 建立地下管网信息系统、市区污水管网泵站联网监控管理系统、建筑工地实时监控系统等智慧信息平台。（牵头领导：尹哲强。牵头单位：市建设局。共同责任单位：市经信委、市环保局）

84. 建设智慧物业互联网综合服务管理信息平台，实现市、县区、街道数据共享。（牵头领导：尹哲强。牵头单位：市住房局。共同责任单位：各县区）

85. 开展城市环境综合整治行动，建立禁违控违长效机制，深化市容环境秩序扁平化、网格化管理。（牵头领导：尹哲强。牵头单位：市城管局。共同责任单位：市数字化城管监督指挥中心、各区）

86. 建立健全道路积尘防治机制，开征城市施工工地扬尘排污费。（牵头领导：尹哲强。牵头单位：市城管局。共同责任单位：市公安局、市建设局、市环保局、市物价局、各县区）

87. 推进城市供水、供热体制改革，探索环卫作业市场化。（牵头领导：尹哲强。牵头单位：市建设局。共同责任单位：市财政局、市国资委、市城管局、城建控股集团）

88. 落实职能部门和属地管理责任，提升物业管理综合服务水平。（牵头领导：尹哲强。牵头单位：市住房局。共同责任单位：市物价局、各县区）

（四）深入推进改革创新，激发整体发展活力

89. 探索“容缺预审”“限时补报”项目审批制度，实施“联合审图”“多评合一”等便企措施。（牵头领导：曹永林。牵头单位：市审改办。共同责任单位：市政务办）

90. 推进户籍服务改革，简化审批程序，缩短审批时限，减少审批项目，实现全市范围内城镇间户口通迁。（牵头领导：王永生。责任单位：市公安局）

91. 优化公积金办理流程，开展提取实时支付业务，实现公积金归集 32 亿元，覆盖面达到 69%，新增缴存职工 2.5 万人。（牵头领导：尹哲强。责任单位：市公积金中心）

92. 实施新一轮市、区财政管理体制改革，理顺财力分配关系，健全政府全口径预算管理体系。（牵头领导：曹永林。牵头单位：市财政局。共同责任单位：市国资委、市国土局、市人社局、各区）

93. 争取跨境人民币创新试点政策获批实施。（牵头领导：曹永林。牵头单位：人行连云港市中心支行。共同责任单位：市金融办、港口控股集团、徐圩新区）

94. 优化调整国有资本布局，深化薪酬制度改革，健全运营监督机制和风险管控体系，完善法人治理结构和现代企业制度。（牵头领导：曹永林。牵头单位：市国资委。共同责任单位：市财政局、市人社局、市审计局、市金融办）

95. 推进农村综合改革，完成农村承包土地和小型水利工程确权登记颁证工作，启动第二批经济强镇行政管理体制改革试点，深化供销合作社综合改革。（牵头领导：吴海云。牵头单位：市委农工办。共同责任单位：市编办、市国土局、市水利局、市供销社、各县区）

96. 加快文化体制改革，完善国有文化企业治理结构和运营机制。（牵头领导：董春科。牵头单位：市文改办。共同责任单位：市文广新局、市财政局、市国资委）

97. 推进旅游改革创新先行区建设，完善管理经营体制机制，整合旅游资源，组建旅游发展控股集团。（牵头领导：董春科。牵头单位：市旅游局。共同责任单位：市编办、市国资委、各县区）

98. 推进城市公立医院改革，加快分级诊疗制度建设。（牵头领导：董春科。牵头单位：市卫计委。共同责任单位：市编办、市财政局、市人社局、市物价局、各县区）

99. 实施机关事业单位养老保险制度改革。（牵头领导：曹永林。牵头单位：市人社局。共同责任单位：市财政局）

100. 实施科技企业培育“十百千”工程，高新技术企业总数突破 200 家。（牵头领导：王开宇。牵头单位：市科技局。共同责任单位：市财政局、市国税局、连云港地税局）

101. 推广科技金融服务产品，引导金融机构向科技型中小企业发放“苏科贷”贷款 1.5 亿元以上。（牵头领导：王开宇。牵头单位：市科技局。共同责任单位：市财政局、市金融办）

102. 新增省级以上企业研发机构 20 个。（牵头领导：王开宇。牵头单位：市科技局。共同责任单位：市发改委、市经信委）

103. 建设共性技术研发及公共服务平台 10 个，推动科研基础设施和大型科研仪器开放。（牵头领导：

王开宇。牵头单位：市科技局。共同责任单位：市经信委、市人社局）

104. 组织实施重大科技创新与成果转化项目 50 项，开发高新技术产品 200 项。（牵头领导：王开宇。责任单位：市科技局）

105. 开展产学研对接活动，帮助企业对接技术需求 200 项以上，建成国家科技领军人才创新驱动中心（连云港）产业创新工作站。（牵头领导：王开宇。牵头单位：市科技局。共同责任单位：市人才办、各县区）

106. 加大对国家级高新区支持力度，鼓励整合用好现有资源，大力引进对接外部创新资源。（牵头领导：王开宇。牵头单位：高新区。共同责任单位：市编办、市财政局、市科技局）

107. 实施更加积极的创新人才政策，引进各类高端人才 500 名以上，提供人才安置房 100 套以上。（牵头领导：曹永林。牵头单位：市人社局。共同责任单位：市科技局、市住房局）

108. 推进知识产权试点城市建设，培育知识产权优势企业 10 家，授权专利 4000 件以上。（牵头领导：王开宇。牵头单位：市科技局。共同责任单位：各县区）

109. 推广创客空间、创新工场等新型孵化模式，发展众创空间 5 个以上，新增市级创业示范基地 10 个、省级创业示范基地 1 个。（牵头领导：曹永林。责任单位：市人社局）

110. 深化“三证合一、一照一码”商事制度改革。（牵头领导：曹永林。牵头单位：市审改办。共同责任单位：市政务办、市工商局、市质监局、市国税局、连云港地税局）

111. 推进环保监测监察执法垂直管理。（牵头领导：徐家保。牵头单位：市环保局。共同责任单位：市编办、市法制办）

112. 完成海洋与渔业综合执法体制改革试点。（牵头领导：吴以桥。牵头单位：市海洋渔业局。共同责任单位：市编办、市法制办）

（五）扎实做好“三农”工作，推进农业农村现代化

113. 开展永久基本农田划定，全面推进粮食高产增效创建，建设万亩示范片 90 个。（牵头领导：吴海云。牵头单位：市农委。共同责任单位：市委农工办、市国土局、市水利局、市农开局、各县区）

114. 推进农业结构调整，发展适度规模经营，新增土地流转 10 万亩、设施农（渔）业 7 万亩，生猪规模养殖比重达到 65%。（牵头领导：吴海云。牵头单位：市委农工办。共同责任单位：市农委、市海洋渔业局、市农开局、各县区）

115. 壮大新型农业经营主体，提高家庭农场发展质量，强化农民合作社规范管理，新增销售超亿元龙头企业 5 个。（牵头领导：吴海云。牵头单位：市委农工办。共同责任单位：市农委、市海洋渔业局、市农开局、市工商局、市供销社、各县区）

116. 提升园区主导产业和综合配套，建成全产业链现代农业园区 5 个。（牵头领导：吴海云。牵头单位：市农委。共同责任单位：市海洋渔业局、各县区）

117. 全面落实支农政策，建立农业融资担保体系，健全政银农合作长效机制，涉农贷款增长 10%。（牵头领导：吴海云。牵头单位：市委农工办。共同责任单位：市经信委、市财政局、市金融办、人行连云港市中心支行、各县区）

118. 加快建设国家农业科技园区，加强与江苏农职院等高校科研院所合作，新培育职业农民 3 万人、科技示范户 1 万户。（牵头领导：吴海云。牵头单位：市农委。共同责任单位：市人社局、市科技局、市海洋渔业局、市科协、市供销社、各县区）

119. 加强"一带一路"农业国际合作示范区建设，推进东海中澳肉牛、灌云丹育种猪等 50 个重点项目。（牵头领导：吴海云。牵头单位：市农委。共同责任单位：市商务局、连云港出入境检验检疫局、各县区）

120. 开展"电子商务进农村"，建设农产品电商示范村 50 个，农业电商交易额达到 20 亿元。（牵头领导：吴海云。牵头单位：市农委。共同责任单位：市商务局、市供销社、各县区）

121. 开展农业休闲观光旅游示范村创建，建成市级乡村旅游示范点 20 个，乡村旅游收入达到 30 亿元。（牵头领导：吴海云。牵头单位：市农委。共同责任单位：市旅游局、市海洋渔业局、市农开局、市林业局、各县区）

122. 启动创建国家农产品质量安全市，争创国家地理标志保护产品，新增无公害、绿色、有机农产品 100 个。（牵头领导：吴海云。牵头单位：市农委。共同责任单位：市海洋渔业局、市质监局、市工商局、各县区）

123. 实施新一轮农田水利建设年，新增旱涝保收田 15.5 万亩、高标准农田 7.5 万亩，疏浚整治县乡河道 88 条、村庄河塘 1592 个。（牵头领导：吴海云。牵头单位：市水利局。共同责任单位：市国土局、市农开局、各县区）

124. 新改建畜禽、水产养殖标准化示范场 20 个，完成标准化池塘改造 2 万亩。（牵头领导：吴海云。牵头单位：市农委。共同责任单位：市质监局、市海洋渔业局、各县区）

125. 建设运行市级农业信息大数据中心，建成农业物联网应用示范点 10 个。（牵头领导：吴海云。责任单位：市农委）

126. 建成高公岛渔港，新增远洋渔船 10 艘。（牵头领导：吴海云。牵头单位：市海洋渔业局。共同责任单位：赣榆区、连云区）

127. 秸秆机械化还田率保持 50% 以上，水稻机械化种植水平达到 80%。（牵头领导：吴海云。责任单位：市农机局）

128. 新增适度规模经营农机合作社 30 家，新建储粮仓容 8 万吨。（牵头领导：吴海云。牵头单位：市农机局。共同责任单位：市粮食局）

129. 加强放心农资诚信经营体系建设，开展农业社会化服务，发展放心农资直供专营店 80 家、农田托管服务组织 6 家。（牵头领导：吴海云。牵头单位：市供销社。共同责任单位：各县区）

130. 完善城乡发展一体化规划体制，完成 59 个乡镇、16 个涉农街道优化镇村布局规划。（牵头领导：曹永林。牵头单位：市发改委。共同责任单位：市委农工办、市规划局、各县区）

131. 有序推进农业转移人口市民化，构建成本科学分担机制，维护进城落户农民的土地承包权、宅基地使用权和集体收益分配权。（牵头领导：吴海云。牵头单位：市委农工办。共同责任单位：市公安局、市国土局、市住房局、各县区）

132. 全面推广"六位一体"农村环境长效管护机制，新改建农村卫生户厕 3.5 万户。（牵头领导：尹哲强。牵头单位：市建设局。共同责任单位：市委农工办、市卫计委、各县区）

133. 开展"美丽乡村"创建活动，建成示范片区 6 个。（牵头领导：吴海云。牵头单位：市委农工办。共同责任单位：市规划局、市建设局、各县区）

134. 新改建农村公路 300 公里，改造桥梁 30 座，镇村公交开通率达 50%。（牵头领导：尹哲强。牵头单位：市交通局。共同责任单位：各县区）

135. 全面解决剩余 24 万农村人口饮水问题。（牵头领导：吴海云。牵头单位：市水利局。共同责任单位：各县区）

（六）加强生态文明建设，打造山青水美好家园

136. 完成战略环评报告。（牵头领导：徐家保。牵头单位：市环保局。共同责任单位：市发改委、市经信委、市规划局、市国土局）

137. 开展低碳城市试点，推广应用清洁生产先进适用工艺技术，完善一企一档环境管理制度，引导企业发展循环经济项目。（牵头领导：曹永林。牵头单位：市发改委。共同责任单位：市经信委、市环保局、各区）

138. 建立能效在线监测平台，完成重点节能改造项目 30 个，力争节约 15 万吨标准煤。（牵头领导：徐家保。牵头单位：市经信委。共同责任单位：各县区）

139. 加强工地监管、道路保洁和渣土车辆管理。（牵头领导：尹哲强。牵头单位：市城管局。共同责任单位：市公安局、市建设局）

140. 开展废气排放企业专项整治，实施企业脱硫脱硝和除尘设施提标改造。（牵头领导：徐家保。牵头单位：市环保局。共同责任单位：市经信委、各区）

141. 加强城区重污染企业整治，确保碱厂、德邦化工等重点企业搬迁取得实质性进展。（牵头领导：徐家保。牵头单位：市经信委。共同责任单位：市环保局、市安监局、各区）

142. 强化秸秆禁烧和综合利用，巩固常态化管理机制。（牵头领导：徐家保。牵头单位：市综禁办。共同责任单位：市环保局、市农委、市农机局、市审计局、各县区）

143. 实施大浦河、排淡河等河道清淤疏浚，清除城市河道黑臭水体，开展蔷薇河上游污染综合整治。（牵头领导：尹哲强。牵头单位：市建设局。共同责任单位：市水利局、市环保局、市农委、各县区）

144. 全面实施水环境区域补偿，确保水质断面考核良好。（牵头领导：徐家保。牵头单位：市环保局。共同责任单位：市财政局、各县区）

145. 深入推进化工园区专项整治。（牵头领导：徐家保。牵头单位：市经信委。共同责任单位：市环保局、各县区）

146. 市开发区建成国家生态工业示范园区，海州、连云建成国家级生态区，灌云、灌南建成省级生态县。（牵头领导：徐家保。牵头单位：市生态办。共同责任单位：市环保局、各县区）

147. 严厉惩治私采滥挖行为，加强废弃塘口整治复绿，完成黄草沟和东疏港路堑整治主体工程。（牵头领导：曹永林。牵头单位：市国土局。共同责任单位：各县区）

148. 开展最严格水资源管理考核，严格落实生态红线制度，确保耕地保有量不低于 573 万亩，基本农田保护面积不低于 504 万亩。（牵头领导：曹永林。牵头单位：市国土局。共同责任单位：市环保局、市水利局、各县区）

149. 加强临洪河口湿地等生态保护，启动花果山国家森林公园创建。（牵头领导：吴海云。牵头单位：市林业局。共同责任单位：市水利局、市环保局、云台山景区）

150. 推进国家级海洋牧场示范区建设。（牵头领导：吴海云。牵头单位：赣榆区。共同责任单位：市海洋渔业局）

151. 新增造林 8 万亩，林木覆盖率达到 29.4%，创成全国绿化模范城市。（牵头领导：吴海云。牵头单位：

市林业局。共同责任单位：市建设局、市交通局、市住房局、市水利局、市农开局、各县区）

152. 完成秦山岛生态整治修复示范项目，创建国家级海洋生态文明示范区，建设海洋环境在线监测系统。（牵头领导：吴以桥。牵头单位：市海洋渔业局。共同责任单位：市环保局、各县区）

（七）持续推动民生改善，提高人民群众幸福感

153. 新培育私营企业1万户、个体工商户2万户，新增城镇就业5万人、转移农村劳动力2.5万人。（牵头领导：曹永林。牵头单位：市人社局。共同责任单位：市委农工办、市经信委、市工商局）

154. 实施大学生就业促进计划，引领大学生创业1000人。（牵头领导：曹永林。牵头单位：市人社局。共同责任单位：各县区）

155. 推进企业建立和完善工资集体协商制度，稳步提高城镇职工工资性收入。（牵头领导：曹永林。牵头单位：市人社局。共同责任单位：市总工会、市工商局、市工商联）

156. 探索建立村级增收长效机制，拓宽农民持续增收渠道。（牵头领导：吴海云。牵头单位：市委农工办。共同责任单位：市农委、各县区）

157. 启动实施新一轮脱贫致富奔小康工程，加大集中连片贫困地区帮扶力度，实现40个经济薄弱村、12万低收入人口高标准脱贫。（牵头领导：吴海云。牵头单位：市扶贫办。共同责任单位：市发改委、市交通局、市水利局、市农开局、各县区）

158. 实施全民参保计划，城镇职工“五险”平均新增参保人员1.2万人以上，新增被征地农民100%刚性进保。（牵头领导：曹永林。牵头单位：市人社局。共同责任单位：市国土局）

159. 完善城乡医疗保险政策，稳定住院费用报销比例。（牵头领导：曹永林。牵头单位：市人社局。共同责任单位：市卫计委、市审计局）

160. 完善养老服务体系，推进医养融合，养老床位总数达到每千名老人35张。（牵头领导：董春科。牵头单位：市民政局。共同责任单位：市老龄办）

161. 推进保障性安居工程建设，建成公租房1400套。（牵头领导：尹哲强。牵头单位：市住房局。共同责任单位：市物价局、城建控股集团、各县区）

162. 统筹城乡低保、医疗救助、应急救助、慈善救助等政策，建立政策衔接、制度整合、机制完善的救助体系。（牵头领导：董春科。牵头单位：市民政局。共同责任单位：市财政局、市卫计委、市总工会、各县区）

163. 实施农村留守儿童关爱工程。（牵头领导：王开宇。牵头单位：市妇儿工委办。共同责任单位：市民政局、市教育局、各县区）

164. 改造中小学校舍30万平方米，新建幼儿园18所。（牵头领导：董春科。牵头单位：市教育局。共同责任单位：市住房局、各县区）

165. 海州主城区新改扩建中小学校5所，海州高级中学、苍梧小学西校区建成使用。（牵头领导：董春科。牵头单位：海州区。共同责任单位：市教育局、城建控股集团）

166. 改善提升县乡办学条件，农村学校国家信息化达标率提高到80%。（牵头领导：董春科。牵头单位：市教育局。共同责任单位：各县区）

167. 强化教师队伍尤其是农村教师队伍建设，培育农村骨干教师550名。（牵头领导：董春科。牵头单位：市教育局。共同责任单位：各县区）

168. 完善现代职业教育体系，创建省职业学校现代化专业群 3 个。（牵头领导：董春科。责任单位：市教育局）

169. 推进现代医疗卫生体系建设，新增省级示范卫生院（中心）6 个、卫生室（站）14 个，赣榆区人民医院创成三级乙等医院。（牵头领导：董春科。牵头单位：市卫计委。共同责任单位：各县区）

170. 建成市一院新海院区、市妇幼保健院新院区门诊楼，开工建设市康复医院新院区。（牵头领导：董春科。牵头单位：市卫计委。共同责任单位：市民政局、城建控股集团、高新区）

171. 依法实施全面两孩政策。（牵头领导：董春科。责任单位：市卫计委）

172. 推进文艺精品生产，加强公共文化服务标准化建设，基本建成文化艺术城。（牵头领导：董春科。牵头单位：市文广新局。共同责任单位：高新区、城建控股集团）

173. 建成投用档案馆新馆。（牵头领导：吴海云。牵头单位：城建控股集团。共同责任单位：市档案局）

174. 推进省公共体育服务体系示范区创建，加快全民健身中心建设，提升体育设施运营管理水平，培育健康活动社会性组织，打造健康连云港。（牵头领导：董春科。牵头单位：市体育局。共同责任单位：各县区）

175. 加强全媒体城市综合信息平台建设，完善 APP 社会服务功能。（牵头领导：董春科。牵头单位：市广电台。共同责任单位：市政府新闻办、市信息中心）

176. 推广全民阅读活动，实施全民科学素质提升行动。（牵头领导：董春科。牵头单位：市文明办。共同责任单位：市科协、市文广新局）

177. 推进多层次多领域依法治理，拓展和规范法律服务，启动“七五”普法，提高社会依法自治水平。（牵头领导：王永生。牵头单位：市司法局。共同责任单位：市依法治市办、市法制办、市民政局、市总工会、市妇联）

178. 深入推进“三社联动”，乡镇（街道）“政社互动”运行机制覆盖率达 90%，县区、乡镇（街道）社会组织孵化基地建设率分别达 100%、20%。（牵头领导：董春科。牵头单位：市民政局。共同责任单位：各县区）

179. 加强食品药品市场监管，食品抽检率达到 3 批次 / 千人，药品和医疗器械不良反应监测报告达到 600 篇 / 百万人。（牵头领导：徐家保。牵头单位：市药监局。共同责任单位：各县区）

180. 扎实推进重大安全隐患整改，确保实现安全生产事故起数和死亡人数“双下降”。（牵头领导：徐家保。牵头单位：市安监局。共同责任单位：各县区）

181. 优化应急联动和防灾减灾救灾机制。（牵头领导：匡中远。牵头单位：市政府办公室。共同责任单位：市民政局、市安监局、市卫计委、市公安局、市地震局）

182. 深化平安港城建设，加强现代信息科技运用，强化基层基础建设，创新完善立体化社会治安防控体系。（牵头领导：王永生。牵头单位：市公安局。共同责任单位：市发改委、市财政局、市规划局、各县区）

183. 畅通信访渠道，加强信访矛盾源头防范，实现信访总量下降 5% 以上，信访事项办理群众满意率 80% 以上。（牵头领导：王永生。牵头单位：市信访局。共同责任单位：市综治办、各县区）

184. 提升政府热线服务水平，群众有效诉求处理回复率达到 100%。（牵头领导：尹哲强。牵头单位：市数字化城管监督指挥中心。共同责任单位：市公安局、市建设局、市住房局、市交通局、市城管局、各区）

（八）加强政府自身建设，不断提升政府履职能力

185. 推动更多公共资源向民生倾斜，建立更加完善的公共服务体系。（牵头领导：匡中远。责任单位：市政府办公室）

186. 深入基层、企业、群众，准确把握基层呼声、企业需求、群众期盼，做到问政于民、问需于民、问计于民。（牵头领导：匡中远。责任单位：市政府办公室）

187. 畅通政府与公众互动渠道，办好“连云港发布”，让政府工作由群众评判，实现对上负责和对下负责统一。（牵头领导：匡中远。牵头单位：市政府办公室。共同责任单位：市信访局、市政府新闻办、市数字化城管监督指挥中心、市信息中心、报业传媒集团）

188. 坚持简政放权、放管结合、优化服务，深入推进行政审批制度改革和政府职能转变。（牵头领导：曹永林。牵头单位：市审改办。共同责任单位：市编办、市政务办、市法制办）

189. 发挥市、区（县）两级积极性，推动形成权责一致、分工合理、决策科学、执行顺畅、监督有力的行政管理体制。（牵头领导：匡中远。牵头单位：市编办。共同责任单位：市法制办）

190. 切实提高各级政府部门办事效率，有效解决群众、企业反映的突出问题。（牵头领导：匡中远。牵头单位：市政府办公室。共同责任单位：市督查办、市监察局、市作风办）

191. 推进依法行政，完善政府法律顾问制度，做好政府立法工作。（牵头领导：曹永林。牵头单位：市法制办。共同责任单位：市政府办公室、市司法局、市行政学院）

192. 开展重大决策举措第三方评估。（牵头领导：匡中远。责任单位：市政府研究室）

193. 严格规范公正文明执法，推进综合执法，全面落实行政执法责任制。（牵头领导：曹永林。牵头单位：市法制办。共同责任单位：市编办、各县区）

194. 加快政府诚信建设，定下的民生实事说到做到，对企业的承诺严格兑现。（牵头领导：匡中远。牵头单位：市政府办公室。共同责任单位：市经信委、市商务局、市物价局）

195. 自觉接受人大及其常委会工作监督、法律监督和人民政协民主监督，高度重视舆论监督。（牵头领导：匡中远。责任单位：市政府办公室）

196. 扎实推进惩治和预防腐败体系建设，认真落实党风廉政建设责任制，强化“一岗双责”，坚决纠正“四风”。（牵头领导：匡中远。牵头单位：市监察局。共同责任单位：市审计局）

197. 遵守八项规定和“约法三章”，严格规范“三公”经费等一般性支出。（牵头领导：匡中远。牵头单位：市政府办公室。共同责任单位：市发改委、市监察局、市财政局、市审计局、市机关事务管理局、市接待办、市外侨办、市台办）

198. 加强政府内部权力制约，做好审计监督、行政监察。（牵头领导：匡中远。牵头单位：市监察局。共同责任单位：市法制办、市审计局）

199. 严肃查处各类违法违纪案件，着力解决损害群众利益的突出问题。（牵头领导：匡中远。责任单位：市监察局）

200. 加强党风廉政教育，实现干部清正、政府清廉、政治清明。（牵头领导：匡中远。牵头单位：市监察局。共同责任单位：市行政学院）

市政府关于加强食品安全工作的意见

连政发〔2016〕14号

各县、区人民政府，市各委办局，市各直属单位：

为适应全市食品安全监管体制改革新形势，统筹规划全市食品安全各项工作，切实保障人民群众饮食安全，根据《中华人民共和国食品安全法》《中华人民共和国农产品质量安全法》《中华人民共和国产品质量法》等法律法规，结合连云港实际，制定以下意见：

一、指导思想

认真贯彻落实国务院、省政府的工作要求，以保障公众饮食安全、促进经济社会和谐协调发展为出发点，按照“最严谨的标准、最严格的监管、最严厉的处罚、最严肃的问责”和建立健全“从农田到餐桌”的食品安全追溯体系要求，以创建省级食品安全城市为平台，以“统筹推进、落实责任、分工协作、强化保障、社会共治”为主要方法，不断提高依法监管、科学监管、全程监管的能力，扎实推动全市食品安全监管水平稳步提升，促进全市食品产业健康有序发展。

二、总体目标

力争通过三年左右时间的努力，建立健全全市食品安全责任体系、全程治理体系、保障支撑体系、预警应急体系和社会共治体系，基层装备水平达到国家标准，年度日常监管专项经费不低于2元/人，食品抽验率达到4份/千人，食品安全风险监测覆盖率达85%以上。食品安全实现协管员乡镇（街道）全覆盖、信息员行政村（居委会）全覆盖，获证餐饮服务单位量化分级总体评定率达90%以上，食品生产经营秩序不断好转，食品生产经营者责任意识进一步增强，制售假冒伪劣和有毒有害食品的违法行为得到有效遏制，监管队伍业务能力不断提高，检验检测支撑能力显著提升，消费者食品安全意识、防范意识和维权意识明显增强，人民群众对食品安全放心满意度明显提高，市县区达到省级食品安全城市要求。

三、重点工作

（一）食品安全责任体系

1. 市政府统一领导、组织、协调全市食品安全工作。将食品安全工作列入政府社会发展规划和政府绩效考核，建立健全食品安全工作责任和行政责任追究制度。市食品安全委员会在市政府的领导下具体组织、协调、指导和检查全市食品安全监督管理工作。市食品安全委员会办公室承担市食品安全委员会的日常工作，协调落实和督促检查市政府和市食品安全委员会各项决定的执行情况，具体组织对县区食品安全考核评价工作，对先进单位和个人进行表彰、奖励。

2. 县区政府对本行政区域内的食品安全负总责，统一领导、组织、协调本行政区域食品安全工作。定期研究食品安全工作，全面评估食品安全形势和重大食品安全风险，及时协调解决食品安全工作中的重大问题，确保辖区食品安全监管有责、有岗、有人、有手段。县区食品安全委员会及其办公室在县区政府的领导下具体负责组织、协调、指挥和检查本地食品安全工作，负责制定本行政区域的食品安全工作计划并组织实施；建立健全食品安全工作责任制和责任追究制，督查指导考评乡镇（街道）和部门食品安全工作情况；组织协调本行政区域内重大食品安全事故和突发食品安全事件的应急处置工作。

3. 乡镇（街道）负责领导、组织、协调本辖区内的食品安全工作。履行食品安全统筹协调、宣传教育科普、隐患排查、信息报告、协助执法、应急处置等职责。设立食品安全办公室，明确至少1名乡镇（街道）负责人具体负责食品安全工作和至少1名专职工作人员，人口超过5万或辖区内食品生产经营单位多、隐患排查和协助执法、监管任务较重的乡镇（街道），必须配备至少2名专职工作人员。建立健全食品安全协管员、信息员队伍，协管员乡镇（街道）全覆盖，信息员行政村（居委会）全覆盖。定期组织开展辖区内食品安全风险隐患排查，及时发现非法生产、销售、存储、运输食品等违法行为，并按要求报告相关监管部门。

4. 各食品安全监管部门按照《食品安全法》和市政府规定的职责分工，认真履行食品安全工作职责。在市食安委的统一领导下，建立健全跨部门、跨地区食品安全信息通报、联合执法、隐患排查、事故处置等协调联动机制，有效整合各类资源，实施全程监管；加强对基层的业务指导、人员培训；组织全市食品安全专项整治；建立健全全市统一的食品投诉举报系统，及时处理各类食品举报投诉；按照有关规定及时将食品安全风险信息向上级主管部门和本级人民政府报告。

5. 各食品行业主管部门要按照“管行业必须管食品安全”的原则，切实履行对所管辖行业、下属单位的食品安全工作管理职责，指导从事食品生产经营单位落实主体责任；督促生产经营单位依法取得食品生产经营许可，并持续保持许可的法定要求和条件，配合食品安全监管部门开展监督执法工作；督促建立信用体系，建立与信用等级相挂钩的行业奖励扶持政策；指导建立健全食品安全事故的应急处理机制，参与食品安全突发事件的应急处置和事故的调查处理；主动与食品安全监管部门建立协调配合机制，及时通报相关信息，形成监管合力。

6、食品生产经营企业法定代表人或主要负责人是食品安全的第一责任人，对食品安全负主体责任，必须严格按照法律法规和食品安全标准从事生产经营活动；建立健全并严格落实进货查验、过程控制、出厂检验、索证验票、购销台账记录、问题食品召回及下架退市等各项管理制度；加强对从业人员的岗前、岗中培训，配备专、兼职食品安全管理员，不断提升其食品安全意识和管理水平；按要求配备食品安全设施，强化食品安全防范措施，及时消除风险隐患；规模食品生产经营企业应制定食品安全突发事件应急预案，提高食品应急处置和事故防范能力。

（二）食品安全全程治理体系

7. 加强食用农产品质量安全监管。建立健全食用农产品（含林产品、水产品，以下简称农产品）质量安全监管体系，严把农产品质量安全“源头关”。根据机构改革以及《国务院办公厅关于加强农产品质量安全监管工作的通知》（国办发〔2013〕106号）和《关于加强食用农产品质量安全监督管理工作的意见》（农质发〔2014〕14号）要求，严格落实食用农产品监管职责。对于现行法律法规尚未完全明确的监管职责和事项，各级政府要因地制宜明确监管部门，避免出现监管漏洞和盲区。完善并落实农业投入品监管、产地环境管理、种植养殖过程控制、包装标识、食用动物及其产品检验检疫等制度规范。加强农业投入品监控，严厉打击使用禁限用高毒农药、非法添加和违规使用抗生素等违法犯罪行为。开展农产品产地情况调查和评估，实施产地环境安全分级管理制度，积极推广标准化生产，强化过程控制，建立健全农产品生产档案。落实畜禽屠宰环节质量安全监管职责，强化畜禽屠宰厂（场）的质量安全主体责任，督促其落实进厂（场）检查登记、检验等制度，严格巡查抽检，坚决杜绝屠宰病死动物、注水等行为；切实做好畜禽屠宰检疫工作，加强对畜禽防疫条件的动态监管，健全病死畜禽无害化处理的长效机制，严格执行畜牧兽医行政执法有关规定，严厉打击私屠滥宰等违法违规行为。加强现代物流体系建设，提高农产品储存、运输、流通的质量安全控制水平。

8. 建立健全食用农产品质量产地准出与市场准入衔接机制。按农业部和国家食品药品监管总局的统一要求，共同建立以食用农产品质量安全合格为核心内容的产地准出管理与市场准入管理衔接机制。市农委根据食用农产品市场准入管理制度的要求，指导食用农产品生产者落实与食用农产品市场准入制度相衔接的产地准出管理。市食品药品监管局按照保障食用农产品消费安全的要求，建立食用农产品市场准入管理制度，并监督食用农产品市场开办者严格落实食用农产品市场准入管理要求。

9. 加快建立食用农产品质量追溯体系。农业部门可在“菜篮子”产品主产区推动农业产业化龙头企业、农民专业合作社、家庭农场开展质量追溯试点，优先将生猪和“三品一标”（无公害农产品、绿色食品、有机农产品和农产品地理标志）食用农产品纳入追溯试点范围，推动食用农产品从生产到进入批发、零售市场或生产加工企业前的环节可追溯；食品药品监管部门要积极配合农业部门推进食用农产品质量安全追溯体系的建设，并通过监督食用农产品经营者建立并严格落实进货查验和查验记录制度，做好与农业部门建设的食用农产品质量安全追溯体系的有机衔接。逐步实现食用农产品生产、收购、销售、消费全链条可追溯。农业和食品药品监管部门要定期和不定期互换监管中的相关信息，实现食用农产品质量安全监管信息、风险评估结果、农产品质量安全监管统计数据和检验检测资源共享，密切行政执法的协调与协作，通报违法案件信息，加强应急管理和突发事件应急处置合作，建立高效的合作会商机制。

10. 加强食品生产质量安全监管。建立健全食品生产质量安全监管体系，筑牢食品质量安全“出厂关”。严格食品生产许可，推进落实企业质量安全主体责任自查制度，提升企业内部质量安全管理自检自控水平。强化小作坊监管，结合我市实际，通过改造提升和打击清除并举，切实规范小作坊生产，积极引导业态转型升级，坚决取缔“黑作坊”和“黑工厂”。严格监督和规范食品添加剂和食品用包装、容器、工具等相关产品生产行为，严厉打击生产环节非法添加、使用非食用物质、超范围超限量使用食品添加剂等违法行为。

11. 加强食品流通质量安全监管。建立健全食品入市、交易、退市监管体系，以经营者自律自查为基础，依据企业规模、管理水平和食品安全信用记录等因素，实施信用分类和风险分级管理。加强流通环节食品溯源体系建设，强化对食品总经销、总代理、一级批发企业和大型商超等食品经营主体的进货查验、索证索票和销售记录的监管，提高溯源能力和应急处置效率。加强流通环节风险防控，围绕重点时段、重点场所和重点品种，开展针对性的专项治理。严格落实食品交易场所开办者责任，强化食用农产品入市后的监管。深入开展流通环节“食品安全示范店”创建活动，发挥示范引领作用，规范食品经营过程管理，全面提升食品经营质量管理规范化水平。

12. 加强餐饮服务食品安全监管。建立健全餐饮服务全程监管体系，把牢餐饮食品质量安全“入口关”。大力发展特色餐饮街、特色餐饮区、连锁餐饮店，形成布局合理、资源节约、功能完善、特色明显的现代餐饮产业集群。在继续推行量化分级管理的基础上，实施分层分级管理。对于量化分级较高的小餐饮逐步引导其向法人化、规模化发展，提高规范化水平；对于量化分级级别较低的小餐饮，进一步强化准入与日常监管，逐步净化餐饮市场主体。推行餐饮服务食品安全操作规范，加快建立监督抽检、快速检测筛查模式，严防群体性食物中毒事故发生。建立专业监管与社会监管相结合的网格化监管体系，落实网格责任制，形成监管高压态势。创新监管手段，加强源头控制，建设餐饮原料溯源系统，推进透明厨房建设，实现现场制作加工全过程公开。

13. 加强保健食品质量安全监管。建立健全保健食品质量安全监管体系，严把保健食品质量安全“准入关”。监督企业严格按照良好生产规范要求组织生产，全面落实质量安全管理标准规定和主体责任。掌握流通环节保健食品主要种类品种，落实索证索票和进货查验制度，督促企业建立健全质量安全追溯和退出制度。建立健全“一户一档”监管档案，实施分类监管和信用监管。对社会反映强烈、违法宣传涉及较多的保健食品开展专项整治。严肃查处假冒伪劣、非法添加和虚假宣传等违法犯罪行为。

14. 加强进出口食品质量安全监管。建立健全进出口食品质量安全监管体系，把好进出口食品“国门关”。全面落实进口食品收货人备案、销售记录、标签检验、风险信息预警和溯源召回等制度，确保进口食品流向清晰，并强化后续监管。加强对进出口高风险食品的疫病疫情、微生物、药物残留、添加剂、非食用添加物质和重金属监控。坚决查堵和严厉打击疫区产品非法入境行为。

15. 加强全过程违法犯罪行为打击。坚持标本兼治、着力治本、主动出击，继续深化食品安全治理整顿，加大严惩重处力度，切实解决食品安全突出问题，坚决遏制食品安全违法行为多发态势。加强行政执法和刑事司法的衔接，强化联合执法，完善涉嫌犯罪线索或案件的移送程序，坚决防止有案不移、有案难移、以罚代刑。加大刑事打击力度，确保对食品违法犯罪行为责任追究到位。

（三）食品安全保障支撑体系

16. 加强食品安全财政保障支撑建设。各地要将食品安全监管工作纳入本地区经济发展规划，建立与食品安全工作开展相适应的财政投入保障机制，加大食品安全检验检测、风险监测、信息化建设、执法办案、应急处置、基层责任网络建设、科普宣教等各项工作经费的地方财政保障力度，特别是要加大对乡镇（街道）食品安全工作经费的保障力度，确保食品安全监管工作正常有序开展。严格监督管理项目建设经费，确保资金高效、合规使用。食品安全日常监管专项经费投入每年不低于2元/人（不含人员经费和公用经费，按常住人口计算）；抽验经费基本满足4份/千人的检测样本量（不含快速检测）的经费需求。

17. 加强食品安全检验检测能力建设。切实发挥农业、质监、卫生计生、出入境检验检疫、食品药品监管、海洋渔业等部门检验检测机构的作用，逐步实现检测资源和检测信息的共享。构建“市级为龙头、县级保基本、基层重快检”的三级检验检测体系，强化连云港市食品检验检测中心建设，推进县级食品检验资源有效整合，乡级食品安全监管机构快检箱配备率达100%。鼓励和引导企业、商超等食品生产经营主体、食品交易场所开办者加快食品安全检验检测能力建设，全面提升食品安全自检自控水平。农产品交易市场快检设备配备率不低于90%，农产品批发市场快检实验室建成使用率100%。

18. 加强食品安全信息化管控建设。按照“重在保障、重在支撑、重在应用、重在安全运行”的要求，推进食品安全追溯系统建设，大力推进透明厨房、透明市场建设，构建或整合食品安全全程追溯信息平台，确保追溯链条完整性和兼容性，实现食品安全源头可溯、过程可控、问题可查和责任可究。进一步整合完善食品安全监管信息共享网，突出数据大集中、环节全覆盖，逐步实现相关信息与消费终端的链接。进一步整合优化食品安全检验信息共享平台，拓展风险评价、信息预警等功能，科学服务监管与决策。

将食品安全信息化网络平台和技术手段广泛应用于执法监管，切实提高监管能力和水平。

19. 加强食品安全监管业务能力建设。全面推进监管队伍人才培育工程，加大培养、引进和使用力度，逐步建成结构合理、业务精通、理论实践复合型的食品安全监管人才梯队。依托大专院校、科研院所等培训资源，突出监管队伍专业化、现代化、规范化要求，围绕日常监管、检验检测、风险监测、应急管理、事件处置等方面内容，开展定期轮训、岗位集训和实战演练，切实提高新体制新形势下食品安全监管队伍的履职能力和业务水平。

（四）食品安全预警应急体系

20. 健全食品安全风险监测体系。根据上级卫生计生行政部门制定的食品安全风险监测计划，市卫计委负责组织制定、实施全市食品安全风险监测工作方案，并会同食品安全相关部门加强食品安全风险监测数据的收集、分析、报送和管理。统筹区域之间、部门之间，检验检测和风险监测的计划安排、信息互通、数据共享、结果共用，实现检验、监测与执法监管的联动衔接，提高风险防控能力和决策与监管的精确化、科学化水平。根据我市实际情况，逐步扩大风险监测范围。

21. 加强食品安全风险研判预警。建立并落实“隐患排查、科学研判、整治规范、反馈跟踪”工作机制，充分发挥风险会商研判对食品监管的基础性作用。加强食品安全专家委员会建设，建立专家数据库，为风险研判和应急处置提供学术和技术支持。建立灵敏、高效的风险预警内部循环系统，形成各部门各环节有机整体，增强监管工作的主动性、预见性和有效性。

22. 加强食品安全应急处置工作。市县区要根据本地区实际修订并不断完善食品安全应急预案，完善食品安全事故快速反应机制，定期组织开展食品安全应急演练和培训。加强应急处置能力建设，建立健全应急指挥决策系统、事故报告系统、预警信息发布系统，强化应急物资储备，加强疾病预防控制和医疗救治等专业队伍建设，及时有效处置各类食品安全事故。完善重要食品储备机制，有效应对重大突发事件和重大活动对食品供应及食品安全的影响。

23. 加强食品安全风险交流工作。建立食品安全风险交流平台，完善风险交流工作机制，依法发布各类日常监管、风险预警、应急处置等信息。完善多方协作机制，畅通交流渠道和途径，促进政府、学界、行业、媒体和消费者之间有关食品安全信息的互动交流。

（五）食品安全社会共治体系

24. 引导企业诚信生产经营。坚持“制度建设与教育宣传相结合、企业责任与行业自律相结合、政府推动与社会监督相结合”的原则，逐级建立食品安全信用档案，推行食品安全分类监管，推进落实企业第一责任人的责任；建立食品企业红黑榜制度，褒奖守信企业，严惩失信企业；积极开展食品安全诚信教育和宣传，提高食品行业从业人员的道德标准；发挥行业组织自律作用，增强行业诚信自律基础，强化食品生产企业的主体责任和食品安全意识；加强食品安全信用运行系统建设，构建食品安全信用查询系统和评价系统。

25. 切实落实社会监督制度。加强食品“12331”热线等投诉系统建设，完善与市政府“12345”热线的对接，不断完善“首问首接、内部流转”的食品安全投诉举报受理工作机制，监管部门在接到食品安全举报投诉后，对举报投诉事项属于本部门职责的，应及时依相关程序进行核实、处理、答复。对举报投诉事项不属于本部门职责的，如举报投诉事项的管辖责任明确，直接移送相应职能部门处理，并告知举报人。对举报投诉事项涉及多个职能部门管辖的，或管辖权不清的，应及时报请同级食安办协调有关部门核实处理。同时，进一步建立健全食品安全工作联席会议、信息报送、明察暗访和举报投诉奖励等工作制度。

26. 积极构建社会监督网络。聘请人大代表、政协委员、记者、离退休老同志等社会各界人士担任食品安全监督员，加大社会各界对食品安全监管部门依法行政行为和食品生产经营者守法情况的监督力度。充分发挥食品安全协管员、信息员的作用，对辖区内食品生产经营单位进行日常巡查，督促企业建立健全质量安全管理制度、台账和记录，发现隐患及时制止并向当地政府和有关部门报告，协助开展食品安全宣传教育、监督检查及违法行为的查处，消除食品安全监管隐患和盲区。

27. 大力营造舆论监督氛围。各级政府和各食品监管部门要与报纸、电视台、电台、网络等新闻媒体建立定期联系制度，加强沟通、积极引导，及时发布食品安全信息，宣传《食品安全法》等食品安全法律法规和工作成效，适时曝光制售假冒伪劣食品的违法违规行为，落实投诉举报奖励措施，形成全社会重视、支持、参与食品安全监督的氛围。

四、工作要求

（一）统一思想，强化领导。各地各部门要充分认识食品安全对于保障和改善民生、加快转变经济发展方式、全面履行政府社会管理和公共服务职能等方面的重要意义，正确理解食品安全工作是在政府推动下全社会参与的一项庞大的系统工程。要按照坚持“一岗双责、分级负责，属地管理”的原则，强化组织领导，制定工作计划，明确责任分工和进度安排，主要负责人亲自抓、分管负责人直接抓，确保各项任务落到实处。

（二）统筹推进，强化衔接。要立足当前，着眼长远，切实发挥本意见对今后食品安全工作的总体指导作用，相关专项规划以及年度工作计划要与本意见进行有效衔接。要坚持监管与扶持并重，努力提升食品生产经营业态，通过产业提升更好地保障食品安全。各地各部门要结合区域、职能特点，制定相关配套政策和实施方案，并加强政策之间的对接协调。

（三）分工协作，强化配合。各地各部门要建立健全食品安全综合协调机制，根据部门、行业、区域特点，加强对本意见实施的统筹和指导，进一步细化和明确工作任务，制定并落实各环节食品安全监管工作实施方案，强化食品安全源头控制，完善食品安全从农田到餐桌的全链条治理，推进食品安全制度规范、运行系统和运行机制等建设，确保各项任务有序推进、有效落实。

（四）跟踪督查，强化考评。各级食安办要结合不同时期的工作重点和各阶段食品安全工作状况，组织开展食品安全联合暗访督查，督促检查食品生产经营单位的食品生产经营行为，促进地方政府对食品安全负总责和监管部门各负其责。市食品安全委员会办公室要会同有关部门抓好本实施意见的贯彻落实，制定年度食品安全工作考核办法，组织实施考评工作，并对重点工作的开展情况进行监督检查，重大问题及时报告市政府。

（五）落实奖惩，强化责任。对在年度评价考核中取得优异成绩的单位和个人进行表彰奖励，对未完成年度考核任务的单位，相应责任人在评先评优时不作优先考虑。辖区内发生严重区域性、系统性食品安全事件或发生食品安全事件造成恶劣社会影响的，依法依纪追究责任。

连云港市人民政府

2016年2月25日

市政府关于印发建设“干净、方便、顺畅”连云港实施方案的通知

连政发〔2016〕25号

各县、区人民政府，市各委办局，市各直属单位：

为切实提高城市规划建设管理水平，市政府研究制定了《建设“干净、方便、顺畅”连云港实施方案》，现予以印发，请认真组织实施。

连云港市人民政府

2016年3月21日

建设“干净、方便、顺畅”连云港实施方案

为切实提高城市规划建设管理水平，集中解决城市发展中的突出问题，发挥好连云港环境优势和特色魅力，致力建设宜居宜业美丽家园，扎实推进国际化海港中心城市建设上升新水平，有效增强连云港城市凝聚力、影响力和广大市民认同感、荣誉感，特制定本方案。

一、总体要求

（一）指导思想

全面贯彻中央城镇化工作会议、中央城市工作会议精神，深入贯彻习近平总书记系列重要讲话精神，坚持人民城市为人民，认真落实省市工作部署，突出完善功能、提升品质、精细管理，着力提升城市精细化管理水平和市容环境卫生质量，着力提升城市建设的科学性和宜居性，着力提升交通出行条件和公共运输服务水平，积极为广大市民创造干净整洁的人居环境、方便舒心的生活环境、顺畅安全的交通环境、文明有序的城市环境，开创国际化海港中心城市建设新局面。

（二）工作目标

以建设国际化海港中心城市为目标，大力实施“干净、方便、顺畅”连云港建设工程，按照“一年见成效、两年上水平、三年大变样”的工作要求，从2016年起，用3年时间集中开展“干净、方便、顺畅”连云港建设行动，快速提升城市环境卫生、市容秩序、交通出行、便民设施等质量和水平，并探索建立相应长效管理措施，努力打造干净整洁、生活方便、出行顺畅、管理有序、绿色低碳、宜居宜业城市环境。

——环境干净：解决市容环境卫生突出问题，营造干净整洁、文明有序的城市卫生环境。

1. 建成区内无积存垃圾、无卫生死角，生活垃圾日产日清。

2. 道路干净整洁，清扫达到路见本色。

3. 城市立面清新靓丽，城市家具整洁完好。

4. 公共厕所内外保持整洁卫生。

5. 建立“干净连云港”长效管理工作机制。

6. 群众满意度 95% 以上。

——生活方便：解决城市基本公共服务突出问题，营造方便、绿色、宜居的城市便民环境。

1. 建成 15 分钟市民日常生活服务圈，便民市场、公园绿地、医疗卫生、幼教小学、文体娱乐等便民设施配套齐全、布局合理。

2. 基本完成城区棚户区和城中村改造，强化老旧小区改造和背街小巷整治，完善设施配套，改善居住环境。

3. 城区街道达到路面硬化、路灯亮化、围栏护墙美化、街边绿化，消灭城市照明无灯区。

4. 街巷地名标志、道路及公共服务设施指引达到统一规范、合理设置，无障碍通道人性化设计。

5. 合理规划建设广场、公园、绿道、步行道等公共活动空间，为市民提供更多休闲和选择。

6. 建成完善的市政公用事业安全保障体系，为居民提供安全稳定的公用产品和方便的公共服务。

——出行顺畅：解决影响交通出行突出问题，营造快捷、顺畅、安全的城市交通环境。

1. 建成高铁、空港、海港、高速公路、国省干道相互配合、优势互补的现代化对外快速交通网络，融入上海、南京 2 小时交通圈，徐州、青岛 1 小时交通圈。

2. 市县乡村道路交通网络互联互通，县乡干线公路覆盖率 90% 以上，市域边界末梢 1 小时通达中心城区。

3. 建成结构合理的城市快速通道和主次干道交通体系，中心城区 15 分钟接入高速公路互通，城区各功能组团间 30 分钟可达。

4. 推行“窄马路、密路网”街区路网结构，打通各类“断头路”，城区道路网密度达到 8 公里 / 平方公里以上，华联广场等 12 个重点交通节点拥堵状况明显好转，城市内部交通安全通畅。

5. 创建省级“公交优先示范城市”，公交出行分担率达到 30%，公共交通站点 500 米覆盖率达 100%，万人公交车拥有量达 16 标台以上，清洁能源和新能源公交车比例达 80% 以上，建成以公共交通、公共自行车、慢行系统为主导的城区全覆盖绿色交通系统。

6. 综合发展地上、地下立体停车，合理配置停车设施，逐步缓解停车难问题。

（三）基本原则

——坚持以人为本、贴近群众、服务民生，从群众关心的热点难点问题入手，大力实施城建交通惠民利民工程，切实维护广大群众利益，为市民创造更加良好的生活、工作和出行环境。

——坚持规划先行、建管并重、打造特色，以科学的城市规划、城市设计指导各项建设，不断提升城市品位和形象，全面提升城市管理水平，塑造具有地方特色魅力的城市形象。

——坚持量力而为、突出重点、注重实效，不贪大、媚洋、求怪，注重解决城市发展中的现实问题，有序推进城市建设和环境整治，逐步健全长效管理机制，推动城市环境面貌根本性改观。

——坚持政府主导、条块协作、全员参与，加大政府对公用设施和公共服务的投入力度，强化各级政府和部门协调配合，发动广大市民共建美丽家园，形成崭新的城市发展精神风貌。

二、主要任务

重点组织实施“干净连云港、方便连云港、顺畅连云港”三大建设专项行动。

（一）“干净连云港”建设专项行动

以创建省优秀管理城市为契机，以城市环境综合整治“931”行动为抓手，坚持集中整治与长效管理相结合，通过开展“五整治、十治理、三提升、五加强、五完善”工作，用3年时间集中开展城市环境卫生和市容秩序整治，不断巩固和提高城市精细化管理水平，全力打造干净靓丽的城市环境，达到净化、亮化、美化目标，建立“干净连云港”长效管理工作机制。

1. 开展环境卫生五整治

一是整治背街背巷、居民小区环境，加强住宅区环境卫生管理，取缔清理饲养禽畜、违章搭建、随意堆放、积存生活垃圾。

二是整治城中村环境，清除道路两侧垃圾，清理乱堆放现象，改变“脏、乱、差”面貌。

三是整治城乡接合部环境，对城市出入口区域环境进行集中整治，彻底清除道路两侧残存生活垃圾、建筑渣土、“白色污染”，消灭卫生死角。

四是整治铁路沿线环境，清理铁路沿线生活垃圾、“白色垃圾”及堆放的物料，净化铁路沿线周边环境卫生和秩序。

五是整治河道、涧沟及岸边环境，推进城市河道综合整治，清理河道、涧沟内漂浮物及沿岸生活垃圾、建筑垃圾、堆放杂物及各类废弃物，全面清除环境卫生管理死角。

2. 实施市容秩序十治理

一是治理各类占道经营行为，取缔市区主次干道和重点区域占道经营行为，严格查处占道店外经营、加工作业现象，合理设置便民疏导点，规范经营行为。

二是治理乱扯乱挂、乱摆乱放、乱贴乱画行为，规范城市公共设施广告宣传、沿街商家店招店牌行为，整治各类小广告，保持主干街道和重点区域动态监管。

三是治理废品收购站点，取缔城区内无照从事废品收购经营站点，整顿影响环境卫生、市容市貌及居民生活的废旧物品收购站点，主干道和重点区域禁止设立废品收购站点。

四是治理车窗抛物，对车窗乱抛垃圾车辆进行扣分、处罚，媒体定期曝光。

五是治理污渍车辆上路行驶，禁止车身污渍、带泥、遮挡号牌等影响市容的车辆上城区道路行驶。

六是治理乱倒生活垃圾，严禁沿街店铺乱倒生活垃圾，对沿街店铺将生活垃圾扫至人行道、乱倒生活垃圾的行为进行处罚，媒体定期曝光。

七是治理建筑施工及渣土运输，在建工地及道路扬尘治理全部达到9个100%要求，严格限定建筑垃圾运输车辆按规定时间路线行驶、到指定地点消纳。

八是治理黄土朝天，全面实施城市道路和裸露地块硬化、绿化或硬铺装，对城区内土路进行改造，及时维修破损道路、人行道，推行行道树树坑防尘保湿措施。

九是治理临时建筑渣土弃置场，临时建筑渣土弃置场按在建工地标准管理。

十是治理散货堆放码头、货场，全面清理零星散杂货堆场，整治规范污染严重的铁矿砂、红土镍矿、煤炭等散杂货堆场，统一规划设置、规范管理堆场分类集中堆放，创建整洁有序的城市环境秩序。

3. 推进日常管理三提升

一是提升环境卫生清扫保洁质量，一级道路实行一日两清扫 16 小时保洁，二级道路实行一日两清扫 12 小时保洁，三级道路实行一日两清扫 8 小时保洁，四级实行道路一日一清扫，一级、二级道路每周 2 次全面积高压冲洗、洗扫，清除道路污物，达到路面见本色，城市家具保持整洁完好、每周清洗次数不少 3 次。

二是提升垃圾收运管理能力，生活垃圾日产日清，垃圾运输车辆整洁干净、密闭化运输、车走地净，垃圾转运站设备运行良好、周边卫生整洁无明显臭味。

三是提升公厕服务水平，保持公厕内设施完好、标志明显、环境整洁，城区内公厕实行 18 小时免费开放，有专人看管的公厕日常保洁不间断，无专人看管的公厕一日 4 保洁。

4. 实现基础建设五加强

一是加强城区垃圾转运站达标改造，合理布局配建环卫基础设施。

二是加强道路机械化作业设备配置，按照《城市道路环卫作业机械化质量标准》购置配齐高压冲洗、道路清扫等设备。

三是加强餐厨废弃物收运处理管理，建设餐厨废弃物收运处理项目，出台《连云港市餐厨废弃物管理办法》。

四是加强建筑垃圾处理场建设，2 年内建成东、西两个城区建筑垃圾处理场，解决建筑垃圾无规范弃置场消纳问题。

五是加强城管数字化监管平台建设，建立市容秩序、环境卫生、环卫作业等实时监控、全程监管系统，做到各类城市管理问题及时发现、快速解决。

5. 加快长效管理机制五完善

一是建立和完善以监督考核为手段的责任落实推进机制，制定实施《连云港市城市环境卫生管理工作考核办法》，每周开展一次城市环境卫生管理日常考核。

二是建立和完善市容环卫责任制，市区“门前四包”签订率、责任履行率达 100%。

三是建立和完善环境卫生管理机制，将多头管理、多重标准调整为统一管理和统一标准。

四是建立和完善稳定的市容环境卫生筹措和投入机制，加大财政投入力度，修订《连云港市城市生活垃圾处理费征收管理办法》，提高收费到位率。

五是建立和完善环卫作业市场化为趋向的竞争机制，按照“事企分开、管干分离、以费养事”的原则，对环卫作业部门的管理体制和机制进行改革，提高作业效率和作业质量。

（二）“方便连云港”建设专项行动

围绕宜居宜业城市建设，坚持共享发展理念，强化民生导向的城市建设发展机制，统筹规划配置城市各类基础设施和公共服务设施，合理规划建设公共活动空间，推进无障碍设施建设，用 3 年时间重点解决城市便民设施少、标准低、布局不合理、服务半径小等问题，增强日常活动服务功能，打造方便快捷生活圈。

到 2016 年底，城市公共服务设施配套明显改善，城市棚户区和城中村改造初见成效，老旧小区和背街小巷整治任务过半，公园绿地十分钟服务圈覆盖率达 80%。到 2017 年，城市公共服务设施网络体系建立，城市棚户区和城中村改造效果显著，老旧小区和背街小巷环境明显提升，公园绿地十分钟服务圈覆盖率达 90%。到 2018 年，市、区、社区三级城市公共服务设施体系健全，完成棚户区和城中村改造，完成老旧小区和背街小巷整治，公园绿地十分钟服务圈覆盖率达到95%以上。到2020年，实现市、区、社区三级设施合理分配。消除城区棚户区和城中村，建成1个郊野公园、4个湿地公园、1个植物园、多个生态园，公园绿地十分钟服务圈实现全覆盖，人均公园绿地面积保持在11平方米以上。

1. 提升城市内部规划布局和资源配置的科学性

一是完成城市总体规划修编。加强城市功能布局研究，科学规划引导城市空间发展，推进多规合一，2016年编制完成城市总体规划修编（2015—2030年），保障城市生产空间集约高效、生活空间宜居适度、生态空间山清水秀。

二是推进中心城区控制性详细规划全覆盖。合理划分控规单元，对城市中心区、旧城改造区、近期建设区和储备土地、拟出让的土地以及其他城市建设重要控制区域，优先编制控规，三年内实现控规全覆盖，并根据经济、社会等发展变化进行动态修编。

三是完成中小学布局专项规划修编。进一步优化中小学布局，缩小区域之间的差距，均衡教育资源配置，全面实现布局合理化、学校规模化、条件均衡化、教育优质化的目标。

四是完成商业网点专项规划修编。适应现代商贸流通业发展需要，通过科学规划、正确引导、培育重点、扶持发展，促进传统商业转型，提升商业业态，优化商业网点布局，方便市民生活。

五是完成养老设施布局专项规划编制。积极应对人口老龄化，进一步深化完善我市社会养老服务体系建设，满足快速增长的社会养老服务需求，构建具有连云港特色的养老服务体系。

六是完成绿地系统专项规划修编。紧密结合城市发展新机遇和新要求，充分结合连云港自然、人文景观优势，突出连云港“山、海、港、城”和谐相融的空间特征，因地制宜地构筑布局合理、特征鲜明、生态稳定、景观宜人的城市绿地系统。

七是完成公共交通专项规划修编。确立公共交通在城市交通中的主导地位，优先发展公共交通，构建层次分明、结构优化、优势互补、设施先进、服务一流的城市公共交通体系。

八是完成公共停车场所布局规划。进一步改善城区交通环境，合理调节、控制、疏导城市交通，分析中心城区现状停车问题与症结，划定停车分区、制定各分区停车需求控制策略，结合道路状况和市民需求合理布局公共停车场。

九是完成文化体育设施专项规划编制。适应市民文化、体育需求，注重实际、优化布局，加快市区公共文化体育基础设施建设，构建结构合理、发展平衡、网络健全、运营有效、惠及百姓的较为完善的公共文化体育设施体系。

2. 提升城市居住环境和公共配套

一是合理确定公共服务设施配套标准，形成以社区级设施为基础，市、区级设施衔接配套的公共服务设施网络体系。配套建设中小学、幼儿园、便民市场、社区养老、医疗卫生、文化服务等设施，打造方便快捷的15分钟生活圈。大力推进无障碍设施建设，进一步完善公共图书馆、文化馆、博物馆公共服务功能，加快科技馆、美术馆建成运营，健全城市公共设施配套服务功能。

二是大力推进城市棚户区改造，稳步实施城中村改造。利用3年时间，基本完成现有的城镇棚户区、城中村和危房改造。创新棚户区改造体制机制，推动政府购买棚改服务，推广政府与社会资本合作模式，构建多元化棚改实施主体，发挥开发性金融支持作用。积极推行棚户区改造货币化安置。完成南极北路片区等三大集中成片棚户区、幸福广场等三大节点棚户区以及锦屏磷矿等两大国有工矿棚户区改造工作。

三是加快老旧小区改造升级，逐步完善便民市场、社区卫生服务站、小游园、小型体育设施等设施配套，开展社区环境和背街小巷综合整治，消除路面不平、绿化病害情况严重、排水设施堵塞、有路无灯或者有灯不亮等现象，全面提高住有宜居水平。

四是加强新建住宅区配套设施建设，从规划方案、初步设计、施工图审查、施工许可、过程监管到竣工验收实施全方位监督，加强水、电、气、暖、配套用房、公共绿地、休闲健身等公共设施建设的统一监管。

五是完善街巷地名标志及道路指引牌。建成区内街巷地名标志及道路指引牌全部设立，标志及指引牌科学规范、整齐美观。

3. 提升城市园林绿化景观品质和服务功能

一是推进公园绿地十分钟服务圈建设，统筹推进广场、公园、绿道、步行道等公共活动空间建设，按照城市居民出行“300 米见绿，500 米见园、大中小公园合理级配，综合功能完备”的原则，稳步推进各级各类公园绿地建设，实现公园绿地布局更均衡。强化绿地服务居民日常活动的功能，使市民在居家附近能够见到绿地、亲近绿地。

二是积极实施街头游园建设，通过搬迁辟绿、拆迁还绿、见缝插绿方式，推进“点”状绿地增量扩容，旧城改造过程中 10 亩以下不能与周边整体开发的征收用地一律作为街头绿地，每年新建 10 个街头游园，构建小、多、匀、精特色街头游园体系。

三是有序推进道路、河滨绿化工程，形成层次分明、一路一景、各具特色的带状景观，加快老城区绿化提档升级，打造外环滨水湿地绿带、内环滨河景观廊道，布置慢行道、驿站、标识系统，为市民提供绿色长廊慢生活空间。

四是加快建设具有地方生态特色的专类公园，合理规划建设专类公园和特色城市公园，提升改造老旧公园，增设健身运动等便民设施，将公园打造成更方便市民休闲锻炼的城市“客厅”。

4. 提升公用设施和公共产品保障能力

一是加强城市供水保障，推进城市应急水源建设，加快供水设施建设，完善城市供水管网，实现城、镇、乡村供水“同源、同网、同质”。建成“市民放心水”工程，城市供水能力提高到 50 万吨 / 日。

二是加强城市供气保障，城区消除瓶装天然气住宅，十三五期间新建燃气管道 100 公里，燃气普及率达到 99.9%，燃气气化率达到 99.5%, 管道燃气气化率 80%，扩大天然气使用范围。

三是加强城市供暖保障，理顺城市供热体制机制，保障城市生产、市民生活供热需求，统筹配置、合理利用城市供热资源。

四是加强城市照明保障，完善城市功能照明，消灭无灯区，新建、改建和扩建城市道路装灯率 100%，主干道亮灯率 98%，次干道、支路亮灯率达 96%，照明设施完好率达到 95%，景观照明设施完好率达 90%。

五是加强智慧城市建设，推进城市宽带信息基础设施建设，加强市政设施运行管理、交通管理、环境管理、应急管理等城市管理数字化平台建设和功能整合，建设综合性城市建设管理运行数据库，积极发展民生服务智慧应用。

（三）“顺畅连云港”建设专项行动

以构建现代综合交通运输体系、推进交通基础设施互联互通、改善提升交通出行条件为核心，着力建设对外交通运输通道，完善城市内部综合交通网络，提升公共运输服务水平，实现城市交通对外便捷、对内畅通，努力打造出行最顺畅的城市。

到 2016 年底，城市路网进一步加密打通，城市堵点得到缓解，公交投入明显加大，公交出行分担率达到 24%，城市内外交通出行条件得到明显改善。到 2017 年，城区外围快速路网框架初步形成，城市堵点得到有效整治，公交服务水平得到明显提升，公交出行分担率达到 25%，城市外环等部分快速通道建成通车，连盐铁路建成运行。到 2018 年，基本形成结构合理、功能完善的城市道路网系统，路网通达性显著提升，道路交通进入高效化、常态化管理；公交出行分担率达到 26%，提前实现全省“十三五”规划目标，创建成为全省“公交优先示范城市”；城市组团间主要快速通道基本建成，交通快速畅行条件基本具备；连青铁路建成通车。到 2020 年，总体上实现城市道路交通畅通体系、公共交通服务出行能力水平、市域干线公路节点通达时效、铁路航空辐射带动能力“四个显著提升”。

1. 大力实施城市道路畅通工程

一是加快城市快速通道建设。优化城市快速通道布局体系、中心城区与外围高速公路出入口衔接。建设临洪大道、204 国道市区段、徐新公路、海滨大道等城市外环快速通道，实现中心城区各组团之间的互联互通；提升新港城大道快速通行能力，改造提升花果山大道主轴功能，建设汇晶路，强化城市组团内部快速通道联系；充分利用好城区周边既有高速公路互通，新建和完善城市出入口道路设施，做好与高速公路互通的快速有效衔接。

二是加强城区内部路网建设。树立“窄马路、密路网”的城市道路布局理念，建设快速路、主、次干路和支路级配合理的道路网系统。打通各类“断头路”，提高道路通达性，畅通城市微循环，积极探索单行道路方式组织交通，切实提升道路通行能力。

三是整治交通拥堵节点。对交通拥堵的华联广场节点、瀛洲路－朝阳路交叉口、海棠路－中华路交叉口等城市堵点进行专项研究，制订整治方案，用 3 年左右时间，完成堵点整治。

四是强化城市交通管理。实施智慧交通工程，加强交通流量采集及交通诱导系统建设，协调推进路口路段电子警察、电子监控和高空监控建设，全面提升监控时间、空间覆盖率；实施信号灯联网工程，实现主干道和重要次干道、支路信号灯 100% 联网运行，逐步实现主干道协调绿波带和中心城区区域协调控制；加强智能化城市道路交通指挥调度管理系统建设，打造先进的交通指挥中心集成指挥平台，实现数据联动运行、视频巡逻和警情、警力的可视化指挥调度；加强交通需求管理政策研究，充分挖掘城市道路资源利用潜力，优化道路交通组织方式，合理引导和优化交通出行时空分布；落实城市建设项目交通影响评价制度，将其纳入城市规划建设管理体系。

五是加强公共停车场所建设和管理。在海州老城区、连云老城区建设一批布局合理的社会公共停车场（楼），利用现有公园广场等设施，发展地上、地下立体停车，满足城市静态交通需求，缓解改善城市停车状况。加强城市停车位管理，通过智能化手段调度停车位供应，合理引导停车需求。督促被改变使用性质的停车场恢复停车场功能。

六是积极谋划城市轻轨布局。做好城市轨道交通前期研究和预留预控，适应连云港市国际性滨海中心城市的定位和需求，2020 年前启动轨道交通 1 号线、2 号线、3 号线工程前期研究。

2. 大力实施公共交通提升工程

一是实施公交场站支撑工程。新建 10 个枢纽站、6 个停保场、25 个公交首末站，城市建成区公交换乘枢纽、停保场、首末站等配套服务设施基本完善。加强公交场站充电桩及充电车位、变压配电等设施建设，满足公交需求。结合城市道路改造，建设公交港湾式停靠站，设置率达到 100%，公交候车亭设置比例达到 80%。

二是实施公交线网优化工程。构建主线、干线、支线三级公交网络。新辟优化调整公交线路 60 条，推进公交线路向市郊区延伸，实现毗邻地区公交线路互联互通。结合公务用车改革，积极发展商务快线、通勤班车、定制公交等特色公共交通服务模式。

三是实施公交车辆提档升级工程。加大公交车辆投入力度，新购公交车 600 辆，车型以新能源纯电动公交车为主，鼓励投放大容量、低踏板公交车。市区公交车空调车比例达 100%，清洁能源和新能源公交车比例达到 80%。

四是实施公交准点保障工程。建设公交专用道和公交优先通行信号系统，减少公交车运行延误，提高准点率。城市主干道和重要交叉口公交优先通行设置比率达到 15% 以上。

五是实施公交多元完善工程。积极推动“电调、网约 + 泊位”出租汽车运营方式的发展，加快发展公共自行车，解决公交出行“最后一公里”需求。公共自行车网点规模达 250 个，投放公共自行车约 5000 辆。在全省公共交通“一卡通”互联互通的基础上，实现市区公共自行车与公交“一卡通”互联互通。

六是公交智能信息化工程。建成城市公共交通智能调度中心，城市公交运营车辆车载卫星定位装置和公交 IC 卡刷卡终端安装率达到 100%，实现城市公交“一卡通”全省互联互通。在火车站、汽车站等综合交通枢纽、主要公交换乘点建设公共交通信息查询终端，做好“掌上公交”手机查询系统的推广和升级，拓展公交信息、查询发布系统，通过网站，手机、电话查询公交信息。

七是公交优先发展保障机制。建立全市城市客运工作联席会议制度，落实职责分工，定期研究城市公共交通发展战略和规划，制订落实年度行动计划。逐步建立市、区两级财政补贴机制，将城市公共交通发展纳入公共财政保障体系，列入年度财政预算，确保公共交通财政投入和资金落实到位。加快建立城市公交成本规制办法，合理界定城市公交企业成本标准。强化城市公共交通规划保障和用地保障。

3. 大力实施公路网络通达工程

一是打通对外公路运输通道。加快打通对外运输通道中缺失的干线公路通道。建成 G204 新浦至灌南段，打通南向与沿海地区及灌云、灌南的一级公路联系。加快 G310 东海青湖至山东界段建设，打通西向与新亚欧大陆桥方向及东海的一级公路联系。加快 S242 青口至苏鲁界段、G327 赣榆段建设，打通西北向与鲁南地区联系的一级公路出省通道。加快连宿（S509）、连淮（S264）、S344 等干线公路建设，解决连云港与宿迁、淮安、南京等城市的公路绕行距离较远、道路标准偏低、交通出行不便等问题。适时启动建设长深高速至主体港区高速公路连接线、连云港至宿迁一级公路、宁连高速公路淮连段拓宽提速工程等一批高速公路。

二是完善市域内部公路网络。打通县与县、县与乡之间关键路段节点，实现县与县（乡）之间快速通达和区域成网成环。建成 S245、S267 等新增省道，打通赣榆与东海之间直接联系，改善西部地区对外出行条件。加快 S236、S264 建设，打通东海与灌云、灌云与灌南之间的便捷沟通。推动农村公路成网成片，改善微循环，实施农路脱贫攻坚工程，重点推进石梁河库区、沂河淌两岸地区农路建设，新改建农村公路 2500 公里，桥梁 200 座。

三是加快客货运枢纽建设。完成连云港火车站改造，建成铁路连云港站综合客运枢纽一期工程，提供集铁路、公路、公交、航运、出租和社会车等多种交通方式于一体的“零换乘”交通服务；建成上合组织国际物流园、赣榆临港物流园、徐圩多式联运中心等物流基地5个以上，达到具有先进的综合性专业化物流服务水平。

4. 大力实施铁路航空网络构建工程

一是构建沿海铁路运输通道。2017年建成连盐铁路，2018年建成连青铁路，2019年建成连淮扬镇铁路，形成南连长三角、北接环渤海的沿海大通道。

二是强化陆桥铁路运输通道。建成连徐客专和陇海铁路连云港东至连云站增建二线工程，充分释放陇海铁路运能，进一步提升新亚欧大陆桥铁路运输能力。

三是拓展鲁南铁路运输通道。加快推进连临铁路前期研究，打通晋中南煤炭运输通道出海口，拓展港口货源腹地。

四是加快连云港新机场建设。按照“一次规划、分期实施”的原则，一期工程力争2016年开工建设，2019年建成投入使用，并实现一类口岸开放。加强国际、国内航线网络建设，开通国际、国内航线25条以上，强化“空中丝绸之路”建设。

三、保障措施

（一）强化组织领导，统筹协调推进。切实加强对“干净、方便、顺畅连云港”建设的组织领导，市政府建立联席会议制度，对相关重大问题及时指导、协调、研究工作，构建分工明确、协调有力、运转高效的管理和协调机制。市各职能部门按照职责分工，各司其职，共同协作，建立常态化沟通渠道，保障各项行动方案和具体项目实施计划能够得到有效落实。

（二）加大投入力度，建立保障机制。建立健全“干净、方便、顺畅连云港”建设协调保障机制，推动相关政策、人员配备、资金投入、督查奖惩等措施切实落地，促进各项工作不断向纵深发展。各县区和市各相关部门在加大地方融资力度、保障重大基础设施建设项目用地、协调地方征拆矛盾等方面要给予大力支持，积极为“干净、方便、顺畅连云港”建设搞好服务。

（三）落实工作职责，加强考核督查。干净连云港、方便连云港、顺畅连云港建设行动，分别由市城管局、市建设局、市交通局作为牵头部门，根据市实施方案制定相应专项行动细则。各区、各相关部门要按照市统一部署，制定具体方案，明确工作目标，确定工作任务，落实工作责任和措施，确保各项工作落到实处。各牵头部门要制定相应督查考核办法，实行每周督查、按月通报、季度评比制度。市督查办要加强跟踪督查，及时向市委市政府通报工作情况，督促各项工作有序开展。市政府主要领导每季度对各责任部门和单位工作落实情况进行点评。

（四）广泛宣传发动，营造共建氛围。坚持“人民城市人民建、人民城市人民管”，积极发动社会各界和广大市民投入“干净、方便、顺畅连云港”建设，在党政机关、企事业单位定期开展主题教育和义务劳动。市各新闻媒体要积极开展专题宣传报道活动，广泛宣传“干净、方便、顺畅连云港”建设的重要意义、目标任务和工作措施，及时报道工作中取得的成效，定期对负面典型集中曝光，营造正确的舆论导向，激发市民群众的主动性和创造性，形成全社会、各阶层齐心协力共建美丽家园的良好氛围。

市政府关于深化行政审批制度改革加强事中事后监管的意见

连政发〔2016〕27号

各县、区人民政府、市各委办局、市各直属单位：

为深入推进行政审批制度改革，加强事中事后监管，根据《中共江苏省委江苏省人民政府关于推进简政放权加快转变政府职能的实施意见》（苏发〔2014〕14号）和《中共连云港市委、连云港市人民政府关于加快推进政府职能转变的实施意见》（连发〔2014〕42号）精神，结合我市实际，现提出如下意见：

一、指导思想和工作目标

（一）指导思想。深入贯彻落实党的十八大、十八届三中全会精神，按照加快构建行政监管、信用管理、行业自律、舆论监督、群众参与相结合的综合监管体系，建立横向到边、纵向到底的监管网络和科学有效的监管机制要求，紧紧围绕使市场在资源配置中起决定性作用和更好发挥政府作用，大力推进行政机关工作重心从事前审批向事中事后监管转变，政府职能向创造良好发展环境、提供优质公共服务、维护社会公平正义转变，为经济社会持续健康发展营造良好的服务环境。

（二）工作目标。按照建设法治政府和服务型政府要求，明确部门监管职责和监管措施，建立依法、有效、规范的监管工作机制，防止监管缺位和监管薄弱，实现从规范主体活动资格为主向规范主体活动行为、评估活动结果为主转变，从书面审查为主向现场执法检查、跟踪调查监管相结合转变，从以被动审批准入为主的事前监管向以主动执法查处为主的全过程监管转变，推动政府切实履行公共服务、市场监管、社会管理等职责，达到行政监管法制化、信用体系监管制度化、行业自律规范化、社会共管共治长期化“四化”标准，为全市改革发展稳定提供有力保障。

二、监管原则和监管内容

（一）监管原则

1. 强化部门责任，促进监管依法有效。强化政府及部门主体监管责任和属地政府领导责任，坚持依法行政原则，按照法律法规制订监管办法和细则，提升依法行政的能力水平，确保事中事后监管制度化、规范化、程序化。

2. 加强协同监管，推动部门形成合力。完善部门间各司其职、各负其责、相互配合、齐抓共管的工作机制，实现监管范围全覆盖、监管责任无盲区，切实提高监管合力。

3. 规范信用惩戒，完善信用体系建设。充分运用信用管理在事中事后监管中的作用，建立信用信息互通共享机制，实现社会信用信息的综合联动利用，加大失信惩戒力度，形成“一处违法、处处受限”的信用约束机制。

4. 突出社会监管，确保监管公开公正。充分发挥法律法规的规范作用、行业组织的自律作用、舆论和社会公众的监督作用，实现社会共同监管，促进市场主体自我约束、诚信经管。

（二）监管内容

1. 取消的行政审批事项。要坚决落实到位，并通过法律法规、发展规划、综合性产业政策等宏观调控手段，加强对公共安全、资源开发利用、重大产业布局、行业垄断、能源消耗、安全生产、产品质量、环境保护等方面的监管。

2. 下放的行政审批事项。要坚持权力与责任同步下放、调控与监管同步加强、权力下放与能力建设同步推进，加强对承接部门的业务培训和工作指导，提升基层工作人员依法行政能力和水平，确保规范有序承接。

3. 转移的行政审批事项。转移到行业组织管理的行政审批事项，要加强对承接审批事项行业组织的监管，防止出现变相审批。

4. 工商登记前置改后置审批的事项。重点建立、完善协同监管机制，实现相关部门间审批和监管信息共享，依法查处有照无证的违法经营行为，实行“宽进严管”。

5. 保留的行政审批事项。严格按照相关管理办法进行管理，并纳入政务服务平台依法、规范办理，优化流程、简化手续、压缩时限、提高效率，建立岗位职责清晰、审批权限明确、工作标准具体的行政审批运行机制。

三、监管措施

（一）完善监管方式，加强和改进行政监管

1. 改进日常监督检查。落实科学、规范的抽查制度、责任追溯制度、经营异常名录和违法经营者黑名单制度。完善常态化监管机制，采取随机抽查、专项督查、专项审计、事后稽查和绩效评价等方式，提高监管水平。完善以随机抽查为重点的日常监督检查制度，建立健全以企业年度报告内容为重点的抽查制度、重点工业产品质量监督目录制度、安全生产监督检查制度、环境影响考核评价制度以及食品、药品日常监管制度。按照法定抽查比例，采取随机抽查方式开展抽查。建立以重点产品日常抽查为主，节令产品专项抽查、风险产品随机抽查为补充的监督抽查制度，扩大抽查覆盖面，及时公开抽查结果。

2. 强化信息技术运用。充分利用信息网络技术，实现在线即时监督监测，提高监管针对性和有效性。综合运用移动执法、电子案卷等手段，提高执法效能。利用物联网、射频识别等信息技术，建立产品质量溯源管理制度，形成“来源可查、去向可追、责任可究”的信息链条。

3. 加强风险监测防范。加强市场行为风险监测分析，加快建立高危行业、重点工程、重要商品及生产资料、重点领域风险评估指标体系、风险监测预警制度、风险管理防控联动机制。完善区域产品质量和生产安全风险警示制度，重点加强对发生事故概率高、损失重大的环节和领域的监管，防范区域性、行业性和系统性风险。加强市场主体经营行为研判，增强监测和预判能力。

4. 严格强制标准执行。强制性标准严格限定在保障人身健康和生命财产安全、国家安全、生态环境安全的范围，确保市场主体严格执行。对违反法律法规禁止性规定的市场主体以及达不到节能环保、安全生产、食品药品质量和工程质量等强制性标准的市场主体，依法予以取缔，吊销相关证照。严格执行金融、食品药品、安全生产、新闻出版等领域违法人员从业禁止规定。

（二）强化信用监管，建立失信联合惩戒制度

1. 加快信用信息平台建设。完善市场主体信用信息记录，推动行业信用信息系统建设及互联互通，建立信用信息档案和交换共享机制。逐步建立包括金融、工商登记、税收缴纳、社保缴费、交通违章、统计等所有信用信息类别、覆盖全部信用主体的统一信用信息网络平台。推进信用标准化建设，以公民

身份号码和组织机构代码为基础，完善信用信息征集、存储、共享与应用等环节的制度，推动政府、行业信用信息系统的互联互通，探索推进对市场主体的信用信息公开。

2. 完善信用管理制度。建立守信企业和个人激励机制、失信企业警示制度、失信企业惩戒制度、失信企业和个人的异常名录制度，在行政管理的重点领域和关键环节，推行信用承诺、信用报告、信用审查制度。推动各级政府部门在行政审批、招标投标、政府采购、财政资金安排、工程建设、评先评优、日常监管和周期性检验、国有资产转让和公共资源交易等方面应用信用信息。建立健全信用分类、分等监管机制，按照区域重要性、行业风险度、主体诚信度等指标划分不同的类别和等级，实行分级分类动态监管。

3. 建立失信联合惩戒机制。综合运用行政监管、司法惩处以及市场竞争、行业淘汰、社会舆论等手段惩戒作假失信者。强化部门配合协作，推进部门间信用信息的互通共享，形成跨地区、跨部门、跨行业失信行为联合惩戒机制，实现社会信用信息的综合联动利用，加大失信惩戒力度，完善奖惩机制，形成“守信者处处受益，失信者寸步难行”的良好秩序。

4. 推进信用信息的社会运用。在保护涉及公共安全、商业秘密和个人隐私等信息基础上，依法公开各类社会主体信用状况。拓宽信用信息查询渠道，为公众查询市场主体基础信用信息和违法违规信息提供便捷高效服务。依法规范信用服务市场，培育和发展社会信用服务机构，加强信用服务机构和人员的监督管理。

（三）培育和规范行业组织，推动行业自律

1. 强化生产经营者的主体责任。严格执行《企业信息公示暂行条例》，运用企业信用信息公示系统，依法公示企业相关信息，提高市场主体经营活动透明度。合理细化并及时公开企业有关从业条件，加强企业设立起步前端服务和管理，引导企业规范经营行为并承担社会责任，促进企业合法经营。督促企业建立安全生产责任制，改善安全生产条件，明确安全生产工作规范和操作规程，制定事故应急预案，切实防范和降低风险。对作业场所不合规定、设备与器材不合标准、劳动组织混乱、违章指挥、冒险作业、违法经营、制假售假、侵犯知识产权等行为依法予以处罚。

2. 发挥行业协会商会的自律作用。推动行业协会商会建立健全行业经营自律规范、自律公约和职业道德准则，规范会员行为。鼓励行业协会商会制定发布产品和服务标准，以及积极参与制定国家标准、行业规划和政策法规。支持法律规定的有关组织依法提起公益诉讼和开展专业调解。推进行业协会商会在人员、财务资产、职能、办公场所等方面与行政机关脱钩。探索一业多会，引入竞争机制，加快转移适合由行业协会商会承担的职能，加强指导和监督，引导其依法开展活动。

3. 发挥市场专业化组织的监督作用。鼓励会计师事务所、公证机构等专业服务机构发挥专门知识和专业技能，在相关领域监督市场主体及其行为。推进检验检测认证机构整合，加快检验检测认证机构与政府脱钩、转制为企业或社会组织的改革，有序放开检验检测认证市场，促进第三方检验检测认证机构发展。鼓励发展和支持信用评价机构等第三方机构开展对市场主体信用评级，为政府和相关公众了解市场主体提供参考。

4. 加强行业组织自身建设。健全行业组织管理制度，引导行业组织完善法人治理结构，推动行业组织接受第三方审计监督，有效规范行业组织行为。加快推进行业执业质量监管体系建设，建立评级机制和执业检查制度，增强行业组织参与市场监管能力。

（四）完善社会监督体制，促进社会共管共治

1. 推进政务信息公开。通过政务信息公开和社会信息资源共享开放，进一步加大政府决策、执行、管理、服务公开的力度，提高行政机关职责履行、权力运行的透明度，为新闻媒体、行业组织、利益相关主体和广大群众共同参与监督创造条件。充分利用网上办事大厅等线上平台，及时公布行政机关职能和权力调整情况，保障公众的知情权和监督权。

2. 拓宽社会监督渠道。建立公众举报受理网上平台，优化“12345”政务服务热线，畅通投诉举报渠道，鼓励公众通过互联网、举报电话、投诉信箱等各种方式，反映市场主体违法违规经营问题，引导全社会参与监督，形成监管合力。完善公众投诉受理和督办机制，建立互动式市场监管信息反馈平台，及时受理、处理公众投诉举报，使各类市场行为广泛接受监督，更好维护市场秩序。

3. 强化社会舆论作用。健全公众参与监督激励机制，完善有奖举报制度，依法为举报人保守秘密。充分发挥社会舆论的监督作用，曝光典型案件，震慑违法行为，提高公众认知和防范能力。加强新闻媒体职业道德建设，严惩以有偿新闻恶意中伤生产经营者、欺骗消费者行为，树立正确社会舆论导向。对群众举报投诉、新闻媒体反映的问题，市场监管部门要认真核实、依法处理，及时向社会公布处理结果，形成舆论压力，制约违法违规行为。

四、保障机制

（一）明确监管工作责任。各县区、各部门要深刻认识加强行政审批事中事后监管工作的重大意义，加强统筹协调，明确任务分工，督促落实责任，结合本地区本部门实际，研究出台具体实施意见，细化监管措施，形成上下协同的监管体系。各职能部门是事中事后监管工作的责任主体，主要领导是第一责任人，分管领导是主要责任人，从事日常监管的工作人员是直接责任人。行政审批事项取消下放转移后，部门相应的管理职责并未取消，指导和监管的职能不能削弱，应切实增强主动监管意识，严格落实监管责任。

（二）加快配套制度建设。按照全面推进依法行政、加快建设法治政府的要求，对投资管理、信用管理、维护市场公平交易秩序、加强产品质量、食品药品安全、安全生产、环境保护等关键领域，相关职能部门要制订加强事中事后监管的办法，其他部门针对本部门的取消下放转移事项制订相应的监管措施，加快构建结构合理、科学高效的配套监管制度体系。梳理取消下放转移行政审批项目、加强后续监管涉及的规范性文件，向制定机关提出修改或者废止的建议。完善市场监管规范性文件合法性审查机制，健全法规、规章和规范性文件备案审查制度。健全行政复议案件审理机制，严格按照法定受案范围开展行政诉讼，充分发挥司法机关在规范行政行为和行政权力方面的功能。推行政府绩效管理，健全权力监督制度，切实提高政府的执行力和公信力。

（三）改革监管执法体制。推进综合执法，减少执法层级，推动市场监管重心下移，建立权责统一、权威高效的监管执法体制。整合规范监管执法主体，加快推进重点领域跨部门、跨行业综合执法，综合设置执法队伍，相对集中执法权。优化执法层级，市区两级政府同一执法职责原则上只在一个层级设置执法队伍。在辖市（区）层面积极探索综合设置市场监管机构和执法队伍。进一步加强食品药品、安全生产、环境保护、劳动保障等重点领域基层执法力量。规范和完善监管执法协作配合机制，制定部门间监管执法信息共享标准，构建各司其职、各负其责、相互配合、齐抓共管的工作机制。健全监管执法和刑事司法衔接机制，完善案件移送标准和程序，细化并严格执行执法协作相关规定，建立有关监管部门

和公安、检察、审判机关信息共享、案情通报、案件移送制度。

（四）加大责任追究力度。将行政审批事中事后监管工作纳入行政机关绩效考核，综合运用监察、审计、行政复议等方式，加强对行政机关不作为、乱作为、以罚代管等违法违规行为监督。对市场监管部门及其工作人员未按强制性标准严格监管执法造成损失的，要依法追究责任。对市场监管部门没有及时发现、制止而引发系统性风险的，以及长期不能制止而引发区域性风险的，要依法追究监管部门和相关负责人的责任。因过错导致监管不到位造成食品药品安全、生态环境安全、生产安全等领域事故的，要倒查追责，做到有案必查，有错必究，有责必追。

连云港市人民政府

2016 年 3 月 21 日

市政府关于在全市工业企业中开展技术改造大推进活动的实施意见

连政发〔2016〕29号

各县、区人民政府，市各委办局，市各直属单位：

为深入贯彻落实市委、市政府“产业强市、工业立市”战略，主动适应经济发展新常态，有效面对经济下行压力，全面推动企业挖潜增效，进一步鼓励企业加强技改升级，提升产业核心竞争力，提高工业经济发展质量，经市政府研究，决定在全市工业企业中开展技术改造大推进活动，现制定实施意见如下。

一、指导思想

坚持科学发展、高端发展，切实落实国家、省、市关于更大力度推进企业技术改造的新要求，有效应对“三期叠加”阶段面临的挑战和困难，推动经济结构从增量扩能为主转向调整存量、做优增量并举，以规模以上工业企业技改项目为重点，以加大资金扶持力度、帮助解决项目难题为抓手，以促进产业转型升级、提升企业竞争力为主攻方向，深入挖掘一批技改项目，引导企业加快技术改造，进一步激发企业技术改造的积极性和主动性，顶住经济下行压力，加速产业转型升级，提升技术装备水平，促进产品升级换代，推动全市工业企业做优做强。

二、目标要求

按照“大中小项目齐抓”的原则，对全市范围内工业企业技术改造项目情况进行集中排查梳理，着重摸排规模以上工业企业技术改造项目，建立市、县两级动态项目数据库，对进入数据库的项目，开展集中大推进活动。在全市范围内重点实施新开工、新竣工计划投资3000万元以上重点技改项目各100项以上，为全市工业经济稳步快速发展提供有力支撑。

三、重点任务

各县区要进一步推动工业企业技术改造投入，全面提升工业经济发展的质量和效益，着力推进三项重点工作。

（一）重点推进计划开工技改项目。按照“全覆盖、地毯式、无死角”原则，各县区要逐一联系辖区内工业企业，主动对接规模以上企业，着重拜访重点骨干企业，摸清企业技改意向，掌握2016年企业实施的技术改造项目情况。

（二）重点推进转型升级技改项目。按照“智能化、绿色化”原则，各县区要重点排查一批智能制造、绿色制造等产业链、价值链延伸项目，强化跟踪督查推进，有效实现产业层次提升、装备水平提高、产品质量提档。

（三）重点推进存在难题技改项目。按照“逐个击破”原则，各县区要在集中排查过程中，全面掌握项目存在的困难和问题，针对手续办理、资金短缺等共性或个性难题，实行集中分析、分类整理、逐一解决，切实保障项目推进。

四、活动内容

本次大推进活动贯穿全年，分为三个阶段：

（一）集中排查阶段（3月份下旬至4月上旬）。各县区要组织由领导干部挂帅的精干力量，深入到辖区内重点企业，重点围绕规模以上工业企业，采取现场办公方式，指导和配合企业研究制定2016年企业技术改造升级方案，逐企落实技术改造项目实施推进计划，明确项目实施具体时间节点和任务要求，4月上旬完成技术改造项目情况摸排，并填报摸排情况表格。按照项目投资规模，实行市、县区分级管理机制，分别建立市、县区跟踪管理重点技改项目信息库，落实主体责任，实施动态跟踪、督查推进。

（二）全面推进阶段（4月中旬至12月上旬）。各县区要按照活动方案确定的重点任务，以及辖区内企业技改项目实施计划，全面做好各项工作推进落实。做到主动对接，提高效率，推动项目早开工、快建设；优化服务，强化保障，推动项目早竣工、快达效。通过市、县区两级联动，组织开展“重点项目集中开工”、“竣工项目现场观摩”、“项目难题集中会办”等活动，营造大干快上、比学赶超浓厚氛围，积极帮助项目解决实施过程中的难题，加快推进技改项目计划实施。

（三）检查考核阶段（12月中下旬）。各县区要认真分析总结集中排查活动工作，全面检查剖析辖区内企业技改项目计划实施情况，对实施好的企业表彰奖励，对实施差的企业继续加压推进。年终，市政府将对各县区活动开展情况，特别是企业技改项目计划实施情况进行全面检查考核，评选“先进县区”和“示范技改项目”。

五、保障措施

（一）加强组织领导。各县区要高度重视，把企业技术改造工作作为县区工业经济工作核心内容之一，成立专门推进机构，落实责任主体，制定推进制度，扎实有效地组织开展技术改造大推进活动。实施领导干部挂钩服务推进机制，每个重点技改项目明确一名县区领导挂钩负责，确保工作及时落实到位。

（二）强化落实推进。各县区要按照活动部署，高标准、严要求，确保对辖区内所有企业进行逐企排查，尤其是规模以上企业，摸清项目底数，确保按时保质保量完成工作任务。对列入实施计划的技改项目，掌握推进节点进度，每月跟踪项目建设进展，每季度现场督查推进，及时解决项目实施难题，确保项目按时间节点序时推进。

（三）落实政策扶持。充分发挥市技改专项资金引导作用，创新资金扶持方式，鼓励企业实施智能制造、绿色发展、创新提升、两化融合等领域技术改造项目，加大扶持力度，加快技术改造项目建设推进。支持工业产业基金以股权投资、委托贷款等多种形式，扶持不同类型、不同成长期的企业做大做强。

（四）加强融资服务。依托中小企业融资超市、企业融资信息平台，创新银企合作方式，分区域、分行业开展专场融资对接活动，提高银企对接的针对性和实效性。充分发挥中小企业应急转贷资金的作用，帮助中小企业及时获得金融机构转贷支持，防范和化解中小企业融资风险，支持中小企业发展。

（五）加大难题会办。各县区要及时跟踪项目建设中存在的难题，建立技术改造项目难题解决数据库，动态更新难题解决情况。涉及县区部门的，要拿出针对性措施，“一企一策”，限时解决；涉及市级及以上部门的，由市政府组织召开项目难题协调办公会，重点解决项目存在的环保、规划、土地等问题，全力保障项目实施。

（六）严格督查考评。各县区政府要研究制定大推进活动具体考核办法，加强对所属各责任载体工作的考核，确保活动扎实有序推进和各项目标任务圆满完成。市政府年终组织开展技术改造大推进活动考核评价工作，对成绩突出的县区和企业给予表彰奖励，对活动组织不力、项目推进滞后的县区进行通报批评。

连云港市人民政府

2016年3月28日

市政府关于印发连云港市企业互联网化提升实施计划的通知

连政发〔2016〕32号

各县、区人民政府，市各委办局，市各直属单位：

《连云港市企业互联网化提升实施计划》已经市政府同意，现印发给你们，请认真组织实施。

连云港市人民政府

2016年4月8日

连云港市企业互联网化提升实施计划

为贯彻实施《国务院关于积极推进“互联网+”行动的指导意见》《江苏省企业互联网化提升计划》《江苏省关于加快发展互联网经济的意见》和《中国制造2025连云港行动纲要》，引导企业深化互联网融合创新，加快企业互联网化进程，提升工业经济核心竞争力，特制定本实施计划。

一、总体要求

（一）指导思想

全面贯彻中央、省委的决策部署，落实市委十一届十一次全会和全市经济工作会议精神，牢固树立“创新、协调、绿色、开放、共享”五大发展理念，抢抓“一带一路”建设机遇，高举“产业强市、工业立市”大旗，深刻把握“互联网+”大融合、大变革趋势，充分发挥互联网在企业生产组织、资源配置、产品形态和商业模式的优化集成作用，促进新一代信息技术向研发设计、生产管控、供应链管理、市场服务等环节渗透融合，推动生产方式向柔性、智能、精细转变，增强企业创新能力，支撑产业向中高端迈进，为实现“十三五”时期工业发展总目标开好局、起好步。

（二）基本原则

坚持创新发展。建立以市场为导向、以企业为主体、产学研相结合的创新体系，完善监管服务方式，营造宽松环境，优化科技资源和创新要素配置，全面推动企业开放式创新。

坚持深度融合。推动两化深度融合，促进信息技术在企业生产经营各环节的广泛应用，鼓励传统产业树立互联网思维，引导企业开展基于互联网的各类创新，使互联网成为增强企业核心竞争力的重要手段。

坚持开放共享。加快形成以开放共享为特征的企业互联网化运行模式，鼓励企业基于互联网构建内外联动、优势互补、互利共赢的要素资源集聚、开放、共享体系，提高资源配置效率。

坚持安全有序。健全安全保障体系，完善管理机制，增强安全意识，提高企业对重点管控系统的信息安全防护能力，强化重要信息系统和数据资源保护，确保有序推进企业互联网化提升。

（三）主要目标

按照制造模式先进、创新能力强劲、质量效益领先、生产绿色低碳的发展要求，全面推进企业互联网化提升，到“十三五”末，基本形成以融合创新、开放共享为特征的企业互联网化运行模式和生态体系。具体目标如下：

——到 2016 年，规模以上企业研发设计、生产管理、营销服务等关键环节互联网应用覆盖率达到 50%，关键管控软件应用普及率达到 50%，重点管控系统集成覆盖率达到 25%；大中型企业互联网应用覆盖率达到 65%，关键管控软件应用普及率达到 65%，重点管控系统集成覆盖率达到 35%。

——到 2020 年，规模以上企业研发设计、生产管理、营销服务等关键环节互联网应用覆盖率达到 60%，关键管控软件普及率达到 65%，重点管控系统集成覆盖率达到 45%，电能在线监测数据平台覆盖率达到 50%；大中型企业互联网应用及关键管控软件应用实现全覆盖，重点管控系统集成覆盖率达到 65%。建成 2 — 3 个（全省 100 个）面向重点行业有影响力的互联网化服务平台。

二、重点任务

（一）推进研发设计协同化。重点培育发展协同式研发设计模式。支持企业完善产品研发设计数字化网络化环境，建立及时响应、持续改进、全流程创新的产品研发设计创新体系，发展众创设计、众包设计、用户参与设计等新型研发设计模式，培育一批基于互联网实现设计与生产联动、产学研异地协同研发的示范企业。鼓励企业开放研发设计资源。支持大中型企业在线实时发布研发设计资源，建立虚拟化产品开发网络和面向全社会的研发设计服务平台，为中小企业新产品开发提供工业设计、研发测试、创业孵化、技术转移等开放服务，鼓励有条件的企业发展创客空间、创新工厂，推动研发设计服务领域延伸和服务模式升级。重点支持面向行业协同研发创新平台建设。发挥国家级和省级各类企业研发机构作用，在生物医药和医疗器械、新材料、新能源、智能制造装备等 10 个重点领域建立开放创新交互平台、在线设计中心，提升重点行业互联网协同研发设计水平。

（二）推进生产管控集成化。推进大中型企业关键管控软件一体化规划设计及应用，支持企业资源计划（ERP）、制造执行系统（MES）、供应链管理（SCM）、产品数据管理（PDM/PLM）、客户关系管理（CRM）等关键管控软件的普及推广应用。推进中小企业应用信息化公共服务平台共享软件资源。加快生产设备、装备的互联互通（M2M），集成运用传感网、智能终端、智能控制系统，提升端到端集成水平。加快自动化生产单元推广应用，推动工业网络、智能机器等集成应用，实现生产单元之间的互动协同。加速自动化生产线研发和推广应用，推进生产设备、制造单元、生产线的系统集成和智能对接。推进行业信息物理系统（CPS）的应用，实现设备联网、远程实时监控、生产过程协同、故障智能诊断、决策支持和安全生产监管等功能。实施“企业两化融合管理体系贯标推进计划”。全面开展两化融合管理体系贯标评估，加快培育两化融合咨询服务机构。在大中型企业普及首席信息官（CIO）制度，组织企业开展对标评估，积极培育贯标示范、试点企业。

（三）推进购销经营平台化。实施“企业电商拓市提升计划”。推进企业电商普及应用。支持规模以上企业自建电商平台或应用第三方平台，开展线上购销、供应链管理和创新服务，鼓励发展以销定产、个性化定制等产品销售模式。支持大中型企业构建与上下游企业对接的互联网 + 供应链管理系统，优化供应链管理服务，推广零库存管理模式。在新医药、新材料、新能源、装备制造、冶金、化工等领域培育行业特色平台。

（四）推进制造服务网络化。实施"企企通"工程。加强工业信息基础设施建设规划与布局，完善"网 + 云 + 端"（工业宽带、工业云、工业智能终端）的工业信息基础设施，建设低时延、高可靠、广覆盖的工业互联网。推广重点工业企业及生产性服务企业高带宽专线服务，加快推进宽带网络进企业、入车间、联设备，提升大中型企业高速宽带接入能力。推广工业企业智能用电，创新用电管理新模式，深化电力需求侧管理，提高工业企业电能管理水平，降低用电成本。实施"企业云平台建设计划"，集聚资源支持建设面向重点行业的云服务平台，鼓励重点企业优质信息资源上平台、引导中小企业用平台。推进物联网、人工智能、多媒体技术融入新产品开发，通过在装备和产品中嵌入传感器、数控装置及软件系统，增强产品的信息获取、处理和自适应能力，提高产品的数字化、网络化、智能化水平。发展大规模个性化定制，引导企业运用移动 O2O（线上线下）、云计算、大数据等打造用户聚合平台、多元社交平台，开展基于个性化产品的服务模式创新。加快互联网与工业融合创新。支持企业内部及企业之间生产要素资源共享协同的生产组织创新、服务模式创新和业态模式创新。引导大型数控成套装备、风电、电梯、海工装备智能终端等行业企业基于互联网开展远程维护、质量控制、故障预警、过程优化等在线增值服务，培育一批总集成总承包、协同生产、远程服务、定制服务等融合创新应用典型。

（五）加快技术支撑自主化。支持制造企业、软件和信息服务企业、互联网企业、系统集成企业建立协作机制，开展工控软件、工业大数据、系统集成、协同制造等联合攻关；面向重点行业智能制造单元、智能生产线、智能车间、智能工厂建设，提升工业自动化、信息技术等集成服务企业的架构设计、综合集成和解决方案能力。提升互联网信息服务支撑能力。推动软件和信息服务企业深度参与工业企业研发设计和生产制造过程，提供工业咨询设计、数据挖掘分析、流程优化重组、设备能源管理等服务；推进电商服务企业能力提升，支持省内重点电商平台为我市企业提供电商应用解决方案，选择行业龙头或应用成熟度较高的企业开展试点示范；加快重点行业工业大数据、工业云平台的推广应用，提升"云计算 + 大数据"综合支撑能力。推进工业互联网发展部署，引导企业开展工业互联网、工业大数据、工业软件和信息物理系统（CPS）等技术的应用试点，建立企业主导的产学研协同创新体系。鼓励基于 IPv6、5G、软件定义网络（SDN）等新型技术的工业互联网应用，支持有条件的大中型企业开展工业互联网创新应用示范。

三、2016 年实施计划

(一) 推进两化深度融合

1. 加大企业信息化改造投入力度。促进信息技术与企业设计研发、生产制造、营销管理的全面融合，实现设计数字化、装备智能化、生产自动化、管理网络化、商务电子化。加快两化融合、智能制造、物联网等综合化标准体系建设，深化信息技术在制造企业中的集成应用，加快先进信息技术的普及，促进制造业系统整合和业务协同，打造一批智能制造龙头骨干企业和国际化信息技术企业，实施一批两化融合技改示范工程。

2. 开展两化融合示范试点企业创建。以两化融合示范试点企业为引领，以先进典型带动全市规模企业加速信息化改造提升，以点带线、以线促面，全面提升信息化和制造业融合发展水平。推动企业在研发设计、生产制造、经营管理等重点环节加快信息系统集成应用，在重点骨干企业加快建设统一集成的信息管理平台，实现企业全流程信息共享和业务协同，增强企业资源共享和业务整合能力。2016年，新增两化融合示范试点企业10家。

3. 深入推进“企业两化融合管理体系贯标”活动。全面开展两化融合管理体系贯标评估，加快培育两化融合咨询服务机构，建立市场化贯标模式和机制。在大中型企业普及首席信息官（CIO）制度。积极培育两化融合咨询服务机构，推进数字企业示范建设，组建数字企业创建咨询专家库，组织专家开展数字企业创建咨询诊断活动，认定一批数字企业。2016年，组织2家企业实施两化融合贯标试点，开展200家规上企业对标评估诊断。

（二）推进智能制造

4. 鼓励大中型企业关键管控软件一体化应用。聚焦重点行业关键领域、关键环节、关键工序制造设备的数控化改造和升级换代。支持企业信息化升级改造，促进企业资源计划（ERP）、制造执行系统（MES）、供应链管理（SCM）、产品数据管理（PDM/PLM）、客户关系管理（CRM）等关键管控软件的普及推广应用。2016年，规模以上企业关键管控软件应用普及率达到50%。

5. 加速装备智能化更新。加快互联网与制造业融合创新，促进信息技术集成创新与协同应用。加速装备智能化更新，推动制造业向产业链和价值链高端攀升。在生物医药、高端装备制造等领域推进电气自动化装配、激光自动化焊接等机器人的示范应用；在石化、冶金等领域推进生产过程实时监控、安全生产智能监测预警、能源消耗实时监测等智能控制系统的示范应用；在食品、药品等领域推进生产全过程监测、质量安全信息追溯等大数据分析、智能化软件的示范应用。2016年，发挥康缘药业智能化车间示范带动作用，提升市内重点装备企业智能化水平，创建一批智能车间、智能工厂。

6. 推广智能用电管理。依托电能在线监测系统，开展用电大数据分析、诊断，优化电能管理，进行用电成本分析。2016年，安装电能在线监测并接入省数据监测平台的工业企业数达到200家，组织350家企业参加连云港市工业企业智能用电管理讲座。

7. 推进首台套重大装备推广应用。以工业机器人、数控机床、智能控制系统等首台套重大装备推广应用为重点，做好2016年省首台（套）重大装备及关键部件认定工作和省高端装备制造业特色基地建立工作。2016年认定首台（套）重大装备及关键部件4个以上、高端装备产业基地2个。

8. 推动“地所合作”工作。修改完善“地所合作”实施方案，开展工业机器人推广应用工作，组织召开产需对接会，积极推动716所与我市相关行业的深度合作，与鹰游纺机、天明机械等5家装备企业建立项目合作伙伴关系。在2016年市级工业和信息产业专项资金中设立工业机器人推广应用项目，对本地工业机器人制造企业在本地推广应用工业机器人按照销售额给予一定比例补助。推动筹建工业机器人产业发展基金，为企业提供专业化服务，促进我市工业机器人实现产业化发展。

（三）推进企业研发设计环节协同化

9. 重点培育发展协同式研发设计模式。推进大中型企业研发设计互联网化建设，支持企业完善产品研发设计数字化网络化环境，建立及时响应、持续改进、全流程创新的产品研发设计创新体系，发展众创设计、众包设计、用户参与设计等新型研发设计模式，培育一批基于互联网实现设计与生产联动、产学研异地协同研发的示范企业。2016年，培育5家市级协同研发设计示范企业，组织20家企业、50人次参与3场以上设计产业对接活动，组织3家以上优秀设计企业参与江苏工业设计周活动。

10. 鼓励企业开放研发设计资源。开放研发设计资源，支持重点企业建立协同研发设计云服务平台、开放创新交互平台、在线设计中心。支持大中型企业在线实时发布研发设计资源，建立虚拟化产品开发网络和面向全社会的研发设计服务平台，为中小企业新产品开发提供工业设计、研发测试、创业孵化、技术转移等开放服务，鼓励有条件的企业发展创客空间、创新工厂。2016 年，新增 3–5 家以互联网协同设计为特色的市级工业设计中心，新增 2 个省级工业设计中心，在市级工业扶持资金中对 4 家以上优秀设计单位进行专项扶持。

11. 重点支持面向行业协同研发创新平台建设。以申报江苏省首批制造业创新中心试点为契机，以医药产业为突破，力争成功创建全省首家制造业创新中心（第一批）试点——化学合成类创新药领域，通过典型示范引领，带动我市优势产业面向未来创新发展；开展协同创新，鼓励企业通过信息技术将产业链上下游企业、高校、科研院所等各类资源进行整合，组建为全行业提供关键共性技术服务的创新平台。

(四) 实施企业电商普及工程

12. 落实省“企业电商拓市提升计划”。推进企业电商普及应用。支持规模以上企业开展线上购销、供应链管理和创新服务，鼓励发展以销定产、个性化定制等产品销售模式。支持大中型企业构建与上下游企业对接的互联网 + 供应链管理系统，优化供应链管理服务，推广零库存管理模式。2016 年，将电商拓市工程由以大中型企业为实施重点向全部规模以上企业拓展，引导全市 50 家规模以上企业融入重点电商平台生态体系。

13. 发展重点行业电商服务平台。大力发展重点行业 B2B 平台，在新医药、新材料、新能源、装备制造、冶金、化工、海洋产品等领域培育行业特色平台。积极培育重点细分行业垂直电商平台，依托港口和中哈物流基地优势，大力发展大宗产品电子交易平台。鼓励天马网络等龙头电商企业推广平台运营经验，扩展业务领域，为我市企业开展电商应用提供服务。认真组织电商拓市环省行连云港站活动，支持省重点电商服务平台服务全市企业电商应用。2016 年，重点培育 1 家大宗商品交易平台。

(五) 提升工业信息基础设施水平

14. 提升信息基础设施水平。落实市政府与各运营商战略合作协议，加大全市信息通信基础设施投入力度，重点加快城域网、接入网全光纤化升级改造，建成以 4G 网络为主、WLAN 为补充的无线高速宽带网，全面提升对“互联网 +”的支撑能力。2016 年，城市出口带宽提升至 750G。

15. 开展“企企通”工程申报培育工作。组织企业互联网“企企通”工程试点建设和示范推广，联合各通信运营商，开展“企企通”活动推介活动，为我市工业企业实施“企企通”工程提供优惠、定制化服务解决方案。2016 年，实现全市国家级开发区、高新区 G 级宽带接入能力全覆盖。组织 30 家工业企业和生产性服务企业申报省“企企通”工程。

(六) 完善支撑服务体系

16. 加快发展新一代信息技术产业。加快发展云计算、大数据、物联网、移动互联网等新一代信息技术产业，积极运用现代信息技术推动制造业的智能化、柔性化和服务化，促进大规模定制生产模式创新发展。推动工业企业与本市软件企业、信息服务提供商联合提升企业生产经营管理全过程的数字化水平。2016 年，举办 1–2 次企业互联网服务对接活动。

17. 抓好中小企业公共服务平台建设。根据中央、省要求不断完善中小企业服务体系的要求，着力抓好市县两级综合服务平台建设，依托连云港市中小企业公共服务平台，组织服务机构入驻，积极为中小微企业开展教育培训、信息咨询、市场开拓、融资担保、中介服务、创业辅导、投诉维权等全方位服务。

依托公共服务平台服务大厅、传统互联网和现场服务三大平台，引导签约服务机构开展“进县区、进园区、进企业”活动，为中小微企业提供“量身定制”式贴心服务。推动各县区加快建设完善中小企业综合服务平台，力争实现公共服务网络平台县区全覆盖。

四、保障措施

（一）加大政策支持。认真贯彻落实国家和省发展互联网经济、生产性服务业的财税优惠政策。市级产业投资基金积极投向企业互联网化提升相关项目。通过各级工业和信息产业、技改、现代服务业等专项资金，加大对企业互联网化提升项目的支持力度。对企业研发设计协同化、生产管控集成化、购销经营平台化、制造服务网络化等重点环节提升项目按投资额或固定资产贷款额给予一定比例补助或贴息支持；对企业互联网化支撑体系建设重大技术攻关、企业互联网化专业化服务、企业互联网化示范应用等项目按研发投入或新增销售额给予适当奖补。

（二）提升服务保障。充分发挥各类中介服务机构的桥梁纽带作用，提升市软件行业协会、电子商务产业联盟、计算机学会等中介机构的服务功能。进一步放宽准入门槛，适度推进“一业多会”，优先在先进制造业、战略性新兴产业等领域发展一批新的协会。在重点产业、特色产业和若干战略性新兴产业探索成立专家咨询委员会，打造“企业互联网化提升”民间智库。加强企业互联网化关键领域重要信息系统的安全保障，举办企业互联网安全专题讲座。积极引进境内外产业服务机构，为企业提供专业化诊断服务。

（三）加强人才集聚。完善人才激励机制，加强招才引智载体建设，大力引进制造业创新团队、领军人才。实施企业家素质提升计划、职业经理人培养计划，推进企业经营管理人才职业化、市场化、专业化和国际化，打造一支优秀高级管理人才队伍。适应制造业发展需要，加强技能型人才培养，完善以企业为主体、职业院校为基础，学校教育与企业培养相衔接、政府推动与社会支持相结合的高技能人才培养培训体系，培养一批技术应用娴熟、技能工艺精湛、实践经验丰富的高技能人才。

（四）加强组织领导。把企业互联网化提升作为推进“产业强市、工业立市”的重要抓手，成立市级推进领导小组，强化统筹协调，明确责任分工，严格督查督办，推动政策落实。研究制定连云港市企业互联网化提升实施计划效果评价方案，完善相关统计监测和监督考核机制，定期开展阶段性检查与绩效评估。实行市领导“一对一”挂钩服务重点企业，开展多种形式的政策宣传，帮助企业了解政策、用好政策，推介企业互联网化提升工作的好经验、好办法和好典型，及时帮助企业解决问题。

市政府关于印发连云港市企业制造装备升级实施计划的通知

连政发〔2016〕33号

各县、区人民政府，市各委办局，市各直属单位：

《连云港市企业制造装备升级实施计划》已经市政府同意，现印发给你们，请认真组织实施。

连云港市人民政府

2016年4月8日

连云港市企业制造装备升级实施计划

为贯彻落实《江苏省企业制造装备升级计划》《中国制造2025连云港行动纲要》文件精神，加快企业制造装备升级，推进企业技术进步，提升先进制造水平和质量效益，特制定本计划。

一、总体要求

（一）指导思想。深入落实"产业强市、工业立市"发展战略，以企业为主体，以智能制造为主攻方向，突出数控装备推广应用、高端装备自主制造、产业合作创新提升、重大装备智能改造，加强先进技术装备支撑，提升信息技术深度应用水平，全面提升企业制造装备整体水平，培育和形成经济发展新动力，全力推动制造业向产业链和价值链高端攀升。

（二）基本原则

1.企业主体，市场主导。突出企业主体地位，充分发挥市场配置资源的决定性作用和政府宏观调控引导作用，注重从供给和需求两端发力促进企业制造装备升级，激发企业创新动力和发展活力。

2.聚焦重点，分类指导。聚焦重点产业、关键环节、重要工序，实行分类指导，加强新一代信息技术的深入应用，有序推进制造设备数控化改造和升级换代，夯实制造业智能化发展基础。

3.创新驱动，高端突破。实施创新驱动发展战略，支持企业推广应用新技术、新工艺、新装备、新材料，突破关键核心技术，创新研制技术水平高、带动作用强、安全可控、转型升级亟需的高端智能装备。

4.示范引领，典型带动。创建一批装备制造推广示范企业，推行智能制造模式，以先进典型带动全市规模企业加速智能装备改造提升、提档升级，以点带线，以线带面，引领和带动制造业企业全面加强装备更新改造。

二、主要目标

（一）智能化水平明显提升。到“十三五”末，全市规模以上企业制造装备智能化水平大幅提升，关键工序核心装备数控化率超过 80%，大中型企业实现全覆盖。2016 年，全市规模以上企业关键工序核心装备数控化率达到 50% 以上，大中型企业达到 60% 以上。

（二）示范引领成效显著。到“十三五”末，全市智能制造装备研发应用进一步提升，互联网与制造业融合的深度和广度进一步拓展，创建 20 个省级示范智能车间，推进示范智能工厂建设，每年实施 10 个以上智能制造示范项目。2016 年，创建 3 个示范智能车间。

（三）智能装备生产应用水平提高。到“十三五”末，全市工业机器人年产量达 500 台套，新认定首台（套）重大装备及关键部件 15 个，其中首台（套）重大智能制造装备及生产线 5 个以上。2016 年，全市工业机器人生产能力 40 台套以上，认定首台（套）重大装备及关键部件 4 个以上。

三、重点工作与任务

（一）突出重点领域，加快智能装备推广应用

1. 支持优势产业装备全面提升。支持石化、装备制造、医药等优势产业，围绕国内、国际前沿技术装备，积极运用智能成套装备，成体系建设智能化生产线，提高产品性能稳定性和管理控制水平。在医药领域重点推进产品质量全程追溯等方面的推广应用；在装备制造领域重点推进激光自动化焊接等方面的推广应用；在石化领域重点推进生产过程实时监控、安全生产智能监测预警等方面的推广应用。2016 年，在优势产业领域重点推进建设智能车间 6 个以上。

2. 支持新兴产业装备加快突破。支持新材料、新能源、新信息技术等新兴产业，在关键环节和关键工序推进智能制造单元、装备智能化升级、工艺流程改造、基础数据共享。在新材料领域重点推进关键工序核心装备升级换代、设计生产联动协同等方面的推广应用；在新能源领域重点推进智能控制系统等方面的推广应用；在电子制造领域重点推进智能电子生产线、产品生产在线监测系统等方面的推广应用。2016 年，在新兴产业领域重点推进建设智能车间 5 个以上。

3. 支持传统产业装备改造升级。支持冶金、化工、食品等传统产业，更新和淘汰一批低端落后装备和生产线，鼓励企业按照绿色发展要求采用先进高效装备。在食品领域重点推进生产全过程监测、质量安全信息追溯等大数据分析、智能化软件的推广应用；在冶金、化工领域重点推进实时监控、自动化专用设备等先进装备，优化改进工艺流程和组织方式，实现关键工序核心装备升级换代。2016 年，在传统产业领域重点推进建设智能车间 4 个以上。

（二）突出创新驱动，提升智能装备制造水平

4. 加快企业研发水平提升。加快实施创新驱动发展战略，鼓励智能制造企业的各类研发机构改造提升，支持企业运用自身和外在力量，以自主研发专利、引进高端技术成果、消化吸收再创新的技术成果等为重点，研发推广应用新技术、新装备，推动数字化控制技术在装备制造龙头产品上的应用，研发一批自动化、智能化、成套化设备，力争数控智能装备研发取得突破，争取认定一批国内先进、关键技术具有自主知识产权的首台（套）重大装备和成套生产线。2016 年，在省重大自主装备研制攻关招标项目争取上取得突破，获得认定高端装备产业基地 2 个。

5. 加快现有装备改造优化。支持企业积极运用智能控制系统、工业应用软件、能源管控软件、故障诊断软件、传感和通信系统协议等软件系统、通信技术对现有装备进行适应性改造，提升现有装备的可

接入水平和装备间数据交换能力。推动基础制造装备智能化改造，鼓励应用先进传感技术、数字化控制系统、数字化仪器仪表等先进数控技术改造基础制造装备，大幅提升现有装备的加工效率、生产精度和控制水平。加快信息技术集成应用，提升现有装备的可接入水平和装备间数据交互能力。2016年，组织信息化专家咨询团队，开展“信息化专家进企业”等专项活动，强化交流对接，推进50台以上现有装备实现改造优化。

（三）突出典型引领，推进智能制造示范建设

6. 实施智能示范工程。推广智能制造先进示范典型，加快推行智能制造新模式；鼓励重点行业企业主导、参与制订智能制造国家标准；按照省示范智能车间建设标准和认定办法，储备一批、认定一批、建设一批有行业和地区影响力的智能车间、智能工厂，重点行业成为全省智能制造先行示范，发挥重点产业企业典型示范作用，带动行业类一批企业加快建设智能车间。2016年，重点支持康缘药业主导或参与制定中医药智能制造国家标准，创建省级示范智能车间、智能工厂3个以上。

7. 实施项目引领工程。加快实施一批智能制造重点技改项目，发挥重点产业、重点领域、重点企业项目的示范引领作用，强力推进智能制造，突出企业智能化改造项目的实施，支持企业重点围绕装备智能化水平提升、装备互联互通、生产过程调度、产品信息追溯等方面实施智能化改造项目，加速装备智能化更新，带动智能制造广泛推行，全力推动制造业向产业链和价值链高端攀升。2016年，重点推进智能制造技改示范项目10个以上。

（四）突出协作融合，深化智能制造产业合作

8. 引导生产企业与需求企业加强合作。强化产业链上下游企业协作配套，引导生产与应用智能制造装备的双方加强合作，从装备技术供给侧和智能制造需求侧同时发力，围绕需求方专属需求，开发符合企业整体、智能车间建设、专门生产线的专用装备，实现“专属定制”生产。2016年，在本市范围内，组织开展产品供需企业对接活动2次以上，同时积极组织市优势装备制造企业参加国家、省重要展会。

9. 引导软件企业与制造企业加强合作。深化智能制造技术合作，重点支持我市有需求的工业企业与716所等科研单位共同研发工业机器人、首台（套）智能制造装备及生产线成套设备，联合本市软件企业开发先进工业控制软件系统，开发一批智能制造相关软件产品，打造智能制造合作项目。2016年，建立工业企业智能制造项目数据库和软件信息服务业产品库，组织召开全市工业企业和软件信息服务企业对接活动，培育软件与信息服务企业参与智能制造项目3个以上。

（五）突出行业需求，加快突破机器人生产应用

10. 推进关键环节机器人应用。以项目推进、工程示范、行业推广为主要手段，推进机器人应用示范工程项目建设，重点行业机器人密度（每万名员工使用机器人台数）位居苏北前列。支持装备制造、食品加工、纺织、轻工等行业企业针对部分劳动强度大、技术要求高、流程和产能瓶颈等生产环节，运用工业机器人替代换岗，切实提高劳动生产率和产品质量一致性。支持民爆、化工等特殊行业企业运用安防、排爆、救援等特种机器人替代换岗，提高企业安全生产水平。2016年，组织开展重点装备行业企业机器人对接洽谈活动，实现10个以上工业机器人替代换岗。

11. 推进机器人制造能力提升。支持我市杰瑞自动化公司等重点机器人生产厂家，充分发挥自身技术、人才优势，加大企业实体投入，加快工业机器人智能装备快速发展，工业机器人智能装备在金属浇铸、压铸、机床上下料等细分行业，成为行业知名供应商。同时，加快引进国内外知名的机器人研发和制造

企业、系统集成商和设备服务商，形成完整的智能装备制造产业体系。2016 年，培育或引进 1 家机器人研发制造企业，全市机器人生产能力达 40 台套以上。

四、保障措施

（一）加强统筹协调。在制造强市建设领导小组统一领导下，建立上下联动推进工作机制，协调相关部门和县、区共同推进企业制造装备升级。每年制定推进方案，细化目标任务，明确工作责任，建立监测体系，加强督促检查和考评，确保实施计划取得实效。

（二）落实优惠政策。全面落实国家增值税转型、进口设备免关税、企业研发费用加计扣除、固定资产加速折旧、高新技术企业、科技成果转化、科技人员激励、国产设备首购首用、重大装备（首台套）保险补偿和重大产业项目中的先进制造业用地支持、信贷支持等优惠政策。

（三）加大政策支持。充分发挥市技改专项资金引导和撬动作用，创新资金扶持方式，重点支持一批有效投入大、建设进展快、产出效益好、技术设备先进的项目，对企业购置数控智能设备、采用软件改造现有装备等领域给予重点资金扶持，鼓励企业加快设备更新升级，加大工业有效投入，提高产品附加值，推进技术改造步伐。

（四）加大融资服务。依托中小企业融资超市、企业融资信息平台，创新银企合作方式，开展装备制造升级专场融资对接活动，提高银企对接的针对性和实效性。充分发挥中小企业应急转贷资金的作用，帮助企业及时获得金融机构转贷支持，保障企业顺利实施装备升级。

（五）强化人才支撑。依托高等院校、职技学院和相关培训机构，加强与国际研究机构合作，搭建人才引进与技术交流平台，开展智能制造人才、职业经理人等培训。全面推行企业新型学徒制，大力引进和培养一批熟练掌握生产技术和工艺的急需紧缺高技能人才，培养一批熟悉智能制造和智能服务的企业复合型管理人才。

（六）注重宣传引导。围绕工业企业技术改造大推进活动，引导企业加大智能技术设备投入。利用报刊、广播、电视、网络等新闻媒体，对企业制造装备升级的成功案例、示范项目开展系列专题报道，树立先进典型，强化示范带动，在全社会营造关注支持企业推进智能制造、加快装备升级的良好氛围。

市政府关于降低实体经济企业成本的实施意见

连政发〔2016〕68号

各县、区人民政府，市各委办局，市各直属单位：

为深入贯彻《省政府关于降低实体经济企业成本的意见》（苏政发〔2016〕26号，以下简称《意见》），加快推进供给侧结构性改革，切实降低实体经济企业成本，进一步优化发展环境，结合我市实际，现提出如下实施意见。

一、切实减轻企业税费负担

（一）深入推进涉企清费减负。深化行政事业性收费和经营服务性收费清理，适时出台年度行政事业性收费和经营服务性收费目录清单，建立涉企收费月度研判机制，2016年清理收费项目15项以上。不得违规设立收费基金项目。组织开展各类收费减免政策落实情况、行政审批中介服务收费、银行收费、进出口环节收费等专项检查，严格查处乱收费行为。采取日常督查与重点检查相结合，对各类收费目录清单进行全方位、立体化监督检查，建立涉企价格举报快速查处机制，10个工作日内完成对涉企价费问题调查，15个工作日内对涉企价费举报处理完毕。（市物价局、财政局、审计局）

（二）清理审批中介服务和社团收费。清理规范行政审批中介事项，公布作为行政审批受理条件的中介服务项目清单，对极少数垄断性较强、短期内无法形成充分竞争的行政审批中介服务，实行政府定价管理，制定出台《市政府定价的涉企行政审批中介服务收费项目目录》《涉及行政审批中介机构信用评价方法》。推进涉及审批中介机构和行业协会（商会）在人、财、物等方面与行政机关及其事业单位脱钩，加强事中事后监管。严禁以各种方式强制企业加入社团、违规收费、赞助捐赠、订购报刊、参加培训、指定服务等。（市审改办、物价局、发改委、工商局、政务办、民政局、财政局）

（三）落实好普惠性和结构性减税政策。以全面实施“营改增”工作为契机，落实国家结构性减税措施。落实有关固定资产增值税抵扣、劳动密集型产品出口、固定资产加速折旧、小微企业减税等相关政策，降低企业综合税负水平。积极培育国家高新技术企业，落实好高新技术企业所得税优惠政策。对符合条件的小微企业按有关规定免征教育费附加、地方教育附加、水利建设基金、文化事业建设费、残疾人就业保障金等政府性基金。指导企业做好税收优惠政策备案工作。（市财政局、科技局、国税局，连云港地税局）

（四）为企业提供便捷高效的纳税服务。优化出口退税服务，加快出口退税进度，确保在出口企业申报出口退税后15个工作日内审批结束，并办理退库手续，提高出口企业资金周转效率，降低出口企业资金成本。指导支持企业设置研发费用辅助账，简化对研发费用的归集和核算管理，简化备案资料，全面落实研发费用加计扣除政策。（市财政局、科技局、国税局，连云港地税局）

二、有效降低企业融资成本

（五）加强商业银行窗口指导。充分发挥市场利率定价自律机制作用，加强银行机构定价行为自律，维护存贷款利率定价秩序，落实国家降息政策。引导金融机构对市场前景好、暂时遇到困难的企业不断贷、不抽贷。认真贯彻落实人民银行等八部委《关于金融支持工业稳增长调结构增效益的若干意见》，用好和创新金融供给。鼓励金融机构服务好实体经济，力争2016年社会融资规模达到530亿元。（人行连云港市中心支行、连云港银监分局）

（六）优化中小企业金融服务。指导金融机构优化内部定价流程，创新产品模式，分散风险机制。强化小微企业“专项规模、专职团队、专属产品、专业流程、专门风控和专有考核”的“六专”机制建设，加快发展知识产权、股权、仓单、订单、应收账款等质押贷款和供应链融资业务，加大对科技、文化、现代服务业和战略性新兴产业小微企业的支持。推广“税e融”“苏科贷”等创新产品模式和“转期贷”“年审制”等还贷方式，扩大小微企业信贷覆盖面，降低小微企业过桥融资成本。（人行连云港市中心支行、连云港银监分局）

（七）支持小微企业转贷续贷。实施《连云港市中小企业应急转贷资金管理办法》，发挥各级中小企业应急转贷资金作用。支持国有担保公司做大做强，提升担保能力。推进小微企业转贷方式创新试点工作，参与试点的各银行业机构对符合条件、有转贷需求的小微企业建立准入名单。引导银行业机构对有市场、有竞争力、有效益、暂时遇到困难的企业不断贷、不抽贷。（市经信委、金融办、人行连云港市中心支行、连云港银监分局）

（八）引导金融机构规范经营。加大对金融机构收费项目的检查、督查力度，清理规范金融机构收费项目，减少收费环节，降低企业融资非利息成本。严格落实“七不准”“四公开”和“两禁两限”要求，规范对企业特别是小微企业融资收费行为。（连云港银监分局）

（九）拓宽企业融资渠道。实施连云港市上市企业培育行动计划，建立市级拟上市（挂牌）后备企业资源库，梯次推进企业改制上市和场外市场挂牌。到2020年，力争全市上市企业达到15家以上，“新三板”挂牌企业超过60家。鼓励发展私募股权融资，支持企业通过股权融资实现债转股。进一步扩大企业债券、公司债券和银行间市场债务融资工具发行规模。支持国有企业开展资产证券化业务。支持省级以上园区、科技企业孵化器建立天使投资（种子）资金（基金），引导天使投资支持种子期、初创期科技型小微企业。（市金融办、人行连云港市中心支行、连云港银监分局、财政局、科技局、经信委）

三、着力降低制度性交易成本

（十）深化行政审批制度改革。推进投资项目监管平台应用进程，依托该平台实现投资项目审批、核准、备案的“一窗受理、联合办理、依责监管、全程监察”。推行“多图联审”“多评合一”，做到“一个窗口管审图”“一张表格管评估”。推行多部门“一车式”的联合测绘、联合踏勘、联合验收，探索“容缺预审”“限时补报”项目审批机制。（市审改办、政务办、发改委、各有关部门）

（十一）完善“三证合一、一照一码”制度。进一步简化流程，下放登记权限，深入推进审批便利化。探索企业名称登记、简易注销改革，落实住所登记改革措施。落实“先照后证”改革，严格执行企业登记前置、后置审批目录，严格履行“双告知”职责。积极开展企业登记全程电子化试点，提高网上办照比例。（市政务办、工商局、质监局）

（十二）优化施工图审查流程。对工业项目减少审查前置条件，实行“容缺接审”，优先安排审查，缩短审查时限。对一般性工业项目，接审后在3个工作日内出具审查意见；复杂的工业项目，5个工作日内出具审查意见。设计单位应按要求进行整改并回复，审图中心在接到回复意见后及时出具审查合格

证。（市建设局、建设施工图审查中心）

（十三）规范涉企行政执法。推进综合执法改革，严格按照《关于加强行政执法规范化建设的意见》，规范行政执法程序和行政执法行为，全面推行全程“说理式”执法，说清事理，说透法理。定期发放《涉企行政执法权利义务告知书》，建立“涉企行政执法终端反馈卡”。采取规劝提示、警示告诫等行政指导方式，引导企业合法经营。（市法制办、各有关部门）

四、降低企业生产要素成本

（十四）降低用地成本

1. 实行差别化工业用地政策。经认定符合我市产业导向的战略性新兴产业项目可以按照工业用地最低保护价确定出让底价。鼓励建设四层及以上配工业电梯的多层标准厂房，标准厂房的城市基础设施配套费全额免征。多层标准厂房建成后，在不改变功能和土地用途的前提下，可对房产、国有建设用地使用权分割转让。对符合规划、不改变用途的现有工业用地，提高土地利用率和增加容积率的，不再增收土地价款。（市国土局、发改委、经信委）

2. 降低工业用地成本政策。对工业用地鼓励采取长期租赁、先租后让、租让结合、弹性出让等方式供应，土地出让起价和租金的年期修正还原利率按照国有大型银行五年期存款利率确定。出让年限届满的工业用地，续期出让价格可以结合产业门类、用地年限等进行修正。降低企业首次用地成本，承租土地使用权可以转让、转租和抵押。（市国土局）

（十五）降低物流成本

1. 推进企业物流便利化。规范港口、机场、铁路经营服务性收费，落实国家和省“绿色通道”及取消船舶港务费相关政策。科学制定城市配送车辆的管理措施，针对不同的配送区域、货物类型和车辆类型，实施分类管理的通行政策，保证配送车辆合理通行数量。规范通行证审批，优化通行环境。（市物价局、交通局、公安局）

2. 优化企业报检通关服务。充分发挥连云港口岸优势作用，深入推进检验检疫区域一体化，先行先试自由贸易区可复制政策，帮助企业充分利用自贸区关税优惠政策扩大进口。严格执行出口产品减免检验检疫费、小型微型企业免收一般原产地证书费、一般原产地证工本费等优惠政策。（连云港出入境检验检疫局、海关）

（十六）降低社保成本

1. 降低企业社会保险缴费。2016 年 1 月 1 日至 2018 年 12 月 31 日，我市失业保险费率暂由 2% 降至 1.5%，其中用人单位缴费比例为 1%，个人缴费比例为 0.5%。自 2016 年 1 月 1 日起工伤保险费率行业分类由三个行业调整为八个行业，工伤保险平均费率降低 0.1 个百分点。困难企业暂时无力缴纳社会保险费的，在提供有效缴费担保后，经批准最长可缓缴除基本医疗保险费之外的社会保险费达 6 个月。（市人社局、财政局，连云港地税局）

2. 实施企业稳岗补贴政策。2015—2020 年对依法参加失业保险并足额缴纳失业保险费，上年度未裁员或裁员率低于统筹地区城镇登记失业率的所有本市企业，按该企业及其职工上年度实际缴纳失业保险费总额的 50% 给予补贴。稳岗补贴主要用于职工生活补助、缴纳社会保险费、转岗培训、技能提升培训等相关支出。（市人社局、财政局）

3. 加大企业职工培训补贴。企业在依法提取和使用职工教育经费后，职工技能培训费用不足部分，由地方财政在其缴纳的地方教育附加费额度内予以补助。各级财政安排专项资金加大对企业职工培训的支持力度。（市人社局、财政局）

五、强化各项推进保障措施

（十七）贯彻落实省市降成本政策。进一步明确各级政府、各职能部门工作职责，督促各相关单位加强协调配合，将省政府《意见》提出的 32 项政策贯彻实施到位。对“降低电价”、“暂停征收防洪保安资金”等政策措施，要确保不折不扣执行到位。对“降低融资成本”、“降低制度性交易成本”等工作要求，要结合我市实际情况制定具体推进措施。对各项奖励和扶持政策，要做好与省级部门对接和争取工作。各县区政府、各职能部门要于 7 月中旬前出台本意见政策措施的实施细则。（各县区政府、园区管委会，市各有关部门）

（十八）进一步强化为企服务。深入开展“2016 企业服务年”活动，树立全天候服务理念，着力解决企业发展涉及的项目报批、土地、资金、人力、配套设施等要素保障问题，积极营造宽松的市场经营和投资环境，保护各种所有制企业产权和合法利益，推动企业创新创业，提振发展信心。（各县区政府、园区管委会，市各有关部门）

（十九）加强督查问责。进一步加强对各项涉企、惠企政策执行落实情况的监督检查，健全追责机制，对不作为、乱作为、慢作为导致政策执行不力、工作落实不到位的单位或个人，按照有关规定进行严肃问责，并公开通报曝光。加强对各种收费行为的规范整治，坚决查处乱收费、乱摊派行为。（市督查办、物价局、审计局、监察局）

（二十）加强宣传引导。开展“进基层、进园区、进企业，送政策、送培训、送服务”的“三进三送”活动，加强对降成本各项政策的解读指导，使广大企业及时知晓政策，准确理解政策，用足用好政策。新闻媒体要密切配合，广泛宣传各项惠企政策，营造全社会关心支持企业降本减负的舆论氛围。加强对典型企业的正面宣传，鼓励引导企业敢于创新、做强主业，形成推进实体经济发展的良好局面。（各县区政府、园区管委会，市各有关部门）

连云港市人民政府

2016 年 6 月 23 日

市政府关于印发连云港市水污染防治工作方案的通知

连政发〔2016〕69号

各县、区人民政府，市各委办局，市各直属单位：

《连云港市水污染防治工作方案》已经市政府同意，现印发给你们，请认真组织实施。

连云港市人民政府

2016年6月23日

连云港市水污染防治工作方案

为全面深入推进我市水污染防治工作，改善水环境质量，根据国务院《水污染防治行动计划》、《江苏省水污染防治工作方案》，结合我市实际，制定本工作方案。

总体要求。全面贯彻党的十八大和十八届三中、四中、五中全会精神，深入落实习近平总书记系列重要讲话精神，按照“五位一体”总体布局和“四个全面”战略部署，牢固树立和贯彻落实五大发展理念，大力推进生态文明建设，以水环境质量改善为核心，按照“节水优先、空间均衡、系统治理、两手发力”原则，贯彻“安全、清洁、健康”方针，坚持水陆统筹、河海协同、城乡并重、地表地下联动、好水差水齐管，坚持保护优先，强化源头预防，优化末端治理，提升监管水平，对江河湖海实施分流域、分区域、分阶段科学治理，系统推进全市水污染防治、水资源管理和水生态保护。坚持政府市场协同、全面依法推进、落实各方责任、全民共同参与，形成“政府统领、企业施治、市场驱动、公众参与”的水污染防治新机制，推进连云港水污染防治工作跨越式发展，全力实现连云港水污染防治力度与水平显著提升，切实改善全市水生态环境，为建设“绿水、青山、碧海、蓝天”的美丽连云港而奋斗。

工作目标。到2020年，全市水环境质量得到阶段性改善。污染严重水体大幅度减少，饮用水安全保障水平持续提升，地下水资源采用得到严格管理，地下水污染得到有效控制，近岸海域环境质量稳中趋好，水生态环境状况有所好转。到2030年，全市水环境质量总体改善，水生态系统功能基本恢复。到本世纪中叶，水生态环境质量全面改善，水生态系统实现良性循环。

主要指标。到2020年，地表水省级以上考核断面水质优良（达到或优于Ⅲ类）比例达到72.7%以上。县级以上集中式饮用水水源水质达到或优于Ⅲ类比例总体达到100%，丧失使用功能（劣于Ⅴ类）的水体基本消除，地下水、近岸海域水质保持稳定。2019年，城市建成区黑臭水体基本消除。

到 2030 年，地表水省级以上考核断面水质优良（达到或优于Ⅲ类）比例达到 77.3% 以上，县级以上集中式饮用水水源水质达到或优于Ⅲ类比例保持 100%。

一、推进经济结构转型升级，加强水污染源头预防

（一）水资源水环境承载能力监测评价

实施水资源水环境承载能力监测评价管理。加快建立水资源、水环境承载能力监测评价体系。2020 年，完成全部市、县域水资源、水环境承载能力现状评价。超过承载能力的地区要制定并实施水污染物削减方案，加快调整发展规划和产业结构。〔市水利局、环保局牵头，市发改委、建设局、海洋与渔业局等参与，县（区）人民政府负责落实。以下均需县（区）人民政府落实，不再列出〕

研究建立海洋资源环境承载能力监测评价体系，重点开展海州湾资源环境承载能力监测评价工作。（市海洋与渔业局牵头，市环保局、发改委等参与）

（二）优化空间布局

严格保护生态空间。严格饮用水水源保护区、清水通道维护区、海洋特别保护区、重要水源涵养区、重要生态湿地等涉水红线区域保护。以“八湖（蔷薇湖、大圣湖、塔山湖、石梁河水库、西双湖、房山水库、硕项湖、香河湖）六河（蔷薇河、通榆河、新沭河、善后河、新沂河、青口河）一区（云台山景区）二岛（东西连岛、秦山岛）”为载体，构建以“石梁河水库—新沭河—临洪河”、“安峰山—锦屏山—云台山—蔷薇河”、“古泊善后河”和“新沂河”等生态廊道为“四横”，“马陵山—李埝林场—石梁河水库—小塔山水库—吴山”、“绣针河口—秦山岛—临洪河滨海湿地—连岛—埒子河口—灌河口”和“通榆河”清水廊道为“三纵”的生态网络格局。（市环保局牵头，市发改委、建设局、水利局、林业局、海洋与渔业局等参与）

土地开发利用应保证生物栖息地、鱼类洄游通道、重要湿地等生态空间及空间连续性，非法挤占的要限期退出。（市国土局牵头，市环保局、林业局、建设局、水利局、海洋与渔业局等参与）

严格城市规划蓝线管理。开展城市规划蓝线现状调查，确保在城市规划区内保留足够的水域面积。（市建设局牵头，市规划局参与）

严格控制建设项目占用水域管理，实行占用水域等效替代制度，确保水域面积不减少。（市水利局负责）

加强自然岸线保护。开展海岸线利用现状调查，严格岸线用途管制，建立顺岸式围填海岸线占用补偿机制，确保顺岸式围填海形成的新增岸线长度不少于占用长度。（市海洋与渔业局负责）

合理确定发展布局、结构、规模。把主体功能区、生态红线、城市规划蓝线作为城市、产业规划布局的前置条件，并充分考虑水资源、水环境承载能力。重点行业建设项目严格依据水资源、水环境承载能力评价结果布局。以 3 个国家级园区（市开发区、徐圩新区、市高新区）和 6 个省级园区〔海州经济开发区、连云经济开发区、赣榆经济开发区、东海经济开发区、江苏连云港（堆沟港）化学工业园、灌云经济开发区〕以及灌云县临港产业区、赣榆区柘汪临港产业区等市县级工业园区为载体，重大项目原则上布局在优化开发区和重点开发区，并符合城乡规划和土地利用总体规划。鼓励发展节水高效现代农业、低耗水高新技术产业以及生态保护型旅游业，沿海地区发展港口物流、船舶及海洋工程装备、新能源、海洋生物等产业。加强产业集群、产业基地的空间和产业关联配置，采用绿色低碳循环技术，建立区域产业关联循环体系。（市发改委、经信委牵头，市国土局、环保局、建设局、水利局、海洋与渔业局等参与）

推动城区污染企业退出。2016年,各县(区)全面排查城市建成区现有化工、印染、钢铁、有色金属、造纸、原料药等污染较重企业，制定污染企业改造退出方案和清单。德邦兴华股份有限公司于2017年年底前完成搬迁退出任务。到2020年，全面完成城市建成区污染较重企业改造退出任务。(市经信委牵头，市发改委、环保局、建设局等参与)

(三)调整产业结构

依法淘汰落后产能。严格执行国家部分工业行业淘汰落后生产工艺装备和产品指导目录、产业结构调整指导目录、省工业和信息产业结构调整限制、淘汰目录和能耗限额，围绕水质改善目标，结合转型升级要求，自2016年起，分年度制定、实施全市落后产能淘汰方案。综合运用价格、环保、土地、市场准入、安全生产等多种手段，加快推进造纸、印染、制革、化工等重污染行业以及高耗水、高污染、低产出等落后产能的淘汰。鼓励企业主动提高标准淘汰低端产能。对未完成淘汰任务的县(区)，暂停审批、核准和备案新建、扩建项目，减排治污、生态保护类项目除外。(市经信委牵头，市发改委、环保局、物价局、国土局、规划局、安监局等参与)

严格环境准入。根据流域水质目标、主体功能区划、生态红线区域保护规划等要求，制定并实施差别化环境准入政策，建设项目污染物排放总量实施等量或减量置换。提高高耗水、高污染行业准入门槛，限制高耗水型产业项目建设。淮河流域限制发展高耗水产业，沿海地区严格控制新建医药、农药、染料中间体和中重度污染化工项目。严格执行国家、省重金属污染防治相关区域控制要求。(市环保局牵头，市发改委、经信委、建设局、水利局、海洋与渔业局等参与)

二、加强治理设施建设运行，全面控制污染物排放

(四)工业水污染防治

取缔“十小”企业。全面排查装备水平低、环保设施差的小型工业企业，按照依法取缔及省方案的要求，开展不符合产业政策的小型造纸、制革、印染、染料、炼焦、炼硫、炼砷、炼油、电镀、农药等“十小”行业以及小型化工、塑料等行业的取缔整治工作，制定取缔方案和取缔项目清单。2016年年底前全面取缔到位。(市环保局牵头，市发改委、经信委等参与)

整治“十大”重点行业。推进企业循环化、清洁化改造，促进企业转型升级。2016年，制定造纸、焦化、氮肥、有色金属、印染、农副食品加工、原料药制造、制革、农药、电镀等“十大”重点行业以及化工、炼油、酒和酒精制造等行业的专项整治方案，建立清洁生产企业清单和清洁化改造项目清单，全面推进清洁化改造。2017年年底前，造纸行业力争完成纸浆无元素氯漂白改造或采取其他低污染制浆技术，钢铁企业焦炉完成干熄焦技术改造，氮肥行业尿素生产完成工艺冷凝液水解解析技术改造，印染行业实施低排水染整工艺改造，制药(抗生素、维生素)行业实施绿色酶法生产技术改造，制革行业实施铬减量化和封闭循环利用技术改造,农药和染料等行业实施高浓度含盐废水综合利用技术改造。(市环保局牵头，市经信委、发改委等参与)

强化工业集聚区水污染治理。开展县级以上经济开发区、高新技术产业开发区、出口加工区等各类工业集聚区废水预处理、污水集中处理设施和自动在线监控装置排查，全面推行工业集聚区企业废水、水污染物纳管总量双控制度，重点行业企业工业废水实行“分类收集、分质处理、一企一管”，集聚区内企业废水必须经预处理达到集中处理要求，方可进入污水集中处理设施。完善工业集聚区污水收集配套管网，开展工业集聚区污水处理厂升级改造。新建、升级工业集聚区应同步规划、建设污水、垃圾集中处理等污染治理设施。2016年年底前，按照国家和省规定要求，全面完成工业集聚区基础设施建设，工业集聚区污水集中处理设施和区内企业废水预处理设施安装自动在线监控装置。逾期未完成的，一律暂停审批和核准其增加水污染物排放的建设项目，并依照有关规定撤销其园区资格。全面整治化工园区，化工企业未达接管要求的一律限期治理，所有园区及企业均建成自动监测预警系统。加强工业污泥集中处理设施建设，确保工业污泥得到安全处置。对工业集聚区污水处理厂、重点行业废水处理设施产生污泥危险废物属性不明的，开展危险特性鉴别工作。2020年年底前，工业园区污水处理厂的污泥无害化处理处置率达到100%。（市环保局牵头，市科技局、经信委、商务局等参与）

（五）城镇水污染防治

加快城镇污水处理厂建设与提标改造。全面推进城镇污水处理设施建设，加快推进建制镇污水处理设施的整合进程，提高污水集中处理设施运行效率。到2018年，建制镇污水处理设施建设全覆盖。到2019年，城市、县城污水处理率分别达到95%、85%。到2020年，全市新增污水处理能力达10万立方米/日以上，全市镇级以上污水处理厂全部运行。加快推进污水处理设施提标改造，所有县级以上城市污水处理设施于2016年年底前达到一级A排放标准。建立统一规划布局、统一实施建设、统一组织运营、统一政府监管的“四统一”的建制镇污水处理模式。有条件的地区可在污水处理厂末端增加人工湿地，进一步提高污水处理效果。强化污水处理设施运行监管，加快推进市城镇污水处理监管信息平台建设，构建覆盖全市的基础信息体系、考核评估体系和监督管理体系，2017年年底前完成市级监管平台建设。（市建设局牵头，市发改委、水利局、环保局等参与）

全面加强配套管网建设。坚持厂网并举、管网先行原则，新建污水处理设施的配套管网应同步设计、同步建设、同步投运。2020年，市、县建成区污水基本实现全收集、全处理。全面开展城镇建成区污水收集和处理现状排查，制定管网改造计划，加快现有合流制排水系统改造，努力建成由“用户—支管—干管—污水处理厂”组成的路径完整、接驳顺畅、运转高效的污水收集系统，优先、强力推动城中村、老旧城区和城乡结合部的污水截流、收集，难以进行改造的，应采取截流、调蓄和治理等措施。城镇新区必须全部规划、建设雨污分流管网，市区和有条件的县城区要推进初期雨水的收集、处理和资源化利用。加强城镇排水与污水收集管网的日常养护工作，提高养护技术装备水平，规范排水行为。到2020年，全市新增污水管网长度500公里以上。（市建设局牵头，市发改委、环保局等参与）

加强推进污泥处理处置。遵循“区域统筹、合理布局”原则，按照“减量化、稳定化、无害化、资源化”要求，加快建设集中式城镇污水处理厂污泥综合利用或永久性处理处置设施，强化源头削减，禁止处理处置不达标的污泥进入耕地。2016年，各县（区）全面开展城镇污水处理设施污泥的产量、泥质、运输和处理处置现状排查，取缔非法污泥堆放点；完成污泥综合利用或处理处置设施建设与改造计划的编制工作。2017年年底前，全面完成现有污泥处理处置设施达标改造，市区建成污泥综合利用和永久性处理处置设施。2020年年底前，实现各县（区）永久性污泥处理处置全覆盖，无害化处理处置率达到100%。强化污泥转运监管，严格执行污泥转运“联单制”，污泥运输工具安装GPS。（市建设局牵头，市环保局、发改委、经信委、农委等参与）

（六）农业农村水污染防治

强化畜禽养殖污染防治。优化养殖业布局。按照“种养结合、以地定畜”的要求，科学规划布局畜禽养殖，合理确定养殖区域、总量、畜种和规模，以充足的消纳土地将处理后的畜禽废弃物就近还田利用。强化畜禽养殖分区管理，2016年年底前，市、县人民政府根据畜禽养殖发展规划、生态红线区域保护规划等相关规划要求划定禁养、限养和适养区，报上一级相关部门备案，并对社会公开。全面开展养殖业调查，明确规模化养殖场清单，列出禁养区需关闭搬迁的养殖场（小区）、养殖专业户清单，制定市规模畜禽养殖场整改方案。2016年年底前，全部完成禁养区关闭搬迁工作。（市农委牵头，市发改委、环保局等参与）

加强畜禽粪污综合利用。积极推进畜禽标准化生态健康养殖示范基地创建活动，推广应用节水节能饲养技术和生物发酵床等生态养殖模式。大力推进规模畜禽养殖粪污处理设施建设，非禁养区内现有规模化畜禽养殖场（小区）要根据养殖规模和污染防治需要，配套建设粪便污水贮存、处理设施。探索建立分散养殖粪污收集、贮存、处理与利用体系，提升工厂化堆肥处理规模，推广高效液态有机肥生产技术，鼓励开展屠宰废水等农产品加工业废水无害化处理和循环利用。新建养殖场应采取生物、工程、农业等措施利用畜禽粪污，自2016年起，新建、改建、扩建规模化畜禽养殖场（小区）要实施雨污分流、粪便污水资源化利用。到2017年、2020年，规模化畜禽养殖场（小区）治理率分别达到60%、90%。各县（区）养殖集中区配套建设粪便处置中心、病死畜禽处置中心。各规模养殖场全面实现病死畜禽无害化处理，构建形成“农户送交、镇设站点、县集中处理”的病死畜禽无害化处理体系。（市农委牵头，市发改委、环保局等参与）

推进水产养殖污染防治。调整渔业产业结构。研究开展水产养殖业及其污染物排放状况调查。深入实施水域滩涂养殖规划，对禁养区和限养区严格依法依规管理，在宜养殖区科学确定养殖地点、品种和模式，大力推广生态渔业、增殖渔业、循环渔业等。发展海洋牧场，推进海洋牧场示范区的建设。鼓励有条件的渔业企业拓展离岸养殖、浅海养殖和深水网箱养殖，拓展远洋渔业。严格控制水产养殖面积，有序推进重点湖泊退圩还湖、退圩还湿工程。（市海洋与渔业局牵头，市水利局，林业局等参与）

强化水产养殖污染管控。积极推广人工配合饲料，逐步减少冰鲜杂鱼饲料的使用。严格控制水产养殖强度，推行生态健康养殖模式，鼓励采用生态养殖技术和水产养殖病害防治技术，推广低毒、低残留药物的使用，加强养殖投入品管理，依法规范、限制使用抗生素类化学药品，开展专项整治。2016年年底前，各县（区）编制完成本地区百亩连片标准化池塘改造方案，开展池塘标准化改造，建设尾水净化区，推广养殖尾水循环利用或达标排放技术，有效控制水产养殖业污染。（市海洋与渔业局牵头，市水利局、环保局等参与）

加强渔业资源和水生生态养护。严格控制捕捞船网及马力总量，逐步减少渔民、渔船数量，降低捕捞强度，严厉打击“绝户网”。严格执行湖泊休渔和海洋伏休制度，健全禁渔期渔民生活保障制度。深入实施人工增殖放流和海洋人工鱼礁投放工程，加大湖泊水生生物抑藻放流力度。建设海洋生物种苗繁育中心，种植海带、江蓠、裙带菜等海藻，放流海参、鲍鱼、中国对虾、黑鲷等海珍品苗种。到2020年，海州湾海洋牧场面积增加到200平方千米，渔业资源衰退的趋势得到遏制。（市海洋与渔业局牵头，市水利局参与）

控制种植业污染。调整种植业结构。调查全市种植业结构和布局，测算各县（区）用水量较大农作物种植面积，建立拟实施灌溉农田综合治理的区域清单（含种植业类型、面积）。在西部丘陵等缺水不适宜农业种植的区域实施退耕还林、退地减水。地下水易受污染地区要优先种植需肥需药量低、环境效益突出的农作物。地表水过度开发、地下水超采问题较严重、农业用水比重较大的地区，要适当调减用水量较大的农作物如水稻、小麦等种植面积，改种耐旱作物或经济林。推广农艺节水保墒技术，实施保护性耕作。加强农民种植技术培训，鼓励农民因地制宜依据气象条件合理选择时机施肥。在制定高标准基本农田建设、土地开发整理等总体规划时，应进一步明确环境保护要求，并在实施建设中加以落实。（市农委、水利局牵头，市国土局、农机局、农开局、林业局等参与）

控制种植业面源污染。2016年年底前，制定完成农业面源污染防治方案。做好淮河流域农业面源污染综合防治试验区建设。全面推广农业清洁生产，建立连片绿色农业污染控制区，推动无公害农产品、绿色食品、有机食品规模化发展，从源头控制种植业污染。开展化肥使用量零增长行动，大力发展节肥种植技术，实行测土配方施肥，推广精准施肥技术和机具，推进化肥使用减量化。加大对有机肥产业发展支持力度，鼓励使用农家肥、商品有机肥，逐步增加农田有机肥使用量。到2019年，主要农作物测土配方施肥技术推广覆盖率达到90%以上，氮肥利用率提高到40%以上。开展农药使用量零增长行动，推广低毒、低残留农药使用补助试点经验，开展农作物病虫害绿色防控和统防统治，实施农药减量工程，推广精准施药及减量控害技术，减少农药施用量。到2019年，农作物病虫害统防统治覆盖率达到40%以上。加快制定地方农膜使用标准，制定农膜使用和回收的优惠政策，推广使用高标准农膜，开展残留农膜回收试点。严禁不合格农膜买卖。敏感区域和大中型灌区要利用现有沟、渠、塘等，配置水生植物群落、格栅和透水坝，建设生态沟渠、污水净化塘、地表径流集蓄池等设施，净化农田排水和地表径流。2020年年底前，4个大型灌区、27个中型灌区完成生态沟渠净化工程建设。（市农委、水利局牵头，市发改委、经信委、环保局、水利局、质监局等参与）

推进农村环境综合整治及提升。按照统筹规划、集散结合、自主实施、政府帮扶、以奖促治原则，以县（区）为单元，实施农村清洁、水系沟通、河塘清淤、岸坡整治、生态修复等工程，协同推进村庄环境综合整治提升工程和覆盖拉网式农村环境综合整治试点工作。3县3区和64个涉农乡镇（街道）全部参加试点。试点的各县（区）于2016年年底前制定农村环境综合整治提升行动计划，明确分年度目标和任务。统筹城乡、区域生活污水治理，加快农村污水处理统一规划、统一建设、统一管理。编制县级村庄生活污水治理专项规划，合理选择就近接入城镇污水处理厂统一处理、就地建设小型设施相对集中处理以及分散处理等治理方式，优先推进通榆河清水通道等重点区域农村污水处理。按照河畅、水清、岸绿、景美的目标，开展农村河塘疏浚，所有河塘至少疏浚一次，大力推进水美乡村建设。到2020年，规模较大的规划发展村庄的生活污水治理覆盖率达到90%以上，村镇生活垃圾集中收运率达到85%以上，基本实现资源化利用及无害化处理，实现“户集、村收、镇运、县处理”体系全覆盖，农村卫生厕所普及率达到95%。（村庄整治由市建设局牵头，市环保局、农委、水利局、卫生计委、爱卫办等参与；拉网式农村环境整治试点由市环保局、财政局牵头，市爱卫办等参与）

（七）船舶港口水污染防治

积极治理船舶污染。依法强制报废超过使用年限的船舶，按照有关规定，确定超年限商用船舶、渔业船舶年度淘汰清单，并按期完成淘汰工作。实施新修订的船舶及其设施、设备等环保新标准，2018年投入使用的沿海船舶、2021年投入使用的内河船舶执行新标准，其他船舶于2020年年底前全面完成改造，经改造仍不能达到要求的，限期予以淘汰。严格执行压载水公约，进入我市水域的国际航行船舶，实施压载水交换或安装压载水灭活处理系统，满足公约要求。规范船舶修造和拆解行为，严格执行船舶修造和拆解行业准入标准和退出机制，船舶修造和拆解单位按要求配备污染防治设施设备，禁止冲滩拆

解。（市交通局、连云港海事局牵头，市经信委、环保局、海洋与渔业局、质监局等参与）

加强港口码头污染防治。开展沿海和内河的港口、码头、装卸站、船舶修造厂废水治理与废弃物处理设施基本情况调查，编制实施港口码头装卸站和船舶修造厂污染防治方案。各县（区）港口管理部门完善本区域污水管网、垃圾转运服务体系，港口、码头、装卸站建设配套的污水存储、垃圾接收暂存设施，提高含油污水、化学品洗舱水等接收处置能力及污染事故应急能力。港口、码头接收的含油污水、化学品洗舱水要进行无害化处理，避免造成二次污染。2017 年年底前，灌河港区九队作业区一期工程、灌河港区燕尾作业区一期工程和内河港中云台作业区一期工程等港区、船舶修造厂的污染防治设施达到建设要求。港口、码头、装卸站的经营人应制定防治船舶及其有关活动污染水环境的应急计划，配置事故应急设备和器材。（市交通局、港口局、连云港海事局牵头，市环保局、经信委、水利局、海洋与渔业局等参与）

三、实施最严格水资源管理，科学确定与保障水生态流量

（八）严控用水总量

实施最严格的水资源管理制度。强化区域用水总量、取水户用水总量控制，加强覆盖市、县（区）取水总量控制指标体系的应用，制定年度用水计划和水量分配方案。加强相关规划和项目建设布局水资源论证工作，市国民经济和社会发展规划以及城市总体规划编制、重大建设项目布局，应当与当地水资源条件和防洪要求相适应。进一步规范建设项目取水审批和限批制度。对纳入取水许可管理的单位和其他用水大户实行计划用水管理，建立用水单位重点监控名录。对取用水总量已达到或超过控制指标的地区，暂停审批建设项目新增取水许可。严控无序调水和人造水景工程。到 2020 年，全市用水总量控制在 29.43 亿立方米以内。（市水利局牵头，市发改委、经信委、建设局、农委等参与）

提高非常规水源利用率。积极探索海水淡化产业化技术。推进雨水、再生水利用。积极推广再生水回用和分质供水。以缺水及水污染严重区域为重点，完善再生水利用设施。在市政管网没有覆盖的区域和大型公共建筑地区，建设分散式污水处理站。拓展再生水用户，推动再生水用于工业生产、城市绿化、道路清扫、车辆冲洗、建筑施工以及生态景观等，提高再生水利用率，减少常规水资源利用量和污染物排放量，并合理确定中水价格。结合城市工业及市政杂用对非常规水源供应需求及受纳水体水质达标要求，开展再生水利用工程建设。到 2020 年，全市城市污水处理厂尾水再生水利用率达到 10%。（市建设局牵头，市发改委、经信委、水利局、交通局、环保局等参与）

具备使用再生水条件但未充分利用的钢铁、火电、化工、制浆造纸、印染等项目，不得批准其新增取水许可。（市水利局牵头，市发改委、经信委、环保局等参与）

（九）提升用水效率

加强用水效率管理。建立健全万元国内生产总值水耗指标等用水效率评估体系，把节水目标任务分解至县（区）及各领域、行业，将完成情况纳入县（区）政府政绩考核。将再生水、雨水和微咸水等非常规水源纳入水资源统一配置。新建、改建、扩建项目用水指标要达到行业先进水平，节水设施应与主体工程同步设计、同步施工、同时投运。到 2020 年，全市万元地区生产总值用水量、万元工业增加值用水量达到国家和省最严格水资源管理考核要求，万元工业增加值新鲜水耗低于 18 立方米，全市 70% 以上县（区）建成节水型社会示范区。（市水利局牵头，市发改委、经信委、建设局等参与）

抓好工业节水。执行国家鼓励和淘汰的用水技术、工艺、设备、产品目录及高耗水行业取用水定额标准，开展节水诊断、水平衡测试、用水效率评估，严格用水定额管理。推进矿井水综合利用，周边地区生产和生态用水应优先使用矿井水。鼓励电力、钢铁、纺织印染、造纸、石油石化、化工、制革、食品发酵等高耗水企业废水深度处理回用。在沿海地区电力、化工、石化等行业，推行直接利用海水作为循环冷却等工业用水。大力推广田湾核电站以及虹洋热电、炼化一体化、亚新等大型火电、石化、钢铁企业使用海水冷却技术。到 2020 年，全市矿井水、洗煤废水 70% 以上综合利用，高耗水行业达到先进定额标准，工业水循环利用率达到 90%。（市经信委、水利局牵头，市发改委、沿海办、建设局、海洋与渔业局、质监局等参与）

加强城镇节水。加大对重点用水户监督力度，实施差别化水价、超计划加价收费，推进工业及非居民用户节水。落实节水产品市场准入制度和节水型器具财政补贴制度。禁止生产、销售不符合节水标准的产品、设备。新建建筑应当选用节水器具。公共建筑必须采用节水器具，限期淘汰公共建筑中不符合节水标准的水嘴、便器水箱等生活用水器具。鼓励居民家庭选用节水器具。加强市民和用水单位节水宣传，提高节水自觉性。加强节水型企业（单位）、小区等城镇节水载体建设。对使用超过 50 年和材质落后的供水管网进行更新改造，2017 年和 2020 年，公共供水管网漏损率分别控制在 16.8% 和 10% 以内。到 2019 年，全市达到国家节水型城市标准要求。（市建设局牵头，市发改委、经信委、水利局、质监局等参与）

系统推进海绵城市建设。按照系统治理、源头减排、过程控制、统筹建设原则，积极推行低影响开发建设模式，建设一批雨水利用示范工程，达到控制面源污染、防治内涝灾害和提高雨水利用程度的目的。综合采用渗、滞、蓄、净、用、排等措施，实现城市排水防涝能力综合提升、径流污染有效削减、雨水资源高效利用，构建健康的城市水生态系统。规划用地面积 2 万平方米以上的新建建筑，同步建设雨水收集利用系统。2020 年年底前，新建城区硬化地面可渗透面积要达到 40% 以上。开展建成区城市环境综合整治，既有建成区要结合棚户区（危旧房）改造、易淹易涝片区整治和城市环境综合整治等项目逐步实施，积极推进海绵城市建设。新城区全面实施，同步在老城区开展试点，开展海绵型城区、海绵型社区、海绵型单位等创建。（市建设局牵头，市发改委、水利局、环保局、规划局、财政局等参与）

发展农业节水。积极推行渠道防渗、管道输水、喷灌、微灌等节水灌溉技术，完善灌溉用水计量设施。推进规模化高效节水灌溉，推广农作物节水抗旱技术。更新、改造、配套灌溉节水工程，将工程节水与农艺节水有机结合。加强灌溉试验工作，建立灌区墒情测报网络，提高农业用水效率。到 2020 年，大型灌区、重点中型灌区续建配套和节水改造任务基本完成，全市节水灌溉工程面积占耕地面积比例达到 60% 以上，全市平均农田灌溉水有效利用系数达到 0.6。（市水利局牵头，市发改委、农委、国土局、农开局、农机局等参与）。

（十）科学保护水资源

完善水资源保护考核评价体系。加强水功能区监督管理，从严核定河湖水域纳污能力。（市水利局牵头，市发改委、环保局等参与）

加强河流湖库水量调度管理。供水、航运、水力发电等调度应当服从水资源统一调度。积极开展供水水源、城市水系、河湖连通、生态修复、突发事件处理等水资源调度。制定并完善基于生态流量保障的水量调度方案，采取区域联合调度、引排结合、生态补水等措施，维持河湖基本生态用水需求，重点保障枯水期生态基流。加大水利工程建设力度，发挥水利工程在改善水质中的作用。规划实施蔷薇河清水通道工程，全面实施“清水进城”工程，建成蔷薇河地涵、新沭河公兴港闸和元宝港闸等引水涵闸，实现城区水环境质量明显改善。（市水利局牵头，市环保局参与）

科学确定生态流量（水位）。严禁建设项目非法占用河湖（库）水域，实行占补平衡，维持一定的水面率、河流合理流量和湖泊、水库、地下水的合理水位，充分考虑基本生态用水需求，维护河湖生态健康。研究建立生态用水及河流健康评估指标体系，定期组织开展重要河湖的健康评价。配合省对淮河流域进行试点，2017年年底前制定生态流量（水位）控制试点方案，分期分批确定河湖生态流量（水位），作为水量调度的重要参考。（市水利局牵头，市环保局参与）

四、深入推进流域综合治理，实施城市黑臭水体整治

（十一）未达标水体达标整治

未达标水体排查与达标整治。按照地表水（环境）功能区划确定的2020年、2030年水体水质保护目标，逐一排查断面达标状况。水质劣于Ⅴ类、Ⅴ类或其他水质需要改善的国家、省和市考核断面，市、县（区）人民政府应参照《水体达标方案编制技术指南（试行）》，2016年编制完成断面达标方案，将治污任务逐一落实到汇水范围内的排污单位，明确防治措施及达标时限，并报上一级人民政府备案。自2016年起，人民政府每年向社会公布断面达标治理进展和水质改善情况。市相关部门要加强对跨县（区）行政区交界断面达标整治方案执行情况进行监督检查。环保部门对水质未达标的区域实施挂牌督办，必要时采取区域限批等措施。2016至2020年期间，市、县（区）达到及优于Ⅲ类断面比例逐年提高，劣Ⅴ类断面逐年减少直至基本消除。（市环保局牵头，市水利局、发改委等参与）

（十二）消除城市黑臭水体

加强城市黑臭水体整治。2015年年底前完成水体排查，建立“黑臭”水体档案。2016年6月底前，制定完成城市黑臭水体整治方案和年度计划，完善城市水环境综合治理工作体系，向社会公布黑臭水体名称、责任人及达标期限，并建立城市水体监测评价体系。深入实施清水河道行动，以恢复提高河道排水能力、改善水质为目标，采取控源截污、清淤疏浚、活水保洁、生态修复等措施，系统治理黑臭水体，实现无违法排污口、水面无漂浮物、河岸无垃圾、水体无异味。市区主要实施排淡河、东盐河、玉带河、西盐河、龙尾河等5条城市河道综合整治，各县（区）重点实施沙汪河、郑于大沟、山前河等黑臭河流综合整治，实施清淤贯通工程，建设引水活水系统，沟通城市河道水系，实现水系相连、水源互济。抓好黑臭河深化提升，重点加强截污纳管、老旧管网改造和破损修复，着力解决污水直排入河问题。按照市场化、社会化、制度化的思路和要求，建立完善河道长效保洁机制。市区建成区于2019年年底前基本消除黑臭水体，县城建成区黑臭水体情况明显改善。定期通报各地黑臭水体治理进展，每半年向社会公布黑臭水体治理情况。（市建设局牵头，市环保局、水利局、农委等参与）。

五、加强重要功能水体保护，保障水生态环境安全

（十三）保障饮用水安全

强化饮用水源保护。科学划定饮用水水源保护区，加强饮用水水源地规范化建设，落实保护区污染源清理整治。加强对道路水路危险化学品运输安全管理，落实水源保护区及周边沿线公路等必要的隔离和防护设施建设。定期开展县级以上集中式饮用水源地环境状况调查评估，加强对饮用水水源区域人类行为活动的安全监管和巡查力度，深入实施饮用水水源地专项整治，全面清理保护区内的违法违规设施、排污口和网箱养殖，加强有毒有害物质管控。（市环保局负责）

按照“水量保证、水质达标、应急保障”的要求，完成市县级饮用水水源地达标建设。加强水源地水质监测，2016 年起，县级以上集中式饮用水水源水质一周一测；2016 年年底前，实现水质自动监测。（市水利局、环保局负责）

加强应急备用水源建设和管理。市区“双源双线双湖”水源保障体系不断完善，分县（区）建成备用水源地。市区建成备用水源地蔷薇湖，东海县建成备用水源地西双湖、横沟水库，赣榆区建成备用水源地石梁河水库，灌南县建成备用水源地硕项湖，灌云县加快推进应急备用水源地建设。到 2020 年，市、县（区）基本实现“双源供水”全覆盖。（市水利局、环保局牵头，市发改委、财政局、水利局、卫计委等参与）

推广自来水深度处理，县级以上现有水厂实施自来水深度处理工艺改造，重点推进海州水厂改造工作，新建水厂一律达到深度处理要求，由安全供水向优质供水转变。到 2020 年，市、县（区）基本实现自来水厂深度处理全覆盖。（市建设局负责）

加强农村饮水安全工程建设。强化农村饮用水水源保护和水质检测，加快推进城乡统筹区域供水和农村饮用水安全工程同步实施，限期取消、归并小水厂，保障农村饮水安全。全市 90% 以上的农村实现城乡供水一体化，实现同水源、同管网、同水质。（市水利局、建设局牵头，市环保局、卫计委等参与）

全过程监管饮用水安全。构建“水源达标、应急备用、深度处理、预警检测”的城市供水安全保障体系并加强考核，从源头到龙头保障饮用水安全。居民水龙头水质全面达到生活饮用水卫生标准全指标要求，确保饮用水安全。市、县（区）人民政府及供水单位定期监测、检测和评估本行政区内饮用水水源、供水厂出水、用户水龙头水质等饮水安全状况，对涉及供水安全的环节要加强卫生学评价和卫生监督，2016 年起每季度向社会公开。（市环保局牵头，市发改委、建设局、水利局、卫计委等参与）

（十四）严格保护地下水

严格控制地下水开采。严格落实《江苏省地下水超采区划分方案》划定的连云港地下水限采范围。实行分级分区管理、用水总量与水位双控原则，凡地下水超采区涉及的乡镇，整个乡镇按超采区进行管理。严格控制深层承压水开采，东海温泉等地热水、矿泉水开发应严格实行取水许可和采矿许可。严格执行《连云港市地下水压采方案》，层层落实取用水量控制制度，并落实到具体的地下水取水单位。在地表水供水管网能够满足用水需求时，禁止取用承压地下水，限期封闭承压地下水井。依法规范机井建设管理，全面推进未经批准或公共供水管网覆盖范围内的自备机井的整治工作，2016 年年底前，在灌云县燕尾港、灌南县新安、李集、新集、三口、田楼、堆沟港等地下水超采漏斗区永久填埋水井 84 口、封存备用水井 203 口。开展水源替代、地下水压缩、企业节水改水等治理工作，全面压缩地下水开采量。超采区内禁止工农业生产及服务业新增取用地下水。加快建设全市地下水动态监测体系。2020 年年底前，力争使超采区全面达到用水总量和水位控制要求。（市水利局、国土局牵头，市发改委、建设局等参与）

加强地面沉降区管理要求。严格控制在地面沉降、地裂缝等地质灾害易发的灌云、灌南、市开发区等区域开采地下水，并进行地质灾害危险性评估。新出让地热矿业权项目必须采用对井采灌模式并确保地热回灌率达到 90% 以上。积极推动用于供热的地热单井采取补建回灌以及资源整合等方式解决回灌问题，减缓热储压力下降趋势，防止污染热储层。（市国土局牵头，市发改委、建设局、水利局等参与）

防治地下水污染。按照《全国地下水污染防治规划》到 2015 年底前完成地下水污染状况调查和评估工作，基本掌握辖区内地下水污染状况，分析污染成因和发展趋势。充分衔接“国家地下水监测工程”

监测网络，整合并优化地下水环境监测布设点位，完善地下水环境监测网络，实现地下水环境监测信息共享。按照省相关要求，建设国控网地下水污染检测系统。建立地下水污染（水位警戒线）风险防范体系。制定实施地下水污染防治方案。开展集中式地下水饮用水水源补给区环境状况调查评估，并根据评价结果采取整改措施，强化补给径流区的保护。石化生产存贮销售企业和工业园区、矿山开采区、垃圾填埋场等区域应进行必要的防渗处理。制定工业园区污水集中处理设施防渗防漏排查工作方案和防范措施，开展全面排查，发现问题立即处理和整改。建立工业企业地下水影响分级管理体系，以石油炼化、黑色金属冶炼及压延加工业等排放重金属和其他有毒有害污染物的工业行业为重点，公布污染地下水重点工业企业名单。开展石化生产存贮销售企业安全检查，依法关停造成地下水严重污染事件的企业。加快加油站地下油罐污染防治设施改造，2017 年年底前，219 个加油站、499 个地下油罐全部完成防渗池建设或双层罐更新改造任务。完成报废矿井回填、报废钻井、取水井封井、改用监测井等整治工作。公布环境风险大、严重影响公众健康的地下水污染场地清单，在限采区等区域适时开展地下水污染修复试点。（市环保局牵头，市水利局、国土局、建设局、商务局等参与）

（十五）加强重要生态功能水体保护

加强良好水体保护。2016 年，对通榆河和列入国家《水质较好湖泊生态环境保护总体规划（2013–2020 年）》的塔山湖，开展生态环境安全和河湖健康评估。按照“一河（湖）一策”原则，制定并实施现状水质达到或优于Ⅲ类的水体生态环境保护方案，定期公布河湖健康状况。强化良好水体的休养生息，实施水源涵养、生态清淤、湿地建设、河湖岸带生态阻隔、入湖河流整治等综合措施，严禁生态环境破坏行为，保护水生态系统完整性，确保良好水体水质和生态服务功能不降低。到 2020 年，通榆河水质稳定达到Ⅲ类，塔山湖主要入湖河流消除劣Ⅴ类，塔山湖水质力争达到Ⅱ类。（市环保局牵头，市发改委、水利局、财政局等参与）

开展水生态修复。加强湿地保护与修复。编制市湿地保护工程规划，健全湿地用途管制制度，探索实行湿地资源有偿使用制度和生态补偿制度。禁止侵占自然湿地等水源涵养空间，已侵占的要限期予以恢复。加强湿地自然保护区、湿地公园、湿地保护小区建设，抢救性保护淮河流域、滨海潮间带等生态区位特别重要或受严重破坏的自然湿地，逐步构建全市自然湿地保护网络体系，并纳入省体系。加大城市湿地资源保护和生态修复力度，强化城市湿地公园的保护和管理。对重要饮用水源地、重要城市湿地、黑鹳、中华秋沙鸭等国家重点保护或珍稀濒危动物栖息湿地，开展湿地生态修复治理，提升湿地生态质量。逐步扩大退耕还湿、退渔还湿范围，扩大湿地面积，提高湿地自身生态调节和环境承载力，促进湿地生态系统进入稳定发展的良性状态。扩大全市受保护的湿地面积，以“八湖（蔷薇湖、大圣湖、塔山湖、石梁河水库、西双湖、房山水库、硕项湖、香河湖）六河（蔷薇河、通榆河、新沭河、善后河、新沂河、青口河）”以及灌河口、临洪河口、埒子口等沿海滩涂湿地为重点，全面维护湿地生态系统的自然生态特性和基本功能。到 2017 年，自然湿地保护率力争达到 45%。到 2022 年，新建湿地公园 3 处，新建湿地保护小区 30 个，东海县西双湖建成国家湿地公园，全市受保护自然湿地面积达 61279 公顷，自然湿地保护率达 50%。加强沿海滩涂湿地保护，合理控制滩涂围垦，沿海滩涂围垦生态用地比列不少于 20%。（市林业局牵头，市环保局、发改委、海洋与渔业局、沿海办、水利局、农委、建设局等参与）

加大生物多样性保护力度。强化水生野生动植物类自然保护区和水产种质资源保护区保护力度。开展珍稀濒危水生生物和重要水产种质资源的就地和迁地保护，提高水生生物多样性。2017 年年底前，

按省要求，实施淮河流域水生生物多样性保护方案。（市环保局牵头，市海洋与渔业局、林业局、水利局等参与）

（十六）推进海洋生态保护

严格涉海工程管理。认真执行围填海管制计划，严格围填海管理和监督。海洋自然保护区的核心区及缓冲区、海洋特别保护区的重点保护区及预留区、重点河口区域、重要滨海湿地区域、特殊保护海岛及重要渔业海域禁止实施围填海，生态脆弱敏感区、自净能力差的海域严格限制围填海。严肃查处违法填海行为，追究相关人员责任。加强海岸线调查，撤出非法挤占海岸线产业，恢复自然岸线。将自然岸线保护纳入政府政绩考核。至2020年，自然岸线（不包括海岛岸线）保有率不低于35%。（市海洋与渔业局牵头，市沿海办、环保局、发改委、经信委、建设局、交通局、农委、林业局等参与）

加强近岸海域污染防治。坚持陆海统筹，编制实施近岸海域污染防治方案，以控制陆源污染源为重点，强化源头防控，协同治理。重点加强沿海化工园区、入海河流、河口海湾等水环境综合整治。加强海漂垃圾整治。研究建立重点海域排污总量控制制度，建立入海河流的河海断面责任交接制度，实施总氮排放总量控制。规范入海排污口设置，开展入海排污口调查，明确清理整治排污口清单和工作方案。积极配合省政府实施近岸海域污染防治工作及开展重点海湾污染物总量控制目标任务（削减比例、削减总量）及减排工作，推进涉海部门之间监测数据共享、定期通报、联合执法。2016年年底前，完成排污口整治方案制定。2017年年底前，全面完成非法或设置不合理入海排污口的清理。重点开展烧香河、西盐大浦河、排淡河等15条入海河流水环境综合整治。到2020年，我市入海河流基本消除劣V类水体。实施入海河口水质净化工程，在临洪河口设立水质净化实验区，利用生物措施净化入海水质。推进沿海化工园区环保专项整治工作，通过园区雨污分流、污水处理厂提标改造、管网建设、完善监测及管理手段、企业污水综合整治等手段，推动沿海化工园区环保专项整治实施进程。开展港区环境整治、海滨湿地修复、岸线整治、水质生态净化的试验示范，建设港区污水排放在线监测监控系统，有效监管水污染物排放。（市环保局、海洋与渔业局牵头，市发改委、经信委、建设局、港口局等参与）

强化海洋生态保护。编制实施海洋生态红线区保护规划，加强海州湾国家级海洋公园的建设与管理，开展海州湾特殊生态系统与生物多样性的保护与修复。加大滨海湿地、河口和海湾等生态系统以及鱼类产卵场、索饵场、越冬场、洄游通道等重要渔业水域的保护力度，开展海洋生态补偿及损害赔偿等研究。对海州湾渔场、徐圩港、赣榆港等近岸海域实施生态修复。修复产卵场、索饵场及洄游通道等重要自然生境，保护滨海湿地等各类生态系统的健康，保护各级自然保护区的生态功能。加强外来入侵物种的防控和治理，维护海洋生物多样性。（市海洋与渔业局、环保局牵头，市沿海办、林业局等参与）

六、强化水环境质量目标管理，科学推进水污染防治

（十七）实施控制单元精细化管理

划分控制单元类别。排查国家及省考核断面、控制单元的基本情况，划分优先控制单元、一般控制单元，细化目标设置，实施精细化管理。同时，按照国家、省流域水生态环境功能分区方案和技术指导，市、县（区）分别开展本行政区域的流域水生态环境功能分区研究，逐步建立全市水生态环境功能分区的管理体系。（市环保局牵头，市发改委、水利局、林业局等参与）

（十八）明确水环境质量目标

明确各类水体水质保护目标。逐一排查控制单元基本状况，以改善水环境质量为核心，分类给出目标设置。对饮用水水源地、水质现状达到或优于III类等水质良好的控制单元，采取水生态保护及风险防范措施，确保水质不退化；对水质为劣V类、V类或其他水质需要改善提高的控制单元，采取综合措施大幅削减控制单元内污染物排放总量。（市环保局牵头，市发改委、经信委、建设局、水利局、海洋与渔业局等参与）

（十九）做好水污染防治规划

编制实施水污染防治规划。参与编制实施淮河流域、通榆河水污染防治规划，组织编制我市水污染防治规划。实施防治结合、分级推进、联动执法。研究建立流域水生态环境功能分区管理体系，按照“一河一策”的思路，确定流域重点治理区域和重点投入方向，探索推行基于控制单元的差别化流域水环境管理政策。对化学需氧量、氨氮、总磷、重金属及其他影响人体健康的污染物采取针对性措施，加大整治力度。汇入富营养化湖库的河流应实施总氮排放控制，落实控源、截污、清淤、活流措施，到2020年富营养化水平有所好转。以改善水环境质量为主线，实施环境质量和污染物总量双控制度，对化工、造纸、制药、印染、电镀等重污染行业实施水污染物特别排放限值。推进水质超标小流域及交界断面的整改，相关区域要执行水污染物特别排放限值。深化实行“河长制”、“断面长”工作方案，加快推进主要污染河段的污染整治。到2020年，淮河流域、通榆河连云港段水质明显改善，水质稳定达到Ⅲ类。（市环保局牵头，市水利局、建设局、海洋与渔业局等参与）

七、建立推行排污许可制度，协调推进各项监督管理

（二十）实施排污许可制度

依法核发排污许可证。按国家和省统一部署，2016年年底前，完成国控重点污染源及排污权有偿使用和交易试点地区污染源排污许可证的核发工作，其他污染源于2017年年底前完成。（市环保局负责）

加强排污许可证管理。严格执行《江苏省排污许可证发放管理办法》和排污许可证台账管理体系，2017年年底前完成市排污许可证管理信息平台建设，并纳入省排污许可证管理信息平台。开展证后监管，对排污单位排放种类、浓度、总量、排放去向、排污口等排污许可证载明事项进行汇总，并向社会公开。禁止无证排污或不按许可证规定排污。在满足周边水域总量控制目标要求的前提下，实施排污权交易。对水质超标的控制单元，排污单位不允许作为受让方与本辖区范围以外的排污单位进行交易。强化海上排污监管，按省要求研究建立海上污染排放许可证制度。（市环保局牵头，市海洋与渔业局参与）

（二十一）深化总量控制制度

健全总量管理体系。按照国家、省相关要求，完善全市污染物统计监测体系，将工业、城镇生活、农业、移动源等各类污染源纳入调查统计范围。适时将总氮、总磷、主要重金属等对水环境质量有突出影响的污染物纳入流域、区域污染物排放总量控制约束性指标体系，按省要求实行排海总氮总量控制。按照区域、流域总量控制目标，结合水环境质量改善和产业结构调整要求，兼顾技术经济水平，统筹确定控制单元内排污单位的总量控制额度。市、县（区）环保主管部门主要通过日常监督检查和随机抽查方式，考核总量控制指标完成情况。重点检查水环境质量差或水环境质量下降，以及水污染物减排数据与水环境质量变化趋势严重不一致的县（区）。严格控制污染物新增排放量。对在规定期限内未完成国家确定的水环境质量目标的地区，对超过重点污染物排放总量控制指标的地区或者未完成国家确定的有毒有害水污染物排放量控制目标的地区，暂停审批新增排放相关水污染物的建设项目环境影响评价文件。（市环保局牵头，市发改委、经信委、建设局、水利局、农委等参与）

（二十二）水环境质量与水污染源监测

加强水环境质量监测。按照省行政单元全类型水环境监测点位体系及评估考核办法，优化全市地表水、地下水、近岸海域、饮用水水源地、城市水体等监测网络，增补或优化跨界河流、入海河流和近岸海域水环境监测点位。健全自动监测网络，在跨省市界、入海河流（陆海分界断面）、重点饮用水水源地等重要断面新建自动监测点位，实现全覆盖。省市统筹，加强市、县（区）环境监测机构水环境监测基础能力建设，提高水环境中有毒有害物质、持久性污染物、水生生物等监测预警能力，加大应急监测和快速监测能力投入，全面提升我市水环境监测对水环境治理的支撑作用。（市环保局牵头，市水利局、海洋与渔业局、国土局等参与）

强化废水污染源监测监控。完善全市污染源自动监控网络，国控、省控、市控废水污染源全部纳入监控平台，实现县（区）、市、省监控中心数据双向传输及交换。积极推进特征污染物自动监控技术研究，重点园区、重点行业、重点企业逐步安装含特征污染物的自动监测监控系统，达到实时监控、及时预警要求。城镇污水处理厂自动监控进、出水主要污染物浓度及水量，并联网至住房城乡建设、环保监控平台。（市环保局牵头，市建设局、海洋与渔业局等参与）

（二十三）研究制定水污染防治规章标准

研究制定地方性法规、规章和规范性文件。以国家水污染防治法、海洋环境保护法、排污许可、化学品环境管理等法律法规、省水污染防治条例等相关法规规章为指导，研究制定或完善连云港市水环境质量目标管理、饮用水水源保护、海洋环境保护、排污许可、排污权交易、污染责任保险、信息公开与公众参与、地下水管理、环境监测、生态流量保障、水环境补偿、船舶和陆源污染防治等规章或规范性文件，加快《连云港市海洋牧场管理条例》的制定实施。及时清理不符合生态文明建设要求的地方性法规、规章和规范性文件。（市法制办牵头协调，市环保局、建设局、水利局、林业局、海洋与渔业局等参与）

研究制定基于水环境质量改善需求的流域水污染物排放标准。严格执行国家、省制修订的水污染物排放标准、国家清洁生产评价指标体系和污染防治技术政策。造纸、印染、制药等行业适时执行国家水污染物特别排放限值。针对不达标的特定流域，在省组织指导下，研究制定基于水环境质量改善需求的流域水污染物排放标准，并报请省人民政府批准发布实施。（市环保局牵头，市建设局、发改委、经信委、质监局、卫计委等参与）

八、开展水环境风险防控与管理，加强水污染事故应急

（二十四）水环境风险防控与管理

强化环境风险源头管理。开展全市石油化工、化学原料和化学品制造、医药制造、化学纤维制造、有色金属冶炼、纺织印染等行业的环境风险评估，提出布局指导意见。全面调查淮河流域沿岸、沿海等工业企业、工业集聚区等基本状况，以排放重金属、危险废物、持久性有机污染物和生产使用重点环境管理危险化学品的污染源为重点，建立重点风险源清单，研究开展重点风险源环境和健康风险评估。2016年年底前，编制完成对水源地、环保敏感目标构成威胁的风险源转移、搬迁计划方案，明确年度计划任务。到2020年，完成方案中全部高风险企业或仓储设施的转移、搬迁任务。（市环保局牵头，市经信委、安监局、卫计委等参与）

强化海运船舶的环境监督管理。建设船舶废油、散装危险化学品洗舱废水、船舶生活污水和垃圾的收集、储存、处理处置系统。加强船舶海上溢油及有毒液体物质泄漏等污染事故应急能力的建设，进一步完善突发性事件应急反应机制。支持液化天然气动力船舶的应用改造。对境外船舶压舱水和固体废物开展外来物种监测，严控有害外来物种入侵。（连云港海事局牵头，市环保局、海洋与渔业局等参与）

防范危险化学品环境风险。根据国家及省公布的优先控制化学品名录，对高风险化学品生产、使用进行严格限制，并逐步淘汰替代。加强化学品生产、储运过程风险监管，落实重点环境管理类的化工有毒污染物排放、转移登记制度。建立水陆危险废物运输联合监管机制，严厉打击向水体倾倒、抛洒危险废物的违法行为。（市环保局牵头，市经信委、交通局、安监局、公安局、连云港海事局等参与）

严格控制环境激素类化学品污染。2017 年年底前，完成环境激素类化学品生产使用情况调查，监控评估水源地、农产品种植区及水产品集中养殖区风险，实施环境激素类化学品淘汰、限制、替代等措施。（市环保局牵头，市经信委、农委、海洋与渔业局、卫计委等参与）

（二十五）加强水污染事故应急

稳妥处置突发水环境污染事故。2016 年，制定完善市、县（区）级水污染事故处置应急预案，落实责任主体，明确预警预报与响应程序、应急处置及保障措施等内容，依法及时公布预警信息。编制《连云港市防治船舶及其有关作业活动污染海洋环境应急能力建设规划》。（市环保局、连云港海事局牵头，市建设局、水利局、交通局、农委、卫计委、公安局、港口局等参与）

九、综合运用多种手段，发挥协同作用合力

（二十六）强化科技对水环境管理的支撑作用

加强水环境管理应用研究。重点支持水生态环境功能分区管理及监测、跨区域水环境生态补偿、水环境损害评估、水资源水环境承载力预警机制、危险化学品事故和水上溢油应急处置技术、排污许可证管理及信息平台建设等研究。探索开展特征污染物自动监测技术、新型污染物风险评价、水污染对人体健康影响等应用基础研究。完善水环境科技领域的国内外交流合作机制，鼓励市内科研机构与国内外高水平科研机构建立稳定的合作伙伴关系，引进急需的环境管理及污染治理关键技术，联合开展相关技术研发。（市科技局牵头，市发改委、经信委、环保局、建设局、水利局、农委、卫计委等参与）

加大水处理关键技术研发与应用。围绕水污染防治关键技术需求，组织实施国家、省和市各类科技计划项目，重点支持研发饮用水净化、节水、水污染治理及循环利用、城市雨水收集利用、再生水安全回用、畜禽养殖污染防治、水生态修复、工业高盐废水脱盐及盐泥处置、海水淡化、地下水污染修复、重点行业废水深度处理、生活污水低成本高标准处理、危险化学品事故和水上溢油应急处置等关键应用技术。加强水处理技术创新共享平台建设，推动技术成果共享与转化。发挥企业的技术创新主体作用，推动水处理重点企业与科研院所、高等学校开展紧密合作，示范推广控源减排和清洁生产先进技术。（市科技局牵头，市发改委、经信委、环保局、建设局、水利局、农委、交通局等参与）

大力发展环保产业。严格落实国家关于环保市场准入、经营行为的规定，规范环保产业市场。严格执行国家、省在环保工程设计、建设、运营等领域的招投标管理办法和技术标准。引导推进节能环保产业发展，推进先进适用的节水、治污、修复技术和装备产业化发展。（市发改委、经信委牵头，市科技局、财政局、环保局、建设局、水利局等参与）

加快发展环保服务业。按国家、省统一要求，明确监管部门、排污企业和环保服务公司的责任和义务，完善风险分担、履约保障等机制。鼓励发展包括系统设计、设备成套、工程施工、调试运行、维护管理的环保服务总承包模式。严格执行国家、省环境治理第三方服务的管理办法，明确资格准入条件、服务内容、服务方式，理顺各方职责，以污水、垃圾处理和工业园区为重点，强化融资及服务功能，建立健全第三方治理服务新机制。支持鼓励互联网技术与环保服务业融合发展，积极培育环保电商等新业态。（市发改委牵头，市科技局、财政局、经信委、环保局、建设局等参与）

（二十七）充分发挥市场机制作用

理顺资源环境价格。积极推行差别化水价。2016 年年底前，县级以上建成区全面实施居民阶梯水价制度，具备条件的建制镇也要积极推进。2020 年年底前，全面实行非居民用水超定额、超计划累进加价制度，引导全社会合理用水、节约用水。（市物价局牵头，市发改委、财政局、建设局、水利局等参与）

推进农业水价综合改革试点。按照国家、省有关要求，合理制定农业用水价格，探索实行分类水价、超定额累进加价制度和两部制水价，建立健全农业水价形成机制，为我市全面实施农业水价综合改革奠定基础。适时推进水利工程供水价格结构性调整工作。调整水利工程供水分类，研究制定新增用水分类定价原则，逐步提高非农业用水价格。（市物价局牵头，市发改委、财政局、水利局、农委等参与）

严格执行差别化水资源费征收标准。充分发挥价格政策的引导作用，按照建立的水资源费差别化征收体系，地下水水资源费征收标准应高于地表水，超采地区地下水水资源费征收标准应高于非超采地区；对易于造成水资源浪费的行业执行较高的征收标准，形成倒逼高耗水产能退出机制。（市物价局牵头，市发改委、财政局、水利局、建设局等参与）

完善城镇污水处理收费政策。进一步完善城镇污水处理收费体系，合理调整征收标准，收费标准要满足支付污水收集、处理和污泥处理处置运行成本及合理收益的需要。全面实施按照企业环境信用评价等级收取污水处理费的差别化价格政策。2016 年年底前，全面开征建制镇污水处理费和自备水源用户污水处理费。（市物价局、财政局牵头，市发改委、建设局、环保局、水利局等参与）

完善排污收费政策。根据国家、省出台的排污费征收管理具体规定，研究创新污水处理付费模式，考核指标从保底水量、处理水量向污染负荷削减量转变，合理提高征收标准，实施差别化征收政策。2016 — 2017 年和 2018 年分别将污水中化学需氧量、氨氮和五项主要重金属（铅、汞、铬、镉、类金属砷）污染物排污费征收标准调整至不低于每污染当量 4.2 元和 5.6 元。鼓励污染防治重点区域高于市定征收标准，并对企业污染物排放浓度和排放量根据考核标准实行差别化征收。2016 年，所有国家重点监控企业按自动监控数据核定排污费；对已安装污染源自动监控设施且符合相关监测规范要求的企业，也按照自动监控数据核定排污费。（市物价局牵头，市财政局、环保局、经信委等参与）

依法落实环境保护、节能节水、资源综合利用等方面税收优惠政策。对国内企业为生产国家支持发展的大型环保设备，必须进口的关键零部件及原材料，免征关税。（市财政局、国税局、地税局牵头，市发改委、经信委、质监局、环保局、连云港海关等参与）

完善激励机制。建立健全节水环保“领跑者”制度。鼓励节能减排先进企业、工业集聚区用水效率、排污强度等达到更高标准，支持开展清洁生产、节约用水和污染治理等示范。（市发改委牵头，市经信委、财政局、环保局、建设局、水利局等参与）

推行绿色信贷政策。积极发挥金融机构在水污染防治中的作用，重点支持循环经济、污水处理、水资源节约、水生态环境保护、清洁及可再生能源利用等领域，畅通融资渠道。加强各级环保部门与银行、证券、保险等部门的联动，2017 年年底前建立企业环境信用评价体系，构建守信鼓励与失信警示或惩戒机制，对节水环保产品和环境友好产品生产企业给予信贷倾斜，严格限制环境违法企业贷款，充分发挥环境信用信息对企业融资的激励约束作用。对节能减排显著地区的企业和项目，可优先给予信贷支持；对列入黑名单和限批区域的企业，从严控制授信。（人民银行连云港市中心支行牵头、市发改委、经信委、环保局、水利局、连云港银监分局等参与）

健全环境污染责任保险制度。推进涉石油化工、危险化学品贮存、运输、重金属等高环境风险企业开展环境污染强制责任保险试点，鼓励其他排污企业参加环境污染责任保险，开展政府投保环境巨灾保险试点，建立健全环境风险防范和污染事故理赔机制。发挥保险机制的风险防范和社会保障功能，对参保企业贷款授信、申报污染防治资金等方面给予政策支持，逐步扩大环境污染责任保险覆盖面。（市环保局、连云港市保险行业协会牵头，市经信委、连云港银监分局等参与）

深化水环境补偿制度。以省水环境区域补偿办法为指导，在我市已开展水环境区域补偿工作的基础上，将各县（区）主要入海河流逐步纳入全市水环境区域补偿工作范围，优化补偿断面设置及补偿标准，及时修订市水环境区域补偿工作方案和监测管理办法，健全覆盖全市的水环境区域补偿制度。（市财政局、环保局牵头，市发改委、水利局等参与）

（二十八）环境损害赔偿和责任追究

加强环境损害鉴定评估能力。按省统一部署，加强我市环境污染损害鉴定评估管理与技术支撑队伍建设，2017 年年底前，进一步完善环境污染损害鉴定的评估机构、人员，落实鉴定评估制度规范。2020 年年底前，基本形成覆盖全市的环境污染损害鉴定评估工作能力。（市环保局牵头，市司法局、海洋与渔业局等参与）

实施环境责任追究制度。按照省建立的相关制度要求，落实环境污染责任赔偿制度，造成环境污染危害的单位和个人，须排除危害，对直接受到损害的单位或者个人赔偿损失，并对环境造成的污染损害给予赔偿，为环境修复提供资金保障，涉嫌刑事犯罪的交公安部门立案查处。实施船舶污染事故损害赔偿机制。（市环保局牵头，市公安局、交通局、海洋与渔业局、连云港海事局等参与）

十、加强保障措施落实，保障水污染防治成效

（二十九）落实考核责任

强化地方党委政府责任。市、县（区）切实履行党政同责、一岗双责制，全力推进水污染防治各项工作。各级人民政府对本行政区域内的水环境质量负总责。市、县（区）人民政府应按照国家和省部署要求，于 2016 年制定并公布水污染防治工作方案，分别报省、市人民政府备案。工作方案应明确水污染防治目标、重点任务、资金政策保障和监管措施。2016 — 2020 年，逐年制定年度目标、水污染防治项目、责任分工、资金来源和实施进度计划，并向社会公开。（市环保局牵头，市发改委、财政局、建设局、水利局等参与）

明确各有关部门管理责任。充分发挥市政府建立的水污染防治行动联席会议制度作用，优化成员单位职责分工，完善全市水污染防治协作机制。成员单位定期会商，研究解决重大问题，协调推进联合监测、联合执法、应急联动、信息共享等工作。市环保局要加强统一指导、协调和监督，及时向市政府报告工作进展。探索建立陆海、河湖、城乡、地表地下统筹的水污染防治和生态修复机制。积极参与淮河流域水污染防治联动协作机制，加强与其他城市间的互动合作。（市环保局牵头，市发改委、科技局、经信委、财政局、建设局、交通局、水利局、农委、国土局、海洋与渔业局、林业局、连云港海事局等参与）

落实排污单位主体责任。各类排污单位要严格执行环保法律法规和制度，加强污染治理设施建设和运行管理，按照排污许可实现稳定达标排放开展自行监测或者委托第三方监测，落实治污减排、环境风险防范等责任。国有企业、上市企业要自觉带头落实治污减排和环境风险防范责任，向社会公开环境承诺。工业集聚区内企业建立环保自律机制，共同承担治污责任。（市环保局牵头，市国资委、经信委、商务局等参与）

严格目标任务考核。构建以环境质量改善为核心的目标责任考核体系，根据省人民政府与市人民政府、市人民政府与各县（区）人民政府、各有关部门签订水污染防治目标责任书，分解落实目标任务。切实落实“一岗双责”。每年对方案的实施情况进行考核，按照《关于建立促进科学发展的党政领导班子和领导干部考核评价机制的意见》、《江苏省市县党政主要领导干部环保工作实绩考核暂行办法》等规定，考核结果由市人民政府向社会公布并送交干部主管部门，并作为领导班子、领导干部综合考核评价的重要依据。（市环保局牵头，市委组织部参与）

将考核结果作为水污染防治相关资金分配的参考依据。（市财政局、发改委牵头，市环保局参与）

对未通过年度考核的，要约谈县（区）人民政府及其相关部门有关负责人，提出整改意见，予以督促；对有关地区和企业实施建设项目环评限批，取消环境保护荣誉称号。对因工作不力、履职缺位等导致未能有效应对水环境污染事件的，以及干预、伪造数据和没有完成年度目标任务的，要依法依纪追究有关单位和人员责任。对不顾生态环境盲目决策，导致水环境质量恶化，造成严重后果的领导干部，要记录在案，视情节轻重，给予组织处理或党纪政纪处分，已经离任的也要终身追究责任。（市环保局牵头，市监察局参与）

（三十）加大资金投入

促进多元投入机制。充分运用市场、财税、金融、投资、价格等经济手段建立水污染防治投入新机制，确保地方各级财政、企业和社会水污染防治投入逐步增长，建立全面科学实用的统计方法，做好水污染防治投入统计工作。引导社会资本投入。积极推动设立融资担保基金，推进环保设备融资租赁业务发展。推广股权等质押融资担保，推广运用政府和社会资本合作（PPP）模式。采取环境绩效合同服务、授予开发经营权益等方式，鼓励社会资本加大水环境保护投入。（人民银行连云港市中心支行、市发改委、财政局牵头，市环保局、建设局、统计局、连云港银监分局、连云港市保险行业协会等参与）

增加政府资金投入。研究采取专项转移支付等方式，实施“以奖代补”、“以奖促治”。各级人民政府应加大对水污染防治项目的财政投入力度，统筹有关资金，重点支持污水处理、污泥处理处置、畜禽养殖污染防治、饮用水全过程安全保障、河道整治、水生态修复、应急清污、黑臭水体治理、海绵城市建设、近岸海域生态保护等项目和工作。对环境监管能力建设与运行经费、环境执法工作经费分级予以全额保障。（市财政局牵头，市发改委、环保局、建设局、农委、海洋与渔业局等参与）

（三十一）加大执法力度

稳定达标排放与排污单位红黄牌管理。所有排污单位必须依法全面实现达标排放。2015年年底前，市、县（区）人民政府组织开展环境保护大检查，及时公布大检查开展情况和违法案件查处信息，结果向上一级人民政府报告。逐一排查工业企业排污状况，达标企业应采取措施确保稳定达标；对超标、超总量企业予以“黄牌”警示，一律限制生产或停产整治；对整治仍不能达到要求且情节严重的企业予以“红牌”处罚，一律停业、关闭。自2016年起，定期公布环保“黄牌”、“红牌”企业名单，实施动态管理。每年至少组织一次排污单位达标排放情况抽查，结果向社会发布。（市环保局负责）

完善市、县（区）检查的环境监督执法机制。强化各级环保部门和公安、检察、法院等部门和单位的协作，在省统一指导下，建立行政执法与刑事司法联动机制，健全重大案件会商督办、信息共享、常设联络员等制度，完善案件移送、受理、立案、通报等规定。积极支持、配合法院环境案件审判工作，推动设立环境保护法庭，集中审理或审查有关环境保护案件。对环境法律法规执行、问题整改情况进行后督查，挂牌督办严重污染环境或造成重大社会影响的环境违法案件。不断完善环保督政体系，加强对县（区）人民政府和有关部门环保工作的监督。（市环保局牵头，市公安局、检察院、法院等参与）

严惩环境违法行为。综合运用挂牌督办、区域限批、按日计罚、限产停产、查封扣押、行政拘留、司法介入等手段，严厉打击环境违法行为。2016年年底前，市、县（区）人民政府完成违法违规建设项目的排查和清理整改工作。严肃查处建设项目环境影响评价领域越权审批、未批先建、边批边建等违法行为。重点打击主观恶意通过私设暗管或利用渗井、渗坑、倾倒含有毒有害污染物废水、含病原体污水，不正常使用水污染物处理设施，或者未经批准拆除、闲置水污染物处理设施，水上倾倒危险废物，监测数据弄虚作假等环境违法行为。对造成生态损害的责任者严格落实赔偿制度。对构成犯罪的，依法追究刑事责任；对负有连带责任的环境服务第三方机构，应予以追责。（市环保局牵头，市公安局、建设局、海洋与渔业局、连云港海事局等参与）

（三十二）加强监管能力建设

加强基层环保执法力量。具备条件的乡镇（街道）及工业园区要配备必要的与职责任务相适应的环境监管力量。推行环境监管网格化管理，2015年年底前，市、县（区）将行政区域划分环境监管网格，报上一级人民政府备案，并向社会公开。（市环保局牵头，市编办、人力资源社会保障局参与）

提高环境监管能力。2016年年底前，完成全市所有环境监察人员参照公务员管理工作，所有环境监察机构要配备使用便携式手持移动执法终端。县级以上的监察机构装备达标率应根据环保部确定的比例要求逐年提高。加强环境监测、环境监察、环境应急、海监执法、渔政执法等专业技术培训。2017年年底前，现有环境监察执法人员全部接受至少一次业务培训和职业操守教育。建立对下级人民政府及有关部门履行环境监管执法职责情况的稽查制度。市、县（区）每年对本行政区内的环境监管执法工作进行稽查，并将稽查情况通报当地政府。（市环保局牵头，市编办、人力资源社会保障局、海洋与渔业局参与）

（三十三）信息公开与公众参与

依法公开水环境状况信息。市、县（区）环保相关主管部门定期在主要媒体上及时发布全市、县（区）水环境质量状况、饮水安全状况、黑臭水体治理进展、水体达标整治进展、环保“红牌”、“黄牌”企业名单、环境违法案件处罚情况、重点排污单位达标排放情况等。建立重点排污企业环境信息强制公开制度，切实保障公众环境知情权，国控重点排污单位应在省级、市级环保部门网站依法向社会公开其排放的主要污染物名称、排污口、排放方式、排放浓度和总量、超标排放情况，以及污染防治设施建设和运行情况，环保部门要定期公布对重点排污单位监督性监测结果。（市环保局牵头，市水利局、国土局、海洋及渔业局等参与）

研究发布工业集聚区环境友好指数、重点行业污染物排放强度、城市和县（区）环境友好指数等信息。（市环保局牵头，市发改委、经信委等参与）

广泛开展宣传教育。制定水污染防治宣传方案，细化工作措施，分年度组织实施。深入开展新闻报道，详细解读水污染防治措施内容，跟踪报道工作成效。把水资源节约、水环境保护和水情知识纳入国民教育体系，提高公众对经济社会发展和环境保护客观规律的认识。依托中小学节水教育、水土保持教育、环境保护教育等社会实践基地，开展环保社会实践活动。为公众、企事业单位、社会组织提供水污染防治政策、法律、法规培训和咨询，引导自觉履行社会环保责任。（市环保局牵头，市委宣传部、教育局、水利局、建设局、卫计委等参与）

构建全民行动格局。支持社会组织、志愿者开展水环境保护公益活动，邀请其全程参与重要环保执法行动和重大水污染事件调查。健全举报制度，充分发挥“12369”环保举报热线和网络平台作用。限期办理群众举报投诉的环境问题，一经查实，可给予举报人奖励。通过公开听证、网络征集等形式，充分听取公众对重大决策和建设项目的意见。公开曝光环境违法典型案件，积极推行环境公益诉讼。倡导文明、节约、绿色、健康的消费方式和生活习惯，开展环保社区、学校、家庭等群众性创建活动，推动节约用水，鼓励购买使用节水产品和环境标志产品。在全社会牢固树立“节水洁水，人人有责”的行为准则，共同改善水环境质量。（市环保局牵头，市委宣传部、教育局、建设局、水利局、民政局、法院等参与）

我市正处于适应经济新常态、努力建设生态文明城市的关键时期，水污染防治任务繁重艰巨，各地区、各部门要本着对人民群众和子孙后代高度负责的态度，正确处理经济社会发展和生态文明建设的关系，把水污染防治作为重大的民生工程、德政工程。按照“地方履行属地责任、部门强化行业管理”要求，明确责任主体，依法依规狠抓贯彻落实，突出重点，综合整治，务求实施，以硬措施完成硬任务，确保全市水环境治理与保护目标如期实现。

市政府关于印发连云港市生态文明建设环境保护重点任务行动方案（2016—2017年）的通知

连政发〔2016〕78号

各县、区人民政府，市各委办局，市各直属单位：

《连云港市生态文明建设环境保护重点任务行动方案（2016—2017年）》已经市政府研究同意，现印发给你们，请认真抓好贯彻落实。

连云港市人民政府

2016年7月21日

连云港市生态文明建设环境保护重点任务行动方案（2016—2017年）

加强生态环境保护，切实改善环境质量，是建设生态文明的重中之重。为抓好近期环境保护工作，加快提升全市生态文明建设水平，根据《江苏省生态文明建设环境保护重点任务行动方案（2016—2017年）》《中共连云港市委连云港市人民政府关于加快推进生态文明建设的实施意见》，特制定本行动方案。

一、总体要求

深入贯彻党的十八大和十八届三中四中五中全会精神，全面落实习近平总书记对江苏工作的新要求，树立生态文明标杆，打造绿色发展标志，坚持人民满意标准，以生态文明建设工程为统领，按照“工作项目化、项目目标化、目标责任化、责任考评化”的要求，组织实施一批生态环境治理与保护重点工程，扎扎实实改善生态环境质量，为建设“环境美”的新连云港提供坚实保障。

二、主要目标

环境质量改善：到2017年，全市PM2.5年均浓度较2015年下降6%，城市空气质量优于二级标准以上天数的比例达72%；地表水省级以上考核断面水质优良（达到或优于Ⅲ类）比例达到63.6%以上，县级以上集中式饮用水水源水质达到或优于Ⅲ类比例总体高于98%，丧失使用功能（劣于Ⅴ类）的水体比例控制在13.6%以内；土壤环境质量总体保持稳定。

主要污染物减排：化学需氧量、氨氮、二氧化硫和氮氧化物排放总量较2015年分别削减4%、4%、8%和8%，重点行业VOCs排放总量较2015年下降4%。

生态系统保护：生态红线区域占国土面积比例不低于23%，湿地面积不低于12.2万公顷，自然湿地保护率达到 45%，林木覆盖率达到 26%，自然岸线保有率不低于 26%。

三、重点任务

（一）推动绿色发展

1. 进一步扩大和优化生态红线范围，2016 年底完成生态红线区域优化调整和生态保护红线划定工作。〔市环保局牵头，市发改委、国土局、建设局、水利局、农委、林业局、海洋渔业局等参与，各县区政府（管委会）负责落实。以下均需各县区政府（管委会）落实，不再列出〕

2. 加强生态红线监督管理，推行产业准入负面清单制度，完善生态补偿、绩效考核制度，2017 年底前建成全市生态红线区域保护地理信息系统。（市环保局、财政局牵头，市国土局、建设局、水利局、农委、林业局、海洋渔业局等参与）

3. 推进战略（规划）环评落地，2016 年底前完成战略环评。开展重点产业园区规划环评负面清单管理试点，推进试点园区建设项目环评审批管理改革。（市环保局牵头，市发改委、经信委参与）

4. 全面推进化工、原料药加工、印染、有色金属、制革等“十大”重点行业清洁化改造，2016 年底前建立清洁生产企业和清洁化工艺改造项目清单，2017 年底前，全部完成清洁化改造项目。（市经信委、环保局牵头，市发改委等参与）

5. 加快城区污染企业搬迁改造，2016 年各地全面排查建成区化工、印染、钢铁、有色金属、造纸、原料药加工等污染较重企业，制定企业搬迁改造退出方案和清单。（市经信委牵头，市发改委、环保局、建设局、规划局、国土局等参与）

6. 加大落后产能淘汰力度，全面取缔小型化工、塑料、印染、造纸、电镀等“十小”行业。其中 2016 年，淘汰小型冶金企业 5 家、重组整合化工企业 15 家。2017 年，淘汰船舶 20 万载重吨，淘汰小型冶金企业 4 家、重组整合化工企业 17 家。（市经信委、环保局牵头，市发改委等参与）

7. 严格控制煤炭消费总量，2017 年全市煤炭消费总量比 2012 年减少 20 万吨，煤炭占能源消费总量比重降到 70% 以下，电力行业煤炭消费占煤炭消费总量的比重提高到 50% 以上。（市发改委牵头，市经信委等参与）

8. 积极开展全民节能行动计划，提高能源使用效率，2017 年全市单位地区生产总值能耗比 2015 年降低 4.9%，单位工业增加值能耗降低 5.1%。（市经信委牵头，市发改委、统计局等参与）

9. 深入推进绿色建筑行动。新建民用建筑全面达到一星级绿色建筑标准要求，到 2017 年，新增二星级以上绿色建筑 80 万平方米；推进绿色建筑及绿色生态城区创建，大力发展预制装配式建筑。（市建设局牵头，市发改委、市规划局参与）

10. 实施水效领跑者引领行动，加快建设节水型社会、节水型城市，2017 年全市单位地区生产总值水耗下降到 116 立方米 / 万元以下。（市水利局、建设局牵头）

11. 实施造纸、印染、制糖、啤酒、氮肥等行业取水量和污染物排放总量协同控制，推动电力、钢铁、纺织、造纸、石油石化、化工、食品发酵等高耗水行业达到先进定额标准。（市水利局、经信委、环保局牵头，市发改委等参与）

12. 构筑园区循环链接的产业体系，推进生态工业园区建设，到 2017 年，80% 的省级以上开发区完成循环化改造，创建生态工业园区。（市发改委牵头，市环保局、财政局、经信委、商务局等参与）

13. 切实加强技术突破和应用示范，加大对科技研发的支持力度，组织实施 20 项环境治理与保护科

技研发与示范项目，加强环境治理与修复关键技术研发攻关，加快科技成果的转化应用。（市科技局牵头，市环保局、经信委等参与）

（二）推进水污染防治

14. 开展重点行业专项整治，实施化工、纺织印染、农副食品加工等重点行业限期达标排放改造。（市环保局牵头）

15. 完善工业集聚区污水收集配套管网，开展工业集聚区污水处理厂升级改造，2016 年底前完成工业集聚区污水处理设施、在线监控设施建设。（市环保局牵头）

16. 加强船舶港口污染控制，2016 年底前制定港口码头装卸站污染防治方案，2017 年底前，沿海港口、码头、船舶修造厂污染防治设施达到建设要求。（市交通局、港口局牵头，市环保局等参与）

17. 持续推进城镇污水处理设施和配套管网建设，到 2017 年，新增污水处理能力 1.2 万吨 / 日，新增污水管网长度 80 公里。（市建设局牵头，市发改委、环保局等参与）

18. 加快推进城市污水处理厂提标改造，县以上城市污水处理厂于 2016 年年底前达到一级 A 排放标准。（市建设局牵头，市环保局等参与）

19. 深入推进城镇雨污分流管网建设，2016 年底前制定管网改造计划。（市建设局牵头，市发改委、环保局等参与）

20. 强化畜禽养殖分区管理，2016 年底前划定禁养限养区，完成禁养区畜禽养殖企业关闭搬迁工作。（市农委、环保局牵头，市发改委参与）

21. 加强畜禽粪污综合利用，新、改、扩建规模化畜禽养殖场（小区）全部实施雨污分流、粪便污水资源化利用，2017 年底前，150 家规模化畜禽养殖场建成污染治理配套设施，规模化养殖场（小区）治理率达到 73%。（市农委牵头，市发改委、环保局等参与）

22. 加强水产养殖污染治理，加强水产养殖污染治理，2016 年底前各县区制定本地区百亩连片标准化池塘改造方案。（市海洋渔业局牵头，市水利局、环保局等参与）

23. 制定实施农业面源污染防治方案，开展化肥、农药使用量零增长行动，推广使用高标准农膜，构建功能完善的生态氮磷拦截系统。2017 年前开展 4 个大型及 27 个中型灌区生态沟渠、污水净化塘、地表径流集蓄池等设施建设。（市农委牵头，市农开局、水利局、环保局等参与）

24. 切实保障居民饮水安全，开展饮用水水源地达标建设，加强县以上城市应急备用水源建设和管理，按既定计划完成城市现有水厂自来水深度处理工艺改造，从 2016 年起每季度向社公开饮用水水源、供水厂出水、用户水龙头水质状况。（市水利局、建设局、环保局牵头，市发改委、卫计委等参与）

25. 加强淮河流域水污染防治，推进通榆河清水廊道建设。（市环保局、水利局牵头）

26. 编制实施近岸海域污染防治规划，突出抓好重污染入海河流整治，规范入海排污口设置，2017 年底前全面完成非法或设置不合理的入海排污口清理。（市环保局牵头，市海洋渔业局等参与）

27. 加强良好湖泊保护，2016 年底前完成塔山湖良好湖泊生态环境保护方案编制，2017 年底前完成湖泊生态环境安全和健康评估。（市环保局牵头，市发改委、水利局、海洋渔业局等参与）

28. 系统治理城市黑臭水体，制定实施整治方案和年度计划，完善城市水环境综合治理工作体系。（市建设局牵头，市环保局、水利局等参与）

29. 严格控制地下水开采，制定实施地下水污染防治方案，加快加油站地下油罐污染防治设施改造，

2016 年底前完成 127 个加油站油罐防渗池建设或双层罐更新改造，2017 年底前，219 个加油站全部完成改造任务。（市商务局、环保局牵头，市水利局、国土局等参与）

（三）开展大气污染防治

30. 加快燃煤锅炉大气污染综合整治，2016 年底前整治 10 蒸吨以下燃煤锅炉 141 台。2017 年进一步整治燃煤锅炉 68 台，完成燃煤锅炉整治任务。（市环保局、经信委牵头）

31. 加强重点行业挥发性有机物污染防治，实施石油炼制、化工、涂装等行业 VOCs 治理工程 77 项，化工园区全面开展无组织废气排放控制，汽车、铁路车辆、机械制造、集装箱等涂装行业推广水性涂料替代，全面淘汰开启式、半开启式干洗装置，开展 VOCs 排污费征收试点。（市环保局牵头）

32. 实施煤电机组超低排放改造，2016 年底前完成 1 台大型机组改造，总装机容量为 100 万千瓦。2017 年，完成 2 台中小型机组、2 台热电及自备机组改 造，总装机容量为 74 万千瓦。（市经信委牵头，市环保局、发改委、连云港供电公司参与）

33. 推进非电行业全要素达标排放，2016 年继续实施钢铁、水泥、平板玻璃等非电行业的脱硫、脱硝、除尘提标改造，拆除 3 条钢铁企业烧结机脱硫设施烟气旁路；2017 年底前，非电行业按要求完成提标改造，拆除 3 条钢铁企业烧结机脱硫设施烟气旁路，全面完成治理任务。（市环保局牵头，市经信委等参与）

34. 加大机动车排气污染治理力度，2016 年底前对新注册和异地转入车辆全面实施国Ⅴ标准，全部淘汰剩余的 9299 辆黄标车。2017 年起，逐步提高老旧车淘汰技术标准，加快淘汰老旧机动车。（市公安局、环保局牵头，市交通局、商务局等参与）

35. 推广新能源汽车和港口岸电系统，2016 年推广新能源汽车 520 辆，实施 29 项港口岸电系统建设工程。（市经信委牵头，市交通局、港口局、环保局、连云港供电公司等参与）

36.2017 年底前，集装箱码头轮胎式集装箱门式起重机（RTG）全部实现“油改电”或改用电动起重机，杂货码头装卸设备“油改电（气）”比例达到 80% 以上，加快淘汰非标船型和老旧船。（市港口局、交通局牵头）

37. 加强大气污染面源控制。全面推行建设工程“绿色施工”，提高城市道路机械化作业水平，到 2017 年，道路机械化清扫率提高 8%。开展城市餐饮行业油烟污染专项治理，严格控制露天烧烤。加强秸秆综合利用，加快生物质成型燃料锅炉供热示范项目建设。（市城管局、建设局、农委、环保局牵头）

38. 开展非道路移动机械排气污染治理，强化冒黑烟非道路机械执法和油品质量监管。2017 年底前，落实第三阶段排放标准。（市环保局牵头，市建设局、交通局、农机局、水利局等参与）

39. 强化重污染天气应急保障，修订重污染天气应急预案，完善强制性应急控制措施，提前应急“削峰”。（市环保局、气象局牵头）

（四）实施土壤污染防治

40. 根据国家、省“土十条”要求，制定市级土壤污染防治工作方案，明确治理目标、重点任务、责任分工。（市环保局牵头，市发改委、财政局、国土局、农委、建设局等参与）

41. 开展土壤环境质量详查，进一步摸清土壤污染状况，建成土壤环境基础数据库和信息管理平台。（市环保局牵头，市国土局、财政局、农委参与）

42. 强化监测监控能力建设，完善土壤环境质量监测网络，2016 年底前完成土壤环境质量国控、省控点位优化。2017 年底前，市级形成土壤重金属、有机污染物监测能力。（市环保局牵头，市国土局、

发改委、财政局、农委参与）

43. 加强工业污染场地风险防控。严格污染场地开发利用管理，组织相关责任方采取隔离、阻断措施，防止土壤和地下水污染扩散。（市环保局牵头，市国土局、建设局参与）

44. 积极开展污染土壤治理与修复试点示范。以工业场地、农用地为重点，推进污染地块治理修复。（农委、环保局牵头，市国土局、建设局参与）

（五）防范环境风险

45. 完善环境风险防控及突发环境事件应急响应体系，开展全市重点企业、敏感目标风险评估，加强重点流域、区域环境风险预警系统建设，继续深化重大环境风险企业环境安全达标改造，提高防范等级。（市环保局牵头）

46. 深化重金属污染综合防治。制定重点重金属污染防治实施方案，加强含重金属废弃物减量化和循环利用。严格控制重点重金属新增排放量。（市环保局牵头，市发改委、经信委等参与）

47. 优化调整危险废物利用处置设施布局，提升危险废物处理处置能力和水平，到 2017 年底，全市危险废物焚烧填埋处置能力比 2015 年增加 200% 以上。（市环保局牵头）

48. 保障核与辐射环境安全，持续开展田湾核电站外围辐射环境监督性监测，强化对放射性废源（物）的安全收贮。（市环保局牵头）

49. 开展化工园区专项整治，加强化工园区化学品储运、环境监控、应急响应等一体化建设，提升园区规范化建设水平，有效防控环境风险，到 2017 年完成我市 4 个化工园区整治任务。（市环保局、经信委牵头，市安监局参与）

（六）加强生态保护与修复

50. 加大自然湿地保护与修复，到 2017 年，修复各类退化湿地 550 公顷，建设省级以上湿地公园 1 处。（市林业局牵头，市发改委、国土局、环保局、农委、水利局等参与）

51. 全面推进矿山地质环境保护与治理，到 2017 年，已关闭的符合复垦条件的砖瓦用粘土矿山废弃地复垦率提高到 40% 以上。（市国土局牵头）

52. 建设生态清洁型小流域，2016 — 2017 年，综合治理水土流失面积 40 平方公里。（市水利局牵头）

53. 实施拯救珍稀濒危动植物资源工程，到 2017 年，90% 的国家重点保护野生动植物得到有效保护。（市林业局、海洋渔业局牵头）

54. 进一步加大植树造林力度，2016 — 2017 年完成造林绿化 16 万亩。（市林业局牵头）

55. 全面提升农村人居环境，着力实施村庄环境改善提升行动，在充分巩固现有村庄环境整治成果的基础上，更大力度地深入持续提升农村人居环境水平，到 2017 年，建设 20 个康居村庄、培育 10 个美丽村庄。（市建设局、环保局牵头）

四、保障措施

（一）落实工作责任。出台《连云港市环境保护监督管理责任规定》，明确各相关部门工作责任，齐抓共管，增强合力。各县区要制订细化落实方案，进一步明确责任主体和时间进度。各县区、市有关部门每年向市政府报告方案实施情况，相关工作纳入生态文明建设工程年度目标任务书，严格考核。市政府适时组织开展专项监督检查，对实施不力的，按照《江苏省党政领导干部生态环境损害责任追究实施细则》等有关规定，严肃追究责任。

（二）加大投入力度。各级人民政府将生态环境治理与保护列为公共财政支出的重点，安排专项资金支持大气、水、土壤、重金属污染防治以及生态保护与修复、生态环保能力建设，并逐年加大投入。不断扩大市级环境保护引导资金规模。积极推进财政资金与社会资本合作，引导鼓励社会资本以PPP等形式参与生态环境治理与保护。

（三）提升治理能力。统筹推进环境保护各职能部门监测、监管、应急等队伍的标准化和现代化建设。制订实施《连云港市生态环境监测网络建设方案》，建设覆盖全市环境质量、重点污染源、生态状况的环境监测网络。制定《环保大数据发展实施方案》，建立数据资源中心，提高环保数据收集、分析和应用能力。加强环境治理修复关键技术研发攻关，促进产学研深度融合，扩大科研成果转化和应用。

（四）深化改革创新。认真落实中央生态文明体制改革总体方案和省实施方案，开展生态环境保护制度综合改革试点，重点在省以下环保机构监测和监察执法垂直管理、编制自然资源资产负债表、领导干部自然资源资产离任审计、排污许可证一证式管理、环境影响评价等改革方面率先取得突破，鼓励先行先试，积极探索与生态文明建设、绿色发展理念相适应的一批可操作、可示范、可推广的制度措施。

（五）严格监管执法。严格执行环境保护法，对各类环境违法行为实行“零容忍”。完善网格化环境监管体系，形成党委组织领导、政府具体实施、部门各司其职、社会广泛参与的环境监管格局。完善区域污染联防联控机制，强化行政执法与刑事司法衔接。制定连云港市环境保护综合督察办法，定期开展市级督察，落实环境保护主体责任。制定环保“黑名单”制度，建立完善环保失信联合惩戒机制。

（六）强化项目支撑。建立重点工程项目责任制，明确各项工程的责任单位、资金来源和年度建设计划，加强重点工程项目的组织、管理和监督检查，将生态环境保护目标落到实处。定期分析通报项目建设情况，积极协调解决项目实施中的困难和实际问题，确保重点工程项目的顺利实施。

市政府关于供给侧结构性改革去产能的实施意见

连政发〔2016〕79号

各县、区人民政府，市各委办局，市各直属单位：

根据国家、省决策部署和市委、市政府关于加快推进供给侧结构性改革相关要求，为切实做好我市冶金、船舶、化工等重点行业去产能工作，加快打造产业新体系，促进经济发展增效升级，现提出以下实施意见。

一、总体要求

全面贯彻党中央、国务院关于推进供给侧结构性改革决策部署，牢固树立并自觉践行创新、协调、绿色、开放、共享的发展理念，坚持企业主体与政府引导相结合、发展先进和淘汰落后相结合、分类指导和综合施策相结合、积极推进和稳妥安置相结合，综合运用经济、法律、技术、环保、质量、安全等手段，主动压减过剩产能，持续淘汰落后产能，引导退出低效产能，积极稳妥处置“僵尸企业”，不断提高供给体系质量和效率，在转型升级中实现经济稳定增长。

二、工作目标

经过努力，到2020年压减粗钢产能100万吨、化解船舶产能50万载重吨、淘汰小型冶金企业10家、重组整合化工企业50家；实现“僵尸企业”基本出清；轻工、食品、建材等其他传统行业退出一批低端低效产能。其中2016年，淘汰小型冶金企业5家、重组整合化工企业15家；到2018年底，压减粗钢产能70万吨。

三、重点举措

（一）有效化解存量过剩产能

1. 推进过剩产能就地消化。综合运用经济、法律、技术、环保、质量、安全等手段化解低端过剩产能，加快冶金、船舶、化工等过剩产能化解工作。鼓励企业通过主动减压、兼并重组、转型转产、搬迁改造等途径，退出部分过剩产能。冶金、船舶、化工等退出产能退出须拆除相应生产线主体设备；暂不具备拆除条件的设备，应立即断水、断电，拆除动力装置，封存主体设备，企业向社会公开承诺不再恢复生产并限时拆除。（市经信委、发改委、国土局、环保局、人行连云港市中心支行等，连云港供电公司，各县区人民政府）

2. 鼓励引导企业兼并重组。简化企业兼并重组审批流程，开设兼并重组审批绿色通道，推行兼并重组并联审批，健全企业兼并重组服务体系。引导和鼓励有条件的企业实施跨行业、跨地区、跨所有制减量化兼并重组。妥善解决企业兼并重组中的金融债务重组问题，切实维护债权人合法利益。（市经信委、发改委、国土局、建设局、环保局、国资委、人行连云港市中心支行、连云港银监分局）

3. 继续实施淘汰落后产能。按照《产业结构调整指导目录（2011年本）（修正）》有关规定，加大落后、低端低效产能淘汰力度。以更加严格的环保、安全、质量、能耗等标准，依法依规推动落后产能限期退出。

突出抓好冶金、船舶、化工等重点行业专项整治。（市经信委、环保局、质监局、安监局、发改委）

4. 严禁新增过剩产能。各县区、各部门不得以任何名义、任何方式备案新增产能的钢铁、水泥（熟料）、平板玻璃、船舶项目，技改和搬迁项目必须实行产能减量转换。各相关部门和机构不得办理上述新增产能项目土地、采矿权、环评、能评、取水审批和新增授信支持等相关业务。已享受国家奖补资金和有关政策支持的退出产能不得用于置换。（市发改委、经信委、环保局、国土局、水利局、连云港银监分局、人行连云港市中心支行等）

（二）全面清理违法违规产能

1. 坚决取缔违法产能。组织实施工业染污全面达标排放计划，对污染物超标排放企业责令采取限制生产、停产整治等措施。组织实施工业用能监察审计行动，对达不到相关行业能耗限额强制性标准要求的冶金、化工产能，实行限期整改，逾期未整改或未达到整改要求的，依法关停退出。组织实施工业企业产品质量监督检查行动，产品质量达不到强制性标准要求的，依法查处并责令企业限期整改，到期未整改或未达到整改要求的，依法吊销许可证。开展安全生产隐患排查治理，对未达到安全生产标准的化工、冶金等行业，责令停产整改。（市经信委、环保局、质监局、工商局、安监局，各县区人民政府）

2. 全面清理违规项目。对产能过剩行业未按土地、环保和投资管理等法律法规履行相关手续或手续不符合规定的违规项目，各县区政府要按照相关要求进行全面清理，对应当清理但未申报的违规建成项目，一律停产整顿，整顿后并同意备案的方可生产。未开工的违规项目，一律不得开工建设；对未予认定的在建违规项目一律不得续建，由县区政府自行妥善处理。对隐瞒不报的在建违规项目，一经查实，立即责令停建，金融机构停止发放贷款，国土、环保部门依据土地管理法、环境保护法等法律法规予以处理，对涉及失职渎职和权钱交易等问题的予以严肃查处，对监管不力的要严肃追究相关人员的责任。（市发改委、经信委、建设局、环保局、国土局、连云港银监分局、人行连云港市中心支行，各县区人民政府）

（三）积极稳妥处置僵尸企业

1. 做好"僵尸企业"排查清理工作。认真落实国家、省工作部署，扎实开展"僵尸企业"排查摸底工作，对主要依靠政府补贴或银行续贷维持的企业，各县区政府和有关部门要停止各种财政补贴、税费返还、银行续贷等政策支持，倒逼企业加快市场化退出。对资产负债率超过 85% 且连续三年亏损，长期欠薪、欠税、欠贷、欠息、欠费和停产半停产企业，以市场机制为主，通过司法途径依法实施破产清算。引导银行业机构落实差异化信贷政策，对目前经营困难，但资产质量、市场前景较好的企业继续予以信贷支持，协助企业做好与金融机构的协商对接，缓解企业资金压力，解决融资难问题；降低企业经营成本，给予企业利息优惠或暂缓还本付息，减免除社会保险费以外的各类费用征收，帮助企业转型升级化解危机。妥善做好职工分流安置工作。（市发改委、经信委、人社局、金融办、连云港银监分局，各县区人民政府）

2. 加快"僵尸企业"破产清算退出。支持市、县（区）法院设立"僵尸企业"破产处置绿色通道，优先受理立案，按规定减免"僵尸企业"破产清算案件诉讼费用，缩短"僵尸企业"破产清算案件审理周期，简化审理程序，加快审理进度。引导商业银行认真研究破产清算类"僵尸企业"的信贷退出方式、节奏及其影响，防止"一刀切"式大规模退出引发的信贷风险；加大对贷款真实分类的监管核查力度，督促银行机构加快不良贷款核销和处置进度。充分发挥金融资产管理公司等市场处置主体作用，通过引入社会资本重组、坏账核销、不良资产证券化等多种方式，积极推进"僵尸企业"不良资产处置。（市中级人民法院、金融办，连云港银监分局、人行连云港市中心支行，各县区人民政府）

（四）调整优化产业结构

1. 推进新兴产业做大做强。结合“十三五”规划，落实《“中国制造 2025”连云港行动纲要》。围绕企业需求，从供给侧精准服务，增强企业发展后劲，加快新医药、新材料、新能源和新信息技术等产业的发展，着力建设新医药大健康产业高地，推进高性能纤维、硅材料规模化和集约化发展，打造新能源产业研发、制造和应用示范基地，把新一代信息技术和软件产业培育成为新兴优势产业。（市经信委、发改委、科技局、金融办、人行连云港市中心支行、连云港银监分局，各县区人民政府）

2. 推动传统产业转型升级。加大传统产业转型升级的政策支持，通过市场倒逼、政府引导，下更大力气推动传统产业转型升级。鼓励企业采用先进设备和工艺，发展先进产能，增加产品品种，提高产品技术含量和附加值，加大冶金、化工、轻工、食品和建材等行业技术改造力度，加强与业内企业配套合作，延伸产业链，提高市场份额，推动传统行业向中高端迈进。（市经信委、发改委、财政局、工商局，各县区人民政府）

（五）加大政策支持力度

1. 加大财政支持。优化市级工业和信息产业发展专项资金使用结构，支持冶金、船舶、化工等重点行业去产能和企业兼并重组，优先用于职工分流安置，同时积极争取上级相关工业企业专项奖补资金。各县区财政积极发挥相关专项资金作用，优先用于职工安置，保障去产能顺利推进。（市财政局、经信委、发改委、人社局，各县区人民政府）

2. 落实税收政策。落实国家相关税收优惠政策，支持产能过剩企业重组、破产等，符合条件的股权（资产）收购、合并、分立、债务重组等企业重组行为，可适用企业所得税特殊性税务处理规定的政策，其中企业债务重组确认的应纳税所得额占该企业当年应纳税所得额 50% 以上，可在 5 个纳税年度期间内，均匀计入各年度的应纳税所得额；企业以非货币资产投资确认的非货币资产转让所得，可自确认非货币性资产转让收入年度起不超过连续 5 个纳税年度的期限内，分期均匀计入各年度的应纳税所得额，按规定计算缴纳企业所得税；企业破产、注销，可适用清算所得税处理政策，在税前扣除有关清算费用及职工工资、社保、法定补偿金。对全面停产（不包括季节性停产）、停业半年以上，缴纳城镇土地使用税确有困难的企业，可按规定申请减免城镇土地使用税。（市国税局，连云港地税局，市财政局等）

3. 完善金融政策。对化解过剩产能、实施兼并重组以及有前景、有效益的企业，按照风险可控、商业可持续原则加大信贷支持力度，支持社会资本参与企业并购重组。支持银行业机构运用市场化手段妥善处置企业债务和银行不良资产。支持银行业金融机构灵活运用不良资产批量化处置、信贷资产证券化等方式，提高不良资产回收效率和回收价值，提升不良资产处置效果。（市金融办、人行连云港市中心支行、连云港银监分局，各县区人民政府）

4. 盘活土地资源。支持产能退出企业盘活土地资源，对产能过剩退出企业的划拨国有用地，可依法转让或由政府收回。对用地手续完备的退出土地，转产为生产性服务业等国家鼓励发展行业的，可在 5 年内继续按原用途和土地权利类型使用土地。对兼并重组、转产企业土地涉及的划拨土地，符合划拨条件的经批准后可继续以划拨方式使用；不符合划拨用地条件的，依法实行有偿使用。属于淘汰、落后、过剩产能，用途不合理、产出效益低的工矿仓储等存量建设用地，在符合土地利用总体规划、城乡规划和产业发展方向的前提下，通过政府主导再开发、原土地权利人自主再开发、市场主体参与再开发等多种形式，采取收购储备、鼓励流转、协议置换、“退二进三”等多种方式实施低效产业用地再开发。（市

国土局、发改委、经信委、国资委，各县区人民政府）

5. 完善价格政策。深入推进资源性产品价格改革，加大差别电价执行力度，继续对国家限定的高耗能行业、产能严重过剩行业，能耗、电耗、水耗达不到标准的产能，实施差别电价和惩罚性电价、水价，并不得参与大用户直购电交易（市物价局、经信委、发改委、水利局等）

（六）妥善安置企业职工

1. 科学制定职工安置方案。把职工安置作为化解过剩产能工作的重中之重，将职工安置方案纳入企业化解过剩产能实施方案，明确职工安置途径、经济补偿、资金来源和再就业措施，做到同步制定、同步实施、同步推进。优先将化解过剩产能分流职工纳入就业创业扶持范围，鼓励兼并重组企业优先吸纳原企业职工，破产企业清算资产优先用于清偿职工欠薪、欠缴的社会保险费、经济补偿金和职工安置。安置计划不完善、资金保障不到位以及未经职工代表大会或全体职工讨论通过的职工安置方案，不得实施。企业经济性裁员 20 人以上或裁减人员不足 20 人但占企业职工总数 10% 以上的，企业应当提前 30 日向工会或全体职工说明情况，听取工会或职工意见，并应向劳动行政部门报告。（市人社局、发改委、经信委、国资委、总工会，各县区人民政府）

2. 支持企业内部分流。充分发挥企业主体作用，采取协商薪酬、灵活工时、培训转岗等方式，稳定现有工作岗位，缓解职工分流压力。企业为促进职工转岗安置开展的职业培训，按规定给予培训补贴。对符合条件的职工实行内部退养，距离法定退休年龄 5 年以内的职工经自愿选择、企业同意并签订协议后，依法变更劳动合同，企业为其发放生活费并缴纳基本养老保险费和基本医疗保险费。职工在达到法定退休年龄前，不得领取基本养老金。（市人社局、发改委、经信委、财政局、国资委，各县区人民政府）

3. 促进再就业和自主创业。通过技能培训、职业介绍等方式，落实税费减免、社会保险补贴、岗位补贴、培训补贴、创业担保贷款及贴息、一次性创业补贴、带动就业补贴、租金补贴等政策，促进化解过剩产能分流职工再就业或自主创业。加大就业困难人员援助力度，通过开发公益性岗位等多种方式予以帮扶。对符合条件的失业人员按规定发放失业保险金，符合救助条件的应及时纳入社会救助范围，保障其基本生活。（市人社局、财政局、民政局、工商局、人行连云港市中心支行，连云港地税局，各县区人民政府）

4. 妥善处理劳动关系。企业应依法与职工变更、解除和终止劳动合同。企业确需与职工解除劳动关系的，应依法支付经济补偿，偿还拖欠的职工在岗期间工资，补缴社会保险费用，并做好社会保险关系转移接续手续等工作。企业主体消亡时，依法与职工终止劳动合同，对距法定退休年龄 5 年以内的职工，可以由职工自愿选择领取经济补偿金，或由单位一次性预留为其缴纳至法定退休年龄的社会保险费和基本生活费，由政府指定的机构代发基本生活费、代缴基本养老保险费和基本医疗保险费。（市人社局、发改委、经信委、总工会，各县区人民政府）

四、保障机制

（一）建立联动推进机制。成立市政府化解过剩产能实现脱困发展领导小组，市政府分管副市长任组长，市政府分管副秘书长、市发改委、市经信委主要负责同志任副组长，市有关部门为成员单位，形成联合推进工作机制。领导小组办公室设在市经信委。各县区政府建立相应的领导机制，切实加强对去产能工作的组织引导，制定落实相关政策，明确本地区去产能的工作任务和推进时间表。（市政府办、经信委、发改委等有关部门，各县区人民政府）

（二）加强监督考核评估。建立健全目标责任制，加强对去产能工作全过程的监督检查。将全市去产能任务年度完成情况向社会公示，建立举报制度。引入第三方机构对各县区任务完成情况进行评估，对未完成任务的县区要予以问责。对国有“僵尸企业”处置工作设定专项考核指标，列入国有企业主要负责人考核体系。对未按规定停止“僵尸企业”补贴和取消各种形式保护的县区政府和部门，追究相关负责人的责任。对违法违规建设产能严重过剩行业项目监管不力的，按照国家有关规定追究相关责任人的责任。市督查办视情况采取下达督查通知书、组织实地督查、提请市政府领导约谈、挂牌督办等方式推动各地和各有关部门工作落实。（市督查办、经信委、发改委、国资委等有关部门，各县区人民政府）

连云港市人民政府

2016 年 7 月 21 日

市政府关于印发连云港市推进供给侧结构性改革补齐发展短板实施方案的通知

连政发〔2016〕91号

各县、区人民政府，市各委办局，市各直属单位：

现将《连云港市推进供给侧结构性改革补齐发展短板实施方案》印发给你们，请认真遵照执行。

连云港市人民政府

2016年6月24日

连云港市推进供给侧结构性改革补齐发展短板实施方案

为贯彻国家、省推进供给侧结构性改革决策部署，落实省政府关于供给侧结构性改革补短板的实施意见，充分发挥扩大有效投资的关键作用，加快补齐经济社会发展的短板，不断增强发展的整体性、协调性和可持续性，依据《市委、市政府关于加快推进供给侧结构性改革的实施意见》（连发〔2016〕20号），制定推进供给侧结构性改革补齐发展短板实施方案。

一、总体要求

全面贯彻党的十八大和十八届三中、四中、五中全会精神，深入落实习近平总书记系列重要讲话精神，按照“五位一体”总体布局和“四个全面”战略布局，牢固树立和贯彻落实创新、协调、绿色、开放、共享的发展理念，抓住供给侧结构性改革新机遇，聚焦发展短板和薄弱环节，突出问题导向，注重精准施策，强化项目支撑，扩大有效投资，进一步增强地区发展新动能，为建设“强富美高”新连云港提供有力支撑。

二、主要目标

投资规模结构同步提升。把扩大有效投资作为促进经济稳定增长和补齐发展短板的关键举措，着力加大产业发展、创新驱动、基础设施、民生保障、扶贫开发等短板领域投资，实现固定资产总量和有效投入持续增加，投资结构进一步优化。2016—2018年，全市规模以上固定资产投资年均增长保持20%左右，补短板领域投资力争达到2300亿元。（市发改委、经信委、科技局、建设局、扶贫办，各县区）

重点产业发展实现突破。新医药、新材料、新能源、装备制造等主导产业和石化、钢铁等临港产业做大做强，农业产业化水平加快提升，物流、旅游等现代服务业积极发展。2016—2018年，全市规模以上工业增加值年均增长 12%，服务业增加值年均增长保持 10% 以上，新增高标准农田 20 万亩，高效设施农业占耕地面积比重达到 19% 左右。（市发改委、经信委、农委、旅游局，各县区）

创新引领作用有效发挥。市开发区、高新区等载体平台功能显著增强，“高新区 + 创新型园区 + 特色产业基地”多元化、多层次创新体系初步构建，创新发展基础进一步厚实，创新资源要素加快集聚。2016—2018 年，建设升级专业技术人才继续教育基地 1—2 家，省级专项实训基地 2 家；建设省级示范企业博士后工作站 2 家，博士后创新实践基地 6 家，新增省级以上企业研发机构 50 个，引进各类高端和紧缺人才 1500 名以上，全社会研发经费支出占 GDP 比重达到 2%。（市人社局、科技局，各县区）

基础设施功能显著完善。港口、铁路、公路、航道、机场等基础设施网络进一步完善，市政公用基础设施水平加速提升，“最后一公里”水电气路、新一代信息基础设施、城市地下管网、生态保护等城乡基础设施加快建设。2016—2018 年，加快提升港口扩容，推进深水航道建设；新增铁路运营里程 315 公里以上，内河三级干线航道达到 150 公里，新改建农村公路 1000 公里；新改建城市各类地下管网 300 公里，地下综合管廊达到 8 公里，新建 4G 基站 1 万个，农村光纤基本实现全覆盖，建成美丽宜居乡村 30 个。（市交通局、港口局、规划局、建设局、经信委、环保局、铁路办、机场办、港口控股集团，各县区）

民生保障能力逐步增强。教育、社保、医疗、住房、养老、文化等方面公共服务供给不断增加，城乡群众需求得到进一步满足。生态环境质量持续改善，生产生活环境得到有效提升。2016—2018 年，新增 9 所职业学校教学实训基地 10.8 万平方米，改造基础教育校舍 157 万平方米，新增医院床位 2000 张以上，完成棚户区改造 6.8 万套，PM2.5 年均浓度比 2015 年下降 12%。（市教育局、人社局、卫计委、建设局、住房局、文广新局、环保局，各县区）

精准扶贫脱贫扎实推进。新一轮脱贫致富奔小康工程深入实施，石梁河库区等重点片区开发全面加速，经济薄弱地区发展瓶颈逐渐消除，农村低收入人口基本实现脱贫。2016—2018 年，完成 17.8 万建档立卡有劳动能力低收入人口精准帮扶，实施 2 个扶贫开发重点片区关键工程、1 个退出片区建设项目和 149 个经济薄弱村集体经济扶持项目，20 万左右农村低收入人口人均年收入整体达到 6000 元。（市扶贫办、财政局，各有关县区）

三、重点举措

2016—2018 年，按照“目标化管理、项目化推进”要求，围绕五个方面发展短板和薄弱环节，着力实施 130 个重点项目，持续扩大有效投入，切实调优投入结构，不断增强发展新动能。

（一）补齐产业发展短板方面，围绕推动三次产业优化提升，实施 50 个重点项目，计划完成投资 1386 亿元，其中 2016 年投资 379 亿元。

1. 工业项目。着力培优培强优势主导产业，拓展提升基地型、基础型临港产业，进一步夯实产业发展基础，实施 30 个重点项目，3 年完成投资 1157 亿元。以四大药企为重点，做大做强生物制药、化学原料药、中成药等优势产业，加快推进正大天晴新医药、恒瑞生物医药产业园等项目。充分发挥行业比较优势，提升发展新材料产业，加快推进中复神鹰碳纤维、高性能纤维复合材料等项目。稳步推进新能源产业发展，加快实施田湾核电二、三期、渔光互补光伏发电等项目。落实《连云港制造 2025》，发展技术含量高、带动能力强的装备制造业，加快推进天明特种机械、珀然轻量化锻造等项目。立足世界级石化基地，完善石化产业链布局，加快推进盛虹炼化一体化等项目。按照“技术先进、集聚集约、循环

高效”发展路径，推动冶金产业转型升级，加快推进珠江钢管、华乐合金等项目。（市经信委、发改委，江苏核电公司，各有关县区）

2. 服务业项目。加快生产性服务业转型发展和生活性服务业创新发展，进一步提升服务便利化、精细化和品质化水平，实施 13 个重点项目，3 年完成投资 182 亿元。依托打造区域性物流枢纽城市，推进现代物流产业发展，加快实施上合物流园、东中西合作示范基地等项目。发挥“一带一路”交汇点综合优势，完善各类服务平台，发展现代商务服务业，形成开放协作、功能完备、高效运行的服务体系，加快推进“一带一路”国际执法安全研究中心、金融服务中心等项目。围绕海洋资源、《西游记》文化主题发展特色休闲旅游，加快推进花果山南部综合服务中心、欢乐海洋城等项目。（市发改委、旅游局、港口控股集团，各有关县区）

3. 农业项目。深入实施农业现代化工程，加快农业转方式、调结构、强基础，进一步促进农业高效化、规模化发展，实施 7 个重点项目，3 年完成投资 47 亿元。突出发展设施农业、高效农业、生态农业，着力提高农业物质装备水平，加快推进设施农业转型升级、农田水利设施提升、裕灌现代农业园、连岛中心渔港等项目。（市农委、农开局、农机局，各有关县区）

（二）补齐创新驱动短板方面，围绕构建区域科技创新高地，实施 8 个重点项目，3 年完成投资 49 亿元，其中 2016 年投资 15 亿元。

4. 载体平台项目。打牢创新发展基础，促进创新要素集聚和加快科技成果转化，进一步加快完善提升创新创业的载体平台，实施公共科技服务平台、科技创业城等 3 个重点项目，3 年完成投资 12 亿元。（市科技局，各有关县区）

5. 人才集聚项目。围绕优势特色产业和战略性新兴产业，着力引进培养一批高层次领军人才、创新团队和中青年科技专家，实施科技企业培育“十百千”工程、人力资本开放实训设施扩容等 3 个重点项目，3 年完成投资 33 亿元。（市科技局、人社局，各有关县区）

6. 技术突破项目。加大“政产学研金”融合力度，引聚国内外名校共建创新载体，加快突破关键核心技术，打通产业、创新、资本之间的通道，实施关键领域技术突破工程和产学研协同创新 2 个重点项目，3 年完成投资 4 亿元。（市科技局，各有关县区）

（三）补齐基础设施短板方面，围绕增强地区发展承载能力，实施 49 个重点项目，3 年完成投资 688 亿元，其中 2016 年投资 181 亿元。

7. 交通项目。打造全国区域性综合交通枢纽，按照适度超前、综合发展、提升效率原则，进一步完善综合立体交通体系，实施 24 个重点项目，3 年完成投资 392 亿元。加强港口基础设施建设，畅通干线航道网络，提升航运资源配置能力，加快推进连云港港扩容工程、30 万吨级航道二期工程、赣榆港区通用泊位工程等项目。完善快速铁路和机场网络，提升连接周边地区能力，加快推进徐连客专、新机场、上合物流园专用铁路、综合客运枢纽等项目。完善公路网，打通国省干线公路，提高瓶颈路段通过能力，加快推进 G204 海州至灌南段、S242 扩容、S509 疏港公路等项目。（市交通局、港口局、铁路办、机场办、港口控股集团、交通控股集团，各有关县区）

8. 水利项目。建立健全水利基础设施体系，提升防洪排涝和水资源保障能力，实施 7 个重点项目，3 年完成投资 67 亿元。巩固流域防洪能力，进一步扩大骨干引排通道，加快推进埒子口综合整治和蔷薇河、东门五图河治理等项目。提升水资源保障水平，加快推进饮水安全工程、水生态文明建设工程等项目，

加快完善农村水利基础配套设施。（市水利局，各有关县区）

9. 能源项目。大力建设清洁低碳、安全高效的现代能源体系，进一步提高能源利用效率，实施 8 个重点项目，3 年完成投资 104 亿元。积极发展新能源，加快推进抽水储能电站、赣榆 LNG 接收站等项目。着力提升供电基础设施水平和输配电效率，加快实施常规电网输变电工程、500 千伏南翼（徐圩）输变电等项目。大力推动新一轮农村电网改造升级，加快实施农网和城镇配电网改造升级工程。（市发改委、供电公司，各有关县区）

10. 信息管网项目。加快建设新一代信息基础设施，提高管网覆盖率和输送安全性，实施 4 个重点项目，3 年完成投资 62 亿元。推进“光网城市”和“光网农村”建设，加快实施通信网络扩容工程。加大城市老旧管网改造力度，加快推进城市老旧供水、燃气管道改造、城市地下综合管廊试点等项目。强化输油管网建设，加快推进中石化连云港至仪征输油管线等项目。（市经信委、建设局、发改委，各有关县区）

11. 市政项目。加快市政公用设施建设，提高城乡居民生活便利化水平，增强城市竞争力，实施 5 个重点项目，3 年完成投资 63 亿元。提高应对突发极端自然灾害能力，加快推进海绵城市建设。健全城市综合交通运输体系，加快推进综合客运枢纽、连盐铁路下穿工程等项目。着力解决城市停车难问题，加快推进公共停车场建设。完善新能源汽车基础设施，加快实施电动车充电站等项目。（市建设局、经信委、城建控股集团，各有关县区）

（四）补齐民生保障短板方面，围绕提升城乡人居环境水平，实施 19 个重点项目，计划完成投资 166 亿元，其中 2016 年投资 66 亿元。

12. 住房改善项目。加大重点区域棚户区改造力度，完善配套基础设施服务体系，实施 4 个重点项目，3 年完成投资 64 亿元。加快推进市区棚户区改造、东海铁南片区改造、灌南棚户区等项目，稳步实施磷矿区综合市政设施改造和老旧小区综合整治提升。（市建设局、发改委，各有关县区）

13. 健康养老项目。优化医疗设施布局，加强养老设施建设，不断提高全市健康和养老水平，实施 4 个重点项目，3 年完成投资 28 亿元。提升医疗收治能力，解决妇产科、儿科等专科能力不足问题，加快推进市一院新海院区、妇幼保健中心等项目。加快县级公立医院标准化建设，促进城市优质医疗资源向基层延伸。积极吸引社会资本参与建设社会养老机构，加快推进大健康产业园等项目。（市卫计委、民政局，各有关县区）

14. 文教体育项目。加大投资于人的力度，推进公共文化教育体育服务标准化，实施 6 个重点项目，3 年完成投资 43 亿元。大力发展优质普惠学前教育，加强职业技能培训，统筹推进产教融合，加快实施学前教育五年行动计划、职业教育达标、产教融合推进工程等项目。合理布局城乡公共体育文化设施，加快推进全民健身中心、新世界文化城活动中心等项目。（市教育局、文广新局、体育局，各有关县区）

15. 生态环保项目。加强环境保护和生态修复，大力推进生态文明建设，实施 5 个重点项目，3 年完成投资 31 亿元。切实强化大气污染防治、提升城乡垃圾处理能力和改善城市水环境，加快实施燃煤机组节能减排升级改造、城市建成区黑臭水体治理、固废处理工程等项目。推动乡村环境改善提升，积极建设美丽乡村，加快实施新型小城镇基础设施提升、乡村环境综合整治等项目。（市环保局、建设局，各有关县区）

（五）补齐扶贫开发短板方面，围绕推动低收入群体生活改善，实施 4 个重点项目，计划完成投资 3 亿元，其中 2016 年投资 1 亿元。

16. 提升农村低收入群体发展能力项目。坚持精准扶贫、精准脱贫，把农村低收入群体脱贫攻坚同扩大有效供给有机结合，加大政策资金投入力度，加快推进农村低收入人口精准扶贫、扶贫小额贷款贴息奖励等项目。（市扶贫办、财政局，各有关县区）

17. 消除经济薄弱地区发展瓶颈项目。推进重点片区扶贫攻坚，针对性加大基础设施、民生保障、产业发展投资力度，增强薄弱地区造血功能，加快推进重点片区整体帮扶关键工程、经济薄弱村发展集体经济扶持工程等项目。（市扶贫办、财政局，各有关县区）

四、保障措施

（一）加强组织领导。推进供给侧结构性改革补齐发展短板事关全市发展大局，建立市政府补短板工作推进机制，加强统筹协调和监督检查。各县区、各部门进一步增强工作的紧迫感和责任感，全力以赴抓好实施方案落实和重点项目建设，形成上下联动、合力推进的工作机制。积极创新行政审批制度管理，健全投资服务体系，进一步提高服务效率效能，确保补齐发展短板的各项措施有效落实。（市有关部门，各县区）

（二）强化要素保障。各县区、各部门进一步加大要素资源的调控力度，强化对补短板领域重点保障。财政部门根据财力情况逐步增加补短板领域的资金投入，各类财政性引导资金优先支持补短板领域的重点项目。发改、建设、交通等部门围绕棚户区改造、社会民生、基础设施等领域，积极争取中央预算内补助资金和国家专项建设基金支持。规划、国土、环保等部门在规划选址和用地环评等方面，不断加大对补短板领域项目的支持。科技、人社等部门加强科技、技能人才的培训，显著提升补短板领域劳动力资源的质量和水平。（市发改委、经信委、科技局、财政局、人社局、国土局、规划局、建设局、交通局、环保局，各县区）

（三）创新融资方式。加快落实《省政府关于创新重点领域投融资机制鼓励社会投资的实施意见》（苏政发〔2015〕86号），通过降低门槛、畅通渠道、优化管理，大力吸引社会资本参与补短板领域重点项目和专项工程建设。不断创新拓展投融资机制，加快推广PPP等新型投融资模式，建立有利于民间资本参与投资的制度体系，尽快在补短板领域实施一批有影响的PPP项目。充分发挥投贷结合、债贷结合的积极效应，引导银行、保险等金融机构加大对补短板领域项目的融资支持。（市财政局、发改委、金融办，人行市中心支行、连云港银监分局，各县区）

（四）严格督查考核。各县区、各部门将推进实施方案落实和加快重点项目建设纳入年度重点工作，明确目标任务、责任分工和时间要求，确保各项政策措施落到实处。市发改部门及时下达补短板重大项目投资计划，强化督查推进，确保形成有效投资。市政府适时对补短板领域重点项目推进情况开展专项督查，及时发现问题并督促整改；建立奖惩机制，对工作成效显著的给予表彰，对工作不力、成效较差的严格问效问责。（市有关部门，各县区）

连云港市人民政府
关于印发房地产业供给侧改革去库存实施方案的通知

连政发〔2016〕99号

各县、区人民政府，市各有关单位：

为深入贯彻落实中央和省委、市委关于供给侧结构性改革的部署要求，扎实推进房地产业供给侧结构性改革，全面落实去库存任务，根据《江苏省政府关于供给侧结构性改革去库存的实施意见》(苏政发〔2016〕47号）和《市委、市政府关于加快推进供给侧结构性改革的实施意见》(连发〔2016〕20号)，结合我市实际，现就做好房地产去库存工作，制定本实施方案。

一、总体思路

贯彻中央关于全面深化住房制度改革、提高户籍人口城镇化率的总体要求，加快推进港产城融合发展和新型城镇化步伐，推动房地产供给侧结构性改革，统筹做好住宅类商品房和非住宅类商品房去库存工作，扩大有效需求，打通供需通道，切实防控市场风险，提升住房品质和居住环境，支持居民自住和改善性住房需求，促进全市房地产市场健康稳定发展。

二、工作目标

到2018年底，全市商品住宅库存去化周期力争控制在16个月以内，其中2016年全市商品住宅库存去化周期力争控制在18个月以内，以县、区、管委会为单位的去化周期原则上以2015年底为基数，去化周期同比缩短10%，商品房库存规模明显下降。

到2020年底，全市购租并举的住房体系基本建立，市场供求关系基本平衡，商品住宅库存去化周期保持在合理区间。

三、重点举措

（一）深化户籍制度改革，有效释放农业转移人口城镇购房需求。进一步调整户口迁移政策和创新人口管理，切实保障农业转移人口及其他常住人口合法权益。合理确定城区及建制镇落户条件，提高户籍人口城镇化率。

1.对市区城镇户籍以外购买新建商品房的购房者可办理落户或居住证；凭不动产权证（房屋产权证，下同）和居民户口簿或居住证可办理子女新生入学手续。(责任单位：市教育局、市公安局、各区政府、管委会）

2.对市区城镇户籍以外的进城务工人员正常缴纳公积金的，购买新建商品住房时，可以比照市区在职职工办理住房公积金贷款。(责任单位：市住房公积金中心）

3.对非城镇户籍在市区购买新建商品房的购房者，可按规定在市区参加企业职工基本养老保险。(责任单位：市人社局）

4.对市区城镇户籍以外购买新建商品房的购房者，可凭不动产权证在参合地办理异地就医手续；对进城购房未落户的农民，可凭居住证在参合地办理异地居住登记备案手续后，在市区就医就诊，参照户籍地参合群众新农合补偿政策执行。对购房落户的进城农民，可以办理城镇职工或居民基本医疗保险。要加快城乡居民医疗保险制度的整合，进一步推动信息化建设，为进城农民提供购药、门诊就医、报销药费等便利。（责任单位：市人社局、市卫计委、市财政局、市发改委、市各医疗卫生机构）

5. 农民进城购房落户的，要依法保障其宅基地使用、土地承包经营、集体收益分配等权益，并按规定享受相关惠农政策。（责任单位：市委农工办、市国土局、市财政局、各县区政府、管委会）

6. 农民进城申请购房贷款的，执行与城镇居民相同的最低首付比例，进一步降低客户准入门槛、放宽还款期限。（责任单位：市金融办、连云港银监分局、人行连云港市中心支行、市住房公积金中心、各商业银行）

（二）不断提升城市宜居性，更好满足居民购房需求。完善公共交通、教育、医疗、商业等公共服务设施配套，保障公共服务供给到位，促进库存商品房销售。

1. 完善中小学布局，提高规划刚性约束力。严格落实《连云港市市区中小学布局规划（2015-2030 年）》，结合城市建设进程，适度超前规划建设学校。采取合作办学等形式引进优质教育资源，扩大优质教育资源覆盖面。（责任单位：市教育局、市规划局、市国土局、市建设局、各县区政府、管委会）

2. 对公共配套设施缺乏区域，要加快规划布局和建设大型

超市、农贸市场、购物中心等商业服务设施及公交场站等公共交通基础设施，优化城市公交线网，提高公交线网覆盖率，为群众生产生活提供便利。（责任单位：市商务局、市交通局、市规划局、市国土局、市建设局、各县区政府、管委会）

3. 要通过引进名医名院，创办特色专科，为市民提供优质便捷的医疗服务，扩大医疗服务的知名度和影响力，增强城市竞争力。（责任单位：市卫计委、市规划局、市国土局、市建设局、各县区政府、管委会）

（三）深化住房制度改革，建立购租并举的住房制度。以满足新市民住房需求为主要出发点，建立购租并举的住房制度。

1. 推进共有产权式经济适用住房制度。把符合保障条件的外来人口逐步纳入公租房保障范围。（责任单位：市住房局）

2. 大力发展住房租赁市场，构建住房租赁信息政府服务平台，培育和发展规模化、集约化、专业化水平较高的住房租赁企业，引导房地产开发企业与住房租赁企业合作，开展“购租并举、先租后买”的住房梯度消费模式，落实房屋租赁登记备案制度，维护租赁双方的合法权益，鼓励对依法登记备案的住房租赁企业、机构和个人，给予税收优惠政策支持。鼓励自然人和各类机构投资购买库存商品房，增加租赁市场房源供应。（责任单位：市住房局、市财政局、连云港地税局、市国税局）

（四）加大棚户区改造力度，优化棚改安置货币化。改进棚改安置货币化工作，在拆迁安置和棚改安置中，试行“房票”制度，将棚改安置与去库存紧密结合起来。

1. 从 2016 年 9 月起，从严控制用于国有土地房屋征收的新建安置房项目建设，市区各功能板块和各片区改造项目原则上应通过向市场团购普通商品房方式解决安置问题，或利用周边区域商品房作为产权调换房源。（责任单位：市建设局）

2. 对各县区商品房销售进展缓慢的特定区域新实施棚改项目执行“房票”制度的，被征收人购买新建普通商品住房的，凭房屋产权证和房屋征收货币补偿协议复印件，以被征收人房屋按市场价格评估额

为基础，由出资人（征收拆迁申请人）给予一定比例奖励，具体标准由各县、区根据实际情况确定。（责任单位：市建设局）

（五）充分挖掘潜力，用好用足住房公积金。

1. 着力做好住房公积金归集扩面工作，通过增加公积金归集量，采取“公转商”贴息贷款等渠道筹措资金。推动公积金创新融资。（责任单位：市公积金管理中心）

2. 继续推进住房公积金异地个人住房贷款，满足我市户籍在外务工人员回乡置业需求。（责任单位：市公积金管理中心）

（六）加强财税扶持力度，有效降低高库存县区库存。

商品房库存去化周期超过 18 个月的区域所在县、区（管委会），应及时出台本县区 (管委会) 区域内购买新建普通商品房的购房补贴政策，有效降低商品房库存去化周期。（责任单位：各县区政府、管委会）

（七）坚持有保有压，合理控制土地供应节奏。从土地供应源头上根据各区域功能定位、现有商品房库存量、去化周期等指标，合理调配商品房用地出让规模。

1. 对需求不足、配套不到位、商品房库存去化周期超过 18 个月或去化困难的区域暂缓住宅用地供应。（责任单位：市国土局）

2. 依法依规清理供而未建的经营性用地特别是居住用地，加大闲置土地清理收回力度，减少土地存量，化解潜在库存。（责任单位：市国土局、各县区政府、管委会）

3. 对市区已出让未实施开发的商品房用地，允许调整不适合市场需求的产品，支持开发企业将商品房项目转化为其他产业投资，并按规定享受国家和省有关政策优惠。如调整内容涉及规划条件和规划许可内容变更的，应按《江苏省城乡规划条例》第四十五条有关要求履行法定程序进行变更。（责任单位：市规划局、市国土局、市经信委）

（八）优化住房供应结构，提升产品功能品质。

1. 对在建项目不改变用地性质和容积率等前提下，依法履行《江苏省城乡规划条例》第四十五条有关变更程序后，允许房地产开发企业适当调整优化套型结构，满足居民自住和改善性住房需求。（责任单位：市规划局、市建设局）

2. 鼓励房地产企业大力发展新型建造方式，推广装配式建筑和成品住房，开发建设绿色、低碳、节能环保的高品质住房，提升住房品质。（责任单位：市建设局）

3. 房地产开发企业开发成品住房发生的实际装修成本，可按规定在税前扣除。认真贯彻国家关于调整房地产市场外资准入和管理的相关政策，优化和改进外商投资房地产管理。（责任单位：市发改委、市地税局、市国税局）

（九）支持商业办公用房转型，加快消化非住宅类商品房库存。

1. 引导房地产开发企业将库存商业、办公、工业地产改造为孵化器、众创空间等用房，将库存非住宅类商品房转为研发办公生产性服务业、旅游、养老、文化等专项地产，已竣工的在售商业地产项目，通过调整房屋结构等方式，将其改造成住宅或其他产业用房。对领取商品房预售许可证超过 3 年以上未出售的非住宅类商品房，制定优惠政策，支持开发企业租售并举解决库存问题。（责任单位：市规划局、市住房局）

2. 通过调整土地用途、规划条件等，对在建商业地产项目，合理调配商业与住宅的比例。（责任单位：市规划局、市国土局）

3. 通过调整土地用途、规划条件等，引导未开发用地转型利用，用于国家支持的养老、文化、科技、体育等新兴产业项目的开发建设，促进其他产业投资。对按照新用途或者新规划条件开发建设的项目，应重新办理相关用地手续，重新核定土地价款。（责任单位：市国土局、市规划局）

（十）优化服务环境，促进企业降本增效。

1. 进一步清理和压降房地产开发建设过程中的各种收费项目。对房地产开发项目预征的土地增值税，达到清算条件后要按规定进行清算，需退还的要及时足额退还。（责任单位：市审改办、市财政局、市国税局、连云港地税局、市物价局、市建设局、市规划局、市供电公司、市自来水公司、移动公司、电信公司、联通公司、广电公司、各县区政府、管委会）

2. 在企业落实债权债务责任和风险可控的前提下，支持开发企业拓宽融资渠道，对信用良好的开发企业鼓励银行业金融机构下调按揭保证金比例，加大对品牌开发企业的信贷支持力度。加大对开发企业兼并重组的金融支持，鼓励银行业金融机构针对并购相关方的不同资金需求，提供并购贷款、贷款展期或转贷等金融服务，以实现资产有序重组。用于工业企业的应急贷款支持条件适宜的开发企业。（责任单位：市金融办、连云港银监分局、人行连云港中心支行、各商业银行、市工投集团）

（十一）加强市场监管，推动房地产业转型升级。

1. 通过提高土地出让准入门槛，选择信用好、实力强的开发企业提供市场需要的产品，依法限制产生问题楼盘的开发企业及其主要股东参与新的土地招拍挂。（责任单位：市国土局、市城管局、市建设局、市住房局、各县区政府、管委会）

2. 加大房地产开发企业建设经营过程中的管理，及时查处违法违规行为，净化房地产市场环境。加强商品房预销售管理，结合房地产项目预售情况，有效把握预售商品房供应节奏，完善商品房预售资金监管机制，引导房地产开发企业科学合理定价，预防和化解市场风险。（责任单位：市规划局、市国土局、市建设局、市城管局、市工商局、市住房局、市物价局）

3. 建立房地产市场预警机制和房地产社会矛盾处置协调机制。坚持“依法处置、统一领导、属地负责、协同配合、关注群众利益”原则，着力化解历史遗留问题。对符合破产法定条件的，探索适用破产方式推进解决问题严重楼盘，维护群众合法权益，促进房地产市场健康发展。（责任单位：各县区政府、管委会、市中级人民法院、市公安局、市建设局、市规划局、市城管局、市住房局）

4. 清理整顿房地产中介机构、房地产开发企业、P2P 平台及小额贷款公司等开展的住房金融业务，依法依规查处高利贷、非法集资等行为。（责任单位：市公安局、市经信委、市住房局、市工商局、连云港银监分局）

四、保障机制

（一）强化组织领导。市政府成立以市长任组长，分管市长任副组长，各县、区政府（管委会）和市各相关部门主要负责同志任成员的房地产去库存工作领导小组，领导小组办公室设在市住房局。各县区人民政府、各功能板块、市各相关部门要高度重视房地产去库存工作，相应成立专门的房地产去库存领导机构，认真研究谋划，强化整体部署，切实将其作为稳增长、调结构、惠民生、防风险的一项重要任务抓好落实，保证全市和各县、区去库存目标任务得到全面完成。要建立健全统计监测制度，全面准确掌握房地产库存情况，统筹推进去库存工作。要全面加强房地产市场监管，帮助企业解决问题，及时化解风险，确保社会稳定。

（二）强化工作责任。各县、区政府（管委会）要切实承担房地产市场去库存的主体责任，对存量商品房详细情况开展全面调查，结合实施保障性安居工程和城市棚户区（危旧房、城中村）拆迁改造，抓紧制订本地区商品房去库存实施方案，细化任务分解和措施落实，确保目标任务不折不扣落实到位。市各有关部门要按照各自的职责分工，主动作为，研究制定好去库存的政策措施。各县、区政府（管委会）的去库存工作方案以及各相关牵头部门的具体实施细则，于2016年8月底前报市政府房地产去库存工作领导小组办公室，并在以后每月底报送去库存工作进展情况，年底前报送年度任务完成情况。

（三）强化督查考核。市政府将制定去库存工作考核办法，实行定期督促检查和情况通报制度，实施月报告、季检查、年考核。对领导重视、措施得力、成效显著的县区（管委会）予以通报表彰奖励。对履行去库存、稳市场主体责任不力、效果不明显的县、区（管委会），给予通报批评，必要时进行约谈，并按有关规定予以追责。

（四）强化舆论引导。各县、区政府（管委会）、各有关部门要加强对房地产市场的正面宣传引导，充分发挥各类新闻媒体的作用，准确宣传房地产去库存政策，客观报道房地产去库存进展情况。对涉及房地产市场的不实信息要及时予以澄清，大力营造有利于化解房地产库存的良好氛围。

连云港市人民政府

2016年8月25日

市政府关于加强国家卫生城市长效管理的实施意见

连政发〔2016〕123号

各县、区人民政府，市各委办局，市各直属单位：

为切实加强对国家卫生城市的长效管理，促进城市管理制度化、规范化、科学化，进一步提高市民生活环境和质量水平，确保长期保持国家卫生城市荣誉称号，依据《国家卫生城市标准（2014 版）》和《国家卫生城市评审与管理办法》（全爱卫发〔2015〕4 号），现结合我市实际，提出如下实施意见：

一、总体要求

（一）指导思想

以邓小平理论、“三个代表”重要思想、科学发展观为指导，认真贯彻党的十八大、十八届三中四中五中全会和习近平总书记系列重要讲话，特别是视察江苏重要讲话精神，坚持改革发展成果惠及广大人民群众的理念，以人为本、依法行政，创新模式，建立权责明确、协调统一、科学高效的国家卫生城市长效管理新格局，不断改善城乡环境，切实维护人民群众健康权益，为经济社会协调发展提供有力保障。

（二）基本原则

1. 重心下移、属地管理。明确各区（含市开发区、徐圩新区、云台山景区、高新区）卫生城市长效管理责任，强化各区主体地位，充分发挥街道（镇、乡）基础作用，形成两级政府、三级管理、四级网络的长效管理架构。

2. 标本兼治、条块结合。按照精细化管理要求，明确职责任务，强化部门监管，注重机制创新和制度建设，形成市区联动、部门协作、制度保障、全面覆盖的长效管理体系。

3. 政府主导、市场运作。鼓励各类市场主体参与长效管理，通过政府购买服务等形式，加快推进城市管理市场化，形成多元化长效管理模式。

4. 社会参与、全民共建。坚持以群众满意为标准，切实做好宣传教育工作，争取广大群众理解、支持和参与，形成舆论引导、社会监督、全民参与、成果共享的长效管理氛围。

5. 科学考核、奖惩激励。根据各地各单位工作量大小、个性工作与共性工作的不同，合理设置扣分权重，以定量为主、定性为辅，细化标准，严格考核问责，建立健全科学的长效管理考核体系。

二、具体要求

（一）爱国卫生管理（市爱卫办牵头）。坚持“政府组织、地方负责、部门协调、群众参与、社会监督、科学治理”的工作方针，大力开展新时期群众性爱国卫生运动，做到日常保持与突击活动相结合、群众性运动和专业队伍管理相结合，抓好爱国卫生工作的制度化、科学化、经常化管理，促进爱国卫生工作和国家卫生城市长效管理工作由“运动模式”向“常态模式”转变。

（二）健康教育管理（市爱卫办牵头）。健全各级健康教育网络，加强对健康教育从业人员的培训、指导，健全完善健康教育工作制度。充分利用教育资源，培养中小学生从小形成良好的健康意识、养成良好的卫生习惯，并发挥家庭和社区的积极作用。充分利用各种大众传播媒体的主阵地，加强对广大市民的宣传教育和引导，使讲卫生、讲文明成为每个人、每个单位、每个经营场所的自觉行为，全面提高市民的身体素质。

（三）环境卫生管理（市城管局牵头）。突出抓好主次干道、公厕等重点部位环境卫生管理，实现城市环境优美整洁。加强主次干道的清扫保洁，完善市容环境卫生责任区制度。强化保洁力量，加大保洁频率，建成区做到全覆盖、全时段、无缝隙清扫保洁。推进生活垃圾处理全程密闭管理，做到收集不落地、存放不暴露、运输不洒漏、全程密闭化。引入社会组织参与环境卫生管理。大力实施城乡环境卫生整洁行动，将卫生创建向乡镇、村居延伸，推进环境卫生管理城乡一体化进程，共建稳定、和谐、整洁、优美的城乡环境。

（四）便民服务设施管理（市城管局牵头）。按照合理布局、方便群众、整洁有序、管理规范的原则，加快推进放心早餐工程和便民服务设施建设。坚持科学定点布局，强化分类推进，新建或规范提升一批临时便民市场和西瓜销售、自行车维修等便民服务点，满足市民日常需求。强化责任落实，切实抓好便民市场、早夜市、食品摊点群、便民服务点的指导和监督，确保秩序正常、经营规范。

（五）市容秩序管理（市城管局牵头）。以治乱为重点，突出抓好城区主次干道、公共场所、城市出入口沿线市容市貌管理。坚持疏堵并举、齐抓共管，切实加大对占道经营、露天烧烤、非法“小广告”等城市顽疾治理力度，巩固综合整治成果。完善城市广告牌匾和夜景亮化专项规划，加快城市重点区域、重要道路立体夜景亮化建设，加强广告牌匾审批和日常管理，确保城市整洁美观，符合国家卫生城市标准。

（六）交通秩序管理（市公安局牵头）。以规范交通秩序为重点，着力解决机动车乱停乱放、交通拥堵等突出问题，为市民创造良好出行环境。强化动态管理，大力整治违法行为；整治静态交通秩序，规范市区停车管理。充分挖掘现有道路资源，进一步畅通城市道路微循环，提高次干道、支路和背街小巷利用率。

（七）居民小区管理（市住房局牵头）。积极开展物业小区综合整治工作，实施分类指导，逐步建立“指导监督在市级、主体责任在县区、具体负责在街道、矛盾化解在社区”的物业管理运行机制。按照责权统一、重心下移的原则，逐步做好市级物业管理权限下放工作。加大老旧小区改造力度，按照计划实施老旧小区改造工程。指导各区对经改造后的老旧小区采取引进物业服务企业实施专业化物管或社区托管等形式，加强改造后老旧小区的后续管理。

（八）公共卫生及食品安全管理（市食药监局、市卫计委按职责分工牵头负责）。认真抓好健康教育、传染病防治和饮用水卫生工作。加强“六小”行业卫生管理，巩固提升创卫成果。突出“六小”行业规范管理，督促、指导未达标的小餐馆、小食品店等整改提升，完善“三防”措施，改善卫生条件，确保符合国家有关指标要求。

（九）农贸市场管理（市商务局牵头）。强化市场秩序管理和环境卫生保洁工作，不断完善基础设施建设，做到划行归市，落实活禽宰杀“三分离”要求，加强市场周边市容环境卫生、交通秩序管理。高标准、高起点新建农贸市场，提升全市农贸市场管理水平，70% 以上的农贸市场达到《标准化菜市场设置与管理规范》要求。

（十）市政基础设施管理（市建设局牵头）。以完善市政基础设施为重点，突出抓好市政基础设施维护管理，环卫设施与城市规划建设同步设计、建设、验收、启用，确保市政基础设施配套齐全，管理规范，运行正常。进一步完善市政设施维护管理机制，强化城市道路挖掘管理，确需挖掘城市道路的，实行以项目申请单位为主、有关地下管网管理单位参与的协调会议统筹推进制度，杜绝“马路拉链”现象，确保挖掘路面及时恢复、质量良好。

（十一）建设工地管理（市建设局牵头）。落实工地出入口硬化和保洁、工地围挡、施工降尘、运输车辆清洗、实时监控等规范化管理制度。强化建筑垃圾运输管理，完善联合执法制度，从严查处运输车辆不密闭、沿路抛洒和随意倾倒行为。全面提升建设工程文明施工管理水平，强化市场监管和责任追究，建立主管部门与建设工程单位签订文明施工承诺书制度，足额列支渣土处置、扬尘污染治理和安全文明施工有关经费。推进建设市场诚信体系建设，完善黑名单制度和惩戒措施，对施工扬尘污染、车辆带泥上路、渣土乱倾乱倒、污水和噪声扰民等违法失信企业和从业人员加大信用惩戒力度。发挥环评审批、施工许可、招投标管理源头防范作用，推进文明施工全程管理，确保建设工地施工秩序规范，环境卫生整洁。

（十二）园林绿化管理（市建设局牵头）。以提升绿化美化水平为重点，突出抓好城市道路、公园、广场等城市绿地养护管理，提升城市景观效果，改善生态环境。加强绿化改造升级，突出植物造景，彰显园林特色。严格落实绿化管养责任制，提高绿地养护管理标准，消除城市裸露土地。

（十三）病媒生物防制管理（市爱卫办牵头）。不断完善病媒生物防制工作网络，做好宣传和组织发动工作，坚持综合防制方针，从加强环境治理、清除滋生地入手，落实春秋两季灭鼠和经常性灭蚊、蝇、蟑螂活动，坚持群防群控与专业防制相结合，提高病媒生物防制成效，确保病媒生物密度控制在国家标准以内。

三、运行机制

（一）层级明晰的责任机制。按照市级管总、部门牵头、区级实施、监管分离的思路，推进管理权限重心下移，落实分级管理制度，形成条块结合、齐抓共管机制。市级负责研究制定有关政策、标准和管理规范，确定年度目标和考核重点，组织考核，开展专项集中治理活动。市有关部门根据工作职能做好相关工作，履行行业指导和监管责任。各区政府（管委会）作为长效管理主体，对辖区长效管理负全责。街道（镇）和社区（村）为长效管理基本单元，具体管理职责由各区政府（管委会）根据各自实际确定。

（二）多元化的投入机制。建立完善两级政府、三级管理、四级网络的长效管理财力支撑体系。各级财政要将长效管理经费纳入年度预算，形成长期、稳定的投入机制。制定城中村及城乡接合部环卫保洁、垃圾收运经费保障办法，完善城市环卫收费制度。

（三）市场化的运作机制。妥善处理政府监管与市场运作的关系，将市场机制引入长效管理。积极推进政府购买服务，鼓励各类市场主体参与。在环境卫生清扫、市政设施维护、园林绿化养护、渣土清运等环节，通过招标选择专业化公司或社会组织承担管养、维护工作。

（四）网格化数字化的管理机制。充分发挥基层相关单位的监督管理职能作用，采取分片巡视、动态巡查等形式，实现对公共设施、市容环境、环境保护、公共卫生的全方位监管。充分发挥街道（镇、乡）的城市管理职能，按照职责对等的原则，调整充实人员，落实保障经费和设施设备，为其履行职责创造良好条件。充分发挥数字化管理和指挥系统作用，实现城市管理、监督指挥、执法处置、评价工作数字化，提高市容环境卫生管理快速反应能力。

（五）精细化城市卫生管理的工作机制。从完善规范制度、深化监督管理入手，进一步建立完善行业管理规范，指导长效管理各项工作。健全完善破损街道修复、路面保洁、果皮箱维护和街道护栏和交通设施保洁及交通标识标牌、广告牌设置维护等方面的管理标准和制度，做到工作有标准、执行有规范、管理有依据，为实施精细化管理，提高工作效能和管理水平奠定坚实基础，实现我市国家卫生城市管理工作从粗放到精细的转变。

四、保障措施

（一）加强组织领导。各区、各部门要高度重视国家卫生城市长效管理工作，党政主要领导负总责，明确分管领导、专职人员具体抓，要结合实际制定针对性、可操作性强的工作制度和实施办法，做到组织队伍不散、工作力度不减、管理水平不降，确保国家卫生城市长效管理各项机制落到实处，取得实效。强化爱国卫生组织机构建设，充分发挥爱国卫生工作在国家卫生城市长效管理工作中的积极作用，配备适应工作要求的办公条件、人员编制，发挥好各级爱卫办的职能作用。市爱卫会委员单位要履行好本单位爱国卫生管理职责。

（二）完善职责分工。坚持属地管理、分级负责的工作原则，各区政府（管委会）要根据《国家卫生城市标准》制定长效管理工作方案，实施科学、规范长效化管理。市卫计委、城管、住房、建设、公安、商务、环保、交通运输、食品药品监管、水利、农业等行业主管部门要切实按照工作职责，探索建立长效工作机制，落实各项工作任务，不断加大工作力度、提升工作水平。

（三）建立考核工作机制。市创卫指挥部负责制定国家卫生城市长效管理实施意见的考核办法和考核细则，对各区、市级各相关单位实施考核，每两月进行一次全面考核排名，并在市内媒体上公布。对积极开展国家卫生城市管理工作，充分履行相应职责、圆满完成任务的地区和单位以奖代补，对没有完成规定职责任务、管理工作不落实的地区和单位，将视情节给予责令改正、通报批评和实施问责等处理。各相关部门也要根据工作职责细化长效管理方案，制定具体的考核办法及细则，并认真组织实施。

连云港市人民政府
2016 年 12 月 15 日

市政府关于进一步加强知识产权工作的实施意见

连政发〔2016〕132号

各县、区人民政府，市各委办局，市各直属单位：

《市政府关于进一步加强知识产权工作的实施意见》已经市十三届政府第 52 次常务会议审议通过，现印发给你们，请认真组织实施。

连云港市人民政府

2016 年 12 月 13 日

市政府关于进一步加强知识产权工作的实施意见

为贯彻落实《国务院关于新形势下加快知识产权强国建设的若干意见》精神，加快推进国家知识产权试点城市建设，提升知识产权创造、运用、保护、管理和服务能力，促进经济转型升级和创新发展，根据省政府办公厅印发的《江苏省建设引领型知识产权强省试点省实施方案》要求，结合我市实际，提出以下实施意见。

一、总体要求

（一）指导思想

深入贯彻党的十八大和十八届三中、四中、五中、六中全会精神，认真落实省、市委决策部署，按照“四个全面”战略布局，深入实施知识产权战略，以激励知识产权创造为基础，以培育发展知识产权密集型产业为指向，着力推进知识产权保护和运用，提升知识产权管理和服务，逐步提高知识产权对经济社会发展的贡献度，为建设“强富美高”新港城提供有力支撑。

（二）主要目标

到 2020 年，全市知识产权综合实力达苏北领先水平，力争跻身国家知识产权示范城市行列。

——知识产权创造能力明显提升。全市自主知识产权拥有量明显增长，质量明显提高。专利申请总量年均增幅达 10%，其中发明专利申请量年均增幅达 15%；万人有效发明专利拥有量达 8 件；PCT 专利申请量累计达 300 件。

——知识产权运用效果显著增强。建立起高效的知识产权运用转化体系，知识产权流动转化明显加快。培育知识产权密集型产业 1 — 2 个，培育自主创新能力优、知识产权运用保护好、市场竞争能力强的知识产权优势企业 100 家。

——知识产权保护环境明显优化。建立起严格高效的知识产权行政、司法保护体系。知识产权维权援助和举报投诉机制基本完备。知识产权保护状况和环境明显改善。全社会知识产权认知度超过 75%，权利人满意度超过 80%。

——知识产权管理体系更加健全。形成权责一致、分工合理、决策科学、执行顺畅、监督有力的知识产权行政管理体系。知识产权试点示范县区实现全覆盖。企事业单位知识产权管理能力显著增强，贯标企业数达到 200 家。

——知识产权服务体系日趋完善。建成具有知识产权信息服务、战略分析、人才培养、维权援助等功能的知识产权公共服务机构；培育、引进各类知识产权服务品牌机构 10 家以上。

——知识产权人才规模不断壮大。培养一批知识产权管理、服务、研究、咨询人才，形成一支素质、数量、结构与我市产业发展需求相适应的知识产权人才队伍。培育企业知识产权工程师 400 人以上、企业知识产权总监 100 人以上。

二、重点任务

（一）加强知识产权创造

1. 引导知识产权“增量提质”。加大对专利申请，特别是专利申请大户和首件发明申请的扶持力度，促进全市知识产权产出。推动发明专利和职务发明创造的快速增长，不断优化专利结构，提升专利质量。启动实施高价值专利培育计划，引导企业、高校与高端服务机构合作，创造一批高价值专利。市政府设立连云港市专利奖，对在技术创新和专利技术产业化等方面做出突出贡献的专利权人给予奖励。

2. 促进企业知识产权产出。加大对培强培优企业、科技型中小企业、上市企业的政策扶持引导，推动知识产权创造要素向企业集聚。培育知识产权强企，实施“企业知识产权能力提升工程”，支持企业申请专利，帮助“零专利”企业实现专利申请和授权零的突破；推进全市高新技术企业普遍拥有发明专利；大力培育知识产权优势、示范企业，打造知识产权领军企业，逐步形成一批拥有自主知识产权的创新型企业梯队。

3. 支持知识产权海外布局。鼓励企业积极申请国（境）外专利，支持企业通过全球研发外包、境外联合研发等加快全球市场的专利科学布局；鼓励支持企业收购具有市场潜力和潜在竞争优势的海外专利。

4. 强化知识产权政策导向。在制定产业发展、政府采购、科技创新、人才引进等政策时，要充分体现知识产权的导向作用。在各类项目立项与验收、科技成果评价、“三站三中心”（即企业院士工作站、博士后工作站、研究生工作站、工程技术研究中心、工程研究中心、企业技术中心）、产学研示范基地认定等工作中，将专利拥有和运用情况作为重要的评审依据。

（二）促进知识产权运用

1. 提升企业知识产权运用能力。实施“企业知识产权标准化管理工程”，推进培强培优企业、科技型中小企业、上市企业实施《企业知识产权管理规范》国家标准。鼓励支持企业实施知识产权战略，通过建设知识产权数据库、开展知识产权风险预警分析等，有效运用知识产权文献信息，构筑知识产权战略竞争优势。

2. 推进专利技术转化实施。围绕我市优势产业和战略性新兴产业，加强对关键技术的产学研联合攻关和集成创新，构建一批由企业主导、高校和科研院所参与的技术创新战略联盟，促进知识产权的创造运用。支持一批创新水平高、市场前景好的优秀专利技术转化实施，尽快形成现实生产力，不断培育新的经济增长点。鼓励高校、科研院所先进适用的专利在我市转化实施。

3. 加快培育专利密集型产业。对具有产业基础、研发潜力和市场前景的新医药、装备制造、新材料、新能源与节能环保等优势产业和新兴产业，加强分类指导，集成创新资源，提升知识产权战略运用能力，逐步培育成为专利密集型产业。探索实施专利导航工程，支持国家高新区、开发区建设专利导航产业发展实验区，开展专利集群管理，推动专利集成运用，努力成为专利信息分析与产业运行深度融合、专利创造与产业创新高度匹配、专利布局对产业竞争保障有力的先行区域，推动产业高端发展。

4. 推进知识产权金融服务。建立健全多元化、多层次、多渠道的知识产权投融资服务体系。探索建立公益性与市场化相结合的知识产权交易平台。深化和拓展知识产权质押融资工作，鼓励银行等金融机构开展金融产品创新，扩大专利权质押信贷规模。

（三）严格知识产权保护

1. 加大知识产权保护力度。进一步完善行政执法和司法保护两条途径优势互补、有机衔接的知识产权保护模式，推进“两法”衔接，建立健全知识产权重点难点案件会商通报制度、案件移送制度。加强行政执法，以专业市场、商贸街区以及各类大型展会为重点，开展常态化执法和集中专项检查，查处各类侵犯知识产权行为，不断净化市场环境。

2. 提升知识产权执法能力。整合知识产权行政执法资源，加强执法队伍建设，加大执法业务培训力度，提高执法人员整体素质。加强专利行政执法基础设施建设，建成专利行政执法口审场所，配齐执法装备，提高执法办案效率。建立健全知识产权行政执法考评和激励机制，不断提升执法整体水平。

3. 强化知识产权维权援助。健全知识产权维权援助工作体系，重点面向中小微企业、科技型企业、外贸企业开展知识产权风险防范、纠纷应对及维权援助服务。适时开通12330维权援助热线，完善案件受理、移送督办、案情反馈、信息共享、举报投诉奖励等工作制度。推进维权援助工作向县区延伸，逐步形成覆盖全市的知识产权维权援助网络。

4. 加大互联网领域知识产权保护力度。针对“互联网+”带来的新模式、新业态、新领域，积极部署执法力量，打击网络知识产权违法行为。建立知识产权执法部门、电子商务平台运营商与知识产权维权援助机构联动保护机制，提高互联网知识产权监管与保护水平。制定适应众创、众包、众扶、众筹等新领域发展的知识产权保护对策，为大众创业、万众创新营造良好知识产权保护环境。

5. 建立知识产权信用体系。建立知识产权侵权违法档案，将恶意侵权等知识产权失信行为纳入社会征信体系，建立知识产权侵权违法“黑名单”，定期向社会曝光。进一步强化知识产权行政处罚案件信息公开，正确引导社会舆论，及时回应社会关切。推行知识产权信用承诺，培育一批知识产权“正版正货”承诺推进示范街区、先进企业。

（四）提升知识产权管理和服务

1. 推进知识产权区域管理。强化高端谋划部署，优化资源要素配置，积极争创国家知识产权示范城市。各县区围绕自身产业基础和优势，深入实施知识产权战略，发展知识产权密集型产业，提高产业运行效益，逐步凝聚产业转型升级新动能。支持各县区进一步强化知识产权工作手段，集聚知识产权优势资源，积极争创国家、省知识产权试点示范县区，推进工作提档升级。

2. 建立重大项目知识产权评议制度。制定出台《连云港市重大经济科技活动知识产权评议办法》，对财政资金投入、国有资金使用数额较大或对经济社会发展具有较大影响的各类项目开展知识产权评议。项目主管部门应建立重大科技研发、技术改造等项目的知识产权目标管理和评估制度，引导项目承担单位运用知识产权制度加强创新成果保护。

3. 推动知识产权服务业发展。完善知识产权服务业发展政策支撑体系，加大优质知识产权服务机构引进力度，支持本土服务机构扩大规模。通过政策引导，集聚一批知识产权代理、运营、信息利用、战略咨询服务机构，打造知识产权服务业集聚区。鼓励知识产权服务机构完善服务手段，拓展服务内容，为我市知识产权战略实施提供有力支撑。

4. 加强知识产权公共服务供给。推进江苏省专利信息服务中心连云港分中心建设，免费开放中外专利全文数据库、主导产业专题数据库、产业预警分析报告等基础信息。制订完善企业专利信息利用指南，指导企业结合自身需求建设个性化数据库和使用商业化数据库。通过政府购买服务等形式，组织知识产权服务机构为企业提供“保姆式”服务。

（五）推动知识产权人才队伍和文化建设

1. 建设知识产权人才培养载体。支持鼓励我市高校成立知识产权学院，设立知识产权专业学科，确立人才培养特色。引导我市教育培训机构在场所设施、管理制度、工作机制和师资队伍等方面加大建设力度，积极争创省级知识产权培训基地。依托江苏省知识产权远程教育网络平台，建设我市知识产权远程教育平台子站。

2. 培养引进知识产权专业人才。实施知识产权人才建设工程，制定完善我市知识产权实务人才分类培训计划，对党政领导干部、企业总裁、知识产权总监、知识产权负责人进行分类培训。推进知识产权学历教育，培养复合型、应用型知识产权专业人才。鼓励和支持企事业单位通过咨询、讲学、兼职、短期聘用、人才租赁等柔性方式引进知识产权高层次人才。

3. 加大知识产权宣传力度。建立政府引导、媒体支撑、社会公众广泛参与的知识产权宣传工作体系，把知识产权教育与普法教育、科普宣传、诚信建设等活动有机结合。扩大“4·26”知识产权宣传周、中国专利周等活动的影响力，积极开展知识产权主题宣传，不断提升知识产权社会认知度。定期通报知识产权发展与保护状况，引导社会公众树立正确的知识产权理念，营造“尊重知识、崇尚创新、诚信守法”的文化氛围。

三、保障措施

（一）加强组织领导

市政府将知识产权工作纳入重要议事日程，并建立定期研究知识产权工作的制度。进一步发挥市知识产权联席会议作用，强化知识产权宏观管理和统筹协调，构建长效推进机制。各县区政府要根据本实施意见要求，完善工作机制，落实政策措施，推进各项任务的完成。各园区、乡镇（街道）要加强知识产权管理机构建设，明确专职人员负责辖区内知识产权工作。

（二）加大投入力度

完善激励知识产权事业发展的政策和举措，加大财政对知识产权工作的投入。市财政安排知识产权专项资金，并按照高于财政经常性收入的增幅建立同步增长机制。各县区（园区）也应设立相应的知识产权专项资金，用于知识产权项目的实施和有关资助奖励政策的兑现等。各类财政资金支持的项目，要向知识产权倾斜，形成推进知识产权的政策合力和叠加效应。引导各类创新主体加大研发经费投入，形成创新投入与知识产权产出的良性循环。

（三）强化督查推进

调整优化知识产权统计和考核指标，细化重点任务的分解落实，并加大督查推进力度，建立定期通报制度。各县区也应强化知识产权工作的考核推进工作。

市委办公室文件选编目录

表 1

序号	公文标题	公文文号
1	市委办公室　市政府办公室关于实施 2016 年连云港市十大重点民生工程 48 件实事的通知	连委办发〔2016〕1 号
2	市委办公室　市政府办公室关于印发《连云港市 2016 年安全生产工作要点》的通知	连委办发〔2016〕8 号
3	中共连云港市委办公室关于印发《市委全面深化改革领导小组 2016 年工作要点》的通知	连委办发〔2016〕17 号
4	市委办公室　市政府办公室关于印发《建设健康连云港行动计划（2016–2020）》的通知	连委办发〔2016〕18 号
5	中共连云港市委办公室关于印发《市委党的建设工作领导小组 2016 年工作要点》的通知	连委办发〔2016〕23 号
6	中共连云港市委办公室关于印发《2016 年度书记抓基层党建工作责任清单》的通知	连委办发〔2016〕24 号
7	中共连云港市委办公室关于印发《连云港市地方各级党委委员联系党代表党代表联系党员群众制度（试行）》等四项制度的通知	连委办发〔2016〕25 号
8	市委办公室　市政府办公室关于印发《市委市政府 2016 年度督查工作要点》的通知	连委办发〔2016〕28 号
9	市委办公室　市政府办公室关于印发《2016 年连云港市生态文明建设目标任务》的通知	连委办发〔2016〕32 号
10	中共连云港市委办公室　印发《关于在全市党员中开展“学党章党规、学系列讲话，做合格党员”学习教育的实施方案》的通知	连委办发〔2016〕33 号
11	市委办公室　市政府办公室关于印发《连云港市创建国家卫生城市实施方案》的通知	连委办发〔2016〕41 号
12	中共连云港市委办公室关于印发《2016 年法治连云港建设工作要点》的通知	连委办发〔2016〕43 号
13	中共连云港市委办公室　印发《关于全面加强农村基层党建工作的意见》的通知	连委办发〔2016〕46 号
14	市委办公室　市政府办公室关于印发《连云港市培强培优企业行动计划（2016—2020 年）》的通知	连委办发〔2016〕52 号
15	市委办公室　市政府办公室关于印发《连云港市上市企业培育行动计划（2016—2020 年）》的通知	连委办发〔2016〕53 号
16	市委办公室　市政府办公室关于印发《连云港市加快科技型中小企业培育行动计划（2016—2020 年）》的通知	连委办发〔2016〕54 号
17	中共连云港市委办公室　印发《关于开展深化农村基层党风廉政建设着力解决群众反映突出问题专项行动的实施意见》的通知	连委办发〔2016〕66 号
18	市委办公室　市政府办公室关于印发《连云港市村庄环境改善提升行动计划》的通知	连委办发〔2016〕85 号
19	中共连云港市委办公室　印发《关于严格执行中央八项规定精神深化机关作风建设的实施方案》的通知	连委办发〔2016〕101 号
20	中共连云港市委办公室关于认真学习宣传党的十八届六中全会精神的通知	连委办发〔2016〕103 号
21	中共连云港市委办公室　印发《关于进一步规范民主生活会强化党内监督的规定（试行）》的通知	连委办发〔2016〕114 号

大事记

中国共产党连云港市执政实录（2016年）

1月

1日　市委书记、市人大常委会主任杨省世发表2016年新年献词，代表市委、市人大、市政府、市政协，向全市人民，向驻连部队指战员、武警官兵、公安干警，向各民主党派、人民团体和各界人士，向关心支持连云港发展的海内外朋友，致以新年的问候和美好的祝福。并希望全市人民携手并肩，同舟共济，加快建设全面小康社会，共同创造连云港更加美好的明天。

▲市区首批246辆纯电动车正式上线营运，迈入无污染绿色公交时代，为创建全省公交示范城市奠定基础。

4日　市委、连云港市警备区召开2015年度国防动员和后备力量建设总结表彰暨2016年度开训动员大会。市委书记、连云港警备区党委第一书记、市国防动员委员会第一主任杨省世在会上作讲话，强调坚持党管武装，推进军民融合发展。市领导项雪龙、滕雯、董春科、王永生出席会议。连云港警备区司令员周瑞峰作新年度军事训练工作动员部署，政委韩文祥主持大会。市国动委成员单位及市相关部门主要负责人，各县区国动委、连云港警备区相关部门主要负责人，市国防动员系统先进单位和个人代表，现役官兵和民兵等千余人参加会议。会议结束后，举行了市国动委“军事日”活动，与会人员观摩了相关军事课目汇报表演。

▲代市长项雪龙先后来到正大天晴、康缘药业、恒瑞医药和豪森医药进行工作调研。项雪龙在调研时强调，我市医药企业要发挥结合好政府和市场两种力量，兼顾社会和经济两个效益，推动优势企业做成优势产业，全力打造连云港新医药产业发展高地。副市长徐家保陪同调研。

5日　代市长项雪龙就2016年《政府工作报告》，以及进一步加强和改进政府工作征求老干部意见和建议。

▲代市长项雪龙到徐圩新区专题调研新区开发建设、重大产业项目推进等工作情况。项雪龙在调研时强调，徐圩新区要全力以赴加大项目投入力度，增强区域发展辐射带动能力。市委常委、常务副市长曹永林陪同调研。

6日　省委常委、省政府党组成员、省委政法委书记，省公安厅党委书记、厅长王立科在连云港调研公安工作。市领导杨省世、王永生陪同调研。

▲代市长项雪龙主持召开市十三届政府第39次常务会议，讨论《政府工作报告（审议稿）》《连云港市国民经济和社会发展第十三个五年规划纲要（草案）》，审议《连云港市市级国有资本经营预算管理暂行办法》等文件。市领导曹永林、吴以桥、董春科、尹哲强、吴海云、王永生、王开宇，市政府秘书长匡中远、市政府党组成员胡文杰出席会议。

▲代市长项雪龙到连云港港，对港口口岸发展情况进行工作调研。项雪龙在调研时强调，要发挥港口核心支撑作用，增强龙头辐射带动能力。市领导吴以桥、鲁林陪同调研。

▲全市社会稳定形势分析研判会召开。会议主要是分析形势，发现问题，统一思想，动员全市公安、信访、安监等各条战线立即行动起来，采取切实措施，确保首季社会大局稳定。市领导王加培、王永生出席会议。

▲2015—2016年度全市基层党员冬训工作部署会暨骨干培训会召开，市委常委、宣传部部长滕雯

出席会议。

▲省委常委、省政府党组成员、省委政法委书记，省公安厅常委书记、厅长王立科在连云港调研公安工作，并亲切慰问基层公安干警。市领导杨省世、王永生陪同调研。

6—8 日 省妇联副主席张勤一行来连云港，就连云港市落实省“十二五”妇女儿童发展规划情况进行终期评估督导。副市长王开宇出席座谈会。

7 日 市委常委会召开“三严三实”专题民主生活会，深入学习贯彻习近平总书记系列重要讲话精神特别是关于“三严三实”专题教育的重要指示，以省委常委会专题民主生活会为标杆，以践行“三严三实”为主题，联系班子和个人实际深入查摆问题，严肃认真开展批评和自我批评。省委常委、省政府党组成员、省委政法委书记，省公安厅党委书记、厅长王立科到会指导并讲话。市委书记杨省世主持会议。

▲全国计划生育工作电视电话会议在北京召开，国家卫计委等相关部门围绕新出台的二孩新政进行了专题工作部署。连云港市组织收听收看，副市长董春科出席连云港分会场会议。

8 日 中共中央、国务院在人民大会堂举行 2015 年度国家科学技术奖励大会。习近平总书记出席大会并为获奖者颁奖。连云港市康缘药业承担的“以桂枝茯苓胶囊为示范的现代中药功效相关质量标准体系创立及应用”项目荣获国家科技进步奖二等奖。这是康缘药业第二次获得国家科技进步奖二等奖。

▲ 代市长项雪龙实地调研连云区经济社会发展情况，并主持召开座谈会。项雪龙强调，连云区要以更大的气魄和更高的目标，推动海滨城市实现强势崛起。

▲代市长项雪龙带队督查森林防火工作。项雪龙在督察时强调，要扎实落实各项责任措施，确保森林防火万无一失，为推进生态建设和社会稳定做出贡献。市领导关永健、吴海云陪同督查。

▲ “美·德照亮港城”第二届最美港城人暨“中国好人”颁奖晚会举行，共对 11 名“最美港城人”以及 10 名入选中国好人榜的美德人物给予表彰，现场也启动连云港市“道德风尚建设基金”项目。市领导项雪龙、滕雯、郑平、董春科、方韬出席晚会。

9 日 “江苏最美人物”新闻发布会在灌云中专演播厅举行，灌云县杨集镇农业技术推广服务站站长蔡学举荣获江苏“最美基层干部”称号。

10 日 根据市委统一安排，市委书记杨省世全程参加并指导了东海县委常委会“三严三实”专题民主生活会。杨省世在会议上讲话强调，要以严实作风推动东海“全面达小康、迈上新台阶”。

11 日 市委书记杨省世主持召开市委常委会暨全面深化改革领导小组会议，听取市“十三五”规划纲要和《政府工作报告》起草情况汇报，研究全市安全生产工作，讨论并原则通过《关于调整完善市对区财政管理体制方案》和 2016 年度财政预算安排情况。市领导项雪龙、仲琨、张同生等参加会议。

▲代市长项雪龙实地调研海州区经济社会发展情况。项雪龙在调研时强调，海州区要发挥中心城区独特优势，放大区域辐射带动效应，为国际性海港中心城市建设发挥更多作用。副市长尹哲强参加活动。

12 日 代市长项雪龙实地调研赣榆区经济社会发展情况。项雪龙在赣榆调研时强调，赣榆区在全市新一轮改革发展中以更高目标、更新理念和更实举措，推动经济社会发展全面提速。副市长徐家保参加活动。

▲根据市委统一安排，代市长项雪龙全程参加并指导赣榆区委常委会“三严三实”专题民主生活会。项雪龙在会议上讲话强调，要激发新活力和新动力，以更加严实的作风，更好地推动赣榆新一轮加快发展。

▲省委宣传部副部长、省委网信办主任蔡丽新一行来连督查“基层宣传思想文化工作加强年”措施

落实情况。市委常委、宣传部部长滕雯陪同督查。

▲全市水利工程建设推进会召开。会议总结去年以来水利工程建设成效，分析当前水利面临形势，科学谋划“十三五”水利发展，安排部署2016年工作任务。副市长吴海云出席会议。

13日 代市长项雪龙实地调研灌南县经济社会发展情况。项雪龙在调研时强调，灌南县要以克难奋进精气神，全力加快经济振兴。

▲2015年连云港市公安工作报告会召开,历时3个月的首届“港城公安先锋”评选结果也同时揭晓。市领导王加培、徐大勇、王永生、方韬出席并为获得首届“港城公安先锋”荣誉称号的民警颁奖。

14日 市委召开2015年度党委书记抓基层党建工作和履行党风廉政建设主体责任述职会。市委书记杨省世主持会议并讲话，省委党建工作领导小组成员、省委党建办副主任梅仕城参加会议并作点评，市领导项雪龙、张同生等出席会议。各县（区）委书记、部分市直单位党委（党组）书记汇报了一年来抓基层党建工作、履行党风廉政建设主体责任情况。会议还进行现场评议。

15日 市委书记、市人大常委会主任杨省世到市信访接待大厅，专程接待上访群众，专题会办信访事项，并就抓好信访稳定工作进行部署强调，要求持续用力推动信访问题化解。市领导王加培、尹哲强参加。

▲代市长项雪龙调研东海县经济社会发展情况,并主持召开座谈会。项雪龙强调,东海县要坚定信心,迎难而上，全力推动东海经济发展提速赶超。

16日 中国人民政治协商会议连云港市第十二届委员会第五次会议开幕。市委书记杨省世到会作重要讲话，希望全市各级政协组织和广大政协委员凝聚共识，和衷共济，为描绘中国梦的连云港篇章努力奋斗。第十二届政协主席仲琨受政协连云港市第十二届委员会常务委员会的委托,向大会作工作报告。第十二届政协副主席曹佳鸣受政协连云港市第十二届委员会常务委员会的委托，向大会作提案工作情况的报告。

▲市政协十二届五次会议举行全体会议，10位委员分别代表市各民主党派、有关人民团体在会上作大会发言。市委书记、市人大常委会主任杨省世听取大会发言并点评。市委副书记、代市长项雪龙，市政协主席仲琨，市政协副主席曹佳鸣、赵波、范忠华、王东升、方韬、黄咏梅、鲁林参加会议。

▲连云港市第十三届人民代表大会第五次会议开幕。市委书记、市人大常委会主任杨省世主持大会。代市长项雪龙代表市人民政府向大会作政府工作报告。

18日 出席市十三届人大五次会议的代表分组审议《政府工作报告》。市委书记、市人大常委会主任杨省世参加赣榆区代表团分组审议。代市长项雪龙先后来参加灌南县代表团、东海县代表团和连云区代表团的分组审议，并听取意见和建议。市领导仲琨、曹永林、关永健、滕雯、李国章、徐大勇、董春科参加分组审议。

▲市十三届人大五次会议举行第二次大会，听取市人大常委会、市中级人民法院、市人民检察院三个工作报告。

19日 中国人民政治协商会议连云港市第十二届委员会第五次会议闭幕。会议选举张同生为市政协第十二届委员会主席、舒小平为市政协第十二届委员会副主席、王丙模为市政协第十二届委员会常务委员。选举结束后，大会进行了闭幕式。会议通过政协连云港市第十二届委员会提案委员会关于五次会议提案审查情况的报告，通过政协连云港市第十二届委员会第五次会议决议。市委书记杨省世，代市长项雪龙，曾担任过市政协领导职务的仲琨、徐晔宇应邀出席闭幕大会并在主席台就座。

▲出席市十三届人大五次会议的代表继续分组审议。市委书记、市人大常委会主任杨省世参加连云区代表团和灌南县代表团的分组审议，听取意见建议。市领导曹永林、杨莉、李国章、郑平、徐大勇、董春科分别参加分组审议。代市长项雪龙参加海州区代表团、灌云县代表团、赣榆区代表团和解放军代表团分组审议，听取意见和建议。市领导祁彪、王加培、董恕娟、于丽华、尹哲强、吴海云、王永生，连云港警备区司令员周瑞峰，政委韩文祥参加分组审议。

20 日　市十三届人大五次会议闭幕。大会选举项雪龙为连云港市人民政府市长。大会通过关于连云港市人民政府工作报告的决议；通过关于连云港市国民经济和社会发展第十三个五年规划纲要的决议；通过关于连云港市 2015 年国民经济和社会发展计划执行情况与 2016 年国民经济和社会发展计划的决议；通过关于连云港市 2015 年预算执行情况与 2016 年预算的决议；通过关于连云港市人大常委会工作报告的决议；通过关于连云港市中级人民法院工作报告的决议；通过关于连云港市人民检察院工作报告的决议。市委书记、市人大常委会主任杨省世主持会议并讲话。新当选市长项雪龙发表了讲话。

▲市政府召开全体（扩大）会议，贯彻落实市十三届人大五次会议精神，分解 2016 年《政府工作报告》目标任务，部署安排 2016 年政府重点工作及近期主要工作。市长项雪龙出席会议并讲话，要求各县区各部门提振精气神，聚力快发展，确保“十三五”开好局。市委常委、常务副市长曹永林主持会议，市领导吴以桥、董春科、尹哲强、吴海云、王永生、王开宇，市政府秘书长匡中远、市政府党组成员胡文杰出席会议。

▲市委书记、市人大常委会主任杨省世会见异地连云港商会和在连发展的各地商会代表。市政协副主席、市委统战部部长王东升参加会见。

21 日　市委书记杨省世主持召开市委常委议警会，讨论研究市武警支队、消防支队、边防支队、海警三大队和边防检查站等驻连部队建设情况，对今后一个时期党管武装工作进行部署。市领导项雪龙等出席会议。

▲根据中央和省委统一部署，省党风廉政建设责任制检查组来连云港检查，市委书记杨省世作全市情况汇报。市委常委、组织部部长祁彪参加。

▲市政府召开全市重点项目推进会。市长项雪龙出席会议，要求强势推动项目投入实现大突破，坚决打赢“十三五”开局攻坚战。市领导吴以桥、董春科、尹哲强、吴海云、王永生、王开宇，市政府秘书长匡中远、市政府党组成员胡文杰出席会议。

▲市人大召开地方立法宣传工作座谈，会议确定《连云港市海州湾海洋牧场管理条例》为我市获批地方立法权后首个正式立法项目。

22 日　根据市委统一部署，市委书记杨省世率队检查灌云县落实党风廉政建设责任制情况。杨省世在检查时强调，要提高政治意识，强化履职担当。

▲市委书记杨省世在灌云县检查安全生产情况。杨省世在检查时强调，要以严实作风落实安全生产责任。

▲市长项雪龙到灌南县检查党风廉政建设责任制落实情况。项雪龙在检查时强调，要切实增强责任感和自觉性，做到一身正气两袖清风。

▲市长项雪龙带队到灌南县实地检查安全生产工作。项雪龙在检查时强调，要牢固树立安全发展理

念，强化红线意识和底线思维，扎实做好安全生产各项工作。副市长徐家保参加活动。

22—23 日　省委第四巡视组分别来到连云区、海州区和灌南县召开巡视情况反馈会。第四巡视组副组长、副厅级巡视专员杨安国代表巡视组反馈巡视情况。市委书记、市人大常委会主任杨省世出席会议并就落实巡视反馈意见提出要求，要以整改落实的实际成效，向省委、市委和人民交上合格答卷。

23 日　出席省十二届人大四次会议连云港代表团抵宁，并举行第一次全体会议。会议推选杨省世为连云港市代表团团长，项雪龙、祁彪、董淑娟为副团长。

▲省政协十一届四次会议在南京开幕。市委副书记、市政协主席张同生等 13 位来自连云港市的省政协委员参会。

24 日　省十二届人大四次会议在南京开幕。下午，参加会议的连云港市代表团召开全体会议，审议石泰峰代省长所作的省政府工作报告。省人大代表、省人大常委会党组书记、副主任蒋定之出席会议并发言。省人大代表、市委书记、市人大常委会主任杨省世主持会议，省人大代表、市领导项雪龙、祁彪、董恕娟、尹哲强及省直相关部门和单位负责人参加审议。

▲省人大代表、市委书记、市人大常委会主任杨省世接受了新华日报等媒体采访，就省政府工作报告及"一带一路"交汇点建设、供给侧结构性改革、保障和改善民生等热点话题进行了解读。市委常委、宣传部长滕雯参加。

25 日　出席省十二届人大四次会议的连云港市代表团以全体会议和分组审议的方式，审议省政府工作报告、江苏省国民经济和社会发展第十三个五年规划纲要（草案）以及《江苏省制定和批准地方性法规条例修正案（草案）》。省人大代表、省人大常委会党组书记、常务副主任蒋定之，省人大代表、市领导杨省世、项雪龙、曹永林、祁彪、董恕娟、尹哲强参加审议。

26—27 日　参加省十二届人大四次会议的连云港代表团召开全体会议和小组会议，审议省人大常委会及省高院、省检察院工作报告。省人大代表、省人大常委会党组书记、常务副主任蒋定之出席，省人大代表、市委书记、市人大常委会主任杨省世，省人大代表、市长项雪龙分别发言。省人大代表、市领导曹永林、祁彪、董恕娟、尹哲强参加审议。

27 日　省人大代表、市委书记、市人大常委会主任杨省世走进省"两会"连云港直播间，畅谈参会感受，并结合连云港实际、就贯彻落实会议精神接受了访谈。

30 日　市委书记、市人大常委会主任杨省世先后赴灌云县和灌南县，就沂河淌沿线扶贫开发和农村基层党建工作开展调研。杨省世调研时强调，各级党委政府要保持清醒认识，精准脱贫，创新作为，切实把硬任务扛起来。

▲全市企业家新春座谈会举行。市长项雪龙出席座谈会并勉励广大企业家，保持加快发展强烈欲望，共同建设幸福美好家园。市领导王加培、李国章、徐家保、方韬参加座谈会。

30—31 日　十二届省纪委六次全体会议在南京举行。30 日上午全会以电视电话会议形式召开。杨省世、项雪龙、张同生等市四套班子领导在连云港分会场出席会议。

31 日　市委书记杨省世主持召开市委常委会议。会议研究全市扶贫开发工作，审议并原则通过《市属国有企业监事会管理暂行办法》。市领导项雪龙、张同生等参加会议。

2月

1日 市委、市政府召开全市扶贫开发工作会议，认真学习贯彻中央、全省扶贫开发工作会议精神，总结部署全市扶贫开发工作。市委书记杨省世出席会议并讲话。杨省世在讲话中强调，要以愚公移山的斗志、决战决胜的勇气、苦干实干的韧劲，扎实推进脱贫致富奔小康工程，齐心协力打赢新一轮扶贫开发攻坚战，确保低收入人口与全市人民一道迈入全面小康社会。市委副书记、市长项雪龙主持会议。

▲市委、市政府召开省、市委帮扶工作队帮扶工作座谈会，市委书记杨省世出席并讲话。副市长吴海云主持会议。

▲全市安全生产工作会议召开。会议贯彻落实全国、全省安全生产工作会议精神，总结和部署年度工作。市委书记、市人大常委会主任杨省世作出重要批示。批示强调，要牢固树立安全发展理念，坚决防范重特大事故发生，促进全市安全生产形势持续稳定向好，为经济社会发展和人民幸福生活创造更加安全稳定的环境。市委副书记、市长项雪龙出席会议并讲话。副市长徐家保出席会议。

▲市长项雪龙实地调研高新区建设发展情况。项雪龙在调研时强调，高新区要打造亮点彰显特色，引领全市创新发展。副市长尹哲强、王开宇参加调研活动。

▲市长项雪龙会见了中国建材集团公司副总经理马建国一行。副市长徐家保陪同会见。

2日 市委书记、市人大常委会主任杨省世主持召开口岸单位座谈会，研究加快推进中哈物流中转基地和上合组织出海基地建设事项。杨省世号召各单位全力建好“两个基地”标志性工程，把连云港真正打造成为“一带一路”建设的核心区和先导区。市领导吴以桥、鲁林参加会议。

▲市委书记、市人大常委会主任杨省世先后走访慰问部分地市级离退休老干部，老党员、老劳模和困难群众，代表市委、市政府向他们致以节日问候和良好祝愿。市领导杨莉、李国章参加慰问。

▲市长项雪龙实地调研灌云经济社会发展情况。项雪龙在调研时强调，要切实增强加快发展意识，推动灌云“十三五”强势开局。

▲市长项雪龙看望慰问部分地市级老干部、老党员、劳模代表和困难群众等，还到新集镇养老服务中心亲切看望在那里生活的老人，向他们送去党和政府的关怀和温暖，并致以新春问候和美好祝福。市领导王加培、曹佳鸣参加活动。

3日 市委书记、市人大常委会主任杨省世，市长项雪龙赴连云港警备区走访慰问，向广大部队官兵致以新春的祝福和诚挚的问候。市领导张同生、杨莉、董恕娟、董春科参加慰问。市委常委、连云港警备区政委韩文祥，司令员周瑞峰陪同。

▲市委召开老干部情况通报会。市委书记、市人大常委会主任杨省世出席并讲话。市委常委、组织部部长祁彪主持会议。

▲市长项雪龙主持召开市十三届政府第40次常务会议，研究讨论并原则通过2015年度享受市政府特殊津贴人员名单。会议还研究其他事项。市领导曹永林、吴以桥、董春科、尹哲强、吴海云、徐家保、王永生、王开宇，市政府秘书长匡中远、党组成员胡文杰出席会议。

▲市长项雪龙主持召开全市金融工作座谈会。项雪龙强调，各金融机构要扎根地方经济社会发展，在共生共赢中壮大自身。市委常委、常务副市长曹永林主持会议。

▲全市政法工作会议召开。会议传达了市委书记、市人大常委会主任杨省世就推进全市政法工作所作的重要批示，全面提高防控风险、维护稳定和服务发展的能力水平，为国际化海港中心城市建设提供良好的法治保障。市领导王加培、王永生出席会议。

4日　市委书记杨省世主持召开市委常委会议，听取2015年度县区及市级机关目标绩效考评有关情况及全市目标绩效管理暨作风建设大会筹备情况汇报，传达中纪委六次全会、省纪委六次全会和全省组织部长会议精神。市领导项雪龙、张同生等参加会议。

▲市委书记、市人大常委会主任杨省世分别来到市新闻单位和供电、供水、供气等部门，亲切看望慰问广大一线工作者，向他们致以节日的问候和新春的祝福。市领导杨莉、滕雯、尹哲强、徐家保参加慰问。

▲市长项雪龙实地调研市开发区建设发展情况。项雪龙强调，市开发区要进一步提升工作标杆，加大项目投入，强化创新发展，完善功能配套，营造良好环境，为全市加快发展做出更大贡献。市委常委、市开发区党工委书记关永健参加调研。

▲市长项雪龙看望慰问一线公安干警、医护人员、环卫工人和城管队员，对他们的辛勤工作表示感谢，为他们送上新春祝福。市领导董春科、尹哲强、王永生参加慰问。

5日　市纪委十一届六次全会召开。会议深入学习贯彻习近平总书记系列重要讲话精神，全面落实中央纪委六次全会和省纪委六次全会各项部署要求，研究部署2016年党风廉政建设和反腐败工作任务。市委书记杨省世出席会议并讲话，市委副书记、市长项雪龙主持会议，市政协主席张同生等市领导出席会议。

▲市委、市政府举行全市各界人士迎新春茶话会。市委书记、市人大常委会主任杨省世致辞，市长项雪龙主持，市政协主席张同生等市领导出席。

14日　市委、市政府召开全市目标绩效管理暨作风建设大会。市委书记杨省世出席会议并讲话，强调各部门要以实施目标绩效管理为抓手，更加鲜明地树立起重实绩、提效能的导向，以饱满精神状态，全身心投入新一年工作。市委副书记、市长项雪龙主持会议。市政协主席张同生等市四套班子领导出席会议。

▲市长项雪龙到江苏核电公司实地调研指导工作。项雪龙在调研中强调，连云港市要加快推进核电项目建设和关联产业发展，为地方经济社会发展做出更大更多贡献。副市长徐家保参加调研。

15日　省委省政府以电视电话会议的形式召开全省机关作风建设大会。会议强调，要认真学习贯彻习近平总书记关于作风建设的一系列新思想新观点新要求，切实增强政治意识、大局意识、核心意识、看齐意识，牢牢把握作风建设的时代要求，把抓发展求作为有担当作为改进作风的着力点，以优良作风营造干事创业好环境，以新作为新状态确保实现“十三五”发展良好开局。杨省世、项雪龙、张同生等市四套班子领导在连云港分会场出席。

▲市长项雪龙专题调研就业和劳动保障工作。项雪龙在调研时强调，要全力激发产业发展活力，千方百计促进充分就业。市委常委、常务副市长曹永林参加活动。

▲市长项雪龙深入到市政务服务中心调研。项雪龙在调研时强调，要切实提升政务服务质量水平，打造最具竞争力投资兴业环境。市委常委、常务副市长曹永林参加调研。

16日　市长项雪龙就规划工作进行专题调研。项雪龙在调研时强调，要坚持科学规划引领，优化空间布局，完善服务功能，提升内涵品质，彰显城市特色，建设好宜居宜业的美丽家园。副市长尹哲强参加调研。

17日 市长项雪龙前往石梁河库区及沂河淌沿线片区，专题调研扶贫开发工作。项雪龙在调研时强调，各部门要多措并举，加快发展，确保脱贫致富奔小康工程取得如期实效。副市长吴海云参加活动。

18日 市委书记杨省世主持召开市委常委会议，传达全国、全省宣传部长会议和全省党委（党组）意识形态工作责任制座谈会精神，研究2016年市委重点工作、重要会议和重要文件安排情况，审议并原则通过《关于贯彻落实党委（党组）意识形态工作责任制的若干规定（试行）》和《关于推进社会主义文艺繁荣发展的实施意见》。市领导项雪龙、张同生等参加会议。

▲市长项雪龙深入新海发电、鹰游纺机和日出东方太阳能等重点企业调研。项雪龙在调研时强调，全市各部门要高举“产业强市”旗帜，造就良好发展环境，推动企业做大做强。副市长徐家保参加调研。

▲全市组织部部长会议召开。会议深入学习党的十八大和十八届三中、四中、五中全会精神，贯彻落实习近平总书记系列重要讲话特别是视察江苏重要讲话精神，按照全省组织部长会议和市委十一届十一次全会部署，总结2015年工作，分析当前形势，安排2016年任务。市委书记、市人大常委会主任杨省世作出专门批示，市委常委、组织部部长祁彪出席会议。

19日 市长项雪龙主持召开专题会议，研究加快推进健康连云港建设。副市长董春科参加活动。

20日 2016年春季重点工业项目集中开工座谈会召开。市长项雪龙出席会议并讲话。市委常委、常务副市长曹永林主持会议，副市长徐家保、王开宇出席会议。

22日 全市宣传思想文化工作会议召开。会议学习贯彻习近平总书记系列重要讲话和全国全省宣传部长会议精神。市委书记、市人大常委会主任杨省世出席会议并讲话，强调要坚持以“四个全面”战略布局为指引，为决胜全面小康、建设“强富美高”连云港提供坚强的思想保障和动力支持。市委常委、宣传部长滕雯主持会议并作工作部署。市领导郑平、董春科、曹佳鸣出席会议。

▲市长项雪龙专题调研公共安全工作。项雪龙强调，要夯实公共安全基础，提高服务保障能力，切实提升全社会的安全感。副市长王永生参加调研。

23日 市长项雪龙主持召开市十三届政府第41次常务会议，审议并原则通过《关于加快“中哈（连云港）物流中转基地”和“上海合作组织出海基地”建设的实施意见》《连云港市主体功能区实施规划》和《连云港市实施〈工伤保险条例〉细则》，研究讨论《春季绿化及云台山景观生态林工程建设方案》。市领导曹永林、吴以桥、董春科、尹哲强、吴海云、徐家保、王永生，市政府秘书长匡中远、党组成员胡文杰出席会议。

▲市长项雪龙专题调研教育工作。项雪龙在调研时强调，要顺应群众殷切期盼，着力办好一流教育。副市长董春科参加活动。

▲全市绿化造林工作会议在市行政中心召开，会议回顾总结“十二五”时期和2015年绿化造林工作，研究部署2016年绿化造林工作。市委书记、市人大常委会主任杨省世，市长项雪龙分别作批示。副市长吴海云出席会议。

24日 省委、省政府以电视电话会议形式召开全省生态文明建设大会，认真学习贯彻习近平总书记生态文明建设思想，动员全省上下自觉践行新发展理念，特别是绿色发展理念，深入实施生态文明建设工程，展现新江苏“环境美”现实模样，确保如期实现生态省建设目标，努力建设全国生态文明建设先行示范省。市领导杨省世、项雪龙、徐家保在我市分会场出席。

▲市委书记杨省世主持召开市委常委议港会议，听取《关于加快中哈（连云港）物流中转基地和上海合作组织出海基地建设的实施意见》起草情况，以及《2016年港口口岸工作要点》汇报，并就口岸开放、加快口岸重点配套设施建设、上合物流园重点工程项目推进等相关具体事项研究会办。市领导项雪龙、张同生等参加会议。

▲全市民政工作会议召开。会议回顾总结“十二五”时期全市民政工作，明晰“十三五”发展思路，部署2016年工作任务。市委书记、市人大常委会主任杨省世，市长项雪龙分别对民政工作作出批示。副市长董春科出席会议。

▲全市信访稳定工作会议召开。会议主要总结2015年信访工作情况，研究部署2015年重点工作任务，动员全市上下统一思想，提高认识，齐心协力抓好信访稳定工作。市领导曹永林、王加培、王永生出席会议。

▲全市城市环境综合整治暨城市管理工作大会召开。会议总结2015年全市城市管理工作及环境综合整治情况，部署“干净连云港”工程目标任务。副市长尹哲强出席会议并讲话。

25日　市长项雪龙前往中蓝连海设计研究院、中船重工第七一六研究所进行工作调研。项雪龙调研时强调，要进一步解放思想，激发活力，延伸拓宽产业链条，更好助力地方经济加快发展。

▲市长项雪龙会见浦发银行南京分行党委书记、行长吴国元一行，双方就深化合作关系进行交流。市委常委、常务副市长曹永林陪同会见。

▲市长项雪龙在市行政中心会见山东东明石化集团董事局主席兼总裁李湘平一行，双方就进一步深化合作进行了深入交流。

▲全市卫生计生工作会议召开。会议回顾总结2015年和“十二五”时期全市卫生计生工作情况，研究部署当前和今后一个时期全市卫生计生工作任务。市委书记、市人大常委会主任杨省世，市长项雪龙分别对卫生计生工作作出批示。副市长董春科出席会议。

26日　连云港市举行全市重点工业项目春季集中开工活动，全市共有46个重点工业参加项目集中开工。这是全市为实施“产业强市、工业立市”发展战略而采取的一项具体行动，体现市委、市政府“重抓项目、强推建设”的坚定决心，标志着连云港市“十三五”重点工业项目建设大幕全面拉开。市领导杨省世、项雪龙、张同生、曹永林、杨莉、关永健、王加培、吴以桥、董恕娟、李国章、郑平、徐家保、曹佳鸣、方韬参加活动。

▲全国人大代表、市委书记、市人大常委会主任杨省世主持召开在连全国人大代表座谈会。全国人大代表白力群、权太琦，市领导曹永林、董恕娟、于丽华参加会议。

▲江苏省科技奖励大会召开。江苏核电有限公司等6家在连企业的科技成果获得省科学技术奖，连云港中复连众复合材料集团有限公司和日出东方太阳能股份有限公司荣获省企业技术创新奖，江苏核电俄罗斯专家克拉里洛夫·维克多获得省国际科技合作奖。

▲全市教育工作会议召开。会议总结“十二五”期间和2015年全市教育工作情况，研究和部署当前和今后一个时期全市教育改革发展重点工作。市委书记、市人大常委会主任杨省世、市长项雪龙分别对全市教育工作作出批示。副市长董春科出席会议。

▲新一届省委帮扶工作队进驻灌南、灌云，连云港市举行欢迎仪式，并召开座谈会。市领导祁彪、吴海云出席活动。

▲以全国劳动模范姜霜菊为原型的大型原创现代京剧《九月菊》在市演艺中心举行首场公演。市领导王加培、滕雯、董春科出席了此次公演。

28 日 省经信委和连云港市签订《江苏省经济和信息化委员会连云港市人民政府共同推进新医药特色产业创新发展战略合作协议》，副市长徐家保参加活动。

29 日 市委书记杨省世主持召开市委常委扩大会议，传达贯彻习近平总书记在新闻舆论工作座谈会上重要讲话和全省生态文明建设大会精神，并就抓好当前工作作出部署。市领导项雪龙、张同生等参加会议。

▲市委、市政府召开全市港口口岸工作会议。会议回顾总结“十二五”工作，展望“十三五”发展，部署落实 2016 年各项工作任务。市委书记、市人大常委会主任杨省世出席并强调，市委、市政府要深入实施“以港兴市”战略、加快建设国际化海港中心城市，努力谱写港口口岸发展的崭新篇章，为全市“十三五”时期“全面达小康、迈上新台阶”不懈奋斗。市长项雪龙主持会议。市领导杨莉、吴以桥、李国章、鲁林参加会议。

▲市委书记杨省世主持召开市委全面深化改革领导小组会议，讨论并原则通过《市委全面深化改革 2016 年工作要点》，对抓好各项改革任务的落实进行动员部署。项雪龙等市委深化改革领导小组负责人和成员单位参加会议。

▲江苏省粮食局和连云港市人民政府共建连云港工贸高等职业技术学校签约仪式在连举行。省粮食局党组书记、局长陈杰，市长项雪龙分别致辞并共同为“江苏粮食行业人才培训基地”揭牌。副市长董春科参加签约活动。

3 月

1 日 “与雷锋车同行 建设美德港城”为主题的学雷锋活动暨 2016 年志愿服务活动月启动。市领导滕雯、郑平、董春科、赵波出席了启动仪式。

1—4 日 市委书记、市人大常委会主任杨省世，市委副书记、市长项雪龙专程赴京拜访国家有关部委和单位，就事关连云港市长远发展的重大事项和重点项目进行沟通对接，积极在政策创新、项目推进等方面寻求更多指导和支持。拜访活动取得积极成果和重要进展。市领导曹永林、吴以桥、尹哲强、王开宇、鲁林参加有关活动。

4 日 民主党派“双创双增”活动总结推进会召开。市委书记、市人大常委会主任杨省世对党外人士建议作出重要批示，希望各民主党派着力加强自身建设，积极履行参政党职能。市领导祁彪、王东升出席会议。

5 日 十二届全国人大四次会议在人民大会堂隆重开幕。连云港市全国人大代表杨省世、孙飘扬、肖伟、白力群、权太琦参加大会。

6 日 参加十二届全国人大四次会议的江苏代表团举行小组会议，审议讨论李克强总理所作的政府工作报告。全国人大代表、市委书记、市人大常委会主任杨省世作为第五小组召集人主持会议并发言。

▲《江苏省石化产业规划布局方案》（以下简称《方案》）正式发布。《方案》指出，连云港市徐圩新区将以大型炼化一体化项目为龙头，打造具有世界一流水平和较强国际竞争力的产业基地。

7日 参加十二届全国人大四次会议连云港市代表参加江苏代表团举行全体会议，审查“十三五”规划纲要（草案），表示要抓住用好机遇，开创发展新局面。

▲市长项雪龙会见江苏省国信集团公司总经理王晖一行，双方就加快国信集团在连项目建设发展，以及进一步加强合作进行深入交流。市委常委、常务副市长曹永林参加会见。

▲全市纪念三八国际劳动妇女节106周年暨女性社会组织发展大会召开。市领导祁彪、于丽华、王开宇、范忠华出席会议。

▲全市地方志工作会议召开。会议主要回顾总结近年来全市地方志工作取得的成绩和经验，现场安排部署2016年和今后一段时期地方志工作。副市长吴海云出席会议。

8日 省海洋与渔业局局长汤建鸣一行来连云港开展服务沿海基层行活动，并举行座谈会。市委常委、市政府党组成员、市港口管理局局长吴以桥出席座谈会。

9日 全市老干部工作会议召开。会议深入贯彻市委全会、全市组织部长会议精神和全国全省老干部局长会议精神，总结2015年工作，部署2016年任务。市委书记、市人大常委会主任杨省世对全市老干部工作作出批示，市委常委、组织部部长祁彪出席会议。

10日 市长项雪龙到淮海工学院进行工作调研。项雪龙在调研时指出，要全力以赴支持学校争创江苏海洋大学，希望学校融入地方服务发展，助推校地共兴共赢。淮海工学院党委书记赵炳起、校长史金飞，市领导董春科、舒小平参加活动。

▲全市机关党的工作会议召开。市委书记、市人大常委会主任杨省世就做好全市机关党的工作作出批示。市委常委、组织部长祁彪出席会议。

▲江苏联港资产管理有限公司成立揭牌仪式在连云港市金融控股集团隆重举行。市委常委、常务副市长曹永林出席揭牌仪式。

11日 全国人大代表、市委书记、市人大常委会主任杨省世来到连云港市全国两会“直通北京”演播间，亲切看望慰问前方宣传报道组成员，并就广大群众关心的热点焦点问题进行回应和解答。市委常委、宣传部部长滕雯参加慰问。

▲全市经济运行及重点项目推进会召开。市委常委、常务副市长曹永林出席会议。

16日 十二届全国人大四次会议胜利闭幕。在11天半的会期里，连云港市5名全国人大代表不负重托、依法履职，积极建言献策，以扎扎实实的成果，圆满完成了各项任务。

▲全市住房保障和房产管理工作会议召开。会议贯彻落实中央和省市关于住房工作各项决策部署，回顾总结2015年工作，研究部署2016年目标任务。市委书记、市人大常委会主任杨省世，市委副书记、市长项雪龙分别对全市住房工作作出批示。副市长尹哲强出席会议。

▲由市政府法制办和连云港报业传媒集团携手打造的“连云港法制”微信微博及连云港发布客户端“法治连云港”专栏正式上线。市委常委、常务副市长曹永林出席上线仪式。

17日—18日 全国人大常委会原副委员长顾秀莲一行来连云港考察，省人大常委会原副主任张艳，市领导杨省世、杨莉、董恕娟陪同考察。

18日 中国食用菌行业大会暨2016（连云港）春季博览会在市国展中心举行。全国人大常委会原副委员长顾秀莲出席活动并宣布大会开幕，全国政协委员、中国食用菌协会会长顾国新，中国工程院院士、中国食用菌协会副会长李玉，省人大常委会原副主任张艳，联合国粮农组织驻中国、朝鲜、蒙古国首席代表伯希·米西卡，厄瓜多尔大使何塞·博尔哈及夫人，中国—东盟中心贸易投资部副主任穆唯赛出席开幕仪式，市委书记、市人大常委会主任杨省世出席活动并致辞，市长项雪龙主持开幕式，市领导董恕娟、吴海云、方韬出席活动。

▲市委书记、市人大常委会主任杨省世主持召开市委常委扩大会议，传达 2016 年全国“两会”精神，并就抓好贯彻落实提出要求。项雪龙、张同生等市领导及全国人大代表白力群、肖伟、权太琦参加会议。

18—19 日 全国人大环资委副主任委员张云川率调研组来连云港就核安全立法等工作开展调研。全国人大环资委委员、中国核工业集团公司董事长孙勤，全国人大环资委委员周来强、赵忠新，省人大常委会副主任刘永忠等参加调研，市领导杨省世、项雪龙、杨莉、董恕娟等陪同调研。在连云港期间，调研组实地考察田湾核电站工程建设及管理运营情况，并召开座谈会，就核安全立法相关问题进行深入交流。

20 日 杨省世、项雪龙、张同生等市四套班子领导带领部分市直机关干部、工作人员及驻连部队官兵等 200 余人到蔷薇湖防护涵养林区开展义务植树活动。

21 日 市委书记、市人大常委会主任杨省世主持召开市委常委会议，审议并原则通过《连云港市主体功能区实施规划》和《关于进一步加强全市乡镇领导班子建设的意见》；传达全省市县乡换届工作会议精神并研究全市换届工作；传达全省统战部部长会议精神，研究 2016 年全市统战工作；听取 2016 年市委市政府督查工作要点和重点督查项目汇报。项雪龙、张同生等市四套班子领导参加会议。

▲市长项雪龙会见农业银行江苏省分行党委副书记、副行长周吉一行，双方就扩大合作进行友好交流。

22 日 市委召开全市县乡领导班子换届工作会议，对本次换届作出动员部署，标志着换届工作全面启动。市委书记杨省世出席会议并讲话。杨省世强调，要以高度的政治责任感和强烈的使命感，圆满完成换届各项任务，为全市“十三五”发展、全面建成小康社会提供坚强的组织保证。市委常委、组织部部长祁彪主持会议。

▲市委书记、市委党建工作领导小组组长杨省世主持召开市委党建工作领导小组会议，研究部署下一阶段全市党的建设工作任务。杨省世在会议上强调，各级党组织要进一步增强全面从严治党的政治自觉，统筹抓好党的建设重点任务，认真落实党建工作政治责任，推动全市党的建设不断走向深入。市领导祁彪、滕雯，市委党建工作领导小组成员单位负责人参加会议。

▲市委、市政府召开全市农村工作会议，贯彻落实中央和全省农村工作会议精神，回顾总结“十二五”时期“三农”工作成绩，研究部署今后一段时期“三农”工作任务。市委副书记、市长项雪龙出席会议并作重要讲话。副市长吴海云主持会议并作工作报告。市领导徐大勇、方韬出席会议。

23 日 连云港警备区党委九届五次全体（扩大）会议召开。会议深入学习贯彻党的十八大、十八届三中四中五中全会和习近平总书记系列重要讲话精神，回顾总结 2015 年工作，研究部署 2016 年任务。市委书记、市人大常委会主任、警备区党委第一书记杨省世出席会议并讲话。市委常委、连云港警备区政委韩文祥主持会议，警备区司令员周瑞峰出席会议。

▲市长项雪龙到市信访局接访，专题会办恒润郁洲府小区、天顺剑桥小区信访问题。项雪龙强调，各地各部门要高度重视信访稳定工作，真心实意满足群众合理诉求，全力营造和谐稳定发展环境。市领导王加培、尹哲强参加会办。

▲全国禁毒工作电视电话会议召开。会议总结近年来禁毒工作取得的成绩，分析当前禁毒形势，研

究部署当前和今后一个时期的禁毒工作。市委常委、常务副市长曹永林出席连云港分会场会议。

▲全市招商引资暨外贸稳增长工作推进会在市政府召开。会议传达贯彻全省开放型经济工作座谈会及苏北片区外贸外资工作座谈会精神，总结前一阶段全市外贸外资工作，并安排部署下阶段工作。市委常委、市政府党组成员、市港口管理局局长吴以桥主持会议。

▲省旅游局局长秦景安率领省旅游局相关业务处室主要负责人组成的调研组来连云港调研旅游发展情况。副市长董春科陪同调研。

23—24 日　由安徽省淮北市委副书记、市长黄晓武率领的淮北市党政代表团来连，专题考察城市规划建设管理和实施“一带一路”战略、推动经济社会发展工作。市领导滕雯、鲁林陪同。

24 日　省委、省政府以电视电话会议形式召开全省教育工作会议，深入学习贯彻习近平总书记系列重要讲话特别是视察江苏重要讲话精神，研究部署新时期新阶段教育工作任务，对加快新时期教育改革发展，办好人民满意的教育，提升教育强省建设水平，努力走出具有江苏特点的教育现代化之路进行全面部署。市领导杨省世、项雪龙、杨莉、关永健、王加培、吴以桥、滕雯在连云港市分会场出席会议。

▲市长项雪龙主持召开市十三届政府第 42 次常务会议，研究讨论 2016 年度县区、市级机关、市属国企绩效考评办法以及市级重点项目和产业投资专项考核办法，审议《连云港市市场主体住所（经营场所）登记管理办法》。市领导曹永林、吴以桥、吴海云、徐家保、王开宇，市政府秘书长匡中远出席会议。

▲全市统战部长会议召开。市委书记、市人大常委会主任杨省世就统战工作作出批示。市领导祁彪、王东升出席会议。

25 日　市委书记、市人大常委会主任杨省世主持召开市委中心组专题学习会，就“推进供给侧结构性改革”进行集中学习，省委宣讲团成员、东南大学经济管理学院原院长徐康宁教授作主题报告。张同生等市四套班子领导参加学习会。

▲全市对台工作会议在市政府召开，进一步贯彻中央和全省对台工作会议精神，研究部署今年工作任务。市委常委、市政府党组成员、市港口管理局局长吴以桥参加会议。

28 日　首批市级人才公寓交房入住活动举行。89 名高层次人才成为人才公寓首批入住者。市委书记、市人大常委会主任杨省世向入住人才代表颁发人才公寓房卡。市领导祁彪、王开宇参加活动。

▲国家安监总局党组成员、副局长孙华山率领国家安监总局检查组一行来连云港就安全生产工作进行现场检查。省安监局副局长陈忠伟、副市长徐家保陪同检查。

29 日　市委书记、市人大常委会主任杨省世会见来连云港出席中国——东盟青年企业家中国主题日暨“一带一路”交汇点（连云港）经贸考察活动的团中央书记处书记、中青企协会长汪鸿雁一行。团省委书记万闻华，市领导祁彪、董春科参加会见。

30 日　由中国青年企业家协会和市政府共同举办的中国—东盟青年企业家中国主题日暨“一带一路”交汇点（连云港）经贸考察活动在海州湾会议中心举行。团中央书记处书记、中国青年企业家协会会长汪鸿雁，团省委书记、省青联主席万闻华等出席开幕式。市委书记、市人大常委会主任杨省世出席并致辞。市委常委、组织部部长祁彪主持开幕式。市领导杨莉、滕雯，以及东盟国家代表团，北京、上海、天津、江苏等 18 个省市青年商会的 200 多名青年企业家参加活动。

▲市长项雪龙会见来访的白俄罗斯共和国日洛宾大区执行委员会主席纳乌绵科 · 伊万一行，并代表连云港市与日洛宾大区签署建立城市间友好合作关系意向书。

▲市长项雪龙在市行政中心会见了南京海关关长薛金楼一行，双方围绕持续深化开发开放等工作进行了深入交谈。市领导吴以桥、鲁林，市政府秘书长匡中远，市政府党组成员胡文杰参加会见。

▲市长项雪龙会见中核集团公司党组成员、副总经理杨长利一行，双方就进一步加快项目合作等事宜进行了深入沟通。副市长徐家保参加会见。

▲市委书记、市人大常委会主任杨省世赴海州区调研，就做好当前和下一步经济工作作出部署。杨省世在调研时强调，要加快创新转型步伐，为企业发展营造良好氛围。

4月

1日 市委书记、市人大常委会主任杨省世赴徐圩新区调研一季度经济运行情况。杨省世强调，徐圩新区要紧紧抓牢重点项目建设，加快壮大产业规模，不断完善产业链条，奋力推动临港大工业实现突破。

▲省政府召开第四次廉政工作会议，连云港市设立分会场组织收听收看。随后，市政府召开第九次廉政工作会议。市长项雪龙在会议上强调，全市各级政府和领导干部要在加快经济社会发展的同时，推动党风廉政建设和反腐败工作不断取得新成效，为建设“强富美高”新港城提供坚强保障。市委常委、常务副市长曹永林主持会议，市领导吴以桥、董春科、尹哲强、吴海云、徐家保、王永生、王开宇，市政府秘书长匡中远，市政府党组成员胡文杰出席会议。

5日 市长项雪龙主持召开市十三届政府第43次常务会议，分析研判一季度全市经济运行情况，研究部署二季度经济工作，审议《2016年连云港市生态文明建设目标任务》。市领导曹永林、吴以桥、董春科、尹哲强、吴海云、徐家保、王永生、王开宇，市政府秘书长匡中远、党组成员胡文杰出席会议。

▲临沂市委副书记张宏伟，临沂市委常委、副市长尹长友率领党政代表团来连，就现代农业发展和“水美乡村”建设进行专题考察调研。市领导杨莉、吴海云陪同考察。

6日 徐圩新区与番禺珠江钢管有限公司签署双金属复合板卷管一体化项目合作协议。市委书记、市人大常委会主任杨省世出席签约仪式并致辞，番禺珠江钢管有限公司董事局主席陈昌，市委常委、常务副市长曹永林参加签约仪式。

7日 徐州市政协主席李荣启带领住徐省政协委员考察团来连，先后考察恒瑞医药、康缘药业、港口集装箱码头、中哈物流基地等地。市政协主席张同生、副主席方韬陪同考察。

9日 “健康连云港·万人健步走”活动在海州区月牙岛举行，标志着“建设健康连云港”行动计划正式启动。市委书记、市人大常委会主任杨省世鸣枪发令。市长项雪龙致开幕辞，市领导张同生、滕雯、董恕娟、徐大勇、方韬参加开幕式。副市长董春科主持仪式。来自全市各行各业近万名健身爱好者、市民参加活动。

▲全市16家市民健康学校揭牌并正式开课。市长项雪龙为海州区星化社区市民健康学校揭牌并和社区居民、社区工作人员就居家养老、健康保健、社区管理等话题进行座谈。副市长董春科参加活动。

11日 市委书记杨省世主持召开市委常委会，分析全市一季度经济形势，部署下一个阶段经济工作，研究连云港碱厂划转搬迁有关事宜。项雪龙、张同生等市四套班子领导参加会议。

▲市长项雪龙会见了工商银行江苏省分行党委书记、行长刘金一行，双方就扩大合作进行友好交流。

12日 市委、市政府召开全市生态文明建设大会，贯彻落实中央和省委、省政府新精神新要求，动员深入实施生态文明建设工程，确保如期实现生态市建设目标，努力建设国家生态文明建设示范区。市委书记杨省世出席会议并讲话，对全面推进生态文明建设新实践提出要求。市委副书记、市长项雪龙回顾总结“十二五”全市生态文明建设成绩，就下一步重点工作作部署。市政协主席张同生出席会议。副市长徐家保主持会议。

▲市委党校2016年春季学期主体班开班。此次主体班是新修订的《干部教育培训工作条例》出台后、进入“十三五”时期全市举办的首次主体班次培训。市委常委、组织部长祁彪出席开班仪式。

12—13日 连云港港30万吨级航道一期工程竣工验收会在连召开。13日，省交通运输厅向连云港港30万吨级航道建设指挥部颁发竣工验收鉴定书，标志着30万吨级航道一期工程正式通过竣工验收。市领导吴以桥、鲁林出席会议。

13—14日 世界手工艺理事会执行主席、中国工艺美术协会副会长兼秘书长王山率考评专家组，对东海申报“世界水晶之都”进行实地考评并全票通过。东海“世界水晶之都”称号获得权威认证。

14日 市委书记、市人大常委会主任杨省世赴东海县调研经济社会发展和乡镇换届进展情况。杨省世强调，要统筹抓好县乡经济发展和乡镇换届工作，选优配强乡镇领导班子，确保实现“双过半”目标。市委常委、组织部部长祁彪参加调研。

▲市长项雪龙专题调研中国科学院能源动力研究中心建设发展工作。项雪龙调研中指出，要全力支持能动中心建设发展，积极争取重大科技基础设施建设项目，助推国家创新型城市试点和地方经济社会加快发展。

15日 市委书记、市人大常委会主任杨省世赴灌云县调研经济社会发展和乡镇换届进展情况。杨省世强调，灌云县要扎实做好乡镇换届工作，在“十三五”时期奋起直追、加快发展。市委常委、组织部长祁彪参加调研。

▲市委书记、市人大常委会主任杨省世会见了由伊犁州党委副书记、江苏援伊前方指挥部总指挥、党委书记田洪率领的新疆伊犁州党政代表团一行。杨省世表示，连云港将根据中央和省委、省政府的统一部署要求，按照既定目标和时间进度，继续扎实有效做好各项援建工作。市领导杨莉、董春科参加会见。

18日 市委书记杨省世主持召开市委常委会议，传达学习中央和省委“两学一做”学习教育相关会议精神，审议并原则通过全市“两学一做”学习教育《实施方案》和《2016年度县区目标任务绩效考评办法》《2016年度市级机关绩效考评办法》《2016年度市属国有企业绩效考评办法》《市级重点产业项目及投资专项考核办法》。市长项雪龙等参加会议。

▲市长项雪龙主持召开市十三届政府第44次常务会议，审议全市培强培优企业、上市企业培育、科技型中小企业培育行动计划，部署创建国家卫生城市工作，研究加快推进供给侧结构性改革以及教育现代化建设等事项。市领导曹永林、吴以桥、董春科、吴海云、徐家保、王永生，市政府秘书长匡中远出席会议。

▲ 连云港市第二届戏剧节开幕式暨首场演出在市文化艺术中心大剧院启幕。市领导滕雯、郑平、董春科、方韬出席了开幕式。

19日 市委召开全市“两学一做”学习教育动员部署会，集中收听收看全省“两学一做”学习教育工作座谈会，并对贯彻中央和省委精神、做好全市学习教育工作进行动员部署。市委书记、市人大常委会主任杨省世出席会议并讲话。市委副书记、市长项雪龙主持会议。市四套班子党员负责人，市委党建工作领导小组成员，各县区、板块及市各有关方面党组（党委）主要负责人和分管负责人参加会议。

▲市委、市政府以电视电话会议形式召开全市加快推进供给侧结构性改革工作会议，贯彻落实党的十八届五中全会、中央经济工作会议和习近平总书记系列重要讲话精神，按照全省推进供给侧结构性改革工作会议的部署要求，全面部署全市供给侧结构性改革工作。市委书记、市人大常委会主任杨省世，市长项雪龙在会上分别讲话。市委常委、常务副市长曹永林主持会议。

▲市委、市政府以电视电话会议形式召开全市教育工作会议，深入贯彻落实全省教育工作会议精神，总结“十二五”时期全市教育工作，对“十三五”时期加快推进教育现代化建设，办好人民满意教育等工作进行全面部署。市委书记、市人大常委会主任杨省世，市长项雪龙在会上分别讲话。副市长董春科主持会议。

▲省卫生计生委主任、党组书记王咏红来连云港就市新医改推行情况进行专题调研。副市长董春科参加活动。

20日 南京医科大学康达学院附属连云港市妇幼保健院揭牌。副市长董春科参加活动。

21日 市长项雪龙赴市政务服务中心、市国税局、市地税局，专题调研“营改增”试点工作推进情况。项雪龙在调研时强调，财税部门一定要贯彻落实好国家对改革任务的部署，确保改革实现平稳顺利过渡

21—22日 省人大常委会党组书记、常务副主任蒋定之带领省人大常委会调研组一行来连云港，专题调研沿海开发工作。调研期间，市委、市政府举行连云港沿海开发工作情况座谈会。省人大常委会秘书长、党组成员吕振霖，市领导杨省世、项雪龙、杨莉、吴以桥、董恕娟、于丽华等参加活动。

▲市长项雪龙到赣榆区专题调研乡镇经济发展和小城镇建设等工作。项雪龙在调研时强调，要全力以赴夯实镇村经济基础，推动沿海镇村在更高平台上实现加快发展、争先进位。

▲市全民阅读促进会在市博物馆成立，并召开第一次会员大会。会议传达市委书记、市人大常委会主任杨省世关于全民阅读工作的重要批示。省人大常委会科教文卫委员会主任、省全民阅读促进会会长许洪祥列席会议，副市长董春科出席会议。

22—23日 国土资源部副部长、民盟江苏省委主委曹卫星率专家组来连云港调研“一带一路”建设情况，并召开调研座谈会。市领导杨省世、项雪龙、吴以桥、范忠华、王东升参加。

23日 由省科协、省教育厅等10家省级部门、市政府联合主办的江苏省第27届青少年科技创新大赛在淮海工学院开幕。省科协党组书记、副主席陈惠娟，市长项雪龙出席活动并分别致辞，省教育厅副厅长朱卫国、副市长王开宇等出席开幕式。

▲连云港市举办“从我做起，建设干净、方便、顺畅连云港”系列活动启动仪式。市长项雪龙出席主会场活动，宣布系列活动启动，并向市城管局、建设局、交通局和志愿者代表授旗。市领导于丽华、方韬出席活动，副市长尹哲强作动员讲话。

24—26日 中国社会科学院俄罗斯东欧中亚研究所和哈萨克斯坦首任总统基金会世界经济与政治研究所代表团一行来连云港考察，并就连云港“一带一路”建设和对哈经贸合作开展座谈。市委常委、宣传部长滕雯出席座谈会。

25—26日 市委书记、市人大常委会主任杨省世率队赴上海开展经贸招商活动，考察相关企业院所，加快推进有关项目，推动各方进一步深化合作。

26日 省政府在南京召开全体（扩大）会议，回顾总结2016年一季度工作情况，研究分析当前经

济形势，部署安排二季度重点工作。会议以电视电话会议的形式召开，市领导项雪龙、王永生出席连云港市分会场会议。

▲市委副书记、市长项雪龙到市中级人民法院、市人民检察院进行工作调研。项雪龙在调研时指出，“法检”两院要在推进依法治市进程中积极发挥职能作用，树立服务发展、服务人民的理念，切实维护社会公平正义。

▲省委组织部副部长、省委党建办主任盛克勤率调研组赴连调研指导全面从严治党工作。市领导杨莉、滕雯参加调研。

25—27 日 省卫计委副主任、省爱卫办主任汪华率领省国家卫生城市指导组来连就国家卫生城市创建工作进行调研，并就国家卫生城市的创建薄弱环节进行现场点评。市领导项雪龙、尹哲强参加会议。

27 日 市委书记、市人大常委会主任杨省世在杭州开展经贸招商活动，会见浙江正华集团董事长楼正武一行，考察浙江颐高集团有限公司，推动项目落实，深化各方合作。

▲全国、全省医改工作电视电话会议召开。会议通报 2015 年医改工作进展情况，分析深化医改面临的新形势、新要求，明确了深入推进医改需要把握的各个问题，部署了 2016 年医改工作重点任务。市长项雪龙出席连云港分会场会议。

28 日 市委书记、市人大常委会主任杨省世在杭州考察互联网产业发展情况。

▲市长项雪龙带队赴灌南县、灌云县、徐圩新区和港口集团，实地督查安全生产工作。项雪龙在督查时强调，要切实强化责任落实，确保安全生产形势持续稳定。副市长徐家保参加督查活动。

▲市长项雪龙会见土库曼斯坦驻华大使齐娜尔·鲁斯捷莫娃一行，双方围绕深化合作进行友好交谈。市领导吴以桥、鲁林参加会见。

29 日 海滨大道全线通车暨田湾跨海大桥竣工仪式举行。市委书记、市人大常委会主任杨省世出席并宣布竣工通车，市长项雪龙致辞。省沿海开发集团总经理丁建奇，市领导张同生、祁彪、董恕娟出席。副市长尹哲强主持。

▲全市纪念五一国际劳动节暨劳模代表座谈会召开。会议庆祝五一国际劳动节 126 周年，号召动员全市职工群众大力弘扬劳模精神，为全市发展贡献智慧力量。市委书记、市人大常委会主任杨省世出席并讲话。市长项雪龙主持会议。市领导祁彪、杨莉、郑平出席会议。

▲市委书记、市人大常委会主任杨省世会见土库曼斯坦驻华大使齐娜尔·鲁斯塔莫娃一行，双方就加强交流与合作进行友好交谈。市领导杨莉、吴以桥、鲁林参加会见。

▲全市防汛防旱工作会议召开。杨省世、项雪龙分别作重要批示。会议回顾总结 2015 年全市防汛防旱工作情况，通报 2016 年防汛防旱准备工作情况，研究部署 2016 年防汛防旱工作任务。副市长吴海云出席会议。

▲中国—土库曼斯坦“一带一路”倡议框架下互联互通对话会在连举行。土库曼斯坦驻华大使齐娜尔·鲁斯塔莫娃，市长项雪龙出席会议并分别致辞。市委常委、市政府党组成员、市港口管理局局长吴以桥主持会议，市政协副主席鲁林参加会议。

5 月

3 日 市委、市政府召开全市创建国家卫生城市动员大会，对创建国家卫生城市工作进行动员部署。市委书记、市人大常委会主任杨省世出席并讲话。市长项雪龙作工作部署。市政协主席张同生出席会议。市委常委、常务副市长曹永林主持会议。

▲连云港市举行市区不动产登记机构揭牌仪式，并颁发首批不动产权证书。省国土资源厅党组副书记、副厅长魏红军，市委常委、常务副市长曹永林共同为市不动产登记局、市不动产登记中心和市政务服务中心不动产登记分中心揭牌。

6 日 市委书记、市人大常委会主任杨省世主持召开市委常委会议，传达贯彻全省加快苏北发展推进全面建成小康社会工作会议精神，研究全市安全生产工作，审议并原则通过《市委常委会“两学一做”学习教育工作方案》《连云港市培强培优企业行动计划（2016—2020 年）》《连云港市上市企业培育行动计划（2016—2020 年）》《连云港市加快科技型中小企业培育行动计划（2016—2020 年）》。市领导项雪龙、张同生等参加会议。

▲市委、市政府在市行政中心召开海滨大道建设总结大会。市委副书记、市长项雪龙出席会议并讲话。市委常委、组织部部长祁彪作海滨大道工程建设总结，副市长尹哲强主持大会，市领导徐家保、方韬出席会议。

▲市委书记、市人大常委会主任杨省世赴灌南县、灌云县调研经济工作。杨省世强调，全市上下要顶住压力，攻坚克难，全力以赴确保实现“双过半”目标。市委常委、秘书长杨莉参加调研。

9—10 日 公安部消防局副局长杜兰萍率领国务院消防工作第十考核组来连云港考核消防工作。市委书记、市人大常委会主任杨省世，市长项雪龙陪同检查并作考核汇报。副市长徐家保参加。

10 日 省政府副秘书长夏心旻率省调研组一行来连云港，专题调研连云港“一市一策”工作并主持召开座谈会。市委副书记、市长项雪龙出席座谈会并致辞。市委常委、常务副市长曹永林汇报“一市一策”意见主要内容。省市发改、经信、财政、交通、商务等部门有关负责人，就产业发展等有关支持问题进行了面对面交流。

10—11 日 省总工会主席邢春宁带领省总工会调研组来连云港调研，市人大常委会副主任、市总工会主席郑平陪同调研。

11 日 市委召开全市农村基层党建工作会议，贯彻落实全国、全省农村基层党建工作座谈会精神，研究部署做好当前和今后一段时期全市农村基层党建工作。市委书记、市人大常委会主任杨省世出席会议并讲话。市委常委、组织部长祁彪主持会议。副市长吴海云及市相关部门和单位主要负责人，各县区、各板块主要负责同志，乡镇（街道）党（工）委书记和部分村党组织书记代表参加会议。

▲市委书记、市人大常委会主任杨省世会见法国阿海珐集团亚太区总代表、高级执行副总裁董飞一行，双方就加强核能产业有关项目合作进行了交流。市委常委、常务副市长曹永林参加会见。

▲连云港市地质灾害应急地质环境保护技术中心正式揭牌成立。省国土资源厅副厅长、省地矿局局长潘正勤，市委常委、常务副市长曹永林出席揭牌仪式。

10—12 日 省交通运输厅厅长游庆仲一行来连开展“三解三促”驻点调研，并对全市交通运输行业安全生产工作和重点工程推进情况进行督查。市领导杨省世、项雪龙、吴以桥、尹哲强陪同调研。

11—13 日　由国家安监总局办公厅副主任张本清带队的国务院安委会第一巡查组对连开展安全生产巡查工作，并专题听取全市安全生产工作情况汇报。市委副书记、市长项雪龙出席汇报会并致辞，副市长徐家保汇报我市安全生产工作情况。

12 日　市委、市政府召开核能可持续利用与地方经济发展报告会，中核集团科技委员会常委严叔衡、中核瑞能科技公司总经理薛维明围绕核能可持续安全发展分别作了专题报告，中国原子能科学研究院副院长叶国安出席会议。市委书记、市人大常委会主任杨省世，市委副书记、市长项雪龙，市政协主席张同生等市四套班子领导出席报告会。

13 日　市委书记、市人大常委会主任杨省世主持召开市委全面深化改革领导小组会议，审议并原则通过《关于加快推进供给侧结构性改革的实施意见》和《关于加快推进教育现代化建设努力办好人民满意教育的意见》，听取国有企业、转变政府职能、上海自贸区试点经验复制、农村综合改革等重要改革事项情况汇报，并就下一步改革措施落实进行部署。市长项雪龙等全面深化改革领导小组负责人及成员单位参加会议。

▲市委书记、市人大常委会主任杨省世主持召开优强企业负责人座谈会，与全市各行业的 28 家优强企业、骨干企业负责人共谋发展。杨省世在座谈会上强调要强化服务，携手同心推动港城更大发展。市领导项雪龙、曹永林、关永健、杨莉参加会议。

15 日　市委书记、市人大常委会主任杨省世会见霍尔果斯经济开发区管委会主任、党工委常务副书记、市委书记王刚一行，双方就深化两地交流合作进行了深入沟通交流。市领导祁彪、杨莉、徐家保参加活动。

▲连云港市举行全国助残日“同在阳光下，共圆幸福梦”颁奖晚会。市委书记、市人大常委会主任杨省世对全市残疾人工作作出批示。颁奖晚会前，市领导杨省世、王加培、董春科接见受到表彰的残疾人自强模范、扶残助残先进集体和先进个人，并与获奖人员合影留念。

16 日　连云港市在韩国首尔举办“2016 连云港——首尔经贸合作交流恳谈会”。市长项雪龙出席恳谈会并致辞。韩中亲善协会会长李世基、中国驻韩国大使馆经商处公使衔参赞周长亭出席会议并讲话。兴亚海运株式会社会长李润载等韩国企业界的杰出代表出席会议。市委常委、市开发区党工委书记关永健主持会议，市委常委、市政府党组成员、市港口管理局局长吴以桥推介重点合作项目。

16—17 日　全省开放型农业工作会议在连召开，会议部署下一阶段全省开放型农业工作。省农委主任吴沛良、副市长吴海云出席会议。

17 日　市委书记、市人大常委会主任杨省世会见省粮食局党组书记、局长陈杰一行，围绕粮食职业教育发展、粮食仓储物流项目建设等事项进行深入交流。市领导董春科、鲁林参加会见。

▲市委书记、市人大常委会主任杨省世会见了日本联合株式会社社长大坪清一行，双方就推动合作发展进行了深入交流。市领导徐家保参加会见。

▲市长项雪龙率领市代表团先后到韩国丽水市和群山市考察，并与友好城市——群山市的市长文东信亲切会谈，共商合作发展大计。市领导关永健、吴以桥参加活动。

18 日　市政协召开坚持创新发展专题协商议政会，市委书记、市人大常委会主任杨省世出席会议并讲话。杨省世强调，要充分发挥政协优势，推动创新发展，为可持续发展提供动力。市政协主席张同生主持会议。市政协副主席曹佳鸣、范中华、王东升、方韬、黄咏梅，秘书长钟敏参加会议。

19 日 市委书记、市人大常委会主任杨省世就推进产学研合作赴有关高校和科研院所开展调研。杨省世在调研时强调，高校和科研院所要集聚创新要素，服务地方发展。市领导董春科、王开宇参加调研。

20 日 市委书记、市人大常委会主任杨省世调研城建交通重点项目建设情况。杨省世在调研时强调，要夯实综合枢纽基础，优质高效推进城建交通项目。副市长尹哲强参加调研。

▲市委书记、市人大常委会主任杨省世会见了苏州银行总行党委书记、董事长王兰凤一行，双方就加大金融合作等事项进行交流。市领导祁彪参加会见。

24 日 中国第一条千吨级 T800 原丝线在连正式投产，标志着中国千吨级 T800 原丝首次实现产业化。中国建材董事长宋志平按下中复神鹰碳纤维原丝六号线 T700 转化 T800 的开启按钮。

24—25 日 省委、省政府在连召开加快推进沿海地区发展工作会议，深入贯彻落实习近平总书记系列重要讲话特别是视察江苏重要讲话精神，回顾总结沿海开发国家战略实施情况，分析面临的新形势新要求，部署下一阶段工作，强化以新理念引领新发展再造新优势，推动沿海地区发展再上新台阶，确保实现国家规划确定的目标任务。省委书记罗志军、省长石泰峰在会上分别讲话。省委常委、常务副省长李云峰主持会议。省委、省人大、省政府、省政协有关领导同志，省有关部门和单位主要负责同志出席会议。会上，市委书记、市人大常委会主任杨省世发言。项雪龙、张同生等市四套班子领导参加会议。

25—26 日 省委、省政府召开沿东陇海线经济带建设工作座谈会，研究部署新形势下沿东陇海线经济带建设的重点任务和关键举措。省委书记罗志军在座谈会上强调，让沿海和沿东陇海线协力拉动江苏腹地发展。省委副书记、省长石泰峰主持会议。省委、省政府有关领导同志，省沿东陇海线经济带发展工作领导小组成员单位主要负责同志出席会议。会上，市委书记、市人大常委会主任杨省世发言。市长项雪龙参加会议。

▲石梁河水库片区整体帮扶工作协调会议在连召开。省政协副主席杨新力，市领导张同生、吴海云、方韬出席会议。

26 日 国家重大科技基础设施评估专家组来连就重大科技基础设施建设情况进行考察。市领导杨省世、祁彪、王开宇参加活动。

▲市长项雪龙带队实地检查国家卫生城市创建工作推进情况。项雪龙在检查时强调，各地各部门要树立志在必得信念，全力推进创建攻坚，不断提升老百姓的满意度和获得感。副市长董春科、尹哲强，以及市相关部门负责人陪同检查。

27 日 市委书记杨省世主持召开市委常委扩大会，传达贯彻全省加快推进沿海地区发展工作会议和沿东陇海线经济带建设工作座谈会精神。项雪龙、张同生等市四套班子领导参加会议。

▲按照中央、省委要求和市委常委会“两学一做”学习教育工作方案的总体安排，市委书记杨省世主持召开市委常委会专题学习会，集中学习毛泽东同志《党委会的工作方法》《中国共产党地方委员会工作条例》。项雪龙、张同生等市四套班子领导参加会议。学习会上，杨省世、项雪龙、祁彪、王加培等作了重点发言。

30 日 市长项雪龙带队专题调研城建交通重点工程建设推进情况。项雪龙在调研时强调，要结合国家卫生城市创建和“干净方便顺畅”连云港建设，加快重点项目推进，增强广大市民的认同感和幸福感。副市长尹哲强陪同调研。

31 日 市委书记、市人大常委会主任杨省世，市长项雪龙分别来到福利机构、学校、幼儿园，走访看望少年儿童，给孩子们送去节日的问候，并向广大少儿工作者和关心支持少儿工作的各界人士表示诚挚的慰问。市领导杨莉、滕雯、于丽华、董春科、曹佳鸣陪同看望。

▲连云港市与上海浦东发展银行南京分行签署战略合作协议。市长项雪龙、浦发银行南京分行行长吴国元出席签约活动并分别致辞。副市长尹哲强出席活动，并代表市政府签署战略合作协议。

6 月

1 日 市长项雪龙在市行政中心主持召开专题会议，听取天明机械集团“十三五”发展情况汇报，研究推动本土企业加快发展、做大做强。项雪龙强调，要全力以赴做优服务，助推企业做大做强，壮大地方经济实力。市领导滕雯、曹卫东参加会议。

2 日 市委书记、市人大常委会主任杨省世主持召开市委常委会议，传达贯彻全国政法队伍建设工作会议精神，审议并原则通过《中共连云港市委常委会议事决策规则（修订稿）》和《连云港市公务员记二等功奖励管理办法》。市领导项雪龙、张同生等参加会议。

▲省政府在南京召开全省质量工作会议，深入贯彻党中央、国务院关于质量工作的决策部署，研究部署全省“十三五”质量重点工作，加快质量强省建设，为更好推进供给侧结构性改革提供支撑，进一步提升江苏经济发展的质效水平。市长项雪龙出席连云港分会场会议。

2—3 日 省人大常委会副主任赵鹏一行来连云港调研县乡人大工作，并就贯彻落实中央和省委有关精神，做好县乡人大换届工作听取意见和建议。市委书记、市人大常委会主任杨省世出席座谈会，市领导董恕娟、于丽华陪同调研。

3 日 市长项雪龙主持召开市十三届政府第 45 次常务会议，专题听取全市旅游体制改革工作情况汇报，审议并原则通过《连云港市国家级旅游业改革创新先行区工作实施方案》。市领导祁彪、吴以桥、董春科、尹哲强、王永生、王开宇，市政府秘书长匡中远出席会议。

▲市政府党组书记项雪龙主持召开市政府党组会议，专题研究部署市政府党组“两学一做”学习教育有关安排，研究讨论市政府党组工作规则。市政府党组副书记祁彪，市政府党组成员吴以桥、董春科、尹哲强、王永生、王开宇、匡中远出席会议。

6 日 按照省委统一部署，省委第一巡视组召开巡视“回头看”工作动员会，开展对连云港市为期一个半月的巡视“回头看”。巡视组组长臧巧华就即将开展的巡视工作作动员讲话。市委书记杨省世主持会议，并代表市委就贯彻落实巡视组要求、配合做好巡视工作作表态发言。

▲市长项雪龙带队先后深入海州实验中学、新海高级中学检查高考考点工作。项雪龙强调，要全力做好服务保障工作，营造安全公平考试环境。副市长董春科陪同检查。

7 日 市委书记、市人大常委会主任杨省世，市长项雪龙接见连云港市登顶珠峰第一人董贵军，号召全市上下发扬不畏艰险勇攀高峰精神，为连云港加快发展做出更大贡献。副市长董春科参加接见。

▲市长项雪龙带队督查推进防汛工作落实情况，随后主持召开防汛抗旱指挥部成员会议，部署安全度汛各项工作。项雪龙强调，要扎实做好防汛抗旱工作，确保人民群众生命财产安全、城市安全有序运行。副市长吴海云陪同督查。

8日 市委书记、市人大常委会主任杨省世现场察看国家卫生城市创建情况，并主持召开工作推进会，对下一阶段工作提出要求。杨省世强调，要下大力气解决好突出问题，让广大群众切实分享创建工作成果。市领导关永健、曹卫东、董春科、尹哲强参加会议。

▲连云港市举行2016年“世界海洋日暨全国海洋宣传日”连云港市活动启动仪式和“连云港市首届海洋文化节”开幕式。国家海洋局东海分局巡视员、副局长王锋，副市长吴海云出席活动。

12日 市长项雪龙主持召开市十三届政府第46次常务会议，分析研判1—5月份全市经济运行情况，部署推进“双过半”工作。市领导祁彪、董春科、尹哲强、吴海云、徐家保、王永生，市政府秘书长匡中远出席会议。

13日 市长项雪龙深入灌云县检查夏收夏种工作。项雪龙强调，各地要进一步加快夏收夏种进度，全力夺取夏粮丰产丰收，促进农业增效、农民增收。副市长吴海云陪同检查。

14日 市委书记杨省世主持召开“两学一做”专题学习会，围绕“新时期共产党员思想行为规范”和“家风建设”主题，组织开展集中学习和研讨交流。市委副书记、市长项雪龙等参加会议。

▲市人大常委会党组召开扩大会议，专题学习毛泽东同志《党委会的工作方法》，市人大常委会党组书记、副主任董恕娟主持会议并讲话。市人大常委会党组副书记、副主任李国章，副主任郑平、于丽华，秘书长程永贤参加会议。

15日 全省领导干部学党章党规、学系列讲话专题轮训班第一期开班。省委书记罗志军出席开班式并以做“四讲四有”的合格党员干部为题，为学员们讲了一堂内涵丰富而又深刻生动的专题党课。省委副书记、省长石泰峰主持。专题党课以视频会议形式举行。市领导杨省世、关永健、曹卫东在省委党校主会场听取专题党课。

▲市长项雪龙主持召开市十三届政府第47次常务会议，审议《关于进一步加强政府法律顾问制度建设的意见》《连云港市人民政府规章制定程序暂行规定》《连云港市海洋牧场管理条例（草案）》，研究降低实体经济企业成本等事项。市领导祁彪、吴以桥、董春科、吴海云、徐家保、王永生、王开宇，市政府秘书长匡中远出席会议。

▲市长项雪龙会见江苏师范大学校长华桂宏一行，双方就推进校地合作等事项进行深入交流。副市长董春科陪同会见。

16日 “纤维新材料绿色设计与绿色制造工程前沿技术论坛”暨“2016年中国化纤科技大会”在连召开，中国工程院院士张全兴、蒋士成、俞建勇出席会议，市长项雪龙、国家发改委产业协调司副司长卢卫生出席会议并分别致辞，工信部节能与综合利用司副司长高宁、副市长徐家保出席会议。

▲全市社会治安防控体系建设推进会议召开。会议回顾全市社会治安防控体系建设情况，分析面临形势和存在问题，就“十三五”及当前深入推进立体化现代化社会治安防控体系建设进行全面部署。市委书记、市人大常委会主任杨省世，市委副书记、市长项雪龙分别作出批示。市领导王加培、于丽华、王永生、方韬出席会议。

▲市长项雪龙在市行政中心会见番禺珠江钢管董事局主席陈昌一行，双方就加快项目建设发展进行了沟通交流。

▲市长项雪龙会见南京银行行长胡昇荣一行，双方就加强合作进行友好交流。

17日 交通运输部党组书记、部长杨传堂一行来连调研综合交通运输建设工作。省委常委、副省长、省政协副主席徐鸣陪同调研。市委书记、市人大常委会主任杨省世作全市工作情况汇报，市领导项雪龙、吴以桥、尹哲强及省市相关部门主要负责人参加。

▲全市创建国家卫生城市工作部署推进会召开。会议要求全市全面落实创卫省级调研指导组有关反馈意见，加快创建国家卫生城市各项工作。市长项雪龙出席会议并强调，集中精力大干百日迎“国检”硬仗。副市长董春科、尹哲强出席会议。

▲徐圩新区举行珠江钢管双金属复合板卷管一体化、徐圩新区地下综合管廊及医疗救援中心3个项目集中开工仪式。市领导项雪龙、尹哲强参加活动。

17—18日 省供销总社党组书记、理事会主任诸纪录带领省委农村工作领导小组来连云港，调研供销社综合改革活动。副市长吴海云陪同调研。

19日 中共连云港市委十一届十二次全体会议在市行政中心召开。全会专题研究市委换届工作，审议通过《中国共产党连云港市第十一届委员会第十二次全体会议关于召开中国共产党连云港市第十二次代表大会的决议》和《关于中国共产党连云港市第十二届委员会、纪律检查委员会组成原则的建议》，决定中国共产党连云港市第十二次代表大会于2016年9月在海州召开。市委书记、市人大常委会主任杨省世就做好市委换届工作作重要讲话。杨省世、项雪龙、张同生、万闻华、祁彪、杨莉、关永健、王加培、吴以桥、滕雯、刘海涛、韩文祥、曹卫东在主席台就座。市委委员、候补委员出席会议。

▲市委书记杨省世主持召开市委常委会暨全面深化改革领导小组会议，传达省委罗志军书记“两学一做”学习教育专题党课精神，审议并原则通过《连云港市国家级旅游业改革创新先行区工作实施方案》，研究市第十二次党代会有关事项，听取七一相关活动情况汇报。市领导项雪龙、张同生、万闻华等参加会议。

20日 按照中央、省委要求和市委部署安排，连云港市举行“两学一做”学习教育专题党课报告会。市委书记杨省世从对“两学一做”学习教育的认识入手，为全市领导干部和广大党员上了一堂内涵丰富而又深刻生动的专题党课，要求每名赏干部要学深悟透，以学促行，争做“四讲四有”合格党员。市委副书记、市长项雪龙主持报告会。市四套班子领导出席会议。地市级离退休老干部代表，各县区、各功能板块党政主要负责人，市有关方面主要负责同志，全市各乡镇（街道）党（工）委书记现场听取专题党课。

▲市委副书记、市长项雪龙到市老干部活动中心调研，看望慰问部分老干部。项雪龙要求，要不断强化老干部服务管理，切实把老干部工作做实做细，凝聚更多发展智慧和力量。市领导祁彪陪同调研。

20—21日 省委常委、宣传部部长王燕文，率省文化厅、省新闻出版广电局等相关领导一行，来连云港专题调研宣传思想文化工作。市领导杨省世、项雪龙、万闻华、滕雯、曹卫东陪同调研。

21日 连云港市召开庆祝中国共产党成立95周年大会，纪念党的生日，表彰学习先进。市委书记、市人大常委会主任杨省世出席会议并讲话。市委副书记、市长项雪龙主持会议。市四套班子领导，地市级离退休老干部代表，市各有关方面主要负责同志，各县区、各板块党政主要负责人，全市各乡镇（街道）党（工）委书记，部分党代表和基层群众代表出席会议。

▲北疏港高速公路举行通车仪式。副市长尹哲强宣布通车。

▲为期三天的全国“一带一路”沿线城市智库联盟成立大会暨“城市治理现代化与新型智库建设”高层论坛在海州湾会议中心举行。来自天津、厦门、青岛等32个城市的社联专家学者等参加了此次活动。

市领导滕雯、董春科出席活动。

22—23日 市委书记、市人大常委会主任杨省世率团赴荷兰阿姆斯特丹、鹿特丹两地，推进港口物流合作。市领导吴以桥参加活动。

23日 由中国作家协会、《小说选刊》杂志社、江苏省作家协会、市委宣传部、市文联联合主办的第二届中国微小说高峰论坛在市神州宾馆举行。中国作家协会党组成员吴义勤，省作家协会主席范小青，省作协党组书记、副主席韩松林，市委常委、宣传部部长滕雯，以及来自全国和连云港本土的知名作家和文艺评论家参加本次论坛。

24日 省委在南京召开全省政协工作会议。省委书记、省人大常委会主任罗志军出席会议并作重要讲话，省长石泰峰主持会议。我市设分会场并组织收听收看。市委副书记、市长项雪龙，市政协主席张同生，市政协副主席曹佳鸣、范忠华、王东升、方韬、鲁林出席会议。

▲市委书记、市人大常委会主任杨省世就加强“一带一路”物流合作，率团赴德国海尔纳市考察推介。市领导吴以桥参加活动。

▲按照中央和省、市委总体部署，市政府党组召开“两学一做”专题学习会，围绕新时期共产党员思想行为规范和加强家风建设开展集中学习和研讨交流。市委副书记、市长、市政府党组书记项雪龙主持会议，并作“两学一做”专题党课。市政府党组副书记祁彪出席会议，市政府党组成员董春科、尹哲强、徐家保、王永生作交流发言，市政府党组成员王开宇、匡中远出席会议，副市长吴海云列席会议。

▲为了支持连云港市的“一带一路”建设，上合组织（连云港）国际物流园发展基金正式设立运作。该基金是省政府投资基金第三个子基金项目，也是连云港市首个由省政府投资的基金项目。

25日 省委常委、组织部部长王炯来连云港，看望、慰问新中国成立前入党的老党员和生活困难党员。省纪委驻省委组织部纪检组组长姜爱军，市领导项雪龙、万闻华参加看望慰问。

▲市委常委、常务副市长祁彪带领爱心企业康缘药业、市慈善总会有关人员来到盐城市阜宁县，代表市委市政府向阜宁灾区人民捐赠100万元救灾药品、200万元现金。盐城市委常委、常务副市长庄兆林，市委常委、组织部部长尹卫东，副市长吴晓丹及阜宁县领导参加捐赠活动。

25—26日 市委书记、市人大常委会主任杨省世就加强“一带一路”物流合作，率团拜访了德国汉宏集团、中远海运集团欧洲公司、中国铁路驻欧洲代表处等企业和机构。市领导吴以桥，市外办、港口控股集团等单位相关负责人参加活动。

26—28日 市委书记、市人大常委会主任杨省世率团在捷克招商推介，重点推进连云港市与捷克的水晶产业合作。市领导吴以桥参加活动。

27日 市委、市人大、市政府、市政协四套班子领导带头在市行政中心开展为盐城市阜宁、射阳等地发生龙卷风、冰雹重大灾害捐款活动。

28日 连云港市召开严明换届纪律专项督查工作会议，部署落实严明换届纪律、监督换届风气工作，以铁的纪律确保换届工作风清气正。会上下发《关于严肃换届纪律确保换届风清气正的通知》和《关于加强换届风气巡回督查的工作方案》，通报5起违反换届纪律等典型案例。市委常委、市纪委书记刘海涛出席会议并讲话。

▲由人民日报社人民论坛杂志社、市政府主办的“一带一路”战略与连云港发展座谈会暨“花果山杯”画说美猴王工艺美术作品设计大赛推进会在北京召开。市长项雪龙，市委常委、宣传部长滕雯出席

会议并分别演讲。人民论坛杂志社总编辑贾立政，文化部艺术司副司长伍皓等出席会议。期间，项雪龙、滕雯一同拜访了人民日报副总编辑吕岩松，并参观人民日报社部分业务板块。

▲市委召开民主党派双月座谈会，就石梁河片区扶贫开发工作向各民主党派、工商联负责人及无党派人士代表征求意见和建议。市领导万闻华、吴海云、王东升出席会议。

29—30 日市十三届人大常委会召开第二十七次会议，听取审议市政府关于提请审议《连云港市海洋牧场管理条例（草案）》的议案；关于 2015 年市级决算草案的报告，审查批准 2015 年市级决算；关于全市旅游业发展情况的报告，并开展专题询问；开展市人大常委会任命的法官、检察官依法履职评议工作。

▲“7·1”前夕，连云港市召开庆祝中国共产党成立 95 周年大会，纪念党的生日，表彰学习先进。市委书记、市人大常委会主任杨省世出席会议并讲话。市委副书记、市长项雪龙主持会议。市四套班子领导，地市级离退休老干部代表，市各有关方面主要负责同志，各县区、各板块党政主要负责人，全市各乡镇（街道）党（工）委书记，部分党代表和基层群众代表出席会议。

30 日　市长项雪龙带领市有关部门负责人到连云区，围绕半年经济社会发展以及国家卫生城市创建等当前重点工作进行调研指导。

▲由市委、市政府主办，市委宣传部、市文广新局承办，江苏女子民族乐团演出的“红色旋律”连云港市庆祝建党 95 周年民族音乐会在市艺术中心大剧院隆重举行，献礼党的 95 周年华诞。市领导滕雯、董春科、曹佳鸣以及全市党员代表和群众代表共同观看演出。

7 月

1 日　市委书记、市人大常委会主任杨省世在市防指主持召开会议，听取全市防汛工作情况汇报，研究做好全市安全度汛各项工作。杨省世强调，要确保人民群众生命财产安全，实现今夏安全度汛。市委副书记、组织部长万闻华参加会议。

2 日　全市计划生育工作会议召开。会议回顾总结了“十二五”时期全市计生工作情况，分析宏观形势，研究部署当前和今后一个时期全市计生工作任务。市长项雪龙对计生工作作出批示。副市长董春科出席会议。

4 日　市委书记、市人大常委会主任杨省世主持召开接访会办会议，专程接待上访群众，专题会办信访事项，并就做好当前全市信访工作作出要求。市领导王加培、尹哲强参加。

5 日　国际刑警组织中国国家中心局江苏联络处连云港联络办公室正式挂牌。公安部国际合作局副巡视员李祝群，国际刑警工作处调研员张伟，省公安厅党委委员、副厅长、省维稳办副主任程建东，市领导王加培、王永生等参加揭牌仪式。

6 日　国际刑警组织中国及中亚地区知识产权保护大会在海州湾会议中心开幕。来自中国、俄罗斯、哈萨克斯坦、乌兹别克斯坦、蒙古及国际刑警组织等国内国际近百名代表开展交流研讨。市委书记、市人大常委会主任杨省世出席会议并致辞，公安部国际合作局副巡视员李祝群，国际刑警组织依法惩治非法物品贩运与假冒局局长迈克尔·艾利斯，中国依法惩治侵权、假冒工作领导小组办公室副主任马恩中，省公安厅党委委员、副厅长程建东，副市长、公安局长王永生出席会议。

▲由省旅游局和市人民政府共同举办的2016“畅游江苏 清凉一夏”江苏海滨盛夏季启动仪式暨连云港之夏旅游节开幕式在连举行。作为连云港市举办的第17届“连云港之夏”旅游节，将第一次与江苏海滨盛夏旅游季启动同步进行。省旅游局副局长经圣贤、副市长董春科出席开幕式活动。省内12个市旅游局领导、新丝绸之路沿线城市旅游局领导、重点客源城市旅行社代表，旅游达人、新闻媒体代表、旅游行业代表等也受邀参加了此次活动。

6—8日 市委书记、市人大常委会主任杨省世到赣榆区班庄镇开展“三解三促”驻点调研，听取基层干部群众的意见，共同谋划农村改革发展的务实举措。

▲市长项雪龙带领市发改、经信等部门负责人，主动深入市开发区内的国电联合动力技术（连云港）有限公司、江苏豪森药业集团有限公司，专题调研两家企业发展情况、“十三五”规划以及当前需要解决的主要问题等。

7日 市长项雪龙带领市相关部门负责人先后来到南京医科大学康达学院、连云港师范高等专科学校、连云港中医药高等职业技术学校调研，深入了解在连高校建设与发展情况，协调解决学校发展面临的困难和问题。副市长董春科参加调研。

▲市长项雪龙带队检查2016连云港之夏群星演唱会安保工作。项雪龙强调，确保把演唱会办成安全、文明、精彩的盛会。副市长董春科陪同检查。

▲市长项雪龙会见中国光大国际有限公司总经理、中国光大水务有限公司董事长王天义一行，双方就深化务实合作进行亲切交流。

8日 省防指召开全省视频会议，分析研判“尼伯特”发展趋势，研究部署防御工作。随后，市长项雪龙主持召开贯彻落实会议，对全市防台防汛工作进行具体部署。

▲市长项雪龙赴国网连云港供电公司，专题调研电网迎峰度夏开展情况，并看望慰问奋战在高温一线的广大电力系统干部职工。项雪龙调研时强调，确保电网安全稳定运行，切实保障经济社会发展和居民生产生活用电。

▲装载德国汉宏物流公司机械设备的集装箱班列驶出中哈物流基地，途径哈萨克斯坦（阿克套港）、里海、阿塞拜疆，最后抵达格鲁吉亚的波季港。这是连云港首次开通至格鲁吉亚的国际出口班列。

9日 农业部国际合作司司长隋鹏飞一行来连云港调研农业“走出去”情况，并在连举行江苏省农业“走出去”企业座谈会。市领导万闻华、吴海云、鲁林出席活动。

11日 按照中央、省委要求，市委书记、市人大常委会主任杨省世主持召开市委常委扩大会议，专题学习贯彻习近平总书记“七一”重要讲话精神，以及省委书记李强在全省庆祝中国共产党成立95周年大会上的讲话精神。项雪龙、万闻华等市四套班子领导出席会议。

▲市委书记、市人大常委会主任杨省世主持召开市委常委会暨全面深化改革领导小组会议，审议并原则通过综合行政执法体制改革相关方案。市领导项雪龙、万闻华等参加会议。

12日 市委副书记、市长项雪龙到“两学一做”联系点灌南县新集镇、新集镇金圩村，专题调研镇村学习教育推进情况，并专题听取灌南县县乡党委换届工作情况汇报。

▲“把党纪党规刻印在全体党员心上”——全市学党规党纪电视知识竞赛（决赛）在市广播电视台新演播大厅举行。省委组织部“两学一做”协调小组第三检查组组长、省委宣传部副部长、外宣办主任司锦泉，省纪委宣传部部长拾峰，市委副书记、组织部部长万闻华，市委常委、纪委书记刘海涛出席活动。

▲“连云港公安民意110”工作平台正式揭牌，该平台启用后将对公安接处警、执法办案、窗口服务、交通管理等公安执法服务工作进行全方位、全覆盖、全过程的监督回访，进一步畅通警民沟通渠道，全面受理群众监督投诉，切实提升群众满意度。市领导王加培、刘海涛、王永生出席揭牌仪式。

12—13日　以省委宣传部副部长、外宣办主任司锦泉为组长的省委组织部“两学一做”学习教育协调小组第三检查组来连，调研检查全市“两学一做”学习教育开展情况。市领导万闻华、滕雯陪同检查。

13日　全市农村基层党风廉政建设推进会在赣榆区召开。市委书记、市人大常委会主任杨省世就加强农村基层党风廉政建设作批示。会议传达学习杨省世批示精神，并就贯彻落实提出具体要求。市委常委、纪委书记刘海涛出席会议。

▲市区首个光伏发电扶贫项目在海州区板浦镇和新坝镇并网运行。

13—14日　市长项雪龙在海州区开展“三解三促”调研活动。与社区干部座谈交流，随机走访部分居民，听取各个群体对创卫工作的意见和建议。

14日　市长项雪龙在海州区主持召开创建国家卫生城市暨长效机制建设工作座谈会。项雪龙在会议上强调，要确保创卫一举成功，真正建设一座标准高、百姓认可的卫生城市。副市长董春科、尹哲强参加会议，并围绕条线工作进行了部署推进。

15日　中央第三环境保护督察组督察江苏省工作动员会在南京召开。杨省世、项雪龙等市四套班子领导在连云港分会场收听收看。

▲市委书记、市人大常委会主任杨省世主持召开市委经济形势分析会，传达贯彻省委常委会关于做好经济工作的新精神新要求，总结上半年工作，研究当前经济形势，部署下半年工作任务。项雪龙、万闻华等市四套班子领导出席会议。

19日　市长项雪龙带队到徐圩新区，调研宝通镍业、斯尔邦石化、虹洋热电及东港污水处理厂等项目。项雪龙在调研时强调，要千方百计抓好项目建设，全力以赴搞好跟踪服务，进一步培优培强现有企业。副市长徐家保陪同调研。

▲市政府与江苏师范大学新一轮深化市校合作、共建“一带一路”研究院和高新技术产业研究院合作协议签约暨揭牌仪式在市行政中心举行，市长项雪龙、江苏师范大学校长华桂宏出席活动并共同为两个研究院揭牌，副市长董春科代表市政府签署“市校合作协议”。

20日　市委书记、市人大常委会主任杨省世调研港口发展情况。杨省世强调，要切实用好重大机遇，发挥自身优势，提升完善功能，推动港口特色发展。市领导吴以桥、曹卫东参加调研。

▲市委书记、市人大常委会主任杨省世，市长项雪龙会见中船重工集团公司董事长、党组书记胡问鸣一行，双方就深化合作进行深入交流。副市长徐家保参加会见。

▲市长项雪龙专题调研部分市属国有企业改革发展工作。项雪龙在调研时强调，要提升企业管理水平和运行质效，增强发展活力和竞争力。副市长尹哲强参加调研。

▲连云港市举行“平安丝路—2016”军警联合反恐特战训练营总结表彰活动。市领导王加培、王永生，连云港警备区司令员周瑞峰出席活动。

25日　市委书记、市人大常委会主任杨省世主持召开市委常委扩大会，学习传达省委十二届十二次全会精神，对全市贯彻落实会议精神提出要求。项雪龙等市四套班子领导参加会议。

▲连云港市在市行政中心设立分会场，组织收听收看省政府全体（扩大）会议。会后，市政府召开

全体（扩大）会议。市长项雪龙出席会议，并就贯彻落实省、市相关会议精神，做好下半年各项工作作重要讲话。市委常委、常务副市长祁彪通报上半年全市经济运行情况。市领导吴以桥、尹哲强、吴海云、徐家保、王永生、王开宇，市政府秘书长匡中远、市政府党组成员胡文杰出席会议。

26日 市委书记、市人大常委会主任杨省世赴市人社局调研人力资源和社会保障工作。杨省世在调研时强调，要强化服务意识，狠抓政策落地，为经济社会又好又快发展提供坚强保障。

▲市长项雪龙主持召开市十三届政府第48次常务会议，专题听取全市安全生产工作情况汇报，研究审议重大事项容缺预审、诚信管理、农洽会筹备等工作。市领导祁彪、吴以桥、王永生、王开宇，市政府秘书长匡中远、党组成员胡文杰出席会议。

▲市长项雪龙会见了国防科工局副局长王毅韧一行，双方就加快核产业项目建设进行了深入交流。市委常委、常务副市长祁彪参加会见。

28日 市政协召开十二届二十二次常委会议。市政协主席张同生主持会议，市领导祁彪、曹佳鸣、王东升、方韬、黄咏梅、鲁林、舒小平，秘书长钟敏出席会议。

29日 省委、省政府以电视电话会议形式召开全省科技创新大会，认真学习贯彻习近平总书记在全国科技创新大会、两院院士大会和中国科协第九次全国代表大会上的重要讲话精神，落实国家创新驱动发展战略纲要，就深入践行新发展理念、大力推动科技创新进行部署。省委书记李强出席会议并讲话。省委副书记、省长石泰峰主持会议。杨省世、项雪龙等市四套班子领导在连云港市分会场出席会议。

▲全国双拥模范城（县）命名暨双拥模范单位和个人表彰大会在北京举行，连云港市喜获“七连冠”，再度被命名为“全国双拥模范城”。

▲市委书记、市人大常委会主任、连云港警备区党委第一书记杨省世，专程赴连云港警备区、海防六连走访慰问，向部队全体官兵致以亲切的问候和节日的祝福。市领导张同生、万闻华、祁彪、杨莉、董恕娟参加慰问。连云港警备区司令员周瑞峰陪同。

▲全省工商系统工作座谈会在连召开，市长项雪龙出席会议并向来自全省工商和市场监管行业的与会代表介绍了连云港的经济社会发展情况。省工商局局长王元慧主持会议。

▲连云港“黄海三号”海上旅游应急综合演习在连云港区集装箱码头前沿水域拉开帷幕。此次演习由连云港海上搜救中心主办，连云港海事局、市安监局、市海洋与渔业局、市旅游局等单位联合承办，近300名人员和16艘船舶、1架直升机参加。市委常委、市政府党组成员、市港口管理局局长吴以桥宣布演习开始并全程观摩。

30日 市委中心组召开“两学一做”学习教育第二次专题学习会，就“学习系列讲话，提高‘四个意识’”进行集中学习。市委副书记、市长项雪龙主持会议并讲话，张同生等市四套班子领导参加学习会。学习会上，全国党校教师进修学院执行院长曹普围绕增强“四个意识”作了专题报告。

8月

1日 市长项雪龙到东海县工业园区、重点企业、温泉旅游度假等处，调研县域经济社会发展情况。副市长徐家保参加调研。

2日 市政府和国网江苏省电力公司签署建设坚强智能电网战略合作协议。市委书记、市人大常委会主任杨省世出席签约仪式，市长项雪龙、国网江苏省电力公司总经理尹积军分别致辞，市委常委、常务副市长祁彪主持签约仪式，市领导杨莉、徐家保参加活动。

3日 国家旅游局召开新闻发布会，宣布花果山等6家景区批准为AAAAA级景区。

4—5日 省委书记李强来连云港调研。李强在调研时强调，要积极对接国家“一带一路”战略，高水平推进沿海开发，增强生态环境竞争力，打造沿海地区新一轮发展的强大引擎，努力建设百姓富裕、环境美好、平安和谐的沿海地区。省委常委、秘书长樊金龙，市领导杨省世、项雪龙、杨莉、吴以桥参加调研。

4—6日 全市领导干部学习贯彻五大发展理念第一期专题轮训班在市文化艺术中心举办。4日上午，市委书记、市人大常委会主任杨省世出席开班式并作动员讲话，市长项雪龙作首堂专题授课。市委副书记、组织部部长万闻华主持开班式。千余名全市县处级领导干部，市管国有企业领导班子成员，乡镇（街道）党政正职参加首期轮训。

5日 市长项雪龙会见紫金财产保险股份有限公司董事长、党委书记李明耀一行，双方就加强交流合作进行友好会谈。市委常委、常务副市长祁彪参加会见。

6日 市委书记、市人大常委会主任杨省世主持召开市委常委扩大会议，传达省委书记李强来连云港调研讲话精神，并就贯彻落实精神提出要求。项雪龙、张同生、万闻华等市四套班子领导参加会议。

▲市委书记杨省世主持召开市委中心组专题学习会，重点围绕“学习系列讲话，提高‘四个意识’”主题，开展“两学一做”专题研讨。市领导项雪龙、万闻华等参加会议。

7日 省委以电视电话会议形式举办县委书记工作讲坛。省委书记李强出席讲坛并讲话。李强在讲话时强调，全省换届后新产生的县级党委班子面临着新的形势和任务，要充分发挥好县级党委这个党执政兴国“一线指挥部”的作用，县（市、区）委书记要当好“一线总指挥”，提振精气神，焕发新状态，团结带领广大干部群众投身改革发展新实践，创造各项工作新业绩。省委副书记、省长石泰峰主持。杨省世、项雪龙、张同生等市四套班子领导在连云港市分会场出席。

9日 市政府发布《连云港市人民政府关于严禁非法集会游行示威活动》的通告。

▲全市村（社区）党组织换届选举工作动员会召开，市委书记、市人大常委会主任杨省世作批示，市委副书记、组织部部长万闻华出席会议。

10日 省市党代会代表选举工作会议召开。会议主要任务是安排部署省第十三次和市第十二次党代会代表选举工作。市委副书记、组织部部长万闻华出席会议。

11日 市长项雪龙主持召开专题会议，听取并研究社会事业条线重点项目建设推进情况。会议强调，要确保重点项目按质按量按期完成，增强群众获得感幸福感。市领导祁彪、董春科、尹哲强参加会议。

▲截面面积达710平方毫米的碳纤维复合导线在灌云县同兴镇境内的500千伏田伊线上进行性能测试，并一举成功。该导线是全球首条大截面超高压碳纤维导线，这标志着超高压碳纤维复合芯导线即将进入规模化应用阶段。与常规输电导线相比，超高压碳纤维复合芯导具有很多优越性，起输电量比常规输电线路提高1倍，这无疑将有助于构造更为安全环保高效的节约型输电网络。

12日 省委以视频会的形式召开全省“两学一做”学习教育工作推进会。省委书记李强在会议上强调，要深入学习贯彻习近平总书记“七一”重要讲话和关于“两学一做”学习教育重要指示精神，推动学习教育扎实深入开展。市领导杨省世、万闻华、关永健、滕雯、刘海涛出席我市分会场。

▲连云港市举办政银企“百亿资金进百企”对接活动，贯彻落实市委市政府“产业强市”发展战略，推动优强企业、上市企业和科技小巨人企业“三个培育行动计划”落到实处。市长项雪龙出席活动并讲话，市委常委、常务副市长祁彪作活动部署，副市长徐家保主持活动。

▲国家质检总局在连召开连云港口岸哈国过境小麦“集改散”方案专家评审会。经过与会专家认真审查，一致同意在连云港口岸实施哈萨克斯坦出口小麦过境方案。这标志着连云港作为哈萨克斯坦粮食过境中国唯一离境口岸正式拿到国家路条。

15日 市委书记杨省世主持召开市委常委会议，传达贯彻省委“两学一做”学习教育工作推进会精神，原则通过全市贯彻落实具体举措和相关安排。市领导项雪龙、万闻华等参加会议。

▲市委市政府召开市创卫指挥部全体成员会议，分析前一阶段创卫形势，部署下一阶段创建国家卫生城市目标任务。市委书记、市人大常委会主任杨省世出席并讲话。市长项雪龙主持会议。市领导祁彪、杨莉、吴以桥、滕雯、董春科、尹哲强、吴海云、徐家保、王开宇及市创卫指挥部成员单位主要负责人参加会议。

16日 市委书记、市人大常委会主任杨省世赴市委宣传部调研网络意识形态工作。市委常委、宣传部部长滕雯参加调研。

▲全市人民法院推进基本解决执行难工作会议召开。市委书记、市人大常委会主任杨省世就全市法院执行工作作出批示。市委常委、政法委书记王加培出席会议。

▲《周恩来与文化名人展》在市革命纪念馆举行。该展览由江苏省文物局、市委党史办公室、市文化广电新闻出版局主办，周恩来纪念馆、市革命纪念馆承办，旨在为献礼中国共产党建党95周年，纪念周恩来总理逝世40周年，配合全市深入开展“两学一做”学习教育。

18日 市长项雪龙在市行政中心主持召开专题会议，听取政府工作报告目标任务完成情况，研究下一步工作推进举措。市领导祁彪、吴以桥、董春科、尹哲强、吴海云、徐家保、王开宇，市政府秘书长匡中远出席会议。

▲市长项雪龙主持召开农产品品牌发展战略规划汇报会。市委副书记、组织部部长万闻华，副市长吴海云出席会议。

18—19日 市委书记、市人大常委会主任杨省世先后赴海州区和灌南县调研基层党组织建设工作。市委副书记、组织部部长万闻华参加调研。

22日 装载9080个集装箱的“中远欧洲”号轮，驶离连云港港，开启连云港至地中海和美西的首航之旅。这是中远海运集团支持连云港港口发展的重要举措，也是双方在深化港航合作、共建物流联盟方面取得的重要成果。市领导吴以桥、鲁林参加首航仪式。

23日 市委书记杨省世主持召开市委常委会议，听取并研究第十二次党代会市委工作报告起草情况，传达贯彻全省政协工作会议精神，审议并原则通过《连云港市地名管理办法》。市领导项雪龙、张同生、万闻华等参加会议。

▲市长项雪龙主持召开十三届政府第49次常务会议，研究讨论《关于进一步加强城市规划建设管理工作的实施意见》《关于加快推进沿海发展五大工程的实施意见（2016—2020年）》，审议并原则通过《关于促进全市慈善事业健康发展的意见》《关于完善困难残疾人生活补贴和重度残疾人护理补贴制度的实施意见》和《关于在全市公民中开展法治宣传教育的第七个五年规划》等。市领导祁彪、董春科、吴

海云、徐家保、王永生、王开宇，市政府秘书长匡中远出席会议。

▲新建连云港至徐州铁路可行性研究评估会在连云港召开。这是国家发改委在批复连徐客专正式开工前委托北京华协咨询公司做的最后一次可研报告评估。来自国家铁路局、省铁路办、省发改委、上海铁路局、中铁四院等单位的相关负责人及铁路建设领域的专家学者齐聚港城，对连徐客专的时速、线路走向、站点设置等做评估研究。副市长尹哲强以及有关单位和部门负责人参加会议。

24 日　市委书记、市人大常委会主任杨省世赴市开发区调研产业发展和重点项目推进情况。杨省世在调研时强调，市开发区要围绕高、新特色，加快集聚高新技术产业和战略性新兴产业，为全市发展多挑担子、多做贡献。市委常委、市开发区党工委书记关永健陪同调研。

▲市长项雪龙专题调研海州区经济工作。项雪龙强调，要进一步强化对工业企业的支持力度，真正做大产业经济，助推地方经济加快发展。

▲国务院召开加快内贸流通创新推动供给侧结构性改革电视电话会议，连云港市设立分会场收听收看。市委常委、市政府党组成员、市港口管理局局长吴以桥出席我市分会场会议。

▲伊犁日报社和连云港报业传媒集团战略合作签约仪式在新疆伊宁举行，双方将联合发起成立新丝绸之路经济带移动政务新媒体联盟。市委常委、宣传部部长滕雯出席签约仪式。

24—25 日　市十三届人大常委会召开第二十八次会议，听取并审议了市政府关于 2016 年上半年全市国民经济和社会发展计划执行情况的报告，关于 2016 年市区地方政府债务限额和市级预算调整及上半年全市预算执行情况的报告，关于“六五”普法实施和“七五”普法规划情况的报告，关于市人大常委会执法检查组关于《中华人民共和国治安管理处罚法》执法检查情况报告；通过关于批准连云港市 2016 年市区地方政府债务限额和市级预算调整方案的决议，关于开展第七个五年法治宣传教育的决议等。会议还以无记名投票的方式通过相关人事任免。

25 日　市长项雪龙到市商务局专题调研全市招商引资工作。他强调，要进一步提高思想认识，更新工作理念，理清工作思路，增强责任和危机意识，以更高目标、更强信心、更大决心，勇挑重担、履职尽责，强攻突破招商引资工作，确保把全年“三外”任务完成得更好。市委常委、市政府党组成员、市港口管理局局长吴以桥参加调研。

▲全市深入推进访调对接融合调处机制建设现场会在赣榆区召开，市委常委、政法委书记王加培出席会议。

▲中哈四方“一带一路”新闻传播与文化产业国际协作体合作协议签约仪式，在新疆伊犁州霍尔果斯市举行，市委常委、宣传部长滕雯出席仪式。

26 日　市委召开“两学一做”学习教育工作推进会，深入学习贯彻习近平总书记系列重要讲话精神和中央、省委有关会议精神，总结回顾前阶段工作，研究部署下一阶段任务。市委书记、市人大常委会主任杨省世出席会议并讲话，市委副书记、组织部部长万闻华主持会议，市委常委、纪委书记刘海涛出席会议。

▲省委、省政府在南京召开全省审计机关人财物管理改革试点工作部署电视电话会议，全面启动全省审计机关人财物管理改革试点工作。市长项雪龙出席会议。

▲全市 2016“金秋筑梦”行动启动，市委副书记、组织部部长万闻华出席启动仪式并讲话，市人大常委会副主任、市总工会主席郑平主持仪式。这也是全市全年规模最大的一次助学活动。

29 日 市委书记杨省世主持召开市委常委会议，传达学习中央推进“一带一路”建设工作座谈会和省委领导干部会议精神，审议并原则通过《关于加快推进沿海发展五大工程的实施意见》《关于进一步加强城市规划建设管理工作的实施意见》。市领导项雪龙、万闻华等参加会议。

▲国家知识产权局发布通知，将在连云港等 72 个地区和单位开展专利质押融资、专利保险试点示范工作，试点示范时间自 2016 年 8 月起，为期 3 年。

31 日 市委市政府召开全市深入推进“一带一路”战略暨加快沿海发展工作会议，进一步贯彻中央、省委最新要求，认真落实省委、省政府关于沿海地区发展、沿东陇海线经济带建设、加快苏北振兴等一系列决策部署，总结回顾前一阶段发展成绩，明确当前和下一阶段思路举措。市委书记、市人大常委会主任杨省世出席会议并讲话。市长项雪龙作具体工作部署。市政协主席张同生出席会议。市委副书记、组织部部长万闻华主持会议。

▲市委市政府召开全市城市工作会议，深入贯彻落实中央城市工作会议和省委十二届十二次全会精神，全面部署新时期城市工作。市委书记、市人大常委会主任杨省世强调，要不断提高城市规划建设管理水平，加快建设国际化海港中心城市。市长项雪龙作工作部署。市政协主席张同生出席会议。市委常委、常务副市长祁彪主持会议。

9 月

1 日 全国人大代表、市委书记、市人大常委会主任杨省世主持召开全国人大代表专题调研座谈会。南通市全国人大代表孙秀芳、陆亚萍、昝圣达、徐长江，连云港市全国人大代表白力群、权太琦，市领导吴以桥、董恕娟、于丽华参加会议。

▲市委书记、市人大常委会主任杨省世赴高新区调研。杨省世在调研时强调，高新区要加速集聚创新要素，充分发挥全市创新发展的主引擎、示范区作用。

2 日 由省沿海办组织的新一轮沿海发展规划对接会在连云港召开。市委书记、市人大常委会主任杨省世出席并致辞，省沿海办主任、省发改委副主任林一峰，市委常委、常务副市长祁彪及省沿海发展专家顾问、省市相关部门和企业负责人参加会议。

▲市委书记、市人大常委会主任杨省世主持召开市委中心组学习会，学习贯彻《中国共产党问责条例》。张同生、万闻华等市四套班子领导参加会议。市委常委、市纪委书记刘海涛作专题辅导报告。

▲市委书记、市人大常委会主任杨省世主持召开会议，研究部署推进创卫工作。张同生、万闻华等市四套班子领导参加会议。

3—4 日 由省文明办牵头举办的首届江苏志愿服务展示交流会“志愿江苏嘉年华”举行，全省 435 个志愿服务项目、390 多家志愿服务组织同台展示交流。连云港市文明办组织参加的志愿服务项目取得丰硕成果，荣获 1 个特别荣誉奖，1 个银奖、2 个铜奖、3 个爱心单位以及优秀组织奖，位居全省前列。

5 日 市委书记、市人大常委会主任杨省世调研城建重大项目建设情况。杨省世在调研时强调，城建条线要认真落实全市城市工作会议精神，让城市展现出新的面貌。副市长尹哲强参加调研。

▲市政府党组召开“两学一做”第二次专题学习会，以“学习系列讲话，提高‘四个意识’”为主题，集中学习和研讨交流以习近平同志为总书记的党中央治国理政新理念、新思想和新战略，不断提高市政

府党组的思想政治建设、作风建设和能力建设水平。市委副书记、市长、市政府党组书记项雪龙主持会议并讲话。市政府党组副书记祁彪，市政府党组成员董春科、尹哲强、徐家保、匡中远出席会议。

5—6 日 副省长马秋林率省有关部门负责同志来连云港调研工业经济发展情况，并召开座谈会，听取连云港市重点产业发展以及当前工业运行情况的汇报。市长项雪龙陪同调研并出席座谈会，市委常委、市开发区党工委书记关永健陪同调研，副市长徐家保汇报全市工业经济发展情况。

7 日 省人大常委会副主任、党组副书记蒋宏坤一行来连云港检查《江苏省水资源管理条例》贯彻实施情况。市委书记、市人大常委会主任杨省世出席会议，市领导董恕娟、郑平、吴海云参加活动。

▲根据省委巡视工作领导小组的安排，省委第一巡视组向连云港市委反馈巡视“回头看”情况。臧巧华代表省委巡视组向连云港市领导班子进行了反馈，市委书记杨省世主持会议并作表态发言。项雪龙、万闻华等市四套班子领导参加会议。

▲市政府与中国银行江苏省分行举行战略合作协议签约仪式。市委书记、市人大常委会主任杨省世出席，市长项雪龙、中国银行江苏省分行行长王兵分别致辞，市委常委、常务副市长祁彪参加。

8 日 在第 32 个教师节来临之际，市委、市政府召开全市教育工作座谈会，与教育战线干部教师代表共庆节日。市委书记、市人大常委会主任杨省世出席会议并讲话。市长项雪龙主持会议。市领导杨莉、滕雯、郑平、董春科、方韬，市各有关部门和市大中专院校主要负责同志，市中小学校长以及相关教师代表参加座谈。

▲市长项雪龙主持召开市十三届政府第 50 次常务会议，分析研判 1 至 8 月份全市经济运行情况，研究部署下阶段经济工作。项雪龙强调，各县区各部门要抢抓三季度黄金季节，进一步抓好经济运行调度，切实增强目标、服务、特色、争先、诚信和超前意识，奋力拼搏，狠抓当前，确保圆满完成全年各项目标任务。市领导祁彪、吴以桥、董春科、吴海云、徐家保，市政府秘书长匡中远出席会议。

▲市委党校 2016 年秋季学期主体班开班。市委副书记、组织部部长、市委党校校长万闻华出席开班仪式。

9 日 全市召开表彰大会，对载誉归来的奥运冠军龚翔宇进行表彰。市委书记、市人大常委会主任杨省世出席表彰大会并讲话。市长项雪龙向龚翔宇颁发“振兴港城杰出贡献奖”。市领导杨莉、滕雯、郑平、董春科、曹佳鸣和龚翔宇的父母、老师教练以及市排球队全体队员等参加表彰大会。

▲市长项雪龙专题调研赣榆区经济发展及创卫工作。副市长徐家保参加调研。

▲江苏最美人物发布会在连举行，赣榆区乡村教师柏纪荣被授予“江苏最美教师”荣誉称号，并被选树为年度全省重大典型。发布会前，还召开省级重大典型柏纪荣先进事迹媒体见面会，市委常委、宣传部部长滕雯出席见面会。

9—10 日 市委书记、市人大常委会主任杨省世主持召开座谈会，就市第十二次党代会市委工作报告、市纪委工作报告，分别听取市四套班子离退休老同志，民主党派、工商联、无党派人士、专家学者，各县区和市重点部门负责人意见建议。市领导杨莉、关永健、刘海涛、曹卫东、王东升参加座谈。

11 日 市长项雪龙带队检查推进连云区创卫工作。副市长董春科、尹哲强陪同检查。

12 日 市长项雪龙带领市发改、经信、商务以及卫计等部门负责人到高新区，专题调研经济发展和创卫工作。

13 日 市委书记杨省世主持召开市委常委会（扩大）会议暨全面深化改革领导小组会议，会议审议通过《关于深化供销合作社综合改革的实施意见》和《关于推进价格机制改革的实施意见》，传达省委李强书记在省委常委会专题学习贯彻《中共中央关于辽宁拉票贿选案查处情况及其教训警示的通报》的讲话精神。项雪龙、万闻华等市领导参加会议。

14 日　市长项雪龙带队到市社会福利中心、市第一人民医院，专题调研民生事业工作。项雪龙强调，要大力推进健康连云港建设，推动连云港健康事业、健康产业实现大发展，让广大群众真正过上幸福安康的美好生活。副市长董春科参加调研。

17 日　市委书记杨省世主持召开市委常委（扩大）会议。会议研究省委巡视组巡视“回头看”反馈意见整改工作方案，听取贯彻落实全省市县乡三级人大换届选举工作精神情况汇报。市领导项雪龙、张同生、万闻华等出席会议。

18 日　新建连云港至徐州铁路（即连徐客专）可行性研究报告获得国家发改委正式批复，这标志着全省时速 350 公里高速铁路建设再获重大突破。全市关注、全民期盼的连徐客专项目即将进入实质性开工建设阶段。

19 日　计划总投资 63.71 亿元的全市 6 个重点民生项目集中开工。市长项雪龙出席主会场开工活动，并宣布市重点民生项目暨白虎山市场改造开工。市领导万闻华、李国章、尹哲强、吴海云、方韬等分别出席分会场的开工活动。随后，项雪龙、尹哲强察看海州区孔巷文化街区项目、瀛洲路农贸市场改造项目的开工建设情况。

▲市长项雪龙赴灌云县，专题调研经济发展工作。

▲市政协召开十二届二十三次常委会议。市政协主席张同生，市领导徐家保、曹佳鸣、赵波、范忠华、王东升、方韬、黄咏梅、鲁林、舒小平，市政协秘书长钟敏出席会议。

20 日　全市重点工业项目秋季集中开工活动举行。全市共有 51 个重点工业项目集中开工，项目计划总投资 191.2 亿元 。市委书记、市人大常委会主任杨省世，市长项雪龙等市四套班子领导分别参加各县区项目集中开工活动。

▲市十三届人大常委会第二十九次会议通过连云港市人民代表大会常务委员会《关于全市市县乡三级人民代表大会换届选举有关问题的决定》

20—21 日　省人大常委会副主任、党组副书记史和平带领省人大有关工作人员、省人大代表、省政府有关部门工作人员组成的督办组，来连云港督办省十二届人大四次会议第 0095 号建议，市领导李国章、徐大勇、徐家保参加督办会。

21 日　市委书记杨省世主持召开市委常委会会议。会议审议通过市委拟转发的《市人大常委会党组关于做好全市市县乡三级人民代表大会换届选举工作的意见》，研究确定市第十二次党代会有关事项。项雪龙、张同生、万闻华等市四套班子领导参加会议。

▲市委书记杨省世主持召开市委十一届十四次全会。会议讨论通过《关于召开中国共产党连云港市第十二次代表大会的决议》，决定市第十二次党代会于 2016 年 9 月 26 日在海州召开。会议听取了十一届市委、市纪委工作报告起草情况说明，讨论通过市委工作报告（讨论稿）、市纪委工作报告（讨论稿）。会议还听取市第十二次党代会代表选举情况和市“两委”委员候选人预备人选产生情况说明。此前，市委召开通报会，市委副书记、组织部部长万闻华分别向市各民主党派、工商联、无党派代表人士和地市级离退休老干部通报市十二届“两委”委员和出席省十三次党代会代表候选人预备人选酝酿产生情况。

▲连云港市在市行政中心设立分会场，组织收听收看全国、全省推行“双随机一公开”监管工作电视电话会议，传达贯彻李克强总理关于全面推行“双随机一公开”监管工作的重要批示精神，推进监管体制改革。市长项雪龙出席连云港分会场会议。

22日 “连天下”农产品品牌发布会举行。省农委主任吴沛良到会讲话，市长项雪龙出席会议并致辞，副市长吴海云主持发布会。

▲市长项雪龙带队赴国际展览中心、国信神州宾馆、海州湾会议中心等场所，实地检查第十八届省农洽会准备工作情况。市委副书记、组织部部长万闻华，副市长吴海云参加活动。

23日 第十八届(2016)江苏农业国际合作洽谈会在连召开。省人大常委会副主任赵鹏，来自柬埔寨、越南、俄罗斯、荷兰、以色列等国嘉宾及农业部、省相关部门负责人出席开幕式。市委书记、市人大常委会主任杨省世致辞，市领导项雪龙、万闻华、吴海云参加仪式。

▲融入“一带一路”建设、推进农业国际合作恳谈会在连召开。会议旨在进一步贯彻落实“一带一路”战略，加快推进江苏农业“走出去”和“引进来”，促进江苏农业国际投资、贸易与技术合作。省人大常委会副主任赵鹏出席会议并致辞。市领导杨省世、项雪龙以及应邀的海内外嘉宾参加会议。

▲连云港市举行现代农业投资说明会。省人大常委会副主任赵鹏，柬埔寨菩萨省省长、议会主席馈速卡，柬埔寨菩萨省副省长黄金亮，市委书记、市人大常委会主任杨省世出席会议，市长项雪龙致辞，市委副书记、组织部长万闻华主持说明会。副市长吴海云推介重点农业合作项目。中国农产品美国展示中心代表张兰作交流发言。来自国内外众多企业和机构代表，以及省有关部门、设区市相关负责人，共200多人参会。

▲第二届江苏渔业国际合作推介会在连举行，宣传推介全省现代渔业发展成果，推进渔业对外合作。省人大常委会副主任赵鹏、市长项雪龙致辞。省海洋与渔业局局长汤建鸣介绍江苏渔业基本情况及投资环境。来自赤道几内亚、坦桑尼亚、俄罗斯等国的驻华使节和嘉宾以及省有关部门负责人出席会议。

▲“一带一路”农业国际合作产业联盟在连正式成立，同时成立“一带一路”农业国际合作产业联盟理事会。

▲中国银行江苏省分行支持江苏开放型农业发展企业对接会在连召开。副市长董春科出席会议。

24日 连云港市高新区挂牌一周年，高新区与福丰科技智能控制研究院和机器人产业化基地等8个合作项目举行了签约仪式。这标志着连云港市实现机器人产业科技招商的重大突破。

25日 中国共产党连云港市第十二次代表大会举行预备会议，会议分两个阶段举行。杨省世同志主持会议并讲话。会议第一阶段，杨省世向与会代表报告市第十二次党代会的筹备情况，并就开好这次大会提出要求。会议第二阶段，听取并通过市第十二次党代会代表资格审查报告，宣布大会主席团第一次会议通过的事项。会议组织收看警示教育片。

▲中国共产党连云港市第十二次代表大会举行了代表团召集人会议。杨省世同志就如何开好市第十二次党代会提出明确要求。万闻华同志主持会议。

▲中国共产党连云港市第十二次代表大会主席团举行第一次会议。万闻华主持会议。

26日 中国共产党连云港市第十二次代表大会在市文化艺术中心开幕。杨省世代表中共连云港市第十一届委员会向大会作了题为《落实“一带一路”战略，加快产业强市步伐，奋力夺取全面建成小康社会决战胜利》的报告。刘海涛代表中国共产党连云港市第十一届纪律检查委员会作题为《以严明的纪律推进全面从严治党 为全面建成小康社会提供坚强政治保证》的工作报告。

▲参加市第十二次党代会的各代表团分组讨论市委和市纪委工作报告。杨省世先后到赣榆区和灌南县代表团，同代表们一起审议报告。项雪龙到市第十二次党代会灌云县代表团、东海县代表团，与代表们一起审议市党代会报告。

▲第二届新亚欧大陆桥安全走廊国际执法合作论坛警用装备和安防设施展览会在市工业展览中心开幕，百余家企业展示最新警用装备和安防设施。公安部第三研究所所长胡传平，省公安厅副厅长程建东，副市长、公安局局长王永生出席开幕式。

27 日 由公安部主办、省公安厅协办、市公安局承办的第二届新亚欧大陆桥安全走廊国际执法合作论坛在海州湾会议中心开幕。论坛围绕“落实五大合作愿景、共同应对执法安全新挑战”这一主题，共商安全合作大计，共谋长治久安良策。开幕式上，国务委员、公安部部长郭声琨发来贺电，公安部副部长孟宏伟，副省长马秋林，市领导杨省世分别致辞，省公安厅副厅长程建东，副市长、市公安局局长王永生等出席论坛。

▲杨省世先后到市第十二次党代会连云区、解放军代表团参加讨论，同代表们一起审议市委报告和市纪委工作报告。项雪龙与市第十二次党代会海州区代表团代表一起审议市委报告和市纪委工作报告。

▲新亚欧大陆桥安全走廊国际执法合作论坛永久会址奠基仪式举行。公安部副部长孟宏伟，副省长马秋林，省公安厅副厅长程建东，市领导王加培、王永生出席仪式。

▲公安部授予连云港市公安局“国际执法合作工作示范点”揭牌仪式举行。公安部国际合作局副巡视员朱明、市领导王加培出席仪式。

▲全省新型职业农民培育项目管理工作会议在连举行。省农委副主任蔡恒、副市长吴海云出席会议。

28 日 中共连云港市第十二届委员会在海州举行第一次全体会议，选举本届市委常务委员会委员和书记、副书记。杨省世、项雪龙、万闻华、关永健、王加培、滕雯、刘海涛、曹卫东、王东升、王立斌当选为中共连云港市第十二届委员会常委。会议选举杨省世同志为中共连云港市委书记，选举项雪龙、万闻华同志为中共连云港市委副书记。选举结束后，杨省世代表新选出的市委常委作讲话。

▲中国共产党连云港市第十二届纪律检查委员会举行第一次全体会议，选举市纪委常委、书记、副书记。书记为刘海涛，副书记为王铁军、苏士军、王奎杰，常委是刘海涛、王铁军、苏士军、王奎杰、杨海灵、蒋彩霞、卜东祥、鲍洪才、姚超。

▲中国共产党连云港市第十二次代表大会在在市文化艺术中心胜利闭幕。杨省世主持闭幕大会。

▲ 第二届新亚欧大陆桥安全走廊国际执法合作论坛顺利完成各项议程，圆满落幕。

29 日 市政府召开连徐客专连云港段征地拆迁工作动员推进会议。市委书记、市人大常委会主任杨省世对连徐客专相关工作作出批示，市长项雪龙出席会议并讲话。副市长尹哲强部署连徐客专连云港段征地拆迁工作。

▲市政府召开全市质量工作暨质量强市示范城市动员会议，贯彻落实全省质量大会精神，部署质量发展重点任务，动员开展争创“全国质量强市示范城市”工作。市长项雪龙到会讲话并为 2015 年度市质量奖获奖企业颁奖，副市长徐家保主持会议。

30 日 省委、省政府以电视电话会议形式召开全省旅游业发展大会。市领导杨省世、项雪龙、滕雯、徐大勇、董春科、方韬在我市分会场出席会议。

▲市委书记、市人大常委会主任杨省世赴海州区调研全市安全生产工作，并主持召开座谈会。杨省世强调，以严实作风落实安全生产责任，切实保障人民群众生命财产安全。市领导王东升、王立斌、徐家保参加调研并出席会议。

▲由市政府、东南大学、淮海工学院共同主办的“2016年连云港市—东南大学产学研合作对接洽谈会”在连举行。东南大学党委书记易红、市长项雪龙分别致辞。淮海工学院校长史金飞介绍学校科技创新情况，东南大学副校长吴刚、市人大常委会副主任徐大勇、市政协副主席舒小平出席会议。

▲省委、省政府以电视电话会议形式召开全省旅游业发展大会。会议强调要把握旅游业发展新趋势，突出特色，推动创新，开放合作，激发活力，加快旅游强省建设，构建大旅游发展格局，把江苏打造为国内领先的旅游强省、国际著名的旅游目的地，充分发挥旅游业在全省发展大局中的重要作用。市领导杨省世、项雪龙、滕雯、徐大勇、董春科、方韬在我市分会场出席会议。

▲市长项雪龙会见了新加坡益海嘉里集团董事长郭孔丰一行，并向郭孔丰颁发连云港市荣誉市民证书。市领导王加培、徐家保参加活动。

10月

1日　市长项雪龙带队察看绿园路跨龙尾河桥、解放东路等创卫施工现场，慰问国庆期间坚守工作岗位的城管、环卫工人，并通过他们向全市城管、环卫战线的干部职工致以节日问候。市领导王立斌、董春科、尹哲强参加活动。

▲市长项雪龙与来连云港考察的新加坡益海嘉里集团董事长郭孔丰一同慰问灌云益海助学中心的孤儿。

6日　市长项雪龙会见了清华大学副校长尤政一行，双方就深化项目合作等事宜进行了交流。市政协副主席、淮海工学院副校长舒小平参加会见。

8日　省委、省政府召开第二期县委书记工作讲坛电视电话会议。会议强调，全省市、县、乡三级党委换届已全部顺利结束，未来发展目标已经明确，接下来就是要狠抓落实。要大力弘扬求真务实作风，说实话、办实事、求实效，确保全面完成年初提出的各项目标、实现“十三五”发展良好开局。杨省世、项雪龙、万闻华等市四套班子领导在我市分会场出席会议。

▲市十三届人大常委会召开第三十次会议。会议以无记名投票形式通过相关人事任免。决定任命王加培为连云港市人民政府副市长，接受祁彪辞去连云港市人民政府副市长职务。决定任命鲁林为连云港市港口管理局局长，决定免去吴以桥连云港市港口管理局局长职务。市委书记、市人大常委会主任杨省世为新任职人员颁发任命书。

▲ 江苏翔凌电气设备有限公司领取了全市首张“多证合一、一照一码”营业执照，标志着连云港市正式启动“多证合一、一照一码”登记制度改革。

9日　市委召开全市市县乡人大换届选举工作会议。市委书记、市人大常委会主任杨省世出席会议并讲话。杨省世在讲话中强调，要坚持党的领导，充分发扬民主，严格依法办事，确保市县乡人大换届选举风清气正圆满成功。市领导万闻华、滕雯、王立斌、董恕娟、于丽华、曹佳鸣出席会议。

▲为庆祝重阳节的到来，连云港市举行市四套班子老同志重阳节座谈会。市委书记、市人大常委会

主任杨省世，市长项雪龙出席会议并分别讲话。市领导张同生、万闻华、王加培、王东升、董恕娟出席会议。全市四套班子离退休干部代表二十余人参加了会议。

▲2016中国·连云港孝文化论坛在淮海工学院举行。论坛邀请了世界孝德文化协会名誉会长罗怀涛，中华孝德文化联谊会会长、世界孝德文化协会会长徐景荣等孝德文化专家学者。市委常委、宣传部长滕雯出席了此次论坛。

10日 市委书记、市人大常委会主任杨省世赴徐圩新区调研市第十二次党代会精神贯彻落实情况。杨省世在调研时强调，徐圩新区要加快推进产业大发展，为建设沿海新型临港产业基地做出更大贡献。市委常委、秘书长、统战部部长王东升陪同调研。

▲第十二次党代会精神党外人士通报会召开。市委常委、秘书长、统战部部长王东升向市各民主党派、工商联、无党派人士通报市第十二次党代会情况。市政协副主席赵波、范忠华等30余位党外人士代表参加会议。

10—11日 南通市政协主席王德忠连云港带领住南通省政协委员考察团来连云港考察。市政协主席张同生，副主席方韬陪同考察。

11日 市委书记、市人大常委会主任杨省世率领市党政代表团在浙江舟山考察。市领导万闻华、曹卫东、王东升、王立斌、杨莉、徐家保、王永生、王开宇、曹佳鸣、鲁林等市四套班子领导及相关县区、部门负责人参加考察学习。舟山新区党工委书记、管委会主任、市委书记周江勇等当地领导陪同考察。

11—12日 省水利厅厅长李亚平，省水利厅副厅长、工程建设局局长朱海生一行来连云港调研水利建设工作。市领导徐大勇、吴海云参加相关活动。

12日 市政府召开全市国土资源工作座谈会，研究部署下一阶段全市国土管理重点工作。市长项雪龙出席会议并讲话。市委常委、常务副市长王加培主持会议。

▲市委书记、市人大常委会主任杨省世率领市党政代表团在浙江宁波、嘉兴考察学习。市领导万闻华、曹卫东、王东升、王立斌、杨莉、徐家保、王永生、王开宇、曹佳鸣、鲁林等市四套班子领导及相关县区、部门负责人参加考察。浙江省委常委、宁波市委书记、代市长唐一军会见杨省世等我市领导。嘉兴市政协主席高玲慧陪同在嘉兴考察。

▲市政府召开全市国土资源工作座谈会，研究部署下一阶段全市国土管理重点工作。市长项雪龙出席会议并讲话。市委常委、常务副市长王加培主持会议。

13日 市委书记、市人大常委会主任杨省世率领市党政代表团在上海考察学习。市领导万闻华、曹卫东、王东升、王立斌、杨莉、徐家保、王永生、王开宇、曹佳鸣、鲁林等市四套班子领导及相关县区、部门负责人参加考察。在沪期间，上海市委副书记、常务副市长应勇会见了杨省世一行。

▲“一带一路”沿线13市科协联办的第二届“丝绸之路经济带”建设科技合作论坛在连云港开幕。中国科学院、中国工程院院士李德仁，江苏省科协副主席徐春生，浙江大学网新创建科技有限公司总裁张旭光等专家参加本次论坛。市领导王加培、吴海云出席开幕式。

14日 市委书记、市人大常委会主任杨省世率领市党政代表团在青岛考察学习。市领导万闻华、曹卫东、王东升、杨莉、徐家保、王永生、王开宇、曹佳鸣、鲁林以及有关县区部门负责人参加考察。考察期间，山东省委常委、青岛市委书记李群会见杨省世一行。

▲连云港市第三届连博会筹备工作动员会召开。市长项雪龙出席会议并讲话。项雪龙在讲话中强调，

要高标准高质量做好各项工作，把 2016 年的连博会办得更上水平、更富有成效、更具有影响力，不断提升连云港的知名度和美誉度。市委常委、常务副市长王加培主持会议，副市长吴海云通报前一阶段筹备工作情况。

▲全市军转干部安置工作会议召开。市委书记、市人大常委会主任杨省世，市长项雪龙就军转安置工作作批示。市委常委、常务副市长王加培出席会议。

▲第八届连云港文博会开幕。省文化厅副厅长马宁，省新闻出版广电局副局长于国民，中国西游记文化研究会副会长、中国艺术研究院《文艺研究》杂志社主编方宁，市领导郑平、董春科、方韬出席开幕式。

15 日　2016 年市“双创英才聚港城”系列活动开幕式在海州湾会议中心举行，来自海内外 300 多名高层次人才和 70 多位专家教授齐聚一堂，为港城跨越发展增智添力。市委副书记、组织部部长万闻华，省人社厅副厅长朱从明出席开幕式。

15 — 16 日　连云港港 30 万吨级航道二期工程可行性研究报告评估会在连召开。受国家发改委委托，来自全国深水航道建设领域的专家学者齐聚港城，对连云港港 30 万吨级航道二期工程项目建设的必要性、建设规模和需求、建设条件等进行了讨论和评审，专家组一致认为设计单位编制的可行性研究报告可行。

17 日　《连云港市志（1984 — 2005）》复审会召开。市长项雪龙出席会议并讲话。项雪龙在讲话中强调，要高质量、高水平完成本轮修志工作，不断创造用志的新成果。市人大常委会副主任郑平、副市长吴海云出席会议。

17—19 日　市委副书记、市长项雪龙率市党政代表团赴深圳考察学习。广东省委副书记、深圳市委书记马兴瑞接见代表团一行。深圳市委常委、秘书长郭永航，副市长陈彪、吴以环，市政府秘书长李延忠陪同，市领导关永健、王加培、刘海涛、李国章、徐大勇、赵波、方韬参加考察。

19 日　市委书记、市人大常委会主任杨省世赴连云区调研市第十二次党代会精神贯彻落实情况。杨省世强调，连云区要围绕海滨城市形象打造、港产城融合发展等重点，抓好项目化推进，为推动全市经济社会发展做出更大贡献。

▲市委书记、市人大常委会主任杨省世会见韩国韩中亲善协会会长李世基一行，双方就进一步加强文化交往、经贸合作进行了深入交流。市委常委、秘书长、统战部部长王东升参加会见。

▲省政府召开全体（扩大）电视电话会议。会议回顾总结前三季度全省经济运行情况，分析研究当前经济形势，部署四季度重点工作。市领导董春科、尹哲强、吴海云、徐家保、王永生在连云港分会场出席会议。

▲长春市委副书记杨子明带领长春市农口相关部门，考察学习灌南县食用菌产业发展经验。市委副书记、组织部部长万闻华陪同考察。

▲ 2016 徐福文化与“一带一路”城市文化产业国际论坛在赣榆举行，200 多位徐福文化研究学者参与本次论坛。韩国韩中亲善协会、韩国徐福文化协会会长李世基，日本驻华大使馆公使石川浩司，副市长董春科出席开幕式。

19—20 日　市委副书记、市长项雪龙率市党政代表团赴珠海考察学习。珠海市委副书记赵建国、市人大常委会副主任黄锐、市政协副主席梁元东等陪同，市领导关永健、王加培、刘海涛、李国章、徐大勇、赵波、方韬参加考察。

20—21 日 市委副书记、市长项雪龙率市党政代表团赴广州考察学习。广东省委常委、广州市委书记任学锋会见代表团一行，广州市委常委、常务副市长欧阳卫民，广州市委常委、市委秘书长潘建国陪同会见。市领导关永健、王加培、刘海涛、李国章、徐大勇、赵波、方韬参加活动。

21 日 市委书记、市人大常委会主任杨省世赴赣榆区调研市第十二次党代会精神贯彻落实情况。杨省世强调，赣榆区要充分发挥港口物流优势，做优做强临港产业，为全市建设沿海新型临港产业基地积极贡献力量。市委常委、秘书长、统战部部长王东升参加调研。

▲市委书记、市人大常委会主任杨省世会见了省交通运输厅厅长游庆仲一行。双方就交通基础设施建设等进行了深入交流。市领导尹哲强、鲁林参加会见。

22 日 市委书记、市人大常委会主任杨省世赴灌云县，就扶贫开发和美丽乡村建设开展调研。杨省世强调，灌云县要深入实施脱贫致富奔小康工程，持续深入推进美丽乡村建设，加快补齐小康短板。市委常委、秘书长、统战部部长王东升参加调研活动。

▲第九届徐福故里海洋文化节暨 2016 金秋经贸洽谈会在连云港市赣榆区举办。

24 日 省践行“四讲四有”先进典型报告团来连云港宣讲。市委书记、市人大常委会主任杨省世会见报告团成员并出席报告会。省委组织部副部长、老干局局长庄同保在报告会上讲话。市长项雪龙、市政协主席张同生等市四套班子领导出席报告会，市委副书记、组织部部长万闻华主持会议。

▲市委书记杨省世主持召开市委中心组学习会。全国政协常委、上海 WTO 事务咨询中心理事长兼总裁、上海市参事室主任王新奎为与会干部作题为《全球价值链竞争背景下中国的自贸试验区战略》报告。项雪龙、张同生、万闻华等市四套班子领导参加会议。

25 日 市委书记、市人大常委会主任杨省世主持召开市委常委会（扩大）会议，分析当前经济形势，研究下一步经济工作。会议还听取连博会筹备工作、海洋牧场管理条例起草等有关情况。市领导项雪龙、张同生、万闻华等市四套班子领导参加会议。

25—26 日 省人大常委会副主任刘永忠带领部分省人大常委会委员、省人大代表来连云港对薛元金等 35 名省人大代表提出的“关于引导和支持华侨投资者参与‘一带一路’、长江经济带建设和江苏沿海开发”的建议进行重点督办。市领导王加培、董恕娟出席会议并参与视察侨资企业和“一带一路”相关项目，市领导杨莉、吴海云、鲁林陪同视察。

26 日 市长项雪龙带队赴东海县、海州区实地督查推进连徐高铁征地拆迁工作。项雪龙强调，要坚持做到阳光拆迁、规范拆迁、依法拆迁、和谐拆迁，打造全市样板工程，确保高铁建设如期实现无障碍施工。副市长尹哲强参加督查。

▲国家宗教局副局长蒋坚永来连云港作“发挥宗教文化作用，服务‘一带一路’建设”专题报告会。省委统战部副部长、省民委主任、省宗教局局长李国华，市委常委、秘书长、统战部部长王东升参加报告会。

27 日 市委中心组召开“两学一做”学习教育专题学习会。会议围绕“做‘四讲四有’合格党员”和“践行‘三严三实’和 20 字好干部标准，做心中有党、心中有民、心中有责、心中有戒的表率”两个主题，开展集中学习交流。市委书记杨省世主持会议并讲话。杨省世在讲话中强调，要争做党性坚强、作风严实、担当作为的表率。项雪龙、万闻华等市委常委参加会议。

▲市委、市政府召开全市创建国家卫生城市工作推进会，对迎接国家卫生城市现场技术评估工作进

行动员部署，迎接创卫技术评估，确保创成全国卫生城市。市委书记、市人大常委会主任杨省世出席会议并讲话，市长项雪龙主持会议。市领导曹卫东、王东升、王立斌、董春科、尹哲强、王永生以及市相关部门、各区、功能板块主要负责人参加会议。

28 日　市委书记杨省世主持召开市委常委会会议。传达学习党的十八届六中全会精神，听取省委巡视组巡视反馈意见整改情况报告和市纪委工作情况汇报，审议并原则通过《鼓励改革创新激励干事创业容错纠错实施办法》等 4 个规范性文件。市领导项雪龙、万闻华等参加会议。

▲全市群众安全感建设百日攻坚行动动员会在市行政中心召开，市委书记、市人大常委会主任杨省世就高质量开展群众安全感建设百日攻坚行动作批示。市领导关永健、王永生出席会议。

29 日　市委书记、市人大常委会主任杨省世会见台湾电电公会理事长、正崴精密工业股份有限公司董事长郭台强一行。双方就加强正崴集团在连投资、加强合作等话题进行了深入交流。副市长徐家保参加会见。

31 日　市委书记、市人大常委会主任杨省世调研重大基础设施项目建设情况。他强调，四季度是工程建设的黄金期，也是重点项目突破的关键期。各级各部门要抓住当前有利时机，紧紧围绕 230 个市级重大项目，集中力量、集中资源，强势推进重点项目建设，确保全面完成年度任务。要严格落实安全生产责任制，切实增强红线意识，深化重点行业领域专项治理，不断提高全社会安全生产水平。副市长尹哲强参加调研

▲市长项雪龙主持召开市十三届政府第 51 次常务会议，集体学习《江苏省行政许可监督管理办法》，研究讨论全市行业协会商会与行政机关脱钩、建立双随机抽查机制加强事中事后监管、构建和谐劳动关系等事项，审议并原则通过《连云港市全民科学素质行动计划纲要实施方案（2016—2020）》。市领导王加培、董春科、尹哲强、王永生，市政府秘书长匡中远出席会议。

▲市人大党组、市政协召开党组分别召开学习扩大会议，传达学习党的十八届六中全会和市委常委（扩大）会议精神。

11 月

1 日　市委书记杨省世调研中哈物流中转基地和上合组织出海基地建设推进情况，并主持召开专题座谈会。杨省世强调，要充分发挥多式联运等特色优势，推动港产融合、港区联动，高水平建好两个标志性工程，切实推进国家战略落地落实。市领导王东升、鲁林参加调研。

▲市委书记杨省世会见《新华日报》社党委委员、副总编顾雷鸣一行。市委常委、宣传部部长滕雯参加会见。

▲市政协召开坚持共享发展协商议政会。市长项雪龙出席会议并强调，要充分发挥好政协委员民主监督、议政咨政作用，践行共建共享发展理念，合力推进改革发展各项工作，共建和谐美好家园。市政协主席张同生主持会议，市政协副主席赵波、方韬、黄咏梅、舒小平，秘书长钟敏出席会议。

▲第十八届江苏农洽会连云港市总结表彰暨农业项目推进会在市行政中心召开。会议表彰为本届农洽会的顺利召开做出突出贡献的 57 家先进集体以及 95 名先进个人。市委书记杨省世作批示。市领导万闻华、吴海云出席会议并讲话。

▲ 2017 年度全省重点党报党刊征订发行工作电视电话会议召开，会后连云港市召开全市重点党报党刊征订发行工作会议。市委书记杨省世对全市党报党刊征订发行工作作出批示。市委常委、宣传部部长滕雯出席会议。

1—3 日 由市委宣传部联合云台山风景区与央视科教频道（CCTV10）联合制作的专题纪录片《花果山传奇》在央视教科频道《地理·中国》节目中播出。

2 日 全市扶贫开发现场推进会召开。市委书记杨省世出席会议并讲话。杨省世强调，要高质量推进扶贫开发，坚决打赢脱贫攻坚战。市长项雪龙主持会议，市委副书记、组织部部长万闻华通报了全市扶贫开发工作情况，副市长吴海云出席会议。

3 日 市长项雪龙实地调研市经济技术开发区项目建设情况。项雪龙强调，开发区要进一步发挥好经济建设主阵地、主引擎作用，为带动全市经济发展再创新辉煌。市委常委、开发区党工委书记曹卫东陪同调研。

▲全市第十一届村民委员会暨第六届居民委员会换届选举工作会议召开。会议贯彻落实省、市有关会议及文件精神，研究部署全市第十一届村委会和第六届居委会换届选举工作。市领导万闻华、于丽华、董春科出席会议。

▲连云港市对拟任市管领导干部进行任职前集体廉政谈话。市委常委、纪委书记刘海涛出席会议并讲话。

4 日 江苏海洋经济发展 2016 高层论坛在连云港举办。市委书记杨省世会见与会领导专家。市领导滕雯、吴海云、舒小平出席论坛活动。论坛期间，还举行了江苏海洋发展研究院揭牌仪式。

▲“美好家园·在海一方”第三届江苏文化艺术节连云港市惠民演出在市文化艺术中心举行。市领导滕雯、郑平、方韬出席并观看演出。

5 日 连云港至徐州高速铁路开工建设，这是江苏“十三五”开工建设的首个重大铁路项目。省长石泰峰来到施工现场，了解工程准备与建设情况，慰问奋战在一线的铁路建设者。副省长张敬华，中国铁路总公司副总经理黄民，市领导杨省世、项雪龙、王加培、尹哲强一同调研考察。

6 日 中央宣讲团在我省举行党的十八届六中全会精神宣讲报告会。中央宣讲团成员、国务院法制办副主任袁曙宏作宣讲报告。宣讲报告会采用视频会议形式进行，市委书记杨省世、市政协主席张同生等市四套班子领导在连云港分会场听取了报告。

7 日 市委书记杨省世主持召开市委常委会会议。会议听取了全市信访稳定、综治法治工作情况汇报，研究部署全市安全生产工作，审议并原则通过《关于在全市公民中开展法治宣传教育的第七个五年规划（2016 — 2020）》《关于构建和谐劳动关系的实施意见》等文件。市领导项雪龙、张同生、万闻华等参加会议。

8 日 市委书记杨省世、市长项雪龙分别前往东海县平明镇、东辛东场和灌云县，现场调研秋收秋种和现代农业发展情况。要求各县区、各部门全力做好秋粮收割、收储和越冬农作物种植等各项工作，全力推动农业产业化进程，促进农村经济健康有序发展。市领导万闻华、吴海云参加调研。

8—9 日 省政府办公厅组织部分省人大代表、省政协委员、省政府参事来到我市，视察“一带一路”建设工作推进情况。市领导李国章、吴海云、方韬陪同视察。

9 日 市委市政府召开四项制度新闻发布会，发布《连云港市党政机关问责办法（试行）》《连云港市鼓励改革创新激励干事创业容错纠错实施办法》《关于进一步加强市、县（区）党委巡察工作实施办法》《践行监督执纪“四种形态”实施办法》四个文件。

10日 公安部党委委员、政治部主任夏崇源一行来连云港调研指导公安工作。省委常委、政法委书记、公安厅厅长王立科，市委书记杨省世，公安部现役办主任单于广，省公安厅党委副书记左锁粉，省公安厅党委委员、政治部主任汤楠，市领导关永健、王永生陪同调研。

▲市长项雪龙到海州区、云台山景区，专题调研文化惠民基础设施建设、健康连云港建设和旅游发展工作情况。市领导王立斌、董春科陪同调研。

11日 省委、省政府以视频会议形式召开全省深化行政审批制度改革加快简政放权激发市场活力推进会。市委书记杨省世、市长项雪龙等市四套班子领导在我市分会场收听收看会议。

▲市委书记杨省世主持召开市委常委会扩大会议，传达学习省委十二届十三次全会精神，学学习省委《关于学习贯彻党的十八届六中全会精神深入推进全面从严治党的决定》。项雪龙、张同生、万闻华等市四套班子领导参加会议。

▲市委书记杨省世会见国家开发银行江苏省分行行长邱言文一行，双方就进一步加强金融合作进行了深入交流。市领导王加培参加会见。

▲国家发改委正式公布《中国和哈萨克斯坦关于“丝绸之路经济带”建设与“光明之路”新经济政策对接合作规划》。连云港的中哈物流基地等多个元素出现在此跨国合作规划中。

▲第十七届淮海经济区商标保护协作会议在连召开，会议通过《淮海经济区商标保护协作连云港宣言》，江苏、山东、安徽、河南四省将在“公平、公正、诚信、互助”的原则下，进一步加强商标区域保护与协作，维护商标专用权。副市长徐家保出席会议。

12—13日 第十届中国全面品牌管理论坛暨首届连云港峰会在连云港举行。原江苏省副省长吴瑞林，副市长徐家保出席活动。

13日 市委召开报告会，对党的十八届六中全会精神进行集中宣讲，引导广大党员干部把思想统一到全会精神上来、把力量凝聚到落实全会要求上来。省委宣讲团成员、市委书记杨省世作宣讲报告。市委常委，市人大、市政府、市政协党员负责人，市人民法院院长、市人民检察院检察长，各县区委书记，市开发区、徐圩新区、高新区、云台山景区党（工）委书记，市委各部委、市各委办局、市各直属单位、驻连部省属单位主要负责人，部分市级机关干部参加会议。

14日 市长项雪龙到市开发区工业展览中心，实地检查第三届连博会场馆建设、展会布展、安全消防等情况。市领导曹卫东、吴海云陪同调研。

▲全市“六五”普法总结暨“七五”普法启动会议召开。市领导关永健、于丽华、王永生、方韬出席会议。

▲我市召开创建国家卫生城市暨城市管理现场推进会，在现场调研城区部分单位创卫工作情况后，要求各部门、各单位进一步强化城市管理，以最佳状态迎接国家卫生城市技术评估。市领导王立斌、尹哲强出席相关活动。

15日 市委书记杨省世、市长项雪龙会见上合组织秘书处高级顾问米哈伊尔·科纳罗夫斯基等部分参加第三届连博会的外宾。市领导王东升、吴海云、鲁林参加会见。

▲市长项雪龙会见全国台湾同胞投资企业联谊会副会长、市台商协会会长马景鹏一行，并向马景鹏

颁发荣誉市民证书。副市长吴海云参加会见。

▲扬子江国际论坛"一带一路"系列峰会在连召开。第十届全国政协副主席张怀西宣布开幕。江苏省对外友好交流促进会会长、省人大常委会原常务副主任林祥国，市委副书记、市长项雪龙分别致辞。省对外友好交流促进会常务副会长、省人大常委、省人大外事委主任滕勇主持会议。市人大常委会副主任李国章出席会议。

▲ 2016 中国"花果山杯"画说美猴王工艺美术作品创意设计大赛作品展开幕式暨商务合作签约仪式在市博物馆举行。省委宣传部副部长、省外宣办主任、省政府新闻办主任司锦泉，市领导滕雯、徐大勇、方韬出席开幕式。

▲连云港市举办 2016 中国"花果山杯"画说美猴王工艺美术作品创意设计大赛颁奖晚会，这也标志着此项用时近一年的工艺大赛圆满收官。

16 日　以"共建共享新亚欧大陆桥国际物流通道，携手打造绿色健康智力和平丝绸之路"为主题的第三届中国（连云港）丝绸之路国际物流博览会在市工业展览中心开幕。第十届全国政协副主席张怀西，中国贸促会副会长王锦珍，上海合作组织高级顾问、前副秘书长米哈伊尔·科纳罗夫斯基，省政府副秘书长方伟，市委书记杨省世共同启动开幕仪式。江苏省对外友好交流促进会会长、省人大常委会原常务副主任林祥国出席开幕式。市长项雪龙主持开幕式。市四套班子领导，有关国家驻华大使、驻沪总领事以及国家、省相关部门和单位，陆桥沿线及兄弟城市来宾，国内外著名企业客商代表及相关机构代表等 700 余人参加开幕式。

▲新亚欧大陆桥经济走廊建设高层论坛在市工业展览中心举行。第十届全国政协副主席张怀西，中国贸促会副会长王锦珍，江苏省对外友好交流促进会会长、省人大常委会原常务副主任林祥国，上海合作组织高级顾问、前副秘书长米哈伊尔·科纳罗夫斯基，省政府副秘书长方伟，市领导杨省世、项雪龙、张同生、万闻华等市四套班子领导以及国家、省相关部门和单位，陆桥沿线及兄弟城市来宾，国内外著名企业客商代表及相关机构出席论坛。市长项雪龙在论坛上发表题为《共享发展机遇 共建物流通道 携手推动新亚欧大陆桥经济走廊繁荣发展》的主旨演讲。市委常委、常务副市长王加培主持论坛。

▲市委书记杨省世会见中广联城市广电台电视新闻工作委员会秘书长王云翔等"走一带看一路"联合新闻行动采访团成员。市委常委、宣传部部长滕雯参加会见。

▲市长项雪龙会见了哈国铁公司总裁阿尔皮斯巴耶夫一行，双方就进一步扩大合作空间，提升合作层次交换了意见。市领导王加培、鲁林参加会见。

▲市长项雪龙会见日本堺市友好代表团竹山修身市长一行，双方就进一步加强友好交往、拓宽合作领域进行深入交流。副市长吴海云参加会见。

▲第三届连博会港航与物流产业论坛在海州湾会议中心举办。市领导王加培、鲁林出席论坛。国内外知名港航界的专家、学者、企业家代表参加本次论坛活动。

▲连云港市举办"聚焦'一带一路'打造中国健康港"医药高峰论坛。省食品药品监督管理总局副局长王越，市委常委、开发区党工委书记曹卫东出席论坛并讲话，省内外 40 余家医药企业的代表作交流发言。

▲大连接时代的智慧物流发展高层论坛在海州湾会议中心召开。副市长徐家保出席会议。

▲第三届连博会石化产业发展论坛召开。副市长王开宇出席论坛。

17 日　出席中共江苏省第十三次代表大会的连云港市代表团在驻地举行全体会议。市代表团召集人、市委书记杨省世主持会议，代表团全体成员参加会议。

18 日　中国共产党江苏省第十三次代表大会在南京隆重开幕。李强代表中共江苏省第十二届委员会向大会作了题为《聚力创新、聚焦富民，高水平全面建成小康社会》的报告。石泰峰主持大会。出席省第十三次党代会的连云港市代表团全体代表，围绕李强同志代表中共江苏省第十二届委员会所作的报告，进行认真而热烈的讨论。樊金龙、杨新力、杨省世、项雪龙、刘月科、曹卫东等代表发言。

19 日　在宁参加省第十三次党代会的省党代表、市委书记杨省世围绕李强同志代表中共江苏省第十二届委员会所作的报告接受江苏卫视的专访，畅谈体会感受。

▲出席省第十三次党代会的连云港市代表，围绕李强同志代表中共江苏省第十二届委员会所做的报告，继续进行审议。

20 日　中国共产党江苏省第十三次代表大会举行第二次全体会议。蒋卓庆代表中共江苏省第十二届纪律检查委员会向大会作题为《坚持全面从严治党、强化监督执纪问责，为高水平全面建成小康社会提供坚强纪律保障》的工作报告。出席省第十三次党代会的我市代表团全体代表，围绕省纪委工作报告进行了审议。杨省世、刘月科、万闻华、刘海涛、曹卫东等代表发言。

22—23 日　由市委宣传部和市广播电视台联合打造，港口控股集团协助制作的四集广播连续剧《逐梦东方大港》在中央人民广播电台中华之声《文化时空》栏目播出。

23 日　市委书记杨省世主持召开市委常委会（扩大）会议，传达贯彻省第十三次党代会精神。杨省世强调，全市上下要把学习贯彻省党代会精神作为重要政治任务，迅速行动起来，紧密结合实际，抓好贯彻落实，让省党代会精神在连云港落地生根。项雪龙、张同生、万闻华等市四套班子领导参加会议。

▲市委书记杨省世主持召开市委常委会会议。会议研究全市贯彻落实中央环保督察反馈意见，传达贯彻全省宗教工作会议精神。项雪龙、张同生、万闻华等市四套班子领导参加会议。

▲江苏省第三届文化艺术节在南京保利大剧院闭幕，市委宣传部荣获“组织工作奖”、连云港市“美好家园·在海一方”惠民广场演出荣获“广场演出奖”、淮海戏《辣妈犟爸》荣获“优秀剧目奖”、演员汪敏荣获“优秀表演奖”。

24 日　中共连云港市委召开各民主党派市委新一届领导班子座谈会。中共连云港市委书记杨省世出席会议并讲话。中共连云港市委副书记、市政府市长项雪龙，中共连云港市委副书记、组织部部长万闻华参加会议。中共连云港市委常委、秘书长、统战部部长王东升主持会议并汇报市各民主党派换届情况。

▲连云港市对 31 名市管领导干部进行任职前集体廉政谈话。市委常委、市纪委书记刘海涛出席会议并讲话。

25 日　市委书记杨省世赴市政协召开专题座谈会，听取推进产业强市、加快旅游业发展相关意见建议。市领导张同生、王东升等参加会议。

▲市委书记杨省世就贯彻落实省党代会精神，到中科院能源动力研究中心进行调研，并主持召开会办会。杨省世强调，要全力推进中科院能源动力研究中心建设，进一步集聚创新要素，加快创新步伐，在创新发展中走出一条发展新路子。市领导曹卫东、王东升参加调研。

▲市长项雪龙专题调研全市民族宗教工作。项雪龙强调，各宗教团体和宗教人士要高举爱国爱教旗帜，努力为全市经济发展、社会和谐以及广大群众幸福生活发挥更大作用、做出更多贡献。

▲市长项雪龙在市行政中心会见日本 J&K 株式会社董事长原瑞穗、韩国大信国际物流代表理事申基浩带领的日韩企业家代表团一行。副市长吴海云参加会见。

▲省公安厅在连召开全省国际执法警务合作工作现场推进会。公安部国际合作局办公室主任牛海峰，省公安厅国际合作局局长赵忠俊，副市长、公安局局长王永生出席会议。

26 日 市委书记杨省世就全市旅游开发工作进行专题调研。杨省世强调，要充分发挥本土资源优势，做实连云港山海旅游品牌，提升旅游产业发展品质，推动连云港市由旅游资源大市向旅游产业强市转变。市领导王东升、董春科、尹哲强参加调研。

27 日 连云港市组织集中收听收看全国、全省安全生产工作电视电话会议。在连云港分会场，市长项雪龙强调，要认真学习贯彻习近平总书记、李克强总理等中央领导同志和省委、省政府主要领导的重要指示批示精神，把安全生产放在重中之重的位置，确保人民群众的生命财产安全。副市长徐家保参加会议。

▲全市深化机关作风建设推进会召开。会议学习贯彻党的十八届六中全会和省党代会精神，以深化机关作风建设为抓手，集中整治突出问题，推动全面从严治党落到实处。市委常委、市纪委书记刘海涛出席会议。

28 日 市委书记杨省世主持召开市委常委会会议，听取 2017 年全市重大项目投资初步计划安排情况和市第十二次党代会目标任务分解工作情况汇报。项雪龙、张同生等市四套班子领导参加会议。

▲市长项雪龙主持召开市十三届政府第 52 次常务会议，研究审议加快推进区域性产业科技创新中心和创新型城市建设、加强知识产权保护和专利奖奖励办法，实施重大政策举措第三方评估，全面治理拖欠农民工工资以及划定市区畜禽养殖业禁养区等工作。市委常委、常务副市长王加培，副市长董春科、王永生、王开宇，市政府秘书长匡中远出席会议。

▲市长项雪龙会见中化国际（控股）股份有限公司总经理覃衡德一行，双方就深化项目合作、推动我市化工产业转型发展进行深入交流。市委常委、常务副市长王加培参加会见。

29 日 市委书记、市人大常委会主任杨省世主持召开市人大座谈会，深入贯彻落实省党代会精神，听取关于产业强市的意见和建议，并就做好市县乡三级人大换届选举工作提出要求。市领导王东升、董恕娟、李国章、郑平、于丽华、徐大勇参加会议。

▲由江苏省食品药品监督管理局、连云港市政府主办，连云港市食品药品监督管理局承办的 2016 年江苏省药品突发事件应急演练（Ⅲ级）在连举行。国家食品药品监督管理总局应急司副司长巩建平，省食品药品监督管理局局长莫宗通，市长项雪龙、副市长徐家保参加演练活动。

▲市长项雪龙带队实地检查国家卫生城市创建工作，并主持召开座谈会，研究部署迎检工作推进和建立完善长效管理机制等事项。项雪龙强调，要为人民、为发展而创理念，重抓城市综合管理长效机制的建立完善，巩固并不断提升创卫良好成果。市领导王加培、董春科、徐家保参加活动。

▲市长项雪龙在花果山酒店会见韩国大象株式会社中国社长李相喆率领的韩国食品企业考察团一行。

30 日 市委、市政府召开旅游发展大会，深入学习贯彻省第十三次党代会精神，落实全省旅游业发展大会要求，明确全市旅游业发展主要任务，部署国家级旅游业改革创新先行区相关工作。市委书记杨省世为花果山 AAAAA 级景区授牌并讲话，市长项雪龙主持会议并作部署，市领导滕雯、徐大勇、董春科、方韬参加会议。

▲全市民族宗教工作会议召开。市委书记杨省世出席会议并讲话。张同生、万闻华等市领导出席会议。灌南县、海州区、市公安局、淮海工学院作交流发言。

12 月

1 日　省委宣讲团成员、省民政厅厅长侯学元来连云港宣讲省第十三次党代会精神。张同生等市四套班子领导出席报告会，市委副书记、组织部长万闻华主持报告会。

▲连云港市正式启动了个体工商户“两证整合”登记制度改革工作。海州区市场监管局新东分局颁发了市首张“两证合一”营业执照。

▲全市农业现代化工程推进工作会议召开。会议明确将 2017 年定为农业产业化项目攻坚年，以农业项目为主要抓手，吸引和汇聚更多优质发展要素，推动传统农业加快转型升级，向现代农业转变。市领导万闻华、吴海云参加会议。

▲全市惩治“地条钢”和查处违法违规钢铁产能工作紧急会议召开。为确保全市无“地条钢”生产企业，无生产建筑用钢的中频炉、工频炉，对违法违规生产经营企业予以坚决取缔，切实做到全覆盖、无死角，全市从 2016 年 12 月 1 日至 12 日开展违法违规钢铁企业专项整治工作。市领导王加培、徐家保出席会议。

2 日　省委以电视电话会议形式召开全省领导干部警示教育大会，深入学习贯彻党的十八届六中全会和习近平总书记系列重要讲话精神，认真落实省第十三次党代会关于全面从严治党的部署要求，深刻剖析反面典型案例，教育引导全省党员干部特别是领导干部严明纪律规矩、保持清正廉洁，不断巩固发展江苏风清气正的政治生态，为高水平全面建成小康社会提供有力保障。省委书记李强在会上讲话，省委副书记、省长石泰峰主持大会。杨省世、项雪龙、张同生等市四套班子领导在连云港市分会场出席。

▲市委书记杨省世到徐新公路、云宿路建设现场了解项目建设情况，慰问奋战在一线的道路建设者。杨省世强调，要加快推进道路交通基础设施建设，促进港产城融合发展。市领导项雪龙、王东升、李国章、尹哲强、方韬参加慰问活动。

▲经省十二届人大常委会第二十七次会议批准，连云港市获得立法权后首个立法项目——《连云港市海洋牧场管理条例》正式诞生，这也是全国海洋牧场管理领域的第一部地方性法规。今后，连云港市海洋牧场管理、海洋产业发展等都将有法可依，并对全国的海洋牧场建设和管理产生积极影响。

▲全市全民科学素质工作会议召开。会议贯彻落实国家、省全民科学素质工作电视电话会议精神，研究部署今后五年全民科学素质工作任务。市长项雪龙对全市全民科学素质工作作出批示。副市长王开宇出席会议。

5 日　副省长张雷一行来连云港调研开放型经济发展情况，先后考察上合物流园、斯尔邦石化、连云港港集装箱码头和中哈物流基地，并召开座谈会，对连云港市开放型经济发展工作给予充分肯定。市领导杨省世、项雪龙、吴海云、鲁林陪同调研。

▲市长项雪龙主持召开市政府经济工作专题会议，深入贯彻落实省、市委关于经济工作的决策部署，扎实谋划和全力抓好 2017 年经济各项工作。市领导王加培、董春科、尹哲强、吴海云、王永生出席会议。

▲市交通运输局召开的新闻发布会上，连接市区与徐圩新区的徐新公路正式通车。

5—6 日　《沂沭安澜》在中央电视台（CCTV10）科教频道《探索 . 发现》栏目播出。

6 日　市长项雪龙带队赴新海电厂、罗盖特公司专题调研城区供暖，并考察连云港碱业公司生产经营情况，慰问广大一线干部职工。副市长徐家保参加调研。

6—7 日　由江苏省科协、连云港市政府主办，江苏省国际科技合作中心、连云港市人才办、连云港市科协承办的 2016 中国（昆山）国际创新创业大会分会场活动在连举办。省科协副巡视员杨文新，市长项雪龙、副市长董春科、市政协副主席范忠华等参加相关活动。

7 日　市委书记杨省世主持召开市委常委会会议，研究落实中央环保督察反馈意见。杨省世强调，各级领导干部要进一步强化责任担当，痛下决心，坚决整改，严格监管，确保环保问题全面彻底整治到位。项雪龙、张同生、万闻华等市四套班子领导参加会议。

▲市委书记杨省世就学习贯彻省第十三次党代会精神在灌云县作宣讲。杨省世强调，要以贯彻省党代会精神为引领，坚决落实省委书记李强同志对苏北特别是连云港发展的具体要求，扎实做好改革发展稳定各项工作，为全市、全省高水平全面建成小康社会做出贡献。

▲全市化工园区环保专项整治新闻发布会举行。会上通报下一步我市加强化工园区环境监管的措施和安排，并介绍灌云、灌南两县下一步化工园区专项整治工作方案。

7—8 日　南京市人大常委会主任、党组书记陈绍泽一行来连云港考察，市长项雪龙陪同，市领导董恕娟、李国章、郑平、于丽华参加相关活动。

8 日　全市整治违法违规钢铁企业、惩治“地条钢”工作会议召开。市委书记杨省世出席会议并讲话。杨省世强调，要依法从严从速整治到位，全面彻底完成好整治违法违规钢铁企业和打击“地条钢”工作。市长项雪龙主持会议。市领导万闻华、王加培、刘海涛、王东升、王立斌、徐家保参加会议。

▲市委书记杨省世就贯彻落实省第十三次党代会精神，到中船重工第七一六研究所和中蓝连海设计研究院调研，并主持召开座谈会。杨省世强调，要最大限度地发挥好科研院所的创新主力军作用，通过政产学研合作，军民融合发展，为产业强市和地方改革发展增添动力。市委常委、秘书长、统战部部长王东升参加调研。

▲市长项雪龙主持召开市政府民生实事专题会议。项雪龙强调，要进一步提升为民服务标杆，办好十个方面的民生实事。市领导王加培、董春科、尹哲强、吴海云、徐家保、王永生，市政府秘书长匡中远出席会议。

▲中国社会科学院知识社会（连云港）研究基地暨“一带一路”（连云港）研究基地成立大会在淮海工学院召开。中国社科院人口与劳动经济研究所所长张车伟和省社科联党组书记、常务副主席刘德海为知识社会（连云港）研究基地揭牌，中国社科院世界经济与政治研究所副所长邹治波和市委常委、宣传部长滕雯为“一带一路”（连云港）研究基地揭牌。

9 日　省委、省政府召开“两减六治三提升”专项行动动员会。省委书记李强在讲话中强调，要认真落实中央环保督察整改要求，坚决完成好惩治“地条钢”工作这项严肃的政治任务，促进全省环境质量尽快明显好转。省长石泰峰作具体部署。杨省世、项雪龙等市四套班子领导在我市分会场出席会议。

▲市长项雪龙主持召开城市建设和重大基础设施建设专题会议，深入研究 2017 年城建交通发展思路、重大项目计划安排，以及资金平衡方案等相关事项。市领导王加培、尹哲强出席会议。

▲全市冬春水利建设会议召开。市领导万闻华、吴海云出席会议。

10日 市委书记杨省世到两灌化工园区督查园区环保整治情况。杨省世强调，要积极落实企业整改主体责任，坚决完成好化工园区环境整治这项严肃的政治任务。副市长徐家保参加相关活动。

12日 市委书记杨省世主持召开市委常委会（扩大）会议，传达贯彻全省“两减六治三提升”专项行动动员会和省政府常务会议精神。杨省世强调，全市上下要把落实好专项行动、解决好环保重点问题和彻底整治“地条钢”作为贯彻中央和省委要求的政治任务，确保取得过硬的成果。市长项雪龙作工作部署。市领导张同生、万闻华等出席。

▲我国自行设计制造的某新型导弹护卫舰保定舰、菏泽舰入列命名授旗仪式在江苏连云港某军港举行。东海舰队副政委曹竹兵少将分别为两舰授旗，并颁发命名证书。市委书记杨省世、副市长董春科及保定、菏泽市委、市政府领导出席入列命名授旗仪式。

▲江苏首个智能型海岛微电网工程在连云港市车牛山岛建成投运。

15日 省委常委、常务副省长黄莉新来连云港调研沿海开发工作。黄莉新在调研时强调，连云港要加快培育壮大沿海大产业，提升区域经济增长的质效。省政府研究室主任郑焱、省沿海办主任林一峰、省能源局局长杭海等参加调研。市长项雪龙陪同。

▲市人大常委会主任、市委书记杨省世，市长项雪龙，市政协主席张同生，市委副书记、组织部部长万闻华，市人大常委会党组书记、副主任董恕娟等四套班子领导在市行政中心选区主投票站参加海州区第十八届人民代表大会代表选举投票或委托他人投票。

▲市长项雪龙会见长生生物科技股份有限公司董事长高俊芳一行，双方就项目合作进行了深入交流。省卫生厅副厅长汪华，市领导王立斌、徐家宝参加会见。

16日 市长项雪龙专题调研学前教育和医疗卫生工作。项雪龙在调研时强调，要办出更高质量的教育，提供更高水平的健康服务，切实为百姓办实事、办好事。市领导王立斌、董春科参加。

▲连云港市对新一批拟任市管领导干部进行任职前集体廉政谈话。市委常委、市纪委书记刘海涛出席并做廉政讲话。

19日 省委书记李强来连云港调研。李强在调研时强调，连云港要认真贯彻落实中央经济工作会议精神，围绕省第十三次党代会确立的“两聚一高”目标任务，充分发挥自身优势，细化政策举措，下大力气解决制约发展的突出问题和百姓关注的现实问题，在实现发展突破中切实提高富民惠民水平。省委常委、秘书长樊金龙，副省长陈震宁，市委书记杨省世，市长项雪龙等市领导陪同调研或参加相关活动。

20日 省委书记李强在连云港主持召开座谈会，听取苏北五市和扬州、泰州市党委主要负责同志意见建议，就贯彻中央经济工作会议精神，落实省党代会部署，做好2017年各项工作进行调研。李强强调，要牢牢把握稳中求进工作总基调，坚持以供给侧结构性改革为主线，围绕落实“两聚一高”拿出具体行动和举措，着力抓好重点任务落实，以过硬发展成果增强人民群众的获得感。省委常委、秘书长樊金龙参加调研座谈会。

▲市长项雪龙会见无锡国联集团总裁华伟荣一行，双方就考察投资、深化项目合作进行深入交流。副市长徐家保参加会见。

21日 市委书记杨省世主持召开市委常委会扩大会议，传达省委书记李强来连云港调研讲话、苏中苏北片明年工作思路座谈会以及全省领导干部会议精神，并对贯彻落实提出要求。项雪龙、张同生、万闻华等市四套班子领导参加会议。

▲市委召开全市领导干部警示教育大会，深入学习贯彻全省领导干部警示教育大会精神，认真落实省第十三次党代会关于全面从严治党的部署要求，深刻剖析反面典型案例，教育引导全市党员干部坚决打赢党风廉政建设和反腐败斗争这场攻坚战、持久战，奋力推动全面从严治党迈上新台阶，不断巩固发展连云港风清气正的政治生态。市委书记杨省世在会上讲话，市委副书记、市长项雪龙主持大会。张同生、万闻华等市四套班子领导出席会议。

▲市委书记杨省世分别“一对一”约谈赣榆区、市公安局、市建设局、市卫计委、市海洋与渔业局党委主要负责人市委常委、纪委书记刘海涛参加约谈。

▲市委书记杨省世率队到灌云县，就 2016 年度落实党风廉政建设责任制情况开展检查考核。

▲市委副书记、市长项雪龙带队到灌南县，就 2016 年度落实党风廉政建设责任制情况开展检查考核。

▲市委副书记、市长项雪龙到灌南县作学习贯彻省十三次党代会精神宣讲。

▲全市领导干部依法行政能力提升专题研修班开班仪式暨连云港市政府法律顾问聘任仪式举行，市委常委、常务副市长王加培出席。

25—26 日　市委召开工作务虚会，贯彻落实省市党代会、全省经济工作会议和省委书记李强来连调研讲话精神，集思广益谋划 2017 年目标任务、工作思路和具体措施。市委书记杨省世主持会议。杨省世强调，要深入贯彻省委部署要求，认清大势、坚定信心，求真务实谋划 2017 年工作，在推动创新富民、加快产业强市、生态绿色发展、从严管党治党等方面拿出真招实招硬招，以发展新成效向省委和全市人民交上一份合格答卷。会议还就贯彻落实全省经济工作会议和省委李强书记关于化工灾害事故防范处置的批示精神提出要求。项雪龙、张同生、万闻华等市四套班子领导出席会议。

26 日　市长项雪龙主持召开市十三届政府第 53 次常务会议，听取近期全市安全生产检查整改工作、2017 年全市主要经济指标安排建议和市级财政全口径预算编制工作情况汇报，审议市“十三五”15 个专项发展规划。市领导王加培、董春科、尹哲强、吴海云、徐家保、王永生，市政府秘书长匡中远出席会议。

28 日　市委书记杨省世主持召开市委常委会会议，听取市委十二届二次全会筹备情况和意识形态领域情况汇报，传达全省党校工作会议精神并研究全市贯彻落实意见。会议决定，市委十二届二次全会于 2016 年 12 月 30 日在海州召开。市四套班子领导项雪龙、张同生、万闻华等参加会议。

▲全省 2016 年设区市共青团工作交流会在连召开。市委书记杨省世出席会议并致辞。团省委书记王伟主持会议。市委副书记、组织部部长万闻华出席会议。

▲市委书记杨省世率领市四套班子领导前往市第一人民医院新海院区等市重大民生工程一线，了解项目建设情况，慰问奋战在一线的建设者和医务工作者。市领导张同生、王东升、董恕娟、尹哲强参加相关活动。

▲市长项雪龙会见中国科学院副院长、中国科学院大学校长丁仲礼一行，双方就项目考察、合作等事宜进行了交流。市领导王加培、李国章参加会见。

▲市第一人民医院新海院区项目顺利竣工。

▲中韩轮渡“连云港—平泽”航线正式复航。市领导王加培、鲁林出席首航仪式。

29 日　省委以聚焦富民为主题举办第三期县委书记工作讲坛。省委书记李强在听取发言后强调，聚焦富民关键在行动力，要把创造财富作为最大源泉，把创业富民作为最大潜力，把公共服务作为最大普惠，把脱贫攻坚作为最大民生工程，把深化改革作为最大红利，以务实行动、创新举措做好聚焦富民文章，交出让老百姓满意的答卷。省委副书记、省长石泰峰主持。市领导杨省世、万闻华、滕雯、刘海涛、曹卫东、王东升、方韬参加连云港分会场活动。

▲连云港市召开党的十九大代表候选人初步人选酝酿推荐工作部署会。市委副书记、组织部部长万闻华出席会议并讲话。

30 日 中国共产党连云港市第十二届委员会第二次全体会议在海州举行。会议认真贯彻党的十八届六中全会和中央经济工作会议精神，按照省第十三次党代会、全省经济工作会议和市第十二次党代会部署要求，回顾总结 2016 年工作，深入分析当前形势，研究部署 2017 年任务，组织动员全市上下全面落实“两聚一高”新要求，奋力开拓特色发展新路径，在全面建成小康社会上迈出坚实步伐。市委书记杨省世代表市委常委会作工作报告，市委副书记、市长项雪龙部署 2017 年经济工作。

附　录

中国共产党连云港市执政实录（2016年）

干部名录

2016年全市组织机构及领导人名录

（截至2016年12月31日）

一、中国共产党连云港市委员会

书　记　杨省世
副书记　项雪龙　张同生（1月免）　万闻华（6月任）
常　委　杨省世　项雪龙　张同生（1月免）　万闻华（6月任）　曹永林（5月免）　祁　彪（9月免）
　　　　杨　莉（9月免）　关永健　王加培　吴以桥（9月免）　滕　雯　刘海涛（6月任）
　　　　曹卫东（5月任）　王东升（9月任）　王立斌（9月任）　韩文祥（9月免）
秘书长　王东升（兼，9月任）　杨　莉（兼，9月免）
副秘书长　邸占山　徐毓敏　张天石（8月免）　程晓红　胡广林　陆　华（11月任）　龚建华（12月免）
　　　　　王永士（12月免）　陈中本（12月免）　段　东（11月免）

中共连云港市纪律检查委员会

书　记　刘海涛（6月任）
副书记　王铁军　苏士军　王奎杰
常　委　刘海涛（6月任）　王铁军　苏士军　王奎杰　雷生保（9月免）　杨海灵　蒋彩霞　卜东祥
　　　　鲍洪才　姚　超（9月任）
秘书长　杨海灵
副调研员　张仲平

市委巡察工作领导小组办公室（市委原巡视工作联络组办公室，12月机构更名）
主　任　雷生保（12月免）
副主任　周　军（11月任）　蒋　猛（12月任）

市委工作机构

市委办公室（市委研究室）

主　任　邸占山
副主任　许　峰　耿卫东　李成林

调研员　崔　平

市委研究室

主　任　刘开山（8月免）　段　东（11月任）

副主任　杨立州　王万军

市委市政府督查办公室（12月不再保留市委市政府督查办公室）

主　任　龚建华（12月免）

副主任　刘成文（11月免）　姜自成（11月免）

市委组织部（市委新经济社会组织社区工作委员会）

部　长　祁　彪（6月免）　万闻华（兼，6月任）

常务副部长　黄远征

副部长　陈　军（12月免）　刘利峰　王玉祥

市委组织员办公室

主　任　陈　军（12月免）

市委新经济社会组织社区工作委员会

书　记　刘利峰

纪工委书记　李　佺

市委党的建设工作领导小组办公室

主　任　陈　军（12月免）

副主任　徐为怀（5月任）

市委宣传部（市精神文明建设指导委员会办公室）

部　长　滕　雯

常务副部长　任　瑜（5月免）　杨　浩（9月任）

副部长　李　超　李　武（5月任）　周玉久

副调研员　许思文（5月免）

市精神文明建设指导委员会办公室

主　任　李　超

副主任　杨　彬（去世）　吴克典

市创建工作指导委员会办公室

常务副主任　杨　彬（去世）

市委统一战线工作部

部　长　王东升

常务副部长　高艳军（11月任）

副部长　高兰军（兼，12月免）　范　江（兼）　孙振东

市委政法委员会（市社会治安综合治理委员会办公室）

书　记　王加培（9月免）　关永健（9月任）

副书记　徐　昊（8月免）　杨志成　王新林（12月任）

政治部主任　朱　浩
副调研员　何　华　王发亮
市社会治安综合治理委员会办公室
主　任　徐　昊（8 月免）　杨志成（8 月任）
副主任　项　勇（6 月免）　杭夫阳
市依法治市领导小组办公室
专职副主任　邱金桓
市委农村工作办公室
主　任　胡广林
副主任　杨建瑞　渠敬华（12 月免）　孙立洲　王洪波（12 月任）
市委台湾工作办公室（市政府台湾事务办公室）
主　任　王志慧（12 月免）　龚建华（12 月任）
副主任　王思远（11 月任）　吴立军　朱　瑞
副调研员　赵勤国（去世）
市机构编制委员会办公室
主　任　张林海（12 月免）　陈中本（12 月任）
副主任　董入海（12月免）　王文刘　李　飞　胡　滨（12月任）
副调研员　乔运刚
市委市级机关工作委员会
书　记　张天石（8 月免）　刘开山（8 月任）
副书记　郭光辉　刘顺学
纪工委书记　王运军

市委部门管理机构

市委老干部局
局　长　陈　岩
副局长　徐正平　方兆富（11 月免）　吴绵梅（11 月任）
市信访局
局长、党组书记　陆　华
副局长、党组成员　乔　斌　王新林（11 月任）　徐淑清（11 月免）　齐贵堂（11 月免）
党组成员、信访督查专员　王新林（11 月免）　邢于全
党组成员、副调研员　杨杜滨
市委保密委员会办公室（市国家保密工作局）
主任（局长）　程晓钰（11 月任）
市委机要局（市国家密码管理局）
局　长　马红兵（5 月免）　陈新军（11 月任）

专职密码督察员　田恒军（12 月任）

市委直属事业机构

市委党校（市行政学院、市社会主义学院）

校　长　张同生（兼，1 月免）　万闻华（兼，6 月任）

常务副校长　徐浩佳

副校长　张淑萍　闫振华　王克法

教育长　马　骏

市行政学院

院　长　曹永林（兼，5 月免）　王加培（兼，9 月任）

副院长　徐浩佳（兼）　郝新跃（兼）　张淑萍（兼）　闫振华（兼）　王克法（兼）

市社会主义学院

院　长　王东升（兼）

副院长　徐浩佳（兼）

市接待办公室

主任、党组书记　程晓红

副主任、党组成员　朱岳泉

纪检组长、党组成员　张永进

副调研员　黄　颖（11 月免）

市委党史工作办公室（市地方志编纂委员会办公室）

主　任　苏中保

副主任　张　斌　赵廷旗　陆瑞萍

副调研员　魏　鹏

市革命纪念馆

馆　长　白植明

市档案局（市档案馆）

局长、党组书记、馆长　卢伟军（12 月免）　王永士（12 月任）

副局长、副馆长、党组成员　周海涛（12 月免）　韦林海

副调研员　葛新成

连云港报业传媒集团（连云港日报社）

党委书记、董事长、总经理　王修杰

党委副书记　徐勤飞

党委副书记、纪委书记　薛晓东

党委委员　谈　虹

副总经理、党委委员　昌慧东（12 月免去副总经理）　施连山　吕建林（12 月任）

连云港日报社

社　长　王修杰
总编辑　徐勤飞
副总编辑　谈　虹
副社长　昌慧东　施连山　吕建林（12月任）
苍梧晚报社
总编辑　谈　虹
连云港广电传媒集团（市广播电视台）
党委书记、董事长　戴咏寒(12月免)　高兰军(12月任)
总经理、党委副书记　葛成立（10月免）　马富胜（10月任）
党委副书记、纪委书记　高庆华
副总经理、党委委员　万自力　刘世敏　汤泠泠
副总经理　王　琰(挂职,10月任)
市广播电视台
台　长　戴咏寒（12月免）　高兰军（12月任）
副台长　葛成立(10月免)　马富胜　万自力　刘世敏　汤泠泠　王　琰(挂职,10月任)
市社会科学院（省社会科学院连云港分院）
院长、党组书记　孙巨传
副院长、党组成员　朱巧玲
省社会科学院连云港分院
院　长　孙巨传
副院长　孙克强（兼）　朱巧玲

二、连云港市人民代表大会常务委员会

主　任　杨省世
副主任、党组书记　董恕娟
党组副书记　杨　莉（9月任）
副主任、党组副书记　李国章
副主任、党组成员　郑　平　于丽华
副主任　徐大勇
党组成员(副市级)　王　鹏(12月任)
党组成员、秘书长　程永贤（12月免秘书长）　戴咏寒（12月任）
副秘书长　朱志祥　徐善明（10月免）　胡　宾（12月任）
市人大常委会办公室
主　任　朱志祥
副主任　张新雨　姜　健

副调研员　王　冬　赵小普

市人大常委会研究室

主　任　魏　琪（5月免）　唐中龙（11月任）

副主任、调研员　李　智（12月任调研员）

市人大常委会法制工作委员会

主　任　陈福胤

副主任　李勇强（10月免）　李青春（10月任）

市人大常委会内务司法委员会

主　任　陈　敏

副主任　王道阳

市人大常委会财政经济委员会

主　任　胡明生

副主任　孙迎春（11月任）

副调研员　于　伟（12月任）

市人大常委会预算工作委员会

主　任　王洪欣

市人大常委会教科文卫委员会

主　任　周　琴（10月免）　李　强（10月任）

副主任　韩加高

市人大常委会民族宗教侨务台务外事委员会

主　任　王　丽

副主任　胡云红

市人大常委会农业经济委员会

主　任　葛百权

副主任　秦立仁（11月免）　渠敬华（12月任）

市人大常委会环境资源城乡建设委员会

主　任　程洪喜（12月免）　陈斌林（12月任）

副主任　武晓敏

市人大常委会人事代表联络工作委员会

主　任　冯亚茹（12月免）　姚新和（12月任）

市人大常委会机关纪检组

纪检组长　杨　丽

三、连云港市人民政府

市长、党组书记　项雪龙（1月任）

副市长、党组副书记　曹永林（5月免）　祁彪（5月任，9月免）　王加培（9月任）
党组成员　吴以桥（9月免）
副市长、党组成员　董春科　尹哲强
副市长　吴海云
副市长、党组成员　徐家保　王永生　王开宇（挂职）
党组成员（副市级）　赵建华
党组成员、秘书长　匡中远
党组成员　胡文杰（挂职，8月免）
副秘书长　谭　卫（5月免）　徐岳昕（5月任）　宋　波（5月任）　崔恩山（挂职）　张晓红
　　　　　晏　辉（5月免）　刘　沙　马　伟　王友君

市政府工作部门

市政府办公室（市政府研究室）

主　任　谭　卫（5月免）　晏　辉（5月任）
副主任　唐中龙（11月免）　朱　彬　张国桥
纪检组长　宋江龙
副主任　赵　涛　韩建军　张名志（12月任）
调研员　徐春霞
副调研员　赵斯英　孙京海（11月免）　胡利民（12月任）
市政府研究室
主　任　刘江船
副主任　朱伟哲（11月免）　周　俊（12月免）　孙京海（11月任）
市政府驻北京联络处
主　任　徐春霞
市政府驻南京办事处
主　任　赵二宏
市政府驻上海联络处
主　任　张　永

市发展和改革委员会（市经济协作办公室）

主任、党组书记　阮　冰（8月免）　韦怀余（8月任）
副主任、党组成员　李非非　刘炳慧（11月免）
党组成员　马红兵（5月任）
副主任、党组成员　宣　冰
纪检组长、党组成员　梁同乐
副主任、党组成员　谭树林（5月免）　朱伟哲（11月任）　陈　创　尹相伦（12月任）
委员、党组成员　郭惠群　卢平连（12月免）　王仁和

党组成员　贺贵才　童　巍
副调研员　张红雨　董建华
市沿海地区发展办公室
主　任　李非非
副主任　童　巍
市重大项目办公室
主　任　许彬山
新亚欧大陆桥国际信息中心（市信息中心）
主　任　马红兵（5月任）
副主任　吴春雨　钱永志
市经济和信息化委员会（市小中企业局）
主任、党组书记　吕　洁（5月任）
副主任、党组副书记　方念军（11月免）
副主任、党组成员　陆体洋（12月免）　席世战（12月任）　谢方宝　严道连　冯燕芹
纪检组长、党组成员　王观甲
副主任、党组成员　张其兵（5月免）　卢忠宝（12月任）
党组成员　崔长胜（10月免）
副调研员　赵永生　胡晓辉
市中小企业局
副局长　崔长胜（10月免）
市教育局（市委教育工作委员会）
局长、工委书记　王家全
工委副书记　田文瑞
副局长、工委委员　李宏伟　臧　雷　顾爱军　徐向阳
副局长　高　健
纪工委书记（纪检组长）、工委委员　王笃和
副调研员　韦九金
江苏省新海高级中学
校长、党委副书记　韩金山
副校长、党委委员　程志坚
纪委书记、党委委员　马爱元
副校长、党委委员　张　勇　陈继敏　蒋　捍(11月免)　潘家永(11月任)
连云港高级中学
校长、党委副书记　侯沛成（副处）（11月免）
校长、党委书记　蒋　捍（11月任）
副校长、党委委员　潘家永（11月免）　李兴远　赵士波

连云港中等专业学校
副校长、党委副书记、纪委书记　王广武(主持全面工作)
副校长、党委委员　刘永华　丁　阳　陶卫东
江苏省海州高级中学
校长、党委副书记　周　艳
党委书记　宋治宝
市科学技术局(市知识产权局)
局长、党组书记　李　莉(7月免)
局　长　徐善明(10月任)
党组书记、副局长　赵厚峰(10月任)
副局长、党组成员　刘海峰　孙礼国　商显福(10月免副局长)　章云霓
副局长　郑　刚
纪检组长、党组成员　李传志
副局长　史廷彦(7月任,挂职)
党组成员、副调研员　赵国师(11月任)
副调研员　王璟祥
市公安局
局长、党委书记、督察长　王永生
党委副书记、副局长　蒋　林
副局长、党委委员　王方安　宋雅波
副局长、党委委员　赵　健(6月免)　茅中余
党委委员　杨　健
纪检组长、党委委员　钱光杰
政治部主任、党委委员　鲁　宏
党委委员　于治安
副局长、党委委员　杨德祥　孙曙明(10月任)
调研员　王统跃　夏兴润
副调研员　王沛丰　赵斯斌　田克前　程华北　范德成
市维护稳定工作领导小组办公室
副主任　丁维永
市公安局指挥中心
政　委　闵启东
市公安局交通警察支队
支队长　王一兵(11月任)
市公安局经济犯罪侦查支队
支队长　刘　扬

政　委　王中山

市公安局刑事警察支队

支队长　王其乐

政　委　张乃建

市公安局治安警察支队

支队长　张友俊（11 月免）

政　委　吴大山

市公安局水上警察支队（水上分局）

支队长（局长）　马东风

政　委　钱　锋

市公安局国内安全保卫支队

支队长　吕宏韬

政　委　朱凤清

市公安局盐场分局

政　委　张　军

市监察局

局　长　王铁军

副局长　蒋彩霞　卜东祥　杨　光

市民政局

局长、党委书记　李锦华（11 月免）　王从金（11 月任）

党委委员　王　玲

副局长、党委委员　李应启　邢礼兵（5 月免）李寒洁　钟　玲（5 月任）　叶劲松

纪检组长、党委委员　朱景胜

党委委员、副调研员　吕从光

副调研员　金万佐

市老龄工作委员会

专职副主任　王　玲

办公室副主任　董明义

市司法局

局长、党委书记　金建猛

副局长、党委委员　刘　红　王建明

纪检组长、党委委员　闫伦锋

副局长、党委委员　秦　岭

副局长　吴西涛

党委委员、副调研员　谢佃钦　薛玉江

市财政局

局长、党组书记　孙宗凤

副局长、党组成员　顾雪君　陆效虎　施为民　蒋　敏

纪检组长、党组成员　张兴林

副局长、党组成员　周文玲

副调研员　陆　翔

市基层财政管理局（领导空缺）

市国库集中支付中心

主　任　刘凤亭

市人力资源和社会保障局

局长、党组书记　郝新跃

党组副书记　孟昭静

副局长、党组成员　戴　涛（5月任）　邵晓峰　史洪松

纪检组长、党组成员　李文林

副局长、党组成员　张建慧

党组成员、副调研员　叶　超

市人才服务中心

主　任　李海东

市外国专家局

局　长　王新军（12月免）　范亚松（12月任）

市社会劳动保险管理处

主　任　金培骏

市劳动就业管理处

主　任　孙爱宝

市医疗保险管理处

主　任　王清华

市社会保险征缴中心

主　任　陈　岩

市环境保护局

局长、党组书记　韦怀余（8月免）　韩尚富（10月任）

党组副书记、纪检组长　房维东

总工程师、党组成员　黄宜鹤

副局长、党组成员　葛延波（6月任）

副局长　徐传东

副局长、党组成员　董立户（6月免）

党组成员、助理调研员　胡月武

党组成员　陆　杰
调研员　张爱勤
副调研员　王绪华
市环境监察局
局长　陆　杰
副局长（副处级）　朱代树
连云港辐射环境监测管理站（江苏省辐射环境监测管理站连云港分站）
站　长　孙建明
市环境监测中心站
站　长　郭亚伟

市规划局

局长、党组书记　王学明
副局长　黄雁鸿
纪检组长、党组成员　王海棠
副局长、党组成员　宋建华　齐　文　陆　华
副局长　蒋廷臣（挂职，7 月任）

市城乡建设局（市园林局）

局长、党委书记　孙志伟
副局长、党委委员　王永昌　张志峰　胡顺波　滕秀元
纪检组长、党委委员　汪建华
副局长　王　琪
总工程师、党委委员　严欣春
党委委员、副调研员　施正新　王　华

市住房保障和房产管理局

局长、党委书记　赵健康
党委副书记、副局长　杨以波（10 月免）
副局长、党委委员　宋和景　蒋应柏
纪检组长、党委委员　胡向鲁
副局长、党委委员　方兆富（11 月任）　叶磊明（12 月任）
党委委员、副调研员　时厚程
副调研员　刘重一（援疆，12 月免）
市住房保障中心
主　任　叶磊明（12 月免）

市城市管理局（市城市管理行政执法局）

局长、党组书记　苏　锋
党组成员　杨庆仁（12 月免）

副局长、党组成员　茆庭春（12月免）　曲学武　程作龙
纪检组长、党组成员　李　伟
副局长、党组成员　吴　杰
党组成员　祁德林
副调研员、党组成员　王恒云　陈为清（11月任）
市城市管理行政执法支队
支队长　祁德林
市交通运输局
局长、党委书记　杨新忠
党委副书记、副局长　陈辉东
党委委员　孙海港
副局长、党委委员　蔺宁君
纪检组长、党委委员　陈平夫
副局长、党委委员　喻振东　周克明　薛采高
总工程师、党委委员　杨世威
党委委员、副调研员　杨旭东
副调研员　姚建国
市公路管理处
主　任　金立富
党委书记　王　雷
市航道管理处
主　任　黄继明
党总支书记　陈怀喜
市地方海事局
局　长　王　东
党总支书记　丁东方
市运输管理处
主任、党委书记　李永春
市交通工程建设处（市铁路建设办公室）
主　任　吴亚东
市港口管理局（市口岸管理委员会）
局长、党组书记　吴以桥（9月免）　鲁　林（兼，9月任）
党组副书记、副局长　赵守才
纪检组长、党组成员　臧玉臣
副局长、总工程师、党组成员　沈雪松
党组成员　平浩生　崔万平

副局长、党组成员　蔡　辉　王国超
党组成员、副调研员　蒋孝纲（11月任）
党组成员　杜　磊
副调研员　周建中

市口岸管理委员会

主　任　鲁　林
副主任　平浩生　崔万平

连云港引航站

党总支书记　赵守才
副站长　曹恩广　潘高华　颜明海

市水利局

局长、党组书记　王建平
党组副书记、副局长　马忠标
副局长　董一洪
总工程师、党组成员　张鹏程
副局长、党组成员　戴振伟　毛善通
纪检组长、党组成员　周燕宁
党组成员、助理调研员　乔万金
党组成员、副调研员　陈会保

市临洪水利工程管理处

主任、党总支书记　尹德庆

市石梁河水库管理处

主任、党总支书记　刘成高

市市区水工程管理处（领导空缺）

市通榆河北延送水工程管理处

主　任　蒋春祥

市农业委员会（市林业局）

主任、党组书记　王　靖
副主任、党组成员　李大祥　吴孟军　朱加刚　夏绍丹（12月免）孟凡恕
副主任　李　筠
纪检组长、党组成员　宋　昆
总畜牧师、党组成员　樊继刚
副主任、党组成员　辛崇兴（12月任）
党组成员、副调研员　胡彦贵
调研员　石祖俊

市林业局
局长、党组书记　朱加刚
副局长、党组成员　宫晓毅　朱海波
纪检组长、党组成员　谢庆宇
副局长、党组成员　马文刚
党组成员、副调研员　李金照
市绿化委员会办公室
主　任　朱加刚
副主任　朱海波
市农业资源开发局
局长、党组副书记　李大祥
副局长、党组成员　周　俊（12 月任）　成云飞　李志华（12 月免）
纪检组长、党组成员　陈永富
副调研员　王功博　曲华明　曹秀芹
市农业机械管理局
局长、党组书记　吴孟军
副局长、党组成员　薛　飞
纪检组长、党组成员　周华谋
副局长、党组成员　徐金凤　史士成
副调研员　沈梦进

市商务局

局长、党委书记　任　瑜（5 月任）
副局长、党委委员　徐贞柏　刘明台　王绪浦　张　磊
纪检组长、党委委员　孙咸好
副局长、党委委员　孙　瑾　李薇莎（7 月免）赵　晖
副局长　丁再彬（挂职）
党委委员　杨保东
副调研员　陈　林

市文化广电新闻出版局（市版权局）

局长、党委书记　田　明
党委副书记、副局长　王亚平（12 月免）　葛成立（10 月任）
纪检组长、党委委员　李　剑
副局长、党委委员　惠　茜　王咏梅（10 月免）
副局长　周　霞
副局长、党委委员　朱其远　颜金娥（12 月任副局长）
党委委员、副调研员　毛志峰（11 月任）

副调研员　张洪星　赵　鸣

市文化行政综合执法支队（领导空缺）

市图书馆

馆　长　沈军军

市演艺集团

董事长、总经理　颜金娥（12月免）

市卫生和计划生育委员会

主任、党委书记　周　伟（10月任党委书记）

党委书记、副主任　周　炜（10月免）

副主任、党委委员　仲建业　刘宝萍　陈　方

副主任　董　青

副主任、党委委员　刘　蓉

纪检组长、党委委员　汪　群

副主任、党委委员　陈　志

党委委员、副调研员　胡　灵　谢　炜　徐启和

副调研员　胡忠霞

市第一人民医院

院长、党委书记　李小民

副院长、党委副书记　李爱民

党委副书记　王乐平

副院长、党委委员　谈　笑　李家树　张海林　施　辉

纪委书记、党委委员　胡　蓉

副院长、党委委员　李明星　蒋晓东（12月任）

市中医院

院长、党委副书记　李秀连

党委书记　李建军

党委副书记、纪委书记　杨　爽

副院长、党委委员　丰广魁

副院长　毛东军

副院长、党委委员　李德勤

副院长　高　慧

市第二人民医院

院　长　杨庆松

党委书记　何青云

市第三人民医院（市妇幼保健院）

院　长　施庆喜

党委书记　邵亚玲

市东方医院

院　长　谈　笑

党委书记　杨红波

市疾病预防控制中心

主任、党总支书记　朱磷扬

市卫生监督所

所长、党支部书记　杨　东

市工商行政管理局

局长、党组书记　华宏铭

副局长、党组副书记　金和培（12月免）

副局长、党组成员　孙　强　司彦博　汪　军　李春翔

纪检组长、党组成员　龚武成（12月免）

副调研员　顾红军　孙　平

市质量技术监督局

局长、党组书记　刘玉君（12月免）　陈　军（12月任）

党组副书记、副局长　夏　阳（12月任党组副书记）

副局长、党组成员　贾曙东　张卫民

纪检组长、党组成员　丁兆祥

副局长、党组成员　宋志飚

副调研员　田春丽　邹玉国

市食品药品监督管理局

局长、党组书记　史勤勤（10月免）　周　炜（10月任）

副局长、党组副书记　陈斌林（12月免）

副局长、党组成员　徐曼如（11月免）张庆科（11月任）

纪检组长、党组成员　宋其德

副局长、党组成员　袁明朗　王惠明

党组成员、副调研员　张祝宝

市体育局

局长、党组书记　张　斌

纪检组长、党组成员　任大兵

副局长、党组成员　石　磊

副局长　袁桂阳

副局长、党组成员　邓金祥

市审计局

局长、党组书记　秦　洁

副局长、党组成员　杨成功　刘　林
副局长、党组成员　刘永军（10月免）
纪检组长、党组成员　赵　洁
副局长、党组成员　郑厚明
副局长　马　强
总审计师、党组成员　刘善法（12月任）
市经济责任审计局
局　长　郑厚明

市统计局

局长、党组书记　董作村
党组成员　曹应江
纪检组长、党组成员　于卫军
副局长、党组成员　崔长胜（10月任）刘　军　孟祥春
党组成员　曹　霞
总统计师、党组成员　郭增先
副局长、党组成员　张　晖（10月免）
党组成员、副调研员　吴传松
市统计调查局
局　长　严天白

市安全生产监督管理局

局长、党组书记　王从金（11月免）方念军（11月任）
副局长、党组成员　朱剑飞　树成旺　王建强　何守平
副局长、纪检组长、党组成员　张加志（12月免）
党组成员、副调研员　钱成勇（11月任）
副调研员　顾永平
市安全生产监察支队
支队长　范文波

市粮食局

局长、党委书记　王以标
党委副书记、副局长　王　龙
党委副书记　欧严峻
副局长、党委委员　任文革（11月任）
纪检组长、党委委员　苏学文
副局长、党委委员　王　磊
副调研员　侍其才

市海洋与渔业局

局长、党委书记　桂迎宝

党委副书记、副局长　李　明

纪检组长、党委委员　陈海滨

副局长、党委委员　穆传鹏　薛学坤

党委委员、副调研员　石卫东

副调研员　陆永军

中国海监连云港市支队

支队长　沈海星

政　委　周同庆

市海域使用保护动态管理中心

主　任　赵新生

市渔政监督支队

支队长　陈德明

市物价局

局长、党组书记　赵建军（11 月免）　王志慧（12 月任）

副局长、党组成员　祁建球　万兴军

纪检组长、党组成员　司彩霞

副局长、党组成员　丁元奎

党组成员、副调研员　毛智勇

副调研员　杨佃春

市物价局检查执法分局

局　长　陈　波

市民族宗教事务局

局长、党组书记　范　江

副局长、党组成员　郁正言　孔　灏(12 月免)　蔡骥鸣(12 月任)

纪检组长、党组成员　韩玉彬

市民防局（市人民防空办公室）

局长、党组书记　史道友

副局长、党组成员　宋书信(12 月免)

副局长、党组成员　孙礼前

副局长、总工程师、党组成员　张以建

副局长、党组成员　杨维富(12 月任)

纪检组长、党组成员　王　芳

党组成员、副调研员　陈耀宏

市人民防空办公室

主　任　史道友

市旅游局

局长、党组书记　王　芬

党组副书记、副局长　许　明

副局长、党组成员　柏银枝　贺善铁　郭　鹏（10月免）

纪检组长、党组成员　汪全炉

副局长、党组成员　姜自成（11月任）

党组成员、副调研员　刘吉光

副调研员　张连仓

市政府外事与侨务办公室（市政府港澳事务办公室）

主任、党组书记　李　亚

党组副书记、副主任　鞠建春

副主任、党组成员　于广举　张　妍　邹　琦

纪检组长、党组成员　杨永龙

副主任　曹佳俊（挂职）

党组成员、副调研员　张开华

副调研员　李　媛　茆德跃

市政府法制办公室

主任、党组书记　秦国臣

副主任　杨晓红

纪检组长、党组成员　孙　滨

副主任、党组成员　周　毓

党组成员、副调研员　冯正山

市机关事务管理局

局长、党组书记　张传亚（11月免）　赵建军（11月任）

纪检组长、党组成员　董淑贵

副局长、党组成员　朱玉环　孙　铜　邓志强　陈万海

党组成员、副调研员　段巨才

市政府国有资产监督管理委员会

主任、党组书记　陈　中

副主任、党组成员　陆体洋　席世战（12月免）　王新林（12月免）

纪检组长、党组成员　徐加德

副主任、党组成员　刘重一（12月任）

党组成员、副调研员　王怀东

市属国有企业监事会

主　席　张卫民（10月免）　傅长乐　马春邦

市政府派出机构

连云港经济技术开发区管委会

党工委书记　关永健（9月免）　曹卫东（9月任）

主　任　石海波

党工委副书记、副主任　孙爱华（7月免）　陈佑龙　李　莉（7月任）

党工委副书记、常务副主任　王　刚

副主任、党工委委员　陈永良（5月免）　王　强　张昭华　张汝凯

纪工委书记、党工委委员　王　波

副主任　杨　健

副主任　胡小军（挂职，3月免）

副主任、党工委委员　王　成（5月任副主任）　曹洪秋

副主任　钱　岳（挂职）

主任助理、党工委委员　田海鹏

党工委委员、党群工作部部长　万　军（5月任）

党工委委员　董祥吉（5月任）

国家东中西区域合作示范区（连云港徐圩新区）管委会

党工委书记、主任　石海波

党工委副书记、副主任　江行洲

副主任、党工委委员　王东亮　赵二宏　李君生（10月免）

副主任、纪工委书记、党工委委员　马冬梅

副主任、党工委委员　乔寿稳

党工委委员　周京宜（挂职，5月任）

副调研员　董世友

连云港高新技术产业开发区管委会

党工委书记　孙爱华（7月免）　陈佑龙（7月任）

主任、党工委副书记　李　莉（7月任）

主任、党工委副书记　陈佑龙（7月免）

副主任、党工委委员　商显福（兼）　李　飞（挂职）　江希路（挂职）

纪工委书记、党工委委员　曹明朗（12月任）

副主任、党工委委员　贺贵才（挂职）

副主任　杨义明（挂职，7月任）

党工委委员　王　锐（挂职，5月任）

江苏省云台山风景名胜区党工委

党工委书记　滕　雯

党工委副书记　王　芬　徐丙超

党工委委员　周　鹏（5 月免）孙志伟　王学明　王建平　朱加刚　袁丽霞（5 月免）陈永良（5 月免）

市云台山风景名胜区管委会（市科教创业园区建设管委会〈筹〉）

主任、党委书记　徐丙超

党委副书记、副主任　周成前

副主任、党委委员　黄忠良　张加志（12 月任）杨维富（12 月免）张永强　邓琳琳

纪委书记、党委委员　赵虎成

市科教创业园区建设管委会（筹）

副主任　周成前　杨维富（12 月免）

市花果山风景区管理处

主任、党委书记　徐恒喜

市新海新区开发建设指挥部（2016 年 12 月，撤销连云港市新海新区开发建设指挥部及其党组，指挥部及其党组领导成员职务一并免去）

指挥长、党组成员　尹哲强（兼，12 月免）

党组书记　王立斌（12 月免）

常务副指挥长、党组成员　王亚兵（12 月免）

副指挥长、党组成员　杨维富（12 月免）

纪检组长、党组成员　曹明朗（12 月免）

指挥、党组成员　苏　军（5 月免）

市连岛海滨旅游度假区管委会

主任、党组书记　周　鹏（5 月免）

副主任、党组成员　张　昊　李洪联

纪检组长、党组成员　张共生

市政务服务管理办公室

主任、党组书记　徐岳听（5 月免）周　鹏（5 月任）

副主任、党组成员　郭　昊　储嘉祥

纪检组长、党组成员　钱　梅

副主任、党组成员　孔庆俭（11 月任）

市政府直属事业机构

市政府金融工作办公室

主任、党组书记　潘元志

副主任、党组成员　李　洪　车大兵

副调研员　邱洪建（12 月任）

市地震局

局长、党组书记　陈　鹏（12月免）　卢伟军（12月任）

副局长、党组成员　夏新华　孙业志

纪检组长、党组成员　鲍偕林

副局长、党组成员　张建祥

市供销合作总社

主任、党委书记　刘洪卫（10月免）　卢西村（10月任）

副主任、党委委员　徐同道

监事会主任、党委委员　朱孔桥

副主任、党委委员　纪　伟（12月任）

纪委书记、党委委员　秦绪锋

副主任、党委委员　张义贵

副调研员、党委委员　李沪宁　李　冬

副调研员　贾义亭

中国国际贸易促进会连云港市委员会

主　任　杨保东

副主任　郭家春　王之祥　张　霞

副调研员　吴　静

四、中国人民政治协商会议连云港市委员会

主席、党组书记　仲　琨（1月免）　张同生（1月任）

副主席、党组副书记　曹佳鸣

副主席　赵　波　范忠华

副主席、党组成员　王东升　方　韬

副主席　黄咏梅

副主席、党组成员　鲁　林

副主席　舒小平（1月任）

党组成员、秘书长　钟　敏（12月免秘书长）

党组成员、秘书长　刘玉君（12月任）

副秘书长　张孝昌　钱　梅　张锐戟（兼）　孙振东（兼）　黄雁鸿（兼）　李开国（兼）　孙传先（兼）　高　慧（兼）　陈　迅（兼）　陈晓平（兼）　胡　宾（兼，12月免）

市政协办公室

主　任　张孝昌

副主任　王统庠　章　磊（11月任）

市政协研究室

主　任　孙银能

副主任　明　磊（12月任）

市政协提案委员会

主　任　李建平（12月免）　钱　梅（12月任）

副主任　王丛中

市政协学习文史资料委员会

主　任　钱　进（12月免）　李建平（12月任）

副主任　孔　灏（12月任）

调研员　钱　进（12月任）

市政协经济科技委员会

主　任　杨向东

副主任　陶晓玲（12月免）　马军宁（12月任）

市政协教育文化医卫体育委员会

主　任　王　华（12月免）　陈　鹏（12月任）

副主任　朱殿卿

市政协社会法制民族宗教委员会

主　任　徐　放（12月免）　张林海（12月任）

副主任　王玉娟

市政协港澳台侨外事委员会

主　任　臧　华（12月免）　杨庆仁（12月任）

副主任　陶晓玲（12月任）

市政协人口资源环境委员会

主　任　李荣华（12月免）　李建良（12月任）

副主任　李志华（12月任）

市政协联络委员会

主　任　王丙模

副主任　黄　颖（11月任）

市政协机关纪检组

纪检组长　孟庆标

五、市各民主党派、工商联

中国国民党革命委员会连云港市委员会

主　委　赵　波（11月免）　李　萌（11月任）

副主委　张锐戟（不驻会，11月免）　赵又晴　马　强（不驻会，11月任）　刘玮玮（不驻会，11月任）

中国民主同盟连云港市委员会

主　委　范忠华（11月免）　龚成龙（不驻会，11月任）

副主委　霍瑾玲（不驻会，11月免）　龚成龙（不驻会，11月免）　黄雁鸿（不驻会）　王海虹（11月任）　刘旭光（不驻会，11月任）

中国民主建国会连云港市委员会

主　委　朱振亚

副主委　曹秀芹（不驻会，11月免）　张克勤（不驻会）　李开国　缪美华（不驻会，11月任）

中国民主促进会连云港市委员会

主　委　舒小平（11月免）　徐善明（11月任）

副主委　张　锋（不驻会，11月免）　刘　珺（不驻会）　孙传先　周　霞（不驻会，11月任）

中国农工民主党连云港市委员会

主　委　高　慧（不驻会，11月任）

副主委　许兴友（不驻会，11月任）　徐传东（不驻会）　王志坚（不驻会）

中国致公党连云港市委员会

主　委　孟力强（不驻会，11月免）　高　健（11月任）

副主委　周立岩（11月免）　史志伟（不驻会，11月免）　陈　迅　周伦荣（不驻会，11月任）　王兴强（11月任）

九三学社连云港市委员会

主　委　徐大勇（不驻会）

副主委　董一洪（不驻会，11月免）　孟尔旺（不驻会，11月免）　陈晓平　杨　光（不驻会，11月任）　蒋晓东（不驻会，11月任）

市工商业联合会（市总商会）

主　席　　张家炯

党组书记、副主席　高兰军（12月免）　高艳军（12月任）

副主席、党组成员　孙桂才　周贤成　张继武（12月任）

副主席　胡　宾（12月免）

副主席（不驻会）孙飘扬　肖　伟　张国良　卢明立　徐新建　钟慧娟　陈士斌　陈素琴　陈　禹　王爱瑞　叶云竹　范建民

党组成员、副调研员　仇延东

副调研员　穆凤华

六、群众团体、事业团体

市总工会

主　席　　郑　平

党组书记、副主席　李　强（10月免）　丁维杰（10月任）

副主席、党组成员　张明富　秦　云
纪检组长、党组成员　朱　斌
副主席、党组成员　陈　健
副主席　史洪松（不驻会）
副调研员　唐文华　甄　翔

共青团连云港市委员会

书记、党组书记　张　孟
副书记、党组成员　孙培元　仲伟德

市妇女联合会

主席、党组书记　徐希娟
副主席、党组成员　封海燕　周　华
副主席　李江蓉（不驻会）　魏　莛（不驻会）
副主席、党组成员　臧永明
副调研员　李春艳
市政府妇女儿童工作委员会办公室
主　任　杨林青

市科学技术协会

主席、党组书记　许东方
副主席、党组成员　封士帅（12月免）
副主席　葛雄灿
党组成员、秘书长　褚士明
副主席（不驻会）　李恒劭　舒小平　王家全　周　伟　王　靖　乔光辉　李　莉　王　刚
朱向阳　李宪强　崔方水　肖　伟
副调研员　封士帅（12月任）

市文学艺术界联合会

主席、党组书记　李锋古（10月免）　王咏梅（10月任）
副主席、党组成员　蔡骥鸣（12月免）
副主席、党组成员　李敬伟（12月任党组成员）　俞文文（12月任）

市哲学社会科学联合会

主席、党组书记　杨东升
副主席、党组成员　明　磊（12月免）　胡可好（11月任）
副主席（不驻会）　舒小平　孙巨传　王万军　朱伟哲　张淑萍　臧　雷　陈留生　徐爱玲　张克勤

市残疾人联合会

理事长、党组书记　侍启顺
副理事长、党组成员　赵绪启（12月免）　姜仁国　程　苍　王铭丕
副调研员、党组成员　郭红兵（12月任）

副调研员　吕永效

市归国华侨联合会

主　席　商晓东

副主席（不驻会）　杨庆祥　冯维希

市红十字会

常务副会长、党组书记　胡英浦

副会长、党组成员　张六林（12 月免）　贺美来

七、法院、检察院

市中级人民法院

院长、党组书记　薛剑祥

副院长、党组副书记　李江蓉

副院长、党组成员　高旭明（10 月免）　顾长洲　赵伦同（10 月免）

政治部主任、党组成员　葛梦阳

纪检组长、党组成员　吴中严

副院长、党组成员　唐　涛（10 月任）　戴　涛（10 月任）

审判委员会专职委员　孙　玉

党组成员　周庆忠

审判委员会专职委员　田　勇　吴　玲（10 月免）　张洪宝（10 月任）

调研员　王墩海　陆建国

市中级人民法院执行局

局　长　周庆忠

连云港经济技术开发区人民法院

院长、党组书记　宋金林（10 月任）

副院长、党组成员　胡雪梅（10 月任）　丁汝成（10 月任）

政治处主任、党组成员　孙　伟（10 月任）

市人民检察院

检察长、党组书记　汪　跃

副检察长、党组副书记　李　翔

副检察长、党组成员　戴文浩　王绪华（10 月免）

政治部主任、党组成员　史良成（10 月免）

副检察长、党组成员　董月明

纪检组长、党组成员　高祝学

副检察长、党组成员　郑云龙（11 月任副检察长）

政治部主任、党组成员　张克晓（10 月任）

党组成员　宋金玲（10月任）
检察委员会专职委员　李开球　李家涛
调研员　刘兵方
副调研员　孙志才
市人民检察院反贪污贿赂局
局　长　郑云龙（10月免）　宋金玲（10月任）
市人民检察院反渎职侵权局（领导空缺）
连云港经济技术开发区人民检察院
检察长、党组书记　史良成（10月任）
党组副书记、副检察长　吴　明（10月任）
副检察长、党组成员　宋　华（10月任）
职务犯罪预防侦查局局长、党组成员　李永红（10月任）

八、省属部门

市国家安全局
局长、党委书记　崔恩山
政委、党委委员　曹佳俊
副局长、党委委员　张耀波　李守东　丁再彬
纪委书记、政治部主任、党委委员　郑中琛
市国家税务局
局长、党组书记　殷洪君
党组副书记、副局长　许重伍
副局长、党组成员　王绪友　张　杰
总经济师、党组成员　朱　剑（3月免）　杨树年（3月任）
纪检组长、党组成员　王　卫（3月免）　沈　虎（3月任）
连云港地方税务局
局长、党组书记　胡　军
副局长、党组副书记　王传玮
纪检组长、党组成员　汤景流
总经济师、党组成员　宋云山
副局长、党组成员　武　琼
总会计师、党组成员　张法德
市国土资源局
局长、党组书记　孔令泰
纪检组长、党组成员　陶西元（7月免）

副局长、党组成员　朱恒山　于广浒　曹文斌
党组成员、副调研员　王孟年
市国有土地储备中心
主　任　曹文斌
市土地和矿业权市场管理中心
主　任　辛　华
国家统计局连云港调查队
队长、党组书记　曹应江
副队长、党组成员　朱绍兵
纪检组长、党组成员　李福健
江苏省统计局连云港调查局
局　长　佟新宇
江苏省广播电视信息网络股份有限公司连云港分公司
总经理、党委书记　姚福平

九、高等院校

淮海工学院（正厅级）
党委书记　赵炳起
院长、党委副书记　史金飞
副院长、党委常委　刘永强
副院长、党委副书记　宁晓明
党委副书记、纪委书记　史顺良
副院长　舒小平　许兴友
副院长、党委常委　杜　军　王洪法
连云港职业技术学院（副厅级）
党委书记　马炳军
院长、党委副书记　杜长江
党委副书记、纪委书记　仲伟勇
副院长、党委委员　徐爱玲　骆汝九　吴其健　李小蔚
连云港师范高等专科学校（副厅级）
党委书记　滕士涛
校长、党委副书记　庞　波
党委副书记　张建华
副校长、党委委员　陈留生　葛仁福
纪委书记、党委委员　孙继才

副校长、党委委员　姚荣斌（10月任）

江苏财会职业学院（副厅级）

党委书记　章江益

院长、党委副书记　李梅英

副院长、党委委员　王明高

副院长　张克勤

纪委书记、党委委员　张战兴

副院长、党委委员　左文兵

副院级调研员　江跃进

五级职员　汪兆林

十、市管事业单位

市数字化城市管理监督指挥中心

主任、党组书记　杨庆仁（12月免）

副主任、党组成员　孙桂伟　胡可晋　石绪来

连云港开放大学

校长、党委书记　林振江

副校长、党委委员　金同实　孙茂新

纪委书记、党委委员　王振远

副校长、党委委员　张廷亮　王　峰

连云港中医药高等职业技术学校

校长、党委副书记　顾　强

副校长、党委委员　成　亮　谢捌骏　冯维希　袁荣高

纪委书记、党委委员　苏根林

江苏省连云港工贸高等职业技术学校

校长、党委书记　张建明

副校长、党委副书记　祁德新

副校长、党委委员　王　琳

纪委书记、党委委员　郭家明

副校长、党委委员　杨　健

市农业科学院

院　长　徐大勇

党组书记、副院长　陈　凤

副院长、党组成员　秦裕营　赵统利　温以斌（5月免）

副院长　缪美华（10月任）

纪检组长、党组成员　范玲玲

市住房公积金管理中心

主任、党总支书记　刘玉波

十一、市管国有企业

市工业投资集团有限公司

董事长、党委书记　杨　龙

总经理、党委副书记、副董事长　胡建明

副总经理、党委委员　杨国新　张其海　朱天松　王士华

工会主席、党委委员　戴鸿鸣

总会计师、党委委员　匡友本

连云港港口控股集团有限公司（连云港港口集团有限公司）

董事长、党委书记　丁　锐

总裁、党委副书记、副董事长　朱向阳

常务副总裁、党委委员　李春宏

党委副书记、纪委书记　孙　明（11 月任纪委书记）

总经济师、党委委员　陈光平

副总裁、党委委员　张永波

党委副书记、工会主席　冯　志

总工程师　朱从富

副总裁、党委委员　孙中华　张子扬　王新文

总会计师、党委委员　尚　锐

党委委员　魏学林（3 月任党委委员）

市金融控股集团有限公司

董事长、党委书记　陆普桂

总经理、党委副书记、副董事长　韩　旭

副总经理、党委委员　蒋华富

副总经理　李海英

副总经理、党委委员　张春流

市城建控股集团有限公司

董事长、党委书记　周文军

总经理、党委副书记、副董事长　万宝平

党委副书记、纪委书记　张标远

副总经理、党委委员　吴　洋

副总经理　周瑞荣

副总经理、工会主席、党委委员　戚文忠（5 月任工会主席）
副总经理、党委委员　翟晓东
党委委员　李广春（12 月任）

市交通控股集团有限公司

董事长、党委书记　刘永能
总经理、党委副书记、副董事长　仲伟涛
副总经理、党委委员　孙　超　李树军（5 月任）　陈修习
工会主席、党委委员　王中永
副总经理、党委委员　孟宪牛
总会计师、党委委员　张广兵

市农业发展集团有限公司

董事长、党委书记　李建德
党委副书记、副总经理　尤永江
党委副书记　纪　伟（12 月免）
副总经理　魏　荭
副总经理、党委委员　张六林（12 月任）
纪委书记、党委委员　巢祥坤
工会主席、党委委员　李安富
副总经理、党委委员　马永飞　张明才

江苏连云发展集团有限公司

董事长、总经理　周文军
党组书记、纪检组长、副总经理　张标远
副总经理、党组成员　陆普桂

江苏金海投资有限公司

董事长　周文军
总经理、党委委员　陆普桂
纪委书记、党委委员、监事会主席　张标远
副总经理　周瑞荣

市煤炭工业公司

党委书记、经理　马广明
党委副书记、副经理　孙乐喜
副经理、党委委员　武宜山
工会主席、党委委员　朱孔雷
副经理、党委委员　刘庆吉　赵　文

连云港民航站

站长、党委书记　程广宇（去世）　王亚兵（12 月任）

副站长、党委委员　吴　伟　范　标
纪委书记、党委委员　段德娟
工会主席、党委委员　张民益
副站长、党委委员　王均龙　陆其俊

连云港白塔埠机场有限责任公司

董事长　程广宇（去世）　王亚兵（12 月任）
总经理　吴　伟
副总经理　范　标　王均龙　陆其俊

连云港花果山机场建设投资有限公司

董事长　程广宇（去世）　王亚兵（12 月任）
总经理　吴　伟

连云港碱业有限公司（2016 年 5 月，由中石化南化集团下属企业划转地方管理，为市属国有企业）

董事长、党委书记　张卫民（10 月任）
总经理、党委副书记　李清菊（10 月任）
纪委书记、工会主席、党委委员　钮维社（10 月任）
副总经理、党委委员　刘　军（10 月任）
副总经理、党委委员、总工程师　黄建华（10 月任）

十二、专业系统及金融单位

中国船舶重工集团第七一六研究所

所长、党委委员　李恒劭
党委书记、副所长　许　斌（5 月免）　顾　浩（5 月任）
副所长、党委委员　周建中　万　勤　潘冠华
党委副书记、纪委书记、工会主席　程庆仁
副所长、党委委员　徐大林

中蓝连海设计研究院

院长、党委书记　黄振伟
副院长、党委委员　魏春城
党委副书记　田殿玉

连云港出入境检验检疫局

局长、党组书记　顾忠盈
副局长、党组成员　魏厚德　徐贵业
副局长、党组成员　马彦忱　董　钧

连云港海事局

局长、党组书记　陈桂平（12 月免）　张　浩（12 月任）

副局长、党组成员　罗金一　丁　星
纪检组长、党组成员　杨　洋

连云港海关（连云港海关缉私分局）

关长、党组书记　张军雄
副关长、党组成员　贾建国　储强剑　夏海明
南京海关驻连云港海关纪检监察特派员　王向东
海关缉私分局局长　黄　磊（1月任）

中国化学工程连云港分公司

党委书记、董事长、经理　王银华
副经理　王维东
副经理、总工程师　张　超
副经理　朱锦荣
总会计师　张公胜

中国交通建设集团第三航务工程局有限公司江苏分公司

总经理、党委副书记　苏永奇
党委书记、副总经理　陈　雄
党委副书记、纪委书记、工会主席　王红卫
总工程师、党委委员　练学标
总会计师、党委委员　朱跃华
副总经理、党委委员　陈东振　侯俊祥　陆士钊　张　耀
副总经理　韩福先

连云港上航局航道工程有限公司

总经理、党委书记　王玉东（4月任）
副总经理、党委副书记、纪委书记、工会主席　张宪周（4月任）
副总经理　张学军（4月任）

连云港远洋运输有限公司

总经理、党委副书记　崔彦青
党委书记、副总经理　邢祚忠
副总经理　张明军　刘思成
财务总监　张向光
工会主席　杨旭光

中国外运陆桥运输有限公司

总经理、党委书记　王章永（2月被判刑开除党籍）
总经理、党委书记　赵　明（8月任）
副总经理、党委委员　王统运　王巨涛
党委副书记、纪委书记、工会主席　刘卫平

财务总监　霍冰洲

市邮政管理局

局长、党组书记　孔亚明（2月调离）

副局长、党组成员　李鸿山

中国邮政集团公司连云港市分公司

总经理、党委书记　万培军

副总经理、纪委书记、党委委员　鲍向阳

副总经理、工会主席　彭　晞（5月任）　刘　铭（10月任）

中国电信股份有限公司连云港分公司

总经理、党委书记　刘祥光

副总经理、党委委员　陆　疆

副总经理、党委委员　印志国

副总经理、纪委书记、党委委员　周　晓

副总经理、党委委员　王　胜

总经理助理　沈骏祥

中国移动通信集团江苏有限公司连云港分公司

总经理、党委书记　王星昌

副总经理、纪委书记、党委委员　段玉平

党委委员、副总经理、工会主席　周立芹

党委委员、总经理助理　孔令舟

中国联合网络通信有限公司连云港市分公司

总经理、党委书记　宋成军（2月调离）

副总经理、党委委员　丁徐和（主持工作）

副总经理、纪委书记、党委委员　朱卫锋

副总经理、党委委员　穆世军　孙江徽（6月任）

连云港供电公司

总经理、党委副书记　陈　刚（1月免）　李来福（1月任）

党委副书记（主持工作）、副总经理　王　勇（5月免）　刘　纲（5月任）

副总经理、党委委员　刘宇同

副总经理、工会主席、党委委员　田德胜

副总经理、党委委员　郁正纲

纪委书记、党委委员　董淑健

总会计师、党委委员　韩　涛（2月免）　邹磊平（2月任总会计师、8月任党委委员）

江苏新海发电有限公司

总经理、党委副书记　李宪强

党委书记　朱家清

副总经理、总工程师、党委委员　沈增明
副总经理、党委委员　吴　江　赵　斌
纪委书记、工会主席、党委委员　刘建忠

市气象局

局长、党组书记　张　榕
纪检组长、党组成员　冯还岭
副局长、党组成员　杨庆宁　陈　飞

市烟草专卖局（江苏省烟草公司连云港市公司）

局长（经理）、党组书记　高　翔
副局长、党组成员　李胜利
副经理、党组成员　郭庚光
纪检组长、党组成员　解子利

中国石油化工股份有限公司江苏连云港石油分公司

经理、党委书记　丁扣根
副经理、党委委员　吴建斌　纪　彬　王　新

江苏省连云港农垦事业管理办公室

书　记　孙　键
副主任　李　洪
党委副书记、纪委书记　唐兆成
党委副书记　江舜安

中国银行业监督管理委员会连云港监管分局

局长、党委书记　刘秀全
副局长、党委委员　张如冰　周文学

中国人民银行连云港市中心支行（国家外汇管理局连云港市中心支局）

行长、党委书记、局长　刘　保
副行长、党委委员　蒋东利
工会主任、党委委员　武　江
副行长、党委委员　孙　亚　杨国清
纪委书记、党委委员　赵秋玲

中国银行股份有限公司连云港分行

行长、党委书记　王义明
副行长、党委委员　伏卫东　朱兆君
纪委书记、党委委员　刘小卫
副行长、党委委员　叶　军　田雪平（6月免）
副行长　黄　丽（7月任）
高级分析师　冯春华

中国工商银行股份有限公司连云港分行
行长、党委书记　卞俊峰
副行长、党委委员　李治清　王大刚　彭越钦
纪委书记、党委委员　陈兴华（9 月任）
中国建设银行股份有限公司连云港分行
行长、党委书记　张凯军
纪委书记、副行长、党委委员　汪　海
副行长、党委委员　陶前程　张定现
中国农业银行股份有限公司连云港分行
党委书记、行长　朱炳忠
副行长、党委副书记、工会主席　王立新（2 月任工会主席）
工会主任、党委委员　石晓阳（2 月免）
副行长、党委委员　葛　儒
纪委书记、副行长、党委委员　张　华
副行长、党委委员　闫　杰
中国农业发展银行连云港分行
行长、党委书记　胡小建
副行长、纪委书记、党委委员　潘家超
副行长、党委委员　张桂善
交通银行股份有限公司连云港分行
行长、党委书记　曹云杰（8 月调离）
副行长、党委委员（主持工作）　王　璐
副行长、党委委员　余迪南　韩树军　汤旭东（12 月任）
党委委员、行长助理　操文伟（10 月任党委委员、12 月任行长助理）
江苏银行股份有限公司连云港分行
行长、党委书记　周同恩
副行长、党委委员　赵海山
副行长、纪委书记、工会主席、党委委员　刘士清
行长助理、党委委员　包　洁　朱海泉
连云港东方农村商业银行股份有限公司
党委书记、董事长　庄广强（9 月调离）
党委书记、董事长　冯　涛（9 月任）
行长、党委副书记　戴世全
监事长、纪委书记、党委委员　陈红兵
副行长、党委委员　张　波　胡　伟　王　勇　李永良

中国人寿保险股份有限公司连云港市分公司

总经理、党委书记　丁文清

副总经理、纪委书记、党委委员　孙传荣

副总经理、党委委员　刘锦源　胡志燕　李向东

中国人民财产保险股份有限公司连云港市分公司

总经理、党委书记　杨　光（12月调离）　刘　亮（12月任）

副总经理、纪委书记、党委委员　戴益军

副总经理、党委委员　卞森林

总经理助理、党委委员　孙正明

中国太平洋财产保险股份有限公司连云港中心支公司

总经理、党委书记　魏　欣

副总经理、党委委员　周新东　秦泗平

中国太平洋人寿保险股份有限公司连云港中心支公司

党委书记　李　强（10月免）　董海蓉（11月任）

总经理　金大文

副总经理、党委委员　费新军（11月任）　张金桥

高级顾问　刘　珍

党委委员　戴迪超（4月免）

紫金财产保险股份有限公司连云港中心支公司

党委书记、总经理　骆公旺

副总经理、党委委员　徐茂林（7月任）

总经理助理、党委委员　张俊莹

江苏省信用再担保有限公司连云港分公司

副总经理（主持工作）　何家棠

连云港江河机械制造有限责任公司

党委书记、总经理　关绍良

副总经理　蒋文滨　高林江

中央储备粮连云港直属库

主任、党委书记　乔春雷

党委副书记、工会主席　程　波

副主任　佟　燕　朱学军

主任助理　刘宏生

总会计师　郭方权

连云港粮油进出口接运总公司

总经理　乔春雷

副总经理　佟　燕　朱学军

东海航海保障中心连云港航标处

处长、党委副书记　程　鑫

党委书记、副处长　穆燕军

副处长、纪委书记、党委委员　王申山

党委委员　王为庚

十三、县区

东海县

中共东海县委

书　记　朱国兵

副书记　高美峰　宋　波（5月免）董桂军（5月任）谢方宝（扶贫，3月任）

常　委　朱国兵　高美峰　宋　波（5月免）董桂军　谢方宝（扶贫，3月任）张继生（6月免）
　　　　赵广东（5月任）朱崇慧　魏　岳　徐为怀（5月免）谢翠竹　苏卫哲　徐　冰（5月任）
　　　　冯小宏（6月任）李　锋（6月任）蔺宁君（女，扶贫，3月免）

东海县人大常委会

主　任　徐家保（1月免）陈启发（1月任）

副主任　董步祥（1月免）张继生（6月提名任）鲁　东　李　斌（10月提名任）范益春
　　　　李宝芹（不驻会，10月提名免）

东海县人民政府

县　长　朱国兵（1月免）高美峰（1月任）

副县长　董桂军（6月免）魏　岳（6月任）孙曙明（12月免）张正干（12月免）
　　　　缪美华（12月免）冯小宏（6月免）葛延波（6月免）李　锋（6月免）项　勇（6月任）
　　　　李宝芹（12月任）郭　鹏（12月任）孔繁清（6月任）章荣刚（6月任）
　　　　薛　剑（12月任）蔺宁君（扶贫，3月免）刘　朱（挂职）王晓虎（挂职，3月免）
　　　　于海军（挂职）

东海县政协

主　席　何东明

副主席　赵洪刚（不驻会）李　斌（不驻会，10月提名免）丁相玖　梁步显
　　　　王祥武（不驻会，11月提名任）

灌云县

中共灌云县委

书　记　左　军

副书记　朱兴波　孙小岚　王　军（扶贫，3月免）杨金国（扶贫，3月任）

常　委　左　军　朱兴波　孙小岚　王　军（扶贫，3月免）杨金国（扶贫，3月任）
李海涛（6月免）王庆嘉（6月免）戴　涛（5月免）李占超（5月免）
谢兆英（6月免）谭树林（5月任）伏开清（5月任）李永涛（5月任）
刘　盾　李大海（6月免）于洪雁（5月免）掌文胜（6月任）马兆素（6月任）
张启银（6月任）冯春苗（6月任）沙荣胜（挂职）

灌云县人大常委会

主　任　孙　毅（10月提名免）汪　辉（10月提名任）

副主任　江尧琥（10月提名免）朱正淮（1月免）谢兆英（6月提名任）郭家登（10月提名任）
王从华　徐会传（11月提名任）

灌云县人民政府

县　长　朱兴波

副县长　于洪雁（6月免）伏开清（6月任）掌文胜（6月免）王一兵（11月免）
张友俊（11月任）马兆素（6月免）李瑾伟　颜　东（6月任）张凌云（6月任）
陈新洪（12月任）沙荣胜（挂职）储春祥（扶贫，3月免）辛荣亮（扶贫，3月免）
周　翔（挂职）周光尧（挂职，3月任）

灌云县政协

主　席　汪　辉（10月提名免）王庆嘉（11月提名任）

副主席　王宽磊（11月提名免）徐清安（11月提名免）郭家登（不驻会，10月提名免）
黄军昌（11月提名免）李海涛（6月提名任）任　静（不驻会）周建军（11月提名任）

灌南县

中共灌南县委

书　记　李振峰

副书记　商振江　夏苏明（5月免）董　忠（5月任）时利林（挂职）冯兆祥（扶贫，3月免）
蔡踊泓（扶贫，3月任）

常　委　李振峰　商振江　夏苏明（5月免）董　忠　时利林（挂职）冯兆祥（扶贫，3月免）
蔡踊泓（扶贫，3月任）吕　洁（5月免）邓玫玫（5月免）朱晓春　伏开清（5月免）
李占超（5月任）袁丽霞（5月任）陈永祥　臧国徽（5月任）刘　峰（6月任）
廖朝兵（6月任）

灌南县人大常委会

主　任　阮　冰（1月免）夏苏明（1月任）

副主任　王文鹏（11月提名免）唐学华（11月提名免）邓玫玫（5月提名任）
徐能如　高志强（不驻会）王晓焰（11月提名任）

灌南县人民政府

县　长　李振峰（1月免）商振江（1月任）

副县长　吕　洁（5月免）李占超（7月任）张文艳　刘　峰（7月免）廖朝兵（7月免）颜景硕

周文生（1月任）　张友明（7月任）　唐　波（7月任）　夏春豪（扶贫，3月免）
陈海斌（扶贫，3月免）　陈友民（挂职）　谭海军（挂职，3月任）

灌南县政协

主　席　温玉高（10月提名免）　杨以波（10月提名任）

副主席　孙桂明（11月提名免）　袁从华（1月免）　崔玉梅　尚金柱　王苏东（11月提名任）
尹文伟（不驻会，11月提名任）

赣榆区

中共赣榆区委

书　记　曹卫东（7月免）
孙爱华（7月任）

副书记　唐光普　卢西村（5月免）　邵泽勇（5月任）　戴振伟（扶贫，3月任）

常　委　曹卫东（7月免）　孙爱华（7月任）　唐光普　卢西村（5月免）　邵泽勇（5月任）
戴振伟（扶贫，3月任）　钟　玲（5月免）　毛太乐　李　武（5月免）　苏长晓
闵　浩（5月任）　朱晓云　刘亚明（6月免）　许思文（5月任）　李　冰（6月任）
邵长亮（6月任）　邢建军（6月任）　张鹏程（扶贫，3月免）

赣榆区人大常委会

主　任　曹卫东（7月提名免）　孙　海（11月提名任）

副主任　苏　民（11月提名免）　徐在荣（1月免）　汪晓峰（10月提名任）　许长忠（1月任）
王学济（1月任）　李启文（11月提名任）

赣榆区人民政府

区　长　唐光普

副区长　邵泽勇（5月免）　毛太乐（5月任）　成善全　李　冰（6月免）　宫　平　邵长亮（6月免）
董立户（6月任）　王　超（6月任）　欧　伟（6月任）　张鹏程（扶贫，3月免）
何　华（挂职，10月免）　龚　勋（挂职，3月免）　李儒斌（挂职，8月任）
姜　海（挂职，12月任）

赣榆区政协

主　席　杨淑之（10月提名免）　刘洪卫（10月提名任）

副主席　王建华（11月提名免）　朱崇珍（不驻会）　刘世学（11月提名免）　汪晓峰（不驻会，10月提名免）
刘希聪（11月提名任）　穆家莹（11月提名任）　张自强（不驻会，11月提名任）

海州区

中共海州区委

书　记　王立斌

副书记　单晓敏　王建明（5月免）　江锦峰（5月任）　张志峰（扶贫，3月任）

常　委　王立斌　单晓敏　王建明（5月免）　江锦峰　张志峰（扶贫，3月任）　姚　超（5月免）

徐风良　房忠涛　李永涛（5月免）　卢　平　郑　斌　顾建华　毛志峰（7月免）
徐雪峰（5月任）　林田海（5月任）

海州区人大常委会

主　任　王立斌（1月免）　王建明（1月任）

副主任　陈周德（11月提名免）　刘海林　陈应聪（不驻会，11月提名免）　李　萌（11月提名免）
刘振华　杨中云（11月提名免）　张华陆（11月提名免）　殷少卿　张　建（11月提名任）

海州区人民政府

区　长　单晓敏

副区长　江锦峰（6月免）　顾建华（6月免）　卢　平（6月任）　史　伟　袁丽霞（6月免）
江希路（6月免）　徐雪峰（6月免）　于　卉　温以斌（6月任）　徐　冰（6月免）
蒋庆山（6月任）　李　锋（11月任）　崔长胜（扶贫，3月免）　刘　莹（挂职，8月任）
郭玉家（挂职，12月任）

海州区政协

主　席　汤成元

副主席　于振强　曹伟平（不驻会，11月提名免）　颜景华（11月提名免）　高　敏（不驻会，11月提名免）
王宏新（11月提名免）　张景友（11月提名免）　王兰芳　刘建春（不驻会）　苗永梅（不驻会）

连云区

中共连云区委

书　记　陈书军

副书记　唐世海　朱其松（5月免）　于洪雁（5月任）

常　委　陈书军　唐世海　朱其松（5月免）　于洪雁（5月任）　周　鹏（5月免）　胡传宏　费小岩
孙克永　张其兵（5月任）　张英涛　殷　俊（6月免）　夏信喜（5月免）　包　振（5月任）
曹明丽（6月任）　沈学柱（6月任）

连云区人大常委会

主　任　陈书军（1月免）　朱其松（1月任）

副主任　夏信喜（5月提名任）　高毓林（11月提名免）　史志伟（不驻会）　刘　毅　程　春

连云区人民政府

区　长　唐世海

副区长　胡传宏（6月任）　朱振亚（11月免）　孙晓兵　包　振（6月免）　曹明丽（7月免）
焦旺运（11月免）　苏　军（6月任）　王兴化（7月任）　许威扬（10月任）
嵇　轶（11月任）　严　迅（挂职，10月免）　李百彦（挂职，8月任）　袁庆锋（挂职，12月任）

连云区政协

主　席　丁维杰（10月提名免）　李君生（10月提名任）

副主席　朱从富（不驻会）　程　洪　周瑞荣（不驻会，10月提名任）　李　楠

2016年全市党组织和党员队伍概况

截至2016年，全市有基层党组织13859个，其中基层党委567个、总支1582个、支部11710个；有党员278165名。全年发展党员3579名，新党员中，35岁及以下的2779名，占77.6%；高中以上文化程度的3507名，占98.0%。

2016年连云港市国民经济和社会发展统计公报

连云港市统计局　国家统计局连云港调查队

2016年，连云港紧紧抓住国家“一带一路”建设、沿海发展等重大战略机遇，牢固树立和贯彻落实创新、协调、绿色、开放、共享五大发展理念，以改革创新为引领，以扩大开放求突破，坚持稳中求进主基调，着力加快转型升级，全市经济运行稳中有进，综合实力日益增强，产业发展、城乡面貌、人民生活发生显著变化。

一、综合

图一：地区生产总值（亿元）

经济总量不断扩大。全年实现GDP 2376.48亿元，增长7.8%。其中，第一产业增加值301.56亿元，增长1.6%；第二产业增加值1049.90亿元，增长7.8%；第三产业增加值1025.02亿元，增长9.8%。第二、第三产业增加值双双跨上千亿台阶。人均GDP首超50000元，达到52986元。

产业结构逐步调优调高。全市三次产业结构调整为12.7:44.2:43.1。工业化进程逐步提高，工业在全市经济中的主体地位逐步提升，工业化率为35.8%，比上年提高了0.3个百分点。服务业快速发展。第三产业增加值占GDP的比重达43.1%，比上年提高0.6个百分点。

就业形势保持平稳。全年新增城镇就业5.4万人，城镇登记失业率1.95%。年末高校毕业生整体就业率稳定在92%以上，转移农村劳动力2.65万人，帮扶就业困难人员再就业0.53万人，开发公益性岗位2000个，“双零”家庭实现动态清零。在100家规模以上企业建立劳动争议调解委员会，完善87个乡镇劳动人事争议专业性调解组织。

市场活力进一步释放。随着互联网、开源技术平台等对大众创业者的开放普及，众筹、众包、众创的融资模式和生产方式使得个体能够成为产业资源的组织配置者，去中心化的自组织生产开始出现，智力资源、产业资源、社会资本更加自由流动，市场活力进一步释放。全年新增私营企业1.01万户，增长17.5%，年末全市注册私营企业达到6.77万户；新增个体工商户3.62万户，增长24.0%，年末全市个体工商户达到18.69万户。

物价温和上涨。全年居民消费价格上涨2.1%，八大类商品和服务项目价格指数均有所上涨。除医疗保健类上涨12.9%涨幅较大外，其他涨幅均在3%以下，依次为食品烟酒类、其他用品和服务、居住、衣着、交通和通信、生活用品及服务、教育文化和娱乐，涨幅分别为 2.9%、1.0%、0.8%、0.6%、0.3%、0.3%、0.1%。工业生产者价格有所回升。全年工业生产者出厂价格上涨 0.2%，其中生产资料上涨 0.1%，生活资料上涨 0.4%；工业生产者购进价格下降 0.2%。

连云港 CPI 八大类指数情况

表 2

项目名称	2016 年同比指数
居民消费价格总指数	102.1
一、食品烟酒	102.9
二、衣着	100.6
三、居住	100.8
四、生活用品及服务	100.3
五、交通和通信	100.3
六、教育文化和娱乐	100.1
七、医疗保健	112.9
八、其他用品和服务	101.0

全市经济社会发展仍存在一些不足，主要表现在：经济总量仍然不大，产业短板依然突出；港口核心战略资源作用需要进一步发挥，港产城融合发展需要加强；创业创新氛围不浓，人才短缺仍然是制约发展的瓶颈；民生社会事业发展与群众期望还有一定差距等。

二、农林牧渔业

粮食种植丰产丰收。全年粮食播种面积 752.3 万亩，比上年减少 1.6 万亩；亩产 479.6 公斤，比上年减少 0.7 公斤；总产 360.8 万吨，比上年减少 1.4 万吨。其中，夏粮播种面积 363.2 万亩，比上年减少 1 万亩；亩产 393.7 公斤，比上年增加 0.2 公斤；总产 143 万吨，比上年减少 0.3 万吨。秋粮播种面积 389.1 万亩，比上年减少 0.6 万亩；亩产 559.8 公斤，比上年减少 1.7 公斤；总产 217.8 万吨，比上年减少 1 万吨。

农业产业化水平不断提升。积极培育农业龙头企业，年末国家级农业产业化龙头企业达到 2 家，省级 48 家，市级 180 家，省级以上农业龙头企业实现销售收入 250 亿元，规模以上农产品加工企业产值 1150 亿元，与农业总产值之比达 1.96。

高效设施农业扩面增效。积极推进高效农业产业集聚区建设，重点抓好东海西甜瓜、灌云设施蔬菜、灌南食用菌、赣榆水果等 8 个千亩连片高效设施农业基地建设。全市新增高效设施农业面积 7 万亩，建成 7 个省级万亩“菜篮子”工程蔬菜生产基地，面积达 8.2 万亩；东海县桃林镇北芹村获批全国“一村一品”示范村镇。

外向型农业全省领先。农业国际合作示范区全面推进，国家地理标志保护产品达 10 个。农业“走出去”迈出坚实步伐，江苏海德益食品有限公司在柬埔寨投资 5000 万元建设热带作物种植农场，江苏雅仕保鲜投资 1000 万元在南非建设雪橙基地，连云港驰神科技有限公司每年向韩国出口食用菌菌棒 100 余万株，并投资 300 多万元在韩国成立公司组织食用菌种植生产。

休闲观光农业快速发展。全年新增全国休闲农业与乡村旅游星级企业 4 家，其中五星级 1 家，四星级 1 家，三星级 2 家，累计分别为 1 家、2 家、7 家。新建省级休闲观光农业示范村 2 个，累计为 9 个。新建市级休闲观光农业示范村 20 个，累计为 50 个。各类休闲观光农业经营主体达 200 多个。

三、工业和建筑业

工业生产总体平稳。全市 1694 家规模以上工业企业实现总产值 6225.87 亿元，增长 12.2%。其中，轻工业总产值 1984.07 亿元，增长 17.3%，快于全市 5.1 个百分点；重工业总产值 4241.80 亿元，增长 10.0%。

企业亏损面下降。规模以上工业企业实现产品销售收入 6051.58 亿元，增长 12.4%。实现利润总额 465.17 亿元，增长 10.0%，利润率为 7.7%。亏损企业 114 家，比上年减少 31 家，下降 21.4%；亏损企业亏损额 10.05 亿元，增长 15.7%。

小微企业经营向好。全市 1552 家企业规模以上小微企业实现总产值 2790.57 亿元，增长 19.1%，高于全市平均水平 6.9 个百分点，对全市工业生产增长的贡献率为 66.2%，拉动全市工业生产增长 8.1 个百分点。142 家大中型企业总产值增长 7.1%，对全市工业生产增长的贡献率为 33.8%，拉动全市工业生产增长 4.1 个百分点。

建筑业平稳发展。全年完成建筑业总产值 648.73 亿元，增长 3.0%。其中，房屋建筑工程总产值 600.74 亿元，增长 2.2%；安装工程总产值 47.99 亿元，增长 17.4%。资质以上建筑业企业房屋施工面积 5309.1 万平方米，与上年基本持平；房屋竣工面积 2306.1 万平方米，增长 10.6%。

四、固定资产投资

投资总量不断扩大。全年完成固定资产投资 2385.16 亿元，增长 14.8%。其中，工业投资 1487.34 亿元，增长 17.5%；服务业投资 850.35 亿元，增长 8.2%；房地产开发投资 235.41 亿元，增长 14.6%。

工业投资居主导地位。全年完成工业投资 1487.34 亿元，增长 17.5%，对全市投资增长贡献率达 72.0%。其中，化学原料和化学制品制造业完成投资 252.2 亿元，非金属矿物制品业投资 164.0 亿元，电气机械和器材制造业投资 99.0 亿元，农副食品加工业投资 82.2 亿元，专用设备制造业投资 68.5 亿元，医药制造业投资 59.4 亿元，通用设备制造业投资 52.1 亿元。

民间投资保持增长。全年完成民间投资 1622.7 亿元，增长 15.0%，占全市投资的比重为 68.0%。民间投资主要投向制造业和房地产业，其中制造业 1119.9 亿元，占全市民间投资 69.0%，房地产业 241.6 亿元，占全市民间投资 14.9%。

重大项目增多。全年亿元以上在建重大项目 644 个，比上年增加 115 个，完成投资 1502.8 亿元，占全部投资额的 63.0%。

五、国内贸易

消费品市场运行良好。全年实现社会消费品零售总额 933.31 亿元，增长 12.4%。其中，批发业实现零售额 83.92 亿元，增长 29.8%;零售业 745.72 亿元，增长 8.3%；住宿业 13.86 亿元，增长 42.8%；餐饮业 89.80 亿元，增长 32.7%。限额以上单位中，粮油食品类实现零售额 50.0 亿元，增长 44%；服装类 21.23 亿元，增长 25.8%;金银珠宝类 15.45 亿元，增长 17.6%；家用电器类 19.41 亿元，增长 19.4%；中西药品类 31.9 亿元，增长 14.9%；石油制品类 90.0 亿元，增长 2.4%；汽车类 70.0 亿元，增长 10.8%。

新型业态加快发展。连云港被认定为省跨境电子商务试点城市，东海县被评为省级电商示范县，全年电子商务网络零售额突破100亿元，增长25%。苏宁广场、万达广场、东海水晶城等商业综合体人气集聚，综合体建设取得突破。

六、开放型经济

东西双向开放不断深入。向东开放优势不断扩大，进一步加强与日韩、东南亚港航贸易合作。加快做好向西开放文章，强化与上合组织、欧洲等陆桥运输合作，不断深化与哈国铁、欧亚资源、立陶宛克莱佩达港、格鲁吉亚波季港等港航企业合作关系。全年实际到帐注册外资5.50亿美元，下降31.3%。进出口总额70.40亿美元，下降12.5%。其中出口总额36.84亿美元，下降9.3%。

两基地建设加快推进。中哈物流基地成效明显。连云港与哈方不断推进合作发展升级，采用"一园三区"方式共建中哈物流园。中哈物流合作基地项目一期建成启用，连云港口岸哈国过境小麦方案通过国家质检总局评审，中哈物流基地粮食仓库硬件设施建设基本完成。上合组织出海基地建设加快。规划建设上合组织成员国特色产品商贸物流园，形成上合组织成员国面向日韩和我国东中部区域的产品展示窗口和交易中心。

建成进口商品保税交易中心。全省第一家进口商品保税交易中心建成，跨境电子商务发展迅速，获批开展除网购保税进口模式以外的一般进口、一般出口、保税出口等各类跨境贸易电子商务试点。

七、交通、邮电和旅游

组合大港基本形成。30万吨级深水航道一期工程建成，赣榆、灌河、徐圩两翼港区开港运营，综合通过能力达到了1.6亿吨。东疏港、大港路中期改造工程、沈海高速赣榆柘汪互通、徐圩港区疏港公路建成启用，旗台作业区铁路专用线实现通车，疏港航道、盐河航道建成通航，公路港、内河港实现运营，千吨级船舶直通京杭大运河，集疏运体系日益完善。全年港口货物吞吐量2.21亿吨，增长5.0%。

铁路建设全面提速。连盐、连淮扬镇、连青铁路建设进展顺利。江苏"十三五"开工建设的第一个重大铁路项目---徐连高铁东接在建的连盐铁路和连淮扬镇铁路，西连在建的徐盐铁路，高效便捷、内联外通的高铁路网加快形成。连云港境内铁路货运呈现明显积极变化，全年铁路货运量达4528.11万吨，增长9.1%；境内铁路客运总量403.33万人次，下降12.5%。

交通运输平稳运行。全市地方公路客运量4654万人次，旅客周转量33.33亿人公里，分别下降1.0和1.3%；地方公路货运量8378万吨，货运周转量161.07亿吨公里，增长均为2.0 %。地方水路货运量1837万吨，增长0.6%，货运周转量144.36亿吨公里，增长7.1%。民航新开通了昆明、石家庄及南宁等3条航线，年末航线达到23条，民航机场飞机起降9322架次，增长19.5%；民航机场旅客吞吐量85.1万人次，增长20.0%。

邮政通讯业务较快增长。全年邮政通讯总收入42.27亿元，增长9.1%。其中，邮政速递业务收入11.18亿元，增长18.4%；通讯业务总收入31.09亿元，增长6.0%。年末，全市电话用户486.93万户，其中移动电话用户418.29万户。互联网用户404.33万户，增长12.9%，其中固定宽带接入用户119.07万户，增长7.6%。

旅游业较快发展。全年实现旅游总收入395.40亿元，增长15.5%。接待国内游客3011万人次，增长12.2%；实现国内旅游收入391.58亿元，增长15.6%。接待入境过夜旅游者2.26万人次，增长11.2%；实现旅游外汇收入2281万美元，增长10.5%。月牙岛、孔望山、桃花涧、后云台山等景区扩建改造快速实施，花果山景区成功创建AAAAA级景区。

八、财政、金融

财政收入下降。受营改增等因素影响，全年实现一般公共预算收入 211.47 亿元，下降 27.5%。其中：实现税收收入 170.80 亿元，下降 28.1%。分地区看，市区、三县分别实现一般公共预算收入 144.91 亿元和 66.56 亿元，分别下降 16.1% 和 44.1%。

民生支出比重较大。全年实现一般公共预算支出 374.78 亿元，比上年减少 55.00 亿元，下降 12.8%。用于民生支出达到七成，其中教育支出 71.41 亿元，社会保障和就业 36.83 亿元，医疗卫生 31.36 亿元，城乡社区事务 49.80 亿元。

金融信贷较快增长。年末金融机构存款余额 2555.48 亿元，比年初增加 391.56 亿元，同比增长 18.1%。其中，住户存款 1179.91 亿元，比年初增加 123.94 亿元，同比增长 11.7%。金融机构贷款余额 2093.9 亿元，比年初增加 266.22 亿元，同比增长 14.6%。

年末金融机构存贷款情况

表 3

指 标	绝对数（亿元）	比年初增加（亿元）	比上年末增长（%）
各项存款余额	2555.48	391.56	18.1
#住户存款	1179.91	123.94	11.7
非金融企业存款	866.31	169.52	24.3
各项贷款余额	2093.9	266.22	14.6
#住户贷款	792.91	139.9	21.4
非金融企业及机关团体贷款	1253.88	126.17	11.2

保险市场快速发展。全年保险业务总收入 69.78 亿元，增长 20.8%。其中，寿险保费收入 41.58 亿元，增长 22.3%；财产险保费收入 20.97 亿元，增长 17.0%；健康险保费收入 5.87 亿元，增长 26.9%；意外险保费收入 1.36 亿元，增长 12.8%。保险业务总支出 23.20 亿元，增长 31.1%。

九、科学技术和教育

创新载体建设力度加大。全市不断加大创新载体建设力度，倾力打造发展新平台，加快建设区域创新高地。国家高新区、国家级农业科技园区快速推进，装备制造、高性能纤维及复合材料、硅材料、新医药等 4 个国家级特色产业基地加快建设，13 个省级以上科技企业孵化器、8 个科技产业园投入运营。恒瑞、豪森、康缘、正大天晴四大药企入选中国医药工业企业 50 强、研发企业 20 强。

高新产业规模扩大。全社会研发投入占 GDP 比重提高到 1.78%，科技进步贡献率提高到 53%。高新技术企业增至 226 家，实现工业总产值 2432.08 亿元，增长 12.0%，对全市工业生产增长的贡献率为 38.5%，拉动全市生产增长 4.7 个百分点。其中，“三新”产业实现总产值 2214.68 亿元，新材料制造业、新能源制造业、生物医药制造业分别为 1397.50 亿元、241.78 亿元、575.40 亿元。

着力实施教育强基工程。坚持育人为本，着力打造教育公共服务平台，形成学历教育和非学历教育协调发展、职业教育和普通教育相互沟通、职前教育和职后教育有效衔接的终身教育体系，教育事业实现了全面协调可持续发展。全年全市新建中小学 2 所，改造中小学校舍 31.4 万平方米，安排进城务工人员子女入学 3978 人。在苏北率先实现教育基本现代化，教育强市步伐不断加快。

教育教学质量稳步提升。全市所有县区全部通过义务教育发展基本均衡县（区）国家级督导认定，新海实验中学代表队获得“中国汉字听写大会”全国总冠军。九年义务教育巩固率 99.9%，比上年提高了 0.2 个百分点；高中阶段教育毛入学率达到 97.4%，比上年提高 0.2 个百分点。

十、文化、卫生和体育

文化服务水平提升。全年首批建设基层综合文化服务中心 325 家，新增公共文化场馆 39 个，新建市图书馆分馆 12 个。现代淮海戏《辣妈犟爸》参加第三届江苏文化艺术节并获优秀剧目奖，《白雪公主与七个小矮人》填补了本土儿童剧空白，《决战花果山》网页游戏成功上线，实现了游戏研发零的突破。制作发放 5 万张农家书屋借阅证，200 家“一卡通”农家书屋与县图书馆实现通借通还。全年组织举办广场文化活动、“港城一家亲”社区文化节等各类文化活动 2 万余场次，送戏下乡 1328 场。市图书馆入选国家第三批公共服务综合标准化试点项目，东海县入围省级书香城市示范县，灌南县成功创建省级公共文化服务体系示范区。

卫生服务能力不断增强。医疗卫生投入不断加大，第一人民医院新海院区项目竣工，市精神卫生中心建成投用。新建医养融合型养老机构 2 家，赣榆区人民医院养老护理院、市东方医院“东方康复养老中心”投入运营。生殖健康、妇幼保健、托幼等公共卫生服务能力进一步提升。分级诊疗制度加快构建，基层医疗机构首诊量达到 60%。赣榆区人民医院建成国家三级综合性医院。

积极推进健康连云港建设。发布《建设健康连云港行动计划（2016–2020）》，通过广场活动、市民健康学校、健康大讲堂、媒体专栏、健康教育讲师团巡讲等方式，大力普及健康知识；积极倡导健康运动，举办各类健身活动，学校体育设施免费向社会开放。全年新增居民健康卡 50 余万张，获评全国“居民健康卡普及应用先进单位”。

体育事业稳步发展。三名运动员入选第 31 届奥运会中国体育代表团，实现奥运会金牌零的突破。新成立市级体育协会 6 家，总数达到 52 家，组织比赛活动 45 项，举办社会体育指导员培训班 20 期。市、县区全面建成省公共体育服务体系示范区。

十一、城市建设、环境保护和节能减排

城市布局不断优化。全面落实“组团发展、功能互补、提升品质、彰显特色、快速联通”的城市发展布局，城市建成区面积扩大至 214 平方公里。全面加快“三轴一环三圈”建设，港城大道、花果山大道、海滨大道等城市发展主轴、环云台山大道和高铁、空港、海港三大特色商圈建设强势推进。开发区创智绿园、赣榆火车站广场改造获批省级试点，综合管廊获批省级试点城市。

环境综合整治深入推进。秸秆综禁成效明显，化工园区整治力度加大，小钢铁、小化工等领域去产能成效明显。市区空气质量优良率为 76.5%，PM2.5 浓度值为 46 微克 / 立方米，全省排名第 2 位。22 个省控考核断面中，达到或优于地表水Ⅲ类水比例为 63.6%，劣Ⅴ类水比例为 13.6%，15 条入海河流劣Ⅴ类水比例为 26.7%，均达到年度考核目标。在全国地级市中第一个开展战略环评试点，并通过环保部专家论证暨验收。东海县、赣榆区通过国家级生态县区验收，市开发区获批国家生态工业示范区，海州区、连云区通过省级生态区技术评估。

人居环境显著提升。城市快速公交、公共自行车等绿色出行网络不断完善，城市饮用水“双源双线”工程建成投用。市区新增绿地 300 公顷，建成区绿地率达 37.6%，绿化覆盖率达 40.2%，人均公园绿地面积达 14.4 ㎡。公园绿地十分钟服务圈加快实施，扩建月牙岛湿地公园，新建创智绿园、香海湖公园、新丝路公园，修复郁洲公园景观；新改建庙岭游园、西盐河樱花园、和煦园等 9 个街头游园。重点中心镇和临海城镇完成验收，东海温泉、赣榆班庄获批省级重点及特色镇；连云区连岛街道西连岛村西连岛等 11 个美丽乡村示范项目完成建设，海州区浦南镇龙浦村大官庄等 8 个村庄获批省级康居村庄，连云区宿城街道大竹园村大竹园、赣榆区金山镇徐福村后徐福获批省级传统村落项目。创成全国绿化模范城市、国家园林城市和国家节水型城市，国家卫生城市创建圆满通过国家技术评估。

民生工程持续推进。改造背街小巷，完成东大新村、玉带新村、海宁小区、蔷薇小区等 23 个老旧小区 309 条 53 公里背街小巷改造。整治河道，整治生活污水排口 105 个，完成黑臭水体排查并实施综合治理。改造危旧房，改造农村危旧房 1065 户，完成渔民上岸安居工程 327 户。推进保障房建设，新增国开行、农发行等政策性贷款 133 亿元，新开工保障性安居工程 11500 套，基本建成 11000 套。加快实施公用事业，蔷薇湖输水泵站调试运行，海州水厂深度处理加快建设，大浦、墟沟污水处理厂提标改造快速实施；新建供水、污水、燃气等各类管网 60 公里，新增燃气 10800 户。城市供水普及率达 100%，城市污水处理率达 92%，燃气气化率达 99.98%。

节能减排扎实推进。积极推进生产方式绿色化转型，加强重点领域节能减排，万元地区生产总值能耗降低率及化学需氧量、二氧化硫、氨氮、氮氧化物等四类主要污染物排放削减均完成目标任务。

十二、人口、人民生活和社会保障

人口总量缓慢增长。年末全市户籍人口 533.99 万人，比上年末增加 3.43 万人，增长 0.6%。其中，市区 222.69 万人。常住人口 449.64 万人，比上年末增加 2.27 万人，增长 0.5%。其中，城镇常住人口 270.68 万人，比上年增加 8.07 万人，增长 3.07%。常住人口城镇化率达 60.2%，比上年提高 1.5 个百分点。

居民收入较快增长。根据城乡一体化住户抽样调查，全年全市居民人均可支配收入为 21230 元，增长 9.3%。城镇常住居民人均可支配收入 27853 元，增长 8.3%。其中，工资性收入 15195 元，增长 8.4%；经营净收入 5458 元，增长 6.5%；财产性收入 2316 元，增长 13.9%；转移性收入 4884 元，增长 7.3%。城镇居民人均消费 18344 元，增长 6.3%。农村常住居民人均可支配收入为 13932 元，增长 9.0%。其中，工资性收入 6462 元，增长 9.4%；家庭经营收入 4854 元，增长 7.2%；财产性收入 190 元，增长 15.8%；转移性收入 2425 元，增长 11.4%。农村居民人均消费支出 10113 元，增长 11.7%。

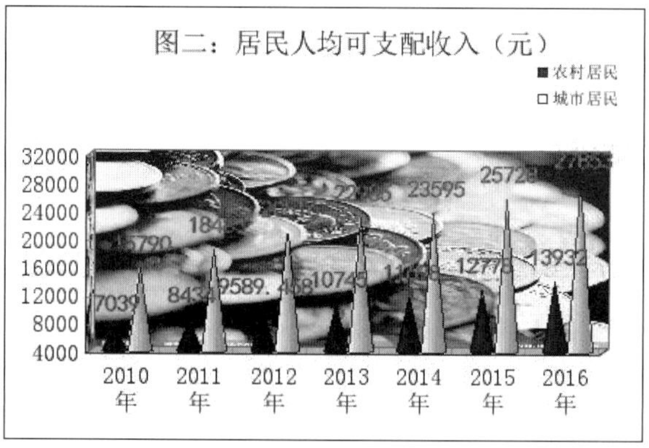

图二：居民人均可支配收入（元）

保障水平稳步提升。出台《市实施〈工伤保险条例〉细则》和机关事业单位养老保险制度改革实施办法，完成全民参保登记工作，市区五险费征缴总收入增长 7.0%。企业退休人员基本养老金 12 连调，城乡居保基础养老金实现 5 连调，最低标准由每人每月 105 元提高到 115 元。新农合参合率为 99.7%，新增中药饮片 18 种、中药颗粒 462 种纳入新农合补偿范围。全市新农合政策补偿比为 80%，实际补偿比为 55.6%，实现参合患者省内联网医院住院费用即时结报。

2016年中央、省等主要媒体报道连云港题录选编一览表

表 4

媒体名称	报道篇目	刊播时间
人民日报	正在作业的连云港码头	2016.01.07
人民日报	江苏连云港东连岛春捕	2016.02.16
人民日报	风电叶片	2016.02.18
人民日报	杨省世专访：“一带一路”节点城市要发挥特色优势	2016.03.08
人民日报	千帆竞发开捕忙	2016.03.29
人民日报	连云港跨海大桥将通车	2016.04.26
人民日报	江苏灌云：集中清理“权力兼职”	2016.04.27
人民日报	重山风力叶片出口	2016.05.23
人民日报	智能车间从“盆景”变“风景”江苏：创新提升有效高端供给	2016.05.29
人民日报	连云港连云区大港社区老年食堂	2016.08.03
人民日报	江苏东海抱团致富显神通	2016.09.11
人民日报	万亩浅水藕喜获大丰收	2016.10.13
人民日报	江苏连云港连云区两学一做全覆盖	2016.11.15
人民日报	盐碱地变粮仓	2016.11.19
人民日报	连云港“外籍友人”进社区	2016.11.29
人民日报	第一书记给贫困村带来新活力：带着感情来，不带遗憾走	2016.12.04
人民日报	铁腕治污绿色升级	2016.12.23
人民日报	风电塔架出口	2016.05.23
人民日报海外版	江苏连云港 2000 多艘远洋捕捞渔船满载而归	2016.01.18
人民日报海外版	连云港早春紫菜生产忙	2016.02.22
人民日报海外版	“连新亚”班列运行 1 周年	2016.02.26
人民日报海外版	连云港：港口吞吐量稳中有升	2016.03.02
人民日报海外版	千亩百合花盛开	2016.06.13
人民日报海外版	连云港特种车辆出口忙	2016.06.28
人民日报海外版	宜居城市的中国探索	2016.06.29
人民日报海外版	连云港地中海美西航线首航	2016.08.23
人民日报海外版	仿生机器人大比拼	2016.08.04
人民日报海外版	江苏农业国际合作洽谈会开幕	2016.09.24
人民日报海外版	连云港宿城风“枫”情万种迎客来	2016.10.31
人民日报	江苏东海构建智慧教育平台	2016.11.05

续表 4

媒体名称	报道篇目	刊播时间
人民日报海外版	一群海鸟在江苏连云港赣榆区海头镇沿海一处湿地上空飞翔	2016.11.23
中央电视台新闻联播	感受新风尚，旅游重情怀——猴年连云港花果山	2016.02.12
中央电视台新闻联播	采访全国人大代表、康缘集团董事长 肖伟	2016.03.02
中央电视台新闻联播	“书香人家——樊氏图书馆”诗书传家 滋养精神家园	2016.04.20
中央电视台新闻联播	大国工匠 未晓明：火花淋浴 焊接核电站心脏	2016.10.06
中央电视台新闻联播	中国丝绸之路国际物流博览会开幕	2016.11.16
中央电视台	江苏护士在泰国勇救昏迷老乡	2016.01.08
中央电视台	江苏：花果山现冰瀑争辉奇景	2016.01.15
中央电视台	江苏连云港：用多元调节化解社会矛盾	2016.01.19
中央电视台	2016 首届赣榆半程马拉松赛鸣枪起跑	2016.04.11
中央电视台	诗书继世 滋养精神家园	2016.04.20
中央电视台	发力供给侧 去杠杆	2016.06.16
中央电视台	神奇灌云 美丽豆丹	2016.08.02
中央电视台	时隔 12 年 中国女排再夺奥运会冠军：永不言弃 顽强拼搏 激励你我	2016.08.22
中央电视台	昆虫菜单：豆青虫 你敢吃吗	2016.08.26
中央电视台	连云港—孝鉴古今 尚善朝阳（上）	2016.08.27
中央电视台	连云港—孝鉴古今 尚善朝阳（下）	2016.09.03
中央电视台	2016 首届连云港茶文化博览会今日开幕	2016.09.02
中央电视台	《沂沭安澜》纪录片	2016.12.07
中央人民广播电台	连云港机场新开通南宁—连云港—天津航线	2016.03.29
中央人民广播电台	中国东盟青年企业家中国主题日活动在连开幕	2016.03.30
中央人民广播电台	连云港市区学校体育设施开放	2016.04.07
中央人民广播电台	第 18 届江苏农业国际合作洽谈会在连云港开幕	2016.09.23
中央人民广播电台	第三届中国丝绸之路国际物流博览会在连开幕	2016.11.16
中央人民广播电台	连云港港 30 万吨级航道二期工程获国家批准	2016.12.07
新华社智库分析报告	项雪龙：高举产业强势旗帜	2016.01.08
新华社智库分析报告	连云港开发区正式获批国家知识产权试点园区	2016.01.15
新华社智库分析报告	杨省世：以实施目标绩效管理为抓手做好各项工作	2016.02.19
新华社智库分析报告	连徐客专环评二次公示	2016.03.18
新华社智库分析报告	扩大连云港长期竞争优势，加快中日韩自贸区建设	2016.03.25
新华社智库分析报告	把握先行先试政策机遇，积极打造连云港中韩跨境电商试验区	2016.03.25
新华社智库分析报告	杨省世：“一带一路”节点城市要发挥特色优势	2016.03.28
新华社智库分析报告	着力增创江苏全方位开放新优势	2016.04.01
新华社智库分析报告	杨省世：推进产学研深度融合	2016.05.27
新华社智库分析报告	杨省世：从“实”出发打造特色港口	2016.07.22
新华社智库分析报告	杨省世：把践行“四个意识”同落实新发展理念结合起来	2016.08.12
新华社智库分析报告	杨省世：壮大网络主流舆论，加强突发事件应对	2016.08.19

续表 4

媒体名称	报道篇目	刊播时间
新华社智库分析报告	江苏连云港经开区探索新定位谋求发展新常态	2016.10.19
光明日报	杨省世专访：践行社会主义核心价值观，汇聚改革发展正能量	2016.03.06
光明日报	开山岛上的第 30 个劳动节	2016.05.02
光明日报	中国第一条千吨级 T800 碳纤维原丝线	2016.07.22
光明日报	江苏连云港马山村：家训家风播撒孝善文化	2016.07.29
光明日报	中国“水晶王”	2016.08.04
光明日报	做山里娃的引路人——乡村教师柏纪荣扎根山区三十年的故事	2016.09.16
光明日报	数字文化长廊，服务社区百姓	2016.10.04
光明日报	江苏连云港中外文化交流	2016.11.30
光明日报	紫菜喜获丰收	2016.12.02
经济日报	特色农业助增收	2016.03.30
经济日报	高效农业“长势”好	2016.07.27
经济日报	万亩浅水藕喜获大丰收	2016.10.13
经济日报	连云港：城市公园姓“公”	2016.11.16
经济日报	浦南镇农民利用芦苇加工苇板	2016.12.03
科技日报	县乡微创新 经济强筋骨	2016.02.05
科技日报	中国大陆科学钻探工程装备了“CT 机”	2016.09.19
工人日报	太空蝴蝶兰培育成功惊艳绽放	2016.01.22
工人日报	江苏连云港东连岛春捕	2016.02.16
工人日报	司法服务进社区	2016.06.16
工人日报	动态储备 不再伏缺	2016.07.25
工人日报	碳纤维智能机器人	2016.07.29
工人日报	连云港开发区“党群一体化”服务职工	2016.10.24
工人日报	江苏连云港流动图书进工地	2016.11.07
农民日报	江苏连云港东连岛春捕	2016.02.16
农民日报	灌南县：举办电商创业提高班	2016.04.01
农民日报	江苏东海良种甜瓜香溢市场	2016.05.16
农民日报	可追踪稻米卖出好价钱	2016.05.20
农民日报	灌云：为农村电商创业“搭窝筑巢”	2016.05.20
农民日报	石湖乡外引内育新品种增收四成	2016.06.06
农民日报	外地游客正在石湖乡农业资源开发项目区采摘美国布朗李	2016.06.17
农民日报	江苏连云港浦南镇新项目引领现代农业	2016.09.13
农民日报	“一带一路”农业国际合作产业联盟在连云港成立	2016.10.14
农民日报	东海：红色基因我传承	2016.10.28
中国经济时报	江苏连云港东连岛春捕	2016.02.16
中国经济导报	智慧综合管廊助推徐圩新区	2016.05.28
中国经济导报	江苏灌云：豆丹“小虫”拉动大产业	2016.07.23

续表 4

媒体名称	报道篇目	刊播时间
中国经济导报	江苏灌云举行美食文化节	2016.07.26
新华日报	在开放中增强发展新动能	2016.03.10
新华日报	连云港开发区：跻身知识产权试点园区	2016.01.10
新华日报	策应国家战略 实现“四个发展”	2016.01.14
新华日报	新亚欧大陆桥东方桥头堡正式跻身创新发展“国家队”	2016.01.23
新华日报	连云港：建设国际化海港中心城市	2016.01.26
新华日报	立足“一带一路”交汇点，增创开放发展新优势	2016.01.27
新华日报	全力建设“强富美高”幸福新灌云	2016.01.28
新华日报	连云区城中村变身“互联网 +”	2016.02.04
新华日报	连云港开发区跨区域合作拓展新空间	2016.02.13
新华日报	连云港海州区投资 3 亿元“试水” 医养结合	2016.02.18
新华日报	连云港开发区签约丝绸之路供应链金融中心	2016.03.08
新华日报	“十三五”规划纲要草案——释放多重利好融入国家战略，展现江苏作为	2016.03.10
新华日报	连云港开发区：实干聚动能 创新再起航	2016.03.10
新华日报	连云港开发区创新驱动“质效双升”	2016.03.22
新华日报	灌云：拟提拔对象财产、实绩双公示	2016.03.29
新华日报	灌云实行“两书两表一通报”问绩问效问责机制让组织工作落实落地	2016.03.30
新华日报	哈萨克斯坦经济特区来苏推介，构建中哈互利合作战略支点	2016.04.05
新华日报	连云港开发区 前 2 月工业销售百亿	2016.04.07
新华日报	连云港国际物流园建设多式联运平台	2016.04.18
新华日报	连云港温泉旅游度假区产城互动打造“人文之城”	2016.04.19
新华日报	连云港开发区推进产业高端化、功能现代化、环境生态化	2016.04.21
新华日报	灌云开发区获批省高端装备制造基地	2016.05.10
新华日报	连云港开发区“智慧驱动”创新发展	2016.05.10
新华日报	连云港市赣榆区不动产登记工作正式启动	2016.05.17
新华日报	连云港风电设备出口英国	2016.05.23
新华日报	改变“经纪人 + 农户”模式东海花卉告别“提篮小卖”	2016.05.27
新华日报	全国汽车摩托车界越野精英争霸暨省汽车摩托车越野联赛在灌云县举行	2016.05.30
新华日报	东海花卉博览会开幕	2016.06.02
新华日报	连云港多式联运项目 入选全国示范工程	2016.06.04
新华日报	连云港开发区构筑内外开放新格局	2016.06.21
新华日报	连云港温泉旅游度假区：“以泉为媒”推进全域旅游发展	2016.06.30
新华日报	连云港成功培育优质紫菜	2016.07.04
新华日报	灌云举办豆丹美食节文化	2016.07.18
新华日报	东海：转型升级一个大写“优”字	2016.07.19
新华日报	东海专设外派劳务帮扶基金支持低收入农民赚“洋钱”	2016.07.25
新华日报	连云港开发区精准发力供给侧，集群创新 筑起医药产业高地	2016.08.04

续表 4

媒体名称	报道篇目	刊播时间
新华日报	李强在淮安连云港调研时强调：弘扬周恩来精神践行新发展理念 推动沿海地区发展实现新跨越	2016.08.06
新华日报	连云区抢滩健康产业特色高地	2016.08.30
新华日报	连云港建开放农业平台出口基地数全省第一	2016.09.16
新华日报	爱的使者，坚守乡村小学 30 年——记江苏最美乡村教师柏纪荣	2016.09.16
新华日报	海州开发区发明家入选国家“万人计划”领军人才	2016.10.18
新华日报	共建“丝绸之路经济带”传佳话：哈国小伙子港城当爸爸	2016.11.17
新华日报	打造“世界水晶之都” 建设生态宜居福地	2016.11.18
新华日报	全面小康，必须坚守绿色底线——访杨省世	2016.11.20
新华日报	连云港，三大众创空间助大学生扬帆远航	2016.11.20
新华日报	打赢创新富民主攻仗，闯出绿色发展新路子——专访连云港市代表团团长杨省世	2016.11.21
新华日报	融入一带一路 实现创新转型	2016.11.21
新华日报	水晶之都：走向全球焕发“晶彩”	2016.12.18
新华日报	打造东西海陆双向开放新格局	2016.09.01
扬子晚报	发挥港口支撑作用，服务区域协调发展	2016.01.25
扬子晚报	激情建设新港城，连云港扬帆正起航	2016.01.25
扬子晚报	豆丹创造 10 亿产值 “小虫子”吃出“大财富”	2016.07.19
扬子晚报	连云港市委书记杨省世：下大力气补短板更高水平惠民生	2016.11.18
扬子晚报	落实“一带一路”倡议 加快产业强市发展——连云港：打造宜居宜业宜游海滨城市	2016.11.18
江苏广播电台	恒瑞医药 国际化支撑高增长	2016.11.08
江苏电视台	江苏首次渔民定位手表捐赠仪式在灌云举行	2016.01.07
江苏电视台	蔡学举获评江苏最美基层干部灌云反响热烈	2016.01.11
江苏电视台	灌云的哥拾金不昧 数千现金还失主	2016.06.02
江苏电视台	灌云 10 万台套农用机械奋战麦收一线	2016.06.11
江苏电视台	“珠宝欧巴”的水晶梦	2016.06.21
江苏电视台	灌云举办豆丹美食文化节	2016.07.15
江苏电视台	灌云县“互联网＋精准扶贫”工程正式启动	2016.09.09
江苏电视台	融入“一带一路”战略 参与农业国际合作	2016.09.23
江苏电视台	江苏首个地市级农产品公用品牌亮相连云港	2016.09.23
江苏电视台	谢芳丽：轮椅上的创业玫瑰	2016.11.26
江苏电视台	连线党代表，共话新五年，“六个更”描画高水平全面小康新模样——访杨省世	2016.11.19
江苏电视台	对接“一带一路” 提高开放水平	2016.01.16
江苏电视台	积极对接“一带一路” 我省港口增长稳健	2016.05.22
江苏经济报	连云港海州区为小微企业发展注入新能量	2016.03.29
江苏经济报	2016 中国灌云豆丹美食文化节开幕	2016.07.19
江苏经济报	连云港推动广告产业园区“蝶变式”发展	2016.07.26
江苏经济报	连云港，创新举措谱写吸纳带农业发展新篇章	2016.09.22

续表 4

媒体名称	报道篇目	刊播时间
江苏经济报	连云港经济技术开发区：创新因子激活转型升级原动力	2016.11.18
江苏经济报	灌云：产业强县“产出金山银山”	2016.12.05
江苏科技报	太空蝴蝶兰培育成功惊艳绽放	2016.02.15
江苏科技报	全球首款碳纤维 智能电动车亮相	2016.07.27
江苏科技报	2016 年海峡两岸青少年科技创新交流活动在连云港市举办	2016.08.01
江苏科技报	连云港市第一个精准扶贫光伏发电项目在该市海州区板浦镇建成	2016.08.03
江苏科技报	连云港大学生村官巧让小零件变成大产业－蜂鸣器摇身变成创业“神器”	2016.08.24
江苏工人报	连云港全面推行实名制就诊	2016.05.25
江苏工人报	第一个便民疏导点在海州区新孔北路建成	2016.06.17
江苏工人报	2000“海英草”活跃在社区	2016.08.23
江南时报	点亮微心愿 争做圆梦人：猴嘴街道党员干部已认领 370 个微心愿	2016.01.12
香港大公报	“一带一路”系列峰会：博茨瓦纳驻华大使盼中国“授之以渔”	2016.11.15
香港大公报	连云港辟海铁联运 打通新亚欧大陆桥物流通道	2016.11.16
香港大公报	香港大公报：连云港海铁联运通亚欧大陆	2016.11.17
香港商报	连云港果蔬装备产业园在意招商	2016.04.27
澳门日报	连云港办丝路物博会	2016.11.17
江苏音符	国际物流博览会医药产业高峰论坛在连云港举办	2016.11.18
联合早报	一带一路农业国际合作产业联盟在连云港成立	2016.09.23
俄罗斯卫星网	江苏企业已在“一带一路”沿线国开展 400 多项合作	2016.11.15
中俄资讯网	上合组织国际物流园已建成 120 万平方米货物堆场	2016.11.16
人民网	塑魂补钙练就铁一般的信仰信念	2016.03.30
人民网	灌云上演接力救援感人一幕青年救人后离开	2016.04.06
人民网	连云港灌云：为 162 名建国前老党员送医上门	2016.06.30
人民网	灌云豆丹美食节开幕，一条小虫带动一方发展	2016.07.19
人民网	“最美江苏地税人”的事迹搬上屏幕	2016.09.18
人民网	连云港灌云打造临港三型基地园区产业发力	2016.10.24
中央人民广播电台网	江苏首个地市级农产品公用背书品牌亮相	2016.09.22
新华网	江苏首个地市级农产品公用背书品牌——“连天下”诞生	2016.09.22
新华网	灌云临港：口岸开放提速产业转型升级	2016.11.10
新华网	“双向开放桥头堡”八十年变身记	2016.12.08
新华网	哈萨克斯坦“霍尔果斯－东门”特区来华招商	2016.03.18
光明网	连云港举行“连天下”农产品品牌战略发布会	2016.09.23
光明网	港口建设全面启动园区产业持续发力 灌云全力打造临港三型基地	2016.10.24
中国江苏网	扬子江国际论坛·“一带一路”系列峰会在连召开	2016.11.16
凤凰网	杨省世会见参加“走一带看一路”大型新闻行动媒体	2016.11.17
中国台湾网	台湾农业团体和协会代表团来连参加农洽会	2016.09.23
中国台湾网	2016“农洽会”上台湾农产品受连云港市民欢迎	2016.09.28

典型人物

钟佰均

钟佰均，男，1969 年 12 月出生，江苏赣榆人。赣榆县柘汪镇西棘荡村党委书记。1998 年，钟佰均受命于危难之际，从县养殖公司回村担任了党支部书记。他发挥党员先进性，带领村民富民强村奔小康，在建设社会主义新农村的过程中，创造出一个又一个创业“神话”。他带领村民通过回收废旧渔网进行尼龙颗粒加工，大力发展工业经济，把一个贫穷落后村建成远近闻名的全国最大尼龙颗粒加工专业村、省工业经济强村和省文明村。钟佰均先后被评为全国劳动模范、团中央农村致富带头人、江苏省十大杰出青年农民、首位“江苏最美人物”、江苏省首届优秀党支部书记。

12 月 19 日，江苏省委书记李强来到全省最北的西棘荡村，考察了村史馆、村便民服务中心，了解村党组织开展活动情况，并走访了部分农户。看到这个村规划齐整，家家户户住进了两层小楼，得知村里靠尼龙颗粒加工、网绳制作等，去年村集体收入 200 万元，农民人均纯收入 1.9 万元，李强对村党组织在服务群众、致富村民中所发挥的关键作用给予充分肯定。

邵中国

邵中国，男，1954 年 2 月生，灌南县李集乡和兴村人，现为灌南驻杭州流动党委书记，被称作“打工书记”。1998 年，曾当过 11 年村支书的邵中国，随着打工潮到杭州务工。为了能让农民工党员正常参加组织生活，他萌生了成立一个流动党支部的念头。2000 年 6 月，在灌南县委组织部和杭州市下城区朝晖街道党工委的支持下，他和其他 15 名灌南籍党员成立了“江苏灌南县李集乡打工人员驻杭州市流动党员党支部”，并被选为支部书记。从此，灌南县在杭州创业务工的流动党员有了自己的“家”。

流动党支部成立以来，积极发挥战斗堡垒作用，邵中国更是依托党组织的力量，将两百多起矛盾纠纷解决在萌芽状态，还帮助了两万多名苏北老乡在杭州就业或创业。2005 年 6 月，流动党支部升格为党总支的同时，灌南县与下城区签订协议，建立流动党组织“共建共管”新模式，有效破解了“流出地管不到、流入地管不了”的难题。2010 年 4 月，流动党总支又升格为流动党委，如今下辖 7 个党支部，党员数量从最初的 16 名，发展到目前的 158 名，遍布杭州市的 6 个主城区。

邵中国高举党旗，带领一班人扎根他乡、回报家乡、服务老乡，走出了一条“离乡不离党、流动不流失、长期受教育、两地显作用”的党建新路，得到了党中央和江苏、浙江两省有关领导的充分肯定。

2016 年 7 月，邵中国作为全国优秀党务工作者代表第二次进京接受表彰，出席了庆祝建党 95 周年大会。他所在流动党组织还先后被评为全国先进基层党组织、全国基层理论宣讲先进集体、江苏省先进基层党组织、浙江省构建和谐社会的“100 个民间样本”。

省级典型——“最美农技干部”蔡学举

蔡学举，男，连云港市灌云县杨集镇农技推广站站长。身患鼻咽癌的他始终奋战在农业生产第一线，带领一大批农民走上致富路。先后推广了水稻精确定量栽培、水稻育苗等三十多项高产栽培技术，使农民每亩多增收 200 多元。先后荣获“中国好人”、江苏省最美农技员等荣誉称号。2016 年被选树为江苏“最美基层干部”先进典型。

省级典型——盐碱滩上的“绿色天使”任彦洁

任彦洁，女，连云港市连云区住房和城乡建设局副局长、绿化所所长，工程师。任彦洁 8 年来长期扎根绿化养护第一线，解决了连云区大量高重度盐碱地绿化难题。她创新推广的栽植方法每年为全市节省绿化资金数千万元。她先后获市“521 高层次人才培养工程”培养对象、“最美城乡建设者”等荣誉称号。2016 年被选树为江苏“最美青年人物”。

省级典型——水晶电商创业领军人徐伟志

徐伟志，男，东海县文威宝石饰品有限公司总经理。毕业后他回到家乡创业，成功研发适合东海水晶销售的网上供销平台，并针对下岗职工和社会弱势群众提供免费培训，带动东海县近 3500 人实现就业和创业的梦想。先后荣获青年创业创新大赛“创翼之星”、首届江苏省大学生创业大赛创业标兵等荣誉称号。2016 年被选树为江苏“最美大学毕业生”。

省级典型——最美乡村教师柏纪荣

柏纪荣，女，连云港市赣榆区黑林中心小学教师。1986 年师范学校毕业后，30 年来，柏老师始终扎根偏远山区小学，无怨无悔把爱奉献给山村的孩子们，先后 10 余次荣获全国、全省教科研奖项，获评全国模范教师、中国好人、省爱生模范等多项荣誉称号。2016 年被选树为江苏“最美教师”。

省级典型——“最美双创之星”谢芳丽

谢芳丽，女，东海县芳丽水晶文化发展有限公司经理。一场车祸使她成为一级伤残，面对飞来横祸，她不是悲观消沉，而是靠着惊人的毅力开始轮椅上的创业之路，办文印店、开淘宝、建实体店、做微商，打造出“芳丽水晶”知名品牌，带动 3600 多人实现就业创业，被誉为“轮椅上的创业玫瑰”。她先后荣获“中国网事·感动 2015”年度十大网络人物、全国“最美家庭”、省“自强自立模范”、“省十佳创业标兵”、“港城巾帼十大风云人物”等 40 项荣誉。2016 年被选树为江苏“最美双创之星”。